# 중국어
# 형식
# 통사론

# 중국어 형식 통사론

## 形式汉语句法学

## Formal Chinese Syntax 2nd edition

덩쓰잉邓思颖 최규발·정지수 옮김

KU PRESS
고려대학교
출판문화원

形式汉语句法学(第二版)
by 邓思颖

## 추천의 말

덩쓰잉(邓思颖) 선생의《중국어 형식 통사론(形式汉语句法学)》이 출판되기 전에 본인이 먼저 읽을 수 있음에 매우 기쁘게 생각한다. 책을 읽은 후 몇 가지 느낀 바를 여러 독자들과 함께 나누고자 한다.

첫째, 이 책은 구성이 탄탄하다. 글쓴이는 주더시(朱德熙) 선생의《어법강의(语法讲义)》로 대표되는 중국어 전통 문법학 틀에 따라 현재의 형식 통사론의 기본 개념을 소개하고 있는데, 이러한 저술 방식은 전통적인 중문과 훈련 방식으로 교육을 받은 독자들에게 훨씬 더 이해하기 쉬운 것으로, 읽기에 비교적 친숙하다.

둘째, 책에 나온 예문들은 모두 실제 사용되는 중국어 예문으로, 흔히 보아왔던 것처럼 전형적인 영어 예문들을 그대로 옮겨 놓은 예문이 아니다. 중국어 예문으로 통사 이론 문제를 설명할 수 있다면, 중국어를 모국어로 하는 독자들이 더욱 쉽게 이해하고 납득할 수 있게 해줄 것이다.

셋째, 이 책은 단지 중국어 예문을 통해 생성문법을 소개하는

데 그치지 않고 저자 자신만의 관점을 갖고 있으며, 이 책의 많은 예문과 분석은 생성문법 이론의 연구에 직접적으로 기여하고 있다.

중국어 언어학계가 세계 주류 언어학 이론에 기여하기를 원한다면 학생과 교사 모두가 중국어도 실은 일반적인 인간 언어 중 하나라는 점을 인식해야 하며, 중국어 언어학 연구에 반드시 중국 고유의 방법만을 고집할 필요가 없다는 점도 인식해야 한다. 다른 언어와 마찬가지로 중국어도 풍부한 문법특징을 가지고 있으므로, 엄격한 과학적 이론하에서 중국어의 이러한 문법특징을 탐구하고 새로운 문제를 발견하여 중국어에 대해 더 깊이 있게 인식할 수 있을 것이다. 엄밀한 분석을 통해 발견한 중국어의 문법적 특징은 나아가 더 나은 언어학 이론을 세우는 데에도 도움이 될 수 있으며, 반대로 다른 언어를 분석하는 데에도 사용할 수 있다. 사실상, 오직 엄밀한 분석을 통해서만 이러한 문법특징을 발견할 수 있고, 언어학 이론에도 기여할 수 있다. 어떤 이들은 새롭게 발전된 이론에 접근하지 못하고, 그 결과 좀 더 손쉬운 방법으로 자신만의 생각이나 의견을 개진하고자 하는데, 이는 참으로 안타까운 일이며, 이러한 방법은 결코 올바르지 않다고 생각한다.

나는 이 책을 통해 중국어 연구가 과학적 언어연구로서 존중받을 만하고 충분히 도전할 가치가 있는 과학적 연구라는 사실을 독자들에게 알려줄 수 있다고 믿으며, 또한 그러기를 바란다. 비록 이 책을 읽는 독자가 모두 전문적인 언어학자가 되기를 바랄 수는 없지만, 독자가 책을 읽은 후 언어학자와 같은 논리 방식으로 사고할 수 있고 나아가 일상생활의 어려운 문제들도 이와 같은 사고방식으로 해결할 수 있다면, 이것이야 말로 이 책이 성공적인 결과를 얻은 것이라고 할 수 있을 것이다. 지금 이 책을 읽고 있는 독자가 중국어에 능숙한 전문적인 언어학자라면, 당신은 단지 뛰어난 '중국어 언어학자'만 될 수 있는 것이 아니다. 현재의 언어학 이론에 이바지할 수 있다면, 우수한 '언어학자'가 되는 것도 불가능하지 않을 것이다. 이 책의 출판이 독자들에게 자극이 될 좋은 계기가 되길 바란다.

황정더(黃正德)
하버드대학교에서
2010년 2월

# 차례

# 제1장 서론

중국어 형식 통사론은 중국어의 통사 문제를 형식의 관점에서 연구하는 것으로, 언어 형식의 중요성을 강조하고, 언어 구조 특징을 설명할 원인을 문법 외부가 아닌 문법 내부에서 찾아내고자 한다. 이 책은 현대 중국어 통사 현상에 대해 논의하고, 현재의 형식 통사론 기본 원리와 분석방법, 그리고 연구 성과를 소개하고자 하며, 또한 이와 동시에 통사이론을 통하여 중국어 문법에 대한 이해를 심화시키고자 한다.

## 1.1 언어학과 통사론

'중국어 형식 통사론'은 통사론(syntax)[1]에 속하며, 형식의 관점에서 통사 문제를 연구하는 과학으로, 언어 형식의 중요성을 강조한다. 통사론은 언어학(linguistics) 연구의 주요 분야 중 하나이며, 통사론 이외에 언어학의 '핵심' 범주에는 음성학(phonetics), 음운론(phonology), 형태론(morphology, 혹은 어형론이라고도 불림), 의미론(semantics)등이 포함된다. 음성학에서는 예를 들어 발음 기관과 발음 방법 등과 같이 발음과 관련된 문제를 연구하고, 음운론은 음절의 구성, 성조의 변화 등과 같은 문제들을 연구과제로 삼아 음성을 체계적으로 결합하는 방법에 관심을 가진다. 또한 형태론

1 王力(1984[1944]: 9, 주석 2)에서는 "엄밀히 말해, 'syntax'는 '결합법(结合法)'으로 번역해야 한다. 왜냐하면 구와 구의 결합은 이미 'syntax'이고, 문장을 이루어야만 하는 것이 아니기 때문이다"라고 하였다. 비록 이와 같은 관점에 전적으로 동의하지만, 이 책에서는 여러 논지에서 사용하고 있는 '통사론'이라는 용어를 그대로 사용하고자 한다.

은 접사나 단어 구성의 관계 등과 같은 단어의 형태와 구성 문제를 연구하며, 통사론은 단어가 결합되어 더 큰 구조를 이루는 방법을 연구하고, 의미론은 단어와 문장의 의미 문제를 연구한다. 종합적으로 말해 언어학의 이와 같은 분야에서는 주로 언어 내부의 특성에 초점을 두며, 언어학자는 언어 자체를 통하여 언어의 특징을 찾아내고자 한다.

언어학은 기타 학문들과도 밀접한 관계를 가지면서 사회언어학, 역사언어학, 심리언어학, 응용언어학, 전산언어학 등과 같은 여러 중요한 관련 학문 분야를 이루고 있다. 이러한 학문 분야들은 사회학, 역사학, 심리학, 신경과학, 교육학, IT 등과 같은 비언어학 분야와 서로 관련을 맺고 있다. 언어학 영역에서의 새로운 발견은 다른 학문분야에서 언어 관련 영역을 연구하는 데 중요한 참고자료가 된다. 반대로 다른 학문분야의 지식을 결합하여 언어에 영향을 주는 언어 외부 요소를 찾아낼 수도 있는데, 이는 언어의 형성에 대한 또 다른 차원의 인식을 가능하게 해 준다. 이처럼 학제 간 연구는 언어 연구에 분명 도움이 된다.

하지만 통사 이론은 언어학 연구에만 적용되며, 원칙적으로 오직 언어학의 '핵심'이 되는 통사 문제를 연구하고, 통사 현상을 분석하는 데에만 사용된다. 통사이론은 사회학, 역사학 등 기타 학문 분야로 확대될 수 없으며, 우리도 통사이론이 사회언어학, 역사언어학 같은 관련 학문 분야에 직접 적용되어 사회현상이나 역사현상 등을 설명할 수 있을 것이라 기대하지 않는다. 마찬가지로, 어떤 통사 현상이 간혹 사회언어학이나 역사언어학 등의 학문분야와 연관성이 있을 수 있으므로 이러한 학문분야 혹은 관련 학문분야의 연구에서 힌트를 얻어 언어 외부적 관점에서 어떠한 언어 현상을 야기한 외부 원인을 파악할 수도 있겠으나, 다른 학문분야가 통사론을 대신하여 통사 현상을 연구할 수는 없다. 언어 형식에 속하는 통사문제는 언어 내부에서만 그 원인을 찾아 해석할 수 있고, 언어 외부에서는 그 답을 찾을 수 없다. 따라서 통사 문제는 통사론으로 귀결되어 해결되어야 한다.

이 책을 저술하게 된 목적은 현대중국어 통사 현상을 논의하고, 현재의 형식 통사론 기본 원리, 분석방법, 그리고 연구 성과를 소개하며, 이와 동시에 통사 이론을 통하여 중국어 문법에 대한 이해를 심화시키는 데 있다.

## 1.2 이 책의 주요 내용

이 책은 주로 통사론의 구 구조 이론을 재택하여 중국어의 각종 통사 현상을 분석하였으며, 구체적인 언어자료와 이론을 상호 결합하는 방식을 통해 독자들이 통사론의 몇 가지 기본적 운용방식과 연구 방법들을 파악할 수 있게 하고자 하였다. 이 책의 차례는 대체로 '현대중국어' 교과서의 체계를 따랐으며, 비교적 '전통적인' 틀을 사용하여 통사 이론의 주요 내용 및 중국어 문법학에서의 응용에 대해 소개하였다. 아래에서는 이 책의 구성에 대한 독자들의 이해를 돕기 위해 각 장에서 다루고 있는 주요 내용을 간략히 소개하고자 한다.

제2장 '문법과 중국어 문법'은 이 책의 서론 부분으로, 주로 이 책에서 재택하고 있는 문법 체계를 소개하며, 또한 중국어 문법 체계를 구성하고 있는 문법 단위와 기본적인 문법 관계를 간단하게 소개하였다. 이 책의 문법 체계는 생성문법의 원리와 매개변인 이론에서 제시한 모형을 근거로 하고 있으며, 특히 '최소주의' 이론에 입각한 통사이론을 바탕으로 하였다. 이 책의 문

법 체계에서 통사와 관련된 문법 단위로는 자질, 단어, 구 세 가지뿐이며, 통사적 특성을 가지고 있는 통사 성분에는 핵어, 보충어, 지정어, 부가어가 있다.

제3장 '자질, 단어, 품사'에서는 중국어 문법을 구성하고 있는 문법단위에 대해 상세하게 다루고 있다. 자질은 문법의 최소 단위이며, 단어는 형식 자질과 의미 자질의 결합체이고, 품사는 단어에 대한 분류로, 품사의 차이는 단어의 형식적인 자질에 따라 결정된다. 이 책에서는 관련 논저에서 자주 보이는 품사를 모두 살펴보고, 중국어 품사를 13가지로 나눌 것을 제안하였다. 품사는 [명사성]과 [동사성]이라는 형식 자질에 따라 명사성 품사와 동사성 품사로 나눌 수 있고, [기능성]과 [비기능성]이라는 형식 자질에 따라 어휘어와 기능어로 나눌 수 있다.

제4장 '구'에서는 통사론의 몇 가지 중요한 개념인 구, 병합, 계층과 어순 문제, 그리고 성분통어를 소개하였다. 이 장에서 논의하고 있는 내용은 비교적 '추상적'이지만, 통사론의 기본 개념들을 언급하고 있으므로, 구 이론을 이해하고자 하는 독자라면 반드시 보아야 할 것이다. 구는 단어보다 큰 문법 단위이며, 통사 내에서 가장 큰 문법 단위이다. 구를 형성하는 통사적 과정을 병합이라 한다. 모든 구에는 반드시 핵어가 있으며, 모든 단어들은 반드시 구를 형성해야 한다. 어순상의 '전후'는 통사–음운의 접합면, 심지어는 음운부 내의 문제에 속한다. 계층의 '고저'는 통사에서 관심을 갖는 문제이며, 주로 성분통어 관계에 따라 경계가 정해진다.

제5장 '명사성 구조'에서는 주로 명사성 구조의 통사 분석에 대해 소개하였다. 제4장에서 다룬 구 이론을 기초로 하여, 중국어의 명사성 성분을 예로 하여 구 구조 분석의 실례를 살펴보았

다. 명사성 구조는 명사, 양사, 수사, 한정사로 나눌 수 있고, 이들은 모두 구를 형성할 수 있다. 일반적으로 지시적 명사성 구조는 모두 한정사구이고, 한정사가 없는 명사성 구조는 비지시적이다. 한정 명사의 명사성 구조에서 한정사 자리는 모두 '비어 있을 수' 없으며, 한정사가 없는 명사성 구조는 반드시 비한정성을 가진다.

제6장 '주술구조'에서는 주로 사건구조와 논항구조 두 가지 측면을 통하여 주술구조의 통사문제를 살펴보았다. 주술구조는 절을 구성하는 '영혼'이라고도 할 수 있는데, 모든 절은 주술구조를 벗어날 수 없다. 중국어의 절을 구성하는 기본 구성요소와 구성방식에 관해 이해하고, 이후 각 장의 논의에 대한 기초적인 이해를 원한다면, 이 장을 반드시 읽어야 할 것이다. 모든 술어는 기초 어휘 의미를 나타내는 어근, 사건성(eventuality)을 나타내는 경동사, 그리고 사건 참여자를 나타내는 논항 이 세 가지로 구성된다. 사건구조와 논항구조의 관계는 매우 긴밀하며, 논항관계는 논항구조로부터 도출되는데, 논항구조 그 자체가 논항에 부여되는 의미역을 결정한다.

제7장 '술목구조와 술보구조'에서는 목적어, 보어, 그리고 목적어 및 보어와 관련된 술목구조와 술보구조를 다루고 있다. 이 장의 내용은 제6장의 내용과 함께 연결 지어 읽을 수 있으며, 제6장에서 소개된 개념과 분석 방법은 제7장에서도 확대 적용될 수 있는데, 이 두 장을 합쳐 보면 중국어 술어의 중요한 통사적 특징이 총괄되어 있다고 할 수 있다. 오식 동사성 성분만이 보어가 되는데, 동작의 결과나 상태를 설명하는 데 쓰이며, 동사의 보충어 역할만 할 수 있다. 주어가 아닌 논항은 목적어로 볼 수 있는데, 그 분포는 상대적으로 다양한 편이다. 술목구조는 동사

와 목적어가 병합하여 이루어진 구조이며, 술보구조의 보어에는 상태보어(묘사보어와 결과보어), 추향보어, 시간과 장소보어가 있다. 보어와 기타 동사성 성분은 반드시 보충어 자리에 출현해야 하며, 오직 한 가지 위치, 즉 문장 끝에만 출현할 수 있다.

제8장 '문장'에서 문장과 절의 정의에 대해 논의하고, 문장과 절을 구성하고 있는 각각의 주요 성분을 분석한다. 이 장의 논의는 중국어 문장의 '주변' 위치가 갖는 통사적 특징과 관련되는데, 이를 통해 '완전한' 구조에 대한 '완전한' 인식을 갖게 될 것이다. 절은 특정한 시간적 의미와 문장 종류를 결정해 주며, 절에 어기(语气)가 더해지면 바로 문장이 된다. 시간은 통사 내에서 시간사(时间词)[2]로 실현되며, 이동 후의 주어가 하는 기능을 갖는다. 중국어 문형을 나타내는 가장 기본적 형식 수단은 어조이고, 통사적으로는 보문사(Complementizer)로 실현된다. 어기는 주로 발화 의미를 표현하며, 발화 시의 맥락과 관계가 있고, 어기사로 실현될 수 있다. 중국어의 어기사는 초점, 정도, 감정을 포함하고, 주절(root clause)에서만 나타난다. 어기사를 포함한 '문(句)'은 문장(句子)이 되지만 어기사를 포함하지 않는 '문'은 그저 절에 불과하다.

제9장 '문형과 주요 구문'에서는 중국어의 문형, 그리고 전통적인 중국어 문법에서 자주 볼 수 있는 몇 가지 구문에 대하여 논하였다. 이전 각 장에서 다룬 내용을 토대로, 특히 제6장 '주술구조'와 제7장 '술목구조와 술보구조'의 내용을 바탕으로, 이 장에서는 중국어에서 자주 볼 수 있는 몇 가지 구문을 종합적으로

2 [역주] 이 때 시간사는 전통문법에서 말하는 명사의 하위부류 시간사와 다른 개념이다. 이 책에서 시간사 T는 동사성 기능어에 속하는 범주로, 시제를 포함한 각종 시간의미를 담고 있다. 상세한 내용은 2.2와 제3장 참조.

다루면서 구문들 간의 차이점과 공통점을 분석하였다. 중국어에는 주술문(主谓句)이라는 오직 한 가지 문형만 있으며 비주술문(非主谓句)은 존재하지 않는다. 주술문에는 동사술어문과 명사술어문이 있다. 연동문(连动句), 겸어문(兼语句), 피동문(被动句), 처치문(处置句), 존현문(存现句) 등과 같이 중국어에서 자주 볼 수 있는 동사술어문들은 모두 독립된 구문의 조건을 갖추지 않고 있으며, 이들의 특징은 모두 기타 구조로부터 도출해 낼 수 있다.

제10장 '수식구조와 병렬구조'에서는 중국어 문장의 수식구조와 병렬구조의 통사적 특징에 대해 논의하였다. 수식구조의 핵심성분은 피수식어이다. 관형어(定语)는 명사성 성분을 수식하며 부사어는 동사성 성분을 수식한다. 수식어는 부가 형식으로 만들어진다. 준관형어는 명사화된 구를 수식하며, 명사화된 구와 더불어 전형적 수식구조를 이룬다. 병렬구조는 연접어를 연결한 구조이고, 핵어는 보문사 혹은 접속사이다. 등위구조는 병렬구조에 속한다. 병렬구조와 주술구조는 비슷한 통사 구조를 가지고 있으며, 둘 다 성분의 접속을 담당하는 핵어를 반드시 가지고 있다. 제6장의 '주술구조'와 제8장의 '문장'에서 제시되는 일부 개념들과 분석은 제10장의 내용과 관계가 있으므로, 제6장과 제8장을 충분히 이해하여야만 복문의 통사적 분석, 병렬구조와 주술구조의 비교 등과 같은 문제를 쉽게 이해할 수 있다.

제11장 '지도제작 분석법'에서는 지도제작이론의 기본적 조작방법을 소개함으로써 중국어 문말성분의 통사분석을 새롭게 논의해본다. 지도제작이론은 정밀한 방식으로 통사구조를 기술하는 연구방향을 지니고 있으며, 통사, 의미 특징들을 세밀하게 그려낸다. 이 책 제8장에서 소개한 내용을 기초로 하여, 이 장에서는 시간사와 어기사를 다시 분석하는데, 이 두 가지를 '문말조

사'라 통칭한다. 문말조사를 다시 '내조사(内助词)'와 '외조사(外助词)'로 나누었는데, 그중 사건류와 시간류 조사는 내조사에 속하고, 나머지는 외조사에 속한다. 이 장에서는 원래 제시한 초점, 정도, 감정 이 세 가지 문말조사 외에도 응답을 표시하는 CoA를 기존의 세 가지보다 위의 층위에 추가하였다. 분절음 성분 외에 초분절음 성분도 외조사의 일원으로 보아야 한다.

제12장 '맺음말'에서는 모든 논의들을 정리하였다. 이 책의 목적은 '최소주의 이론'에 입각하여 중국어 문법 이론을 간략화하는 것이다. 또한 현재의 통사 이론을 가지고 중국어 문법에서 자주 볼 수 있는 현상과 통사론의 개념을 새롭게 다시 분석하고자 한다. 이를 통해 간략한 문법 체계를 세워서 일련의 통사 현상을 충분히 해석하고 그에 대한 '진정한' 답을 찾고자 한다.

이 책에서 제시한 대부분의 예문은 '현대중국어' 교과서와 중국어 문법 관련 논저에서 가져온 것이다. 비교적 특별한 일부 예문은 그 출처를 밝혔다. 비교적 자주 볼 수 있는 예문들 중에서 어떤 것은 모국어 화자의 어감에 근거하여 만든 것이고, 어떤 것은 이미 있는 문장을 조금 고친 것으로, 그 출처를 특별히 밝히지는 않았다. 일부 예문은 말뭉치(corpus) 혹은 인터넷에서 가져온 것으로 하나하나 주석을 달았다.

예문의 표현 방식은 언어학에서 관용적으로 사용되는 것을 썼는데, 별표 '*'는 문법적으로 틀린 것을 의미하고, 물음표 '?'는 해당 문장의 수용성(acceptability)이 낮은 것을 나타내고, 이중물음표 '??'는 수용성이 더욱 낮음을 나타낸다. 우물 정자 표시 '#'는 형식적으로는 맞지만 의미적으로나 혹은 화용적으로 부적절함을 나타낸다. 그 밖에 괄호 '( )'는 해당 성분의 사용이 수의적임을 나타낸다. 예를 들어 '(X)'에서 X는 있어도 되고 없어도 되는 것이며, '(*X)'는 X가 있으면 비문이 됨을 의미하고, '*(X)'는 X가 반드시 있어야 하며 생략되면 비문이 됨을 나타낸다. 예문 가운데 중국어 방언이 있을 경우에는 해당 방언 뒤에 괄호로 보통화(普通话) 해석을 넣었다.

이 책에 사용한 언어학 용어의 대부분은 크리스털(Crystal 2000)에 대한 선자쉬안(沈家煊)의 중국어 번역서에 근거하였고, 변동이 있는 경우에는 해당 내용이 논의될 때 그에 대한 설명을 덧붙였다. 크리스털에서 찾지 못한 일부 새로운 용어는 현재 자주 쓰이는 번역에 근거하여 적합한 것을 골라 이 책에서 사용하였다.

우리가 아는 바로는 과거 중국에서 출판된 몇몇 형식 통사론 개론서에는 대체로 다음과 같은 두 가지 종류가 있다. 하나는 일반 현대 언어학개론/통사론 교과서의 틀을 답습한 것으로, 주로 생성문법 원리 이론 및 조작방법을 소개하는데 주안점을 두고 있으나 대개 중국어 자체의 문법적 특징을 제대로 살피지 못하였다는 한계를 가지고 있다. 또 하나는 중국어 문법의 특정 주제를 골라 개별 이론을 중국어에 어떻게 적용하는지를 소개하는 것인데, 깊이 있는 논의가 진행되기는 하였지만, 중국어 문법현상을 전반적으로 다루지 못하여 중국어 문법의 전체적 모습을 반영하지 못하고 있다.

이 책의 저술 목적 중 한 가지는 바로 이 책 독자 다수의 모국어인 중국어를 분석대상으로 하여 그들에게 익숙한 '현대중국어' 교과서와 유사한 틀 속에서 중국어 문법에서 자주 논의되는 중요한 범주들을 가능한 한 많이 담아내며, 통사 이론을 중국어에 응용하는 방식을 비교적 체계적으로 소개하는 것이다. 아울러 이론성이 강한 추상적 개념을 구체적 중국어 언어사실 속에 융합시킴으로써 독자들이 쉽게 이해하도록 하며, 이로써 중국어의 문법 문제들을 분석할 수 있기를 바란다.

이 책에서는 비교적 '전통적인' 모형을 논의의 틀로 삼아서 기존의 중국어 문법 이론 토대 위에 생성문법의 통사 이론 체계를 세우고자 한다. 이 점은 대다수의 독자들에게 이미 익숙해져 있는 논의의 틀을 고려한 부분도 있고, 또한 중국어 문법의 체계를 다져 놓은 학자들에 대한 존경과 경의를 표하고자 하는 의미도 있다. 이처럼 이 책에서는 중국어 문법 이론의 우수한 전통과 중요한 발견들을 취하고 새로운 형식과 새로운 이론을 활용하여 앞으로 이어 나가고자 한다. 물론, 여기서 과거의 모든 성과들을 다 종합해 낼 수는 없기에 이 책의 논의 가운데 분명 빠뜨린 부분도 있을 것이다. 우리가 할 수 있는 것은 다만 전통적 중국어 문법 연구와 생성문법 이론 사이에서 최대한 균형을 이루어 전통적 모형을 틀로 삼아, 그 틀 속에서 생성문법이론의 기본적 개념과 운용방식을 소개함으로써 양자 간의 융합, 그리고 생성문법 이론의 '현지화'를 꾀하는 것이다.

우리는 이 책이 중국어 문법과 통사이론의 입문서로서 중국어 문법 연구와 교수 학습에 참고가 될 수 있기를 바란다.

# 제2장 문법과 중국어 문법

이 책은 생성문법의 원리와 매개변인 이론, 그중에서도 특히 최소주의의 영향을 받은 통사이론에서 제시한 모형에 따른 문법 체계를 채택하였다. 중국어 문법을 구성하고 있는 문법 단위에는 자질, 단어, 그리고 구가 있다. 구조적 통사 성분에는 핵어, 보충어, 지정어, 부가어가 있으며, 이러한 성분들이 구조적인 문법 관계를 이루어서, 주술구조, 술목구조, 술보구조, 수식구조, 병렬구조 등의 다섯 가지 기본적인 기능적 문법 관계를 도출해 낸다.

## 2.1 문법과 문법학 체계

'문법'이란 과연 무엇일까? 교과서적 정의에 따르면 "문법이란 언어단위(형태소, 단어, 구/절, 문장)들 간에 이루어지는 여러 관계를 의미하고, 이러한 언어구조가 우리가 다루고자 하는 연구대상"(胡裕树 等 1995: 277)이며, "문법은 단어, 구, 문장 등의 언어단위의 구조 규칙"(黄伯荣·廖序东 2000b: 1)이다. 또한 "문법은 단어로 문장을 만드는 방식이고, 언어의 구조 규칙"(张静 等 1980: 70)이며, "단어를 조합하여 문장을 만드는 일종의 언어 규칙"(北京大学中文系 2004: 261)이고, "문법은 같은 언어를 사용하는 사람들의 공통된 이해, 공통된 수용, 그리고 공통으로 지켜야 하는 언어 구성상의 법칙에 관한 총체이다. 간단히 말하면 문법은 언어단위의 구성 법칙이다"(张志公 等 1985: 4). 또한 문법은 "언어의 구조 규칙"(邢福义 等 1991: 25, 周一民 2006: 276)이고, "언어의 구조 법칙"(冯志纯 等 2008: 1)이다. 루젠밍(陆俭明 2003: 12-13)은 이를 종합하여, "가장 과학적인 정의는, '한 언어에서 음과 의미의 작은 결합체가 더 큰 음과 의미 결합체를 이루는 근거가 되는 일련의 규칙'이다"라고 보았다.

형태소, 단어, 구, 문장, 음과 의미의 결합체 등과 같은 개념이 문법적 단위를 이루는 것으로 이해된다면 이들을 '문법단위'라고 할 수 있다. 문법단위에 실제로 어떤 것들이 포함되는지에 대해서는 토론해 볼 필요가 있지만, 이것이 우리가 문법에 대한 정의를 내리는 데 영향을 미치지는 않는다. 문법에 관한 가장 핵심적 정의는 문법이란 문법단위를 결합하는 규칙(혹은 법칙)이고, 그 규칙은 문법단위 사이의 관계를 반영한다는 것이다. 촘스키(Chomsky 1995: 167)는 문법이 하나의 개별 언어에 대한 이론(the theory of a particular language)이라고 하였다. 문법은 개별 언어에 대한 이론이고, 동일한 언어의 총체적 특징을 반영한다. 예를 들면 '중국어 문법'은 중국어 문법 단위의 규칙을 결합한 것으로, 중국어에 관한 이론이다.

'문법 체계'는 보통 두 가지 함의를 가지는데, 하나는 문법 자체를 뜻하고, 또 하나는 문법학 체계(邢福义 等 1991: 257, 胡裕树 等 1995: 279, 黄伯荣·廖序东 2002b: 1, 冯志纯 等 2008: 6-7 등)를 뜻한다. 문법 단위를 구성하는 규칙은 임의적이지 않고 체계적인데, 문법이 체계를 이룬다는 것은 객관적인 사실이다. 문법을 연구하는 학문을 문법학이라고 한다. 문법 학자는 객관적으로 존재하는 문법 체계에 근거하여 묘사하고 분석하며 체계적인 학설을 만들어내는데, 이는 문법 체계에 대한 두 번째 함의에 해당하며, 이를 '문법학 체계'라고도 부른다.

문법학의 연구 목적은 크게 두 가지 층위로 나누어 볼 수 있다. 그 가운데 첫 번째 층위는 가장 기본적인 것으로, 문법학 연구는 바로 문법 현상을 자세하고 정확하게 묘사해 내는 것이며, 모든 특징을 최대한 나열함으로써 소위 '기술적 타당성(descriptive adequacy)'을 확보하는 것이다. 두 번째 층위는 바로 수많은 언어 자료의 기초 위에 간단하고, 명료하고, 개괄성을 갖춘 문법학 이론을 세우고, 이러한 이론을 통하여 표면적인 현상을 설명하고 좀 더 심층적인 관점에서 언어를 이해·인식함으로써 '설명적 타당성(explanatory adequacy)'을 확보하는 것이다.

이 책에서 채택한 문법 체계는 '생성문법(generative grammar)'인데, 이 '생성'의 의미를 가장 간단히 풀이하자면 바로 '명시적(explicit)'이라 하겠다(Chomsky 1995: 162 주석 1). 생성문법학은 '명시적 문법'을 구축하고, 그 이유를 타당하게 설명할 수 있는 문법학 이론을 세우는 것을 연구 방향으로 삼는다. 생성문법은 촘스키(Chomsky 1957)에 의해 처음 제시되었으며, 주로 구조 형식에서 출발하여 인간 언어의 특징을 탐구한다.[1]

생성문법에서는 모든 사람이 태어날 때부터 이미 대뇌에 언어와 관련된 장치를 가지고 태어나며, 후천적인 학습을 거치면서 이 장치를 이용하여 무궁무진하게 새로운 문장을 만들어 낼 수 있는 창조성을 갖고 있다고 가정한다. 이런 생득적인 장치를 '언어능력(language faculty)'이라고 하는데, 이는 인간 대뇌에 위치하고 있으며 언어 기능을 관장한다. 아이가 태어났을 때 언어능력은 초기 상태(initial state)로 되어 있는데, 이 초기 상태는 인간 고유의 것으로, 생득적이다. 모든 언어의 초기 상태는 동일하며 보편성을 띤다. 개별 언어를 연구하는 이론을 문법이라 하고,

---

1 생성문법의 기본 가설에 있어서 우리는 Chomsky(1995, 1998, 2000, 2001, 2004, 2005, 2007, 2008)의 주요 관점을 종합하였고, 또한 나의 기존 소개(邓思颖 2003b, 2005b, 2009d)를 참고하였다.

인간 언어의 초기 상태를 연구하는 이론을 '보편문법'(Universal Grammar, 약칭 'UG')이라고 한다.[2] 여기서 '보편'이라 함은 인간 언어능력의 초기 상태가 갖는 동질성을 말하며, 보편문법이란 바로 언어의 동질성을 설명하는 이론이다. 보편문법의 연구는 인간의 대뇌와 관련이 있으므로, 이런 연구 접근법은 생물언어학적 접근법(biolinguistic approach)이라고도 할 수 있다.

1980년대 이래로 생성문법에서는 보편문법이 '원리(principles)'와 '매개변인(parameters)'이라는 두 부분으로 이루어진다고 가정하였다. 따라서 이 문법 체계는 또한 '원리와 매개변인 이론(principles–and–parameters framework)'이라고 불리기도 하는데, 촘스키(Chomsky 1981)를 대표로 하는 이 이론은 현재 생성문법 연구의 주류 이론이다.[3] 여기서 '원리'란 인간이 태어날 때부터 대뇌에 이미 저장되어 있는 언어능력의 일부분으로, 후천적 학습이 필요 없는 유전의 산물이라 할 수 있다. 따라서 이 원리는 보편성을 갖추고 있고, 모든 언어는 이러한 보편적인 원리를 따르고 있다. '매개변인'은 언어에 따라 각각 다른 값을 가지고 있으며, 매개변인의 값(value)에 따라 원리가 적용되는 상황이 달라지고, 또

---

2 沈家煊은 'Universal Grammar'를 '普世语法'라 번역하였다.(Crystal 2000) 우리는 여러 논저에서 통용되는 용어를 취하여 '普遍语法'라 번역하겠다.

3 沈家煊은 'principles-and-parameters theory'를 '原则加参项理论'(Crystal 2000)으로 번역하였는데, 우리는 여러 논저에서 통용되는 용어를 취하여 '原则与参数理论'이라 번역하였다. 이 밖에도 Chomsky(1981)의 저서 제목이 *Lectures on Government and Binding*이므로, 당시 생성문법 이론은 '지배결속이론(government and binding theory)' 혹은 'GB이론(GB theory)'이라 불리기도 한다. 사실 생성문법 이론은 지배와 결속이라는 두 가지 문제만 연구하는 것이 아니므로 'GB이론'이라는 명칭은 실제 연구 내용을 정확히 반영해내지 못하였기에, Chomsky(1995)는 'GB이론'이라는 용어를 사용하는 데 대해 여러 차례 반대하였다.

한 이 값에 따라 개별 언어의 모습도 결정된다. 매개변인의 값은 바로 각각의 언어 속에서 구현되는 원리의 변화이며, 후천적 학습에 의해 실현된다. 이러한 값들은 객관적 환경의 영향을 받으며, 아동이 처한 환경에 따라 결정되는데, 기본적으로 대뇌 유전과는 별다른 관련이 없다. 원리와 매개변인 이론 연구에서 중점적으로 다루는 것 중 하나는 바로 언어의 보편성과 개별성 간의 균형을 어떻게 맞출 것인가 하는 점이다. 언어의 보편성과 개별성을 다루는 데 있어서 발생하는 모순은 기본적으로 곧 원리와 매개변인을 다루는 데서 나타나는 모순이라고 하겠다. 선천적 성분과 후천적 성분을 명확히 구분하여 연구하는 것은 바로 해석력 있는 문법이론을 세우는 데 그 목적이 있다.

원리와 매개변인 이론이 생성문법 연구에 새로운 과제를 제시하였으나, 또한 동시에 새로운 문제도 함께 제시하였다. 해석력을 갖춘 문법 체계라면 이론적 가정이 독단적이어서는 안 되며, 제시하는 원리와 매개변인의 수가 너무 많아서도 안 된다. 그렇지 않을 경우 보편문법 체계가 불필요하게 방대해져서 해석력이 약해지기 때문이다. 문법이론 체계 개혁을 위해 촘스키(Chomsky 1995)는 기존의 원리와 매개변인 이론 모형에 대한 새로운 주장을 속속 제시하였는데, 그 주장들이란 바로 언어학 이론의 '최소주의 프로그램(Minimalist Program)' 모형이라 불린다. 이름에서 알 수 있듯이, 최소주의는 하나의 '프로그램'이자 원칙과 같은 것으로, 임밀하게 따지자면 하나의 새로운 이론이라고는 볼 수 없다.[4] 최소주의에서 제시하는 것은 원리와 매개변인 이론에서 해

4 촘스키의 관점에 따르면, '생성문법'은 학문분야(discipline)의 하나이며, '원리와 매개변인 이론'은 생성문법의 이론 중 하나이고, '최소주의'는 원리와 매개변인 이론의 지도 사상과 같은 것으로, 체계를 갖춘 이론이라고는 할 수

결해야 할 일련의 문제들, 혹은 과거 합리적이지 못했던 부분들에 대해 질문을 던지고 새로운 관점으로 기존의 문제들을 재점검하는 것이다. 최소주의의 핵심 정신은 바로 문법학자들이 내놓았던 독단적 주장들을 버리고 과거에 제시된 가설들에 대해 다시 한 번 숙고하고 이론을 간소화하는 것이다. 연구 과정에서 인위적 가설과 독단적 주장에 얽매이지 않고 언어학에서 최종적으로 해결해야 할 문제, 즉 언어 능력의 초기 상태 탐구라는 문제로 되돌아가는 것이 우리가 지향해야 할 바이다.

최소주의에는 두 가지 중요한 연구목표가 있는데, 첫째, 언어학 이론을 간소화하는 것이고, 둘째, 인간 언어가 어떻게 간단한 조작 방식을 통해 운용되는지를 탐구하는 것이다. 이 두 가지 목표는 모두 '경제성(economy)' 문제를 핵심 사상으로 삼고 있다. 따라서 최소주의의 이 두 가지 연구 목표를 두 가지 경제성 문제로 귀납시켜볼 수 있다. 그것은 바로 '방법의 경제성'과 '실체적 경제성'이다.[5] 방법의 경제성은 주로 언어학 이론의 방법론 문제를 연구하며, 여기에서는 우리가 더욱 간단하고 자연스러운 문법 체계를 만들 수 있는지에 대해 관심을 가진다. 더 많은 언어현상을 기술하고 설명하려면 언어학 이론은 반드시 간단해야 하며, 합리적이지 않은 가설은 피해야 한다. 최소주의의 주요 목적은 바로 실험적 틀을 정하고 문법 이론의 표준을 제시함으로써 현존하는 문법 이론에서 복잡한 부분을 간소화하고 합리적이지 않은 주장을 파기하는 것이다. '실체적 경제성'은 주로 언어의 본질에 관한 문제에 관심을 가진다. 이러한 관점에 따르면 언어는 완벽성과

없다.

5 이 두 가지 경제성의 구분은 Hornstein(2001)의 설명을 참고하였다. Martin and Uriagereka(2000) 역시 이와 유사한 관점을 갖고 있다.

간결성을 드러내며, 문법 체계는 규칙의 적용을 최대한 미루거나 줄이는 방향으로 가는 일종의 타성을 드러내는데, 이와 같은 타성은 몇 가지 '경제성 원칙(economy principles)'으로 정리될 수 있고, 여기에는 문법 체계의 간략한 운용, 언어의 간결성 등과 같은 문제가 포함된다.

최소주의 이론의 가정에 따르면, 언어 능력은 '인지체계(cognitive system)'라는 주요 부분으로 구성된다. 인지체계에는 인간 언어의 '연산체계(computational system)'와 '어휘부(lexicon)'라는 두 부분이 포함되어 있다. 어휘부는 단어가 저장된 곳으로, 어휘의 특성을 명세화하고 단어 형성—즉 조어법을 담당한다. 연산체계는 '통사부(syntactic component)' 혹은 '협의의 통사(narrow syntax)'라고도 하는데, 이 책에서는 중의성이 없는 경우 '통사부'를 '통사'라 칭하겠다. 통사에서는 어휘부로부터 필요한 단어를 뽑아낸 후 단어를 구조로 결합하는데, 이 때 단어를 결합하는 방법을 '병합(Merge)'이라고 하며, 이 과정은 '도출(derivation)'이라고도 한다.[6] 병합은 통사에서 가장 중요한 연산인데, 통사구조를 만드는 데 필요한 수단이다. 병합 및 병합의 반복적 운용은 인간 언어에서 보편성을 띠는데, 이는 보편문법의 핵심적 부분이다(Chomsky 2007). 또한 병합의 반복 운용에서 드러나는 귀환적 특징(recursion)은 아마도 인간만이 갖는 특징이며, 이로 인해 인간만이 말할 수 있는 것이리라(Hauser, Chomsky and Fitch 2002).

어휘부에서 추출해 낸 단어는 잠시 어휘배열(lexical array)에 놓이게 되고, 거기에서 일정한 자질에 따라 몇 가지 하위부류로 나

---

6 沈家煊은 'derivation'을 '派生'이라 번역하였다(Crystal 2000: 104). 우리는 본서에서 주로 쓰이는 대로 이와 같은 문맥에서 쓰이는 'derivation'을 '推导'라 번역하겠다.

뉜다. 통사에서는 먼저 한 하위부류에서 어휘를 선택하여 구를 만들고, 그 하위부류에서 단어 선택이 끝나면 또 다른 하위부류에서 단어를 선택한다. 각 하위 부류가 바로 하나의 '국면(phase)'이다.[7] 도출과정은 바로 국면을 단위로 하며, 국면별로 도출이 진행된다(derivation by phrase). 소위 국면식 도출이란, 바로 서로 다른 국면 내의 단어들이 무리지어 통사 내에서 구를 이루고, 무리지어 통사부를 떠나 의미부(semantic component, 약칭 의미)와 음운부(phonological component, 약칭 음운)로 보내지는 것을 말한다.[8] 의미는 개념-의도 체계(conceptual-intentional systems)와 관련되며,[9] 음운은 감각운동체계(sensorimotor systems)와 관련되는데, 이 두 체계는 모두 수행체계(performance systems)에 속한다.[10] 그림 (1)에서는 이러한 국면별 도출과정을 보여준다. 통사와 의미, 음운은 여러 차례 접촉할 수 있으며, 통사부에서 만들어낸 구를 국면 단위로 각각 전송하는데, 이때의 전송은 여러 차례 반복 운용 가능한 조작이다. 그림 (1)의 모형에서 단어를 결합하는 방법, 결합 규칙 등이 바로 문법의 문제이며, 이것이 바로 문법의 연구대상이다.

---

7 'phase'라는 용어를 何晓炜(2000, 2007), 熊建国(2002), 戴曼纯(2002, 2007), 吴刚(2006), 梅德明 等(2008), 马志刚(2008b) 등에서는 '语段'으로 번역하였으며, 石定栩(2002a, 2003a), 熊仲儒(2002) 등에서는 '层阶'라 번역하였고, 司富珍(2008, 2009)에서는 '语相'이라 번역하였는데, 우리는 '阶段'이라 번역한다.(邓思颖 2003b, 2009d) 언어학 논저에서 '语段'은 대개 '담화(discourse)', '분절(segment)' 등을 가리키며, '层阶'는 '계층(hierarchy)', '층위(level)'를 가리키는 데 사용된다.

8 기존에는 개념-의도 체계로 향하는 접합면을 '논리형식(Logical Form, 약칭 LF)'이라 부르고, 감각운동체계로 향하는 접합면을 '음성형식(Phonetic Form, 약칭 PF)'이라 불렀다.

9 Chomsky(2000, 2001)에서 '개념-의도체계'는 '사상체계(systems of thought)'라고도 불린다.

10 Chomsky(2000)에서는 수행체계가 언어능력에 속하지 않는다고 보았는데, 이는 그의 기존 견해와 다른 것이다.

(1)

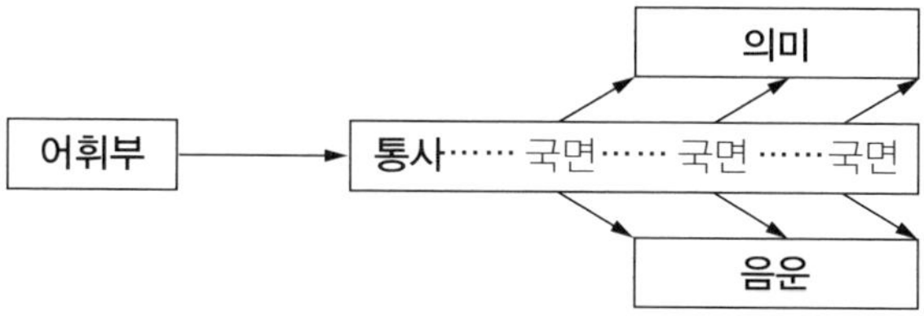


통사와 음운, 의미가 만나는 지점을 '접합면(interface)'이라 한다.[11] 감각-운동 체계와 관련된 자질들이 음운부로 보내지고 통사-음운 접합면이 해석을 받게 되므로, 문장은 발음될 수 있게 되어 들을 수 있고 볼 수 있게 된다. 개념-의도 체계와 관련된 자질들은 의미부로 보내져서 통사-의미 접합면에서 해석을 받게 되면서 문장이 의미를 부여받는다. 통사, 음운, 의미 세 부문은 각각 문법 내의 '형形(구를 구성하는 부분)', '음音(발음이 드러나는 부분)', '의義(의미를 해석하는 부분)'와 관계가 있다.

언어능력은 주로 통사로 이루어지는데, 통사는 구와 문장의 구성을 담당한다. 음, 의미와 관계있는 문제들은 모두 접합면으로 보내서 처리하고, 최종적으로 언어능력 이외의 체계로 보낸다. 언어능력은 통사를 핵심으로 삼는 체계이며, 구, 계층구조(hierarchical structure) 등 형식적인 문제를 전문적으로 책임지고 있다. 통사에서 만들어 낸 생산품들은 '음'과 '의미'를 위한 것이다. 엄밀히 말해 '음', '의미'의 본질은 언어능력과 무관하며, 통사만이 언어를 구성하는 기본 성분이라고 할 수 있다.[12]

이처럼 문법 체계에서 '형', '음', '이'는 기능이 명확하게 구분

11 여러 논저에서 'interface'를 중국어로는 '界面'으로 번역하기도 한다(汤廷池 1992a, 邓思颖 2000, 石定栩 2002a, 何元建 2007, 沈园 2007 등).

12 Chomsky(2000) 및 Hauser, Chomsky and Fitch(2002) 등은 '음'과 '의'의 본질이 언어 능력의 일부분에 속하지 않는다고 보는 편이다.

되어 있는데, 중국어 화제문을 구체적인 실례로 들어 '형', '음', '의' 3자의 관계를 설명하도록 하겠다. (2)는 (3)에서 도출되어 나온 중국어의 화제문인데, '语言学(언어학)'가 이동을 거쳐 목적어 자리에서 문두로 옮겨간 후 '화제(topic)'가 되고, 남은 부분인 '张三很喜欢(장싼이 좋아한다)'은 '평언(comment)' 부분이 된다. (2)에서 '语言学(언어학)'가 이동하는 것은 통사적 문제에 속하는데, 이동이라는 조작은 통사가 관리하지만('형'), 위치 이동의 동기는 통사와 무관하다. 화제가 문두에 출현하는 것은 초점, 신정보와 구정보 등과 같은 의미상의 조건을 만족시키기 위한 것이며('의'), 이동이라는 수단을 택한 이유는 문장이 음성형식을 취해 드러날 때 '화제-평언'의 형식을 확보하여 우리가 청각적으로 어순 변화를 느낌으로써 (2)와 (3) 사이의 형식적 차이('음')를 구분할 수 있게 하기 위함이다. 이를 통해 중국어 화제문이 만들어지는 것은 단 하나의 체계가 만들어내는 언어현상이 아니며, '형', '음', '의' 세 가지 측면에 모두 관련되는 것임을 알 수 있다.

(2) 语言学，张三很喜欢　　언어학은, 장싼이 좋아한다.
(3) 张三很喜欢语言学。　　장싼은 언어학을 좋아한다.

'형', '음', '의'를 구분하는 최종 목적은 간단하고도 자연스런 문법학 체계를 세우는 것이다. 최소주의 이론이 나온 것은, 바로 통사처럼 보이지만 사실상은 통사에 속하지 않는 현상들을 골라낸 뒤 다른 체계로 보내서 연구하도록 하고, 통사가 아닌 것을 통사와 뒤섞어 함께 논하지 않기 위함이다.

'형', '음', '의'의 기능 분담에 따라 통사 규칙을 연구하는 분야를 '통사론(syntax)', 음운과 관련된 문제를 연구하는 분야를 '음운론(phonology)’, 의미와 관련된 문제를 연구하는 분야를 ‘의미론(semantics)’, (어휘부 내에서) 어휘의 내부 구조를 연구하는 분야를 ‘형태론(morphology)’이라고 한다. 이 책의 연구 중심은 통사론에 있으며, 통사론의 관점에서 문법 문제를 검토할 것이다.

우리가 채택한 통사이론은 생성문법의 원리와 매개변인 이론에서 제시한 모형에 근거하고 있다. 이 모형은 형식화된 방식으로 문법을 연구하는데 주안점을 두며, 언어 형식의 중요성을 강조하고, 문법 외부에서 답을 찾지 않고 문법 내부에서 언어 구조의 특징과 원인을 찾아내고자 한다. 이러한 형식화된 방식으로 통사 문제를 연구하는 학문을 ‘형식 통사론(formal syntax)’이라 하며, 이는 기능적 접근법(functional approach), 인지적 접근법(cognitive approach), 역사 접근법(historical approach) 등 문법 외부의 범위에서 문법을 연구하는 여타 문법 연구 방법과는 다른 것이다. 일부 학자는 형식과 기능을 문법 연구의 ‘양대 학파’라고 보는데, 루젠밍(陆俭明 2003)은 “이 두 학파의 이론이 표면적으로 분명 큰 차이가 나고, 심지어 대립적이라고 할 수 있다. 사실 우리는 이들이 서로 완전히 대립하는 것이라고는 할 수 없는데, 그것은 언어 자체에는 본래 두 가지 측면이 있으니, 하나는 실체이고, 하나는 바로 기능이기 때문이다. 우리는 언어의 실체, 언어의 기능 모두를 연구해야 한다. 이 양자가 겉보기에는 대립하고 있어도, 사실상은 상호 보완적 작용을 하고 있다”고 말했다. 쉬례중(徐烈炯 2002: 11)이 지적한 것처럼 “형식주의와 기능주의는 물과 불의 관계처럼 서로 완전히 대립적이지는 않다”. 프레드릭 뉴마이어(Frederick Newmeyer)의 견해를 인용하자면 “양대 흐름은 근본적으로 조화가 불가능한 것은 아니다”. 형식과 기능이 두 개의 서로 다른 ‘학파’라고 하는 것보다는 서로 다른 ‘학문분야’라고

하는 것이 더 나을 것이다.(이 책 제2장 각주 4 참조) 즉 서로 다른 영역을 연구하기 위해 각기 다른 관점이 존재하는 것이다.

이 책의 역할과 위치는 명확하다. 우리가 언급하는 문제는 문법과 관련된 것으로, 이는 문법학 연구에 속한다. 문법이 관장하는 범위는 기본적으로 그림 (1)에 포함된 어휘부, 통사, 의미, 음운 등 몇 가지 부문을 포함한다. 우리는 형식적 관점에서 통사 문제를 논의하는데 집중하며, 형식 통사론의 분석법을 사용할 것이다. 우리가 채택하는 문법학 체계는 생성문법의 원리와 매개변인 이론에서 제시한 모형으로, 특히 그중에서도 최소주의의 영향을 받은 통사 이론이다. 서술의 편의상 우리는 이 학문분야를 가리킬 때 '생성문법'이라는 용어를 사용할 것이며, 원리와 매개변인 이론의 형식 통사론, 특히 최소주의 이론의 영향을 받은 형식 통사론은 '통사론'이라 지칭할 것이다. 또한 문법 내의 통사부를 가리킬 때에는 '통사'라는 용어를 사용할 것이다.

중국어 형식 통사론은 그 이름처럼 형식주의 관점에서 중국어 통사 문제를 연구하는 학문 분야이다. 쉽게 비교하기 위해 생성문법학에 속하지 않는 중국어 문법학은 '중국어 전통 문법학'이라고 개괄적으로 지칭하겠다. '전통 문법학'은 생성문법의 연구 방향이나 연구 방법과는 달리 의미에서 출발하여 주관적으로 문법을 묘사하며(赵世开 1985: 189), 문법을 일련의 규칙으로 간주하는데, 이러한 규칙들은 사람들이 어떻게 말하고 어떻게 써야 하는지 알려주는 것이라 보기 때문에 '규범문법(normative grammar)'이라고 칭하기도 한다(胡裕树 等 1995: 281). 전통문법학에 기반하여 중국어 문법에 대해 기술한 연구 성과물로는 왕리(王力 1984[1944], 1985[1943/1944]), 뤼수샹(吕叔湘 1982) 등과 같은 권위 있는 저술들이 있으며, 이들은 모두 전통문법학에 속한다(赵世开

1985: 188). 교육문법(pedagogical grammar, 예를 들어《중고등학교 교육문법체계제요(中学教学语法系统提要)》[13], "현대중국어"라는 이름을 가진 교과서들, 중국어 문법 교과서 등) 및 전통문법을 기초로 한 참조문법(reference grammar, 예를 들어 吕叔湘 1980, 朱德熙 1982 등의 체계)을 이 책에서는 모두 전통적 문법 체계에 속하는 것으로 간주한다.

## 2.2 문법단위

중국어를 구성하는 문법단위는 일반적으로 형태소, 단어, 구, 문장의 네 가지 등급으로 나뉜다(朱德熙 1982, 刘月华 等 1983, 2001, 张志公 等 1985, 张斌 等 1988, 邢福义 等 1991, 胡裕树 等 1995, 黄伯荣·廖序东 2002b, 北京大学中文系 2004 등).

형태소는 '어음과 의미의 최소 결합체'(《중고등학교 교육문법체계제요》)로, 예를 들어 '人', '看', '葡萄' 등이 바로 형태소이다. 형태소는 형태론의 기본단위(朱德熙 1982: 25)로, '조어단위'에 속하고(张静 等 1980: 87), 형태에만 적용되며 통사와는 관련이 없다. 그림 (1)에 묘사된 바에 따르자면 형태소는 어휘부에 저장되어 있는 것이지만 어휘부의 형태소가 통사부로 직접 진입할 수 있는 것은 아니다. 형태소는 반드시 어휘부 안에서 먼저 단어를 형성한 후에야 비로소 통사부로 진입할 수 있으며, 형태소는 통사부 진입이 불가능하다. 오직 단어만이 통사부에 진입할 수 있다.

어휘부에서 통사부로 진입할 수 있는 최소단위는 '자질

13 기존에 통용되던 학교문법체계는 1956년 人民教育出版社에서 제정한 〈暂拟汉语教学语法系统〉이었으며, 1981년 人民教育出版社 개최로 하얼빈에서 열린 "全国语法和语法教学讨论会"(전국 문법 및 문법교육 토론회)에서 수정의견이 제시되었고, 1984년 《中学教学语法系统提要》(일반적으로 '提要(제요)'라 약칭)가 공포되었는데, 이를 중고등학교 문법교육 체계로 삼는다.

(feature)'로, 자질에는 음운자질(phonological features), 의미자질(semantic features), 형식자질(formal features)이 있다. 통사에서 가장 관심을 가지는 것은 형식자질로, 형식자질만이 통사 내에서 연산이 진행될 수 있고 통사에서 사용될 수 있다. 품사를 구분해 주는 자질은 형식자질에 속하는데, 이러한 형식자질에는 예를 들어 [명사성], [동사성] 등이 있다.

단어(word)는 형식자질과 의미자질의 결합체이다. [명사성]과 [동사성]이라는 형식자질에 따라 중국어의 품사는 명사성 품사와 동사성 품사로 분류된다. 단어의 어휘 특징과 기능 특징에 따라 중국어의 단어는 어휘어(lexical words)와 기능어(functional words)로 나눌 수 있다. 이러한 대분류하에서 우리는 단어의 통사적 위치와 의미 기능에 따라 중국어의 어휘를 다음과 같은 13개의 부류로 나눌 수 있다.[14]

(4) a. 명사성 어휘어: 명사(名词), 형용사(形容词)
b. 명사성 기능어: 양사(量词), 수사(数词), 한정사(限定词)
c. 동사성 어휘어: 동사(动词), 부사(副词)
d. 동사성 기능어: 경동사(轻动词), 시간사(时间词),
보문사(标句词), 어기사(语气词),
개사(介词), 접속사(连词)

통사 내에서 단어 위의 단위는 구(phrase)이다. 구는 단어로 구성되어 있으며, 통사 내에서 가장 큰 단위이기도 하다. 자질과 단어는 통사의 입력 성분이다. 구는 통사가 출력해 낸 생산물로,

14 중국어 단어 분류 문제는 이후 제3장의 '자질, 단어, 품사'에서 논의할 것이다.

의미와 음운 두 부문에서 사용할 수 있도록 제공된다. 단어는 병합이라는 통사적 조작에 의거하여 통사 내에서 점진적으로 구를 형성하게 된다. 모든 구는 반드시 하나의 핵어(head)를 포함하는데, 핵어는 단어가 충당한다. 모든 단어는 통사 내에서 구의 핵어가 되어 구를 형성할 수 있다.

문장(절 포함)은 기능에 따라 나눈 개념으로, 사실 통사 내에 독립된 지위가 없어서 문법 단위라고 할 수 없다. 문장은 구로 구성되어 있으며, 구가 아닌 문장은 없다. 구는 문법단위이고 이미 문장 개념을 포함하고 있다.[15]

따라서 이 책의 분류에 의하면 문법단위에는 '자질', '단어', '구' 세 가지가 있다. 자질은 통사에 들어갈 수 있는 최소 문법 단위이고 구는 통사 내에서 가장 큰 문법 단위이다. 형태소는 형태론의 개념에 속하고, 문장은 구의 한 종류로서 독립된 문법 단위라고 할 수 없다.

## 2.3 문법관계

통사성분은 구와 통사구조의 구성성분이다(黄伯荣·廖序东 2002b: 5). 구 내에서 통사성분들이 서로 형성하는 기능적 관계를 '문법관계'라고 한다(朱德熙 1982: 14, 张志公 等 1985: 2, 黄伯荣·廖序东 2002b: 59). 여러 논저에서 문법관계를 '통사구조(句法结构)'(丁声树 1961: 9), '통사구조관계(句法结构关系)'(刘月华 等 1983: 4, 2001: 5), '문법구조관계(语法结构关系)'(陆俭明 2003: 26) 등으로 부르기도 한다.

주술구조(主谓结构), 술목구조(述宾结构), 술보구조(述补结构),

15 구와 문장에 대한 논의는 제8장 '문장'을 참조하시오.

수식구조(偏正结构), 병렬구조(联合结构)를 일반적으로 중국어의 ‘기본’ 구조라고 한다(张静 等 1980: 76, 刘月华 等 1983: 4-5, 2001: 5-7, 邢福义 等 1991: 299, 黄伯荣·廖序东 2002b: 63, 北京大学中文系 2004: 270-275, 周一民 2006: 320, 冯志纯 等 2008: 102 등).[16] 이 다섯 가지 구조는 각각 다섯 가지 문법관계를 나타낸다. 주술구조는 진술관계를 나타내는데, (5)의 술부 ‘起飞了(이륙했다)’는 주어 ‘飞机(비행기)’에 대해 진술한다. 술목구조는 술어(述语)와 목적어 사이의 지배, 관련(关涉)관계를 나타내는데, 예를 들어 (6)의 술어 ‘看(읽다)’과 목적어 ‘小说(소설)’간의 지배관계가 그러하다. 술보구조는 보충관계를 나타내며 예문 (7)의 보어 ‘很累(지치다)’는 보충 성분이다. 수식관계는 수식을 나타내며 예문 (8)의 ‘句法学(통사론)’는 ‘参考书(참고서)’를 수식한다. 병렬구조는 병렬, 선택 등과 같은 병렬관계를 나타내며 예문 (9)의 ‘张三(장싼)’과 ‘李四(리쓰)’ 사이의 병렬관계를 예로 들 수 있다.

(5) 飞机起飞了　　비행기가 이륙했다
(6) 看小说　　소설을 읽다
(7) 跑得很累　　지치도록 달렸다/달려서 지쳤다
(8) 句法学的参考书　　통사론 참고서

16 张静 等(1980), 北京大学中文系(2004)에서는 이들 구조를 ‘구(词组)’라고 하였고, 이 다섯 가지 구조를 ‘다섯 가지 기본유형’(张静 等 1980: 76), ‘다섯 가지 기본적 구(词组)’(北京大学中文系 2004: 270)라고 하였으며, 周一民(2006: 320)은 ‘기본적 구조유형’이라 칭했다. 黄伯荣·廖序东(2002b: 63)에서는 이들 구조를 모두 ‘구(短语)’라고 칭했기 때문에 이들은 기본구조를 ‘기본구(基本短语)’라고 했다. 刘月华 等(1983: 5-6, 2001: 7)은 비록 ‘기본’이라는 말을 사용하지는 않았지만, “이 다섯 가지 구조관계를 기억하고 정확히 이용하는 것은 중국어의 어휘를 이해하고, 중국어의 문장을 분석·이해하는 데 있어 모두 핵심적 사항이다. 이는 중국어 문법구조를 분석하는 열쇠라 할 수 있다”라고 하였다.

(9) 张三和李四　　　장싼과 리쓰

주어, 목적어 등의 개념은 기능 분포에 따라 정의내린 것이고, 문법관계는 실제로는 일종의 문법 기능적 개념이다. 엄밀히 말해 통사는 단어와 단어의 결합만을 담당하며, 병합(merge)—통사에서 가장 중요한 조작—은 예를 들어 형식자질(품사를 포함), 단어와 단어 사이의 계층구조 등과 같은 구조 형식자질에 대해서만 민감하다. 성분의 기능 분포와 관련이 있는 문법관계는 병합에 의해 정의되지 않는다.

단어와 단어가 병합하여 구를 이루는데, 구의 구성은 계층적 구조를 가진다. 핵어가 되는 단어와 첫 번째로 병합하는 성분을 보충어(complement)라고 할 수 있으며, 그 다음으로 핵어와 병합하는 성분은 지정어(specifier)라 한다. 도출과정 후반에 삽입되어 들어가는 성분은 부가어(adjunct)라고 하고, 이와 같은 과정을 일반적으로 부가(adjunction)라고 한다.[17] 핵어, 보충어, 지정어, 부가어, 구 등과 같은 병합의 산물은 통사내의 '진정한' 통사성분에 속하는데, 순수하게 구조적 특징에 의해서만 결정되며, 기능에 의해 결정되지 않는다. 만약에 주어, 목적어 등의 개념이 '기능적 통사 성분'이라 한다면, 핵어, 보충어 등의 개념은 '구조적 통사성분'이라 할 수 있다. 만약에 기능적 통사 성분으로 이루어진 주술구조, 술목구조 등 개념이 '기능적 문법 관계'라면 핵어, 보충어 등과 같은 개념이 이루는 관계는 '구조적 문법 관계'라고 할

17　두 가지 종류의 병합을 구분하기 위해 Chomsky(2004, 2008)는 지정어와 보충어를 형성하는 병합을 '집합-병합(set-Merge)'이라 하고, 후반에 삽입되는 부가를 '쌍-병합(pair-Merge)'이라 칭했다. 병합이 구체적 조작에 관한 소개는 제4장 '구'의 논의를 참조하기 바란다.

수 있다.

지정어-핵어, 핵어-보충어, 그리고 부가는 통사 내에서 세 가지 기본적인 구조적 문법관계를 이루며, 또한 상기 다섯 가지 기능적 문법관계가 이로부터 도출된다. 이들 간의 관계는 다음과 같이 나타낼 수 있다.[18]

(10) a. 지정어-핵어: 주술구조, 병렬구조
b. 핵어-보충어: 술목구조, 술보구조
c. 부가: 수식구조

구조적 문법 관계는 통사의 출력물이고, 이들이 어떠한 의미를 나타내는가 하는 것은 통사와 의미의 접합면 문제이므로, 통사에서는 관여하지 않는다.

## 2.4 중국어 문법

이 책에서 논의하는 '중국어(汉语)'는 한족(漢族)의 공통언어이자 국가의 표준어, 즉 '보통화(普通话)'를 가리킨다.

(11) 보통화는 베이징음(北京音)을 표준음으로 하며, 북방어(北方话)를 기초 방언으로 삼고, 모범적인 현대 백화문 저작을 문법 규범으로 삼는다.

이 정의를 보면, 비록 보통화는 베이징어·북방어와 밀접한 관

18 제6장 '주술구조', 제7장 '술목구조와 술보구조', 제10장 '수식구조와 병렬구조'의 논의를 참조하기 바란다.

계가 있지만 보통화가 베이징어·북방어와 동일한 것은 아니다. 방언학의 관점에서 말하자면 보통화는 단일 방언이 아니라 중국의 모든 민족과 전체 국가에서 통용되는 공통어이자 표준어이다. 사회·정치적 측면에서 보통화는 국가의 공식 언어(official language)이다. 협의의 '중국어'는 '보통화'만을 지칭하고, 광의의 '중국어'는 고대중국어(古代汉语)와 방언을 포함할 수 있다.

중의성이 없는 경우, 이 책에서 '중국어'는 협의의 '중국어', 즉 보통화를 가리키며, 보통화는 중국어를 대표한다. 이 책의 영문명 'Chinese'는 협의의 정의에 따라 보통화를 가리킨다.[19] '중국어 문법'은 바로 보통화 문법 단위의 결합규칙을 연구하며, 보통화에 관한 이론이다. '중국어 형식 통사론'은 바로 형식적 관점에서 보통화의 통사문제를 분석하는 학문이다.

## 2.5 소결

이 장에서는 '중국어 형식 통사론'에 대해 정의하였다.

문법은 문법 단위의 결합규칙이자 개별 언어를 구성하는 이론으로, 이 책에서 언급하는 문제는 문법과 관계가 있으며, 문법학 연구에 속하는 것들이다. 우리는 형식적 관점에서 통사 문제를 집중적으로 토론할 것인데, 문법 체계에 있어서는 생성문법의 원리와 매개변인 이론에서 제시한 모형, 그중에서도 특히 최소주의 이론에 영향을 받은 통사이론을 따른다.

문법 단위에는 자질, 단어, 구 세 가지만 있다. 자질은 통사에 진입할 수 있는 최소 문법단위이며, 구는 통사 내에서 가장 큰

19 엄밀히 말해 영어의 'Chinese'는 중국어(汉语) 이외에 중국 경내의 소수민족 언어도 포함한다

문법단위이다. 형태는 형태론에 속하는 개념이고, 문장은 구의 한 종류일 뿐, 독립된 문법단위라고 할 수 없다.

핵어, 보충어, 지정어, 부가어는 통사에 속하는 '진정한' 통사 성분이다. 주어, 목적어 등의 개념은 기능적 통사성분이고, 핵어, 보충어 등의 개념은 구조적 통사 성분이다. 주어, 목적어 등의 개념이 형성하는 관계는 기능적 문법관계이고, 핵어, 보충어 등의 개념이 형성하는 관계는 구조적 문법관계이다. 지정어－핵어, 핵어－보충어, 부가는 통사 내에서 가장 기본적인 세 가지 구조적 문법관계를 구성하며, 이를 통해 주술구조, 술목구조, 술보구조, 수식구조, 병렬구조라는 다섯 가지 '기본적인' 기능적 문법관계가 도출된다.

이 책에서 '중국어'란 보통화를 가리킨다. '중국어 형식 통사론'은 바로 형식적 관점에서 보통화의 통사 문제를 분석하는 학문이다.

# 제3장 자질, 단어, 품사

자질은 문법의 최소 단위이며, '음운자질', '의미자질', '형식자질'로 나뉘는데, 통사론에서는 이 가운데 형식자질에 대해서만 관심을 둔다. 단어는 형식자질과 의미자질의 결합체이다. 품사는 단어를 분류한 것으로, 단어가 선택하는 형식자질에 따라 품사가 달라지는데, [명사성]과 [동사성]이라는 형식자질은 각각 명사성 품사와 동사성 품사라는 두 부류를 만들어낸다. 단어는 또한 [기능성]과 [비기능성] 자질에 따라 어휘어와 기능어로 구분되기도 하는데, 중국어에서는 명사와 형용사, 동사 및 일부 부사만이 어휘어에 속하고, 나머지 품사는 모두 기능어에 속한다.

## 3.1 자질

언어는 일종의 기호 체계로, 이 기호 체계는 '문법' 혹은 '문법 체계'로 불린다. 문법의 최소 단위는 '자질(feature)'이다.

(1) 자질은 문법 체계의 최소 단위이다.

자질은 크게 '음운자질(phonological features)', '의미자질(semantic features)' 및 '형식자질(formal features)'(Chomsky 1995: §4) 세 가지로 분류할 수 있다. 음운자질은 발음, 형태와 관련이 있으며, 그 예로는 널리 알려진 촘스키와 할레(Chomsky and Halle 1968)의 음운자질 체계를 들 수 있다. 의미자질은 의미개념(meaning)[1]과 관련되어 있는데, 물론 의미개념(meaning)을 얼마나 잘게 쪼개야 의미자질(semantic feature)이 되는지에 대해서는 쉽게 대답할 수 없다. 이러한 문제는 의미원소(primitives, 基元)와 관련된 문제로서, 과거의 '고전적 자질 이론'(예를 들어 언어학의 Katz and Fodor 1963, 심리학의 Glass and Holyoak 1975)에서 논의되었던 '개념원소' 혹은 '의미자질' 등을 생각해 볼 수 있다. 하지만 이러한 논의는 이 책에서 논의하고자 하는 주제가 아니므로, 여기서는 의미자질(semantic feature)에 대해 상세히 논의하지는 않겠다.

그렇다면 형식자질이란 무엇인가? 간단히 말해, 형식자질은 예를 들어 '품사'와 같은 문법 개념과 관련이 있다. 예를 들어 중국어의 '马'라는 단어를 예로 보면, 'mǎ'(한어병음으로 표기)라는 음운부분을 포함하고, "포유동물로서, 머리가 작고 얼굴이 길며, 귀가 쫑긋 솟았고, 목에 갈기가 있으며, 사지가 건장하고, 다리마다 발굽이 있고 잘 달리며, 꼬리에 긴 털이 나 있다"(《현대 중국어 사전(现代汉语词典)》, 제5판)라는 의미부분을 포함하며, '명사'라는 문법부분을 포함한다고 이해된다. 이를 다시 자질을 기준으로 서술하자면, '马'는 다음과 같은 세 가지 자질, 즉 음운자질([양순비음], [저모음], [상성(上声)]), 의미자질(상술한 [포유동물], [머리가 작다] 등),[2] 형식자질([명사성])을 갖는다고 표현할 수 있다.

비록 어휘부(lexicon)는 음운자질, 의미자질, 형식자질 등 모든 자질을 포함하고 있으나, 통사부(이하 '통사')에서는 음운자질이나

---

1 [역주] 'semantic'과 'meaning'이 한국어로는 대개 모두 '의미'로 번역되는데, 중국어에서는 각각 '语义'와 '意义'로 달리 번역된다. 그러나 중국어의 구분을 반영하여 'semantic'을 '의미'로, 'meaning'을 '의의'로 번역할 경우, 또 다른 의미론 관련 개념인 'sense'에 대한 한국어 번역('의의')과 혼동될 소지가 있어 일반적 한국어 용어에 따라 둘 다 '의미'로 번역하되, 구분이 필요한 경우 괄호 안에 영어를 병기하여 혼란을 줄이고자 하였다.

2 각괄호 [ ]는 자질을 나타낸다. 이 장에서 언급한 의미자질은 단지 논의의 편의를 위해 제시한 것이며, 엄격한 분석을 통해 제시된 것은 아니다.

의미자질이 아닌 형식자질에만 관심을 갖는다. 엄밀히 말해 형식자질만이 통사의 범위에서 운용되고 사용된다(Chomsky 1995). 그러므로 통사 관련 논의에서 이론적으로 음운자질과 의미자질을 제외한 형식자질만을 논하게 되는 것이다. 하지만 통사에서 최종적으로 접합면에 이르게 되면 이때 출력된 '완성품'이 다른 부문, 특히 의미부와 결합해야하기 때문에 통사론 논의 과정에서도 역시 다른 자질을 논하지 않을 수 없다. 언어를 사용하려면 반드시 의미가 있어야 하기 때문이다. 들을 수 있으면 당연히 가장 좋겠지만, 설사 듣지 못해도 이해할 수만 있다면 문제는 크지 않을 것이다. 바로 '공범주(空範疇, empty category)'처럼 말이다. 공범주는 비록 음가(音價)를 가지지 않아 들리지는 않으나, 명확한 문맥(context)만 주어진다면 담화(discourse) 속에서 일정한 의미를 부여할 수 있어 사용 가능한 언어성분이 된다.

만약 이러한 생각이 틀리지 않다면 통사를 거쳐 출력되는 '완성품'은 모두 형식자질과 의미자질을 가져야 하는데, 형식자질이 없는 것은 통사에서 운용될 수 없고, 의미자질이 없는 '완성품'은 이해가 불가능하므로 사용할 수 없기 때문이다. 음운자질의 경우는 있어도 되고 없어도 되는 성분처럼 보이는데, 그러나 이처럼 있어도 되고 없어도 되는 특징이 바로 음운자질의 특수성이며, 또한 개별 언어의 차이를 야기하는 원인이 되기도 한다.

전통문법의 관점에 따르면 문법 체계의 기본 기호는 '형태소(morpheme)'이다. 일반언어학 저서의 일반적 정의에 따르자면, 형태소란 문법 체계 중 '음과 의미의 최소 결합체'이다. 예를 들어 《중고등학교 교육문법체계제요(中学教学语法系统提要)》에서는 형태소를 다음과 같이 정의하고 있다.

(2) 형태소는 음과 의미의 최소 결합체로, 가장 작은 문법 단위이다.

위에서 언급한 '马'를 예로 들어보면, '马'는 형태소로서 'mǎ'라는 음운부분과 '포유동물', '머리가 작다' 등의 의미부분을 가지고 있다. 우리가 '马'라고 발화할 때 이 기호는 바로 중국어의 형태소가 된다. 비록 각각의 형태소는 음과 의미라는 두 부분을 포함하고 있으나 그들의 관계는 분리되지 않고, 각 부분 역시 더 이상 쪼개지지 않는다. 만약 'mǎ'라고 발음할 뿐, 이 발음에 아무런 의미를 부여하지 않는다면, 이는 형태소가 되지 못한다. 음운학적으로, 'mǎ'는 다시 양순비음 'm'과 저모음 'ɑ'라는 두 개의 '분절음(segmental)' 및 상성(上声)이라는 '초분절음(suprasegmental)' 성분으로 구분할 수 있겠으나, 이 같은 분절음/초분절음과 같은 성분 자체는 어떠한 의미도 갖지 않아 단독으로 형태소를 구성할 수 없는 것이다.

엄밀히 말해 '음과 의미의 결합체'라는 기술 역시 정확하다고는 할 수 없다. 그 이유를 보자면 첫째, 중국어 구어의 형태소는 대개 어음을 통해 실현될 수 있으나, 수화에서는 손짓을 통해 구현된다. 이처럼 어음은 단지 형태소를 표현하는 여러 가지 방식 중 하나일 뿐, 유일한 방법은 아니다. 따라서 '음과 의미의 최소 결합체'라는 형태소에 대한 정의는 중국어 구어와 같은 언어에는 적용될 수 있으나, 모든 자연언어(수화 등)에 적용될 수는 없을 것이다.

둘째, 형태소를 '음과 의미의 최소 결합체'라고 한다면, 의미를 가지지만 음을 가지지 않는 성분은 형태소가 될 수 없다. 하지만 이러한 결론은 정확한 것이 아니다. 우선 다음 예를 살펴보자.

⑶ 来了。 왔다.

만약 장싼의 행방에 대해 말하는 상황에서 화자가 ⑶과 같이 말했다면, ⑶은 "张三来了。(장싼이 왔다)"와 같이 이해될 것이다. 이러한 의미로 이해되는 경우 ⑷와 같이 술어 '来了' 앞에 주어 '张三'을 삽입하거나, ⑸와 같이 '张三'을 지시하는 대명사 주어 '他'를 삽입할 수도 있다.

⑷ 张三来了。 장싼이 왔다.

⑸ 他来了。 그가 왔다.

이처럼 표면적으로는 들리지 않으나 실제로는 의미에 따라 '보충'할 수 있는 성분을 통사론에서는 '공범주'라 한다. 이러한 가정에 따른다면 ⑶에는 ⑹과 같이 술어 '来了' 앞에 공범주 주어('*e*'로 표기)가 있으며, 의미적으로 이 공범주는 담화 속에서 언급된 '장싼'을 지시하게 된다.

⑹ *e* 来了。 (*e*가) 왔다.

생성문법에서는 공범주의 성질에 대해 다양한 연구를 진행해 왔으며, 문법 체계 속에 공범주가 분명히 존재함을 증명하였는데, 공범주 이론은 다양한 언어 현상을 설명하는 유용한 수단이자 생성문법의 중요한 이론으로 자리매김하였다.[3] 공범주는 몇 가지 부류로 나눌 수 있는데, ⑹에서 사용된 공범주는 '*pro*(small

3 그 예로 Huang(1982, 1984b, 1987a, 1989 등)은 중국어의 언어 자료를 통해 공범주 문제에 대해 심도 있는 연구를 진행하였다.

pro, 중국어로는 '小代词'로 읽음)'[4]로, 그 성질은 음성 형식이 있는 대명사(예를 들어 (5)의 '他')와 유사하다. 대명사 '他'는 형태소이고 일정한 의미가 있는데(예를 들어 《현대 중국어 사전》의 정의에 따르면 "자기와 상대 이외의 어떤 이를 지칭함"이라는 의미가 있다), '*pro*'는 왜 형태소라고 보지 않는 것일까? 이것이 형태소가 아니라면, '*pro*'는 과연 무엇일까? 비록 '*pro*'와 같은 공범주는 음성형식을 가지지 않아 우리가 들을 수는 없으나 문법적으로 일정한 역할을 가지고 있으므로, 일정한 지위를 부여해야 함이 마땅하다.

공범주가 하나의 문법적 실체라면 우리는 음가를 가지지 않는 형태소가 존재함을 인정하지 않을 수 없다. 설사 구어 형식을 사용하는 언어(중국어의 구어와 같이)라 할지라도 음성 형식이 없는 형태소가 존재할 수 있음을 인정해야 한다. 결국 형태소를 '음과 의미의 최소의 결합체'로 정의하는 데에는 문제가 있음을 알 수 있다.

현재 일부 언어학 교재에서는 아래 (7), (9), (10)처럼 오로지 의미적 관점에서 형태소를 정의하고 있다.

(7) Morpheme: the smallest unit of language that carries information about meaning or function. (O'Grady, Dobrovolsky and Aronoff 1997: 265)
형태소: 의미 혹은 기능을 전달하는 언어의 최소 단위

4 우리는 沈家煊(David Krystal 2000)의 번역에 따라 형식 통사론의 '*pro*'를 '小代语'라고 하였으나(邓思颖 2003b), 汤廷池(1989) 등에서는 이를 '小代号'라고도 하였다. 하지만, '-词'와 '-语'가 구분되고 있으며 또한 '代词'가 중국어 문법학계에 있어 이미 고정된 용어로 자리 잡은 것을 고려하여 이 책에서는 '*pro*'를 '小代词'라고 번역한다.

(8) Morpheme: the smallest unit of grammatical structure. (Radford 1997: 265)

형태소: 문법 구조의 최소 단위

(9) Morphemes... are units of meaning and they cannot be decomposed into smaller units with identifiable meanings. (Haegeman 2006: 38)

형태소는 … 의미 단위로, 형태소는 의미상 식별 가능한 더 작은 단위로 쪼갤 수 없다.

(10) Morpheme: smallest unit of linguistic meaning or function. (Fromkin, Rodman and Hyams 2007: 553)

형태소: 언어 의미 혹은 기능의 최소 단위

위의 설명에 따르면 형태소는 기본적으로 의미 단위(unit of meaning)라 할 수 있을 것이다. 그러나 과연 의미(meaning)를 얼마나 잘게 쪼개야 형태소가 될 수 있을까? 다시 한 번 '马'의 예를 들어 보자. 단지 의미적으로만 보았을 때(《현대 중국어 사전》의 정의에 따라), '马'는 '포유동물', '머리가 작다', '다리가 네 개이다', '얼굴이 길다', '귀가 종긋하다', '갈기', '발굽', '긴 털이 난 꼬리' 등의 의미로 분해될 수 있을 것이다. 그렇다면 이러한 쪼개어진 의미들은 중국어 '马'를 구성하는 형태소가 될 수 있을까?

앞서 언급한 문제 외에, '형태소'는 주로 형태론(morphology)에서 사용되는 개념으로, 통사론과는 직접적으로 관계가 없다. 통사와 형태의 역할이 엄연히 나뉘므로 우리는 '형태소'라는 형태론의 용어를 굳이 통사론의 논의 속에 끌어들일 필요가 없을 뿐더러, 통사론의 이론을 바탕으로 형태론의 용어에 대한 정의를 내릴 수도 없을 것이다. 이는 통사론의 이론으로 음성학을 논할 수 없는 것과 같은 이치이다. 따라서 형태소(张静 等(1980: 88)의 원저에서는 '词素'라 칭함)를 "일정한 음과 의미를 가진, 단어를 형성하는 최소 단위이며, 이러한 단위는 단어를 형성하는 원소이다"라고 분석한 장징 외(张静 等 1980: 88)의 논의는 상당히 일리가 있다. 형태소는 단어를 구성하는 단위이지 문장을 구성하는 단위가 아니므로, 통사론의 범주에 들지 않는 것이다. 이 책에서 다루고자 하는 범위는 통사론에 국한되어 있으며, 연구의 초점 역시 통사적 측면에 집중되어 있으므로 '형태소'에 대해 새로운 정의를 내리지는 않겠다.[5]

### 3.2 단어

자질을 최소의 문법 단위라 한다면 자질보다 큰 문법 단위에는 어떠한 것들이 있을까? 이에 대해 대답을 제시하기 위해서는 먼저 우리가 어느 부문에서 논의를 진행하는가를 고려해야 한다. 통사론적 입장에서 볼 때 자질 이상의 단위는 '어휘항목(lexical item)'이며, 간단히 '단어(word)'라고 할 수 있을 것이다. 논의 상의 편의를 위해 '어휘항목'보다는 독자에게 익숙한 '단어'라는 용어를 사용하기로 한다.

'단어'란 무엇인지 아래의 정의를 살펴보자.

(11) 단어는 형식자질과 의미자질의 결합체이다.

---

5 이는 결코 '형태소'가 중요하지 않다는 것이 아니라 통사 범주 안에서 중요성이 떨어진다는 의미이다. '형태소'는 통사론이 아닌 형태론의 용어이기 때문이다.

형식자질만으로는 단어를 형성할 수 없으며, 의미자질만으로도 역시 단어를 형성할 수 없다. 하나의 단어를 형성하기 위해서는 최소한 형식자질과 의미자질이라는 두 개의 자질을 가져야 하는 것이다. 간단히 앞서 살펴 본 '马'를 예로 보자면, 이는 [명사성]이라는 형식자질과 [포유동물], [머리가 작다] 등의 의미자질이 결합한 것으로 볼 수 있다. 통사적으로 볼 때에는 형식자질과 의미자질의 결합이 바로 하나의 단어이다. 만약 이러한 단어에 [양순비음], [저모음], [상성] 등의 음운자질을 부여한다면 'mǎ'라는 독음을 갖게 되고, 비로소 중국어 단어가 되는 것이다. 위에서 언급한 형식자질과 의미자질의 결합체에 [성문 마찰음/h/], [후설 중모음/o/], [치경 접근음/r/], [치경 마찰음/s/]과 같은 음운자질을 부여한다면 'horse'라는 독음을 가진 영어 단어가 된다.[6] 물론 음운자질을 갖지 않을 경우에는 공범주가 된다.

원칙적으로 통사에서는 형식자질과 단어에 대해서만 관심을 갖는다. 어떠한 의미자질이 하나의 단어를 형성할 수 있는가는 기본적으로 형식자질에 의해 결정되는 것이다. 예를 들어 [동물]은 의미자질의 하나로 특정 형식자질(예를 들어 [명사성]과 같은)이 이 의미자질과 결합하여 하나의 단어(중국어의 '动物/dòngwù', 영어의 'animal')를 형성하게 된다. 그러나 '马'라는 예에서 [명사성]이라는 형식자질은 [동물]이라는 의미자질 하나와만 결합하는 것이 아니라 [포유동물], [머리가 작다]와 같은 의미자질 무리와 결합하기 때문에, '马'의 예에서 [동물]이라는 의미자질은 하나의 단어를 형성할 수 없다.

단어는 형식자질과 의미자질의 결합체이며, 한 단어는 다시 또 다른 형식자질 및 다른 단어와 결합하여 구조적으로 더 복잡

6 [역주] '/ /' 안은 음소(phoneme)를 표시한 것이다.

한 단어를 형성할 수 있는데, 이것이 바로 '복합어(compound)'이다. 구조적으로 얼마나 복잡하든 간에, 이미 어휘부 내에서 복합어를 형성한 상태라면 통사부에 진입 시에는 그 복잡성과 관계없이 여전히 하나의 단어로 간주한다. 예를 들어 중국어의 '面包(빵)'는 일반적인 이해에 따르자면 '面(밀가루)'과 '包(덩어리)'가 결합하여 형성된 복합어로 간주된다. '面'과 '包'가 통사부가 아닌 어휘부에서 이미 결합하였다면 통사부에서는 '面包(빵)'를 여전히 하나의 단어로 간주할 것이며, [명사성]이라는 하나의 형식자질과 '面(밀가루)', '包(덩어리)'라는 의미자질들로 이루어진 결합체로 볼 것이다. 또 다른 예로, '中华人民共和国香港特别行政区(중화인민공화국 홍콩특별행정구)'라는 복합어는 매우 길지만, 아무리 길다고 해도 통사부에서는 하나의 단어로 간주될 뿐이다. 다시 말해 '中华人民共和国香港特别行政区(중화인민공화국 홍콩특별행정구)'와 '香港(홍콩)'의 통사적 지위는 동일하여 동일한 문법 단위에 속하며, 모두 [명사성]이라는 하나의 형식자질을 가진다.

'面包(빵)'라는 중국어 복합어의 예를 보자면, 이러한 복합어는 통사부에서 형성된 것이 아니기 때문에 '面包(빵)'의 내부 구조를 분해하는 것은 통사적으로 별다른 의미를 갖지 못한다. 또한 통사부 역시 복합어의 내부 구성에 어떠한 역할도 하지 않으므로 복합어를 통사적으로 분석할 수도 없다. 문법상 부적격인 (12)와 같은 예는 복합어 내부의 성분이 통사적 이동을 거쳐 화제문(topic sentence)을 형성할 수 없음을 보여준다. 이와 비교해 (13)의 '欧洲的面包(유럽의 빵)'은 복합어가 아니므로 여기서의 '面包(빵)'는 통사적 조작을 통해 화제문을 형성할 수 있다.[7]

(12) *包，我最喜欢面。[8]

(13) 面包，我最喜欢欧洲的。

빵이라면, 나는 유럽의 것을 제일 좋아한다.

이를 통해 만약 복합어가 어휘부에서 이미 형성된 것이라면, 그 내부 구조의 복잡성에 상관 없이 일단 통사부에 진입한 뒤에는 하나의 단어로 간주된다는 것을 알 수 있다. 통사부에서는 단일어('马')든 어휘부에서 형성된 복합어('面包')든 모두 동일한 문법단위로 취급하며, 이들은 본질적으로 어떠한 차이도 갖지 않는다. 통사론적 관점에서 이들을 분류하는 것은 큰 의미를 갖지 않는 것이다.

하지만 형태론적 입장에서 단일어와 복합어는 매우 큰 차이를 갖는데, '형태소'는 주로 형태론에서 사용되는 용어로, 단일어와 복합어를 구분하는 데 결정적인 역할을 한다. 단일어는 하나의 형태소로 이루어진 것이며, 복합어는 두 개 혹은 그 이상의 형태소로 이루어진 것이다. 단일어와 복합어의 구분이 통사적으로 별다른 의미를 갖지 않는다면, '형태소'의 개념 역시 통사론과 별다른 관련성이 없다고 할 것이다. 통사론에서는 '형식자질'과 '단어'라는 두 개념이면 충분하기 때문에 '형태소'라는 형태론 용어까지 차용할 필요는 없을 것이다.

7 (12)의 부적격성은 단어 내부의 성분은 통사의 영향을 받지 않는다는 '어휘완전성 가설(Lexical Integrity Hypothesis)'(Chomsky 1970, Huang 1984a 등)을 통해 설명할 수 있다. (13)의 '유럽의 빵'과 같은 경우는 통사적 성질이 '빵'과는 달리 '구'에 속한다. 이에 대해서는 제4장에서 다룬다.

8 [역주] 비문의 경우 한국어 해석을 넣지 않는 것을 원칙으로 하고, 구조에 대한 이해를 위해 해석이 꼭 필요한 경우에 한하여 한국어 해석을 넣었다.

### 3.3 명사성 품사와 동사성 품사

'품사(词类)'란 중국어 명칭에서 보듯 글자 그대로 단어의 부류이다. 단어의 부류는 또한 단어의 '범주(category)'라고도 할 수 있다. 일반적인 관습에 따라 여기서는 '범주'보다는 '부류'라는 용어를 사용하기로 한다.

중국어의 상황에 비추어 볼 때 우리는 단어를 분류할 수 있고, 또 분류해야 한다고 생각한다. 품사의 차이는 자질 선택의 차이에서 나타나는데, 이때 자질이란 형식자질을 말한다. 다시 말해, 형식자질이 품사를 결정지으며, 어떠한 형식자질을 가지느냐에 따라 품사가 결정된다. 만약 문법적으로 [형식자질 A]와 [형식자질 B]가 있다면, 이 두 가지 서로 다른 형식자질로 구성된 단어들은 각각 '품사 A'와 '품사 B'에 속하게 된다.

품사는 주로 의미 및 기능적 특징에 따라 구분된다. 단어의 의미 및 기능적 특징은 단어의 '표현기능(expressional functions)'이라고도 불린다(郭锐 2002). 비록 품사를 구분하는 자질은 형식자질이고, 형식자질은 본질적으로 의미와는 무관하나, 형식자질의 구분은 그래도 어느 정도는 의미 및 기능적 측면을 바탕으로 한다. 형식자질이 순전히 통사부에서만 기능하는 것이기는 하나, 형식자질을 바탕으로 이루어진 '완성품'은 최종적으로 의미부로 보내지며, 의미부에서 사용될 수 있어야 하기 때문이다. 그러므로 "형식자질의 구분은 어느 정도 의미 및 기능적 측면을 바탕으로 한다"는 우리의 생각이 완전히 잘못된 것은 아닐 것이다.

비유하자면, 학생의 시험 점수는 단지 숫자로 된 기호에 불과하고, 이 숫자 기호는 본질적으로 성적과는 무관하다. 그러나 점수는 기능적으로 어떤 역할을 하는데, 예를 들어 5점은 '우수함'

을, 1점은 '열등함'을 나타낸다. 교사가 숫자에 가치 기준을 부여하는 것은 바로 기능적 측면에서 비롯된 것이다(5점이 '우수함'을 나타내는지, 아니면 '열등함' 나타내는지). 하지만 교사가 사용하는 컴퓨터의 입장에서 보자면, 연산 과정 중에서 점수의 가감은 단순히 기호에 대한 연산일 뿐, 학생의 성적이 우수한지 열등한지에 대한 판단은 아니다. 컴퓨터는 '우수함'과 '열등함'이 무엇인지 판단할 수 없기 때문이다. 통사부는 바로 교사의 컴퓨터와 같고, 형식자질은 숫자와 같다고 할 수 있을 것이다. 컴퓨터(통사부)는 단지 숫자(형식자질)를 운용할 뿐이며, 숫자는 본질적으로 우열에 대한 판단(의미와 기능)을 내리지 않는다. 최종적으로 이들 숫자를 사용하는 사람(의미부)이 컴퓨터에서 얻은 숫자를 해석하는데, 즉 어떠한 숫자가 어떠한 성적(형식자질/품사가 나타내는 의미와 기능)을 나타내는지 결정하게 되는 것이다.

문법에는 통사 내에서 운용할 수 있는 두 가지 기본적인 형식자질이 존재하는데, 그것은 바로 [명사성]과 [동사성]이라는 자질이다.[9] [명사성] 형식자질과 [동사성] 형식자질은 각각 두 가지 품사, 즉 명사성 품사(혹은 체언, 체언성 품사) 및 동사성 품사(혹은 용언, 용언성 품사)에서 비롯된 것이다.[10]

이 두 품사의 구분에 있어서 상당 부분 의미 및 기능적 토대가 뒷받침되는데, 의미 및 기능적 관점에서 명사성 품사는 주로 대상이나 사물을 나타내고, 지시 기능을 한다. 이에 비해 동사성

---

9 이러한 형식자질은 [+nominal] 및 [+verbal]로 나타내며, 이를 축약된 형식인 [+N]과 [+V]로 나타낼 수도 있다. 중국어 논의에 알맞게, 여기서는 [명사성] 및 [동사성]으로 표기하기로 한다.

10 연구 논저에서 '체언(体词)'과 '용언(谓词)'이 포함하는 품사는 그 범위가 넓지 않다. 혼란을 막기 위해, 여기서는 '명사성 품사'와 '동사성 품사'로 표기한다.

품사는 주로 동작, 행위, 변화를 나타내며, 서술 기능을 가진다(郭锐 2002 및 그 참고 문헌). 대략적으로 말해 지시란 '什么(무엇)', 谁(누구)' 등으로 질문할 수 있는 것이며, 서술은 '怎么样(어떠한가)'로 질문할 수 있는 것이다. 아래의 예문 (14)를 통해 살펴보자. '狼(늑대)'은 "什么来了?(무엇이 왔니?)"와 같이 '什么(무엇)'로 물을 수 있다. 이에 비해 '来(오다)'는 "狼怎么样了?(늑대가 어떻게 되었는가?)"와 같이 '怎么样?(어떠한가?)'으로 물을 수 있다. 이를 통해 '狼(늑대)'은 [명사성] 자질로 구성되어 있고 지시 기능을 갖는 명사성 품사이며, '来(오다)'는 [동사성] 자질로 구성되어 있고 서술 기능을 가지는 동사성 품사임을 알 수 있다.

(14) 狼来了。 늑대가 나타났다.

이때 품사를 구분하는 '의미'는 단어의 개념의미 혹은 인지적 의미가 아닌 문법적 의미이다(陆俭明 2003: 31). 개념의미는 앞서 언급한 의미자질을 통해 나타나는 것이며, 문법 의미는 형식자질과 관련되는 것이다. 중국어의 '战争(전쟁)'과 打仗(싸우다)'을 예로 들면, 이 두 단어의 개념의미는 유사하며 일부 동일한 의미자질을 공유하고 있다고 할 수 있다.[11] 그러나 문법적 의미에 있어서는 이 두 단어가 서로 다르다. 전자는 사물을 나타내며, [명사성] 형식자질을 가진 명사성 품사이지만, 후자는 행위동작을 나

11 《현대 중국어 사전(现代汉语词典)》의 정의에 따르면 '战争(전쟁)'은 '민족과 민족, 국가와 국가, 계급과 계급, 정치 집단과 정치 집단 간의 무장 전투'이며, '打仗(싸우다)'은 '전쟁을 하다, 전투를 하다'라는 의미를 갖는다. 이 같은 정의에 비추어 보자면, 이들 두 단어는 모두 '전투', '투쟁' 등의 개념의미를 갖는다고 할 수 있다.

타내고, [동사성] 형식자질을 갖춘 동사성 품사이다. 이러한 구분은 중국어의 품사 분류를 이해하고 형식자질과 의미/기능(즉, '문법 의미' 혹은 '표현기능')의 관계를 이해하는 데 도움이 된다.

명사성 품사와 동사성 품사는 단어에 대한 두 가지 대분류로서, [명사성] 형식자질을 갖는 것은 모두 명사성 품사로 분류할 수 있고, [동사성] 형식자질을 갖는 것은 모두 동사성 품사로 분류할 수 있다. 일부 단어는 엄밀히 볼 때 대상이나 사물을 나타내는 지시 기능을 갖지는 않으나 명사성 품사와 밀접한 관계를 가지기도 하며(예를 들어, 명사성 품사를 수식하는 형용사 '大型(대형)'), 명사로부터 변해 온 품사(예를 들어 양사 '个') 역시 명사성 품사로 분류할 수 있다. 마찬가지로, 엄밀히 따지자면 동작이나 행위, 변화 등을 나타내는 진술 기능을 가지지 않은 경우라고 할지라도 동사성 품사와 밀접한 관계를 갖는다면(예를 들어 어기사 '吗') 이들 역시 동사성 품사로 분류할 수 있으며, 여기에는 동사에 뿌리를 두고 통시적 변화를 거친 일부 단어(예를 들어 개사 '在'나 '对')도 포함된다. 이처럼 명사성 품사와 동사성 품사라는 대분류 아래에서 단어의 통사적 지위와 의미 기능에 따라 다시 아래와 같이 몇 개의 소분류로 나눌 수 있다.

(15) **명사성 품사**: 명사, 형용사, 양사, 수사, 한정사

(16) **동사성 품사**: 동사, 부사, 경동사, 시간사, 보문사[12], 어기사, 개사, 접속사

12 [역주] 'complementizer'는 보통 '보문소' 혹은 '보문자'로 번역되나, 여기서는 품사의 일종으로 분류되었으므로, 모든 품사 명칭을 '-사'로 통일하고, 'complementizer' 역시 '보문사'로 번역하였다.

이들 소분류의 명칭 중 일부는 전통 문법의 용어이고, 일부는 생성문법의 용어이다. 아래에서는 중국어의 품사에 대해 간단히 알아보고자 한다. 용어의 통일을 위해 탕팅츠(汤廷池 1992a)의 견해에 따라 품사 명칭을 '-사'로 통일하고, 문법 관계를 나타내는 통사 성분 명칭에는 '-어'를 사용하기로 한다.

**명사**(noun, 名词), 약칭 N. 전통문법에 따르면, 명사는 사람이나 사물의 명칭을 나타내며, 방위를 나타내는 명사도 이 안에 포함된다.

사람과 사물의 명칭을 나타내는 명사에는 가산명사, 불가산명사, 고유명사 등이 있다. 가산명사는 저마다 자신에게 적합한 개체양사를 가지는데, 예를 들어 '书(책)'는 '本(권)', '笔(펜)'는 '支(자루)', '马(말)'는 '匹(필)'와 같은 양사를 갖는다. 불가산명사는 자신만의 고유한 개체양사를 갖지 않는데, 이러한 불가산명사에는 '水(물)', '酒(술)', '肉(고기)' 등이 있다. '张三(장싼)', '黄河(황허강)', '北京(베이징)' 등과 같은 고유명사나 장소명사는 일반적으로 양사의 수식을 받지 않는다. 방위를 나타내는 명사에는 단독으로 단어를 형성하는 1음절 단어 '左(좌)', '右(우)' 등이나, 2음절의 '上边(위쪽)', '下面(아래쪽)', '前头(앞쪽)' 등이 있으며, 이러한 방위사(方位词)는 모두 명사의 하위부류에 속한다(Huang 1987b: 251, 주석 1, 李亚非 2009, Huang, Li and Li 2009: §1). '桌子上'의 '上'이나 '房间里'의 '里'와 같이 명사의 뒤에 붙되, '的'를 삽입할 수 없는 1음절 방위사는 Liu(1998)의 관점에 따라 독립된 품사가 아닌 접미사로 간주한다. 이들은 어휘부에서 형성되므로 통사에서는 다루지 않는다.

**형용사**(adjective, 形容词), 약칭 A. 여기 속하는 단어는 주로 사물의 속성을 나타내며, 분류 기능을 가진다. 전통문법학에서 '구별사(区别词)'(朱德熙 1982, 黄伯荣·廖序东 2002b 등) 혹은 '속성사(属性词)'(吕叔湘·饶长溶 1981) 등으로 불리는데, 술어가 될 수 없다는 점이 바로 두드러지는 특징이므로 '비술어형용사(非谓形容词)'라고도 불린다(吕叔湘·饶长溶 1981, 胡裕树 等 1995 등). 예를 들어, '大型(대형)', '初级(초급)', '主要(주요)', '彩色(컬러)' 등이 있다.

통시적으로 볼 때 이러한 형용사는 명사나 동사로부터 비롯된 것으로, 원래 있던 기능은 약해져서 명사 혹은 동사의 관형어 기능만 남고 기타 기능은 사라지면서 형성된 것이다(郭锐 2002). 이처럼 명사나 동사에서 기원한 품사는 초기 생성문법에서 [+N, +V]로 분석되는 형용사의 자질에 부합한다(Chomsky 1970). 이처럼 형용사는 명사성 품사의 특징과 동사성 품사의 특징을 모두 갖는 품사로 보인다. 중국어에서 이러한 형용사는 관형어로만 기능하며, 명사성 품사를 수식하므로, 대분류에 있어서 우리는 주더시(朱德熙 1982)에 따라 형용사를 명사성 품사에 귀속시키고자 한다.[13]

아래 예는 형용사를 명사성 품사로 분석하는 증거가 될 수 있는데, 중국어의 접속사 '而且(그리고)'는 동사성 성분을 연결하는 데에만 사용할 수 있으며, 명사성 성분을 연결하는 데에는 사용할 수 없다(吕叔湘 等 1980). (17)의 '天生(선천적)'이나 '慢性(만성적)'은 모두 형용사로 분류되는데(吕叔湘·饶长溶 1981: 81−82), '而且(그리고)'로는 이러한 단어들을 연결할 수 없다. (18)의 '奇怪(이상하다)'나 '可怕(두렵나)'는 정태동사(즉 전통적인 문법학에서 술어가 될 수 있는 '형용사')로, 이들은 '而且(그리고, 게다가)'로 연결할 수 있다. (19)의 '而且(그리고)'는 두 개의 관계절을 연결하는데, 이들은

13 朱德熙(1982)에서는 구별사를 '체언(体词)'으로 분석하였다.

모두 동사성 성분으로 볼 수 있다. 따라서 (17)의 부적격성을 통해 형용사가 명사성 품사에 속해야 함을 알 수 있다.

(17) *天生而且慢性的病

(18) 奇怪而且可怕的病

이상하고도 무서운 병

(19) 可以预防而且能够根治的病

예방할 수 있고, 완치할 수 있는 병

하지만 이러한 형용사는 또한 용언화의 경향을 보인다(吕叔湘·饶长溶 1981, 郭锐 2002). 이 책에서는 용언화된 형용사를 동사/정태동사(아래 참조)로 분석하고, 전통문법에서 말하는 '형용사'는 '동사'로, '구별사'는 '형용사'로 지칭한다. 이는 단지 용어의 전환에만 그치는 것이 아니며, 이론적인 문제까지 고려한 것이다. 비교언어학적 관점에서 '구별사'라는 명칭은 보편성이 결여되어 있다. 영어를 예로 들어보자면 'former', 'main', 'own'과 같이 술어가 될 수 없는 형용사를 '형용사'로 지칭한다. 궈루이(郭锐 2002: 197, 주석 1)는 "중국어의 구별사는 영어의 형용사와 유사하여 주로 관형어의 기능을 하므로, 역시 수식언(饰词)이라고 할 수 있다. 엄밀히 말해 중국어의 형용사를 '형용사'라고 할 수 없으며, 중국어의 구별사를 '형용사'라 칭함이 옳다"고 한 바 있다. 따라서 우리는 구별사의 이름을 바로 잡아 형용사라 칭하고, 독립된 품사로 분리하고자 한다. 하지만 독자의 언어 습관 및 연구와 교수·학습 상의 편의를 고려하여, 이 책에서는 필요에 따라 이러한 부류의 형용사를 '비술어형용사(非谓形容词)'라고 칭하여 식별하기 편리하도록 하겠다.

**양사**(classifier, 量词), 약칭 Cl. 양사의 주요 기능은 명사를 분류하는 것으로, 의미적으로는 계산 단위를 나타낸다. 전통문법에 따르면 양사는 '个(개)', '张(장)', '条(가닥)'와 같은 '개체양사', '对(짝)', '双(쌍, 켤레)', '堆(무더기)'와 같은 '집합양사', '英尺(피트)', '斤(근)', '米(미터)'와 같은 '도량사' 등으로 나누어진다. 앞서 언급한 '가산명사'는 바로 이 '개체양사'와의 연어관계에 따라 구분된다. 뤼수샹·주더시(吕叔湘·朱德熙 1979: 9)는 양사를 '부명사(副名词)'라고 하여 명사의 하위부류로 보았는데, 이를 통해서도 양사와 명사의 밀접한 관련성을 엿볼 수 있다. 따라서 양사를 명사성 품사로 분류해도 무리가 없을 것이다.

**수사**(number, 数词), 약칭 Num. 의미적으로 수사는 '一', '二', '三'과 같이 수효를 주로 나타낸다. 중국어의 수사는 일반적으로 명사와 직접 결합할 수 없고, 주로 양사와 결합하여 '수사+양사+명사'의 어순을 이룬다.

**한정사**(determiner, 限定词), 약칭 D. 한정사는 명사의 지시와 문맥의 관계를 연결시킴으로써 지시(referentiality)의 기능을 한다(Abney 1987, Chomsky 1995 등). 한정사는 말 그대로 명사를 '한정'하는 모종의 역할을 하는데, 한정성(definiteness), 양화(quantification) 정보 등을 표시하는 것을 그 예로 들 수 있다. 중국어의 대표적인 한정사로는 '你(너)', '我(나)', '他(그)'와 같은 인칭대명사, '这(이)', '那(그, 저)', '每(매)' 등과 같은 지시 대명사, '谁(누구)', '什么(무엇)'과 같은 의문 대명사를 들 수 있다. 물론 앞서 언급한 공범주 *pro* 역시 이에 포함된다. 비록 고유명사 '张三(장싼)'이나 장소명사 '北京(베이징)'이 의미적으로 한정적이기는 하지만, 본래는 명사에 속하며 통사적 조작을 거쳐 한정사와 병합된 것일 뿐이다. 영어의 관사(article) 'a', 'the', 지시 대명사 'this', 'those', 소유 관계를 나타내는 '-'s'와 같은 것들도 통사적 분석에서는 모두 한정사에 포함된다(Abney 1987).

**동사**(verb, 动词), 약칭 V. 동사는 주로 동작 행위, 심리활동, 존재, 변화, 성질, 상태 등을 나타낸다. 동사와 논항의 관계에 따라 동사는 '비능격(unergative)', '비대격(unaccusative)'(Perlmutter 1978, Burzio 1986 등)으로 나뉜다. 비능격 동사는 동작을 묘사하며, 행위자(Agent)를 기본 논항으로 하고, 외재논항(external argument)인 행위자가 주어가 된다. 비대격 동사는 상태와 관련되어 있는데, 주로 존재, 출현 혹은 소실을 나타내며, 수동자(Patient)를 기본 논항으로 하고, 수동자 등 내재논항(internal argument)이 목적어가 된다. 황정더(黄正德 2007: 5)의 분류에 따르면 중국어의 비능격 및 비대격동사는 다시 그 논항 수에 따라 4개의 부류로 나뉘는데, 그중 '1항', '2항'은 논항의 수를 의미한다. 1항 비능격동사는 '자동사(intransitive verbs)'로, 2항 비능격동사는 '타동사(transitive verbs)'로 불리며, 일부 1항 비대격동사는 '존현동사(存现动词)', '기동동사(inchoative verbs)'로, 2항 비대격동사는 '사동동사(causative verbs)'로 불린다.[14]

(20) 비능격 계열

1항: 笑(웃다), 哭(울다), 飞(날다), 跳((팔짝) 뛰다), 吵闹(떠들다)

14 (20)은 단지 대략적인 분류일 뿐이며, 黄正德(2007: 18)에서 언급한 바와 같이 동사 분류는 "서로 다른 부류에 걸쳐 있거나 구분이 모호한 경우가 발생하는 것은 피할 수 없다". 曾立英(2007)은 중국어의 비대격동사(능격동사)를 판별할 수 있는 기준을 제시하였다. 영어의 비대격 및 비능격동사의 분류에 대해서는 沈园(2007: §2)을 참고하기 바란다.

2항: 打(때리다), 骂(욕하다), 吃(먹다), 写(쓰다), 批评(비난하다), 欺骗(속이다), 赞美(찬미하다), 打胜(이기다)

비대격 계열

1항: 来(오다), 是(…이다), 有(있다), 死(죽다), 出现(출현하다), 发生(발생하다)

开(열리다), 关(닫히다), 沉(가라앉다), 摇(흔들리다), 吓(놀라다), 气死(화나 죽다) - 자동

2항: 开(열다), 关(닫다), 沉(가라앉게 하다), 摇(흔들다), 吓(놀래키다), 气死(화나 죽게 하다) - 타동

전통문법에서 말하는 '형용사'를 이 책에서는 동사의 하위 부류인 '정태동사'로 분류하여 동사의 일종으로 처리한다. 《중고등학교 교육문법체계제요(中学教学语法系统提要)》 및 대다수 현대중국어 문법 교과서를 포함해, 우리에게 익숙한 중국어 품사 체계에서는 모두 '형용사'를 중국어의 독립된 품사로 처리하고 있다. 중국어의 '형용사'를 동사에 포함시키는 것은 이 책이 처음이 아니며, 차오(Chao 1968), 리와 톰슨(Li and Thomson 1981) 및 취청시·지쭝런(屈承熹·纪宗仁 2005) 등에서 이미 중국어의 '형용사'를 동사로 분류하여 분석한 바 있다. 그러나 전통문법에서 '형용사'라 칭하는 것을 동사의 하위 부류로 분류하는 것이 중국어 생성문법학계의 주류는 아니다. 황, 리와 리(Huang, Li and Li 2009: 23)에서는 '형용사'를 독립된 품사의 하나로 보아야 한다고 하였으며, 개사 '对'를 사용한 검증 및 'AABB', 'ABAB' 중첩 검증을 통해 '형용사'와 동사를 구분할 수 있다고 하였다. 전통문법에서는 'AABB'식에 사용될 수 있는 것은 '형용사'로, 'ABAB'식에 사용될 수 있는 것은 동사로 본다. (21)과 (23)의 '明明白白(아주 밝다)'는 '형용

사'이며, 목적어는 반드시 '对(…에 대하여)'를 사용하여 전치시켜야 한다. (22)와 (24)의 '明白明白(좀 이해하다)'는 동사로, 목적어 앞에 위치할 수 있다.

(21) *他(应该)明明白白这个道理!

(22) 他应该明白明白这个道理!

그는 이 이치를 좀 이해해야 한다!

(23) 他对这个道理明明白白。

그는 이 이치에 대해 아주 밝다.

(24) *他(应该)对这个道理明白明白。

상술한 예시에서 드러나는 뚜렷한 차이가 중국어에 실재하는 언어 사실이라는 것은 부인할 수 없는 사실이다. 중국어에서 동사와 '형용사'를 나누느냐(分) 합치느냐(合)는 사실상 기준과 명명의 문제라고 할 수 있다. 어떠한 기준으로 검증을 하든, 동사(동태동사)와 '형용사'(정태동사)는 분명히 차이가 존재하는데, 이에 사용하는 검증법에는 개사 '对'의 사용, 중첩 방식에 있어서의 차이 등이 있다. 하지만 우리에게는 과연 이론적 분석에 있어서 이들을 서로 다른 품사로 구분할 것인지(分), 아니면 하나의 품사 안에 속한 두 개의 하위 부류로 볼 것인지(合)가 문제로 남는다. 뤼수샹(吕叔湘 1979: 32)에서는 "만약 형용사를 동사에 합병시킨다면, 이를 반 독립적인 하위 부류로 간주하는 것도 하나의 방법이 될 수 있을 것이다"라고 하였다. 이에 대한 우리의 처리 방법은 간단하다. 즉 술어가 될 수 있는 '형용사'는 동사이므로 동사의 하위 부류(정태동사)로 분류하고, 술어가 될 수 없는 '형용사'만을 진정한 형용사(즉, 전통 문법학에서 말하는 '구별사, 비술어형용사')

로 보는 것이다. 하지만 '형용사'라는 용어가 독자들에게 이미 익숙해져 습관적으로 사용되고 있다는 점, 그리고 연구 및 교수·학습의 편의를 고려하여 이 책에서는 상황에 따라 정태동사를 기존에 사용되던 것과 같이 '형용사'로 칭할 것이며, 진정한 '형용사'인 구별사는 '비술어형용사'라 칭하기로 하고, 모든 구별사에 대해 '비술어형용사'라는 명칭을 일일이 표시해 주도록 하겠다.

**부사**(adverb), 약칭 Adv. 부사는 일반적으로 동사를 제한하거나 수식하며, 범위·시간 등의 의미를 나타낸다. 그 예로 범위를 나타내는 '都(모두)', '只(단지)'나 시간을 나타내는 '已经(이미)', '刚刚(막)', 장소를 나타내는 '到处(곳곳에)', 긍정과 부정을 나타내는 '必定(반드시)', '不(아니, 못)', '没有(아니, 못)', 방식을 나타내는 '亲自(직접, 친히)', '公然(공연히)', 어기를 나타내는 '到底(도대체)', '居然(뜻밖에)' 등이 있다. 형용사와 명사의 관계처럼 부사와 동사의 관계는 일종의 제한-피제한, 수식-피수식 관계를 이룬다.

**경동사**(light verb), 약칭 *v*.[15] 경동사輕動詞는 주로 사건성(eventualities)이나 상황(situations)을 나타내며, 의미역 관계(thematic relations)와 간접적으로 연관되어 있다. 여기서 사건성이라는 것은 일종의 의미적 개념으로, 시간적 특징에 따라 술어를 분류하는 것인데, 주로 '상태(state)', '활동(activity)', '완수(accomplishment)', '성취(achievement)'로 나눈 벤들러(Vendler 1967)의 분류법을 가리킨다. 제6장 '주술구조'에서 경동사와 각종 사건성간의 관계에 대해 보다 상세히게 논의하도록 하겠다.

15 본래 'light verb'를 '轻量动词'로 번역하였으나(邓思颖 2003b), 이 책에서는 최근 대다수 학자들이 사용하는 용어를 따라 '轻动词'라는 용어를 사용하였다. 경동사를 이탤릭 소문자 *v*로 표기하는 것은 촘스키(Chomsky 1995)에서 취한 방식으로, 소문자 *v*와 대문자 V는 서로 다른 품사이다

경동사가 '경輕'으로 불리는 것은 동사에 비해 그 의미가 비교적 '약하고(虛)', 특정한 의미만을 나타낼 수 있기 때문이다. 경동사는 통사 이론의 정식 품사 중 하나로, 촘스키(Chomsky 1995)에서 제시된 개념이라 할 수 있다. 생성문법 이론 논저에서 언급된 것 중 경동사와 유사한 품사에는 라슨(Larson 1988)의 'VP 패각구조(VP shell)', 바워스(Bowers 1993)의 '서술사(predicate, 약칭 Pr)', 크라처(Kratzer 1993)의 '태態(voice)', 콜린스(Collins 1997)의 '타동성(transitivity, 약칭 Tr)' 등이 있다.

현재 생성문법에서 경동사에 대한 이해가 완전히 일치하고 있지는 않으며, 경동사가 설명할 수 있는 현상의 범위도 역시 저마다 들쑥날쑥하다. 이 책에서는 사건성 개념을 핵심으로 하여 경동사를 설명하고자 한다. 즉 경동사는 "의미적 층위에서 보았을 때, 그 의미가 단순하면서, 다양한 동사들이 공유하는 '인자(因子)'의미를 가리킨다"(黄正德 2008: 228). 소위 '인자의미'란 술어가 공통으로 보유한 사건성을 의미한다. 따라서 경동사는 사건성을 나타내고 구성하는 개념이라 할 수 있다(Huang 1997: 52, Lin 2001: 77). 우리는 사동 의미를 나타내는 '把', 사건의 변화를 나타내는 '给' 가 사건성과 밀접한 관계를 가지며, 모두 중국어의 경동사에 속한다고 본다.

사실 전통적인 중국어 문법학계에서 일부 학자들이 이와 유사한 개념을 제시한 바 있는데, '把', '被', '教', '让', '给' 등과 같이 의미가 비교적 '약한(虛)' 동사(일반적으로는 개사로 분석하기도 함)를 '차동사(次动词)', '조동사(助动词)', '부동사(副动词)'로 칭하였다.

(25) 일반적인 동사 외에도 중국어에 일종의 조동사가 존재한다고 본다. (…) 비록 행위를 나타낼 수는 없으나 행위의

성질을 나타낼 수는 있다. (…) 이들은 비록 순수한 실사(实词)는 아니지만, 우리는 이들 역시 동사의 일종으로 분류하는 것이 다른 품사로 분류하는 것보다 타당하다고 본다.(王力 1984[1944]: 26)

(26) 차동사 역시 동사의 일종이나, 일반 동사와는 두 가지 차이가 존재한다. 첫째, 차동사는 대부분 술어의 주요 성분이 될 수 없다. (…) 둘째, 차동사의 뒤에는 항상 목적어가 와야 하며, 일반적으로 체언 목적어이다. (…) 체언 목적어를 취할 수 있다는 것은 일반적 동사의 특성이지만, 술어의 주요 성분이 될 수 없다는 점에서 일반 동사와는 구분된다. 따라서 이를 '차동사'라 부른다.(丁声树 等 1961: 95)

(27) '把', '被', '从', '对于' 등은 술어의 주요 성분이 될 수 없는데 (…) 우리는 이를 부동사라 부르기로 한다. (…) 대다수의 부동사는 일부 문법서에서 '개사'로 불리는데, 이 두 종류의 품사를 구분하는 것은 쉽지 않으므로, 이들을 동사라는 대분류에 귀속시키는 것이 더 나을 것이다.(吕叔湘·朱德熙 1979: 9)

중국어에는 '着', '了', '过'와 같이 '상'(aspect, 중국어로 '体' 혹은 '体貌')을 나타내는 성분이 존재하는 데, 이를 '상 표지(aspect markers)'라 부른다. 예를 들어 《중고등학교 교육문법체계제요(中学教学语法系统提要)》, 류웨화 외(刘月华 等 1983, 2001), 장즈궁 외(张志公 等 1985), 싱푸이 외(邢福义 等 1991), 후위수 외(胡裕树 等 1995), 베이징대학 중문과(北京大学中文系 2004), 황보룽·랴오쉬둥(黄伯荣·廖序东 2002b) 등과 같은 중국어 문법학 문헌에서는 일반적으로 이러한 성분을 '조사'로 분류하고 있다. 상 표지가 독립된 품사의 하나인지에 대해서는 여전히 논쟁의 여지가 다소간 존재한다. 우리는 장징 외(张静 等 1980), 주더시(朱德熙 1982)의 견해에 따라 상 표지를 동사의 접미사로 보고, 독립적인 품사라기보다는 형태론적으로 동사와 결합된 동사의 일부로 간주한다. 상 표지는 기능적으로 경동사가 나타내는 사건성과 밀접한 관계를 가지며, 통사적으로 종종 경동사와 함께 사용된다(邓思颖 2003b).

**시간사**(tense/temporal particle), 약칭 T. 이 품사는 매우 추상적이고 문법화된 성분을 나타내며, 그 의미(meaning)는 시간 정보와 관련되어 있는데, 시간 정보를 담고 있는 중국어의 문말 조사 '来着', '了' 등이 이에 해당한다(Tang 1998, 邓思颖 2002c, 2003b(Sybesma1996 참조), Xu 1997, Zhang 1997, 熊仲儒 2003b, 胡建华·石定栩 2005, 石定栩·胡建华 2006 등).[16] 시간사를 통사적으로 독립된 하나의 품사로 분석하는 방법은 폴락(Pollock 1989), 촘스키(Chomsky 1995: §2) 등에서 살펴볼 수 있다.

시간에 대한 라이헨바흐(Reichenbach)의 분석에 따라, 우리는 '来着', '了'가 발화시간(speech time), 사건시간(event time) 및 참조시간(reference time)이라는 세 가지 시간의 상대적 관계를 나타낸다고 본다. '来着'는 일반적으로 "최근의 과거에 발생한 일과 관련되어 있음"(Chao 1968, 赵元任 2002: 694), "어떠한 일이 발생한 바 있음을 나타냄"(吕叔湘 等 1980: 311), "최근의 과거에 발생한 적이 있는 일을 나타냄"(朱德熙 1982: 209), "얼마 전에 발생한 어떠한 일 혹은 어떠한 상황을 나타냄"(刘月华 等 1983: 234, 2001: 407), "행위 상황이 이미 경험이 되었거나, 발화시 상황에 이미 변화가 생겼음을 나타냄"(邢福义 1996: 236) 등과 같이 설명할 수

16 여기서의 시간사 '了'는 일반적으로 말하는 '了$_2$'로, 문말에 위치하며, 동사 뒤에 붙는 '了$_1$'과 구분된다.

있다. 다시 말해 과거시제(past tense)를 나타내는 것이다. (28)과 같은 방식을 통해 나타내자면, 사건시간이 발화시간 전에 위치하고(즉, '발화시간'의 좌측에 위치), 참조시간은 이미 과거가 된 사건시간을 지시한다(즉, '사건시간'과 '참조시간'이 동일한 지점에 위치). (29)에서의 '来着'는 과거시제를 나타내는데, '비가 내리는(下雨)' 사건시간은 발화시간 전에 나타나며, 참조시간은 '비가 내리는' 그 시간을 지시한다. 천첸루이(陈前瑞 2008)는 '来着'의 통시적 유래에 대해 면밀히 고증한 결과, 중국어의 '来着'가 만주어의 과거시제에서 용법에서 비롯되었으며, 청대 초기 베이징어의 '来着'는 강제성을 가지지 않는 과거시제 표지였다고 주장하였다. 따라서 (29)의 '来着'는 시간사로 분류하는 것이 타당할 것이다.

(28) …사건시간, 참조시간…발화시간…[17]

(29) 下雨来着。　(방금 전에) 비가 왔었다.

'了'는 "새로운 상황의 출현을 나타낸다"(朱德熙 1982: 209). 차오(Chao 1968: §8.5.5)는 '了'의 용법을 '시작', '새로운 상황이 야기한 명령', '이야기의 진전', '과거의 한 사건', '현재의 완결된 동작', '상황의 결과를 나타내는 절에 사용', '어떠한 상황이 분명함' 등으로 개괄하였다(赵元任 2002: 687-688). 石定栩 · 胡建华(2006)는 절은 하나의 명제(proposition)를 나타내고, '了'는 이 명제(절)가 서술·묘사하는 상태에 이미 들어섰음을 나타낸다고 하였다.[18] 종합해볼 때, '了'의 기능은 영어의 완료(perfect)와 비슷하다

17 [역주] 시간의 흐름을 t축으로 하여 과거시제는 다음과 같이 나타낼 수 있다.

고 할 수 있다. 완료란 사건시간이 발화시간 이전에 위치하고, 참조시간은 사건시간 이후의 어느 한 지점에 위치하는 것을 말한다. (30)과 같이 참조시간이 발화시간과 동일한 시점에 위치하는 경우를 '현재완료'라고 하고, (31)과 같이 참조시간이 발화 이전의 한 시점에 위치할 경우를 '과거완료'라고 한다.[19] (32)의 '了'를 예로 보면, '下雨(비가 내리다)'는 발화 이전에 발생한 것으로, 만일 화자가 참조하고자 하는 시간이 발화하는 시간과 동일하다면, 즉 화자가 (32)를 말하는 순간 '下雨(비가 내리다)'라는 사건이 이미 발생했다면, 이때의 '了'는 현재완료를 나타낸다. 이에 비해 화자가 참조하고자 하는 시간이 발화 이전에 위치하지만, '下雨(비가 내리다)'라는 사건이 발생한 이후라면, 이때의 '了'는 과거완료를 나타내게 된다.

(30) …사건시간…참조시간, 발화시간… (현재완료시)[20]

(31) …사건시간…참조시간…발화시간… (과거완료시)[21]

(32) 下雨了。 비가 오기 시작했다. 비가 왔다.

잘 알다시피, 중국어에는 형태적으로 영어의 '–ed', '–s'와 같

---

18 하지만 이 책의 분류와 달리, 石定栩·胡建华(2006)은 '了'([역자] 즉 '了$_2$')를 보문사로 분류하고 있다.

19 [역주] 원서에서는 'perfect'를 '完了時'로 번역하였는데, 한국에서 널리 사용되는 표현에 따라 '완료시'가 아닌 '완료'로 번역하였다.

20 [역주] 현재완료는 다음과 같이 나타낼 수 있다.

21 [역주] 과거완료는 다음과 같이 나타낼 수 있다.

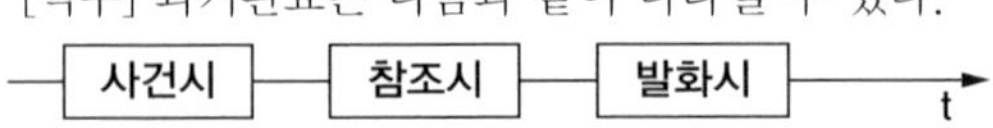

은 시간 접미사가 없다. 중국어에 정형(finite)과 비정형(nonfinite)의 구분이 존재하는가에 대해서도 여전이 학계의 의견이 분분하다(Hu, Pan and Xu 2001). '来着'나 '了'와 같은 단어를 어떻게 분석하든 이들은 분명 시간에 대한 정보를 담고 있으므로, 이를 '시간사'라고 부르는 것이 부적절하다고는 할 수 없을 것이다. '来着', '了'가 구체적으로 어떠한 시간을 나타내는지, 상(aspect)과는 어떠한 관련이 있는지 등의 문제를 다룬 논저는 매우 많으며, 이에 대한 논의도 적지 않기 때문에 여기서는 더 이상 언급하지 않기로 한다. 더구나 이 같은 문제는 모두 의미의 범주에 속하며, 심지어 인지적 영역에서 다룰 문제이므로, 통사와는 무관하다 할 수 있다. 우리는 다만 체계성의 관점에서, 단어의 분류 및 단어들이 동사에서 구를 구성하는 방법에 대해 관심을 둘 뿐이다.

중국어의 이러한 단어들을 간단히 '시(时)'라고 부른다면, 일부 독자들은 글자만 보고서 이 '시'가 동사의 형태변화 형식(영어와 같은)을 의미한다고 여겨 중국어에도 이 같은 형태변화 형식이 존재한다고 오해하게 될지 모른다. 또한 이 책에서 모든 품사를 '-사'로 칭하고 있다는 점을 고려해, 'tense'를 중국어 '时词'로 번역한다면, 이 또한 어색한 용어가 된다. 우리는 일찍이 이러한 품사를 중국어에서 '时态'[22]라고 명명한 바 있으나(邓思颖 2003b),

---

22 [역주] '时态'는 중국에서 'tense'의 대역어로 사용되기도 하지만, 간혹 'aspect'를 번역하는 중국어 용어로 사용되기도 한다. 이 밖에도 '体', '动态', '体态', '动貌', '体貌' 등 다양한 용어가 'aspect' 개념에 대한 중국어 대역어로 쓰인다. 이처럼 동일한 용어가 'aspect' 혹은 'tense'라는 상이한 두 가지 개념을 번역하는 데 사용되고 있어, 개념상의 혼란을 야기시키기도 한다. 이 책에서도 이러한 혼란을 피하기 위해 상(aspect)을 표시할 때에는 '体'라는 중국어 용어를 사용하고 있다. 또한 중국어에는 시제를 나타내는 문법범주가 존재하지 않으므로, 이 책에서는 일반적으로 'tense'의 대역어로 사용되는 '时制' 혹은 '时'

이 역시 'tense'와의 연관성으로 불필요한 오해를 야기할 수밖에 없다. 이에 따라 이 책에서는 보다 '포괄적인' 의미의 '시간사'라는 용어를 사용하여 이 책에서 사용하는 다른 명칭과의 일관성을 유지하며, 중국어의 정형, 비정형 구분에 대한 논쟁을 비껴가고자 한다.[23] 'T' 역시 의미적으로 보다 광범위한 'temporal(시간)'의 약어로, 상(aspect)을 나타낼 수 있으며, 꼭 'tense'와만 연관된 것은 아니다.

**보문사**(complementizer), 약칭 C[24]. 보문사의 주된 기능은 '절'을 표시하는 것으로, 문장 종류를 나타낸다(Cheng 1991, Chomsky 1995 등). 전통문법의 분류에 의하면 문장종류는 평서문, 의문문, 명령문, 감탄문 등 크게 4가지로 구분된다. 중국어의 문장종류를 판단하는 중요한 방법의 하나가 바로 어조인데, 문장종류마다 각각 특정한 어조를 가진다. 비록 어조는 초분절음(suprasegmental)에 속

---

라는 용어 대신 '时间'이라는 용어를 사용하여 혼란을 피하고자 하였다. 邓思颖(2013년 7월, 고려대학교 강연)에 따르면 이 책에서 말하는 '时间词', '时间'은 'tense', 'temporal', 'time' 등 다양한 시간 관련 개념을 포괄한다.

23 여전히 중국어에 '시간'을 나타내는 품사가 존재한다는 사실에 회의적이라면, 이 책에서 채택하고 있는 '시간사'라는 용어를 '시간 정보를 나타내는 문말조사'의 약칭으로 이해해도 무방하다.

24 기존에 나는 David Crystal 편, 沈家煊 역(2000)에 따라, 'complementizer'를 '标补语'(邓思颖 2003b)라고 칭하였다. 그런데, David Crystal 편, 沈家煊 역(2000)에 '标句语'라는 용어 역시 수록되어 있으며, 伍雅清(2000, 2002)에서도 '标句语'라는 용어를 사용한 바 있다. 한편, 温宾利(2002), 熊仲儒(2004), 何元建(2007), 梅德明 等(2008), 司富珍(2008, 2009), 徐烈炯(2009)에서는 '标句词'로, 吴刚(2006)은 이를 '标句成分'이라고 번역하고 있다. 이러한 대역어들을 참고하여, 이 책에서는 'complementizer'를 '标句词'로 번역하였는데, 여기에는 다음과 같은 두 가지 문제가 고려되었다. 첫째, 품사를 나타내는 용어를 '-어'가 아닌 '-사'로 통일하기 위함이고, 둘째, 중국어의 절을 보충어(complement)로 정의하는 것이 백퍼센트 정확한 것은 아니기 때문이다.

하는 성분이지만, 우리는 문장종류를 나타내는 어조를 독립된 품사인 보문사로 분류하고자 한다. 보문사는 중국어의 어휘부에 속해 있으며, 통사부로 진입하여 구를 구성할 수 있다. 다시 말해 문장종류를 나타내는 어조야말로 '진정한' 보문사이며, 그 역할은 절을 표시하고 절의 문장종류를 분류하는 데 있다. '因为(왜냐하면)', '虽然(비록)', '如果(만약)'와 같은 중국어의 접속사 역시 이러한 보문사의 일종으로 보아야 하며(Huang 1982, Tsao 1988, C.-C. J. Tang 1990, 何元建 2007 등), 이들은 종속절(subordinate clause)을 나타내는 데 사용된다.

**어기사**(Force), 약칭 F. 어기사(语气词)는 주로 서법(mood), 화행(speech act) 혹은 기타 담화 특징과 관련된 품사를 가리키며, 발화의미(utterance-meaning)를 나타내고, 발화시의 문맥과 관련이 있다. 그러나 "어기사와 어기가 반드시 일대일 대응을 이루는 것은 아니다. 한편으로는 하나의 어기사가 각기 다른 다양한 어기를 나타내기도 하고, 또 한편으로 동일한 어기가 여러 가지 다른 어기사를 통해 나타날 수도 있으며, 서로 거의 차이가 없을 때도 있다"(吕叔湘 1982: 257). 중국어의 '吗', '吧', '啊' 등은 전형적인 어기사이다(胡明扬 1981, 1987, 朱德熙 1982 등). 이 밖에 일부 어기사는 초점을 나타낼 수도 있는데, 초점과 관련된 이와 같은 어기사들은 어기사의 한 하위부류로 분석될 수 있다. 심지어 이를 '초점사'로 따로 구부해 부르기도 하는데,[25] 이와 같은 예에 속하는 것 중 자주 쓰이는 것에는 '呢'가 있다.

---

25 Rizzi(1997)는 초점사(Focus)가 보문사구 체계의 일부에 속해야한다고 보았다. 중국어 품사의 큰 틀을 고려하여, 우리는 어기사와 초점을 F라는 한 부류로 보고, 따로 나누지 않는다. F는 Force를 나타낼 수도 있고, Focus를 나타낼 수도 있다.

생성문법 논저에서 어기사는 종종 보문사로 분류되며 통사에서 중요한 역할을 한다(Lee 1986, 汤廷池 1989, Cheng 1991, A. Y.-H. Li 1992, Aoun and Li 1993, Tsai 1994, Tang 1998, 邓思颖 2002c, 2003b, 石定栩·胡建华 2006, B. Li 2006, 何元建 2007 등).[26] 쳉(Cheng 1991)은 '절 유형 표시 가설(Clausal Typing Hypothesis)'을 제안하여 모든 절은 문법수단을 통해 그 유형을 표시해야 하며, 중국어의 어기사가 바로 절의 유형을 표시하는 역할을 담당한다고 주장하였다.[27] 촘스키(Chomsky 1995: 240)는 평서문이나 의문문 등과 같이 보문사가 서법이나 말힘(Force)과 연관되어 있다고 하였는데, 그(Chomsky 1995: 289)는 쳉(Cheng 1991)의 주장에 동의하며 보문사의 기능이 바로 문장 종류를 결정하는 데 있다고 보았다. 이와 같은 생각에서 한걸음 더 나아가 리치(Rizzi 1997, 2004)는 '말힘(force)'을 포함한 보문사를 하나의 품사로 구분하여 이를 '지도제작 접근법(Cartographic approach)'[28]에 적용하였다. 이 책에서는 '말힘'을 독립된 품사로 분석해야 한다는 리치의 의견에는 동의하지만, 이를 문의 유형과 동일시하는 것에는 동의하지 않는다. 문의 유형과 '말힘'은 서로 다른 두 개의 범주로, 전자가 문장 의미(sentence-meaning)에 따라 구분되며, 문장의 문법적 특징에 따라 결정되고

---

26 웨어(粵語)의 어기사는 상대적으로 풍부한 편인데, 이에 대해서는 邓思颖(2002c, 2006b, c, 2008d, 2009b, 2013a, 2015, 2016d), Tang(2009, 2015a, b)의 상세한 논의와 분석을 참고하기 바란다.

27 [역주] Cheng(1991, 1997: 22)의 절 유형 표시 가설은 다음과 같다.

Every clause needs to be typed. To type a wh-question, either i) there is a wh-particle in $C^0$ or ii) a wh-phrase fronts to spec, $C^0$

Potsdam, E. (2006: 2155)에서 재인용(Potsdam, E. (2006), "More concealed pseudoclefts in Malagasy and the Clausal Typing Hypothesis," *Lingua* 116, 2154–2182).

28 [역주] 생성문법에서의 지도제작 접근법(cartographic approach)이란 기능범주의 구성을 구조 지도(structural map)로 그려내는 이론이다. 상세한 내용은 제11장 참조.

문맥으로부터 독립적인 반면, 후자는 주로 발화의미를 나타내며 발화시의 문맥과 연관되기 때문이다(Lyons 1995). 따라서 오스틴(Austin), 설(Searle) 등이 제안한 것과 같이 '말힘'은 화용상의 개념으로 보아야 타당할 것이다.

이 품사의 명칭에 있어서 우리는 리치(Rizzi 1997)가 제안한 'Force'를 차용하되, 여기에 화용적인 의미를 부여하고자 한다. 화용론에서 'Force'를 '말힘(语力)'으로 번역하는 것은 어느 정도 타당성이 있지만, 이를 품사의 명칭으로 사용하는 데에는 무리가 있으며(가령 '语力词'와 같이), 중국어 문법학의 관습에도 부합하지 않는다. 전통적인 중국어 문법학에서는 화자의 감정, 의도 등 화용적 특징을 가리키는데 '어기(语气)'라는 용어를 사용하므로, 우리가 화용론의 관점에서 'Force'를 설명하고, 품사의 하나로서 'Force'를 '어기사(语气词)'라고 명명하는 것이 타당하다고 본다. 더불어 '어기사'는 중국어 문법학에 이미 존재하는 용어로, '吗', '吧', '啊' 등을 모두 '어기사'로 부르는데 대해 별다른 이견이 존재하지 않는다. 이와 같은 점들을 고려하여 볼 때, 이 책에서 통사론의 'Force'를 '어기사'로 칭하는 것은 'Force'가 가진 '본래 의미'를 반영함과 동시에, 중국어 문법학의 관례에도 부합한다고 하겠다.

**개사**(preposition, 介词), 약칭 P. 엄밀히 말해, 이 부류는 '후치사(postposition)'와 구분하기 위해서 '전치사'로 불러야 옳다. 하지만 중국어 문법학에서의 관례에 따라, 이 책에서도 기존에 사용하던 '개사'라는 용어를 그대로 사용하기로 한다. 개사는 일종의 '표지' 기능을 하는데, 시간, 장소 등을 나타내는 '在(…에서)', '从(…로부터)', 방식이나 도구를 나타내는 '用(…을 이용하여)', 관련 대상을 나타내는 '对于(…에 대하여)', '跟(…와)'과 같은 예가 있다.

개사는 일반적으로 명사구 앞에 붙어 명사구와 함께 '개사구'를 형성한다. 중국어의 개사가 대부분 동사에서 기원하였으며 동사와 밀접한 연관성을 갖는다는 사실을 감안하여, 이 책에서는 개사를 동사성 품사로 분류하기로 한다.

**접속사**(conjunction, 连词), 약칭 Co(혹은 Conj, &). 이 책에서 이 품사에는 주로 명사구를 연결하는 접속사가 포함되며, 절을 연결하는 접속사는 보문사로 구분한다. 일반적으로 '跟(…와)', '和(…와)', '同(…와)' 등은 개사이면서 접속사이기도 한 것으로 분류되는데, 형식상으로는 이들이 어느 부류에 속하는지 판단하기 쉽지 않고, 종종 통사적 위치만을 통해 품사를 확정하게 된다. 이는 접속사와 개사 간의 밀접한 관계를 보여주는 부분이다. 왕리(王力 1980: 332)는 일찍이 접속사와 개사를 하나로 묶을 것을 주장하였는데, "개사와 접속사의 경계가 명확하지 않으므로, 이를 '연결사(联结词)'라는 하나의 용어로 통칭한다"고 하였다. 원칙적으로는 이러한 관점에 동의하나, 여기서는 그대로 '접속사(连词)'라는 용어를 사용하기로 한다. 이는 일종의 '문법화'된 개사로서, 이미 시간, 장소, 방식, 도구, 관련 대상을 나타내는 '실재적' 의미를 상실하고 오로지 관계만을 나타내는 품사로 변한 것으로, 주요 기능은 성분을 연결하여 두 성분 사이의 정태적 관계를 나타내는 것이다.

이 책의 품사 분석은 당연히 중국어에 존재하는 대부분의 단어를 포괄할 수 있어야 하지만, 그렇다고 해서 중국어에 존재하는 모든 단어를 포괄하고 있다고는 말할 수 없을 것이다. 일부 논저에서는 이미 인정되는 품사이거나 자주 보이는 품사이지만, 상술한 품사 분류에는 포함되지 않은 품사와 관련하여 아래와 같은 두 가지 관점에서 첨언하고자 한다.

첫째, '조사'는 독립된 품사로 볼 수 없다. 뤼수샹(吕叔湘 1979: 38)이 말한 바와 같이 "어기조사를 제외한 대부분은 '단어'로서의 자격을 얼마나 유지할 수 있느냐 하는 문제가 있다". 일부 어기조사는 이 책에서 구분한 시간사(예를 들어 '了')나 어기사(예를 들어 '呢') 등과 같은 독립된 품사에 속한다. '所'의 경우 일부 논저에서는 이를 구조조사(结构助词)로 보거나(《중고등학교 교육문법체계제요(中学教学语法系统提要)》, 刘月华 等 1983, 2001, 张志公 等 1985, 周一民 2006 등), 혹은 '실재적 의미가 일부 남아 있으나 문법화가 진행 중인 접사'라고 분석하였다(张静 等 1980: 90). 심지어 이를 하나의 품사로 구분할 수 없는 '기다 조사'로 분류하는 경우도 있다(张斌 等 1988, 邢福义 等 1991, 胡裕树 等 1995, 黄伯荣·廖序东 2002b, 冯志纯 等 2008). 생성문법학 논저 중 '所'를 하나의 독립된 품사로 처리한 경우도 있었으나(Chiu 1995), 팅(Ting 2003, 2005, 2008)은 상세한 논증을 통해 '所'를 접어형식(clitic)을 가진 대명사로 보았다. 이러한 분석이 옳다면, '所'는 한정사(determiner)의 하나로 보아야 할 것이다. 시간사, 어기사, '所'는 비록 독립된 품사이지만, 조사로는 볼 수 없다. 이 밖에 '조사'라 불리는 다른 단어들은 역시 모두 하나의 품사를 이루지 못한다. 동태조사는 독립된 품사라기보다는 동사의 접미사로 간주하는 것이 타당하고, 구조조사 '的', '地', '得' 역시 접미사로 보아야 한다. 비유조사 '似的(…와 같다)'는 본래 동사 '似(닮다)'와 관련이 있는데, 영어의 접미사 '–like'와 같은 접미사로 분류할 수 있을 것이다. 따라서 조사는 품사로 분류될 수 있는 자격이 없다고 본다.[29]

둘째, 비록 '의성사(중국어로 '拟声词', 혹은 '象声词', 예를 들어 '噼里啪啦(후두두)'와 같은)'와 '감탄사(叹词, 예를 들어 '啊(아)', '咦(어)', '哎呀(어이쿠)' 등)'는 나름의 특수한 신분 및 지위를 가지지만, 이를 독립된 품사로 분류할 이유나 이론적 필요성이 없다. 따라서 이 책에서는 이를 부사로 보며, 심지어 일부 감탄사는 어기사의 하위부류로 처리하여도(胡明扬 1987) 무방하다고 본다.

결론적으로 중국어의 단어는 분류될 수 있으며 또 분류되어야 한다. 단어의 의미와 기능 특징에 따라 이 책에서는 중국어의 품사를 먼저 '명사성 품사'와 '동사성 품사' 두 개로 나누고, '명사성 품사'와 '동사성 품사' 아래 하위 부류를 두었다. 독자들의 편의를 위해 아래에서는 이 책의 품사와 전통 문법학에서의 품사 명칭을 간략히 대조해 보았다.

(33) 중국어 품사 명칭 대조표

| 이 책의 품사 명칭 | | 전통문법에서의 품사 명칭 |
|---|---|---|
| 명사성 품사 | 명사(N) | 명사, 고유명사, 장소명사, 방위사 |
| | 형용사(A) | 구별사/비술어형용사 |
| | 양사(Cl) | 양사 |
| | 수사(Num) | 수사 |
| | 한정사(D) | 대사 |
| 동사성 품사 | 동사(V) | 동사, 형용사 |
| | 부사(Adv) | 부사, 의성사, 감탄사 |
| | 경동사(*v*) | 개사/차동사 |
| | 시간사(T) | 어기사 |
| | 보문사(C) | 어조, 접속사(절) |
| | 어기사(F) | 어기사 |
| | 개사(P) | 개사 |
| | 접속사(Co) | 접속사(구) |

## 3.4 어휘어와 기능어

상술한 분류 이외에 단어를 크게 '어휘어(lexical words)'와 '기능어

29 张静 等(1980)의 체계에서 허사에는 개사, 접속사, 어기사, 감탄사 등 네 가지뿐이며, 조사는 존재하지 않는다.

(functional words)' 두 가지로 나눌 수도 있다. 어휘어와 기능어는 예를 들어 [기능성], [비기능성](±F)(Abney 1987)과 같은 형식자질에 따라 구분되는데, 어휘어는 [비기능성] 특징, 기능어는 [기능성]의 특징을 갖는다. 일반적으로 볼 때 어휘어는 주요 의미 내용을 표현하고, 사물, 동작행위, 성질, 상태 등 비교적 '실재적' 의미를 나타낸다. 이에 비해 기능어는 주로 문법적 기능을 하며 기능함수(functor)의 역할을 하고, 논리개념을 나타내거나 혹은 본래의 의미보다 비교적 '문법화'된 의미를 나타낸다. 애브니(Abney 1987)는 기능어의 특징에 대해 상세히 분석하여 아래와 같은 특징을 제시하였다.[30][31]

(34) 기능어의 특징(Abney 1987)

a. 폐쇄범주(closed class)에 속한다.

b. 음운 및 형태적으로 독립성이 결여되어 있다.

c. 하나의 보충어만을 선택하는데, 이 보충어는 비논항이다.[32]

d. 대부분의 경우 뒤에 있는 보충어와 분리되지 않는다.

e. 묘사적 내용이 없으며, 주로 문법 관계를 나타낸다.

'폐쇄범주'에 속하는 단어들은 기본적으로 고정되어 있어, 임의로 새로운 단어를 만들어 내지 못한다. 예를 들어, 어휘어인

---

30 Abney(1987)는 단어를 '논제범주(thematic category)'와 '기능어'로 나누었는데, 여기서 '논제범주'는 바로 어휘어이다.

31 [역주] Abney(1987)는 어휘이를 '논제범주(thematic category)'라 칭하고, 기능어를 '비어휘범주(non lexical category)'라 칭하였다.

32 '보충어'의 성질에 대해서는 '구'에 대해 논의한 4장에서 살펴본다.

명사와 동사는 개방범주로서 얼마든지 새로운 명사나 동사를 만들어 낼 수 있으나, 기능어인 한정사(예를 들어 대사(代词) 등)는 폐쇄적이어서 중국어의 한정사 '你(너)', '我(나)', '他(그)' 등과 같은 단어 외에 새로운 대사를 만들어낼 수 없다.

음운상의 독립성이 결여된 기능어는 발음에 강세를 두지 않고, 형태적으로 접어형식(clitic) 혹은 접사(affix), 심지어 공범주로 구분되기도 한다. 어휘어에 속한 중국어의 명사·동사는 본래의 성조로 발음하나, 기능어에 속하는 중국어의 시간사·어기사 등은 보통 경성으로 발음되며 형태적으로도 그 앞에 위치한 절에 부착되어 있다.

애브니(Abney 1987)는 기능어를 구분하는 가장 중요한 특징이 바로 (34e)라 하였다. 기능어에는 '묘사적 내용(descriptive content)'이 결여되어 세계와 연결될 수 없는데, 예를 들어 명사 '球(공)'는 하나의 공을, 동사 '打(때리다)'는 하나의 동작을 지시할 수 있으나, 시간사 '来着'와 어기사 '吗'는 세계에 존재하는 어떠한 사물도 지시할 수 없으며 단순히 문법 관계만을 나타낼 뿐이다.

어휘어와 기능어의 구분은 전통문법에서 말하는 '실사'와 '허사'의 구분과 비교할 때 비록 그 구체적인 분류에 있어서는 차이가 있지만, 대체적로는 유사하다 할 수 있다. 주더시(朱德熙 1982)는 실사와 허사의 구분에 대해 매우 상세하게 논의한 바 있는데, 허사는 주어, 목적어, 술어를 담당할 수 없고, 대부분 의존적으로 쓰이며 단독으로 문장을 형성할 수 없다고 하였다. 또한 통사구조적 위치가 고정되어 있으며 폐쇄범주에 속하고, 문법적 기능만을 가질 뿐 그 자체로는 구체적 의미를 가지지 못하고, 일부는 모종의 논리적 개념만을 나타낸다고 하였다. 대다수의 학자들은 허사가 단독으로 문장을 형성하지 못하며 통사 성분이 될 수 없다고 본다(《中学教学语法系统提要》, 刘月华 等 1983, 2001, 张志公 等 1985, 张斌 等 1988, 胡裕树 等 1995, 黄伯荣·廖序东 2002b, 冯志纯 等 2008 등). 사실상 이들 학자의 의견은 앞서 언급한 애브니(Abney 1987)의 기능어에 대한 설명과 유사하다. 하지만 용어상의 혼란을 막기 위해, 이 책에서는 '실사'와 '허사'라는 용어 대신, '어휘어'와 '기능어'라는 용어를 사용하기로 한다.

어휘어와 기능어의 분류법에 따라 우리는 앞서 언급한 중국어 품사를 새롭게 분류할 수 있다.

(35) **어휘어**: 명사, 형용사, 동사, 부사

(36) **기능어**: 양사, 수사, 한정사, 경동사, 부사, 시간사,
보문사, 어기사, 개사, 접속사

이러한 분류는 매우 간단해서 중국어의 어휘어에는 명사, 형용사, 동사 및 일부 부사가 포함되고, 그 외의 품사는 모두 기능어로 분류된다.

많은 품사 중 부사의 위치가 비교적 '애매'한데, 실사/허사의 구분에 따르자면 중국어의 부사는 과연 실사일까 허사일까? 전통적인 문법학에서 제시하는 해답은 다양하다. 장징 외(张静 等 1980), 류웨화 외(刘月华 等 1983, 2001), 장빈 외(张斌 等 1988), 후위수 외(胡裕树 等 1995), 황보룽·랴오쉬둥(黄伯荣·廖旭东 2002b), 궈루이(郭锐 2002), 판샤오·장위펑 외(范晓·张豫峰 等 2003) 등에서는 부사를 모두 실사로 분류하고 있다. 이와 달리 《중고등학교교육문법체계제요(中学教学语法系统提要)》, 주더시(朱德熙 1982), 장즈궁 외(张志公 等 1985), 싱푸이 외(邢福义 等 1991), 베이징대학 중문과(北京大学中文系 2004), 마전(马真 2004), 펑즈춘(冯志纯

2008) 등에서는 부사를 허사로 분류한다. 심지어 저우이민(周一民 2006: 303)에서는 "부사는 실제로는 실사와 허사의 교차점에 위치하므로 반은 실사이고 반은 허사로, 일부는 비교적 허사에 가깝고, 다른 일부는 비교적 실사에 가깝다"고도 하였다. 이처럼 학자들의 이견을 야기하는 원인으로는 먼저 실사/허사에 대한 이들의 정의가 서로 다르다는 점을 들 수 있다. 류웨화 외(刘月华 等 1983, 2001), 장빈 외(张斌 等 1988), 후위수 외(胡裕树 等 1995), 황보룽·랴오쉬둥(黄伯荣·廖旭东 2002b), 저우이민(周一民 2006) 등은 '단독으로 통사 성분이 될 수 있는 성분'을 실사로 보았다. 그러나 주더시(朱德熙 1982: 39)에서는 "주어, 목적어 혹은 술어가 될 수 있는" 경우만을 실사로 보았다. 베이징대학 중문과(北京大学中文系 2004: 281)는 "실사는 앞서 소개한 다섯 가지 통사 구조에서 주요 성분(주어, 술부(谓语), 술어(述语), 피수식어(中心语))[33]을 담당할 수 있으나, 허사는 불가능하다"고 설명하였으며, 싱푸이 외(邢福义 等 1991: 274)는 허사를 "문장의 기간성분을 담당할 수 없는 단어"라 하였다. 이처럼, 주더시(朱德熙 1982), 싱푸이 외(邢福义 等 1991), 베이징대 중문과(北京大学中文系 2004)에서는 실사를 매우 좁은 의미에서 정의하고 있어, 부사는 실사의 자격을 갖추지 못한다. 《중고등학교 교육문법체계제요》의 허사에 대한 정의에

33 [역주] 직접성분분석법에 따른 문장성분 분석에서 문장은 먼저 주부와 술부로 나뉘는데, 이때 술부를 중국어에서는 대개 '谓语'로 칭하며, 술부 내에서 다시 동사와 형용사 등으로 구성되는 술어를 '述语'라 칭하고 있다. 이 '述语'는 목적어와 더불어 술목구조를 이루며, 보어와 더불어 술보구조를 이룬다. 또한 부사어의 수식을 받아 수식구조(혹은 '偏正结构'라고도 하며, '状中结构'라고도 칭함)를 이루기도 한다. 많은 경우 술부와 술어 이 두 가지를 구분하지 않고 '谓语'라고 통칭하기도 하며, 이때 대개 '술어'로 번역된다. 이 책의 번역에서도 구분이 필요한 경우 이들을 '술부'와 '술어'로 나누어 부르기로 한다.

는 문제가 있어 보이는데, 부사를 억지로 허사 부류에 넣으면서, "허사는 일반적으로 실재적 의미를 나타내지 못하며, 구나 문장의 성분이 될 수 없고(부사는 부사어만 될 수 있음), 기본적으로 문법 관계를 나타내는 데 사용된다"고 정의하고 있다. 펑즈춘 외(冯志纯 等 2008: 65) 역시 비슷한 정의를 내리고 있는데, "허사는 … 일반적으로 단독으로 문장 성분(부사, 감탄사, 의성사 제외)이 될 수 없다"고 하였다.

이 밖에 부사 자체의 복잡함 역시 하나의 요인이 될 수 있다. 어휘어/기능어의 구분을 따른다면, '只(단지)', '不(안, 못)', '就(곧)' 등과 같은 일부 부사는 폐쇄범주어에 속하고 그 의미가 비교적 '허(虛)'하여 기능어에 속할 것이다. 하지만, '亲自(직접)', '埋头(몰두하여)', '赶快(서둘러서)'와 같은 부사는 개방범주어에 속하고 그 의미가 비교적 '실재적'이어서 어휘어에 속한다고 볼 수 있다. 이를 통해 볼 때, 중국어의 부사를 어휘어에 속하는 부류와 기능어에 속하는 부류로 양분하는 것이 비교적 과학적이라 할 수 있을 것이다.

아래 표에서는 독자의 편의를 위해 명사성 품사/동사성 품사 및 어휘어/기능어의 구분법에 따라 중국어의 13가지 품사를 분류하였다.

(37) 명사성 품사/동사성 품사 및 어휘어/기능어의 관계

| | 명사성 품사 | 동사성 품사 |
|---|---|---|
| 어휘어 | 명사(N)<br>형용사(A) | 동사(V)<br>부사(Adv) |
| 기능어 | 양사(Cl)<br>수사(Num)<br>한정사(D) | 경동사(*v*)<br>부사(Adv)<br>시간사(T)<br>보문사(C)<br>어기사(F)<br>개사(P)<br>접속사(Co) |

## 3.5 소결

이 장에서는 자질, 단어, 품사에 대해 살펴보았다.

자질은 가장 작은 문법 단위이다. 자질은 음운자질, 의미자질 및 형식자질로 구분되며, 통사에서 관심을 갖는 것은 형식자질로, 형식자질만이 통사부에서 조작되고 통사에서 사용된다.

통사에서 자질보다 상위의 문법 단위가 단어이다. 단어는 형식자질과 의미자질의 결합체로, 어떠한 의미자질이 하나의 단어를 형성할 수 있는가는 기본적으로 형식자질에 의해 결정된다. 형태소는 형태론의 개념으로, 통사와는 무관하다.

품사는 단어에 대한 분류이다. 중국어의 단어는 분류할 수 있으며, 또 마땅히 분류해야 한다. 단어는 서로 다른 형식자질을 선택함으로써 각기 다른 품사로 분류된다. 문법에서는 [명사성]과 [동사성]이라는 두 가지 기본적인 형식자질이 통사부 내에서 조작되고 활용된다. 이러한 형식자질은 '명사성 품사'와 '동사성 품사'를 파생해 낸다. 단어의 통사적 위치와 의미 기능에 따라, 명사성 품사는 다시 명사, 형용사, 양사, 수사, 한정사로 나누어지고, 동사성 품사는 동사, 부사, 경동사, 시간명사, 보문사, 어기사, 개사, 접속사로 구분된다.

단어는 또한 어휘어와 기능어라는 두 부류로 구분될 수 있는데, 어휘어는 주요 의미 내용을 담고 있으며, 사물, 동작 행위, 성질, 상태 등 비교적 '실재적'인 의미를 나타낸다. 이에 비해, 기능어는 주로 문법적 기능을 담당하며, 어떤 논리적 개념을 나타내거나 그 자체의 의미가 비교적 '공허'한 단어들이다. 중국어의 어휘어에는 명사,형용사, 동사 그리고 일부 부사가 포함되고, 이를 제외한 나머지는 모두 기능어에 속한다.

# 제4장 구

구(phrase)는 단어보다 큰 문법단위이자 통사에서 가장 큰 문법단위로, 구를 만드는 통사 조작을 병합(merge)이라고 한다. 구의 내부에는 지정어, 핵어 그리고 보충어 등이 있는데, 이 중 핵어는 필수성분이다. 모든 단어들이 통사로 진입한 후에는 반드시 구를 형성해야만 한다. 어순의 '전후' 관계는 통사-음운 접합면에 속하고, 심지어 음운부 내부의 문제이기도 하며, 층위의 '고저'는 통사에서 관심을 갖는 문제로, 주로 성분통어(c-command) 관계에 의해 정의된다.

## 4.1 구의 구성

자질(feature)은 가장 작은 문법 단위로, 통사부(이하 '통사'로 약칭)에서 자질보다 큰 단위는 단어이다. 단어보다 큰 문법 단위는 '구(phrase)'이고, 이 구는 또한 통사 내에서 가장 큰 단위이기도 하다. 전통 문법학의 관점에서 이해하자면 '구'는 단어와 문장 사이의 층위인데, '구'를 가리키는 중국어 용어 '短语'의 '短'은 바로 문장보다 상대적으로 짧다는 뜻이다. 그러나 통사이론의 관점에서 보자면 이러한 설명은 정확하지 않으며, 'phrase'를 정확히 번역한 중국어 용어는 '词组'라고 볼 수 있는데, 이것은 바로 '단어의 조합·결합'을 뜻한다. 하지만 '短语'라는 용어는 전통문법학과 생성문법학에서 보편적으로 사용되므로 본고에서도 이를 따라 'phrase'의 대역어로 '短语'를 사용하도록 한다.

(1) 구는 단어로 이루어지며, 통사 내의 가장 큰 문법단위이다.

전통 문법학에서는 일반적으로 구가 단어보다 크고 구조는 비교적 복잡하다고 보았으며, 심지어 "하나의 구는 항상 두 개 이상의 단어를 포함하고 있다"고도 하였다(张志公 等 1985: 34). 예를 들어 '电影(영화)'은 하나의 단어이고, '看电影(영화를 보다)'은 하나의 구인데, '看电影(영화를 보다)'은 '看(보다)'과 '电影(영화)'이라는 두 개의 단어가 결합하여 이루어진 것으로 구조 또한 비교적 복잡하다.

그러나 통사론의 관점에 따라 분석하자면, '电影(영화)'은 '단어'이자 '구'이다. '看(보다)'은 단어이며, 구인 '电影(영화)'과 결합하여 또 다른 하나의 구를 이룬다. 품사 분류의 관점에서 분석하자면 '电影(영화)'은 명사이다. 명사보다 큰 단위는 '명사구'이므로, 명사 '电影(영화)'은 하나의 명사구로도 분석할 수 있다. '看(보다)'은 동사인데, 이 동사는 명사구인 '电影(영화)'과 하나의 동사구를 이룬다. 이처럼 구의 구조는 두 개의 단어를 포함한 '看电影(영화를 보다)'과 같이 비교적 '복잡'할 수도 있고, 하나의 단어를 포함한 '电影(영화)'과 같이 비교적 '단순'할 수도 있다.

간단한 비유를 해 보도록 하겠다. 구의 개념은 조를 나누는 것에 비유할 수 있으며, 단어의 개념은 그 조의 조원이라 할 수 있고, 조는 조원으로 구성된다. 한 조에는 조원이 단 한 명만 존재할 수도 있고(예를 들어 명사구 '电影(영화)'), 두 명 이상의 조원을 포함할 수도 있다(예를 들어 동사구 '看电影(영화를 보다)').[1]

구는 단어보다 한 단계 상위의 문법단위이고, 순수한 층위 상의 개념으로, 구조의 복잡성과는 필연적 관계가 없다. 대개 구조가 '복잡'한 것이 구가 되지만, 구조가 '단순'하다고 해서 꼭 구

1 우리는 종종 조원의 수가 적어도 두 명 이상이 되어야 한다고 예상하지만, 실생활에서 보자면 '1인 밴드(즉 소위 'one man band')'라는 것도 가능하다.

가 될 수 없는 것은 아니다. 아래의 간단한 그림은 단어와 구의 관계를 나타내는데, 구와 단어는 서로 다른 두 개의 통사 층위에 각각 존재한다.

(2) 구
     |
   단어

이 책에서 사용하는 '구'의 개념은 전통문법학에서 사용하는 '구'의 개념과 다르다. 구를 형성하는 방법 및 구의 내부 구조는 통사론의 주요 연구 과제이자 통사론 연구의 핵심이다. 아래 몇 개의 절에서는 비교적 추상적인 몇 가지 예를 통해 구의 구성을 설명하고, 이후의 각 장과 관련된 개념도 소개하도록 하겠다. 이 장에서는 추상적인 가설과 이론들이 비교적 많이 언급되고 있으며 구체적 예도 적어서 읽는 과정에 많은 시간이 필요할 수도 있을 것이다. 하지만 이 장에 소개된 용어와 개념들을 충분히 이해한다면 이후 각 장의 내용도 비교적 쉽게 이해할 수 있을 것이다.

## 4.2 병합

구는 통사 내부에서 구성되는데, 구를 형성하는 조작을 '병합(Merge, 合并)'이라고 한다. 이 병합은 통사 성분들을 한꺼번에 결합하는 것을 말하며, 한 번에 두 개의 통사 성분만을 결합할 수 있고, 한 번에 병합할 수 있는 성분은 두 개를 초과할 수 없다.[2] 두

2 司富珍(2008: 116)은 중국어에 원래 존재하는 '合并'이라는 단어는 두 개 이상의 사물 간의 결합을 가리킬 수 있지만, 영어의 'merge'라는 단어는 두 사물

개의 통사 성분이 결합되면 바로 하나의 구가 된다. 구를 이루는 방향은 '아래에서 위'이고, 먼저 가장 낮은 층위의 단어에서부터 시작하여 한 단계 한 단계씩 계층구조(hierarchical structure)를 형성하는데, 통사 내부에서 이러한 순차적인 형성 방식을 '도출식(derivational)'이라고도 한다.

통사가 어휘부에서 두 개의 통사 성분을 선택한다고 가정하고, 이것을 두 개의 알파벳 'X'와 'Y'로 나타내보자. 병합이란, 바로 이 두 개의 통사 성분을 결합하는 조작을 말하며, 하나의 결합을 이루면 (3)과 같은 '집합(set)' 방식을 사용하여 이러한 관계를 나타낼 수 있다(Chomsky 1995: §4). 하지만 우리는 그림 (4)와 같은 '수형도(tree diagram)'를 사용하여 이와 동일한 관계를 나타낼 수도 있다. 그림 (4)에서는 두 개의 선이 X와 Y라는 두 개의 성분을 연결하고 있는데, 이는 이 두 개의 성분이 함께 결합되어 통사적으로 밀접한 관련이 있음을 나타낸다. 기본적으로 (3)의 '집합'과 (4)의 수형도가 나타내는 방식은 동일하지만, 알아보기 좀 더 편하다는 점과 통사론에서의 일반적 관습을 고려하여 이 책에서는 이 중 수형도를 사용하여 통사 관계를 나타내도록 하겠다.

(3) {X, Y}

(4)

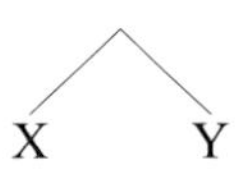


X와 Y가 결합한 후 두 번째 단계에 도달하면 통사 내에 새로운 성분이 형성되는데, 이 새로운 성분은 원래의 X와 Y가 가

간의 결합을 말한다고 하였다. 통사 조작으로서의 병합은 두 개의 통사성분만을 결합시킬 수 있다.

진 몇몇 특징들을 드러낸다. 만약 그림 (4)에서 형성된 새로운 성분이 원래의 'X'를 대표하는 것이라면, 그림 (5)의 수형도는 바로 이러한 관계를 반영하게 된다. 즉 수형도 (5)의 $X_2$는 새로 형성된 성분이며, $X_1$의 특징을 드러낸다. 또한 $X_2$는 전체 수형도의 레이블(label)로서, 이 수형도의 핵심적 성질을 설명해 준다.[3]

(5)

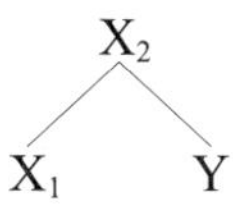


만약 그림 (5)에 들어가는 새로운 통사성분이 없으면, 도출 과정은 바로 $X_2$ 층위에 머문다. 다시 말해 $X_2$는 바로 그림 (5)에서 가장 높은 층위로, 이 층위를 우리는 '구'라고 부른다. 서술의 편의를 위해 'P(즉 'phrase'의 머리글자)'를 사용하여 이 층위를 나타내고자 한다. 따라서 그림 (6)과 같이 $X_2$는 XP로 칭하고, 'X구'라고 읽는다. 구는 가장 높은 층위이자 통사 내부의 가장 큰 문법 단위인데, 이 '구' 외에 더 큰 문법 단위는 없다.[4]

(6)

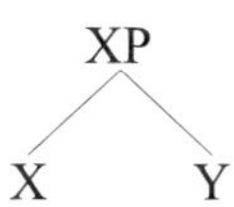


그림 (6)의 레이블은 XP이고, X의 특징을 반영하는 구가 되며, 따라서 X는 전체 구 구조에서 가장 '핵심적인' 부분이 된다.

3 그림 (4)에서 그림 (5)로 발전하는 과정은 하나의 '투사(project)' 과정으로 칭할 수 있는데, 가장 낮은 층위에 있는 $X_1$이 하나 더 높은 층위에 있는 $X_2$로 투사되며, 이 때 $X_2$는 수형도의 레이블이 된다.

4 구인 XP는 X가 더 이상 투사될 수 없는 층위로까지 투사되었기 때문에 '최대투사(maximal projection)'라고도 부르며 '$X^{max}$'로 약칭한다.

이처럼 그림 (6)의 X(즉 그림 (5)의 $X_1$)는 중요한 지위를 가지며 또한 전체 구의 성질을 결정하는 핵심이 되기 때문에 이것을 '핵어(head)'라고 부르는데, 이 핵어라는 말은 '핵심', '중심'의 의미를 가지고 있다.[5]

수형도의 레이블은 조의 이름을 정하는 것에 비유할 수 있는데, '장싼(张三)'과 '리쓰(李四)'라는 두 구성원이 한 조를 이루는 경우, 이중 조장의 이름을 따서 그 조의 이름으로 삼을 수도 있을 것이다. 만약 '장싼'이 조장이라면 이 조는 바로 '장싼조'라고 불릴 것이다. 조장의 신분은 바로 구의 핵어에 해당하며, '장싼조'라는 이름은 이 조의 특징을 반영하는 레이블(구)이 된다.

핵어는 반드시 단어여야 하며, 구나 혹은 다른 유형은 절대 핵어가 될 수 없다. 수형도 (6)은 바로 단어와 구, 이 두 유형의 차이를 나타내고 있는데, 핵어인 X는 단어의 층위에 속하고, XP는 구의 층위에 속한다. 단어와 구는 서로 다른 두 층위에 속하며, 이는 앞서 "단어보다 한 단계 상위의 문법단위는 구이다"라고 언급했던 것과 부합한다.

다시 그림 (5)의 구조를 살펴보자. 만약 'Z'라는 성분이 하나 더 존재하고 이 성분이 $X_2$와 병합한다면 아래와 같은 구조를 형성하게 된다.

(7)

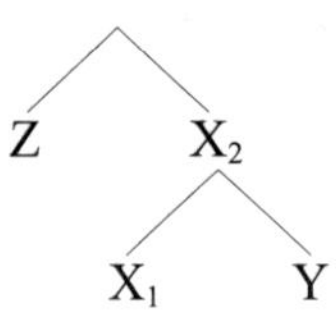


5 핵어는 투사를 통해 나온 것이 아니기 때문에 관련 논저에서는 '최소투사'(minimal projection)라고 부르며, '$X^{min}$'로 약칭하기도 한다.

두 번째 병합을 통해서 그림 (7)과 같은 구조를 이룬 뒤, 그 다음 단계는 어떻게 진행될까? 여기에는 두 가지 가능성이 있다. 첫 번째 가능성은 X가 이 구조의 레이블이 되어 그림 (8)과 같이 되는 것이다.

(8)

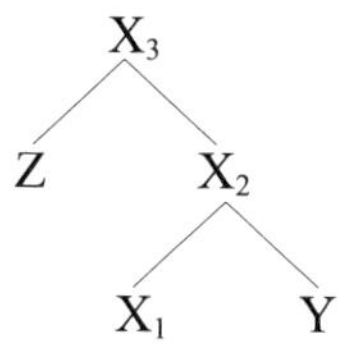


만약 도출 과정이 그림 (8)에서 그친다면, $X_3$은 바로 전체 구조의 레이블, 즉 구가 된다. 그렇다면 그림 (8)의 $X_2$는 무엇일까? 그것은 단지 구인 $X_3$과 핵어인 $X_1$ 중간에 끼어 있는 '중간투사범주(intermediate projection)'로, 이 층위는 통사적으로 독립적인 지위가 없고, 어떤 전문적인 명칭도 없다. 통사론에서는 일반적으로 'bar'를 사용하여 이와 같은 '중간투사범주'를 표시하는데, 예를 들어 그림 (8)의 $X_2$는 그림 (9)의 X′('X−bar'로 읽음)와 같이 표시할 수 있다.[6]

만약 Z가 없다면 $X_2$가 바로 구이지만((6)을 형성), Z와 병합 이후에는 그림 (8)의 $X_3$이 구가 되고((9)를 형성), $X_2$는 '중간투사범주'가 되어버린다. 이처럼 구와 핵어의 정의는 도출 과정에 따라서 달라지는 동태적인 특징을 가지고 있다. 이 밖에 구와 핵어는

6 최소주의 이론에 따르면 기타 부호들(예를 들어 'X′'의 '′(bar)' 표시나 그림 (6), 그림 (9)의 'P')은 통사 내에서 부가되어서는 안 되지만, 생성문법학에서는 이미 일찍부터 'X−bar', 'XP'로 이런 층위들을 가리키는데 익숙해져 있으므로, 논의의 편의를 위해 이 책에서는 이러한 '옛 관습'을 따르겠다.

어떠한 성분의 고유한 특징이 아닌 상대적 개념이어서 도출 과정 중 통사구조가 어느 위치에 있느냐에 따라 구와 핵어가 정해진다. 이러한 관점은 현재 통사 이론에서 중요한 주장 중 하나이다.

(9)

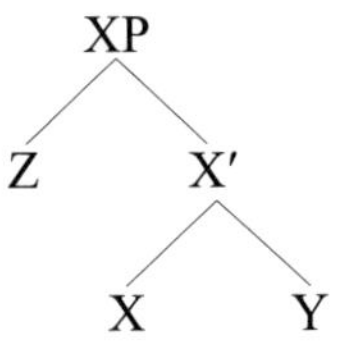

그림 (9)의 X, Y, Z 등과 같은 몇 가지 성분이 서로 결합하여 몇 개의 통사적 위치를 형성한다. 이런 통사적 위치를 간편하게 설명하기 위해서 통사론에서는 '보충어(complement)'와 '지정어(specifier)'와 같은 유용한 전문용어 몇 가지를 도입하였다.[7] 보충어는 핵어와 첫 번째로 병합하는 통사 성분이고, 지정어는 두 번째 병합할 때 나타나는 통사 성분이다(Chomsky 2005, 2007, 2008, 2013). 앞서 이미 언급한 바와 같이 병합에서는 한 번에 단 두 개의 통사 구조가 서로 결합한다. 첫 번째 병합에서 핵어는 단 하나의 통사 구조와 결합하므로 하나의 구 안에 오직 한 개의 보충

7 沈家煊은 'complement'를 '补语'로 번역하였고(Crystal 2000), 宋国明(1997), 温宾利(2002), 吴刚(2006) 등도 이 용어를 사용한 바 있는데, 그러나 이 용어는 전통 중국어 문법에서 언급하는 '보어(补语)'와 혼동되기 쉽다. 汤廷池(1989) 등은 '补述语'로 번역하였고, 나도 이 용어를 사용한 적이 있다(邓思颖 2000). 비록 徐烈炯(1988)은 '补语'라는 단어를 사용했지만, '补足语'나 '补足成分'으로 칭할 수 있다고도 언급하였다. 더욱이 '补足语'라는 용어가 비교적 보편적으로 사용되고 있으므로(程工 1999, 石定栩 2002a, 邓思颖 2003b, 何元建 2007, 梅德明 等 2008, 徐烈炯 2009, 司富珍 2009, 彭家法 2009 등), 이 책에서는 '补足语'라는 대역어를 사용하겠다.

어만 존재할 수 있으며, 두 개의 보충어가 존재하는 것은 불가능하다.[8]

그림 (9)를 아래로부터 위쪽으로 올라가며 살펴보면, Y는 가장 먼저 핵어 X와 병합하는 통사성분으로 X의 보충어라고 할 수 있으며, Z는 두 번째 병합 때 들어가는 통사성분으로 지정어라고 칭할 수 있다. (10)은 이를 달리 표현한 것으로, 수형도 내부의 이와 같은 몇 가지 통사 위치 관계를 더 이해하기 쉽게 보여준다. 관련 논저에서 대개 보충어는 일반적으로 '어떤 핵어의 보충어'라고 불리지, '어떤 구의 보충어'라고 불리지 않는다. 반면 지정어는 일반적으로 '어떤 구의 지정어'라고 불리지, '어떤 핵어의 지정어'라고 불리지 않는다.

(10)

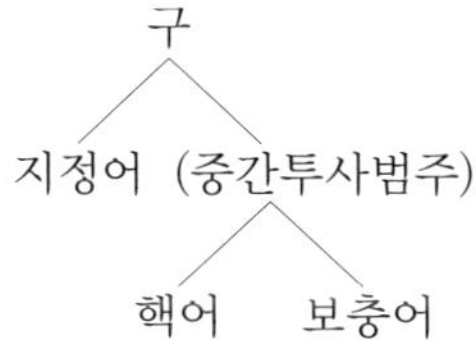


다시 그림 (7)을 보자. 만약 Z와 $X_2$가 병합한다면, 이번에 레이블은 $X_2$가 아니라 Z가 된다. 이것은 바로 그림 (11)과 같은 구조를 형성할 것이다.

---

8 구 안에는 오직 한 개의 지정어만 있다는 데 대해 다른 견해도 존재한다. 생성문법론의 '바이블'과 같은 Chomsky 1981, 1986 등에 의하면 지정어는 특별한 기능이 있으며, 오직 한 개의 지정어만 존재한다. 하지만 Chomsky(1995)에서는 '다중(多重)지정어' 이론을 제시하여 지정어의 수량이 한 개를 초과할 수 있다고 주장하였다. 지정어의 개수 문제는 이 책의 논의에 영향을 주지 않으므로 상세히 다루지 않겠다.

(11)

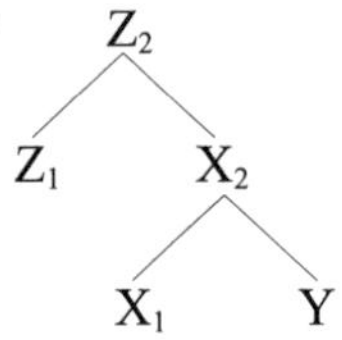


그림 (11)에 의하면, $Z_2$는 전체 구조의 레이블이고, $Z_1$은 이 구조의 핵어가 된다. 만약 도출과정이 그림 (11)에서 멈춘다면, $Z_2$는 구인 ZP가 된다. $Z_1$과 병합하는 $X_2$는 구 XP를 형성하는데, 그것은 더 이상 '중간투사범주'가 아니다($X_2$ 위로는 더 이상 X에 속하는 어떤 레이블도 없기 때문에). 그림 (11)은 그림 (12)와 같이 다시 나타낼 수 있다.

(12)

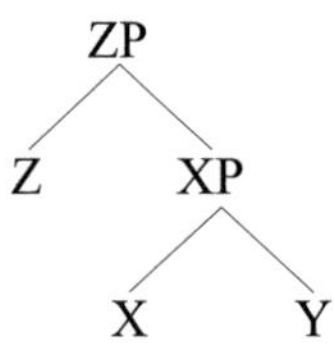


그림 (12)를 보자면, XP는 핵어인 Z와 병합되었으므로 XP는 핵어 Z의 보충어가 된다. 위의 그림 (9)와 그림 (12)의 가장 큰 차이는 그림 (9)는 XP라는 단 하나의 구만 가지고 있지만, 그림 (12)는 ZP와 XP라는 두 개의 구로 이루어져 있고, Z와 X는 각각 ZP와 XP의 핵어라는 점이다.

만약 통사가 다른 성분 없이 어휘부에서 X라는 단어 하나만을 선택한다면, 이론적으로 이 하나의 단어는 통사 내에서 자신의 구를 형성할 수 있는데, 이는 그림 (13)과 같다. 엄밀히 말하면, 그림 (13)의 X는 다른 성분과 병합하지 않고, 그 자신이 핵어이자 하나의 구가 된다. 이런 이중 신분을 쉽게 설명하기 위해 우리는 식별이 용이하도록 이 구조에 레이블 $X_2$를 하나 더 추가하였다. $X_1$은 핵어이고 단어 층위에 속하며, $X_2$는 구이다.[9]

(13) 

도출과정이 그림 (13)에서 멈춘다면, 그림 (14)처럼 $X_2$는 바로 구 XP가 되고 $X_1$은 바로 이 구의 핵어가 된다. 이 수형도는 하나의 핵어만 있고 보충어나 지정어가 없는 구 구조이다. 이처럼 구는 보충어와 지정어가 없어도 되지만, 핵어가 없으면 안 된다는 것을 알 수 있다. 이론적으로 핵어는 구의 핵심으로, 핵어가 없다면 구라는 것도 존재하지 않는다.

(14) 

통사 내의 모든 단어는 반드시 하나의 구를 형성해야만 한다. 간단하게 말하면, 통사의 임무는 바로 단어를 결합하여 구를 만드는 것으로, 최종 출력물인 '완성품'은 반드시 단어가 아닌 구가 되어야 한다. 따라서 구를 형성하지 않은 단어는 결국 통사 내에서 생존할 수 없다.

---

9 Chomsky(1995: §4)가 제시한 구 구조이론에 의하면, 그림 (13)과 같이 단일 성분을 두 개의 층위로 나누는 것은 불필요한 것이며, 그림 (13)은 그저 구 구조의 기본 조작과 중국어에서의 응용방식을 쉽게 이해시키기 위해 제시한 것이다.

(15) 모든 단어는 통사 내부에서 반드시 구를 형성해야 한다.

이러한 주장에 근거하여 그림 (6)의 구조를 아래 (16)에서 다시 살펴보자. 엄밀히 말해 Y는 하나의 단어로 이해할 수 없으며, 만약 단어로 이해해 버린다면 이것은 어떠한 구도 형성하지 못하기 때문에 (15)를 위반하게 되고, 결국 통사에서도 배제될 것이다.

(16)

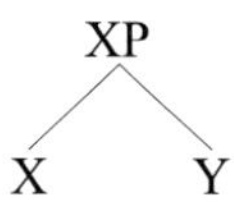


정확한 표현 방식은 (17)과 같이 되어야 한다. 만약 Y가 단어라면, Y는 반드시 구 YP를 형성해야만이 X와 결합할 수 있다. 다시 말해 구만이 보충어가 될 수 있는 것이다.

(17)

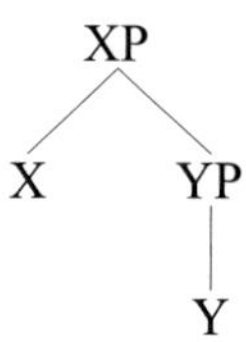


마찬가지로 오직 구만이 지정어가 될 수 있다. 위의 그림 (9)를 예로 들자면, 지정어 자리에 있는 Z는 단어여서는 안 되며, (18)과 같이 반드시 먼저 하나의 구를 형성한 후에야 지정어의 위치에 올 수 있다.

(18)

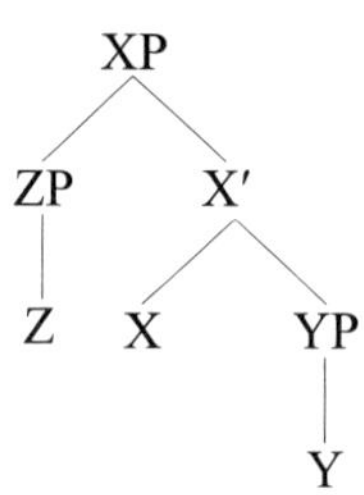

한 가지 덧붙이자면, 생성문법 논저에서는 종종 지면을 절약하기 위해서 혹은 불필요한 세부사항을 생략하기 위해서 수형도 대신에 '표지 붙은 괄호(labeled bracketing)'를 사용하여 구 구조를 표현하기도 하는데, 예를 들어 위의 (18)과 같은 수형도는 아래와 같이 표현할 수도 있다.

(19) $[_{XP}\,[_{ZP}\,Z][_{X'}\,X[_{YP}\,Y]]]$

(19)에서 각 '[ ](대괄호)'마다 하나의 통사성분을 나타내고, 왼쪽 대괄호 바로 오른편의 아래쪽 모서리에 적힌 알파벳(예를 들어 아래쪽 모서리에 표시한 XP)은 해당 통사성분의 레이블을 나타내는데, $[_{ZP}\,Z]$는 하나의 ZP를 나타내며, Z는 이 구를 구성하는 유일한 구성원이자 핵어이다. $[_{X'}\,X[_{YP}\,Y]]$는 핵어인 X와 보충어인 YP라는 두 개의 구성원으로 구성된 X-bar(X')를 나타낸다. 이 책에서는 수형도 외에 '표지 붙은 괄호' 표기법도 함께 사용할 것이다.

단어는 통사 내에서 구와만 결합할 수 있고, 단어와 단어는 서로 직접 결합할 수 없다. 이러한 설명은 어떠한 장점이 있을까? 단어와 단어의 결합은 조어법과 관련된 현상이고(예를 들어 복합어 형성) 형태론에 속하는 문제로, 통사론과는 관계가 없다. 통사론에서 관장하는 것은 단어와 구의 결합이다. 이를 통해 형태와 통사의 경계선이 결코 우리가 생각한 바와 같이 모호하지 않다는 것을 알 수 있다.

이제 중국어의 '看电影(영화를 보다)'을 예로 들어 설명해 보겠다. '看(보다)'과 '电影(영화)'은 기능적 문법 관계를 구성하는데, 일반적으로 그 구조를 '술목구조'라고 한다. 품사 분류에 의하면 '看(보다)'은 동사 V이고, '电影(영화)'은 명사 N이다. 이 두 단어는 어휘부에서 선택된 후 통사 내에서 병합되는데, 병합 이후 '看(보다)'은 이 구의 핵어가 되며, '看(보다)'의 품사가 이 구의 레이블이 되어 동사구 VP를 형성한다. '看(보다)'과 병합하는 '电影(영화)'은 '看(보다)'의 보충어가 되는데, 보충어 '电影(영화)'은 반드시 구, 즉 명사구 NP가 되어야 한다. '看电影(영화를 보다)'의 통사 구조는 기본적으로 위의 (17)과 동일한 구조를 가진 아래 수형도로 표현할 수 있다.

(20)

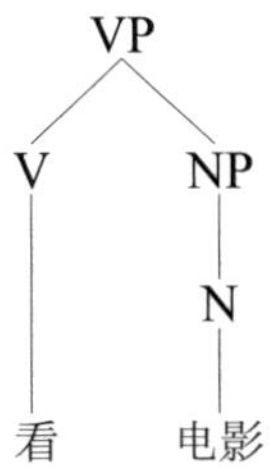


지면을 절약하기 위해 (20)의 수형도를 '표지 붙은 괄호'로 표현하면 (21)과 같이 나타낼 수 있다. 불필요한 세부상황(예를 들어 각 단어의 품사)을 생략한다면, (21)도 (22)와 같이 한층 간소화할 수 있다. (22)는 '看(보다)'과 '电影(영화)'이 각각 동사구의 핵어와 명사구의 핵어임을 충분히 나타낼 수 있고, 또한 각각의 품사가 동사와 명사에 속한다는 것을 내포하고 있다. 이 책에서 (22)와 같이 간소화된 표현방식을 자주 사용할 것인데, 독자들은 이 점을 유념하기 바란다.

(21) [$_{VP}$ [$_{V}$ 看] [$_{NP}$ [$_{N}$ 电影]]]

(22) [$_{VP}$ 看 [$_{NP}$ 电影]]

여기서 다시 '在图书馆(도서관에서)'을 또 다른 예로 들어 설명해 보겠다. 전통 중국어 문법학의 분석에 의하면, '在图书馆(도서관에서)'은 '개사구조(介词结构)'에 속한다. '在(…에서)'는 개사인 P이고, '图书馆(도서관)'은 명사인 N이다. 통사에서 병합을 거쳐 '在(…에서)'는 이 구의 핵어가 되며, '在(…에서)'의 품사가 이 구의 레이블이 되어 개사구 PP를 형성한다. '图书馆(도서관)'은 '在(…에서)'의 보충어로, 명사구인 NP를 형성한다. '在图书馆(도서관에서)'의 구조는 수형도 (23)과 같이 나타낼 수 있다.

(23)

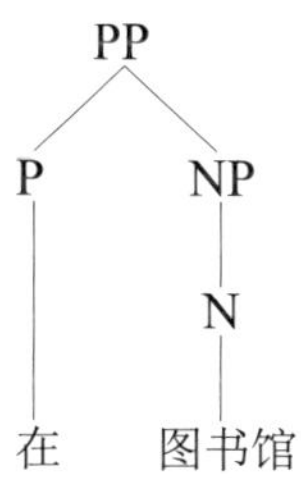


이 수형도는 표지 붙은 괄호를 사용하여 (24)와 같이 나타낼 수도 있고, 또한 품사 정보를 삭제하여 (25)로 간소화할 수도 있다.

(24) $[_{PP}$ $[_{P}$ 在] $[_{NP}$ $[_{N}$ 图书馆]]]

(25) $[_{PP}$ 在$[_{NP}$ 图书馆]]

'看电影(영화를 보다)'과 '在图书馆(도서관에서)'이라는 두 예문을 비교하면, 술목구조와 개사구조가 비록 전통 문법학의 관점에서 볼 때에는 서로 명칭이 달라 이들 상호간의 관계를 쉽게 파악할 수 없지만, 통사론의 관점에서 살펴보면 이들이 동일한 통사 구

구

조를 가지고 있고, 동일한 구조적 문법관계—핵어, 보충어로 구성되어 있으며, 모두 수형도 (17)과 같이 개괄할 수 있음을 알 수 있다. 이런 추상화된 표현방식을 통해 우리는 더 편리하고 정확하게 이들 간의 통사적 유사성을 찾아 낼 수 있으며 겉보기에는 전혀 관련이 없는 것 같은 문법 구조를 비교할 수도 있고, 심지어 그러한 구조들을 다른 언어의 관련 구조와 비교할 수도 있다. 수형도(혹은 표지 붙은 괄호)는 구조적 문법관계를 표현하는 수단으로, 각각의 통사 성분이 결합하는 방식과 통사성분들 간의 문법관계를 명확히 보여준다. 수형도는 통사론에서 중요한 도구로, 통사 이론을 이해하는 데 도움을 주며, 실제 언어 분석에도 사용할 수 있다.

병합으로 구를 형성하는 상술한 몇 가지의 방식 이외에, '이동(move)'은 층위 구조를 형성할 수 있는 또 한 가지 방식이다. 아래 그림을 보자.

(26)

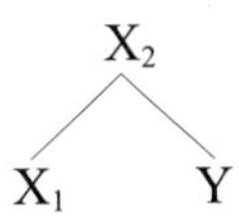


(26)에 대해서는 이미 앞서 설명하였는데(그림 (5) 참조), X와 Y가 병합되며, X는 레이블이 된다. 도출과정이 아직 다 끝나지 않았다고 보고 이 구조를 계속 발전시킨다면, 새로운 통사성분이 하나 들어와서 $X_2$와 병합되어 바로 아래와 같은 수형도를 이룰 것이다(그림 (8) 참조, (27)로 다시 제시).

(27)

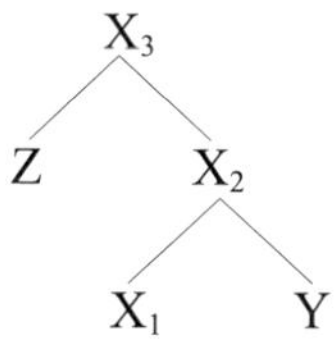


이렇게 (27)처럼 새로운 통사구조인 Z를 하나 더 들여올 수도 있으며, 그 외에도 (26)의 Y가 이동이 허용되어 X와 병합되고(즉 그림 (28)의 $X_2$) 새로운 구조를 형성할 수도 있다. 이 경우 만약 X가 계속해서 이 새로운 구조의 레이블이 된다면 아래와 같은 수형도를 얻을 수 있을 것이다.

(28)

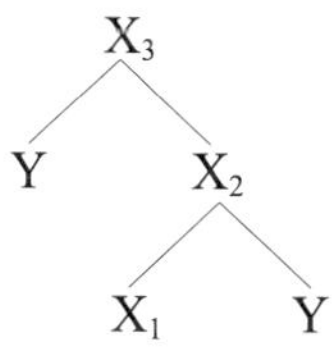


이동이란 실은 일종의 복사(copy)로, 하나의 통사 성분을 복제하여 다른 위치에 옮겨 놓는 것이다(Chomsky 1995: §3). 그림 (28)에 두 개의 Y가 있는데 이것이 바로 일종의 복사 현상에 해당하며, 복사 후에 Y는 $X_2$와 병합하여 하나의 새 구조를 형성한다. 하지만 음운부에 도달한 이후에 이 두 개의 중복된 Y 중 하나를 반드시 삭제해야만 하며, 이때 항상 맨 뒤에 있는 것이 삭제된다. (28)에서 형성되어 음성언어로 발화될 때에는 'Y+X+Y'가 절대 불가능하며 'Y+X'로만 발화될 수 있는데, 그것은 바로 제일 끝에 있는 Y가 음운부 내에서 이미 삭제되었기 때문이다. 표면적으로 Y의 위치가 바뀌어 마치 자신이 다른 곳으로 옮겨가는 것처럼 보이기 때문에, 생성문법에서는 이러한 현상을 일반적으로 '이동' 혹은 '인상(raising)'이라고 부른다.

(27)과 (28)의 도출 과정을 자세히 비교하면 이 둘 사이에 많은 유사점을 발견할 수 있다. 그림 (27)의 Z와 그림 (28)의 Y는 모두 병합 방식을 통해 $X_2$와 결합하였다. 유일하게 다른 점은 이 성분들이 어디서 왔느냐 하는 것이다. 그림 (27)의 Z는 새로운 통사성분이고, 이 구조 바깥(예를 들어 어휘부)에서 직접 가져온 것이다. 하지만 (28)의 Y는 '기존' 성분으로, 구조 안에 이미 존재하고 있었던 성분을 복사해 온 것이다.

상술한 여러 가지 논점들에 기반하여 촘스키(Chomsky 2004, 2005, 2007, 2008, 2013)는 병합과 이동을 모두 '병합'으로 통칭하였다. 이 둘 사이의 차이점을 나타내기 위해서 원래의 병합은 '외부 병합(External Merge)'이라고 하고, 이동은 '내부 병합(Internal Merge)'이라고 칭하여 병합 성분의 출처를 반영하고자 하였다. 이는 단순히 용어를 변경한 데서 더 나아가 이론적으로 더욱 깊은 의미를 가지고 있으나,[10] 편폭의 제약으로 여기서 더 상세하게 설명하지는 않겠다. 용어 변경이 이 책 전체의 논의에 영향을 주지 않으므로, 우리는 이후 각 장에서 '외부 병합'과 '내부 병합'을 가리킬 때 각각 '병합'과 '이동'이라는 친숙한 '옛 용어'를 그대로 사용할 것이다.

---

10 이동을 병합의 한 가지로 분석하는 것은 이동이 원래 병합과 동일하며 경제성(economy) 문제는 존재하지 않음을 의미한다. 만약 이동과 병합이 본질적으로 동일하다면, 초기 최소주의 이론(Chomsky 1995)에서 관심이 된 경제성 문제도 반드시 다시 고려해봐야 한다.

## 4.3 어순 문제

어휘부에는 단어들의 무리(혹은 단어를 이루는 자질들의 무리)만이 존재하며, 통사의 임무는 바로 단어를 결합하여 문장을 만들어 다른 부문에서 쓸 수 있도록 함으로써, 최종적으로 의미 있고 사용 가능한 언어를 이루게 하는 것이다. 흩어져 있는 단어들을 의미가 있는 층위 구조로 결합시키기 위한 수단이 바로 병합이다. 병합은 통사조작의 일종이고, 이 조작의 역할은 바로 선택해 온 단어를 배치하여 한 단계 한 단계씩 층위를 이루는 구조를 만드는 것이다. 병합 시 매번 최대 두 개의 통사 성분만이 선택되며, 이 두 개의 통사 성분을 함께 결합하고, 그중 하나를 레이블로 삼아 구를 형성한다.

X와 Y라는 단어 두 개가 있다고 가정하고 이 두 개의 단어를 통사에 집어넣으면 이것이 하나의 층위 구조로 완성되어 출력된다. 병합이라는 과정은 X와 Y를 하나로 결합하고, 이 중 X를 레이블로 삼아 XP라는 구를 만든다. 이것을 수형도로 표시하면 바로 (29)와 같은 구조가 되는데, X는 핵어이고, Y는 핵어 X의 보충어이다.[11]

(29)

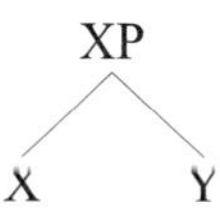


병합은 통사 성분의 결합 문제에만 관여하는데, 정리하자면 두 개의 통사 성분을 함께 결합시키고, 그중 하나를 레이블로 삼

11 엄밀히 말해 앞서 논한 바와 같이 보충어 역할을 하는 Y는 그림 (17)처럼 YP라는 구이다.

는 것으로써 병합의 임무를 완성할 수 있다. 성분 간의 배열 문제는 병합이 관여하지 않는다(Chomsky 1995). 그림 (29)에서 보충어인 Y는 핵어인 X의 뒤에 출현한다. 이론적으로 (30)도 역시 병합을 통해 만들 수 있는 구조 중 하나로, 보충어인 Y가 핵어인 X 앞에 놓여 있다. 층위 관계를 살펴보면 (29)와 (30)이 완전히 동일하고, 핵어와 보충어의 지위에도 변화가 없으며, 모두 병합을 통해 결합되어 동일한 구 아래에 위치하게 되었다. 이 두 개의 수형도는 통사적으로 차이가 없다.

(30)
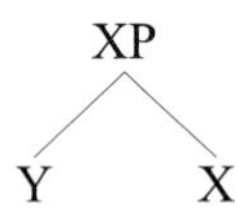


언어를 연구하는 데 있어서 통사 층위의 문제 외에도 또 하나의 매우 중요한 문제가 있다. 그것은 바로 통사 층위에서 어떻게 각 성분들을 상응하는 '어순(word order, 중국어로는 '词序' 혹은 '语序'라고 함)'으로 전환시키는가 하는 문제인데, 어순 문제는 기본적으로 음성언어에서 단어가 배치되는 순서에 관한 문제이다. 단어는 표면적으로 반드시 일정한 어순에 따라 발화되고, 선형적(linear) 순서를 이룬다. 바로 앞에서 본 수형도 (29)와 (30)을 예로 들면, X와 Y는 음성언어로 발화될 때 어떻게 배열해야만 할까? 'X+Y'일까 아니면 'Y+X'일까?

통사에서 관심을 갖는 것은 계층 문제, 즉 '고저'의 문제이지만, 어순은 기본적으로 음운부과 관련이 있는 문제로, 다시 말해 '전후'의 문제로 보아야한다. 계층 문제와 어순 문제는 서로 독립된 두 가지 문제이므로 한데 섞어 놓고 논의할 수는 없지만, 계층 문제와 어순 문제가 분명 일정한 관련이 있다는 점은 부인할 수 없는 사실이다. 문법 체계에서 어떻게 계층구조를 특정한 선형적 순서로 전환시킬 것인가 하는 것이 바로 소위 ‘접합면(interface)’, 즉 ‘통사－음운 접합면’의 문제이다. 접합면에 관한 연구는 바로 문법 내부 각 부문 간의 상호작용 관계를 탐구하는 데 사용되므로, 어순 문제는 접합면 연구에서 중요한 과제라 하겠다.

편의상 일단 수형도에서 통사 성분의 ‘고저전후’ 위치에는 일정한 어순 의미가 내포되어 있다고 가정하고, 다시 수형도를 사용하여 어순 문제를 상세히 논하도록 하겠다.

먼저 지정어 어순에 대해서는 논란이 많지 않다. 대다수의 통사이론에서는 모두 지정어가 구의 맨 앞에 위치한다고 여기는데, 즉 소위 ‘중간투사범주’의 앞 쪽에 위치한다는 것이다. 그림 (31)에서는 ‘지정어+X+Y’의 어순을 얻을 수 있다. (32)처럼 지정어가 ‘중간투사범주’ 뒤에 위치할 가능성은 매우 드물며, 인류 언어에서는 이와 같은 어순이 존재하지 않는다. 그림에서 ‘*’는 문법에 부합하지 않는 부적격형임을 나타낸다.

(31)

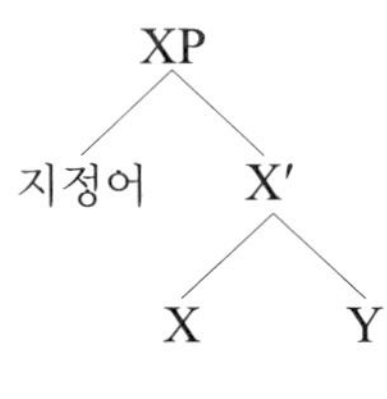


“지정어+X+Y”

(32)

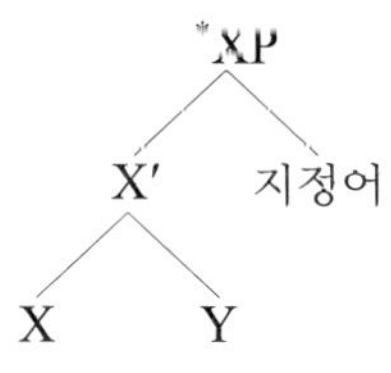


“X+Y+지정어”(부적격형)

가장 논란이 되는 문제로는 핵어와 보충어의 어순문제를 꼽을 수 있다. 이론적으로 핵어와 보충어는 두 종류의 어순이 가능한데, 첫 번째는 (29)와 같은 '핵 선행(head initial)' 어순이며, 두 번째는 (30)과 같은 '핵 후행(head final)' 어순이다.

최소주의 모형에는 핵 선행 어순을 주장하는 케인(Kayne 1994)의 '선형 대응 공리(Linear Correspondence Axiom, 혹은 LCA로 축약함)'와, 핵 후행 어순을 주장하는 다카노(Takano 1996), 후쿠이와 다카노(Fukui and Takano 1998)의 '선형화(linearization)'이론이 있다. 이 두 가지 상이한 관점들은 각각 이론 내부적인 문제만 고려하였는데,[12] 각종 인류 언어의 어순 현상에 대해 이들은 기본적으로 자신들의 이론 '내부적으로는 완벽한 설명'을 제시하였다. 예를 들어 핵 선행 어순의 관점에서 살펴보면, 수형도 (29)에서 형성된 'X+Y'가 인류 언어의 기본 어순이 되며, 그림 (29)를 통해 도출된 'Y+X'의 어순(즉 핵 후행 어순)을 도출하기 위해서는 (33)과 같이 Y가 반드시 X 앞으로 이동해야 한다. 화살표는 이동의 경로와 방향을 표시한 것이고, 밑줄 친 것은 이동 전 원래의 위치를 나타낸다.

(33) Y X

핵 후행 어순을 주장하는 관점에서 살펴보면 수형도 (30)에서 형성된 'Y+X'가 인류 언어의 기본 어순이 되며, 만약 'X+Y'의 어순을 형성하려면(즉 핵 선행 어순), (34)와 같이 X가 이동해서 Y 앞으로 와야만 한다.

---

12 이 문제에 대해 관심이 있다면 이 두 가지 어순 이론에 대한 邓思颖(2000)의 소개와 논평을 참조하기 바란다.

(34) X Y ‾|

이와 같이 어떠한 종류의 이론을 선택하더라도 핵 선행 어순과 핵 후행 어순은 모두 기본적으로 '이동'이라는 방법을 통해 도출 가능하다. 특수한 의미를 표현할 때를 제외하면 어순 때문에 이동을 진행하는 것은 대개 음운적 이유 때문인데, 이 때 이동은 통사-음운 접합면에서 진행될 가능성이 매우 크다. 이처럼 순수하게 어순과 관련된 이동은 통사의 범위를 넘어서서 음운부의 조작에 속하므로 통사론과 관계가 없으며, 그 특징은 대개 연독변조(tone sandhi), 강세(stress) 부여, 어소(intonation) 부여 등 전형적인 음운 현상과 일치한다.

이후 각 장의 토론에서 다음과 같은 가설을 제시한다. 첫째, 통사는 단지 층위 문제만을 고려하고 어순의 문제는 처리하지 않으므로, 수형도는 기본적으로 층위 구조만을 반영한 것이다. 둘째, 지정어는 반드시 앞에 위치한다. 셋째, 핵어는 원칙적으로 보충어 앞에 위치한다. 핵이 후행하는 현상을 처리할 때, 보충어는 반드시 이동해야만 하는 것으로 가정하고, 이동이 진행되는 곳은 통사-음운 접합면일 것이라 보는데, 이는 이미 음운부 층위에 진입한 것이므로 통사론의 논의 범주에 속하지 않는다. 엄밀히 말하자면 수형도는 단지 층위 구조만을 반영하고 어순은 나타내지 않지만, 상술한 세 가지 가설을 근거로 하여 이후 각 장의 논의에서 음운부문 안에서 진행되는 이동의 구체적인 순서는 생략하고, 수형도를 이용하여 가능한 한 중국어에 드러나는 실제 어순을 반영하여, '보이는 그대로 출력되는(WYSIWYG, What you see is what you get)' 효과를 거두고자 한다.

## 4.4 성분통어 관계

어순은 선형관계에 의해 결정되므로 '전후'의 문제를 처리한다. 그렇다면 통사 층위의 '고저'는 무엇에 의거해 결정해야 할까? 앞서 소개한 수형도들은 통사 층위의 '고저'를 확정하는 데 도움이 된다. 먼저 그림 (35)의 구조는 고도로 추상화된 수형도로, 알파벳을 사용하여 통사 구조 내부의 각 성분을 나타낸다.

(35)

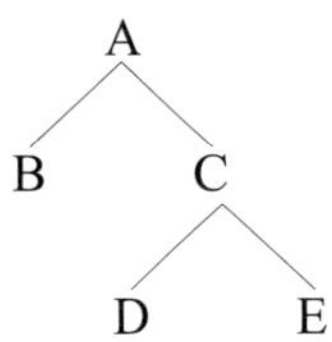


시각적으로 인지되는 바로는 그림에서 A가 가장 높은 곳에 있고 D, E가 가장 낮은 곳에 있으므로 B는 D, E보다 높아야 한다는 생각에 동의할 것이다. 통사론에서 통사 층위의 '고저'를 정의할 수 있는 과학적인 방법은 존재할까? 층위의 문제를 설명하려면 두 가지 개념이 있어야 하는데, 그것은 바로 '관할(domination)'과 '성분통어(constituent command, 약칭 c−command)'이다.[13]

---

13 나는 과거 Crystal(2000)을 따라 'domination(관할)'을 '统制'로 번역하였지만(邓思颖 2000b), 이 사전에서 'c-command(성분통어)'를 '(组构成分)统领'으로 번역하였기에 '统制'와 '统领' 간의 혼돈을 피하기 위해 이 책에서는 또 다른 통용되는 대역어인 '支配'를 사용하여 'domination'을 번역함으로써 '관할'과 '성분통어'를 구별하기로 한다. 성분통어는 원래 '성분 통어(c−command, 组构成分统领)'와 '최대 통어(m−command, 最大统领)' 이 두 가지를 말하지만, '최대 통어'는 최소주의 이론에서 이미 사용하지 않으므로, 용어 상으로 이 두 가지 통어를 구별할 필요가 없다. 논의 상의 편의를 위해 '성분 통어'도 모두 '统领'으로 약칭한다.

상술한 그림을 예로 설명하자면, A, B, C 등 성분을 '교점(node)'이라 부른다. '관할'이라는 것은 바로 수형도에서 교점과 교점 사이의 일종의 수직관계를 말한다. 간단하게 말해서 교점과 교점 사이는 하나의 선으로 서로 연결되어 있는데, 선 위에 가장 높은 교점과 선의 또 다른 한쪽의 가장 낮은 교점 사이에는 관할 관계가 성립하며, 전자는 후자를 관할한다. 그림 (35)를 예로 들면 B와 C는 각각 A와 서로 연결되어 있으며, A가 가장 높은 교점이고 B와 C는 선의 가장 낮은 교점이므로 A는 B와 C를 관할한다. 마찬가지로 D와 E는 각각 C와 서로 연결되어 있고, C는 이 중 가장 높은 교점이며 D와 E는 가장 낮은 교점이므로 C는 D와 E를 관할한다.

관할관계는 선이성(transitivity)[14]을 지니고 있어 전달, 확장이 가능하다. 바꾸어 말하면 만일 X가 Y를 관할하고, Y가 Z를 관할하면 X도 Z를 관할한다. 여기까지 그림 (35)를 예로 들어, A는 C를 관할하고, C는 D와 E를 관할하므로, A가 결국 D와 E도 관할하게 됨을 알 수 있었다.

성분통어에 관해서는 다음과 같이 간단하게 정의할 수 있다.

(36) 성분통어: 만일 X 위에 있는 첫 번째 분지 교점이 Y를 관할하면 X와 Y는 서로 관할하지 않고, X가 Y를 성분통어한다.

그림 (35)에서 B를 예로 들자면 B 위의 교점은 A이고, A는 B 위에 있는 첫 번째 교점이자 유일한 교점이다. A 아래에 두 개의

14 [역주] 여기에서 말하는 'transitivity'는 일반적으로 말하는 동사의 타동성에 관한 것이 아니므로, '타동성'이 아닌 '전이성'으로 옮겼다.

분지(branching), 즉 두 개의 선이 있고, 그중 하나는 B와 연결되고 또 다른 하나는 C와 연결된다. 방금 설명한 것처럼 A는 B, C, D, E, 이 네 개의 교점을 관할한다. (36)의 정의에 의하면, B는 C, D, E 이 세 개의 교점을 성분통어하는데, A가 B 위의 첫 번째 분지 교점이며 동시에 C, D, E를 관할하기 때문이다.

그림 (35)에서 D 위의 첫 번째 분지 교점은 C인데, 이 C는 D와 E만을 관할하고 B를 관할하지 않는다. 따라서 D는 E만 성분통어할 수 있고, B를 성분통어할 수 없다. 마찬가지로, E 위의 첫 번째 교점 역시 C이며, E는 D만을 성분통어할 수 있고, B를 성분통어할 수 없다.

B는 D와 E를 성분통어하지만, D와 E는 B를 성분통어 할 수 없는데, 이것은 일종의 비대칭 관계이기 때문에 '비대칭 성분통어(asymmetric c-command)'라고도 한다(Kayne 1994). 따라서 B는 D와 E를 비대칭 성분통어한다고 할 수 있다. 우리는 또한 성분통어(혹은 비대칭 성분통어) 개념을 사용하여 통사층위의 '고저'에 대해서도 정의내릴 수 있는데, 즉 B는 통사층위에서 D와 E보다 높다.

다음 수형도 (37)을 통해 또 다른 상황을 하나 살펴보자.

(37)

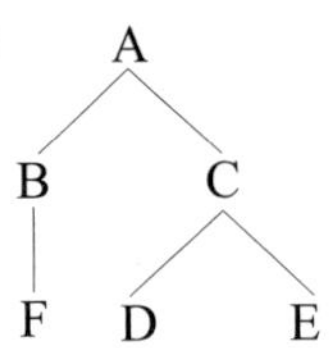


그림 (37)과 그림 (35)의 가장 큰 차이는 바로 B가 교점 F를 관할한다는 것이다. 만약 F와 E를 비교한다면, 어떤 것이 층위가

더 높은 것일까? 먼저 F가 어떠한 성분을 통어하는지 살펴보도록 하겠다. F 위의 첫 번째 교점은 B인데, B는 분지가 없다. 성분통어 관계를 따지려면 반드시 분지 교점을 찾아야만 한다. 수형도에 의하면 F 위의 첫 번째이자 유일한 분지 교점은 A이다. 이미 설명한 바와 같이 A는 E를 관할하므로, F는 E를 성분통어할 수 있다. E의 경우, B를 성분통어할 수 없으므로 F도 성분통어할 수 없다. 통사 층위에서 F는 반드시 E보다 높아야 한다. 비록 시각적으로 보면 F와 E는 동일한 층위에 있는 것 같지만, 성분통어 관계에 의해 F와 E의 고저 층위는 매우 분명히 나타난다. 이처럼 통사 층위의 '고저'를 정의 내리는 데 있어서 성분통어는 과학적 방법을 제공해 준다.

성분통어 관계에 근거하여 구 안에서 지정어와 보충어 간의 층위 관계를 살펴보자. 아래의 그림 (38)을 보자.

(38)

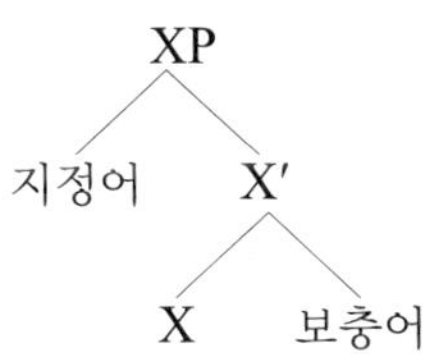


그림에서 XP는 지정어 위의 첫 번째 분지 교점이며 동시에 보충어를 관할하므로, 지정어는 보충어를 성분통어한다. 보충어 위의 첫 번째 분지 교점은 X′이고, 이 X′는 X와 보충어만을 관할하며 지정어는 관할할 수 없으므로 보충어는 지정어를 성분통어할 수 없다. 지정어와 보충어가 이러한 비대칭 성분통어 관계에 있다는 점은 이 두 가지 통사 위치의 비대칭 현상, 즉 지정어의 통사 층위가 항상 보충어보다 높다는 사실을 잘 설명해 준다.

(36)의 정의는 비교적 추상적이므로 다음과 같이 설명해도 좋

을 것이다. 만일 두 개의 성분 X와 Y가 성분통어 관계를 이루는가를 따져야 한다면, 먼저 X에서 출발하여 X와 연결된 선을 따라 위쪽으로 올라가 첫 번째 분지 교점에 가서 멈춘다. 그 다음 그 첫 번째 분지 교점에서 시작하는 다른 한 개의 선을 따라 아래로 내려가서 Y까지 계속 내려갈 수 있는지를 살펴본다. 이해를 돕기 위해, 이와 같은 방법에 따라 (37)에서 F와 E 간의 성분통어 관계를 따져보기 위한 절차를 아래와 같이 점선 화살표를 사용하여 나타내었다.

(39) 절차1

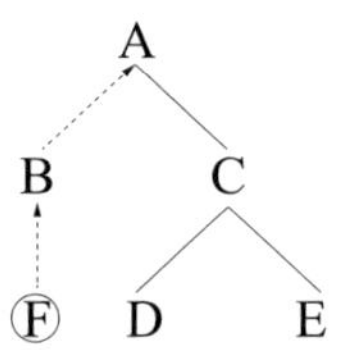


(40) 절차2

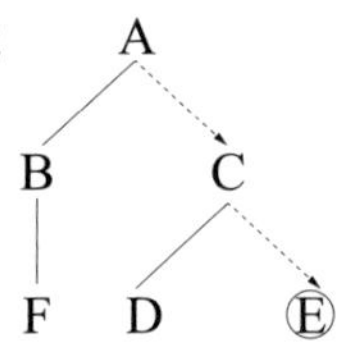


만약 E가 반대로 F를 성분통어할 수 있는가를 살펴보려 한다면 다음과 같은 절차를 따를 수 있다. 먼저 E에서 출발하여 연결된 선을 따라 첫 번째 분지 교점 C까지 올라간다. 그 다음 그 교점 C에 연결된 또 다른 선을 따라 아래로 내려가는데, D까지만 갈 수 있고 F로는 갈 수 없으므로, E는 F를 성분통어하지 못한다.

(41) 절차1

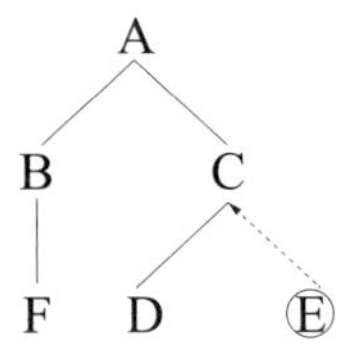


(42) 절차2

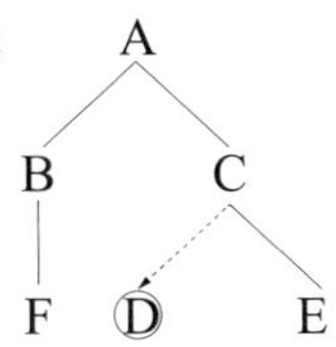


성분통어는 통사론에서 중요한 개념으로, 성분 간의 통사 층위 '고저' 관계를 결정하고 이로 인해 파생되는 관련 현상을 설명하는 데 쓰일 수 있으며, 또한 통사-의미의 접합면에서 중요한 역할을 하기도 한다.[15]

## 4.5 소결

이 장에서는 구, 병합, 층위, 성분통어와 같은 통사론의 몇 가지 중요한 개념에 대해서 소개하였다.

통사 내에서 구는 단어보다 한 단계 위의 문법 단위이자 통사 내에서 가장 큰 문법 단위이다. 구는 순수하게 구조 층위를 묘사하기 위한 용어로, 구조 자체의 복잡성과는 필연적 관계가 없다. 비록 구조가 '복잡한' 것이 구가 되는 경우가 많지만, 구조가 '단

15 Chomsky(2000,2008)는 그 외 다른 방법으로 성분통어 현상을 해석하고자 통사 내에서 성분통어의 지위를 취소하였지만, 성분통어로 인해 나타나는 현상이 여전히 존재하고 있고, 성분통어의 개념은 통사-의미 접합면의 일부 현상, 예를 들어 의미의 작용역(scope)과 같은 현상에 대해 직접적이고도 편리한 설명을 제공해 주고 있다.

순'하다고 해서 반드시 구가 될 수 없는 것은 아니다.

병합은 두 개의 성분을 결합하여 구를 형성하는 통사조작이다. 구 내부에는 지정어, 핵어, 보충어 등의 부분이 있다. 하나의 구 내부에 지정어나 보충어는 없어도 상관이 없지만, 핵어는 반드시 있어야 하며, 핵어야말로 구의 핵심이라고 할 수 있다. 모든 단어는 통사에 진입한 후에 반드시 구를 형성해야만 한다.

층위의 '고저'와 어순의 '전후'는 서로 다른 별개의 문제이다. 통사는 층위 문제만을 고려하며 수형도는 기본적으로 층위 구조를 반영한다. 어순의 '전후'는 통사-음운 접합면 문제, 심지어 음운 부문 내부의 문제이기도 하다. 지정어는 반드시 앞에 있어야 하며, 핵어는 원칙적으로 보충어 앞에 위치해야만 한다.

층위의 '고저'는 주로 성분통어 관계에 의해 정의된다. 만일 두 개의 성분이 비대칭 성분통어 관계에 있다면, 그중 하나의 성분은 반드시 통사 층위에서 더 높은 층위에 위치한다. 성분통어는 통사론의 주요 개념 가운데 하나로, 성분 간의 통사 층위 상 '고저' 관계를 결정하고, 이로 인해 파생되는 관련 현상을 설명할 때 사용된다.

# 제5장 명사성 구조

명사성 구조는 기본적으로 명사, 양사, 수사, 한정사 네 가지로 크게 분류될 수 있다. 이 네 가지 부류에 속한 단어는 모두 자신의 구를 형성할 수 있다. 한정사구는 가장 높은 층위에 위치하고, 명사구는 가장 낮은 층위에 위치한다. 지시성을 가진 명사성 구조는 모두 한정사구이고, 한정사를 가지지 않는 명사성 구조는 비지시적이다. 한정적인 명사성 구조의 한정사 자리는 비어 있을 수 없고, 영 한정사로 이루어진 명사성 구조는 반드시 비한정적 특성을 지닌다. 고유명사와 보통명사는 원래 명사이지만, 핵 이동을 통해 한정사 자리로 옮겨져 한정적 의미를 획득하게 된다.

## 5.1 명사성 품사의 통사 결합

전통문법 연구에서 이루어진 분석에 따르면,[1] 명사는 사람 혹은 사물의 명칭을 나타내는데, 명사의 전형적인 예로는 보통명사/가산명사(예를 들어 '书(책)', '学生(학생)'), 물질명사/불가산명사(예를 들어 '水(물)', '肉(고기)', '阳光(햇빛)'), 집합명사(예를 들어 '人民(인민)', '父母(부모)', '马匹(마필)'), 추상명사(예를 들어 '道德(도덕)', '恩情(정)'), 고유명사(예를 들어 '张三(장싼)', '长江(창장 강)') 등이 있고, 이 외에도 장소명사(예를 들어 '中国(중국)', '香港(홍콩)', '学校(학교)'), 시간명사(예를 들어 '今天(오늘)', '星期 (월요일)'),[2] 방위명사(예를 들어 '左(좌)', '右(우)', '上面(위쪽)', '下边(아래쪽)') 등이 있다.

1 명사성 품사의 하위분류 및 그 예는 朱德熙(1982)와 黄伯荣·廖序东(2002b)을 참고하기 바란다.

2 '시간명사'는 명사의 하위부류 중 하나로, 시간사 T와 다르다.

양사의 주요 기능은 명사를 분류하는 것이고 의미적으로는 계산단위를 나타내며, 명량사(名量词, 혹은 물질명사)와 동량사(动量词)로 분류할 수 있다. 명량사는 개체양사(个体量词, 예를 들어 '个(개)', '本(권)', '张(장)'), 집합양사(集合量词, 예를 들어 '对(짝)', '双(쌍)', '群(무리)'), 도량사(度量词, 예를 들어 '斤(근)', '尺(척)', '米(미터)'), 부정양사(不定量词, '些(몇, 조금)', '点儿(조금, 약간)'), 임시양사(临时量词, '一碗饭(밥 한 그릇)'의 '碗(그릇)')가 있으며, 동량사는 전용동량사(专用动量词, 예를 들어 '下(번, 차례)', '次(번, 차례)'), 차용동량사(借用动量词, '切一刀(칼로 한 번 썰다)'의 '刀(칼)'), 중복동사(重复动词, '看一看(좀 보다)', '想一想(좀 생각하다)')가 있다.

수사는 주로 수효를 나타내며, 기수사基數詞와 서수사序數詞로 분류할 수 있다. 기수사는 수량의 많고 적음을 나타내는데, 기수사에는 계수사(系数词, '一', '二', '两', '三' 등), 위수사(位数词, '十', '百', '千', '万' 등), 개수사(概数词, '二十来个(20개 가량)'의 '来(가량) 등', '三百多本(30여 권)'의 '多(여)' 등)가 있다. 서수사는 순서를 나타낸다('第一(제1, 첫째)'의 '第(제)' 등).

한정사는 주로 전통문법에서 말하는 대사(代词)를 가리킨다. 대사는 일반적으로 인칭대사(人称代词), 지시대사(指示代词), 의문대사(疑问代词)로 분류할 수 있다. 인칭대사의 문법적 기능은 명사와 비슷하며 명사성 품사에 해당하고, '你(너, 당신)', '你们(너희들, 당신들)' 등과 같은 예가 있다. 지시대사는 사람이나 사물을 대신하는 것 외에 지시 기능도 가지며, 그 예로는 '这(이)', '那(저)', '每(마다)', '各(각)', '某(아무, 어느)' 등이 있다. 의문대사에는 '谁(누구)', '什么(무슨, 무엇)' 등이 있으며, 주로 의문을 나타낸다. 이 책에서는 한정사를 하나의 큰 부류로 설정하는데, 이 큰 부류 안에는 전통문법에서 말하는 인칭대사, 지시대사, 의문대사 등을 포함한 몇 개의 작은 부류가 포함된다.

명사, 양사, 수사, 한정사 등의 품사는 모두 명사성 품사에 속하는데, 이러한 분류와 관련하여 다음과 같이 몇 가지 설명할 부분이 있다. 첫째, 동량사가 주로 동작 행위를 수식하는 데 사용되기는 하지만, 품사 분류에 있어서는 여전히 명사성 성분으로 간주한다. 둘째, '怎么(어떠하다)', '怎么样(어떠하다)', '这样(이러하다)', '这么样(이러하다)', '那么(저러하다)', '那么样(저러하다)'과 같은 '대위사(代谓词)'나 '多(얼마나)', '这么(이렇게)', '那么(저렇게)'와 같은 '대부사(代副词)'처럼 비록 몇몇 대사가 동사성 품사를 대신하여 쓰이기는 하지만(黄伯荣·廖序东 2002b), 좀 더 엄격한 품사 분류에 따르자면 이러한 단어도 모두 한정사로 분석되어야 하며, 지시대사 '这(이)', '那(저)'와 큰 차이가 없고, 모두 명사성 품사에 해당한다. 셋째, 이 책에서는 형용사(즉, 전통문법에서 말하는 '구별사')도 명사성 품사에 해당한다고 본다. 형용사의 역할은 주로 명사를 수식하는 것인데, 부가(adjunction)를 통해 통사구조 안으로 들어가게 되므로 분포에 있어서 형용사는 다른 명사성 성분들과 차이가 있다. 부가의 운용 방식에 대해서는 이후 제10장 '수식구조와 병렬구조'에서 상세하게 논의할 것이며, 이 장에서는 주로 명사, 양사, 수사, 한정사의 통사 문제에 대하여 논의할 것이다.[3]

'명사구'라는 용어에 대한 이해는 종종 학자마다 서로 차이가 나기도 하는데, 엄밀히 말해 명사구는 명사 핵어로 이루어진 구, 즉 하나의 '원형명사(bare noun)'로 이루어진, 기타 수식성분이 없는 구라고 정의되어야 하지만, '명사구'라는 이 용어는 또한 수사

3 명사성 구조가 비록 '문(句)'이 아니라고 하더라도, 명사성 구조 성분 간의 결합에 관한 연구는 여전히 통사론에 속하는 문제이다. '문'에 관한 연구 외에, 명사성 구조에 관한 연구 또한 통사론에 포함된다.

와 양사를 포함하는 '수량명사구'를 가리키는데도 사용될 수 있다. 이 책에서는 이러한 중의성을 해결하기 위하여 명사 핵어로 이루어진 구만을 '명사구'라고 하고, 수량사 혹은 한정사를 포함하는 구조를 '명사성 구조'라고 하겠다.

중국어의 한정사(대표적으로는 지시대명사가 있음), 수사, 양사, 명사는 명사성 구조를 이룰 수 있고, 또한 이 구조 내부에는 일정한 어순이 존재하여 뒤바뀔 수 없다. 수사는 일반적으로 명사와 직접 결합될 수 없고, 종종 양사와 결합되어 쓰인다(역자 주: 즉 '수사+양사' 형식으로 결합). 또한 한정사는 수사와 양사 앞에 출현하여 '한정사+수사+양사+명사'의 어순을 이루게 된다. (1)에서 한정사 '那(저)', 수사 '三(3, 셋)', 양사 '本(권)', 명사 '书(책)'는 문법에 맞는 어순으로 이루어진 반면, (2)의 모든 예들은 부적격형이다.

(1) 那三本书　저 세 권(의 책)

(2) *那本三书, *那书三本, *三那本书, *三本那书, *本三那书, *书本三那……

수사는 일반적으로 양사와 연용하여야 하며 대개 명사와 직접 결합하지 못하므로 (3)과 (4)는 문법적인 결합이다. 명사와 한정사는 생략할 수 있지만, 양사는 수사가 있을 경우 생략할 수 없고 반드시 출현해야 하므로 (5)와 (6)은 비문이 된다.

(3) 我要三本书。　나는 책 세 권이 필요하다

(4) 我要三本。　나는 세 권이 필요하다.

(5) *我要三书。

(6) *我要三。

(7)의 '本+书'와 같이 양사 바로 뒤에는 명사만 출현할 수 있으며 다른 품사는 출현할 수 없다. 따라서 (8)의 '本+那'와 (9)의 '本+三'은 모두 부적격형이 된다. 이를 통해 '한정사+수사+양사+명사'는 중국어에서 엄격히 준수해야 하는 어순임을 알 수 있다.

(7) 三本书　책 세 권

(8) *三本那

(9) *本三书

전통 중국어 문법에서는 일반적으로 수량사, 지시대사 등을 '定语(관형어)'라고 하여 명사를 수식하는 성분으로 여겼다. 중국어 생성문법에서도 과거에 일부 학자들이 수량사 등의 성분을 관형어라고 여겼는데, 통사 구조 내에서는 명사 위에 부가되는 부가어(adjunct)의 지위를 갖는다고 보기도 하였다(Huang 1982: 67). 그러나 애브니(Abney 1987)가 '한정사구 가설(DP Hypothesis: 기능범주에 속하는 한정사 등이 명사성 구조 전체의 핵이 되어 자신의 구를 형성할 수 있다는 가설)'을 제시한 후에, 대다수의 중국어 생성문법 학자들이 모두 이러한 견해를 따르기 시작하였고(C.-C. J. Tang 1990, Y.-H. A. Li 1997, 1998, 1999, Cheng and Sybesma 1999, 2005, 程工 1999, Tang 1999, 沈阳·何元建·顾阳 2001, 石定栩 2002a, 2011, Au Yeung 2005, Borer 2005, Sio 2006, 何元建 2007, Hsieh 2008, Huang, Li and Li 2009, Wu and Bodomo 2009, 邓思颖 2009e 등), 이는 현재 일반적 견해로 받아들여지고 있다. 구체적인 기술적 조작 방법의 차이가 있기는 하지만, 명사성 구조에 대한 통사 분석은 대체로 일치한다. 아래에서는 명사성 구조와 관련하여 일치된 견해를 보이는 기초 지식을 소개하고, 필요한 부분에 대해서는 보충 설명을 하겠다.

형식 통사론의 분석에 따르면 어휘어와 기능어를 막론하고 모든 단어는 그 자신이 핵이 되어 구를 형성할 수 있다. 이 책의 제3장 '자질, 단어, 품사'에서 이루어진 논의에 따르면, 명사(N)는 어휘어에 속하고, 양사(Cl), 수사(Num), 한정사(D)는 모두 기능어에 속한다. 통사적으로 이러한 단어는 모두 자신의 구를 구성하여 핵이 될 수 있는데, 명사가 핵이 되어 구성된 구는 명사구(NP), 양사가 핵이 되어 구성된 구는 양사구(ClP), 수사가 핵이 되어 구성된 구는 수사구(NumP)이며, 한정사가 핵이 되어 구성된 구는 한정사구(DP)이다.

명사 하나만이 홀로 어휘부에서 선택되어 통사부에 진입한 후 만약 다른 품사와 결합되지 않으면, 통사적으로 명사구 하나만을 형성하게 된다. 중국어의 원형명사 '书(책)'를 예로 들어보면, (10)의 수형도에서 N은 '书(책)'의 품사를 나타내는데, 이 단어는 다른 성분과 병합되지 않으므로, 최종적으로 명사구 NP를 형성한다. 이 명사구에는 오직 하나의 핵만 있을 뿐, 지정어나 보충어를 가지지 않는다. 이렇게 해서 '书(책)'는 품사적으로는 명사이지만, 통사적으로는 명사구를 이루는 것이다. '원형명사'가 겉으로 보기에는 매우 '작고' '단순'하기는 해도 이처럼 하나의 구로 분석할 수 있는데, 이는 이론적인 필요에 의한 것이다. 즉 하나의 성분이 이중적 지위를 가져서, 단어이면서 또한 구가 될 수 있는 것이다.

(10) 

만약 명사와 더불어 어휘부에서 양사와 수사도 함께 선택되어 나온다면, 양사는 우선 명사구와 병합되어야 한다. 예를 들어, 양사 '本(권)'과 수사 '三(3, 셋)'이 선택되어 나오면, 양사 '本(권)'은 우선 명사구 '书(책)'와 병합되어야 하는데, 수형도 (11)은 양사 '本(권)'이 먼저 명사구와 병합됨을 보여준다. 병합으로 만들어진 구는 양사와 밀접한 관계를 이루며, 또한 양사를 이 구의 레이블로 삼아 양사구 ClP를 이루는데, 이때 양사 '本(권)'은 양사구의 핵어이고, 명사구는 양사구의 보충어가 되어 '本+书'의 어순을 형성한다.

(11) 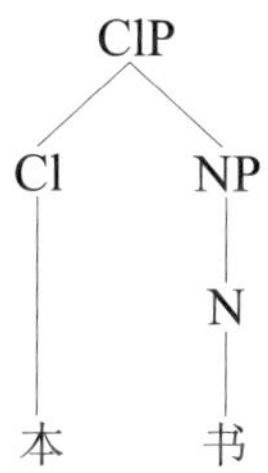


이어서 수사와 양사구의 병합을 살펴보자. 수형도 (12)에서는 수사 '三(3, 셋)'과 양사구가 병합하여 수사구 NumP를 구성하는 것을 보여주는데, 수사는 수사구의 핵어, 양사구는 수사의 보충어로, '三+本+书'의 어순을 이룬다.

(12)

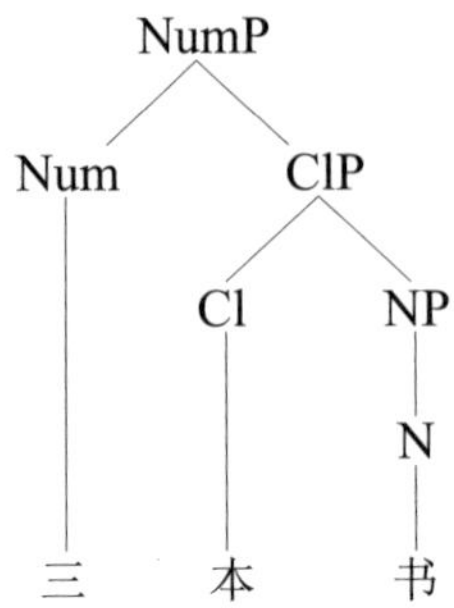


한정사 '那(그, 저)'가 어휘부에서 선택되어 나와 통사부로 진입하면 수사구와 병합되어 한정사구 DP를 구성할 수 있는데, 이때 한정사는 한정사구의 핵어, 수사구는 한정사의 보충어로, '那+三+本+书'의 어순을 이룬다. 수형도 (13)은 비교적 복잡하고 완전한 명사성 구조라고 할 수 있는데, '那三本书(그 세 권의 책)'라는 중국어 명사성 구조는 엄밀히 말해 '명사구'가 아닌 하나의 한정사구이다. 명사구는 그저 이 한정사구를 구성하는 한 부분에 불과하며, 오직 '书(책)'만이 명사구일 뿐, 전체 구조 '那三本书(그 세 권의 책)'는 명사구가 아니다.

(13)

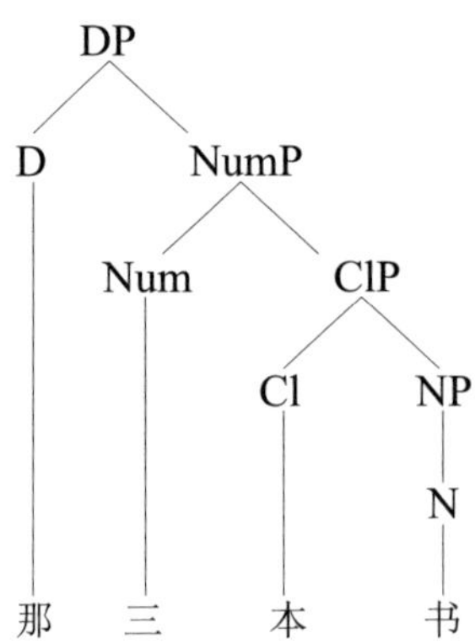

수형도 (13)은 표지 붙은 괄호식을 사용하여 (14)와 같이 나타낼 수도 있으며, 모든 단어의 품사 표시를 생략한다면 (14)를 (15)와 같이 간략화하여 나타낼 수도 있는데, 비교하기 쉽도록 이러한 방식들을 모두 사용하여 표시하였다.

(14) [$_{DP}$ [$_{D}$ 那][$_{NumP}$ [$_{Num}$ 三[$_{ClP}$ [$_{Cl}$ 本[$_{NP}$ [$_{N}$ 书]]]]]

(15) [$_{DP}$ 那[$_{NumP}$ 三][$_{ClP}$ 本][$_{NP}$ 书]]]]

(13)의 완전한 명사성 구조는 (16)과 같은 수형도나 (17)과 같은 표지 붙은 괄호식으로 개괄할 수 있는데, 이처럼 네 개의 층위를 포함하는 명사성 구조를 가장 완전한 구조이자 가장 복잡한 구조라고 본다. 한정사는 하나의 수사구를, 수사는 하나의 양사구를, 양사는 하나의 명사구를 각각 보충어로 선택한다. 통사적 층위 관계에 있어서 한정사가 가장 높은 위치에 있고 명사가 가장 낮은 위치에 있으며,[4] 선형적 관계에 있어서는 한정사가 가장 앞에 위치하고 명사가 가장 뒤에 위치한다. (16)과 같은 층위 구조는 바로 '한정사+수사+양사+명사'의 어순을 이룬다. 이를 통해 병합에는 순서가 있고, 각 순서마다 두 개의 성분이 하나로 결합되며, 낮은 곳에서 높은 곳으로 한 단계씩 점차 더 크고 더 복잡한 구조를 이루는데, 먼저 명사구를 이룬 다음 차례로 양사구, 수사구, 한정사구를 구성하게 된다는 것을 알 수 있다. 이러한 단계적인 조작을 통해 통사부 내에서 최종적으로 층위를 가진 구조가 형성되는데, 가장 먼저 통사부에 신입한 성분은 층위 구조에

4 제4장 '구'에서 층위 관계를 성분 통어 관계로 정의할 수 있음을 상세하게 소개하였다. 한정사는 수사, 양사, 명사를 성분 통어하므로 가장 높은 층위에 위치한 성분이어야 한다.

서 가장 낮은 곳에 위치하는 반면(예를 들면 명사), 통사부에 가장 늦게 진입한 성분은 층위 구조에서 가장 높은 곳에 위치한다(예를 들면 한정사). 통사적인 층위 관계는 이와 같은 순차적인 병합을 통하여 도출되어 나오는 것이며, 이러한 층위 관계가 언어에 반영된 것이 바로 어순이다. 중국어 명사성 구조 내에서 엄격하게 지켜지는 '한정사+수사+양사+명사'의 어순은 곧 (16)과 같은 층위 구조가 표현된 것이다. 전통 중국어 문법학에서도 일찍이 명사구 내 각 성분들의 선형 관계에 대해 주목한 바 있기는 하지만, 생성문법에서는 선형적 관계보다는 각 성분들의 층위 관계를 강조한다.

(16)

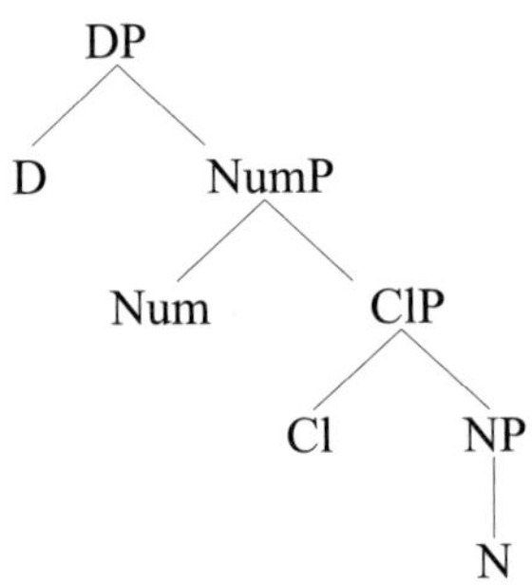


(17) $[_{DP}\ D[_{NumP}\ Num[_{ClP}\ Cl][_{NP}\ N]]]]$

앞에서 제시한 '한정사+수사+양사+명사' 어순 외에 중국어에는 수사가 결여된 어순도 허용되는데, 한정사(지시대사)는 수사 없이 직접 양사와 결합하여 연용될 수 있다.

(18) 那本书　　　그 책

(19) 每本书　　　각 책

(20) 某本书　　　어떤 책

(18)의 ‘那本书(그 책)’, (19)의 ‘每本书(각 책)’, (20)의 ‘某本书(어떤 책)’는 각각 ‘那一本书(그 책 한 권)’, ‘每一本书(각 책 한 권씩)’, ‘某一本书(어떤 책 한 권)’로 이해할 수 있는데, 이 중에 ‘一(1, 하나)’는 음운 생략을 거친 것이다(C.-C. J. Tang 1990). 다시 말해 ‘一(1, 하나)’가 음성적으로 들리지는 않지만 실제로는 통사부에 이 수사가 존재한다는 것인데, 이에 대해서는 다음 두 가지 근거를 들 수 있다. 첫째, (18)의 ‘那本书(그 책)’와 (20)의 ‘某本书(어떤 책)’는 오직 한 권만을 가리키며, 하나 이외에 다른 수량은 가리키지 못한다. 둘째, ‘那本书(그 책)’와 ‘那一本书(그 책 한 권)’는 자유롭게 호환이 가능하고, 호환하여도 기본적인 의미에 영향을 미치지 않는다. 그러므로 (18)에서 (20)까지의 한정사구는 (13)과 구조가 동일하며, (21)과 같이 ∅을 사용하여 음성 없는 수사를 표시할 수 있을 것이다. 이 구조에서 수사 ‘一’는 한정사가 양사구와 직접 병합된 것이 결코 아니고, 단지 음운적으로 생략되었을 뿐 여전히 하나의 자리를 차지한다.

(21)
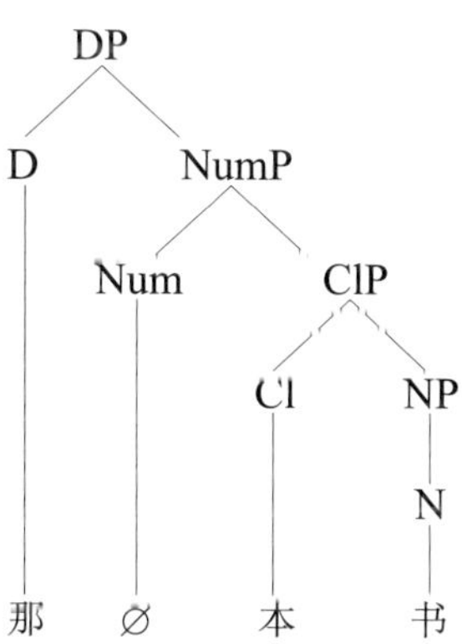

(22)와 (23)을 비교해 보면 알 수 있듯이 양사 자리에 부정양사(不定量词) '些(몇, 들)'가 오는 경우, 다른 수사는 쓰일 수 없고 오로지 '一(1, 하나)'만 쓰일 수 있다. '些(몇, 들)' 앞의 수사 '一(1, 하나)'는 (24)와 같이 생략이 가능한데, 우리는 수사 '一(1, 하나)'가 음운 층위에서 생략되어 (24)와 같은 어순을 이루고 있지만, 통사 구조 속에서 수사는 여전히 하나의 자리를 차지하는 것으로 본다. 이렇게 해서 (24)는 앞에 나온 (18)-(20)과 동일한 구조를 이루며, (25)의 수형도로 나타낼 수 있다.

(22) 那一些书 그 책들

(23) *那三些书

(24) 那些书 그 책들

(25)

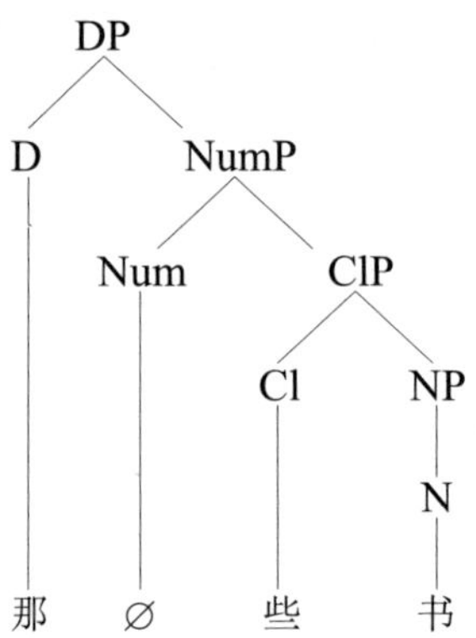


## 5.2 지시, 한정, 비한정 의미에 관한 통사적 분석

의미적으로 볼 때 명사성 구조는 '지시적(referential)'이거나 '비지시적(nonreferential)' 둘 중 하나인데, 지시적인 명사성 구조는 어떠한 실체를 지시하며, 비지시적 명사성 구조는 왕왕 총칭적

(generic) 용법을 가진다(Li and Thompson 1981). (26)의 '那个语言学家(그 언어학자)'는 지시성을 가지고 어떤 한 언어학자를 가리키는 반면, (27)에서 술부에 출현하는 '(是)语言学家(언어학자(이다))'와 (28)에서 목적어로 출현하는 '语言学家(언어학자)'는 비지시 용법으로 사용되어 어떠한 부류만을 나타낸다.

(26) 他认识那个语言学家。　그는 그 언어학자를 안다.
(27) 他是语言学家。　그는 언어학자이다.
(28) 他喜欢语言学家。　그는 언어학자를 좋아한다.

지시적 명사성 구조는 다시 '한정적(definite)'인 것과 '비한정적(indefinite)'인 것으로 세분할 수 있다.[5] 리와 톰슨(Li and Thompson 1981: 130)의 정의에 따르면, 한정적 명사성 구조가 가리키는 것은 화자의 생각에 분명 청자가 이미 알고 있을 것이라 보는 사물이며, 비한정적 명사성 구조가 가리키는 것은 화자의 생각에 청자가 모르는 사물일 것이라 판단되는 것이다. 예를 들어 (29)의 문장을 발화하는 사람은 어떤 한정적인 '那个语言学家(그 언어학자)'가 청자에게 있어서는 이미 알고 있는 사람 중 하나일 것이라고 믿으며, (30)의 문장을 발화하는 사람은 비한정적인 '一位语言学家(언어학자 한 명)'가 청자에게 있어서는 모르는 어떤 사람일 것이라고 믿는 것이다. 비지시적인 명사성 구조는 부류만을 언급하는 것이기 때문에 한정/비한정의 구분이 없다.

(29) 他认识那个语言学家。　그는 그 언어학자를 안다.

5 'definite'와 'indefinite'는 중국어로 각각 '定指'와 '不定指'라고 번역하기도 하는데, 이와 관련된 설명은 이 책 제5장 각주 10을 참고하기 바란다.

(30) 他认识一个语言学家。　　그는 언어학자 한 명을 안다.

위와 같은 분류에 따라 지시, 비지시, 한정, 비한정 간의 관계를 아래와 같이 나타낼 수 있다.

(31)

- 지시적
  - 한정
  - 비한정
- 비지시적

이상과 같은 예시처럼, 우리는 (27), (28)의 '语言学家(언어학자)'와 (32)의 '书(책)'와 같은 비지시적 명사성 구조가 표면적으로 수사, 양사, 한정사를 지니지 않은 소위 원형명사에 속하며, 양사 '个'가 있는 (26)의 '那个语言学家(그 언어학자)'나 양사 '本(권)'이 있는 (33)의 '一本书(책 한 권)', (34)의 '这本书(이 책)', (35)의 '某本书(어떤 책)'처럼 양사가 있는 명사성 구조는 모두 지시적 명사성 구조임을 기본적으로 이해할 수 있다.[6] 지시적인 명사성 구조라는 큰 부류 안에서 (33)의 '一本书(책 한 권)'와 같이 표면적으로 수사만 있고 한정사가 없는 명사성 구조는 반드시 비한정적인 것이다. 한정사가 존재하는 명사성 구조의 경우, 한정사 하위 분류에 따라 (34)의 '这本书(이 책)'처럼 지시대사 '这(이)', '那(그, 저)'가 출현하는 명사성 구조는 한정적인 반면, (35)의 '某本书(어떤 책)'와 같이 지시대사 '某(어떤, 어느)'가 출현하는 명사성 구조는 비한정적이다.

6 이는 단지 초보적인 관찰일 뿐, 양사가 있는 '수사+양사+명사'의 명사성 구조도 비지시적일 수 있다. 자세한 내용은 아래 이어지는 논의를 참고하기 바란다.

(32) 他喜欢书。　　그는 책을 좋아한다.

(33) 他喜欢一本书。　　그는 (어떤) 책 한 권을 좋아한다.

(34) 他喜欢这本书。　　그는 이 책을 좋아한다.

(35) 他喜欢某本书。　　그는 어떤 책을 좋아한다.

한정사는 기능범주에 속하는 기능어이며, 주요 기능은 지시 의미를 나타내는 것이다(Abney 1987, Chomsky 1995: §4). 우리는 모든 지시적인 명사성 구조가 반드시 한정사를 핵으로 하는 한정사구, 즉 DP를 구성한다고 여기는데, 여기서 핵이 되는 한정사는 그 구가 지시 의미를 가지는 구임을 나타낸다. 즉 한정사가 없는 명사성 구조는 지시 의미를 나타낼 수 없다(Y.-H. A. Li 1997, Li and Shi 2003, Huang, Li and Li 2009: §8). 그러므로 지시적인 명사성 구조는 한정적이든 비한정적이든 모두 한정사를 반드시 포함해야 한다.

(36)과 (37)의 지시대사 '这(이)', '那(그, 저)'처럼 한정사는 단독으로 사용될 수 있다. 단독으로 사용되는 한정사는 어떠한 구와도 병합되지 않고 통사적으로 한정사구 DP를 형성하는데, 이때 한정사는 한정사구의 핵이자 이 구를 구성하는 유일한 성분으로, 이는 (38)의 수형도와 같이 나타낼 수 있다.

(36) 这是句法学理论。　　이것은 통사 이론이다

(37) 别说那。　　그거 말하지 마.

(38)

지시대사 외에, 독립적으로 사용할 수 있는 한정사로 '你(너)', '我(나)', '他(그, 그 사람)' 등의 인칭대사가 있다. 옌후이 A. 리(Y.-H. A. Li 1999), 선양·허위안젠·구양(沈阳·何元建·顾阳 2001: §14), 허위안젠(何元建 2007) 및 황, 리와 리(Huang, Li and Li 2009: §8) 등은 영어의 대명사 분석(Postal 1969, Longobardi 1994)을 참고하여 중국어의 인칭대사를 한정사로 분석해야 한다고 주장했다. 이러한 인칭대사의 구조는 (39)와 같은 수형도로 나타낼 수 있다.

(39)
```
   DP
   |
   D
   |
你/我/他
```

인칭대사를 한정사로 분석하면 예문 (40)이 부적격이 되는 이유를 설명할 수 있다. 즉 한정사는 양사 뒤에 출현할 수 없는데(Tang 1999, 邓思颖 2002a), 이는 통사적으로 양사가 오직 명사구와만 병합할 수 있고, 한정사구와는 병합할 수 없기 때문이다. 따라서 (41)의 수형도 또한 부적격이다.[7]

(40) *一个他

7 Huang, Li and Li(2009: 302, 주석 15)는 아래와 같은 예문 (i)를 들어서 대사 앞에 수사와 양사가 올 수 있다고 설명하였다. 이 책에서는 이러한 비지시적 대사가 특수 용법에 해당하며, 뒤에 언급될 (70)의 '两个李逵(이규 두 명)'나 (71)의 '两条长江(양쯔강 둘)'과 비슷하다고 본다.

(41)

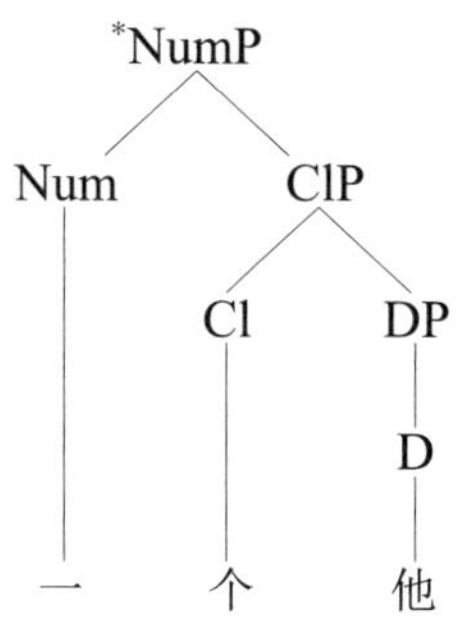


이렇듯 인칭대사 앞에는 수사와 양사가 출현할 수 없지만, 인칭대사 뒤에는 수사와 양사가 출현할 수 있다. 이를 바탕으로 황, 리와 리(Huang, Li and Li 2009: 297)는 (42)와 같은 예문에 주목하여 수형도 (43)의 합리성을 증명하였다. 즉 인칭대사는 한정사에 속하고, 명사성 구조에서 가장 높은 층위에 위치한다.

(42) 他们两个流浪汉　　　그들 두 부랑자

(43)

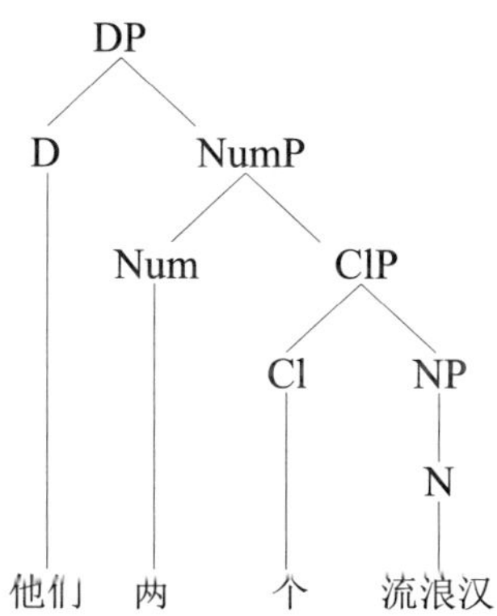


중국어의 한정적인 명사성 구조 내에서 한정사 자리는 '비어' 있을 수 없는 자리이므로, 음성형식이 없는 영 한정사가 올 수 없다. '那三本书(그 책 세 권)', '那些书(그 책들)' 등의 예는 모두 한정적인 명사성 구조로, 앞에서 제시한 수형도 (13), (21), (25) 등

을 보면 한정사 D의 자리가 비어 있지 않으며, 실제로 들을 수 있고 볼 수 있는 단어인 '那(그, 저)'가 한정사로 사용되었다.

인칭대사 외에 '今天(오늘)'과 같은 몇몇 시간명사도 한정적 의미를 가질 수 있고, 심지어 직시(deictic, 중국어로는 '直指') 용법을 가지기도 한다(邓思颖 2002b).[8] 부적격형인 (44)에서 볼 수 있듯이, 인칭대사처럼 '今天(오늘)' 역시 지시대사, 양사와 직접 결합할 수 없다. 사실 형태론적인 관점에서 보면 '今天(오늘)'에는 직시 기능을 가지는 '今(이제, 이)'이 포함되어 있는데, '今(이제, 이)'의 기능은 지시대명사 '这(이)'의 기능과 비슷하다.[9] 따라서 이 책에서는 이러한 종류의 시간사를 한정사로 간주하고, (45)의 수형도처럼 직접 한정사구를 구성할 수 있다고 본다.

(44) *这个今天

(45)

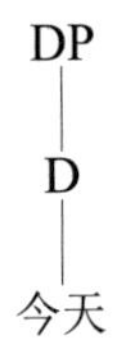


---

8 나는 이전에 'deixis'를 중국어로 '指示'라고 번역한 바 있는데(2002b), 지시대명사와의 용어에 관한 혼란을 피하기 위해서 본고에서는 Crystal(2000)에 따라 '直指'라고 번역하겠다. 직시의 문제에 관해서는 Lyons(1995: §10)의 개략적인 소개와 Fillmore(1997)의 상세한 논의를 참고하길 바란다. 그리고 중국어의 직시 문제에 관해서는 徐烈炯(1990: §13)과 方立(2000: §1)를 참고하길 바란다.

9 丁声树 等(1961), 陆俭明(1987), 赵强(2000) 등은 '今天(오늘)'의 '天(날)'을 양사로 분석해야 한다고 주장하였다. 그러나 '今'과 양사의 조합은 현대 중국어에서 자유롭지 않은 조합으로, 우리는 '今+양사' 등의 시간명사를 복합어로 분석하므로, 이는 어휘부 안에서 형성된 것으로써 어휘부에 속하는 문제라고 본다. 통사부에서 '今天(오늘)'은 두 개의 단어가 아니라 하나의 단어이므로 '这一天(이 날)'과는 지위가 다르다.

물론 외현적인 한정사가 반드시 한정성을 가지는 것만은 아니다. 외현적 한정사 중에는 '这(이)', '那(그, 저)'와 같이 한정적인 한정사도 있지만, (20)의 '某(아무, 어느)'처럼 비한정적인 한정사 역시 존재한다. 수형도 (46)에서 '某(아무, 어느)'가 비록 똑같이 한정사 자리를 차지하고는 있기는 하지만, '某些书(어떤 책들)'는 비한정적인 명사성 구조이다.

(46)

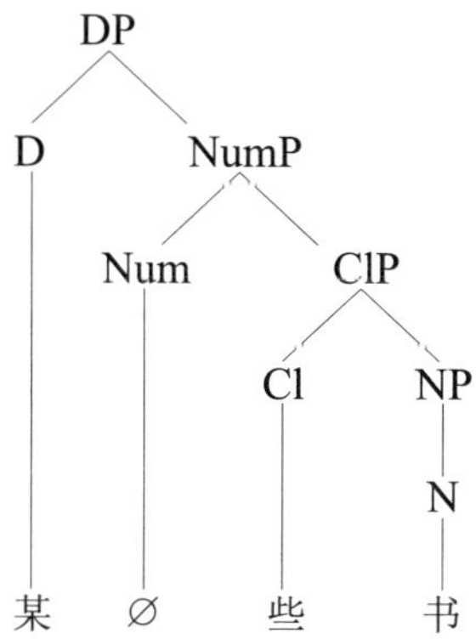


외현적 한정사가 한정적일 수도 있고 비한정적일 수도 있는데 반해, 한정사 자리가 비어 있는 구조는 반드시 비한정적이다. 이는 영형식의 한정사가 본질적으로 비한정적이기 때문이다(Longobardi 1994). 다시 말해 영 한정사 '∅'로 구성된 한정사구는 비한정적이다.

중국어의 '一本书(책 한 권)'를 예로 들어 보자. 지시적인 명사성 구조는 모두 한정사를 가지는데, (47)에서 보듯 비한정적인 '一本书(책 한 권)'에는 영형식의 한정사 '∅'가 포함되어 있고, 핵인 공범주 영 한정사는 비한정 의미를 나타내게 된다.

(47)

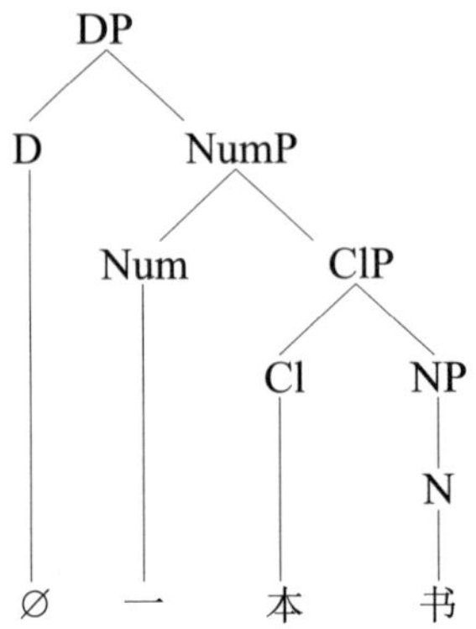


중국어의 목적어 위치나 존현문(예를 들면 '有'자문)의 목적어 위치에는 '수사+양사+명사'로 구성된 비한정적인 명사성 구조 이외에, (48), (49)의 '个学生'처럼 수사 없이 '양사+명사'로만 이루어진 비한정적인 명사성 구조도 출현할 수 있다. 이러한 비한정적인 명사성 구조를 사용하는 경우, 화자가 이 명사성 구조가 가리키는 대상에 대해 잘 알지 못하는 경우가 많으며, 지시 대상은 화자에게 미지의 사물이어야 한다. 예를 들어 (48)의 '个学生'이 가리키는 것은 화자에게 불확실한 것으로, 심지어 그 학생이 존재하는지조차도 화자에게는 불확실한 것일 수 있다. 화자에게 있어서 비한정적인 명사성 구조는 다시 '특정적(specific)'인 것과 '불특정적(nonspecific)'인 것으로 나뉠 수 있다.[10] 이러한 분류에 따라 (48)과 (49)의 '个学生'은 모두 불특정적인 것으로 해석된다.

(48) 他想找个学生。 그는 학생을 좀 찾고 싶어 한다.

---

10 현재 학계에서 영어 용어인 'definite', 'indefinite', 'specific', 'nonspecific'과 중국어 용어인 '有定(定指)', '无定(不定指)', '有指', '无指'에 대해 일치된 견해가 없고 학파와 학자에 따라 용어에 대한 이해를 달리 하므로, 이 점에 있어서는 독자들의 주의가 필요하다.

(49) 有个学生来找你。　　어떤 학생이 너를 찾아왔다.

중국어에서 '양사+명사'로 이루어진 명사성 구조는 대개 불특정적이며, '수사+양사+명사'로 이루어진 비한정정적인 명사성 구조는 (30)의 '一个语言学家(언어학자 한 명)'처럼 특정적일 수도, (50)의 '一个学生(학생 하나)'처럼 불특정적일 수도 있다. 그런데 과연 이러한 '수사+양사+명사'로 이루어진 비한정정적 명사성 구조가 특정적인 것인가 아니면 불특정적인 것인가 하는 문제는 명사성 구조 자체의 형식만 살펴서는 알 수 없고, 문맥을 통해서야 확인할 수 있는 경우가 많다. (50)에서는 비실상(irrealis) 의미를 나타내는 동사 '想(…하고 싶다)'이 쓰였기 때문에 비한정성을 가진 '一个学生'이 불특정성을 가지는 것으로 쉽게 해석될 수 있으며, (51)의 '一个学生'은 실상(realis) 의미를 가지는 상 표지 '了'에 의하여 특정적인 것으로 쉽게 해석될 수 있다.

(50) 他想找一个学生。　　그는 학생을 하나 찾으려 한다.

(51) 他找了一个学生。　　그는 학생을 하나 찾았다.

이 책에서는 표면적으로 한정사와 수사가 없는 '양사+명사' 형식의 명사성 구조 또한 한정사와 수사의 조합에 의하여 생긴 것으로 간주한다. 이러한 구조는 한정적 혹은 비한정적인 여타 명사성 구조와 마찬가지로 한정사구 DP에 속하며, 다만 한정사와 수사가 명사성 구조 내에서 비어 있을(∅) 뿐이다. (52)는 (48), (49)의 '个学生'에 해당하는 수형도로, 여기서 영 한정사는 이 구가 지시 의미를 가진다는 것을 나타내며, 불특정적인 의미는 어쩌면 영 수사[11]와 밀접한 관련이 있을 지도 모른다.[12] 결론적으로 본고에서는 양사가 출현하는 모든 명사성 구조 내부에는 그것이 외현적인 수사이건 아니면 영 수사이건 간에 반드시 수사가 존재한다고 본다. (48), (49)의 '个学生'에 표면적으로 수사가 드러나지는 않지만, 통사구조 내에는 여전히 영 수사 형식의 수사가 존재한다. 쓰마링(司马翎 2007: 240)이 "양사의 주요 기능은 수를 세기 편하게 하는 것이다"라고 언급한 바와 같이, 중국어에서는 수사가 있어야만 양사가 사용될 수 있다.

(52)

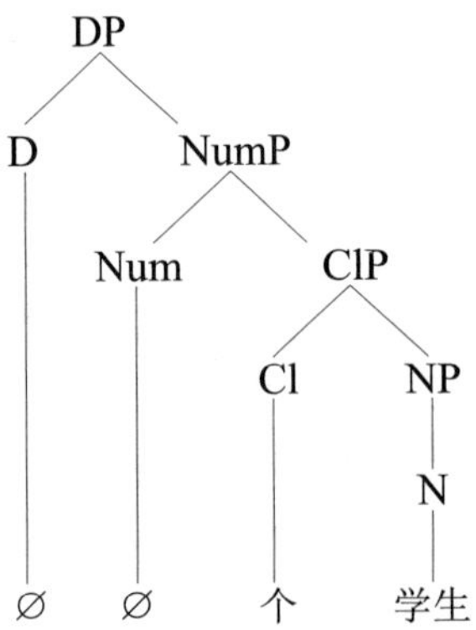


옌후이 A. 리(Y.-H. A. Li 1997, 1998)는 '수사+양사+명사'로 이루어진 명사성 구조가 비한정적인 의미 외에 수량의미(quantity) 또한 나타낼 수 있다는 사실에 주목하였다. 비한정적인 의미는 사물의 존재를 나타내는 것으로 어떠한 실체(entity)와 연관되어 있는 것이지만, 수량의미는 순수하게 양을 나타내는 것으로 어떠한 실체와도 연관되지 않는다.[13] 예를 들어, (53)의 '五个人(다

11 [역주] ∅로 표시된 수사 자리

12 이 책에서는 불특정적인 의미를 나타내는 중국어 '양사+명사'의 명사성 구조에 영 수사가 포함되어 있고, 영 수사는 반드시 통사적으로 인허(licensing)를 받아야 한다고 본다(邓思颖 2003a, 2006e).

13 Tsai(2001) 역시 이와 관련된 현상에 대하여 논의한 바 있으나, 이와는 다

섯 명)'은 담화 중의 어떤 다섯 사람을 지시하는 것이 아니라 단지 '다섯'이라는 양을 나타내는 것이다.

(53) 五个人吃得完十碗饭。
다섯 명이 밥 열 그릇을 다 먹을 수 있다.

나는 과거 옌후이 A. 리(Y.-H. A. Li 1997, 1998), 차이(Tsai 2001) 등의 논의를 기초로 하여, 수량의미를 갖는 '수사+양사+명사'가 출현할 수 있는 문장에는 영 동사문(空动词句), 양태문(情态句), 특징문(characterizing sentences)과 수학문(数学句)이 있다고 정리한 바 있다(邓思颖 2003a).

(54) 一个房间两个人。　한 방에 두 사람씩.(영 동사문)
(55) 三个步兵可以带九份口粮。
보병 세 명이 양식 9인분을 휴대할 수 있다.(양태문)
(56) 一个小时有六十分钟。
한 시간은 60분이다.(특징문)
(57) 两只松鼠加三只松鼠一共有五只松鼠。
다람쥐 두 마리에 세 마리를 더하면 모두 합해 다섯 마리이다.(수학문)

'수사+양사+명사'이 명사성 구조가 나타내는 의미를 비한정적인 의미와 수량 의미로 구분하는 데에는 다음과 같은 사실적 근거

---

른 분석 방법을 제시하였는데, 그는 Y.-H. A. Li(1997, 1998)가 언급한 수량의미가 '불특정적(nonspecific)' 의미라고 주장하였다. 蔡维天(2005a)에서는 이 문제에 대하여 조금 더 심도 있게 논의하였다. 이 문제에 관한 상세한 내용은 邓思颖(2003a)을 참조할 수 있다.

가 있다. 첫째, 옌후이 A. 리(Y.-H. A. Li 1997, 1998: 699−700)와 황, 리와 리(Huang, Li and Li 2009: 290)는 (58), (59)처럼 수량의미를 나타내는 '수사+양사+명사'의 명사성 구조가 대명사, 재귀대명사와 공지시 관계를 이룰 수 없는 반면, (60)과 (61)과 같이 비한정적인 의미를 갖는 '수사+양사+명사'의 명사성 구조는 대명사, 재귀대명사와 공지시 관계를 이룰 수 있다는 점을 제시하였다. 이러한 예에서, $i$는 공지시를 나타내는 '지표(index)'이다. (58)의 '三个人(세 사람)'과 '他们(그들)'은 모두 동일 지표를 가지며, '他们(그들)'은 '三个人(세 사람)'을 지시하는데, 이러한 지시 관계는 비문법적인 것이다.

(58) *三个人$_i$ 抬不起两架你给他们$_i$ 的钢琴。

세 사람은 네가 그들에게 준 피아노를 들지 못한다.

(59) *张三知道三个人$_i$ 一定搬不动自己$_i$ 的钢琴。

장싼은 세 사람이 자신의 피아노를 분명 옮기지 못한다는 것을 안다.

(60) 他明天会看到三个人$_i$, 还会跟他们$_i$ 做朋友。

그는 내일 세 명을 보게 될 것이고, 또한 그들과 친구가 될 것이다.

(61) 张三叫三个人$_i$ 回去把自己$_i$ 的钢琴搬来。

장싼은 세 명에게 돌아가서 자신의 피아노를 가져오라고 시켰다.

둘째, 옌후이 A. 리(Y.-H. A. Li 1997, 1998: 700−701)와 황, 리와 리(Huang, Li and Li 2009: 291)는 수량 의미를 나타내는 '수사+양사+명사' 형식의 명사성 구조가 수량에 있어서의 중의성을 나타내지 않는다는 점에 주목하였다. (62)의 '三个人(세 사람)'은 '三'이라는 수량을 나타내고, '五碗饭(밥 다섯 그릇)'은 '五'라는 수량을 나타내는데, 세 사람에게 주려고 하는 밥의 양이 바로 다섯 그릇이라는 의미로, 이 문장에는 중의성이 없다. 반면에 (63)의 '三个人(세 사람)'은 비한정적인 의미를 나타내며 '五碗饭(밥 다섯 그릇)'과 작용역(scope) 관계를 가지는데, 이 예문은 그 세 사람이 모두 합해 밥 열다섯 그릇을 먹었다는 뜻을 나타낼 수도 있다.

(62) 三个人，我知道吃得完五碗饭。
나는 세 사람이 밥 다섯 그릇을 다 먹을 수 있다는 것을 안다.

(63) 我让三个人吃五碗饭。
나는 세 사람에게 밥 다섯 그릇(씩)을 먹게 했다.

이 책에서는 옌후이 A. 리(Y.-H. A. Li 1997, 1998)의 분석에 따라, 수량 의미를 나타내는 '수사+양사+명사' 형식의 명사성 구조는 비지시적이며, 지시성을 갖는 비한정적인 '수사+양사+명사' 형식의 명사성 구조와 다르다고 본다. 이 두 구조 사이에는 이러한 의미적인 차이가 존재할 뿐만 아니라 통사구조도 다른데, 비한정적인 의미를 나타내는 '수사+양사+명사' 형식의 명사성 구조는 한정사로 구성된 한정사구인 반면, 수량의미를 나타내는 '수사+양사+명사' 형식의 명사성 구조는 한정사가 결여된 구조로, 수사구 NumP 층위만 존재한다. 따라서 앞에서 보았던 (53)의 '五个人(다섯 사람)'은 수량 의미를 나타내는 비지시적인 명사성 구조로, 그 수형도는 (64)와 같이 나타낼 수 있다. 이 구조에 한정사가 없다는 것은 이것이 비지시적인 특성을 가진다는 것을 의미하며, 수사가 핵이라는 것은 이 구의 핵심이 바로 수량임을 의미한다. 즉 '五个人(다섯 사람)'이 가리키는 것은 '다섯'이라는 수량이지, 발화 중의 어떤 다섯 사람이 아니다.

(64)

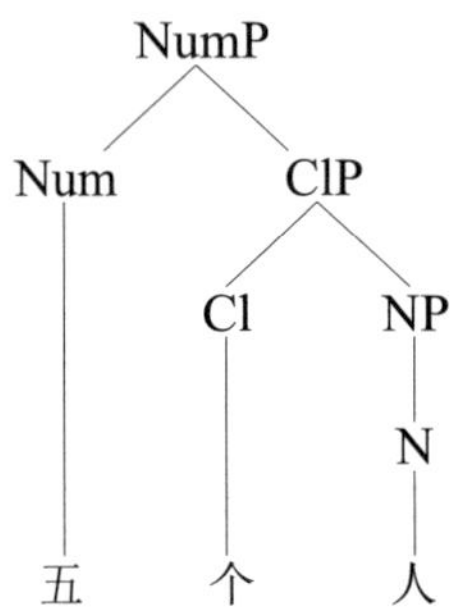


비지시적인 원형명사에 관한 가장 간단한 분석은 이것을 어떠한 기능범주도 없는 명사구로 보는 것이다. (27)과 (28)에서 비지시적인 성질을 띠는 '语言学家(언어학자)'는 아래 (65)와 같은 통사구조를 가질 것이다.

(65)

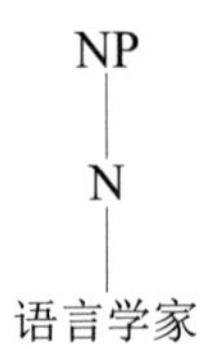


시간명사는 두 부류로 나눌 수 있는데, 한 부류는 지시기능을 가진 것이고, 다른 한 부류는 지시기능이 없는 것이다. 马庆株(1991)는 순서 의미를 가지는 시간명사를 상대적 시간명사와 절대적 시간명사로 나누었다. 앞에서 언급한 '今天(오늘)'은 상대적 시간명사에 속하여서 지시하는 바가 유동적인데, 시간축 상에서 이 단어가 가리키는 시간의 좌표값은 시간의 추이에 따라 변한다. 반면에 절대적 시간명사가 지시하는 것은 고정적이어서 시간의 추이와 무관한 것인데, 예를 들면 '星期一(월요일)'와 같은 것이 그러하다. 나는 이 두 가지 시간사 간의 차이에 대해서 비교한 바 있는데, '今天(오늘)'은 한정적인 것으로 직시기능을 가지는 반면, '星期一(월요일)'는 직시기능을 가지지 않으며, 심지어 그 위에 지시대사와 양사가 있을 수도 있다고 보았다(邓思颖 2002b: 219). 이와 관련하여 아래 (66)과 상술한 (44)를 서로 비교해 보자. 이 책에서 절대적 시간명사는 명사이고, (67)처럼 지시 의미가 없는 명사구를 구성한다고 본다. '星期一(월요일)'는 한정사가 없으므로 한정적 의미도 없고, 직시기능도 없다.

(66) 这个星期一　이번 월요일

(67)
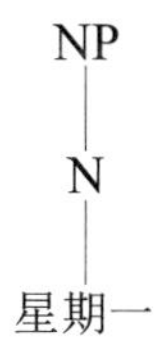


앞서 논의한 것들을 통해 살펴보면 중국어의 명사성 구조에서 통사와 의미는 상호 밀접한 관계를 이루는데, 이에 대해서 다음과 같이 두 가지로 정리해 볼 수 있다. 첫째, 지시 의미가 있는 명사성 구조는 모두 한정사구 DP이고, 한정사가 없는 명사성 구조는 모두 지시 의미를 지니지 않는다. 둘째, 한정적인 의미를 가지는 명사성 구조의 한정사 자리는 비어 있을 수 없고, 영 한정사를 포함하는 명사성 구조는 반드시 비한정적인 의미를 가진다. 명사성 구조 내에서 기능범주는 중요한 역할을 담당하는데, 특히 한정사는 지시/비지시, 한정/비한정 의미의 표현에 있어 결정적 역할을 한다. 이러한 관점에서 중국어 명사성 구조 문제를 연구하는 것은 바로 생성문법에서 말하는 '통사와 의미의 접합면' 연구라고 볼 수 있다. 형식 통사론은 이처럼 우리에게 운용 조작할 수 있는 플랫폼을 제공하여 통사와 의미 간의 관계를 엿볼 수 있게 해 준다.

## 5.3 한정적인 의미와 핵 이동

한정적인 의미를 가지는 명사성 구조에는 앞에서 언급한 지시대사, 인칭대사 외에 '张三(장싼)', '北京(베이징)'과 같은 고유명사(몇몇 장소명사도 포함)도 있다. 그렇다면 이러한 한정적인 의미를 가지는 명사성 구조를 어떻게 분석해야 하는 것일까? 고유명사는 지시 의미를 가지며, 또한 특정적이고 개별적인 사람 혹은 장소를 가리킨다. 분명, 고유명사의 구조는 한정사구이고, 그 한정사는 한정적인 것일 것이다. 그런데 고유명사의 한정사가 한정적이기는 하지만, 고유명사의 한정사는 음성형식과 문자형식이 있는 지시대사 형식으로 나타낼 수 없기 때문에, (68)처럼 지시대명사가 출현하게 되면 부적격이 된다.

(68) *这张三, *那北京

이론적으로 볼 때, 고유명사는 한정적인 의미를 가지는 명사성 구조로서 반드시 한정사를 가져야 하며, 또한 한정적 의미의 한정사 자리는 '비어'있을 수 없다. 하지만 고유명사의 한정사는 지시대명사로 실현될 수 없는데, 그렇다면 어떻게 동시에 이 두 가지 조건을 만족시킬 수 있을 것일까?

이와 관련하여 가능한 방법 한 가지는 고유명사를 인칭대사처럼 직접 한정사의 일종으로 간주하는 것인데(Y.-H. A. Li 1997, 1999, Wu and Bodomo 2009), 그렇다고 해서 인칭대사와 고유명사의 문법적 자질이 완전히 일치하는 것은 아니다. 인칭대사는 기본적으로 기능범주의 자질을 지니는(Abney 1987) 폐쇄적인 부류로, 실질적 어휘 의미가 결핍되어 있으며, 주로 문법관계를 나타내므로 어휘 의미가 비교적 약한 기능어에 가깝다. 반면에 고유명사는 개방적인 부류로, 실질적 어휘 의미를 지니며, 객관적으로 존재하는 사물과 연관되어 있어 의미가 비교적 실질적인 어휘어이다. 인칭대사는 기능어에 속하는 단어의 자질을 지니고 있으므로 한정사로 분석하는 것이 합리적인 반면, 고유명사는 어휘어에 더 가까우므로 고유명사를 한징사로 분석하기에는 무리가 있다.

황, 리와 리(Huang, Li and Li 2009: 316)는 수형도 (69)(불필요한 세부 내용은 생략)에서와 같이 고유명사가 직접적으로 한정사구의 지정어가 될 수 있으므로 이를 통해 한정적인 의미가 도출될 수 있다고 보았다. 이와 같은 분석은 고유명사를 한정사로 분석하는 문제는 피했지만, 고유명사 자체의 품사에 대해서는 여전히 명확하게 설명하지 못한다.

(69)

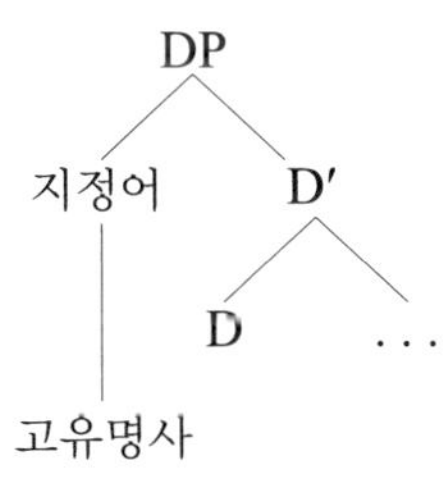


주더시(朱德熙 1982: 42)는 몇 가지 예시를 들어 고유명사도 수사, 양사와 함께 출현할 수 있다고 하였는데, 아래 (70)의 '两个李逵(이규 두 명)'와 (71)의 '两条长江(양쯔강 둘)'이 그러한 예이다.

(70) 有两个李逵，一个是真李逵，一个是假李逵。
이규가 두 명 있는데, 하나는 진짜 이규이고, 하나는 가짜 이규이다.

(71) 中国要是有两条长江，情形就不同了。
중국에 만약 양쯔강이 둘이었더라면 상황은 달라졌을 것이다.

여기서 양사 뒤에 출현하는 고유명사는 사실 보통명사로 쓰인 것이다. 예를 들어, (70)의 '李逵(이규)'는《수호전(水浒传)》에 나오는 '李逵(이규)'라는 유일무이한 인물을 가리키는 것이 아니라 비한정적 지시 기능을 갖는 명사이다. 마찬가지로 (71)의 '长江(양쯔강)'은 세계에 단 하나뿐인 '长江(양쯔강)'이라는 강을 지시하는 것이 아니며, 이 문장의 '两条长江(양쯔강 둘)'은 비한정적인 용법을 가진다. 그러므로 엄밀히 말해서 (70)의 '李逵(이규)'와 (71)의 '长江(양쯔강)'은 (72)의 수형도처럼 각각 한정사구의 한 부분인 명사구를 구성하는 보통명사로 보아야 한다. (72)의 수형도에서 한정사구의 핵 자리가 비어 있으므로 이 구는 비한정적인 의미를 가지는데, 이는 바로 앞서 언급한 비한정 명사성 구조 '一本书(책 한 권)'의 수형도 (47)과 기본적으로 일치한다.

(72)

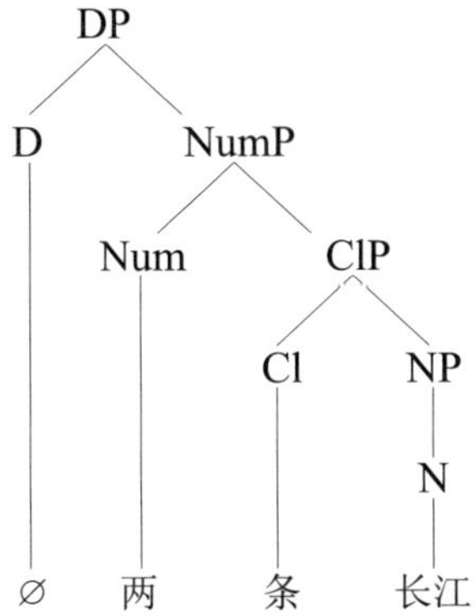


황, 리와 리(Huang, Li and Li 2009: §8)는 고유명사의 비한정적 용법 외에 일부 고유명사가 예문 (73)의 '啊Q(아큐)'처럼 비지시적 용법을 가지는 현상에도 주목하였다. 루쉰의 소설 속 '啊Q(아큐)'는 원래 사람 이름을 가리키는 고유명사이지만, 지금은 아큐와 같은 특성을 가진 부류의 사람들을 지시하는 총칭적 용법도 가지고 있다. 비지시적인 의미를 갖는 '啊Q(아큐)'는 품사에 있어서나 통사구조에 있어서 모두 비지시적인 의미의 보통명사 '语言学家(언어학자)'와 동일한, 명사로 구성된 명사구에 속한다. 따라서 '啊Q(아큐)'의 수형도 (74)는 보통명사 '语言学家(언어학자)'의 수형도 (65)와 동일하다.

(73) 啊Q　아큐

(74)

앞에서 언급한 두 개의 조건(한정적인 고유명사는 반드시 한정사가

있어야 하고 또한 이 한정사 자리는 비어 있으면 안 된다)을 만족시키면서도 또한 고유명사의 보통명사 용법을 설명할 수 있는 한 가지 방법은 바로 어휘부 내에 두 부류의 고유명사가 있다는 가설로, 즉 고유명사의 한 부류는 한정사로서 한정적인 의미를 갖는 것이고, 다른 한 부류는 명사로서 비지시적인 용법을 갖는다(Y.-H. A. Li 1997, 1999, 沈阳·何元建·顾阳 2001: §14)고 보는 것이다. 그러나 보러(Borer 2005: 73)는 영어에서 고유명사의 통사적 분포가 한정사와 다르다고 언급하였다. 이 밖에 보러는 또한 아래와 같은 영어 예문을 제시하면서 만약 옌후이 A. 리(Y. -H. A. Li 1997, 1999) 등의 이론을 따른다면, 어휘부 내 모든 고유명사와 보통명사가 모두 두 개의 품사를 가진다고 설정해야 할지도 모른다고 지적했다. 영어의 'cat'과 'dog'의 가장 보편적인 용법은 보통명사로 쓰이는 것이지만 (75)와 (76)의 예문에서는 고유명사로 쓰였고, (77)의 'Kim'은 사람 이름으로 고유명사에 속하지만 (78)에서는 보통명사로 쓰였다. 이렇게 보면 영어의 'cat'과 'Kim'은 마치 이중적 지위를 가져서 서로 다른 품사에 속하는 동음사인 것처럼 보인다. 그러나 보러(Borer 2005)는 한 단어가 이중적 지위를 가지도록 하는 이러한 방법을 취해서는 안 된다고 주장하였다.

(75) Cat came.

Cat이 왔다.

(76) I invited Dog/*dog.

나는 Dog을 초대했다.

(77) Tall Kim showed up here.

키다리 Kim이 여기에 나타났다.

(78) Tall Kims are a rare sight.

키다리 Kim들은 보기 드물다.

고유명사의 이중적 지위라는 특성을 고려하면서도 또한 서로 다른 품사를 갖는 동음사라는 가정을 피하려면 어떻게 해야 하는 것일까? 이를 위해 롱고바르디(Longobardi 1994)가 제시한 이동분석을 참고할 수 있다. 사실, 이동분석은 이미 청과 시베스마(Cheng and Sybesma 1999), 보러(Borer 2005), 시오(Sio 2006) 등이 중국어 고유명사 분석에 사용한 바 있는데, 이들의 분석이 세부적으로는 동일하지 않지만, 기본적인 체계에 있어서는 일치한다. 이러한 이동분석에 근거하여, 이 책에서는 고유명사의 품사가 본래는 (74)와 같은 명사에 속한다고 본다. 한정적인 의미를 나타내기 위하여 비어 있는 한정사(그리고 비어 있는 수사와 양사)가 어휘부로부터 선택되어 나와 통사부 내에 진입한 뒤의 상황은 (72)와 비슷하다. 그 다음으로 명사가 이동하는데, 원래 있던 명사 자리로부터 한 단계씩 인상되어 한정사 자리로 간 뒤 한정적인 한정사와 결합하여 최종적으로 한정적인 고유명사가 형성되는 것이다. (79)의 수형도는 고유명사 '长江(양쯔강)'의 이동 과정을 보여주는데, *t*는 이동된 흔적(trace)을 나타내고, 정식 표현방식은 아니지만 이해를 돕기 위해 화살표를 사용하여 이동 방향과 순서를 나타냈다.[14] (79)에서 '长江(양쯔강)'은 양사와 수사 자리를 거친 후 최종적으로 한정사 자리로 이동한다. 한정사, 수사, 양사는 모두 핵에 속하므로, '长江(양쯔강)'의 이동은 모두 핵과 연관되는데,

14 엄밀히 말해 우리는 (79)에서 ∅을 사용하여 영 한정사, 영 수사, 영 양사를 나타내야 하며, 각 단계의 이동의 착점은 반드시 각각의 핵인 ∅ 위에 부가되어 최종적으로 '명사+∅+∅+∅' 구조를 이루어야 한다. 그러나 가독성을 높이기 위해 이러한 불필요한 세부 사항은 생략하였다.

생성문법에서는 이러한 이동을 '핵 이동(head movement, 혹은 X° movement)'이라고 한다.[15]

(79)

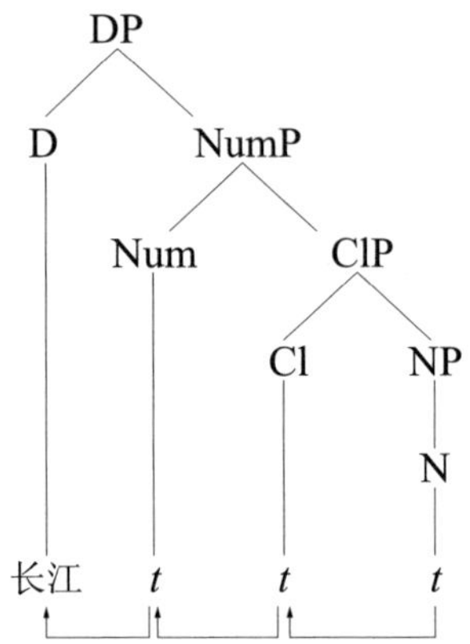


고유명사 외에 (80)과 (81)의 '狗(개)'와 같은 원형 보통명사도 한정적 의미를 나타낼 수 있다(Cheng and Sybesma 1999: 510).[16]

(80) 狗要过马路。 개가 건널목을 건너려 한다.

(81) 狗今天特别听话。 개가 오늘 유난히 말을 잘 듣는다.

---

15 핵 이동은 구 이동의 조작방식과 다른 것으로, 병합이론(특히 소위 '내부병합'의 조작방식)으로 핵 이동을 설명하기에는 무리가 있다. 핵 이동은 성질이 매우 특수하여, 통사와는 무관한 일종의 음운 조작에 속하는 것이라 할 수 있다(Chomsky 2000, 2001). 핵 이동의 성질은 이론 내부의 문제에 속하므로 이 책에서는 이에 관해 상세히 논의하지 않고, 일단 생성문법에서 통용되는 이론을 사용하도록 한다. 핵 이동의 성격에 대해 관심이 있다면 Boeckx and Stjepanbović(2001), Hornstein(2009) 등의 논의를 참고하기 바란다.

16 (80)과 (81)의 '狗(개)'는 보통명사의 한정적 용법에 해당하며, 고유명사가 아니므로 (75), (76)과 같은 영어의 'Cat'이나 'Dog'과는 다른 것이다.

롱고바르디(Longobardi 1994)의 이동 이론을 참고하여, 옌후이 A. 리(Y. -H. A. Li 1997), 쳉과 시베스마(Cheng and Sybesma 1999), 보러(Borer 2005), 아우 영(Au Yeung 2005), 시오(Sio 2006) 및 황, 리와 리(Huang, Li and Li 2009: §8)와 우와 보도모(Wu and Bodomo 2009), 덩쓰잉(邓思颖 2009e) 등에서는 한정적인 의미를 가지는 원형 보통명사가 이동을 통하여 생성되며, 이것이 고유명사의 이동 방식과 기본적으로 일치한다고 설명하였다. 한정적인 의미를 가지는 '狗(개)'는 (82)와 같이 나타낼 수 있다.[17]

(82)

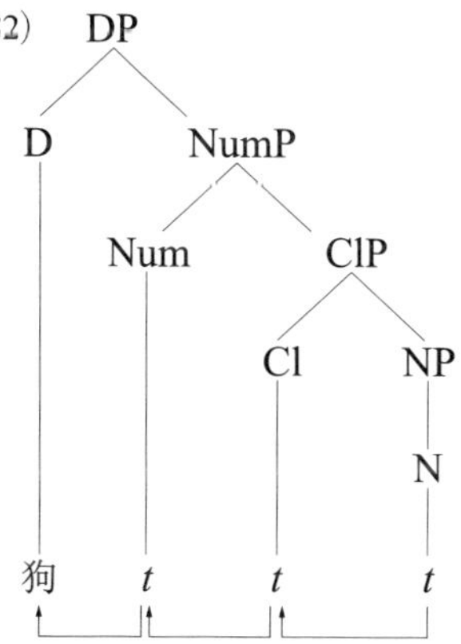


본래 지시 의미를 가지고 있지 않았던 원형 보통명사가 핵 이동을 통해 한정적인 의미와 결합한다고 분석한다면, 총칭성과 한정성을 모두 나타낼 수 있는 원형 보통명사를 각각 두 개의 서로 다른 품사로 가정할 필요도 없고, 또한 한정적인 명사성 구조가 반드시 한정사를 가지고 있어야 한다는 가설도 유지할 수 있다.

17 만약 '狗(개)'가 총칭의미를 갖는다면 명사구로 분석해야 하고, 구조는 (65)의 '语言学家(언어학자)'와 같아야 한다.

## 5.4 소결

이 장에서는 주로 명사성 구조에 관한 통사 분석을 소개하였다.

명사성 구조는 기본적으로 명사, 양사, 수사, 한정사 네 가지로 크게 분류할 수 있다. 이 네 가지 부류에 속하는 단어는 모두 그들 자신의 구, 즉 명사구 NP, 양사구 ClP, 수사구 NumP, 한정사구 DP를 구성할 수 있으며, 이 네 가지 구는 각각 이 네 가지 단어가 핵이 된다. 가장 복잡하고도 가장 완전한 명사성 구조는 명사구, 양사구, 수사구, 한정사구가 함께 모여 이루어진 것인데, 한정사구가 가장 높은 층위에 위치하고 명사구가 가장 낮은 층위에 위치한다. 통사적인 층위 관계는 순차적인 병합을 통해 도출되는 것으로, 명사성 구조 내에서 이 네 가지 구가 이루는 층위 관계는 병합의 결과인 것이다.

명사성 구조를 의미적으로 분류한다면 지시적인 것과 비지시적인 것으로 나눌 수 있다. 지시적인 명사성 구조는 다시 한정적인 것과 비한정적인 것으로 나눌 수 있고, 비한정적인 명사성 구조는 다시 특정적인 것과 불특정적인 것으로 나눌 수 있다. 중국어의 명사성 구조는 통사와 의미가 밀접한 관계를 이루는데, 첫째, 지시 의미를 가지는 명사성 구조는 한정사구이고, 한정사가 없는 명사성 구조는 모두 지시 의미를 가지지 않는다. 둘째, 한정적인 명사성 구조에서 한정사 자리는 비어 있을 수 없고, 영한정사로 구성된 명사성 구조는 반드시 비한정적인 것이다. 기능어는 매우 중요한 기능을 담당하는데, 특히 한정사는 지시/비지시, 한정/비한정 의미를 나타내는 데 있어서 결정적 역할을 한다.

고유명사, 보통명사는 한정적일 수도 있고 또한 비지시적일 수도 있어서, 표면적으로는 마치 이중적 지위를 가지는 것처럼 보인다. 이러한 현상을 설명하기 위하여 통사론에서는 고유명사, 보통명사가 본래는 명사로서 명사구를 이루며 지시 의미를 가지지 않지만, 핵 이동이라는 방식을 거쳐 명사가 한정사 위치로 가게 되면 한정적인 의미를 획득하게 된다고 본다. 핵 이동의 방식을 통해 고유명사와 보통명사도 한정적 의미와 결합할 수 있다고 설명한다면, 총칭성과 한정성을 모두 나타낼 수 있는 고유명사나 보통명사를 각각 두 개의 서로 다른 품사로 가정할 필요도 없고, 또한 한정적인 명사성 구조가 반드시 한정사를 가지고 있어야 한다는 가설도 유지할 수 있다.

# 제6장 주술구조

술부[1]는 사건성과 사건 참여자에 관한 내용을 주로 나타내는데, 사건성과 사건 참여자는 의미역 관계를 형성하며, 사건의 모든 참여자는 일정한 의미역을 부여 받는다. 모든 술부는 기본 어휘 의미를 나타내는 어근, 사건성을 나타내는 경동사, 그리고 사건 참여자를 나타내는 논항으로 구성되어 있다. 사건구조와 논항구조의 관계는 매우 밀접하며, 의미역 관계는 논항구조에서 도출되는 것으로, 논항에 부여되는 의미역은 논항구조가 자체적으로 결정한다.

## 6.1 술부의 사건성

전통 중국어 문법학에서는 '술부(谓语)'에 대해 대체로 다음과 같은 정의를 내리고 있다. "술부는 주어를 서술하는 것이다"(张静 等 1980: 128), "술부는 주어에 대한 진술이다"(刘月华 等 1983: 263), "술부는 주어를 설명하고 진술하는 것이다"(张斌 等 1988: 271), "술부는 주어에 대해 진술한다"(胡裕树 等 1995: 317), "술부의 역할은 주어에 대해 서술, 묘사 혹은 판단을 하는 것으로, 주어가 '어떠한지' 혹은 '무엇인지' 등의 문제에 대해 대답할 수 있다."(黄伯荣·廖序东 2002b: 78), "화자가 주어로 선택한 것은 화자가 가장 관심을 가지는 화제이며, 술부는 선택한 화제에 대한 진술이다"(朱德熙 1982: 96). 주어와 술부로 구성된 주술구조는 '진술

---

1 [역주] 중국어의 '谓语'는 때로는 문장성분으로서의 술어를, 때로는 주부 이외의 나머지 부분, 즉 술부 전체를 가리킨다. 이 책에서는 문장성분으로서의 술어는 '述语'로 칭하며, 주부와 대를 이루는 술부를 '谓语'로 칭하고 있으므로, 우리는 '述语'를 '술어'로, '谓语'를 '술부'로 번역한다.

관계'를 나타낸다(北京大学中文系 2004: 307).

'진술(陈述)'이란 무엇인가에 대해서는 주더시(朱德熙 1982: 96)의 분석이 비교적 명확한데, 그는 '진술'이란 표현의 관점에 속하는 것이라고 보았다. 의미의 관점에서 볼 때 주어와 술부의 관계는 매우 복잡한데, 주어가 될 수 있는 것에는 행위자(agent), 수동자(patient) 등이 있다. 주어·목적어 등의 개념은 '구조평면(结构平面)'에 속하며, 행위자·수동자 등의 개념은 '의미평면(语义平面)'에, 화제·진술 등의 개념은 '표현평면(表达平面)'에 속한다(朱德熙 1985: 37). 루젠밍(陆俭明 2003: 26)은 주어와 술부가 '문법구조관계'를 구성하며, 동작과 행위자·수동자 간의 관계는 일종의 '의미구조관계'라고 보았다. 쉽게 말해, 술부의 역할이 진술이라고 한다면 문장에는 반드시 진술되는 대상이 있으며, 술부가 있으면 반드시 주어가 있고, 주어와 술부로 구성된 주술구조는 '문법관계'를 나타낸다. 술부가 진술하는 내용은 대개 동작, 행위, 성질, 상태와 관련이 있으며, 주어가 가리키는 사물은 이러한 동작, 행위, 성질, 상태와 더불어 '의미관계'를 맺는다.

이른바 '동작', '행위', '성질', '상태' 등은 술부가 진술하는 의미내용이다. 한 마디로 말해 술부가 주로 나타내는 내용은 사건성이다. '사건성(eventualities)'은 관련 논저에서 때로 '상황(situations)'이라고 불리기도 하는데, 술부가 나타내는 상황을 가리킨다. 이것은 의미적 개념이자, 시간적 특징에 따른 분류이다. 벤들러(Vendler 1967), 페르카윌(Verkuyl 1972, 1993), 다우티(Dowty 1979), 스미스(Smith 1997) 등은 모두 사건성을 연구한 주요 연구성과들이다. 우리는 벤들러(Vendler 1967)의 고전적 이론에 따라, 사건성을 '상태(state)', '활동(activity)', '완수(accomplishment)', '성취(achievement)'[2] 네 부류로 나누었다.

상태는 상황의 존재를 나타내며, 주로 정태적(stative), 고정적 관계를 묘사한다. (1)의 '是中国的首都(중국의 수도다)'와 (2)의 '喜欢语言学(언어학을 좋아하다)' 등과 같은 술부가 나타내는 사건성이 바로 상태에 속한다.

(1) 北京是中国的首都。 베이징은 중국의 수도다.

(2) 我喜欢语言学。 나는 언어학을 좋아한다.

활동은 동태적(dynamic)이고 과정이 있으나, 자연 종결점은 없다. (3)의 '哭(울다)'와 (4)의 '推车(카트를 밀다)'는 모두 이론상 끊임없이 진행될 수 있는데, 이러한 문장은 술부가 나타내는 동작행위가 언제 종결될 것인지 알려주는 어떠한 언어적 단서도 제공하지 않는다. 따라서 이와 같은 부류의 사건을 '비종결상(atelic)'이라 부르며, 이러한 사건은 비경계적(unbounded) 특성을 가진다.[3]

(3) 小孩子在哭。 어린아이가 울고 있다.

(4) 他推车。 그는 카트를 민다.

완수는 동태적이고, 과정이 있으며, 자연 종결점을 가져서

---

2 우리는 술어가 나타내는 가장 기본적인 사건성만을 고려하며, 사건성의 전환(shift) 문제는 다루지 않는다. 사건성 전환은 비교적 복잡한데, 자세한 내용은 Smith(1997)의 논의를 참고할 수 있다. 사건성에 대해 관심이 있다면 李宝伦·潘海华(2005)의 설명을 참고해볼 만하다.

[역주] 술어동사가 단 하나의 사건성만을 고정적으로 나타내지 않고, 다른 사건성을 파생적으로 나타낼 수도 있는데, 이를 사건성 전환이라 한다.

3 '종결상(telic)/비종결상(atelic)'의 개념은 '경계(bounded)/비경계(unbounded)'의 개념과 비슷한데, 자세한 내용은 沈家煊(1995)의 논의를 참조하기 바란다.

'종결상(telic)'으로 불리고, 경계적(bounded)이다. (5)의 '杀死那只鸡(그 닭을 죽이다)',(6)의 '跑到宿舍(기숙사까지 달려가다)'에는 술어가 나타내는 사건에 자연 종결점이 있음을 알 수 있는 분명한 언어적 정보가 제공되어 있다. (5)의 결과보어 '死(죽다)'는 '杀(죽이다)'의 동작이 그 닭의 죽음에 따라 종결되었음을 나타내고, (6)의 개사구조 '到宿舍(기숙사까지)'가 '跑(달리다)'라는 동작의 시간범위를 제한하므로, 기숙사에 도착하는 순간 '跑(달리다)'의 동작은 끝나게 된다. 자연종결점이 있으면 사건에는 변화가 생기는데, '杀(죽이다)'나 '跑(달리다)'와 같은 동작들이 진행되다가 종결되는 것이 바로 일종의 변화다.

| | |
|---|---|
| (5) 他杀死了那只鸡。 | 그는 그 닭을 죽였다. |
| (6) 他跑到宿舍。 | 그는 기숙사까지 달려갔다. |

성취는 동태적이다. 그러나 일반적으로 그 사건의 과정은 매우 짧아서, 사건이 발생하자마자 바로 종결되는 것처럼 느껴진다. 사건이 종결될 수 있다는 것은 반드시 자연 종결점이 있음을 의미하므로, 이 부류의 사건도 역시 종결상에 속한다. (7)의 '死(죽다)'는 극히 짧은 순간에 발생하는데, 생사존망은 대개 순간에 발생하는 변화이다. (8)의 '碰到你的同学(너의 학교 친구와 마주치다)'는 마주치는 바로 그 한 순간을 말하는 것으로, 마주치는 그 과정은 극히 짧은 순간이다.

| | |
|---|---|
| (7) 他死了。 | 그는 죽었다. |
| (8) 我碰到你的同学。 | 나는 너의 학교친구와 마주쳤다. |

정리해 보면 상태는 정태적이고, 활동·완수·성취는 동태적이다.[4·5] 동태적인 사건 중에서 완수·성취는 자연 종결점이 있으나 활동은 자연 종결점이 없다. 이 네 부류의 사건은 술부가 나타낼 수 있는 이른바 '동작, 행위, 성질, 상태' 등의 의미를 포괄하며, 의미적·인지적 근거를 가질 뿐만 아니라, 또한 언어적 형식에 따라서도 분류할 수 있다. 사건성은 술부 분석을 위한 비교적 객관적이고도 과학적인 이론적 토대가 되었고, 이를 바탕으로 운용 가능한 여러 규칙들이 나오게 되었다.

## 6.2 경동사

어휘분해(lexical decomposition)를 주장한 문법 이론(McCawley 1968, 1976, Dowty 1979 등)에 따라 네 부류의 사건성은 고도로 추상화된, 제한적 수량의 몇 가지 개념과 그 개념들의 조합으로 표시됨으로써 한층 더 개괄화될 수 있다. 사건성을 추상화하는 이러한 개념들을 '사건술어'(事件述语, eventuality predicates)라고 하는데, 일반적으로 영어 대문자를 사용하여 BE, DO, BECOME, CAUSE와 같이 나타낸다.[6] 이러한 사건 술어는 문법단위로 분석되어야

4 Vendler(1967)는 활동, 완수, 성취를 묶어서 '사건(events)'으로 통칭하였는데, 이 '사건'은 상태와 대립을 이룬다. 이 책의 '사건성'은 Vendler(1967)가 말한 '사건'보다 더 넓은 개념으로, Vendler의 '사건'은 상태를 포함하지 않지만, 이 책의 '사건성'은 상태를 포함한다. 혼동을 피하기 위해, 이 책은 협의의 '사건'이라는 용어를 사용하지 않는다.

5 [역주] 사건의미론에서 'event'라는 용어는 크게 두 가지 의미를 가지는데, 광의의 'event'는 'eventuality', 즉 본고의 '사건성'과 유사한 의미를 갖는 것이며, 이 책에서는 술어가 가리키는 상황 그 자체를 'event', 즉 '사건'이라 칭하고 있다. 반면 협의의 'event'는 동태적 사건성을 가지는 부류(즉 Vendler의 분류 중 활동, 완수, 성취)에 국한된다.

하는데, 독립적인 품사의 하나인 경동사(light verbs)(Chomsky 1995: §4, Huang 1997, Lin 2001 등)를 구성하며, 통사 성분이 될 수 있다. 경동사라는 명칭 중 '경(轻, light)'은 동사에 비해 경동사가 실질적 의미가 약하고, 특정한 사건성만을 나타내는 데서 비롯된 것이다.

BE는 일종의 고정적 상태 혹은 정태적 관계를 나타낸다.[7] DO는 활동의 진행을 나타내며, 동태적 과정을 가진다. BECOME이 나타내는 것도 동태적 과정이지만 주로 사건의 변화를 강조하며, 사건의 변화 뒤에는 모종의 상태가 나타난다. CAUSE는 사역(使役), 사동(致使)[8]의 개념을 나타낸다. 어떤 사건 내에 사동이 출현하면 그 사건은 반드시 결과를 가진다. 그러므로 CAUSE와 BECOME은 한 쌍을 이루는데, 전사는 원인을 나타내고 후자는 결과를 나타내며, 'CAUSE+BECOME'은 공동으로 사건의 인과관계를 나타낸다. 변화를 나타내는 BECOME은 단독으로 하나의 완전한 사건을 이룰 수 있지만, BECOME이 없이 CAUSE 단독으로는 하나의 완전한 사건을 이룰 수 없다. 이처럼 언어에서 결

6 사건 술어는 사건성을 나타내는 추상적인 문법 개념으로, 영어의 동사 'be', 'do', 'become', 'cause'와는 다른 개념이다. 각종 문법 이론에서 사건을 표현하고 분석하는 방법에 대해서는 沈园(2007: §3, §8)의 소개를 참고하기 바란다.

7 BE는 HOLD(Parsons 1990, Huang 1997)라고 이름하기도 한다.

8 [역주] 사동과 관련하여 중국어 문법학계에서는 중국어 용어 '使役'와 '致使'를 구분하여 사용하기도 한다. 이 둘을 구분할 때 '使役'는 명령, 지시, 부탁, 어가 등을 나타내는 것으로, 'indirect imperatives'를 가리키며, '致使'는 우리가 흔히 아는 추상적 개념의 사동인 'causatives'를 말하는 것이다(张丽丽(2005), 〈从使役到致使〉, 《台大文史哲学报第六十二期》, 119-152 참고). 이 책 원서에서는 넓은 의미의 'causatives'에 대해 '使役'와 '致使' 두 가지를 모두 사용하고 있으나, 혼동을 막기 위해 구분의 필요가 없는 경우 이 둘을 모두 '사동'으로 번역하였다. 이에 따라 'causer'에 대응하는 '致事'는 '사동자'로, 'causatives'에 대응하는 중국어 용어로 사용된 '使役句'는 '사동문'으로 번역하였다.

과만을 강조하는 것은 가능하지만, 원인만 말하고 결과를 말하지 않는 것은 불가능하다.

이러한 몇 가지 경동사를 활용하여 상술한 네 부류의 사건을 다시 세 부류로 재분석할 수 있다. BE는 상태를 대표하며, 정태적인 관계이다. DO는 활동을 대표하는데, 동태적이며 비종결상적 사건이다. 완수와 성취는 모두 BECOME을 포함하며, 사건과 상태의 변화를 나타내는데, 변화의 결과로 사건은 자연종결점을 지니게 되므로 완수와 성취는 모두 종결상적 사건에 속한다. 사동의미 유무와 상관없이, 완수와 성취 모두 BECOME이라는 원소 없이는 불가능하다. (9)의 분류는 바로 이 세 가지 기본적 사건성을 나타내는데, (9a)는 정태적이며, (9b)는 비종결상이고, (9c)는 종결상이다. 그러므로 정태적인 술부에는 BE가 있고, 동태적 비종결상의 술부에는 DO가 있으며, 동태적 종결상의 술부에는 BECOME이 있는데, 이 세 부류의 경동사는 기본적으로 모든 술부에 적용할 수 있으므로 포괄성과 보편성을 지닌다.

(9) a. BE: 상태
b. DO: 활동
c. BECOME: 완수, 성취

술부가 주로 나타내는 내용은 사건성인데, 특히 상태, 활동, 완수, 성취라는 네 부류의 사건성에 따라 술부를 분류함으로써 술부의 의미특징을 반영할 수 있다. 사건성을 제한된 몇 가지 수량의 경동사 BE, DO, BECOME 등으로 개괄하고, 아울러 이러한 경동사를 사용하여 술어를 분류함으로써 술부의 통사적 특징을 반영할 수 있는데, 이것은 통사론 연구에 속하는 문제이다.

## 6.3 의미역 관계

술부는 사건성을 나타낼 뿐만 아니라, 그 안에 또한 몇 가지 필요 성분을 포함하고 있는데, 그것은 바로 사건의 참여자이다. 사건의 참여자는 사건에서 일정한 역할을 담당하며 일정한 관계를 이루고 있는데, '의미역 관계(thematic relation)'는 바로 이러한 의미 관계를 서술하는 것으로, '의미역(thematic role)'은 각각의 사건 참여자가 사건에서 맡은 역할을 묘사하는 데 사용된다.[9] 사건참여자와 사건 사이의 관계는 '사건구조(event structure)'를 형성한다.

의미역 관계 혹은 의미역 등과 같은 개념은 사실 전혀 새로운 것이 아니다. 의미역 관계는 바로 전통 문법학의 '의미구조관계(陆俭明 2003: 26)'에 해당하고, 의미역은 전동 문법학의 '의미 유형(黄伯荣·廖序东 2002b)'에 해당한다. 이 책에서는 생성문법학을 기초로 하면서도 여기에 전통문법의 분석방법을 결합하는 방식을 취하였는데, 먼저 관련된 의미역을 몇 가지 선택해서 여러 논저 가운데 비교적 보편적인 관점을 아래와 같이 간단히 정리하였다.[10]

행위자(施事, Agent)는 동작의 시발자이자 동작을 집행하는 사람이며, 이때 동작은 자발적·적극적으로 개시된다. 전형적인 행위자는 사람이나 유정성이 있는 물체 등인데(Dowty 1991), (10)의 '张三(장싼)', (11)의 '小孩子(어린 아이)', (12)의 '那只猫(그 고양이)' 등이 행위자다.

---

9 중국어 언어학 논저에서는, 'theta', 'thematic'을 '论旨'라고 부르기도 한다(汤廷池 1992a, b 등).

10 이를 소개한 중국어 논저 가운데 주로 汤廷池(1992a, b, 1994)를 참고하였으며, 그가 내린 정의를 인용하였다.

(10) 张三看小说。　　　　장싼은 소설을 읽는다.

(11) 小孩子在哭。　　　　어린 아이가 울고 있다.

(12) 那只猫跟踪一只老鼠。

그 고양이는 쥐 한 마리를 쫓고 있다.

수동자(受事, Patient)는 '대상(Theme)'이라고도 부르는데, 동작·행위와 관련이 있는 대상으로, 종종 존재하거나 위치 이동하거나 혹은 변화가 발생하는 사람 혹은 사물을 가리키며, 예를 들어 (13)의 '小说(소설)', (14)의 '一只老鼠(쥐 한 마리)', (15)의 '句法学(통사론)' 등과 같은 것들이 있다.

(13) 张三看小说。　　　　장싼은 소설을 읽는다.

(14) 那只猫跟踪一只老鼠。그 고양이는 쥐 한 마리를 쫓고 있다.

(15) 我们学习句法学。　　우리는 통사론을 배운다.

경험자(感事, Experiencer)는 동작이나 상태를 경험하는 사람 혹은 생명체이며, 술부 혹은 술어가 나타내는 동작이나 상태를 느끼는 비자발적, 소극적 참여자로, 지각, 감각기관, 심리상태 등과 관련이 있는 사건 속에서 영향을 받는데,[11] (16)의 '张三(장싼)'

11 'experiencer'에 대한 중국어 대역어로 '感事' 외에 다른 용어도 존재하는데, 沈家煊의 경우 'experiencer'를 '感受格'로 번역하기도 하였다(Crystal 2000). 'experiencer'는 또한 '感受者'(汤廷池 1992b, 1994, 温宾利 2002, 吴刚 2006, 梅德明 等 2008), '经事'(石定栩 2002a), '历事', '经验者'(黄正德 2007), '历事'(马志刚 2008a), '当事'(王玲玲·何元建 2002, 熊仲儒 2004, 何元建 2007) 등으로 번역되기도 하였다. 이중 '当事'라는 용어의 경우 중국어 문법학에서 몇 가지 상이한 의미로 이해되기도 하는데, 黄伯荣 · 廖序东(2002b)은 '주술 술어문'의 주어(즉 화제문의 화제)도 '当事'로 간주하였다. 周一民(2006: 347)은 심지어 '感事'와 '当事'를 나누어,

이 경험자의 예시다. 황정더(黄正德 2007: 7)의 분석에 따르면, (17)의 '我(나)'도 경험자에 속한다. 경험자는 사실상 수동자의 하위 부류로 간주하여 처리할 수 있다.

(16) 张三听到枪声。　　　장싼은 총성을 들었다.

(17) 小二，给我来碗炸酱面。

샤오얼, 내게 자장면 한 그릇을 줘.

사동자(致事, Causer)는 사건 혹은 상태의 발생을 촉발시키는 사람 혹은 사물이자, 결과를 초래하는 원인인데,[12] 예를 들어 (18)의 '张三(장싼)'은 손수건을 눈물로 젖게 만든 원인이고, (19)의 '这瓶酒(이 술)'는 장싼을 취하게 만든 원인이다.

(18) 张三哭得手帕都湿了。

장싼은 손수건을 모두 적실 정도로 울었다.(장싼이 울어서 손수건이 다 젖었다)

(19) 这瓶酒喝醉了张三。

이 술은 장싼을 취하게 했다.(이 술 때문에 장싼이 취했다)

---

전자를 '심리활동의 주체를 나타내는 것'으로, 후자를 '비자주 동작 변화의 주체를 나타내는 것'으로 구분하기도 하였다.

12 'causer'라는 용어에 대해서는 통일된 중국어 대역어가 없는데, 汤廷池(1992b)는 '起因'으로 번역하였고, 王玲玲 · 何元建(2002) 및 熊仲儒(2004), 何元建(2007), 黄正德(2007), 马志刚(2008a) 등은 '致事'로 번역하였으며, 나의 경우 과거 '使役者'로 번역한 바 있다(邓思颖 2004a, 2008a, b, c). 만약 'causative'를 '使役句'로 칭한다면, 'causer'도 '使役者'로 칭하는 것이 합리적일 것이다. 그러나 '致事'라는 대역어를 사용하게 되면 '施事', '受事', '感事' 등과 같은 다른 의미역 명칭과 마찬가지로 '−事'의 형식을 이루어 체계성을 갖출 수 있고 통일되게 보인다는 장점이 있다.

의미역은 사건 참여자의 신분을 묘사하는 데 사용되며, 실질적으로 사건참여자와 사건의 관계를 반영한다. 여기에서 소개한 의미역은 일반적인 상황에서 사건성과 더불어 다음과 같은 관계를 가진다. 첫째, 행위자는 활동사건의 시발자이며, 활동을 집행하는 사람이다. 둘째, 사동자는 종결상 사건을 발생시키는 사람 혹은 사물이다. 셋째, 수동자와 경험자는 종종 여러 유형의 사건에 참여할 수 있는데, 상태, 활동, 완수, 성취 등 네 부류의 사건에 모두 참여할 수 있고, 참여 조건이 비교적 자유롭다. 종합해 보면, 수동자와 경험자는 활동과 종결상 사건의 시발자가 될 수 없으며, 그 외 다른 상황에는 모두 참여할 수 있을 것으로 보인다.[13]

## 6.4 논항구조

술부는 하나의 특정한 사건구조를 나타내는데, 사건구조를 구성하는 필요성분에는 사건과 사건참여자가 있다. 통사론적 측면에서 본다면, 어휘 분해 이론의 관점에 따라 모든 술부는 두 가지 핵심적인 부분을 포함하는데, 그중 하나는 동작, 행위, 성질, 상태 등의 어휘의미와 같은 기본어휘의미를 나타내는 '어근(root)'이고, 다른 하나는 바로 사건성을 나타내는 '경동사(light verb)'이다. 어근은 어휘어(예를 들어 동사)로 채워지는 반면, 경동사는 기능어에 속하는데, 이 두 가지가 합쳐져 술부의 핵심 부분을 구성한다. 만약 술어 동사 부분만을 고려한다면, 사건성을 나타내는 술

13 이러한 조건은 음운학의 용어를 빌려 '여타 조건(elsewhere condition)'이라 설명할 수 있는데, 이는 즉 어떤 구체적인 조건에서 제약을 받는 것 외에, 여타환경에서는 모두 사용 가능하며 출현조건이 비교적 자유로움을 의미한다.

부는 (20)과 같은 표현식으로 분해할 수 있다. (20a)의 술부는 고정적인 상태이며, (20b)의 어근은 동작의 내용이고, (20c)의 어근은 사건변화 뒤에 나타나는 결과를 표현한다.

(20) a. 상　　태: BE+어근
b. 비종결상: DO+어근
c. 종 결 상: BECOME+어근 / CAUSE+BECOME+어근

경동사는 독립적 품사를 이루며, 통사부에서는 구를 구성할 수 있는데, 이때 경동사가 해당 구의 핵어가 된다. 경동사는 어음형태가 있는 외현적(overt) 형식일 수도 있고, 음성형식 없이 비어 있는 '영형식'일 수도 있다. 통사부에서 어근인 동사는 동사구 VP를 구성하는데, 동사구 위에는 경동사로 구성된 경동사구 *v*P가 있다.[14] 경동사는 동사구와 병합되어 경동사구를 구성하는데, 이때 동사구는 경동사의 보충어가 된다. 다시 말하자면, 모든 술부는 (21)의 수형도처럼 기본어휘의미를 나타내는 동사구와 사건성을 나타내는 경동사구 두 부분으로 분해할 수 있다. 그림에서 동사구의 내부구조는 본 논의와 관련이 없으므로 큰 삼각형으로 표시하고 말줄임표(…)를 더하여 세부 내용이 생략되었음을 표시하였다. 경동사구의 지정어(specifier, 약칭 spec)는 주어 자리이다.

14 여기에서는 먼저 동사 술부의 상황을 살펴보고, 명사 술부의 구조는 제9장 '무형과 주요 구문'에서 토의하겠다.

(21)

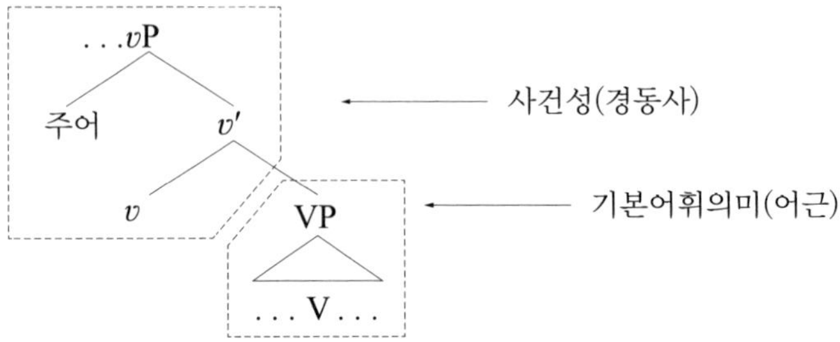


술부의 핵심 부분만을 고려한다면, 상술한 (20)의 세 가지 술부는 통사부에서 아래 (22)와 같은 간단한 통사 구조를 가지게 되는데, 지면을 절약하기 위해 여기서는 표지 붙은 괄호법을 사용하여 표시하였다. 경동사 *v*의 위치는 BE 등과 같은 사건 술어로 직접 대체했다. 경동사 CAUSE를 포함하는 것은 사동문(중국어로 '致使句', '使成句'로도 불림)인데, 두 개의 서로 다른 경동사 CAUSE와 BECOME으로 구성된다. 이때 동사구 위에는 이 두 개의 서로 다른 경동사구가 있으며, 각각 *v*P1과 *v*P2로 표시한다. 앞에서 설명한 바와 같이, 무릇 원인이 있으면 반드시 결과가 있으므로 사동문에서 CAUSE와 BECOME은 한 쌍을 이루는데, 구 가운데 이 부류가 가장 복잡한 구조의 술부를 지닌다.

(22) a. 상　　태: $[_{vP}$ BE$[_{VP}$...V...]]

b. 비종결상: $[_{vP}$ DO$[_{VP}$...V...]]

c. 종 결 상: $[_{vP}$ BECOME$[_{VP}$...V...]]

d. 종 결 상: $[_{vP1}$ CAUSE$[_{vP2}$ BECOME$[_{VP}$...V...]]]

술부의 필요성분에는 동사, 경동사 등의 술어 외에도 '논항(argument, 论元)'이 있다.[15] 논항은 술어와 관계를 맺는데, 논항과 술어의 관계는 논항구조(argument structure)를 이루며, 논항 수에 따라 술어는 1항, 2항, 3항으로 나눌 수 있다. 문법학 논저에서 1항 술어는 '자동사(intransitive, 不及物)'로 불리고, 2항 술어는 '타동사(transitive, 及物)'로 불리며, 3항 술어는 '이중타동사(ditransitive, 双及物)'로 불린다. 또한 논항의 위치에 따라 논항을 주어, 목적어 등의 통사 성분으로 구분할 수도 있다. 그리고 논항의 성질에 따라 동사를 '비능격(unergative, 非作格)' 계열과 '비대격(unaccusative, 非宾格)' 계열 (Perlmutter 1978, Burzio 1986등)로 구분할 수 있다. 전자는 동작을 묘사하고 행위자를 기본논항으로 하며 행위자가 주어를 담당한다. 후자는 상태와 관련되어 있는데, 주로 존재, 출현, 소실을 나타내며, 수동자를 기본논항으로 하고, 수동자 등이 목적어를 담당한다. 중국어 동사는 1항 비능격동사(혹은 '不及物动词, 자동사'라 불리기도 함), 2항 비능격동사(혹은 '及物动词, 타동사'라 불림), 1항 비대격동사(일부는 'inchoative verb, 起始动词, 기동동사'라 불리기도 함), 2항 비대격동사(혹은 'causative verb, 使役动词, 사동동사'라 불리기도 함)(黄正德 2007)의 네 가지 하위부류로 나눌 수 있다. 자동의 (22b)는 1항 비능격동사를, 타동의 (22b)는 2항 비능격동사를 이루며, (22a)와 BECOME으로 구성된 (22c)는 각각 1항 비대격동사를, (22d)는 2항 비대격동사를 이룬다. 이중타동사(ditransitive verb)에 관해서는 제7장 '술목구조와 술보구조'에서 다룰 것인데, 이중타동사는 다시 3항 비능격동사와 3항 비대격동사 두 부류로 나눌 수 있다.

이른바 '주술구조'는 아래 (23)과 같은 통사적 틀로 구성되어

15 나는 기존에 선자쉬안(沈家煊)이 번역한 Crystal(2000)에서 'argument'를 '主目'로 번역한 것을 참고한 바 있다(邓思颖 2003b). 그러나 이 책에서는 현재 언어학계의 일반적인 관습에 따라 'argument'를 '论元'으로 칭하기로 한다.

있다.[16] 경동사구의 지정어는 주어이고, 경동사는 보충어 위치에 있는 동사구와 더불어 공동으로 술부를 구성하는데, 이것이 바로 수형도 (23)에서 점선으로 된 네모 안의 부분이다. 좁은 의미에서 말하자면, 주어와 술부의 관계는 일종의 지정어와 핵어의 관계인데, 핵어는 술부의 어떠한 성질(예를 들어 사건성과 같은)을 결정하며, 또한 주어를 진술하는 부분이기도 하다. 바꾸어 말해 주어는 경동사에 의해 정의되는 것이다. 주어는 앞에, 술부는 뒤에 위치하는 것은 통사적인 문제이며, 이러한 어순은 지정어가 앞에 있는 구조로부터 도출되는 것으로, 이는 바로 "구조적으로 볼 때, 일반적인 상황에서 주어는 반드시 술부 앞에 있어야 한다"라는 주더시(朱德熙, 1982: 95)의 말에도 부합하는 것이다.

(23)
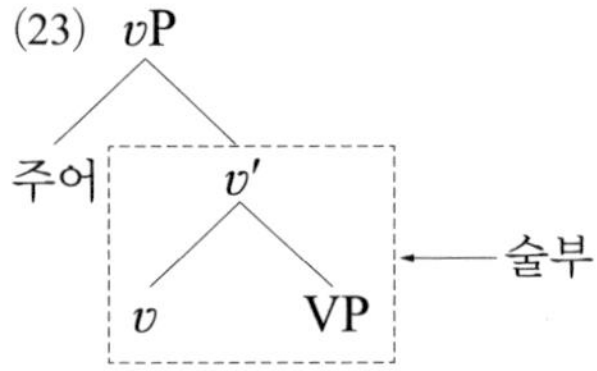


사건구조가 말하는 것은 사건과 의미역 간의 관계이며, 이는 의미관계에 속한다. 논항구조가 말하는 것은 술어와 각 통사 성분 간의 관계로, 이는 기능적 문법 관계에 속한다. 이 두 구조 간에 중첩되는 현상이 있기는 하지만, 그렇다고 해서 서로 동일한 개념은 아니다. 사건구조와 논항구조가 중첩되는 현상은 다음과 같이 간단하게 서술할 수 있다. 첫째, 활동을 나타내는 경동사 DO의 주어는 행위자다. 둘째, 사동의미를 나타내는 경동

16 여기서는 술부 층위에서의 주술구조만을 논의하였는데, 절 층위에서의 주어와 술부의 관계에 대해서는 제8장 '문장'에서 다시 논의하겠다.

사 CAUSE의 주어는 사동자다. 셋째, 수동자와 경험자는 경동사 DO와 CAUSE의 주어가 될 수 없으나, 그 외 다른 논항 위치에는 출현할 수 있고, 상대적으로 비교적 자유롭게 분포한다.

먼저 첫 번째 경우, 즉 행위자 주어와 경동사 DO의 관계를 살펴볼 것인데, 수형도 (25)를 사용하여 (10)((24)에 반복)의 술부 부분의 구조를 보여주겠다. 동사 '看(보다)'은 2항 비능격 동사인데, 먼저 '小说(소설)'와 병합되어 동사구 VP를 구성한다. 경동사 DO는 통사부에 진입한 뒤 동사구와 병합되는데, 이때 동사구는 DO의 보충어가 된다.[17] '张三(장싼)'은 통사부에 진입한 뒤 DO와 병합되어 공동으로 경동사구 *v*P를 구성하는데, '张三(장싼)'의 위치는 경동사구의 지정어 위치이다. '张三(장싼)'과 '小说(소설)'의 내부구소는 여기에서의 논의와 무관하므로 상세한 논의는 생략하고, 보다 자세한 내용은 제5장 '명사성 구조'의 논의를 참고하기 바란다.

(24) 张三看小说。 장싼은 소설을 읽는다.

(25)

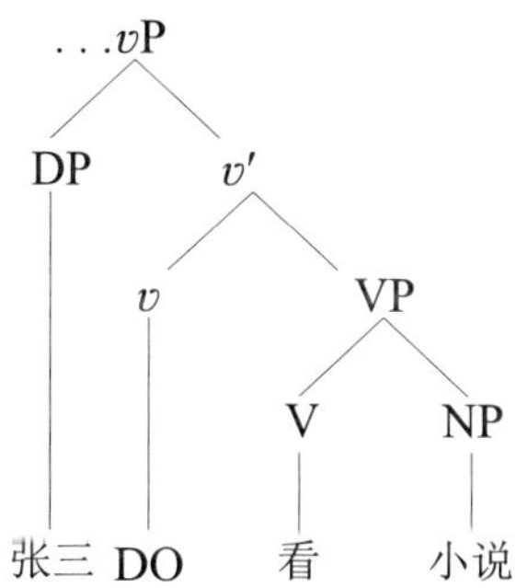


수형도 (25)로부터 만들어진 '张三+DO+看+小说'의 어순은 어느 정도 타당성을 띠며, '张三做了一件事情, 那件事情就是看小

17 DO의 보충어가 동명사(gerund)인지 아닌지에 대한 문제는 잠시 접어두고자 한다. 이에 관한 자세한 내용은 黃正德(2008)를 참고하기 바란다.

说(장싼이 어떤 일을 하였는데, 그 일은 소설을 보는 것이다)'라고 해석될 수 있다. '做(하다)'라는 동작은 활동사건이므로 경동사 DO로 표시되고, 주어 '张三(장싼)'은 이 사건의 행위자이며, 사건의 내용은 어근 '看(보다)'으로 나타낸다. '小说(소설)'도 역시 이 사건의 참여자인데, 동작에 관련된 대상, 즉 수동자이자 동사의 목적어이다. 경동사 DO는 음성형식이 없는 공범주이며, 동사 '看'은 경동사 위치로 이동하여 경동사 자리를 채움으로써 '张三看小说'라는 어순이 만들어진다. 그림 (26)의 *t*는 흔적(trace), 즉 동사의 원래 위치이며, 편의상 화살표로 동사의 이동 방향을 표시하였다.[18] 표면적으로 볼 때에는 동사가 이동을 하든 안 하든 그에 따른 뚜렷한 차이가 없는 것 같지만, 동사가 경동사의 위치로 이동한다는 이러한 가설은 반드시 필요한데, 이 점은 뒤에 제시되는 예를 통하여 알 수 있다.

(26)
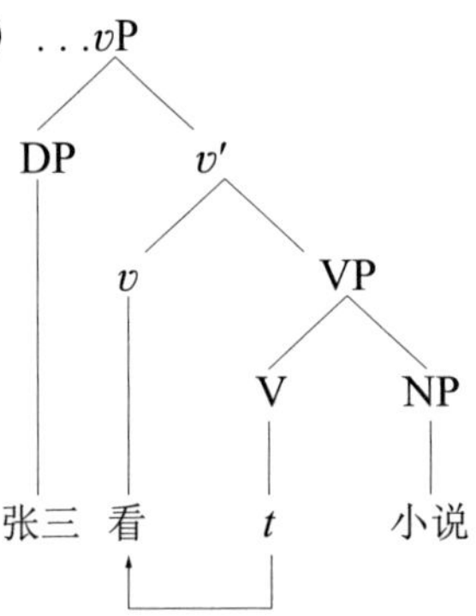


전통 문법학의 분석에 따르면, 동사 '看(보다)'은 2항 술어이

18 엄밀히 말하자면, DO는 (26)에서 사라지지 않고 그대로 존재한다. 동사의 최종 착점은 DO 위에 부가되는 것이고, DO와 다시 합쳐져 'DO+동사'(혹은 '동사+DO)의 복합성분을 이룬다. 그러나 설명의 편의를 위해 이 책에서는 핵어의 부가구조를 생략하고, 비어 있는 위치에 핵어를 직접 채워 넣었다.

므로 반드시 주어와 목적어 두 개의 논항이 있어야 한다. 그러나 상술한 어휘 분해 이론의 분석에 따른다면, 어근인 동사 '看(보다)'은 하나의 논항만을 가지는데 그것은 바로 목적어 '小说(소설)'이며, '张三(장싼)'은 엄밀히 말해 경동사 DO의 주어이므로 DO에 속하는 논항이지 '看(보다)'의 논항이라 할 수 없다. 그러므로 '张三(장싼)'과 '小说(소설)'는 각각 서로 다른 두 술어의 논항, 즉 '张三+DO'와 '看+小说'로 보아야 한다. 만약 '看(보다)'을 2항 술어라고 말한다면 그것은 바로 경동사와 어근으로 구성된 하나의 복합성분, 즉 'DO+看'(이 책 94쪽 주석 2 참조)을 두고 말하는 것으로, 이때 단지 DO가 표면적으로 들리지 않고 보이지 않는 것일 뿐이다. 어근 '看(보다)'과 경동사 DO는 모두 1항이며, 'DO+看'이야말로 2항이나.

상술한 (11)((27)에 반복)과 같이, 활동을 나타내는 1항 술어가 구성하는 구조는 수형도 (28)로 나타낼 수 있을 것으로 보인다. '在'의 위치는 여기서 논의하는 내용과 무관하기 때문에 상술하지 않겠다. (28)은 어근인 1항 비능격 동사 '哭(울다)'가 어떠한 논항도 갖지 않으며, DO는 이 사건이 활동임을 표시하고, '小孩子(어린 아이)'는 이 사건의 행위자이자 DO의 주어라는 것을 보여준다. 이 술부는 사실상 '어린 아이가 어떤 일을 하였는데, 그 일은 우는 것이다'라는 의미를 나타낸다. 마지막으로 동사 '哭(울다)'는 핵어 이동을 통해 DO의 위치로 이동하였는데, 이러한 상황은 (26)의 경우와 비슷하다 하겠다. 이 수형도는 행위자 '小孩子(어린 아이)'가 어근 '哭(울다)'의 논항이 아닌 경동사 DO의 논항이라는 사실을 반영한다. 경동사의 보충어 자리에 위치한 동사구 VP는 하나의 1항 술어로 구성되어 있고, 술부의 어근을 이루고 있다. 엄밀히 말해, 경동사구의 지정어 위치에 있는 '小孩子(어린 아이)'는 동사구의 일부에 속하지 않고, 동사구와는 별도로 본래부터 오직 DO와만 관계를 맺고 있다.

(27) 小孩子在哭。　　　　　어린 아이가 울고 있다.

(28)
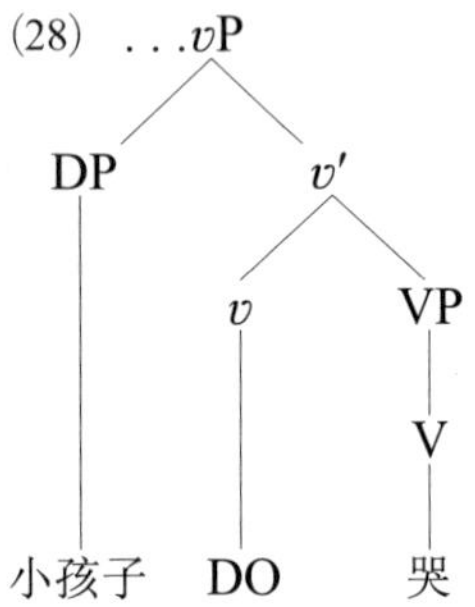


종결상을 나타내는 사건은 반드시 경동사 BECOME으로 구성되어야 하고, 사건의 변화를 나타내며, 자연적 종결점이 있다. 예를 들어 우선 (7)((29)에 반복)과 같이 1항 비대격 동사로 이루어져 있고 종결상을 나타내는 술부를 살펴보면, 이 예에서 '他(그)'는 동작행위와 관련된 대상이자 변화가 나타나는 사람으로, 의미역은 수동자로 분석되어야 한다. (30)의 수형도는 이러한 관계를 나타내고 있다. '他(그)'는 경동사 BECOME의 주어이며, 어근 '死(죽다)'와 상 표지 '了'는 형태부에서 동사 '死了(죽었다)'를 형성하며, 통사부에서는 동사구를 형성하고, BECOME의 보충어가 된다. (30)의 구조는 '그가 사건의 변화를 겪었으며, 변화의 결과는 바로 죽은 것이다'와 같이 해석될 수 있다. BECOME의 주어자리를 차지하는 성분은 종종 존재하거나 위치가 이동하거나 혹은 변화가 발생하는 사람 혹은 사물을 가리키며, 심지어 피영향의미를 지니기도 한다(邓思颖 2008b, c).[19] (26)의 상황과 비슷하게 동사 '死了(죽었다)'는 이동을 통해 BECOME의 위치로 옮겨갔다.

(29) 他死了。　　　　　　그는 죽었다.

(30)
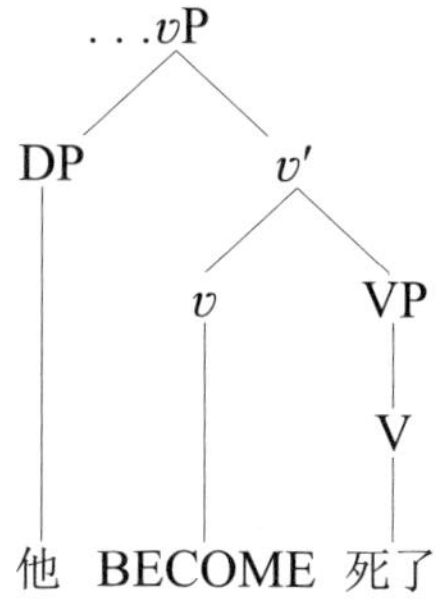


예를 들어 사동문 (19)((31)에 반복)처럼 2항 비대격 동사로 구성된 종결상 술부는 구형도 (32)에서와 같이 두 층위의 경동사 구로 구성된 가장 복잡한 구조를 가진다. 동사 '喝醉了(마셔서 취했다)'는 먼저 동사구를 형성하고, 경동사 BECOME은 통사부에 진입한 뒤 동사구와 병합되며, 거기에 '张三(장싼)'이 더해져 BECOME을 핵어로 하는 경동사구 $v$P2를 구성한다. 만약 $v$P2만을 고려한다면 구조는 기본적으로 (30)과 비슷한데, '장싼은 사건의 변화를 겪었고, 변화의 결과는 술에 취한 것이다'(즉 '장싼은 술에 취하였다')라고 해석될 수 있다. 경동사 CAUSE가 통사부에 진입한 뒤 CAUSE와 $v$P2가 병합되고, 거기에 '这瓶酒(이 술)'가 더해져 최종적으로 CAUSE를 핵어로 하는 경동사구 $v$P1이 구성되는데, '这瓶酒(이 술)'는 CAUSE의 주어이며 $v$P2는 CAUSE의 보충어다. 전체 주술구조는 "这瓶酒(이 술)'는 어떤 사건을 발생시켰고, 그 사건은 장싼이 사건의 변화를 겪은 것이며, 변화의 결

19 (29)의 '死(죽다)'는 비대격동사(unaccusative verb)이다. Chomsky(1995: §4; 2000)에서는 원래 비내격동사에 경동사가 결여되어 있다고 가정하였는데, Chomsky(2001) 및 그 후의 저서에서는 경동사가 비내격동사와도 병합될 수 있다고 보았다.

과는 바로 마셔서 취한 것이다'라고 해석될 수 있다. '这瓶酒(이 술)'는 CAUSE의 주어이며 사동자이고, '张三(장싼)'은 BECOME의 주어이며 수동자이고, '喝醉了(마셔서 취했다)'는 어근이며 사건변화의 결과를 나타낸다. 우리는 또 다른 방식을 통해 다음과 같이 (32)의 의미를 서술할 수도 있다. 즉, 술부는 하나의 사건을 나타내며, '这瓶酒(이 술)'는 그 사건의 사동자이고, '张三(장싼)'은 사건의 영향을 받는 수동자이고, 그 사건은 바로 '喝醉了(마셔서 취했다)'다.[20]

(31) 这瓶酒喝醉了张三。 이 술은 장싼을 마셔서 취하게 했다.

(32)
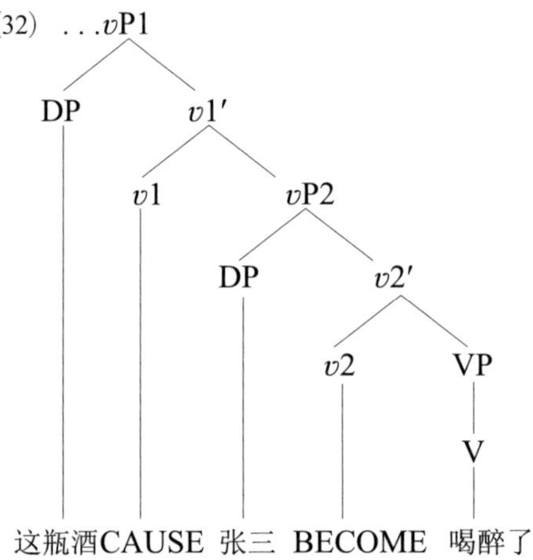


물론, 수형도 상에 나타난 것과 같은 "这瓶酒张三喝醉了"라는 어순은 중국어에서는 비문이 되는 부정확한 어순이며, 정확한 어순을 도출하기 위해서는 동사가 이동해야 한다. 동사 '喝醉了(마셔서 취했다)'는 핵어 이동을 하는데, 첫 번째로 BECOME으로

20 이러한 설명은 사실 문자적 방식을 사용하여 Parsons(1990)의 논리식을 서술한 것이다.

이동하고 그 다음으로 CAUSE로 이동하여 최종적으로 아래 그림 (33)처럼 '这瓶酒+喝醉了+张三'의 어순을 이루게 된다. 이를 통해 '喝醉了(마셔서 취했다)'는 2항 술어가 아니며, '喝醉了(마셔서 취했다)'의 논항이라고 여겼던 두 개의 논항이 실은 각각 경동사 CAUSE와 BECOME의 논항임을 알 수 있다. 어근 '喝醉了(마셔서 취했다)' 자체에는 어떠한 논항도 없으며,[21] 경동사와 어근이 핵어 이동을 통해 구성하는 복합성분, 즉 'CAUSE+BECOME+喝醉了'(이 책 제6장 각주 18번 참조)이 비로소 진정한 2항 술어이다. '张三(장싼)'은 BECOME의 주어이며, 억지로 말한다면 복합성분 'CAUSE+BECOME+喝醉了'의 목적어라 할 수는 있겠지만, 결코 어근 '喝醉了(마셔서 취하다)'의 목적어는 아니니다.

(33)

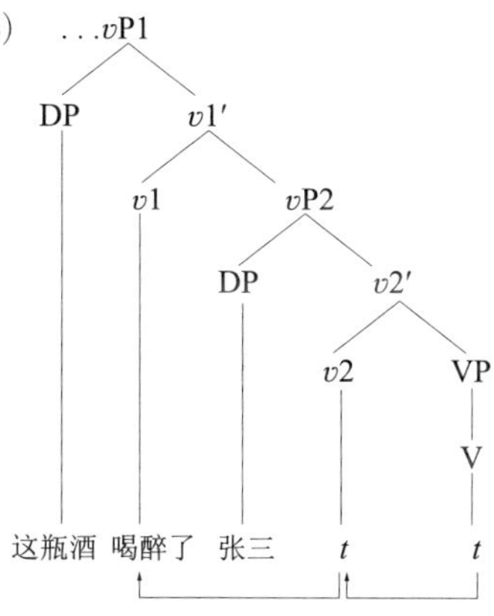


21 결과를 나타내는 '喝醉了(마셔서 취했다)'는 어쩌면, '张三(장싼)'을 지시하는 논항을 가질 수도 있다. 한 가지 가능성은 '喝醉了(마셔서 취했다)'가 공범주를 포함하고 있다고 가정하는 것이다(Huang 1992). 또 다른 가능성은 '张三(장싼)'이 원래 '喝醉了(마셔서 취했다)'와 병합한 후 BECOME의 주어 위치로 이동하였다고 가정하는 것이다(Huang 2006).

중국어 경동사 CAUSE는 '把'(Huang 1992, Sybesma 1999, Lin 2001, 邓思颖 2004a, 2008c 등)로 나타날 수 있다. (35)의 구조처럼 CAUSE의 위치에 이미 '把'가 있으므로, 동사 '喝醉了(마셔서 취했다)'는 더 이상 위로 올라갈 필요 없이 BECOME까지만 이동하여 (34)와 같은 어순을 형성한다. '把'는 종종 수동자에 대해 처치를 가하는 일종의 처치의미를 나타낸다. '把'의 출현으로 인하여 (34)의 처치의미가 강화되는데, 전통 중국어 문법학에서는 일반적으로 (34)와 같은 문형을 '처치문(处置句)'(혹은 '处置式, 처치식')이라고 부르거나, 아예 '把'자문이라고 부르기도 한다.[22]

(34) 这瓶酒把张三喝醉了。이 술이 장싼을 마셔서 취하게 했다.

(35)

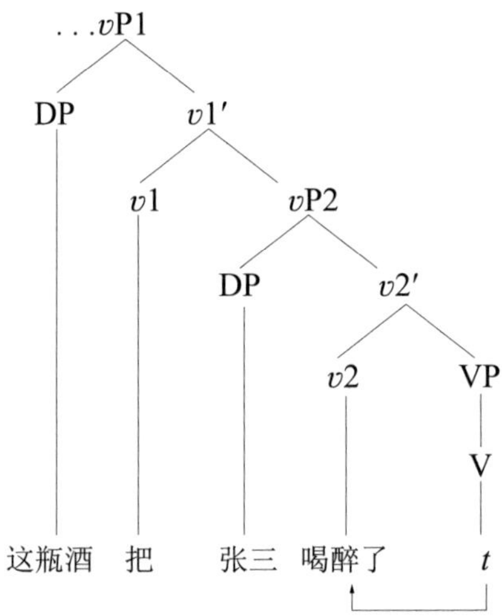


상태를 나타내는 술부는 경동사 BE로 구성되는데, 예문 (2)

22 처치문에 대해 다룬 논저는 매우 많은데, 비교적 전면적으로 정리한 것(통사부 분석에 대한 설명을 포함)으로는 Y.-H. A. Li(2006)와 Huang, Li and Li(2009: §5)를 참고할 수 있을 것이다.

((36)에 반복)의 구조는 수형도 (37)과 같이 나타낼 수 있다. 경동사 BE는 정태적 상태를 나타내는데, BE의 주어 '我(나)'는 BE가 나타내는 상태를 느끼며 심리적으로 일정한 영향을 받았음을 나타내고, '我(나)'의 의미역은 수동자의 하위 부류로 이해될 수 있으며, 경험자라고 불리기도 한다. 어근 '喜欢(좋아하다)'으로 이루어진 동사구는 이러한 정태적 상태의 내용을 설명해 준다. 목적어 '语言学(언어학)'는 '喜欢(좋아하다)'에 관련된 대상이며, 수동자로 보아야 할 것이다. 수형도 (37)은 '나는 어떤 상태를 느꼈는데, 그 상태는 바로 언어학을 좋아하는 것이다'로 이해될 수 있다.[23]

(36) 我喜欢语言学。　　　나는 언어학을 좋아한다.

(37)
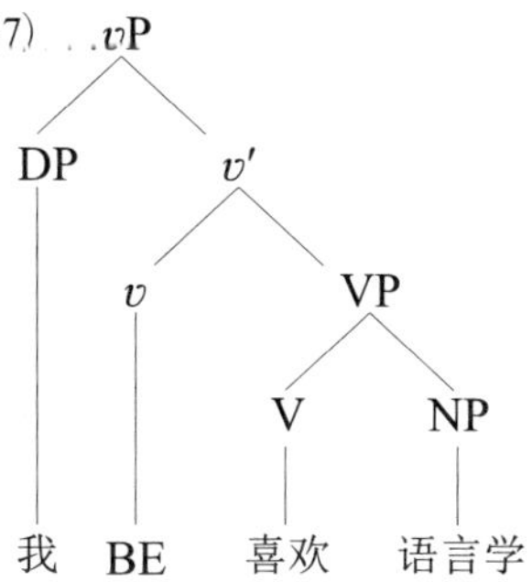


아래의 예는 논항의 수와 사건성에 대한 해석이 단순히 동사 어근에 의해서만 결정되지는 않는다는 사실을 보여주고 있다. 동

23 '喜欢'과 같은 정태동사는 경동사 BE의 위치로의 이동 등과 같은 이동이 반드시 가능한 것은 아니다. Huang(1997: 63)은 동태동사와의 차이점에 주목하였는데, 정태동사는 (i)와 (ii)와 같은 '형식-의미 불일치문(形义错配句, syntax-semantics mismatch)'을 형성할 수 없다. '형식-의미 불일치문'에 관한 논의는 제10장 '수식구조와 병렬구조'의 설명을 참고하기 바란다.

(i) *我喜欢我的数学。

(ii) *我喜欢了三次的数学。

일한 동사가 쓰였지만 (38)과 (39)의 '丰富(풍부하다)'는 1항 술어인데 반해, (40)의 '丰富(풍부하게 하다)'는 2항 술어이다(黄正德 2008: 228).[24]

(38) 他的知识很丰富。 그의 지식이 매우 풍부하다.

(39) 他的知识丰富了。 그의 지식이 풍부해졌다.

(40) 此行丰富了他的知识。 이번 여행이 그의 지식을 풍부하게 하였다.

어휘 분해 이론의 분석방법에 따라 본다면, 이 세 가지 예문은 모두 동일한 동사 어근을 갖고 있지만, 상이한 경동사를 지니며, 상이한 논항구조를 구성하고, 상이한 사건성을 나타낸다.[25]

(41)의 술부는 BE로 구성되며 상태를 나타내는데, (42)의 술부는 BECOME으로 구성되며 상태의 변화를 나타내고, (43)의 술부는 CAUSE와 BECOME이 공동으로 구성하며 사동의미를 나타낸다. 경동사의 개수와 유형 차이가 바로 (38), (39), (40)에서 '丰富'의 차이를 만들어낸 것이다.

(41) [$_{vP}$他的知识 [BE [$_{VP}$丰富]]]

---

24 경동사가 동사(어근)의 사건성을 결정하는 것은 고대 중국어에서도 상당히 보편적인데, 자세한 내용은 冯胜利(2005a)의 논의를 참조하기 바란다. 예문 (38)부터 (40)까지의 '知识(지식)'는 黄正德(2008: 228)의 예문에서는 '常识(상식)'로 쓰였다.

25 Lin(2001)은 중국어의 어근이 서로 다른 유형의 경동사와 자유롭게 결합할 수 있어서 중국어의 의미역관계가 상당한 융통성을 가진다고 주장하였다. Huang, Li and Li(2009: §2)에서는 어근과 경동사 간의 관계에 대해 상세히 다루었는데, 이들의 분석은 Lin(2001)보다 제한성이 높은 편이다.

(42) [$_{vP}$他的知识 [BECOME [$_{VP}$丰富]]]

(43) [$_{vP1}$此行 [CAUSE [$_{vP2}$他的知识 [BECOME [$_{VP}$丰富]]]]]

사건구조와 논항구조는 비록 전자가 의미적 범주, 후자가 통사적 범주로 서로 다른 범주에 속하지만, 이 둘 간의 관계는 매우 밀접하다. 만약 통사론의 입장에서 이 문제를 살펴본다면 의미역 관계는 논항구조로부터 도출된 것이며, 논항구조 자체가 논항이 부여하는 의미역을 결정한다고 볼 수 있을 것이다.[26] 현재까지 우리는 네 가지 논항구조, 즉 상태를 나타내는 (44), 비종결상을 나타내는 (45), 종결상을 나타내는 (46)과 (47)이 있음을 보았다. 의미역의 분포와 네 가지 논항구조 사이에는 다음과 같은 관계가 있다. 첫째, DO의 주어는 행위자이다. 둘째, CAUSE의 주어는 사동자이다. 셋째, 수동자(경험자를 포함)의 분포는 비교적 자유로운데, DO와 CAUSE의 주어 위치를 제외하고는, 수동자는 어떠한 논항 위치에도 출현할 수 있다. (44)−(47)에서 괄호 안의 부분은 '수의적인' 논항이며, 괄호가 없는 논항은 필수적인 논항이다.

(44) [$_{vP}$수동자 [BE [$_{VP}$V(수동자)]]]

(45) [$_{vP}$행위자 [DO [$_{VP}$V(수동자)]]]

(46) [$_{vP}$수동자 [BECOME [$_{VP}$V(수동자)]]]

(47) [$_{vP1}$사동자 [CAUSE [$_{vP2}$수동자[BECOME [$_{VP}$V(수동자)]]]]]

행위자와 사동자의 분포에는 조건 제약이 있는데, 이들은 경

26 논항구조의 의미역 관계 결정에 관련된 주장은 Hale and Keyser(2002)에서 상세히 다루고 있다.

동사의 주어만 될 수 있고, 다른 논항 위치에는 출현할 수 없다. 이와는 상대적으로 수동자의 분포는 비교적 자유로워서 경동사의 주어도 될 수 있고 동사의 보충어(목적어)도 될 수 있다. 다시 말해 행위자와 사동자의 출현은 경동사와 불가분의 관계이지만, 수동자의 출현에는 이러한 제약이 없다(邓思颖 2008a, b).

## 6.5 소결

이 장에서는 주로 사건구조와 논항구조라는 두 가지 측면에 걸쳐 주술구조의 통사적 문제를 설명하였다.

사건구조의 측면에서 볼 때, 술부가 주로 나타내는 내용은 바로 상태, 활동, 완수, 성취와 같은 사건성이다. 술부는 사건성을 나타내는 것 외에 또한 사건의 참여자를 포함하고 있다. 사건과 사건 참여자는 의미역 관계를 형성하며, 모든 사건의 참여자는 일정한 의미역을 부여받는다. 주요 의미역에는 행위자, 수동자(경험자 포함), 사동자가 있다. 행위자는 활동사건의 시발자이고, 활동을 행하는 사람이다. 사동자는 종결상 사건을 발생시키는 사람 혹은 사물이다. 수동자와 경험자는 대개 여러 유형의 사건에 참여할 수 있다.

논항구조의 측면에서 보면 술부는 두 가지 핵심 부분을 포함하고 있는데, 하나는 기본 어휘 의미를 나타내는 '어근'이고, 또 하나는 사건성을 나타내는 '경동사'다. 경동사에는 BE, DO, BECOME, CAUSE 등이 있다. 정태적인 술부는 모두 경동사 BE를 지니며, 동태적이지만 비종결상인 술부는 모두 경동사 DO를 가지고 있으며, 동태적이고 종결상인 술부는 모두 경동사 BECOME을 가진다. 어근과 경동사 외에도, 술부는 또한 논항을 포함하고 있다.

사건구조와 논항구조는 비록 전자가 의미적 범주, 후자는 통사적 범주로 각각 다른 범주에 속하지만, 양자 간의 관계는 매우 밀접하다. 의미역 관계는 논항구조로부터 도출된 것이며, 논항구조 자체가 논항에 부여되는 의미역을 결정한다. 경동사 DO의 주어는 행위자며, CAUSE의 주어는 사동자고, 수동자(경험자를 포함)의 분포는 비교적 자유로워서 DO와 CAUSE의 주어 위치를 제외하고는 어떠한 논항 위치에도 다 출현할 수 있다.

# 제7장 술목구조와 술보구조

보어는 동사성 성분으로 주로 동작의 결과, 상태 등의 사건성을 나타내고 동사의 보충어 역할만 할 수 있다. 주어가 되지 않는 기타 논항들은 목적어로 간주될 수 있는데, 목적어는 상대적으로 자유롭게 분포한다. 술목구조는 동사와 목적어가 병합한 구조로, 수여 의미를 지니는 이중목적어구조에서 간접목적어는 직접목적어보다 상위에 위치한다. 상태보어, 추향보어, 시간 및 장소보어만이 술보구조를 이루는 보어에 포함되며, 이 중 상태보어는 다시 묘사성 보어와 결과성 보어로 세분할 수 있다. 보어와 기타 동사성 성분은 반드시 보충어 자리에 위치해야 하고, 오직 하나만 올 수 있으며, 문미에 위치해야 한다.

## 7.1 목적어와 보어

'목적어'와 '보어'란 무엇인가에 대해 살펴보자. 《중고등학교 교육문법체계제요(中学教学语法系统提要)》에서는 '동목(动宾)', '동보(动补)' 등이 '성분 간의 구조관계'에 속한다고 보았다. 주더시(朱德熙 1982: 110)는 목적어에 대하여 "주어(主语)는 술부(谓语)에 상대되는 말이고, 목적어(宾语)는 술어(述语)에 상대되는 말이기 때문에 주어와 목적어 사이에는 직접적인 관련이 없다. … 목적어 앞에는 반드시 술어가 온다"고 정의하였다. 보어에 대해 주더시(朱德熙 1982: 125)는 "보어와 목적어는 모두 동사 뒤에 위치한다. 목적어는 체언성 성분(体词性成分)일 수도 있고, 용언성 성분(谓词性成分)일 수도 있다. 그러나 보어는 오직 용언성 성분이어야만 하고, 체언성 성분은 불가능하다. 의미적으로 볼 때도 목적어는 동작과 관련된 사물(수동자, 수혜자, 도구 등등)을 제시하는 역할을 하고, 보어는 동작의 결과나 상태를 설명하는 역할을 한다"고 보았다. (1)의 '苹果(사과)'는 명사성 품사(체언, 体词)로 명확하게 목적어에 속하고, (2)의 '很好(좋다)'와 (3)의 '很清楚(정확하다)'는 모두 동사성 품사(용언, 谓词)에 속하는데, 주더시(朱德熙 1982: 122, 125)는 이 중 '很好(좋다)'를 '용언성 목적어(谓词性宾语)'로 분석하였고, '很清楚(분명하다)'를 '상태보어(状态补语)'로 분석하였다. 그의 정의에 따른다면 (2)의 '很好(좋다)'한 것은 '觉得(…라고 느끼다)'와 관련된 사물이고, (3)의 '很清楚(분명하다)'한 것은 '说(말하다)'의 상태를 설명하는 것으로 이해할 수 있다.

(1) 吃<u>苹果</u>　　사과를 먹다
(2) 觉得<u>很好</u>　　<u>좋다</u>고 느끼다
(3) 说得<u>很清楚</u>　　<u>분명하게</u> 말하다

후위수 외(胡裕树 等 1995: 330)에서는 목적어와 보어의 구별에 대해서 "동사와 형용사 모두 뒤에 보어가 올 수 있으나, 형용사는 목적어를 갖지 못하므로 형용사 술어문에서는 목적어와 보어가 얽히는 문제가 발생하지 않는다. 일반적으로 동사 뒤의 것이 목적어인지 보어인지 구별하기는 어렵지 않다. 명사나 명사구는 목적어만 될 수 있고 보어가 될 수는 없다. 동작량을 나타내는 수량구는 보어만 될 수 있고 목적어가 될 수 없으며, 사물이 양을 나타내는 수량구는 목적어만 될 수 있고 보어가 될 수 없다. 시간을 나타내는 수량구만이 목적어도 될 수 있고 보어도 될 수 있다"고 주장하였다. (4)의 경우 '两三年过去了(2-3년이 지났다)'로 바꿀 수 있으나, (5)는 이렇게 바꿀 수 없는 이유에 대해 그들은 '两三年了(2-3년이 되었다)'가 (4)에서는 목적어이지만, (5)에서는

보어이기 때문이라고 하였다.

(4) 时间已经过去了<u>两三年</u>了。
시간이 이미 <u>2–3년</u>이 지났다.

(5) 这个小组成立了<u>两三年</u>了。
이 그룹이 결성된 지 <u>2–3년</u>이 되었다.

목적어와 보어의 구별 문제에 대해 황보룽·랴오쉬둥(黄伯荣·廖序东 2002b: 100)은 "보어와 목적어는 모두 동사 뒤에 위치하지만 일반적으로 보어는 용언성 성분이고, 목적어는 대부분 체언성 성분이다. 그러나 목적어 자리에 용언성 성분을 사용할 수도 있고, 보어 자리에 시간량을 나타내는 체언성 성분을 사용할 수도 있으며, 이 밖에도 목적어와 보어 모두 양사구로 채울 수 있다. 바로 이러한 원인들로 인해 보어와 목적어의 경계 획정 문제가 발생한다"고 하였다. 목적어와 보어를 구별하기 위해 이들이 제시한 세 가지 기준은 다음과 같다. 첫째, 관계를 살펴보아야 한다. 목적어는 '什么(무엇)'를 이용하여 물어야 하지만, 보어는 '怎么样(어떠하다)'을 이용하여 물어보아야 한다. 예를 들어 '喜欢安静(조용한 것을 좋아하다)'은 '喜欢什么(무엇을 좋아하느냐)'로, '考虑得很清楚(분명히 고려하다)'는 '考虑得怎么样(어떻게 고려해 보았느냐)'으로 물어야 한다. 이 밖에도 상태보어 앞에는 '得'자를 삽입할 수 있는데, '睡得很好(잘 자다)', '笑得站不起来(웃겨서 일어나지 못하다, 웃겨서 배꼽 잡다)'를 예로 들 수 있다. 둘째, 성분의 품사를 보아야 한다. '看几本(몇 권을 읽다)'처럼 명량사를 사용하는 성분은 일반적으로 목적어고, '看几遍(몇 번을 읽다)'처럼 동량사(动量词)를 사용하는 성분은 보어다. 셋째, '把'자구로의 변환을 보아야 한다. 시간을 나타내는 일부 성분은 보어가 될 수도 있고 목적어가 될 수도 있다. 목적어가 될 때에는 종종 '把'자구로의 변환이 가능하다. 예를 들어 '他浪费了两个钟头(그는 두 시간 허비했다)'는 '他把两个钟头浪费了(그는 두 시간을 허비해버렸다)'로 변환할 수 있으나, '他干了两个钟头(그는 두 시간 일했다)'는 '他把两个钟头干了(그는 두 시간을 일했다)'로 변환할 수 없다.

이처럼 학자들마다 목적어와 보어를 구별하는 기준을 제시하였으나 기준을 적용하기도 어렵고 심지어 그 기준이 일치하지 않기도 한다. 만약 목적어 자리에 오는 것은 대부분 명사성 성분이지만, 또 때로는 동사성 성분이 올 수도 있으며, 보어도 마찬가지로 동사성 성분으로 채워질 수도 있지만 또 명사성 성분으로도 채워질 수 있다고 한다면 이러한 기준을 적용하는데 분명 어려움이 생길 수밖에 없다. 예를 들어 보자면 왜 (2)의 '很好(좋다)'는 목적어인데, (3)의 '很清楚(분명하다)'는 보어인 것일까? 품사를 기준으로 이 문제를 해결하는 것이 역부족임은 자명해 보인다. 황보룽·랴오쉬둥(黄伯荣·廖序东 2002b)의 검증법에 따르면 목적어는 '什么(무엇)'를 이용하여 물을 수 있고, 보어는 '怎么(어떻게, 어떠하다)'를 이용하여 물을 수 있는데, 그러나 (2)의 很好(좋다)'와 (3)의 '很清楚(분명하다)'는 모두 (6), (7)처럼 '怎么样(어떠하다)'으로 물어야 한다. 따라서 이와 같은 '용언성 목적어'와 보어의 경우에는 이러한 기준으로는 구별해 낼 수 없다.[1]

1 물론 黄伯荣·廖序东(2002b)의 검증법에서는 보어를 물을 때 '怎么样'을 이용하여 물을 수 있다고 하였을 뿐, '怎么样'을 이용하여 물을 수 있으면 모두 보어라고 하지는 않았다. 보다 자세한 내용은 의문사 검증법과 지시, 진술관계에 관한 石定栩(2011)의 논의를 참고하기 바란다.

(6) 觉得怎么样？ 느끼기에 어때?

(7) 说得怎么样？ 말하는 것이 어때?

보어가 명사성인가 아닌가 하는 문제에 있어서 논쟁의 핵심은 수사와 양사를 포함한 동량사, 시량사(时量词)에 있다. 딩성수 외(丁声树 等 1961: 38)에서는 '一回(한 차례)', '两趟(두 차례)'처럼 횟수를 나타내는 일부 동량사와 '一辈子(한평생)', '三天(사흘)'처럼 행위가 지속된 시간을 나타내는 일부 단어를 '준목적어(准宾语)'로 분석하였다. 주더시(朱德熙 1982: 116)는 (8)의 '一次(한 번)'와 (9)의 '一个月(한 달)', (10)의 '一百倍(백 배)'를 각각 '동량목적어', '시량목적어', '수량목적어'로 분석하였으며, 이를 '준목적어'로 통칭하여 목적어의 일종으로 보았다. 또한 베이징대학 중문과(北京大学中文系 2004: 322)에서는 시량사와 동량사로 이루어진 수량목적어를 '준목적어'라 하였으며, 장빈 외(张斌 1988: 307)에서는 동량사구는 보어가 되고, 물량사구(物量词短语, 즉 명량사구)는 목적어가 되며, 시량사구의 경우 때로는 목적어, 때로는 보어가 된다고 하였다. (9)는 시량사 '一个月(한 달)'를 앞에 둘 수 없으므로 보어로만 분석된다. 후위수 외(胡裕树 等 1995: 330)는 "동작량을 나타내는 수량사구는 보어만 될 수 있고, 목적어가 될 수 없다"고 못박았는데, 이들은 '형용사'가 목적어를 취할 수 없다고 하였으므로[2] 이들의 분석에 따르면 (10)의 '一百倍'(백 배)는 보어로 분석되어야 한다. 황보룽·랴오쉬둥(黄伯荣·廖序东 2002b: 97)은 (8)의 동량사와 (9)의 시량사를 보어로 분석하고, 묶어서 '수량보어'라 통칭하였다. 수량사를 보어로 분석한 학자로는 이 밖에도 장징 외

2 胡裕树 等(1995)에서의 '형용사(形容词)'는 이 책의 '정태동사(静态动词)'에 해당하는 것으로, 이 책에서는 동사의 한 종류이다.

(张静 等 1980), 류웨화 외(刘月华 等 1983, 2001), 싱푸이 외(邢福义 等 1991), 저우이민(周一民 2006), 펑즈춘 외(冯志顿 等 2008) 등이 있다.

(8) 看一次　　한 번 보다.
(9) 住一个月　　한 달 살다.
(10) 好一百倍　　백 배 더 좋다.

만약 형식 기준을 배제하고 의미 기준에 근거하여 목적어와 보어를 분류한다면, 위에서 언급한 문제들은 여전히 미해결 상태가 된다. 의미적으로 볼 때, 목적어는 주로 "동작이나 행위가 직접 지배하는, 혹은 동작이나 행위와 관련되는 사람이나 사물을 나타내고", 장소, 시간, 도구, 방식, 원인, 목적, 종류, 존재 등을 나타내는 것들도 목적어에 포함된다(黄伯荣·廖序东 2002b: 83-84). 그러나 보어는 "동작이나 행위의 결과, 상태, 방향, 수량, 시간, 장소, 가능성 혹은 상태나 성질의 정도, 사건의 상태 등을 설명한다"(黄伯荣·廖序东 2002b: 94). 황보룽·랴오쉬둥(黄伯荣·廖序东 2002b: 84, 97)은 장소를 나타내는 (11)의 '南方(남쪽)'과 시간을 나타내는 (12)의 '中秋节(중추절)'를 '당사목적어(当事宾语)'[3]로 간주하였으나, 이와 마찬가지로 장소를 나타내는 (13)의 '在何处(어디에서), 在何方(어디서)'이나 시간을 나타내는 (14)의 '在1949年(1949년에)'은 각각 '시간보어', '장소보어'가 된다고 하였다. 의미적 측

---

3 [역주] 중국어 문법에서 '当事'라는 용어는 각 학자마다 다른 함의를 가지는데, 黄伯荣·廖序东(2002b)의 경우 주어, 목적어를 의미적으로 분류하면서 행위자(施事), 수동사(受事)를 제외한 나머지를 모두 '当事'로 간주하였는데, 주어를 '施事主语', '受事主语', '当事主语' 세 가지로 나누었고, 목적어를 '施事宾语', '受事宾语', '当事宾语' 세 부류로 나누었다.

면에서만 본다면, 장소·시간 성분 중 어떤 것은 목적어가 되고 어떤 것은 보어가 되는 이유는 무엇이며, 또한 수량을 나타내는 성분이 반드시 보어로 분류되어야 하는 이유는 무엇이고, 그 근거는 어디에 있는가?

(11) 回南方　　남쪽으로 돌아가다.

(12) 过中秋节　　중추절을 보내다.

(13) 人们都知道自己生在何处，却不知道死在何方。
사람들은 모두 자신이 어디에서 태어났는지는 알지만, 어디서 죽을지는 모른다.

(14) 这事就出在1949年。　이 일은 1949년에 일어났다.

목적어와 보어의 구별에 있어서 통일된 기준이 없다는 점 외에 가장 핵심적인 문제는 과연 목적어와 보어를 구별해야 하는가다. 차오(Chao 1968: §5.4.1.)는 "일부 중국 문법학자들이 위에서 언급한 목적어와 바로 여기서 언급한 동보식(动－补式)을 모두 '补(足)语'[4]라고 한다."는 점에 주목하였다(赵元任 2002: 398). 그(Chao 1968: §5.6.2.)는 '보어'를 광의와 협의로 구분하여 보았는데, "우리가 '보어'라고 하는 것은 광의의 용법으로 사용된 것으로, 목적어도 포함한다(5.4.1.절). 예를 들어, '我看书。(나는 책을 본다)', '狗咬人。(개가 사람을 문다)'에서 '书(책)'와 '人(사람)'은 모두 광의의 보어라 할 수 있다"(赵元任 2002: 427). 이는 목적어와 보어를 한데 합쳐놓은 것이다. 그러나 그는 "'拿东西(물건을 가져가다)'의 '东西(물건)'와 '拿走(가져 가다)'의 '走(가다)'와 같은 핵어 뒤의 성분은 결국

4　[역주] 원서에서는 '补足语'로 썼으나, Chao(1968)의 원래 표현에 따라 괄호를 추가하여 '补(足)语'로 썼다.

에는 형식적인 구분을 적용해야만 협의의 '목적어'와 '보어'를 구별할 수 있다. 이 두 가지 경우, 동사구 내에서 기능이 상이한 또 다른 제2의 성분들이 동사 뒤에 함께 오는 경우는 거의 없기 때문이다"라고 하였다(赵元任 2002: 399).

전통적 문법 연구에서 말하는 목적어와 보어를 하나의 큰 부류로 합치는 것은 중국어의 형식 문법 연구에서는 별다른 영향력이 없는 것으로 보인다. 그러나 전통 문법 연구의 관습을 존중함과 동시에 토론의 편의를 위해 우리도 역시 목적어와 보어라는 두 가지 용어를 구별하고자 한다. 구별 기준에 있어서는 보어는 동사성 성분만 올 수 있고, 주로 동작의 결과, 상태 등 사건성을 설명한다는 주더시(朱德熙 1982)의 의견에 대체로 동의하는 바이다. 주어가 아닌 기타 논항은 목적어로 분석된다.[5] 이러한 구분에 따라 (8)의 '一次(한 번)', (9)의 '一个月(한 달)', (10)의 '一百倍(백배)'는 모두 보어가 아닌 목적어로 분석된다. 뤼수샹(吕叔湘 1979: 65)의 의견도 일리가 있는데, 그는 "조금 더 생각해 보면, '学一遍([처음부터 끝까지] 한 번 배우다) | 学三年(3년 배우다)'은 '学理论(이론을 배우다) | 学手艺(수공을 배우다)'와는 분명 다르기는 하지만, '学一遍(한 번 배우다) | 学三年(3년간 배우다)'과 '学好(잘 배우다) | 学通(배워 통달하다) | 学秀(뛰어나게 배우다)' 간의 차이만큼 다르지는 않다. 만약 이 세 가지 가운데 두 가지를 합친다면 '一遍(한 번) | 三年(3년)'을 '理论(이론) | 手艺(수공)'와 함께 묶어 볼 수 있는데, 그 이유는 바로 모두 명사성 단어이기 때문이다"라고 하였다.

---

5 음운론의 '여타 조건(elsewhere condition, 别处条件)'개념은 목적어와 보어를 구별하는 데에 적용될 수 있다. 즉 구체적인 조건을 제약받는 것 외에 여타 조건에서는 다 적용될 수 있어 출현조건이 비교적 자유롭다. 목적어의 분포는 물론 이러한 '자유로운' 상황에 속한다.

목적어와 보어는 통사적으로도 구분되어야 한다. 보어는 동사의 보충어만 될 수 있고 지정어 위치에는 올 수 없다. 반면 목적어는 분포가 상대적으로 자유로워서 동사의 보충어가 될 수도 있고, 수형도 (15)에서처럼 동사구 내의 지정어 위치에 출현할 수도 있다.[6] 이를 통해 보어와 보충어 사이에 긴밀한 관계가 있음을 알 수 있는데, 그렇다고 해서 보어와 보충어를 동일시할 수는 없다. 이유는 간단하다. 보충어 자리에 위치하는 것이 보어만의 특권은 아니기 때문이다. 목적어도 보충어 자리에 올 수 있다. 게다가 통사적으로 보충어가 가리키는 범위는 무척 넓다. 수형도 (15)를 예로 들어 보면, '목적어/보어'의 자리도 보충어이지만 그 외 동사구 VP도 경동사 *v*의 보충어인데, 이 동사구가 전통 문법 연구에서 말하는 보어와 전혀 관련이 없음을 우리 모두 잘 알고 있다.

(15)

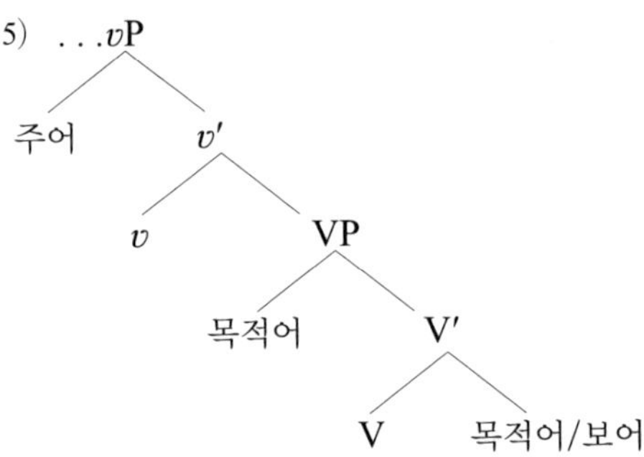


## 7.2 술목구조

목적어와 술어는 술목구조를 형성한다. "주어는 술부에 상대되

6 중국어 술목구조, 술보구조의 통사적 분석은 Huang(1994), Huang, Li and Li(2009: §3) 등을 참고하기 바란다.

는 말이고, 목적어는 술어에 상대되는 말이며, … 목적어 앞에는 반드시 술어가 온다”(朱德熙 1982: 110). 전통 중국어 문법 연구에서는 술목구조를 ‘동목구조(动宾结构)(丁声树 等 1961: 12)’, ‘동목구(动宾短语)(邢福义 等 1991: 300, 黄伯荣·廖序东 2002b: 60, 冯志顿 等 2008)’, ‘동목사조(动宾词组)(张静 等 1980: 77, 胡裕树 等 1995: 303, 周一民 2006: 318 등)’라고도 하였고, 이 두 성분이 나타내는 관계를 ‘동목관계(动宾关系)(刘月华 等 1983: 5, 2001: 6)’라고도 하였다. 후위수 외(胡裕树 等 1995: 325)는 ‘동목술부(动宾谓语)’가 동사와 목적어로 구성된다고 보았고, 황보룽·랴오쉬둥(黄伯荣·廖序东 2002b: 82)은 “동어(动语)와 목적어는 공기하는 두 가지 성분으로, 문장 내 목적어가 있으면 반드시 동어가 있으며, 동어가 있으면 반드시 목적어가 있다”고 하였다.

술어를 ‘동사’라고 칭하는 것은 ‘-사’로 칭하는 품사체계와 ‘-어’로 칭하는 문장성분 체계를 서로 분리하는 원칙에 어긋난다. 탕팅츠(汤廷池 1992a: 33, 주석 73)는 ‘술어(predicate, predicator)’와 목적어가 ‘문법관계(grammatical relation)’나 ‘문법기능(grammatical function)’의 개념을 나타내고, ‘동사(verb)’는 ‘문법범주(grammatical category)’의 개념을 나타내며, … ‘술부(谓语, predicate(phrase))’라는 단어는 보통 술어(동사)외에 목적어, 보어, 부사어 등을 포함하므로 ‘谓宾’이라는 명칭을 피한다”고 하였다. 따라서 이 책에서는 용어의 일관성과 보편성을 고려하여 ‘술어(述语)’라는 용어를 채택하고자 한다.

술목구조를 구성하는 가장 간단한 방법은 동사 V와 목적어가 되는 성분 XP가 병합되어 (16)과 같은 동사구를 이루는 것이다. X는 여기 들어갈 수 있는 여러 성분을 두루 아울러 표시한 것으로, 원칙적으로 어떠한 품사든 여기에 올 수 있다. 동사는 동사구의 핵어이며 XP는 동사의 보충어로, 동사와 XP는 특정한 문법 관계를 형성하여 동사는 술어가, XP는 목적어가 되는 것이다.

(16)

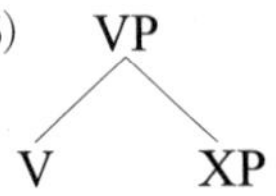


XP의 위치에 올 수 있는 목적어에는 여러 가지가 있다. 주더시(朱德熙 1982)의 목적어 분류를 따르면, 위의 구조 중 XP 위치에 출현할 수 있는 목적어에는 전형적인 수동자(受事) 목적어인 (17)의 '玻璃(유리)', 장소를 나타내는 (18)의 '北京(베이징)', 존재와 출현을 나타내는 (19)의 '一个人([어떤] 한 사람)', 동량과 시량을 나타내는 (20)의 '一次(한 번)', '一天(하루)', 불특정지시를 나타내는 (21)의 '什么(무엇)'등이 포함된다.

(17) 擦玻璃　　　　유리를 닦다.
(18) 飞北京　　　　베이징으로 날아가다.
(19) 来了一个人　　어떤 사람이 왔다.
(20) 走一次/一天　　한 번/하루 가다.
(21) 笑什么？ 别笑了。　뭘 웃어? 웃지 마.

상술한 명사성 목적어 외에 동사성 성분(절 포함)도 (16)의 XP가 될 수 있다. 예를 들어 (22)의 동사구 '骑马(말을 타다)', (23)의 명사 술부 문장이나 '소절(small clause)'로 불리는 '张三傻瓜(장싼을 바보로)', (24)의 주어를 생략한 성분 '明天骑马(내일 말을 타다)', (25)의 절(보문사구 CP) '张三明天骑马(장싼은 내일 말을 탄다)'와 같은 성분들은 각각 '喜欢(좋아하다)', '当(여기다)', '打算(…할 계획이다)', '知道(알다)'의 목적어다.[7] 이것들은 모두 동사성 성분이기는 하나 동작 행위 '喜欢(좋아하다)', '当(여기다)', '打算(…할 계획이다)', '知道(알다)'의 결과 혹은 상태를 나타낼 수 없어 보어가 아니다.

(22) 喜欢骑马　　　　말타기를 좋아하다.
(23) 当张三傻瓜　　　　장싼을 바보 취급하다.
(24) 打算明天骑马　　　　내일 말을 탈 계획이다.
(25) 知道张三明天骑马　　　　장싼이 내일 말을 탈 것을 알다.

술목구조는 이처럼 목적어의 성질에 따라 분류할 수도 있지만, 목적어의 개수에 따라 구별할 수도 있다. 위에서 제시한 예들은 목적어가 하나씩만 있다. 목적어가 두 개인 경우 '이중목적어(双宾语)'라고 하는데, 예문 (26)은 수여 의미를 지니는 이중목적어 구조로 '张三(장싼)'은 간접목적어, '一本书(책 한 권)'는 직접목적어다.

(26) 我送张三一本书。　　　　나는 장싼에게 책 한 권을 보냈다.

이 두 목적어는 과연 어떤 구조를 이루고 있을까? 주더시(朱德熙 1982: 121)는 일찍이 "이중목적어 구조는 하나의 술어가 동시에 두 개의 목적어를 갖는다. 이 두 목적어는 제각각 술어와 관계가 발생하는데, 서로 간에는 구조상 관계를 맺지 않는다. 이러한 관점에서, 이중목적어 형식은 술어, 술어와 가까운 목적어(近

7 절(보문사구)의 통사구조는 제8장 '문장'에서, 명사술어문의 통사구조는 제9장 '문형과 주요 구문'에서 각각 다룰 것이다.

宾语), 술어와 먼 목적어(远宾语)로 삼분해서만 볼 수 있고, 이분해서 볼 수 없다"고 하였다. 분명 이러한 '삼분(三分)' 방식은 현재 통사론의 병합 이론에서 받아들여질 수 없는 것이다. 한 번에 두 가지 성분씩만 병합 가능하며, 동시에 세 가지 성분을 병합할 수 없기 때문이다. 따라서 각 구의 핵어는 하나의 보충어만 가질 수 있을 뿐 그 이상은 가질 수 없다. 동사, 간접목적어, 직접목적어 세 가지 성분은 동시에 병합될 수 없으므로 '삼분' 형식을 구성할 수 없다.

그러나 주더시(朱德熙 1982: 121)는 "즉 이중목적어 구조를 술목구조가 목적어를 갖는 형식으로 보는" 또 다른 관점도 제시하였다. '삼분'하는 방식과 달리, 술목구조가 목적어를 가지는 형식은 층위가 있는 구조로, 간접목적어와 직접목적어는 같은 층위에 나타나지 않는다. 이러한 층위 분석에 따르면 동사와 간접목적어가 먼저 하나의 성분을 이루고, 이 성분 뒤에 직접목적어가 출현한다. 우리에게 친숙한 수형도를 이용해 주더시(朱德熙 1982)의 이러한 관점을 (27)과 같이 그려볼 수 있다. 이 수형도에서 동사와 간접목적어가 우선 병합되고, 이는 다시 직접목적어와 병합된다.

(27)

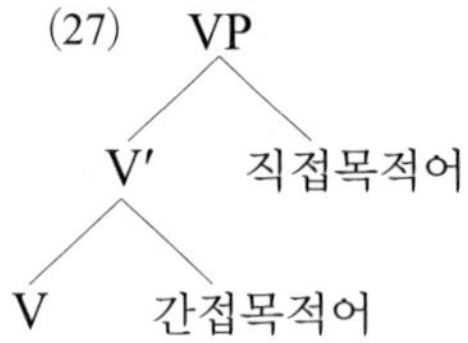


수형도 (27)에서 간접목적어와 직접목적어 사이에는 직접적인 관계가 없는데다 하나의 성분을 이루지도 않는다. 그러나 아래

의 (28)의 '张三一本书(장싼에게 책 한 권)'와 '李四一枝笔(리쓰에게 펜 한 자루)'(邓思颖 2003b: 131)처럼 병렬구조 테스트에서는 간접목적어와 직접목적어가 하나의 성분을 이룰 수 있다. 따라서 소위 '술목구조가 목적어를 가지는 형식'은 문제가 있음을 알 수 있다.

(28) 我送[张三一本书], [李四一枝笔]。
나는 장싼에게 책 한 권을 보냈고, 리쓰에게 펜 한 자루를 보냈다.

바스와 라스닉(Barss and Lasnik 1986)의 연구에 따르면 영어의 이중목적어 구조에서 간접목적어가 반드시 직접목적이보다 상위에 위치해야 하는데, 이를 통해 상응하는 중국어의 이중목적어 구조에서도 간접목적어와 직접목적어가 같은 층위에 있을 수 없다는 것을 증명할 수 있다(邓思颖 2003b: 134-135).

첫 번째 증거는 재귀대명사 결속이다. (29)의 '他自己(그 자신)'는 재귀대명사로, 직접목적어 내에 위치한다. 결속이론(binding theory)에 따르면, 재귀대명사는 반드시 지시하는 선행사(antecedent)에 결속되어야 하고, 재귀대명사의 선행사는 반드시 구조 내에서 재귀대명사보다 상대적으로 상위에 위치해야 한다. 즉, 선행사는 반드시 재귀대명사를 성분통어해야 한다.[8] (29)의 '他自己(그 자신)'는 간접목적어 '张三(장싼)'에 결속되고, *i*는 지표(index) 표시로 '他自己(그 자신)'가 '张三(장싼)'을 가리킬 수 있음을 의미하는데, 이들이 상호 동일한 지표를 가진다는 사실은 바로 '张三(장싼)'이 '他自己(그 자신)'를 성분통어할 수 있음을 의미한다. (30)은 간접목적어인 '他自己(그 자신)'가 직접목적어 안에 있

8 '성분통어'와 관련된 정의는 4장의 '구'를 참조하기 바랍니다.

는 '张三(장싼)'에 의해 성분통어되지 못하고 이에 따라 '张三(장싼)'이 '他自己(그 자신)'를 결속하는 선행사가 될 수 없으므로, 결과적으로 '他自己(그 자신)'가 '张三(장싼)'을 가리킬 수 없어 비문이 된다.[9]

(29) 我给张三$_i$一本关于他自己$_i$的书。
나는 장싼에게 그 자신에 관한 책을 한 권 주었다.

(30) *我给他自己$_i$一本关于张三$_i$的书。

두 번째 증거는 양화사(quantifier) 결속이다.[10] 아래의 예에서 '每一个人(모든 사람들)'은 양화사이고, 대명사 '他(그)'는 변항(variable)으로, 변항은 반드시 양화사에 의해 결속되어야 하고, 통사적으로 양화사는 변항을 성분통어해야 한다. (31)과 (32)의 어감이 다른 것은 중국어의 간접목적어와 직접목적어가 서로 다른 층위에 있음을 설명하는 좋은 예로, (31)의 간접목적어 '每一个人(모든 사람들)'는 직접목적어 내의 '他(그)'를 결속할 수 있으나, (32)에서 직접목적어 안에 있는 '每一个人(모든 사람들)'은 간접목

9 결속원리에 대해 좀 더 이해하고 싶다면 이 이론을 소개하는 언어학 교재를 참고하여 우선 기본적인 구구조 이론과 '성분통어' 등을 비롯한 개념을 숙지해야 한다. 생성문법 이론에서 재귀 대명사와 관련된 연구 성과는 매우 풍부하다. 중국어로 된 설명을 보려면 徐烈炯(1999, 2009: §3)을, 영어로 된 설명을 보려면 Huang and Li(1996) 및 Hunag, Li and Li(2009: §9)를 참고하기 바란다.

10 沈家煊은 'quantifier'를 '量词'로 번역하였고(Crystal 2000), 다른 많은 저작들(徐烈炯 1998, 1990, 2009, 石定栩 2002a, 梅德明 等 2008)에서도 '量词'라는 용어를 채택하였다. 그러나 중국어의 양사(clasfier)와 구별하기 위해 이 책에서는 또 다른 보편적인 중국어 대역어인 '量化词'(宋国明 1997, 汤廷池 1994, 邓思颖 2003b, 温宾利 2002 등)를 사용하기로 한다. 양화사의 품사는 한정사 D로, 그 예로는 '每'가 있다.

적어 안에 있는 '他(그)'를 결속할 수 없다. 위의 분석에 따르면, 통사적으로 간접목적어는 반드시 직접목적어보다 상위에 위치해야 하고, 간접목적어는 직접목적어를 성분통어할 수 있어야 한다. 따라서 중국어의 이중목적어 구조를 (27)과 같이 분석한다면 문제가 발생하게 된다.

(31) 我给每一个人$_i$一顶他$_i$戴过的帽子。

나는 모든 사람들에게 자신들이 쓰고 왔던 모자를 주었다.

(32) *我给他$_i$的妈妈一顶每一个人$_i$都戴过的帽子。

나는 중국어 이중목적어 구조의 두 목적어 사이에 기능어가 존재하며, 이 기능어는 소유의 의미를 지니고, 형태적으로는 '给'로 나타날 수도 있고, 동사와 함께 통사적으로 복합어 '-给'를 형성할 수도 있다는 점을 논의한 바 있다(邓思颖 2003b).[11] 이러한 기능어 외에도, 중국어에서 수여 의미를 지니는 이중목적어 구조는 반드시 경동사 CAUSE로 구성되고, 사동문으로 분석되어야 하는데(Cheng, Huang, Li and Teng 1999, 邓思颖 2003b, 黄正德 2007 등), 바로 이러한 예에 해당하는 (26)의 구조는 수형도 (33)과 같이 나타낼 수 있다. 이중목적어 구조가 사동문에 속하고, 사동 의미를 지니는 경동사 CAUSE와 경동사 BECOME이 한 쌍을 이루므로, 이중목적어 구조는 반드시 CAUSE와 BECOME의 조합으로 이루어져야 하며, 또한 '送', '给'와 같은 동사는 3항 비대격 동사

11 邓思颖(2003b)에 따라 徐德宽(2004: 139)도 비슷한 분석을 제시하였는데, 중국어에서 수여 의미를 지니는 이중목적어는 '…로 하여금 …를/을 얻게 하다'라는 의미의 경동사를 포함한다고 보았다. 何晓炜(2008a, b, c)도 이중목적어 구조가 포함하는 기능어는 전달(传递) 의미를 나타낸다고 하였으며, 또 何晓炜(2009)에서는 이중목적어 구조 연구 성과를 종합적으로 소개하고 있다.

로 분석되어야 한다(黄正德 2007). 간접목적어와 직접목적어 사이에 있는 기능어는 BECOME으로 채워지고, 소유의 의미를 부여받는다. (33)의 구조는 '내가 한 가지 일을 촉발하였고, 그 일이란 장싼이 그에게 책 한 권이 보내짐으로 인해 영향을 받는 것이며, 그 결과는 장싼이 이 책을 소유하는 것이다'로 해석될 수 있다. 더 간단히는 '내가 장싼으로 하여금 책 한권을 갖게 하였다'로 해석된다. 주어 '나'는 사건의 사동자(致事)고, 직접목적어인 '一本书(책 한 권)'는 대상(受事)이며, 간접목적어 '张三(장싼)'은 영향을 받는 경험자(感事)다(黄正德 2007: 10). 덩쓰잉(邓思颖 2003b)의 분석을 따른다면 간접목적어 '张三(장싼)'은 원래 개사 '给'와 함께 개사구를 형성하여 동사의 보충어가 되어 이 장 (110) '在桌子上(책상 위에)'과 같은 구조를 이룬다. 다만 이중목적어 구조 안의 '给'가 드러나지 않을 뿐, 간접목적어 '张三(장싼)'은 직접 동사의 보충어가 되고, 동사구 안의 '一本书送(给)他'는 여격구조(dative construction)인 '送一本书给张三(책 한 권을 장싼에게 선물하다)'를 구성하는 핵심 부분으로 분석될 수 있다. 따라서 현대 중국어 이중목적어 구조는 여격구조에서 파생된 것이다. 표면적으로는 '张三(장싼)'이 이동을 통해 경동사구 *v*P2의 지정어 자리로 옮겨 감으로써 간접목적어는 상위에, 직접목적어는 하위에 놓이는 구조를 이루게 된다.

(33)

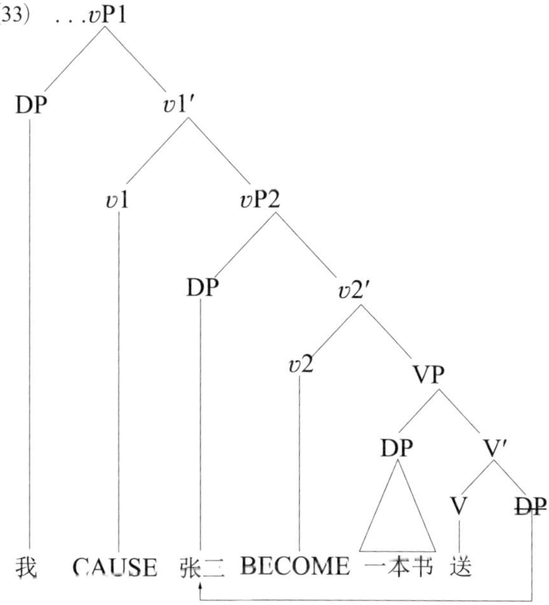


정확한 어순을 도출해 내자면, 그림 (34)처럼 동사 '送(선물하다)'이 핵어 이동을 통해 먼저 경동사 BECOME 자리로 이동한 뒤 다시 경동사 CAUSE 자리로 이동한다. 간접목적어 '张三(장싼)'은 직접목적어 '一本书(책 한 권)'를 성분통어할 수 있게 되며, 통사적 층위에서도 간접목적어가 직접목적어보다 상위에 위치하게 되므로 상술한 재귀 대명사 결속과 양화사 결속 현상에 부합한다. 이 밖에 '张三(장싼)'과 '一本书(책 한 권)'는 하나의 성분(즉, 경동사구 vP2)을 형성하게 되므로, 이를 통해 왜 '张三一本书(장싼에게 책 한 권)'가 (28)의 병렬구조에 들어갈 수 있는지 설명할 수 있다.

(34) 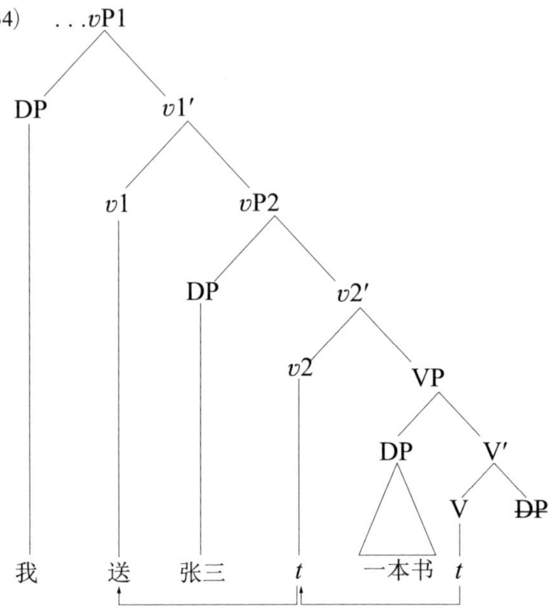


또 다른 이중목적어 구조는 취득 의미를 나타내는 경우로, 이러한 예를 보여주는 (35)의 '张三(장싼)'과 '一本书(책 한 권)' 역시 간접목적어와 직접목적어로 간주된다. 루젠밍(陆剑明 1997, 2002), N. 장(N. Zhang 1998), 장닝(张宁 2000), 쉬제(徐杰 1999b, 2000: §4), 차이웨이텐(蔡维天 2005b) 등은 취득 의미를 지니는 이중목적어 구조가 분명 하나의 목적어가 아닌 두 개의 목적어를 가진다고 주장하며 이에 대해 자세히 논증하였다.[12]

---

12 그러나 张伯江(2009: 148)은 취득 의미를 지니는 이중목적어 구조 'V+N1+N2'에서 N2 앞에 수량 성분이 없을 때, 'N1的 N2'가 안긴 구조 안에 들어가 있는 경우, (i)의 '偷他东西'에서 보듯이 'V+N1+N2'형식은 V와 N2가 술목관계로, N1은 N2의 관형어로 실현된다고 하였다.

(i) 后来有一天，我舅舅在派出所里遇上了那个偷他东西的贼；他们俩并排蹲在墙下。

나중에 어느 날, 우리 외삼촌은 파출소에서 자기 물건을 훔쳐간 그 도둑

(35) 我偷张三一本书。 나는 장싼에게서 책 한 권을 훔쳤다.

우리는 황정더(黄正德 2007: 11)의 관점에 동의하여 취득 의미를 지니는 이중목적어 구조에는 사동 의미가 없으므로 통사적으로 경동사 CAUSE로 구성되어서는 안 된다고 본다.[13] 그는 더 나아가 취득 의미를 지니는 이중목적어 구조와 아래의 예문들이 기본적으로 동일하며, 같은 종류의 문장이라고 보았다. (36)의 '他(그)'와 '一个耳光(따귀 한 대)', (37)의 '他(그)'와 '两堂课(수업 두 개)'는 각각 간접목적어와 직접목적어 관계처럼 보이는데, 이러한 부류의 동사들은 3항 비능격 동사로 간주해야 한다(黄正德 2007).

(36) 我打了他一个耳光。 나는 그의 따귀를 한 대 때렸다.

(37) 我只听了他两堂课。 나는 그의 수업 두 개만 들었다.

취득 의미를 지니는 (35)나 (36), (37)과 같은 이중목적어 구조는 모두 다음과 같은 구조를 갖는다. '张三(장싼)', '偷(훔치다)', '一本书(책 한 권)'는 하나의 동사구를 형성하는데, '偷(훔치다)'는 핵어, '一本书(책 한 권)'는 동사의 보충어, '张三(장싼)'은 지정어이다. 활동을 나타내는 경동사 DO는 동사구와 병합하고, '我(나)'는 DO와 병합되어 사건의 행위자로 이해된다. '张三(장싼)'과 '一本书(책 한 권)'가 모두 사건의 수동자이지만 '张三(장싼)'은 '피영향'의 의미를 띠므로 이 두 가지 수동자를 구별하기 위해, (35)의

---

놈과 마주쳤는데, 두 사람은 벽 아래 나란히 쭈그리고 앉았다.

13 邓思颖(2003b)에서는 N. Zhang(1998), 张宁(2000)의 주장에 따라, 취득 의미를 지니는 이중목적어 구조를 사동문으로 분석하고 수여 의미를 지니는 이중목적어 구조와 동일한 구조로 보았는데, 이는 이 책의 분석과 다름을 밝혀둔다.

'张三(장싼)'은 수동자의 하위 부류인 간접 수동자(Indirect Patient, 间接受事)나 피영향자(Affectee, 蒙事)(蔡维天 2005b, 黄正德 2007)로 분석할 수도 있다. 장궈셴(张国宪 2001: 56)은 취득 의미를 지니는 이중목적어 구조(장궈셴张国宪은 이를 '索取义双宾结构 요구 의미 이중목적어 구조'로 칭하였음)와 '吓我一跳(나를 놀라 팔짝 뛰게 하다)', '烫我一哆嗦(나를 데여 부들부들 떨게 하다)', '扒了他个精光(그를 홀랑 벗기다)' 등의 예문은 모두 공통적으로 일종의 '부정적 의미'를 나타낸다는 특징을 지닌다. 이러한 '부정적 의미'는 '피영향' 의미가 구체적으로 드러난 것이라 할 수 있다. (38)의 구조는 '내가 어떤 일을 했는데, 그 일은 바로 장싼에게서 책 한 권을 훔친 것이다'로 해석된다.

(38)
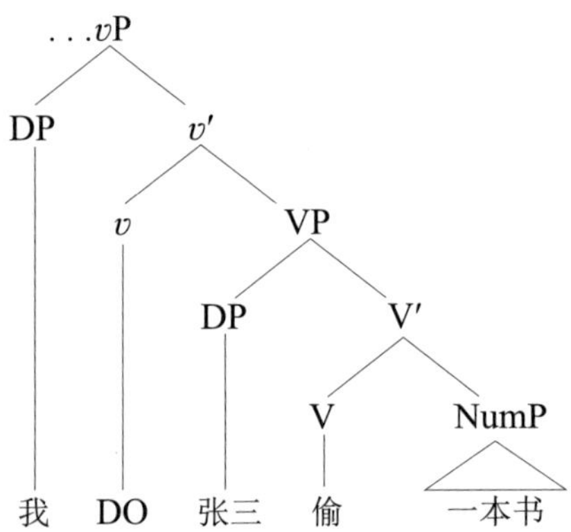


(39)에서 보듯 동사 '偷(훔치다)'가 핵어 이동하여, '我+偷+张三+一本书'의 어순을 형성한다.

(39)

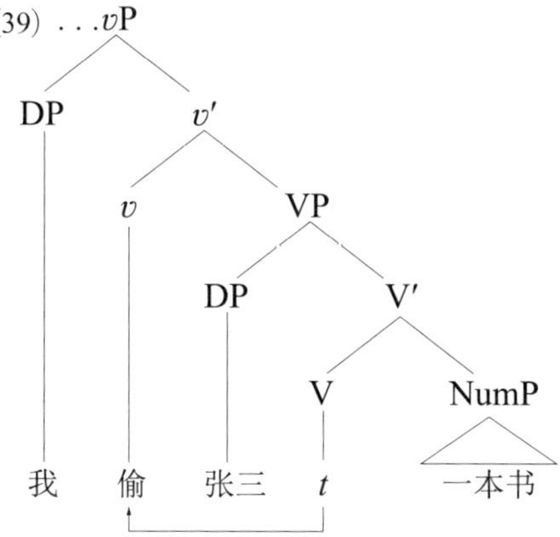


수여 의미를 지니는 이중목적어 구조나 취득 의미를 지니는 이중목적어 구조 모두 두 개의 목적어를 갖지만 이들의 통사적 구조는 다르다. 수여 의미를 지니는 이중목적어 구조의 간접목적어(즉, (26)의 '张三(장싼)')는 경동사구의 지정어이고, 취득 의미를 지니는 이중목적어 구조의 간접목적어(즉, (35)의 '张三(장싼)')는 동사구의 지정어로, 이 둘의 통사적 위치가 다르다. (40)과 (41)의 예문들을 보면 수여 의미를 지니는 이중목적어 구조의 직접목적어는 피동화할 수 있으나, 취득 의미를 지니는 이중목적어 구조의 경우 상황은 완전히 반대가 된다(张国宪 2001: 514). 장궈셴(张国宪 2001: 514)은 피동화의 예를 근거로 취득 의미를 지니는 이중목적어 구조인 (41a)의 '李四(리쓰)'가 수여 의미를 지니는 이중목적어 구조인 (40a)의 '李四(리쓰)'보다 목적어이 자격을 더 충분히 갖추고 있다고 보았다. 앞서 본 (33)과 (38) 두 개의 수형도를 통해 두 가지 이중목적어 구조가 어떻게 다른지 설명할 수 있다.

(40) a. 张三给了李四一本书。

장싼은 리쓰에게 책 한 권을 주었다.

b. 那本书被张三给了李四。

그 책은 장싼에 의해서 리쓰에게 주어졌다.

c. *李四被张三给了一本书。

(41) a. 张三抢了李四一个钱包。

장싼은 리쓰의 지갑을 훔쳤다.

b. *那个钱包被张三抢了李四。

c. 李四被张三抢了一个钱包。

리쓰는 장싼에 의해 지갑을 뺏겼다.

수여 의미와 취득 의미를 가지는 이중목적어 구조는 간접목적어의 통사적 위치도 다르지만, 이들의 직접목적어 역시 통사적으로 차이가 있다. 장보장(张伯江 2009: §8)은 이 두 가지 이중목적어 구조의 직접목적어가 어떻게 다른지 상세히 비교하였는데, 먼저 취득 의미를 지니는 이중목적어 구조의 직접목적어는 '계량화'할 수 있는 특징이 있다. 장보장(张伯江 2009: 142)은 루젠밍(陆剑明 1997: 42)의 관찰에 기반하여, 수여 의미를 지니는 이중목적어 구조 가운데 (42)의 '三个我的苹果(내 사과 세 개)'처럼 '수사+양사+명사' 구조로 이루어진 직접목적어가 개체성을 지니며(individuated), 소유성 관형어의 수식을 받을 수 있음에 주목하였다. (42)와 표면적으로는 유사하나, 취득 의미를 지니는 이중목적어 구조 (43)의 경우 '吃了(먹었다)'의 목적어가 개체성을 지니지 않아서 (44)의 '三个他的苹果(그의 사과 세 개)'와 (45)의 '三个红的苹果(빨간 사과 세 개)'처럼 소유성을 띠는 관형어의 수식이나 한정성 관형어의 수식을 받을 수 없다. 따라서 취득 의미를 지니는 이중목적어 중 '수사+양사+명사' 구조의 명사성 성분은 계량성을 나타내고 수량을 강조할 뿐이라는 것을 알 수 있다. 이와 같이 본다면 (38)의 '一本书(책 한 권)'는 수사구 NumP로 분석되어야 한다.

(42) 只给了他三个我的苹果。
그에게 내 사과 세 개만 주었다.

(43) 只吃了他三个苹果。
그에게서 사과 세 개만 얻어먹었다.

(44) ?只吃了三个他的苹果。
?세 개 그의 사과만 얻어먹었다.

(45) *总共吃了三个红的苹果。

둘째, 취득 의미를 지니는 이중목적어 구조의 직접목적어는 '약한 담화 지속성(弱启后性)'[14] 특징을 갖는다. 장보장(张伯江 2009: 144)은 개체성이 강한 '수량명사구'의 명사성 성분이 담화 속에서 재지시될 가능성이 비교적 높아서 '담화 지속성(persistence)' 효과를 불러온다는 점에 주목하였다. 예를 들어 수여 의미를 지니는 이중목적어 구조 (46)의 직접목적어인 '一根绳(끈 하나)'은 아래 예문에서 재지시될 수 있다. 그러나 (47)의 '一盏蛤蟆灯(두꺼비 등 하나)'처럼 계량의 의미를 갖는 '수사+양사+명사' 구조의 명사성 성분은 취득 의미를 지니는 이중목적어 구조 속에서 재지시 성분을 찾아볼 수 없고, (외현적인) 재지시 성분을 가질 수도 없다. 따라서 수량명사구를 재지시하는 '这盏灯(이 등)'이 출현한 (48)은 비문이다.[15]

14 [역주] 명사의 담화 지속성(persistence)이란 문장 내 초점성분으로서 명사가 담화 내 후속 문장에서 반복적으로 언급되는 성질을 말한다. 새로운 정보를 나타내는 성분이 가장 강한 지속성을 띤다(张伯江 2009: 144).

(46) 一个兵送我一根绳$_i$，我用绳$_i$将鞋和脚扎住，使不脱落。
어떤 병사가 내게 끈을 하나 보내주었고, 나는 끈을 이용하여 신발과 발을 꽉 묶어 떨어지지 않도록 했다.

(47) 我每年要买他一盏蛤蟆灯，接连买了好几年。
나는 매년 그에게 두꺼비 등을 사주는데, 연속해서 몇 년을 사 주었다.

(48) *我每年要买他一盏蛤蟆灯，接连买了好几年这盏灯。

셋째, 수여 의미를 지니는 이중목적어 구조의 직접목적어는 관계화할 수 있으나, 취득 의미를 지니는 이중목적어의 구조에서는 불가능하다. 예문 (49)처럼 수여 의미를 지니는 이중목적어 구조는 관계절을 형성하여 직접목적어를 수식할 수 있으나, (50)과 같이 취득 의미를 지니는 이중목적어 구조는 관계절을 형성할 수 없어서 관계화할 경우 비문이 된다(张伯江 2009: 145).

(49) 我用［[那个兵送我]的那根绳］将鞋和脚扎住。
나는 그 병사가 내게 보내준 그 끈으로 신발과 발을 꽉 묶었다.

(50) *我喜欢［[我买他]的那盏蛤蟆灯］。

이 밖에 상술한 (40), (41)의 예문들 간의 대립관계를 통해 수여 의미를 지니는 이중목적어 구조의 직접목적어는 피동화할 수 있으나(예문 (40b)), 취득 의미를 지니는 이중목적어 구조의 직접목적어는 피동화할 수 없다는 사실을 알 수 있는데(예문 (41b))(张

15 수사구 NumP의 지시성에 관해서는 이 책 5장 '명사성 구조'의 관련 논의를 참고하기 바란다.

国宪 2001), 이는 두 이중목적어 구조의 차이를 더 선명히 보여준다.

이러한 네 가지 차이에 기반하여 볼 때 수여 의미를 지니는 이중목적어 구조의 직접목적어는 전형적인 수동자 목적어이자 동사의 논항으로, 주더시(朱德熙 1982)의 표현을 빌리자면 '진목적어'라 할 수 있고, 취득 의미를 지니는 이중목적어 구조의 '수사+양사+명사'로 구성된 명사성 성분은 '수량목적어'이며, 주더시(朱德熙 1982)의 표현을 빌려 말하자면 '준목적어'라 하겠다.[16] '진목적어'는 예문 (33)의 '一本书(책 한 권)'처럼 동사구의 지정어 자리에 출현할 수 있고, '준목적어'는 예문 (38)의 '一本书(책 한 권)'처럼 종종 보충어의 위치에 출현한다.

취득 의미를 지니는 이중목적어 구조 외에 동량과 시량을 나타내는 '준목적어'도 이중목적어 구조와 비슷한 문장을 구성할 수 있다. (51)의 '他(그)'는 수동자목적어, '三次(세 차례)'는 동량목적어고, (52)의 '他(그)'는 수동자목적어, '三个钟头(세 시간)'는 시량목적어다. 수동자목적어가 사람을 가리키는 경우, 대개 수동자목적어는 앞에, 동량과 시량 목적어는 뒤에 위치한다(朱德熙 1982: 119). 이 두 예문의 구조는 상술한 취득 의미를 지니는 이중목적어 구조와 같다(예문 (53) 참조)(Huang 1994). 이러한 이중목적어 구조를 형성하는 경동사는 DO이고, '我(나)'는 이 사건의 행위자이며, '내가 어떤 일을 했는데, 그 일은 바로 장싼을 세 번/세 시간 혼내는 것이다'라는 의미다. 동시 '批评了(꾸짖었다)'는 핵어 이동을 통해 DO의 위치로 이동하는데, 그 과정은 (39)와 같다.

16 张国宪(2001: 54)은 심지어 취득 의미를 지니는 이중목적어 구조에서는 동사에 가까운 목적어가 '직접목적어'이고, 동사에서 멀리 떨어진 목적어가 반대로 '간접목적어'라고 주장하였다.

지면 관계상 수형도는 아래와 같이 간략히 표시하겠다.

(51) 我批评了他三次。

나는 그를 세 차례 꾸짖었다.

(52) 我批评了他三个钟头。

나는 그를 세 시간 동안 꾸짖었다.

(53)
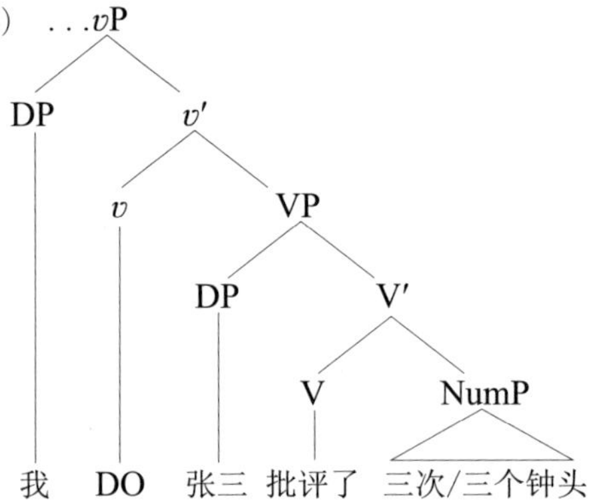


예문 (54), (55)처럼 동사성 목적어도 이중목적어 구조에 들어갈 수 있다. (54)의 '你(너)'는 수동자목적어고, '张三明天骑马(장싼이 내일 말을 타다)'는 절 목적어(즉 보문사구 CP)이자 '告诉(알려주다)'의 논항 중 하나로 수동자를 나타낸다. (55)의 '李四(리쓰)'는 수동자목적어며, 절 '王五明天去不去(왕우가 내일 가는지 안 가는지)'는 또 다른 목적어다. (56)에서 볼 수 있듯이 (54)의 구조에서 절 목적어는 동사 '告诉(알려주다)'의 보충어로, 그 내부구조는 이 장의 논의와 직접적인 관련이 없으므로 삼각형으로 간단히 표시하고 상세히 설명하지 않겠다. (56)의 구조는 '내가 어떤 일을 했는데, 그 일은 장싼이 내일 말을 탄다고 너에게 말하는 것이다'로 해석된다. '告诉(알려주다)'는 DO의 위치로 이동하여 올바른 어순을 형성한다.

(54) 我告诉你张三明天骑马。

나는 너에게 장싼이 내일 말을 탄다고 알려주겠다.

(55) 张三问李四王五明天去不去。

장싼은 리쓰에게 왕우가 내일 가는지 안 가는지를 물었다.

(56)

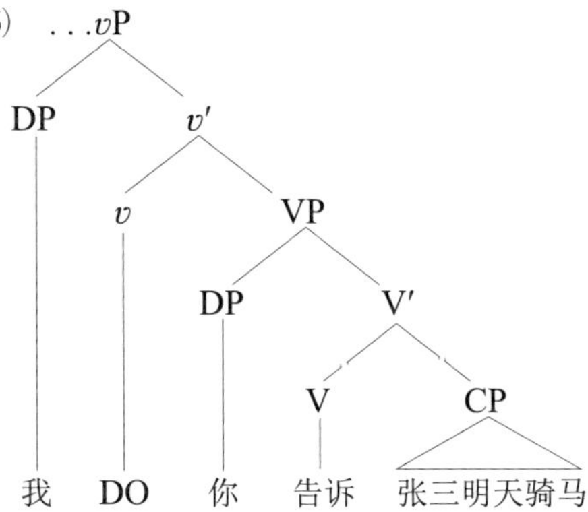


## 7.3 술보구조

보어는 동사성 성분으로 주로 동작의 결과, 상태 등 사건성을 설명하거나 동사가 나타내는 사건을 보충하는 등 '보충' 기능이 강조된다. 전통적 문법 분석에 따르면 중국어의 술보구조는 일반적으로 결과보어, 정도보어, 가능보어, 상태보어, 추향보어, 시량 및 장소보어 여섯 가지 종류로 나눌 수 있다. (57)의 '赢(이기다)'은 결과보어로 "동작·행위로 인해 일어난 결과를 나타내고 중심어[17]와 인과관계를 갖는다"(黄伯荣·廖序东 2002b: 94). (58)의 '极(무척)'는 정도보어로, "극에 다다르거나 높은 정도에 이름을 나타내"며(黄伯荣·廖序东 2002b: 96), 그 외 자주 쓰이는 정도보어로는 '很

(매우)', '透(철저히)', '慌(못 견디게)', '死(죽을 정도로)', '坏(몹시)' 등이 있다. (59)의 '得+到'는 가능보어이며, 가능보어는 '得/不得'로 채워지거나, 술어와 결과보어, 추향보어 사이에 '得/不'를 삽입하는 방식으로 쓰여 "진행할 능력이 있는지 여부나 동작의 결과가 실현될 가능성이 있는지, …동작의 결과, 방향이 실현될 수 있는지를 나타낸다"(黄伯荣·廖序东 2002b: 98). (60)의 '累死了(지쳐 죽겠다)'는 상태보어로, "동작이나 성질, 상태로 인해 나타나는 상태를 표시"하며(黄伯荣·廖序东 2002b: 96), '得'는 술어와 보어 사이에 출현한다. (61)의 '出来(내다, 나오다)'는 추향보어로, "동작의 방향이나 어떤 동작에 따른 사물의 활동 방향을 표시"하며(黄伯荣·廖序东 2002b: 97), '来(오다)', '去(가다)', '进(들다)', '出(나다)' 등과 같은 방향동사들이 추향보어로 쓰인다. (62)의 '到这会儿(이맘때까지)'은 시량보어, '到邮局(우체국까지)'는 장소보어로, 이와 같은 시량보어와 장소보어는 개사구로 구성되고 "동작이 발생하는 시간과 장소 및 동작이 종료되는 지점을 나타낸다"(黄伯荣·廖序东 2002b: 97).

(57) 我们打赢了球。

우리는 당구를 쳐서 이겼다.

(58) 心里痛快极了。

마음속으로 무척 통쾌했다.

(59) 我哪里猜得到他们的心思？

내가 어떻게 그의 속마음을 짐작할 수 있겠어?

(60) 我走得累死了。

17 [역주] 黄伯荣·廖序东(2002b)의 '중심어(中心语)'는 생성문법에서 말하는 핵어가 아닌 술보관계에서의 중심어, 즉 술어를 말한다.

나는 걷다 지쳐 죽을 지경이다.

(61) 张三拿一本书出来。

장싼은 책 한권을 꺼냈다.

(62) 他们走到这会儿/到邮局。

그는 이맘때까지/우체국까지 걸었다.

형태적으로 볼 때 결과보어, 정도보어, 가능보어의 보어 성분은 술어와 밀접한 관계에 있다. 주더시(朱德熙 1982: 125)는 술어와 결과보어로 구성된 술보구조를 '점착식(黏合式)',[18] 즉 '보어가 술어 뒤에 직접 붙는 형식'이라고 하였다.[19] 정도보어는 상술한 몇 가지 예에 한정되는 것인데다가 일부 정도보어는 이미 허화 되어 원래의 의미를 잃어서, 예를 들이 '笑死了(웃겨 죽겠다)'의 '死(죽다)'는 사망의 의미를 갖지 않고 복합어를 이루는 형태소로 볼 수 있다(汤廷池 1992b). 주더시(朱德熙 1982)는 가능보어를 '결합식 술보구조'로 보고 '점착식'에서 제외한다고 하였으나, 목적어가 항상 전체 술보구조 뒤에 위치하는 현상에 대해 역시 주목하였는데, 목적어가 술어 뒤에 오거나('拉他不住(그를 붙들지 못하다)'), 목적어가 '得'자 뒤에 오는 것('岂能瞒得我过(어찌 나를 속여 넘기겠는가)')은 송대(宋代)나 원대(元代) 백화(白話) 형식에 속하는 것으로,

---

18 [역주] 朱德熙(1982: 125)는 동보 구조 전체를 크게 점착식(黏合式)과 결합식(组合式)으로 나누었다. 점착식 동보구조는 '说清楚(분명히 말하다)'와 같이 보어가 술어 뒤에 바로 붙는 형식이고, 결합식은 '走得快(빨리 걷다)'와 같이 '得'자를 동반하는 형식이나.

19 이러한 '점착식' 결과보어에 대해 생성 문법학에는 몇 가지 이견이 존재하는데, Huang(1992) 통사적 이동을 통해 형성된다고 보았고, Yafei Li(1990, 1993), Cheng and Huang(1994) 등은 이것이 복합사이며 어휘 범주에 속하는 현상이라고 보았다. 관심 있는 독자들은 熊仲儒(2004: §4.3)의 소개와 논평을 참고하기 바란다.

현대 중국어에서는 '放心不下(안심하지 못하다)'와 같은 일부 숙어 표현을 제외하고는 이러한 형식을 더 이상 찾아보기 힘들게 되었다(朱德熙 1982: 132). 이를 통해 '동사+得+동사' 형식의 술보구조는 현대 중국어에서 하나의 단어로 재분석될 수 있고, 따라서 직접 목적어를 가질 수 있음을 알 수 있다. 쳉과 시베스마(Cheng and Sybesma 2004)는 통사 분석법을 제시하며 '동사+得+동사' 구조의 가능 보어가 통사적 이동을 통해 생성된다고 주장하였으나,[20] 이 방법 역시 소위 '음운 병합(phonological merger)'에 기대어 '得'와 두 개의 동사를 결합시켜야 한다. '음운 병합'은 통사-음운 접합면의 조작일 수도 있고, 음운-형태 접합면의 조작일 수도 있는데, 어떠한 것이든 이미 통사부의 범위를 넘어선 것으로 음운부에서의 도움이 없이는 '동사+得+동사' 형식의 가능보어는 만들어질 수 없다. 이러한 사실을 통해 볼 때 결과보어, 정도보어, 가능보어 등 술보구조는 어휘부에서 형성된 복합어로 분석되어야 하며, 통사부에서 운용되는 구구조 이론은 이 세 가지 술보구조의 생성을 설명하기에 부적합하다.

나머지 세 가지 술보구조, 즉 상태보어, 추향보어, 시량 및 장소보어는 모두 통사부에서 만들어지며 구를 이룬다. '광의의 술보구조'는 상술한 여섯 가지 유형, 즉 술보식 복합사와 구를 모두 포함하는 반면, '협의의 술보구조'는 구를 이루는 보어, 즉 상태보어, 추향보어, 시량 및 장소 보어 이 세 가지 보어가 구성하는 구조만 포함한다. 아래 논의에서는 협의의 술보구조의 통사적 문제에 대해서만 다룰 것이며, 형태론적 현상에 속하는 결과보어, 정도보어, 가능보어에 대해서는 다루지 않겠다.

---

20 Cheng and Sybesma(2004)는 주로 웨어(粵語)의 가능보어에 대해 분석하였으나, 이들의 분석은 기본적으로 보통화에도 적용된다.

상태보어는 동작, 성질, 상태로 인해 나타나는 상태를 표시하며 '得'가 술어와 보어 사이에 출현하고, '정태보어(静态补语)'라고도 한다(刘月华 等 1983, 2001, 冯志顿 2008: 162). 주더시(朱德熙 1982: 134)는 상태보어가 다시 두 가지 하위부류로 분류될 수 있음에 주목하였는데, 첫 번째 종류는 'A식'으로 (63)의 '高(높다)'와 같이 '단독 형용사'로 채워지고, 두 번째 종류는 'B식'으로 (64)의 '很高(매우 높이)', '高高的(높이 높이)'처럼 '정도부사+형용사'나 '상태형용사'로 채워진다.[21] A식은 단언적이고 정태적이며 양의 개념을 포함하지 않는 반면, B식은 묘사적이고 동태적이며 양의 개념을 포함한다. 황보룽·랴오쉬둥(黄伯荣·廖序东 2002b: 96)도 이와 비슷하게 분류하였는데, A식은 평가에 사용되고 B식은 묘사에 사용된다고 하였다.

| | |
|---|---|
| (63) 飞得高 | 높이 날다 |
| (64) 飞得很高/高高的 | 매우 높이 / 높이높이 날다 |

이 두 가지를 구별하는 것은 맞으나, A식은 상태보어에 귀속시키지 않고 따로 떼어 내야 한다. 탕팅츠(汤廷池 1992b: 36-37)는 'A식'이 사실상 가능보어로 양의 개념을 갖지 않으며 정태에 속하고, 과거·현재·미래 모두 관련되는 '통칭시(generic time)'에 걸친 능력을 나타내며, 서술 상 특징은 묘사가 아니라 단언이고, 'B식'만이 진정한 상태보어라고 주장하였다. 'A식'이 가능보어라면 복합어로 분석해야 하며 통사적으로 생성되지 않았을 것이다. 그렇다면 오직 'B식'만이 구를 형성하며 통사층위에 속하므로, 이후

21 즉, 이 책에서 말하는 '정태동사(静态动词)'에 해당하며, 동사의 하위 부류에 속한다.

상태보어에 대한 논의는 소위 'B식'으로 불리는 형식에 국한시키겠다.

주더시(朱德熙 1982)의 분류 외에 여러 논저에서는 일반적으로 상태보어를 '묘사보어'와 '결과보어'두 종류로 나눈다. (65)의 보어 '很快(매우 빨리)'와 술어 '跑(달리다)'사이에는 일종의 방식(manner) 관계가 존재하는데, 여기서 '跑(달리다)'는 일종의 정적인 상태를 드러내며, '很快(매우 빨리)'는 이러한 정적인 상태의 방식을 묘사한다. 또한 (66)의 '很好(매우 잘)' 역시 술어 '睡(자다)'의 방식을 나타낸다. 상태보어의 이와 같은 기능은 정적인 상태의 방식을 묘사하는 것으로, 이러한 보어로 구성된 술보구조는 정태적이므로(Li and Thompson 1981: 624-625) '묘사(descriptive)보어'라고 칭할 수 있는 것이다(Huang 1988).

(65) 他跑得很快。　　　　그는 매우 빨리 달린다.
(66) 我们睡得很好。　　　우리는 매우 잘 잔다.

아래 두 예문의 경우 상황이 조금 다르다. (67)의 '跳(뛰다)'하는 동작이 일정한 정도에 이른 뒤에 어떤 상태, 즉 동작의 결과가 발생하는데 '很累(매우 피곤하다)'가 바로 이러한 결과상태를 나타낸다. (68)의 보어 '睡不着觉(잠이 들지 못하다)'는 '高兴(기쁘다)'이 일정한 정도까지 다다른 뒤에 나타나는 결과다. 따라서 이러한 상태보어의 기능은 사건이 어느 정도에 도달한 뒤에 나타나는 결과상태를 표시하고(Li and Thompson 1981: 626), '결과(resultative)보어'라고도 한다(Huang 1988). 여기서 말하는 결과보어란 전통 문법 연구에서 말하는 결과보어와 다른 것으로 상태보어의 한 종류이며 구에 속한다면, 전통 문법의 결과보어는 술보식 복합어에 속하며 예문 (57)의 '打赢(쳐서 이기다)'과 같은 것들을 말한다. 이 책에서 '결과보어'라 부르는 것은 (67)의 '很累(매우 피곤하다)'와 (68)의 '睡不着觉(잠을 이루지 못하다)'와 같은 종류의 보어를 가리키는 것이며, 전통문법에서 '결과보어'라 부르는 술보식 복합어는 이 책의 논의에 포함되지 않으므로 서로 혼동되지 않을 것이다.

(67) 他们跳得很累。　　그들은 뛰어서 매우 피곤해졌다.

(68) 他高兴得睡不着觉。　그는 기뻐서 잠을 이루지 못했다.

일부 상태보어는 중의적이어서, 예문 (69)와 (70)처럼 묘사보어로 해석될 수도 있고 결과보어로 해석될 수도 있다(Li and Thompson 1981: 627-628). 만약 (69)의 '很开心(매우 즐겁다)'이 먹는 방식을 묘사하는 것이고 정적인 상태 묘사에 치중한 것이라면 '很开心(매우 즐겁다)'은 묘사보어가 된다. 한편, '很开心(매우 즐겁다)'이 먹는 행위가 어느 정도에 이른 뒤의 결과를 가리킨다면 '很开心(매우 즐겁다)'은 결과보어가 된다. 마찬가지로 (70)의 '很伤心(매우 슬프다)'이 우는 방식을 묘사한다면 묘사보어가 되고, '很伤心(매우 슬프다)'이 우는 행위가 어느 정도에 이른 뒤의 결과라면 결과보어가 된다.

(69) 我们吃得很开心。

우리는 매우 즐겁게 먹는다. / 우리는 매우 즐겁도록 먹었다.

(70) 他哭得很伤心。

그는 매우 슬프게 운다. / 그는 매우 슬프도록 울었다.

사실 이 두 종류의 상태보어는 홍콩에서 사용되는 웨어에서 분명히 구분된다. '得'와 함께 쓰이면 묘사보어이고, '到'와 함께 쓰이면 결과보어다. 보통화의 (69)와 (70)을 웨어로는 (71)-(74)와 같이 표현할 수 있다. '得'와 함께 쓰인 (71)의 '好开心(매우 즐겁다)'과 (73)의 '好伤心(매우 슬프다)'은 묘사보어로서 정적인 상태를 묘사하며, '到'와 함께 쓰인 (72)의 '好开心'과 (74)의 '好伤心'은 결과보어로서 동작의 결과를 표현하여 양자가 뚜렷하게 구분된다.

(71) 我地食得好开心。(我们吃得很开心。)
우리는 매우 즐겁게 먹는다.

(72) 我地食到好开心。
우리는 매우 즐겁도록 먹었다.

(73) 佢喊得好伤心。(他哭得很伤心。)
그는 매우 슬프게 운다.

(74) 佢喊到好伤心。
그는 매우 슬프도록 울었다.

이 두 가지 상태보어는 중요한 차이점은 통사적인 구조가 아닌 경동사의 선택과 관련 있다. 만약 (69)의 '很开心(매우 즐겁다)'이 묘사보어로 이해된다면 수형도 (75)와 같은 방식으로 생성되어야 한다. '吃得(…하게 먹다)'는 하나의 동사로, '得'는 이 동사의 접미사이고(Huang 1992: 140, 주석1),[22] '很开心(매우 즐겁다)'은 영주

22 기존 연구에서는 일찍이 '得'를 기능어로 분석하여, 구의 핵어로 보았다. Yue-Hashimoto(1971), Sybesma(1992)는 '得'를 확장자(Extent)로 분석하였고, Huang(1982: §2), C.-C. J. Tang(1990), 司富珍(2009: §2)은 보문사 C로 분석하였고, 나는 Tang(1997)에서 기능어를 F로 통칭한 바 있다. 그러나 이 책은 'V得'가

어 *e*를 포함한 구조(시간사구 TP)로 영주어 *e*는 '我们(우리)'을 가리킨다.[23] '吃得(…하게 먹다)'와 '很开心(매우 즐겁다)'은 병합되어 술보구조의 동사구를 이루며, 상태를 나타내는 경동사 BE와 동사구는 주어 '我们(우리)'과 병합되어 주술구조의 경동사구를 이룬다. 경동사 BE는 이러한 술보구조가 정태적인 사건을 묘사하도록 하며, '我们(우리)'은 이 사건의 수동자다. 어근 혹은 '경동사+어근'으로 이해되는 '吃得(…하게 먹다)'는 주요 술어로, 동사 보충어 위치의 묘사보어는 '이차 술어(secondary predicate)'다(Huang 1988). 주요 술어와 이차 술어는 함께 비교적 '복잡한' 술어를 구성한다. (75)는 '우리가 어떠한 상태에 처해 있는데, 그것은 바로 즐겁게 먹는 것이다'로 해석될 수 있다.

(75)
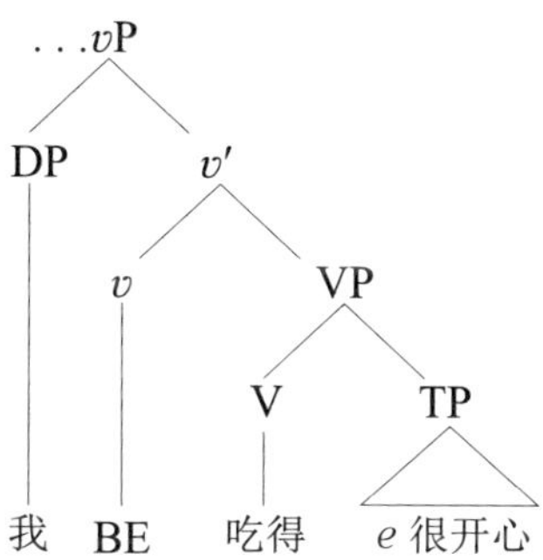


동사 '吃得(…하게 먹다)'는 BE의 위치로 이동하여 (76)의 구조를 형성한다. '吃得(…하게 먹다)'가 BE의 자리로 이동하는 이유는

---

통사부가 아닌 어휘부에서 형성된 것이고, 'V得'의 '得'는 기능어가 아니라 본다.

23 시간사구 TP의 통사적 분석에 관해서는 이 책 8장 '문장'의 내용을 참고하기 바란다.

'得'의 성질과 관련이 있는데, 동사 이동 후에 BE와 '得'가 함께 하게 됨으로써 일종의 정태 사건을 나타내게 된다.

(76)

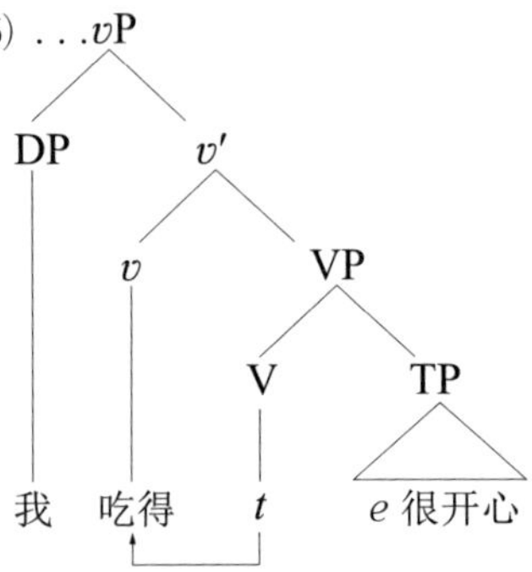


결과보어로 해석되는 '很开心(매우 즐겁다)'의 통사적 위치는 기본적으로 묘사보어와 같은데, 다만 동사구와 병합되는 것이 예문 (77)과 같이 상태변화를 나타내는 경동사 BECOME이라는 점만 다르다. '我们(우리)'은 마찬가지로 수동자로 해석되지만, 피영향 의미를 지니며 상태의 변화를 겪으므로 경험자로도 이해될 수 있다. (75)의 구조와 마찬가지로 '吃得'(혹은 'BECOME + 吃得')는 주요 술어, 동사 보충어 자리에 위치한 결과보어는 이차 술어이며, 주요 술어는 변화되는 동작을 나타내고, 이차 술어는 동작의 결과를 나타낸다.

(77)

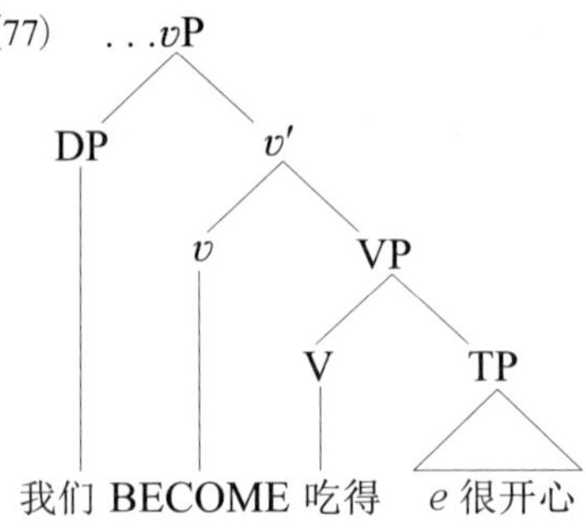

(76)의 상황과 거의 유사하게, 동사 '吃得(…하게 먹다)'는 BECOME 자리로 이동하여 (78)과 같은 구조를 형성한다.

(78) 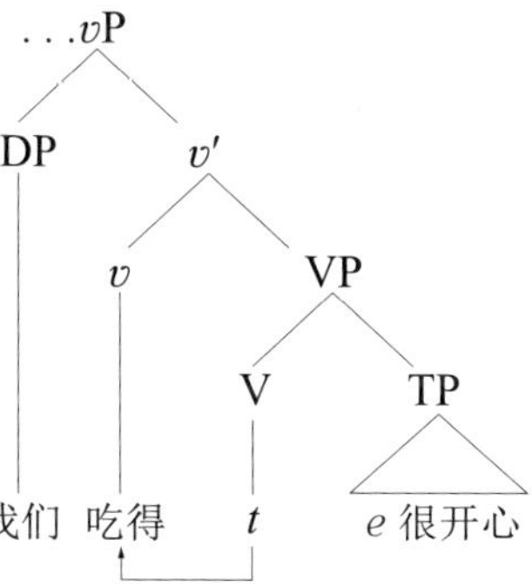


상태보어를 포함한 술보구조가 과연 경동사 BE로 구성되는가 아니면 경동사 BECOME으로 구성되는가 하는 문제에 있어 우리는 이것이 동사인 '동+得', 그중에서도 특히 '得'의 특징과 관련 있다고 본다. 이에 대해 두 가지 '得', 즉 정태적인 '得$_1$'과 동태적인 '得$_2$'가 있고, 이렇게 해서 두 가지 종류의 '동+得$_{1/2}$'가 존재하는 것으로 가정해볼 수 있는데, BE는 정태적인 '동+得$_1$'가 핵어를 이루는 동사구를 선택하고, BECOME은 동태적인 '동+得$_2$'가 핵어를 이루는 동사구를 선택하는 것이다.[24] 다만 보통화에서는 이 두 가지 '得'의 발음이 동음이어서 표면적으로 구별되지 않을 뿐이다. 웨어에서는 정태적인 '得'와 동태적인 '得'가 분명히 구별되어서 BE는 '동+得'로 구성된 동사구를 선택하고, BECOME은 '동+到'로 구성된 동사구를 선택하여 중의성이 발생하지 않는다. 웨어에서 '得'와 '到'로 나뉘어 있는 것은 정태사건과 동태사

24 일부 학자들은 동태적인 '得'가 경동사 BECOME이라고 가정하기도 한다(Lin 2001, 熊仲儒 2004, Huang 2006).

건의 구별에 민감함을 의미하며, 동사 이동 후에 경동사와 '동+得/到'가 함께 쓰여 정태 혹은 동태 사건을 나타낸다.

(79)의 상태보어는 주술 구조인 '谁也看不懂(누구도 알아보지 못하다)'으로 구성되는데, 주더시(朱德熙 1982: 135)는 이와 같이 주술 구조로 이루어진 상태보어에 두 가지 유형이 있다는 사실에 주목하였다. 그중 (79), (80)과 같은 부류를 'A조', (81), (82)와 같은 부류를 'B조'라 하였다.

(79) 写得谁也看不懂。
  누구도 알아보지 못하게 썼다.
(80) 热得满头大汗。
  더워서 온 얼굴이 땀투성이가 되었다.
(81) 走得我累死了。
  걷다가 나는 지쳐 죽을 지경이다.
(82) 吓得那孩子直哭。
  놀라서 그 아이는 울었다.

주더시(朱德熙 1982: 136)는 오직 'B조'만이 예문 (83), (84)와 같은 주술 구조로 전환될 수 있음을 발견하였다.

(83) 我走得累死了。
  나는 걷다 지쳐 죽을 지경이다.
(84) 那孩子吓得直哭。
  그 아이는 놀라서 울었다.

이러한 상태 보어는 동작의 결과를 나타내므로 결과보어에 속하나, 술보구조 앞에 내재되어 있는 주어로에 대해서는 서로 달리 이해될 수 있다. 'A조'인 (79)는 수동자 주어가 내재되어 있는데, 그 주어는 문맥 속의 어떤 글자나 부호를 가리킬 수 있다. (80)도 역시 수동자 주어가 내재되어 있으며, 그 주어는 문맥 속의 어떤 사람이나 사람들을 가리킬 수 있다. (79)의 구조는 (85)와 같이 표현될 수 있다. '谁(누구)'는 이차 술어를 담당하는 절의 주어로, 상태보어의 일부에 속하는 '진정한' 주어다. 경동사 BECOME의 주어는 지시기능을 가지지만 음운형식이 없는 공범주인 *pro*이다. (85)는 '어떠한 사물에 상태 변화가 나타났는데, 그것은 쓰인 이후에 누구도 알아볼 수 없게 된 것이다'로 해석된다.

(85)
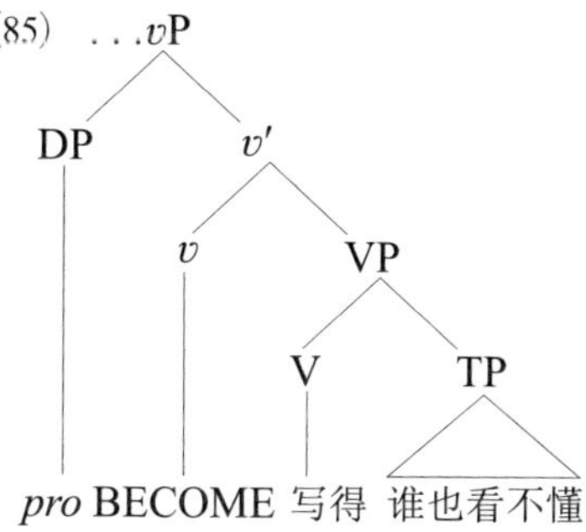


'B조'에 속하는 (81), (82)에서 동사 앞에 내재된 성분은 모두 사동자로 간주되는데, 예를 들어 나로 하여금 걸어서 지치게 하는 어떤 사람이나 사물, 그 아이를 놀라 울게 한 어떤 사람이나 사물이 모두 사동자로 이해될 수 있다. 'B조'의 상태보어를 담당하는 주술 구조에서 '진정한' 의미의 주어는 (81)의 '我(나)'나 (82)의 '那孩子(그 아이)'가 아니라 상태보어 외부에 있는 성분이다. 'B조'의 예문은 사동문으로 분석되어야 하며, (81)의 '我(나)'

는 단지 경동사 BECOME의 주어일 뿐, 문장의 '진정한' 주어는 CAUSE의 주어인 *pro*로 이는 문맥 속 어떤 사동자를 가리키며, 상태보어(즉, 수형도 (86)의 시간사구 TP) 안의 영주어 *e*는 '我们(우리)'을 가리킨다(Huang 1992 등).[25] (86)은 '어떤 사람이나 사물이 사건을 촉발시켰는데, 그 사건은 바로 내가 길을 걷는 사건의 변화를 겪은 것이며, 변화의 결과는 내가 지친 것이다'로 해석된다.

(86)
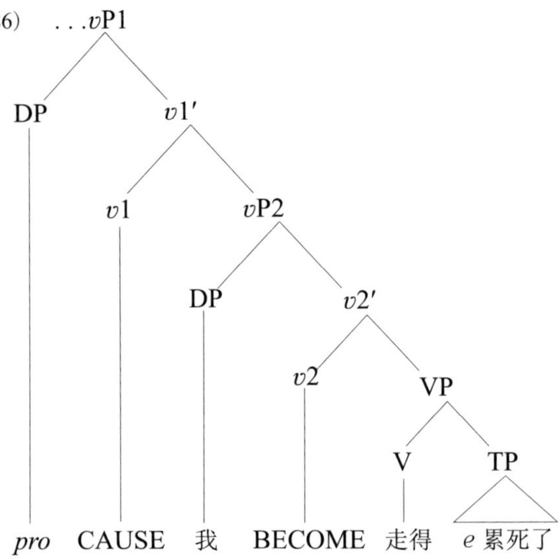


경동사 CAUSE와 BECOME은 음성 형식이 없는 공범주로, 동사의 위치 이동을 유발한다. CAUSE와 BECOME의 요구를 충족시킬 수 있는 것은 어근인 '走得(…하게 걷다)'다. 동사 '走得(…

25 상태보어 내의 영주어 *e*는 가장 가까운 논항을 지향한다. Huang(1992)은 이를 PRO로 분석하였으나, Huang(1996)에서는 이동으로 분석하여 영주어를 일종의 흔적으로 보았다. 이 영주어의 구체적인 성질에 관해서는 논의하지 않겠다.

하게 걷다)'는 (87)에서처럼 우선 BECOME의 위치로 이동한 후에 다시 CAUSE의 자리로 이동한다. 그리고 다시 (81)과 같은 '走得我累死了(걷다가 나는 지쳐 죽을 지경이다)'의 어순을 형성한다.

(87)

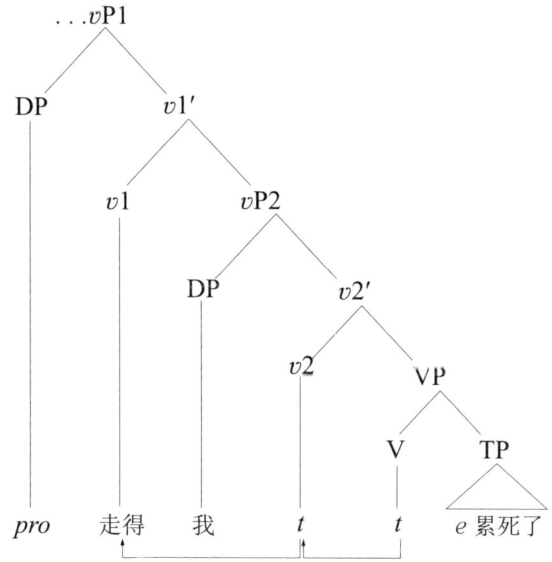


만약 (88)처럼 경동사 CAUSE를 넣지 않고 BECOME 층위만 있다면 (83)과 같은 어순을 형성할 것이다. 사실 (83)과 (81)을 비교해 보면 (83)은 사동의미가 부족하고, 의미적으로나 구조적으로 'A조'인 (79)에 오히려 더 가깝다((88)과 (85)를 비교해 보라). (83)의 '我'와 (79)의 내재된 공범주(*pro*)는 모두 수동자이며, BECOME의 수어가 된다. 주더시(朱德熙 1986)는 'B조'만이 주술구조로 전환 가능하다고 하였는데, 사실 'A조'는 원래부터 주술구조로 되어 있으며, 단지 주어가 비어 있을 뿐이다.

(88)
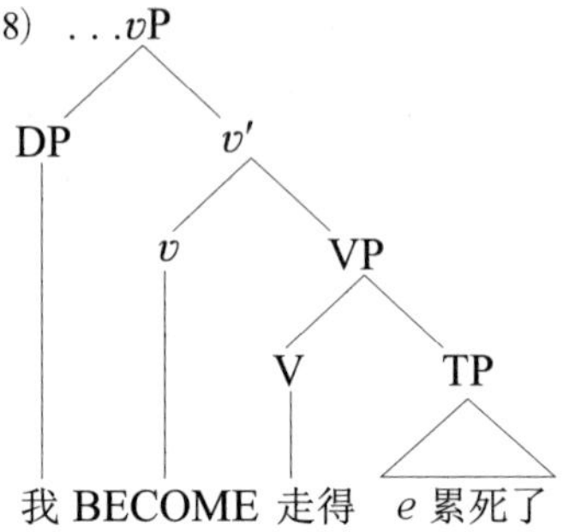


주더시(朱德熙 1982: 121)는 (89)의 '个痛快(실컷)'와 (90)의 '个落花流水(박살나다)'를 '정도 목적어'로 분석하여, '个'가 동사성 성분을 명사성 성분으로 바꾸어줌으로써 목적어가 될 수 있다고 주장하였다. 슝중루(熊仲儒 2004: 181-182)는 통사적인 관점에서 '个'를 동사구와 직접 병합하는 양사로 보았다.

(89) 玩儿个痛快　　실컷 놀다
(90) 打了个落花流水　　때려 박살내다(모조리 때려눕히다)

장칭원(张庆文 2009: 19)은 '个'와 정도부사 '很(매우)'의 분포가 유사하다는 사실에 주목하였는데, '个'와 '很(매우)' 모두 (91)과 (92)에서 '得' 뒤, '干净(깨끗하다)' 앞에 나올 수 있고, 상보적 분포를 보이므로 (93)은 비문이 된다. 이 밖에 '个'와 '很(매우)'은 상태를 나타내는 정태동사(혹은 '상태형용사'로 불림) '干净(깨끗하다)'과는 함께 쓰일 수 있으나, (94)처럼 비술어형용사(非谓形容词) '粉红(분홍)'과는 함께 쓰일 수 없다. 따라서 '个干净(깨끗하다)'과 '很干净(매우 깨끗하다)'은 모두 비슷한 문법적 성질을 가지며, 동사성 성분에 속한다고 보아야 할 것이다.

(91) 吃得个干净　매우 깨끗하게 먹다

(92) 吃得很干净　매우 깨끗하게 먹다

(93) *吃得个很干净

(94) *他的手冻得个粉红/很粉红

그런데 '个'와 '很(매우)'은 통사적으로 비슷한 분포를 보이지만, 의미적으로는 전혀 다른 역할을 한다. '个'와 함께 쓰이는 성분들은 종종 '극성(polarity)'을 가져 상태가 이미 극한에 달하였음을 나타내는데, 예를 들어 (95)의 '个'는 '一干二净(깡그리)'과 함께 쓰일 수 있으나, (96)의 '很(매우)'은 '一干二净(깡그리)'과 함께 쓰일 수 없다(张庆文 2009: 109). '一干二净'은 '철저하다', '완전하게 깨끗하다'라는 의미를 지니며, '깨끗함'의 극성을 나타낸다.

(95) 他们把饭吃得个一干二净。

그들은 밥을 깡그리 먹어치웠다.

(96) *他们把饭吃得很一干二净。

이처럼 '个'는 극성 함의를 가지나, '很(매우)'은 그렇지 않은데, 이들의 구분은 (97)과 (98)에서 더 뚜렷하게 나타난다(张庆文 2009: 20). (97)의 '个'는 취한 상태가 극에 달하였음을 강조하는데, 만약 이러한 지경에 이르렀다면 사람을 알아보지 못하는 것이 당연할 것이나. 따라서 이 문장은 화용적으로 부자연스러움을 나타내는 # 표시가 되어 있다. 반면 (98)의 '很(매우)'은 극성 의미가 없고, 발화 시 자연스럽다.

(97) #他喝得个醉，不过还能认出我来。

(98) 他喝得很醉，不过还能认出我来。

그는 술에 매우 취했지만, 나를 알아볼 수는 있다.

이를 통해 (89)의 '个痛快(실컷)'와 (90)의 '个落花流水(박살나다)'가 동사성 성분에 속하고, 동작이나 성질, 상태로 말미암아 나타난 극한 상태를 표시하며, 상태보어의 조건을 갖춘 것으로 분석해야함을 알 수 있다.

문미의 추향보어나 방향동사로 구성된 구(예를 들어 동사구와 같은)는 직접 어근과 병합된다. 상술한 (61)(=(99))은 수형도 (100)과 같은 구조인데, 여기에서 '出来(내다, 나오다)'는 동사구로 분석되고, VP1은 어근으로 구성된 주요 술어이며, VP2는 추향보어로 충당되는 이차 술어로, 숫자를 붙여 이들을 구별하였다. '一本书(책 한 권)'는 수동자 목적어이고, '张三(장싼)'은 사동자 주어다.

(99) 张三拿一本书出来。

장싼은 책 한 권을 꺼내 놓았다.

(100)

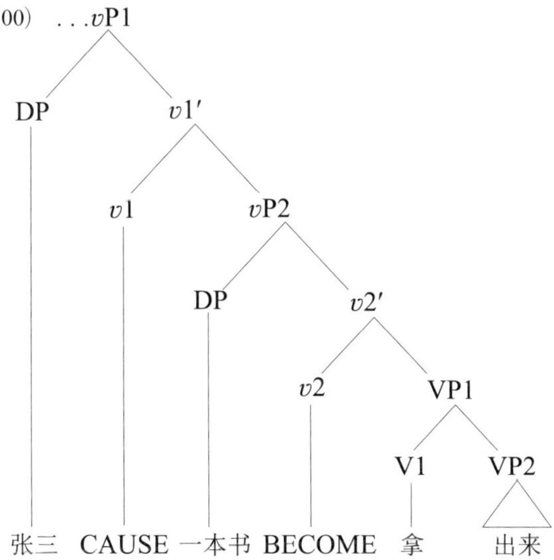


수형도 (101)과 같이 동사 '拿(들다)'는 우선 BECOME 자리로 이동한 뒤에 다시 CAUSE 자리로 이동하여 최종적으로 가장 높은 자리로 이동하여 (99)의 어순을 형성한다. 주의해야 할 것은 이 수형도에서 동사구 VP1은 두 개의 동사(즉 V1 '拿'와 V2 '出来')를 지니는 것 같지만, 사실 V1 '拿(들다)'만이 동사구 VP1의 핵어로 전체 술어의 어근이 된다는 점이다. 추향보어 '出来(나오다)'는 '拿(들다)'의 보충어로, 또 다른 동사구 VP2를 구성하여 이차 술어가 되는데, V1로 구성된 VP1과는 구별된다. 경동사 CAUSE와 BECOME은 어근의 이동만 유인할 뿐, 이차 술어의 이동을 유인하지는 못한다.

(101)

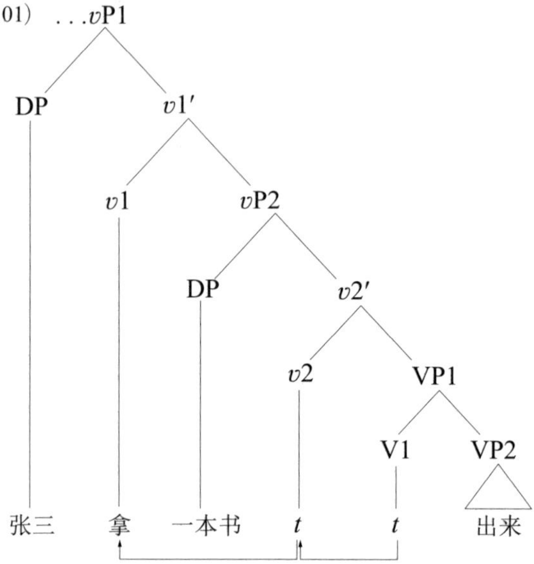


만약 동사 '拿(들다)'와 추향보어 '出来(나오다)'를 다시 복합어 '拿出来(꺼내다)'로 재분석한다면,[26] 수형도 (103)에서 나타나듯이 '拿出来(꺼내놓다)'가 경동사 CAUSE의 자리로 이동하여 (102)와 같은 어순을 형성한다. 엄밀히 말해 (103)에서 형성되는 동사구 '拿出来一本书(책 한 권을 꺼내놓다)'는 실제로는 하나의 목적어를 갖는 술목구조이며, 이때 '拿出来(꺼내놓다)'는 술보식 복합어로 술어를 충당하여 더 이상 '협의의 술보구조'에 속하지 않는다.

(102) 张三拿出来一本书。

장싼은 책 한 권을 꺼내놓았다.

26 '동사+추향보어'에 대한 재분석은 어휘부 내에서 진행될 가능성을 배제할 수 없는데, '拿出来(꺼내놓다)'가 통사구조에 진입할 때에는 이미 복합어다.

(103)

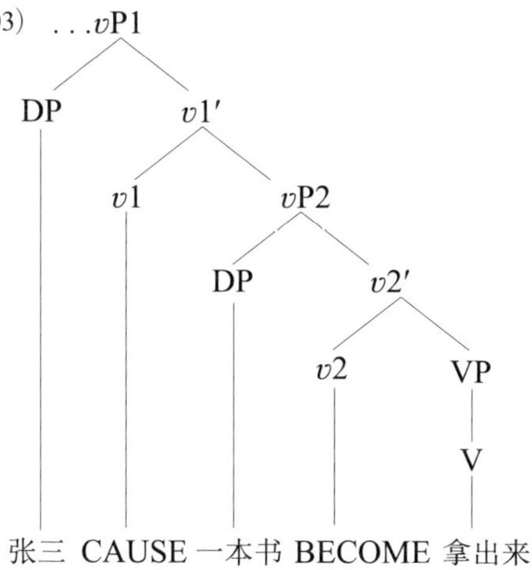


(104)와 같은 어순은 수형도 (105)와 같은 방식으로 도출되는데, 수형도 (105)에서 신성한 주향보어는 '来(오다)' 하나이며, '拿(들다)'와 '出(나다)'는 다시 술보식 복합어 '拿出(꺼내다)'로 재분석되므로 '협의의 술보구조'에 속하지 않는다. 주요 술어 VP1은 '拿出'를 핵어로 하고, 이차 술어 VP2는 '来'를 핵어로 한다. 동사 '拿出'가 경동사 CAUSE 위치로 이동한 후에 (104)와 같은 어순을 형성하게 된다.

(104) 张三拿出一本书来。

장싼은 책 한권을 꺼내 놓았다.

(105)

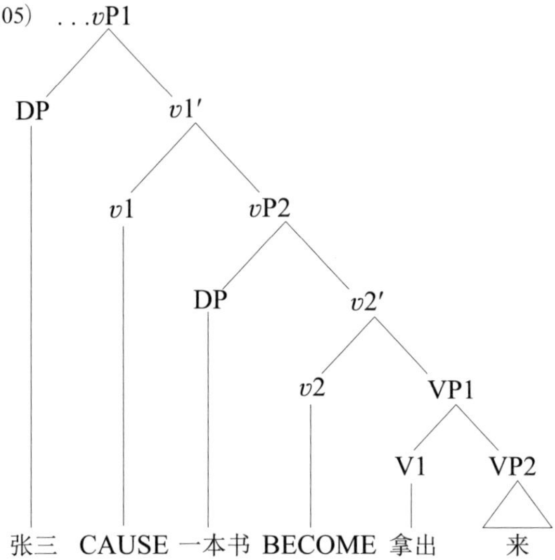


개사구로 이루어진 시량보어와 장소보어는 다른 보어와 마찬가지로 술어 동사의 보충어가 될 수 있다. (62)(=(106))의 통사 구조는 수형도 (107)과 같이 나타낼 수 있는데, 여기서 '到(…까지)'는 개사로, 시간을 나타내는 '这会儿(이맘때)'나 장소를 나타내는 '邮局(우체국)'와 함께 개사구 PP를 형성한 뒤, 동사 '走(걷다)'와 병합하여 동사구를 형성한다. 이러한 술보 구조에서 동사 '走(걷다)'는 주요 술어, 동사성 개사구는 이차 술어이며, 이 둘이 함께 비교적 '복잡한' 구조를 형성한다.

(106) 他们走到这会儿/到邮局。

그들은 이맘때까지/우체국까지 걸었다.

(107)

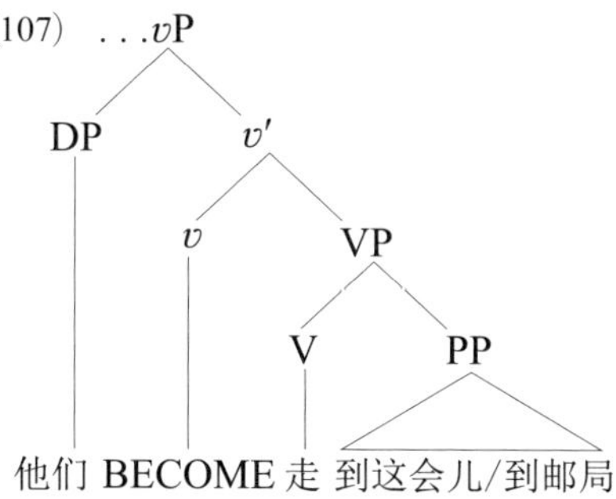


(108)의 장소를 나타내는 '在桌子上(책상 위에)'이나 (109)의 목표와 종점을 나타내는 '给他(그에게)' 등과 같은 기타 개사구도 이와 동일하게 분석할 수 있다. (110)의 '在桌子上(책상 위에)'은 동사 '放了(놓았다)'의 보충어로 동작의 장소를 설명한다. 동사 '放了(놓았다)'는 경동사 CAUSE의 위치로 이동한 뒤에, (108)과 같은 어순을 형성한다. (110)과 같은 구조는 '내가 어떠한 사건이 일어나도록 하였는데, 그 사건은 바로 변화가 있는 사건에 한 권의 책이 참여한 것으로, 그 결과 그 책이 책상 위에 있다'로 해석된다.[27]

(108) 我放了一本书在桌子上。

나는 책상 위에 책 한 권을 놓아두었다.

---

27 邓思颖(2003b)에서는 (26)과 같은 이중목적어 구조와 (109)와 같은 여격 구조(dative structure)의 차이점에 대해 논의한 바 있는데, 이들의 차이 가운데 하나는 여격 구조와 달리 이중목적어 구조는 '여분의' 기능어를 하나 더 가진다는 것이다. 이 책의 분석에서는 이중목적어 구조와 여격 구조가 모두 기능어(경동사 BECOME)를 가지는 것으로 보는데, 둘의 차이점을 따지자면 이중목적어의 BECOME은 소유 의미가 부여되어 있는 'BECOME+HAVE'의 복합어라는 점이다. 웨어에는 단순한 구조의 BECOME만 있고, 복합어인 'BECOME+HAVE'는 없으며, 이로 인해 보통화의 이중목적어 구조와 웨어의 이중목적어 구조에 차이가 발생한다

(109) 我送了一本书给他。

나는 그에게 책 한 권을 보냈다.

(110)

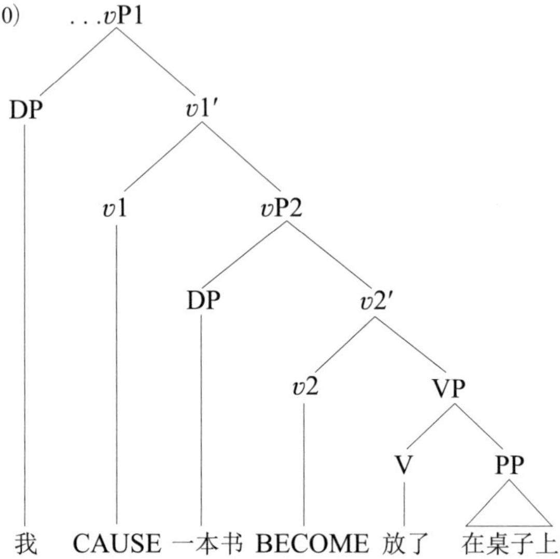


동사 '放了(놓았다)'가 이동하여 (111)과 같은 구조를 형성하는데, 어근 '放了(놓았다)'는 먼저 BECOME의 자리로 이동한 후 다시 CAUSE의 자리로 이동하며, 동사 보충어 자리에 위치한 개사구 PP '在桌子上(책상 위에)'은 원래 자리에 남아 '放了+一本书+在桌子上'의 어순을 형성한다. (109) 역시 유사한 상황으로, 어근 '送(선물하다)'은 BECOME 자리로 이동하고 개사구 '给他(그에게)'는 문미에 그대로 남아 있다.

(111)

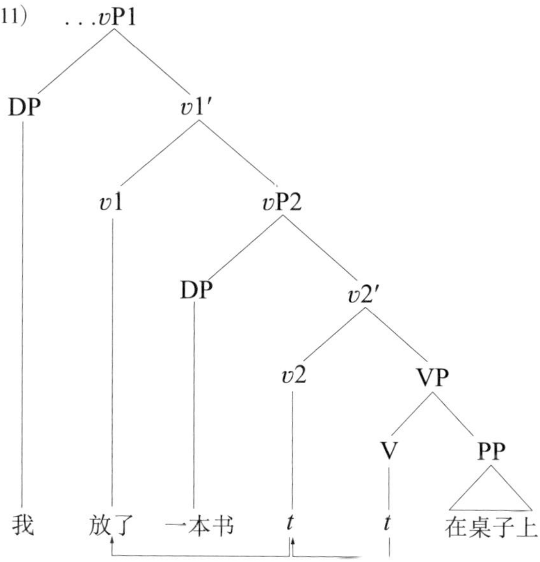


만약 술어 내 목적어 및 이차 술어 역할을 하는 보어가 동시에 있다면, 목적어는 반드시 보어 앞에 와야 한다. (112)와 (114)는 목적어가 앞에, 보어가 뒤에 오는 어순에 부합하여 정문이며, 이러한 어순을 어긴 (113)과 (115)는 비문인데, 그 이유는 간단하다. 이차 술어인 보어는 반드시 보충어 자리에 나타나야 하는데, 동사의 보충어는 문미에 위치하므로 이에 부합하는 (112), (114)만 문법적으로 옳은 문장인 것이다.

(112) 那次意外愁得［他］［吃不下饭］。

그 뜻밖의 사고로 걱정스러워서 그는 밥도 먹을 수 없었다.

(113) *那次意外愁得［吃不下饭］［他］。

(114) 张三骑得［那匹马］［很累］。

장싼이 말을 타서 그 말이 지쳤다.

(115) *张三骑得［很累］［那匹马］。

보어에 대한 통사적 요구조건은 왜 '이중목적어'는 있는데, '이중보어'는 없는지를 설명해 줄 수 있다. (116)에는 상태보어(결과보어)가 두 개고, (117)에는 추향보어가 두 개며, (118)에도 시량보어, 장소보어 두 개의 보어가 있는데 이들은 모두 비문이다. 동사의 보충어는 오직 하나뿐이며, 따라서 전체 술부에도 보충어는 오직 하나뿐, 두 개의 보어를 가질 수 없다.

(116) *他愁得［吃不下饭］［很伤心］。

(117) *张三拿一本书［出来］［上来］。

(118) *他们走［到这会儿］［到邮局］。

상술한 바와 같은 보어에 대한 제약은 동사성 목적어에도 적용될 수 있을 것으로 보인다. 앞에서 (54)의 '张三明天骑马(장싼이 내일 말을 타다)'라는 절(=(119))과 (55)의 '王五明天去不去(왕우가 내일 가는지 안 가는지)'라는 절(=(120))은 모두 동사성 목적어로, 만약 '명사성 목적어+동사성 목적어'의 어순이 뒤집혀서 (120), (122)와 같이 된다면 이는 비문이 된다.

(119) 我告诉［你］［张三明天骑马］。

나는 너에게 장싼이 내일 말을 탄다고 알려주겠다.

(120) *我告诉［张三明天骑马］［你］。

(121) 张三问［李四］［王五明天去不去］。

장싼은 리쓰에게 왕우가 내일 가는지 안 가는지를 묻는다.

(122) *张三问［王五明天去不去］［李四］。

보어 외에도 무릇 동사성을 띠는 통사 성분은 모두 오직 보충어 위치에만 출현할 수 있다. 중국어 술부의 기본적인 어순은 (123)과 같다.

(123) 술부 내에 동사성 성분은 오직 하나만 존재할 수 있고, 반드시 문미에 위치해야 한다.

황보룽·랴오쉬둥(黄伯荣·廖序东 2002b: 99)은 목적어와 보어의 상대적 어순에 보어–목적어(예문 (124)), 목적어–보어(예문 (125)), 보어 사이에 목적어가 위치하는 경우(예문 (126)) 이 세 가지 가능성이 있다고 하였다.

(124) 我在八里之外，就闻到香味了。

나는 8리 밖에서 향기를 맡았다.

(125) 陈老五劝我回屋子里去。

천라오우는 나에게 방으로 돌아가라고 권했다.

(126) 拿出书来。 책을 꺼내 놓다.

(124)처럼 보어 '到'가 앞에 오고 목적어 '香味(향기)'가 뒤에 오는 것은 '가장 흔한 어순'이다. 그러나 만약 '到'를 술보식 복합어 '闻到(맡게 되다)'의 형태소로 간주하여 이 구조를 '광의의 술보구조'로 분석한다면 이는 '협의의 술보구조'가 아니므로 형태론에 속하는 현상이 되어 통사와는 무관해진다. (125)에서 보어 '去(가다)'는 '진정한' 보어로 '협의의 술보구조'를 형성할 수 있다. (126)의 목적어 '书(책)'는 보어 '出(나다)'와 '来(오다)' 사이에 끼어 있는데, 황보룽·랴오쉬둥(黄伯荣·廖序东 2002b: 99)에서도 언급하였듯이 '来(오다)'는 '拿出书(책을 꺼내다)'의 보어고 '出(나다)'는 '拿(들

다)'의 보어로 '서로 다른 층위'에 속한다. 상술한 수형도 (105)에 따르면 '拿出(꺼내다)'는 술보식 복합어로 분석되어야 하는 '광의의 술보구조'이며 '来(오다)'만이 '협의의 술보구조'로, '出(나다)'는 어휘 층위에서 형성된 반면 '来(오다)'는 통사적으로 형성된 것이어서 서로 다른 층위에 속한다. 그러므로 엄밀히 말해 (126)은 '목적어-보어'의 순서로 분석해야 하며, 따라서 보어 사이에 목적어가 끼어 있는 경우란 존재하지 않는다. 소위 '보어-목적어'와 '보어 중간에 목적어가 끼어 있다'고 보는 현상은 모두 통사와는 무관한 것으로, '목적어-보어' 어순만이 전형적이고도 유일하게 문법에 맞는 '협의의 술보구조' 어순으로 (123)의 묘사에 부합한다. 따라서 '목적어-보어'의 어순이 '매우 제한적'이라고 한 황보룽·랴오쉬둥(黄伯荣·廖序东2002b: 99)의 결론은 정확하지 않은 것이다.

## 7.4 소결

이 장에서는 목적어, 보어 및 이들과 관련된 술목구조, 술보구조에 대해 알아보았다.

목적어와 보어를 구분하는 기준은 다음과 같다. 보어는 동사성 성분만 가능하며, 주로 동작의 결과와 상태 등 사건성을 설명한다. 문장 내 주어 외의 기타 논항은 목적어로 이해될 수 있다. 또한 통사적으로 보어는 동사의 보충어 역할만 할 수 있고, 지정어의 위치에 올 수 없다. 반면 목적어의 분포는 상대적으로 자유로운 편이어서, 동사의 보충어가 될 수도 있고 동사구 내 지정어의 위치에 올 수도 있다. 보어와 보충어는 매우 긴밀한 관계에 있다.

술목구조에서 가장 간단한 구조는 바로 동사와 목적어가 병합된 것으로, 동사구를 이룬다. 목적어의 종류는 매우 다양한데, 전형적인 수동자 목적어를 비롯하여 장소를 나타내는 목적어, 존현을 나타내는 목적어, 동량이나 시량을 나타내는 목적어, 불특정지시 목적어 등이 있다. 명사성 목적어 외에 동사성 성분(절 포함)도 목적어가 될 수 있다. 이중목적어 구조에서 간접목적어는 직접목적어보다 높은 층위에 위치한다. 수여 의미를 지니는 이중목적어 구조의 간접목적어는 경동사 BECOME의 주어로, 경험자로 해석될 수 있다. 그러나 취득 의미를 지니는 구조에서 간접목적어는 동사구의 지정어 자리에 위치하며, 간접 수동자(피영향자)로 해석될 수 있다.

술보구조는 '광의'와 '협의' 두 가지로 나누어 볼 수 있는데, '협의의 술보구조'에는 상태보어, 추향보어, 시간 및 장소보어 세 가지만 포함되고 통사부에서 생성되며 구를 이루는 반면, 나머지 술보구조들은 복합어로 분석되고 어휘부에서 형성된다. 상태보어는 다시 묘사보어와 결과보어로 나뉘는데, 묘사보어는 정적인 상태의 방식을 묘사하고, 결과보어는 사건이 일정 정도에 도달한 후에 드러나는 결과 상태를 나타낸다. 보어와 기타 동사성 성분은 반드시 보충어 위치에 와야 하고, 동사의 보충어는 오직 하나만 존재하며 문미에 위치한다. 따라서 술부 내에 보어와 동사성 성분은 오직 하나만 있을 수 있고 반드시 문미, 명사성 목적어 뒤에 위치해야 한다.

# 제8장 문장

'문(句)'은 문장(句子)과 절(小句)로 나뉜다. 절에는 특정한 시간의미와 문장 종류가 부여되며, 절이 어기를 수반하게 되면 문장이 된다. 시간은 통사부에서 시간사로 구현되는데, 시간사는 이동 후의 주어를 시간사구 TP의 지정어 자리에 담아내는 기능을 담당한다. 중국어 문장 종류를 나타나는 가장 기본적인 형식적 수단은 어조이며, 통사부에서는 보문사로 나타낸다. 어기는 주로 발화의미를 나타내는데, 발화 맥락과 관계가 있고, 어기사로 나타낼 수 있다. 중국어의 어기사는 초점, 정도, 감정을 나타내는 세 가지 유형으로 분류할 수 있으며, 오직 주절에만 출현한다.

## 8.1 문장과 절

《중고등학교 교육문법체계제요(中学教学语法系统提要)》에서는 '문장'에 대해 다음과 같이 정의하였다.

(1) 문장은 언어 사용 단위이다. 문장은 단어와 구로 구성된다. 모든 문장은 일정한 어기(语气)와 어조(语调)를 가진다. 정상적으로 이어지는 발화상황에서 문과 문 사이에는 비교적 긴 휴지休止가 존재하는데, 서면에서는 일정한 부호(마침표, 물음표, 느낌표)로 이를 표시해 낸다. 하나의 문장은 상대적으로 완전한 하나의 의미를 나타내며, 한 번의 간단한 의사소통 임무를 수행할 수 있다.

⑴에서 가리키는 바와 같이 '상대적으로 완전한 하나의 의미를 나타내는 것'이 바로 문장의 특징이며, 많은 학자들 역시 '의미의 완전성'으로 문장을 정의해야 한다고 강조한다. 주더시(朱德熙 1982: 21)는 "문장은 전후에 모두 휴지가 있고, 일정한 문장 어조(句调)를 수반하여 상대적으로 완전한 의미를 나타내는 언어 형식"이라고 정의하였다. 황보룽·랴오쉬둥(黄伯荣·廖序东 2002b: 4)은 "문장은 하나의 문장 어조를 가지며, 상대적으로 완전한 하나의 의미를 나타낼 수 있는 언어 단위"라고 정의하였다. '완전한 의미' 이외에 어조(혹은 문장 어조) 역시 중요한 성분으로, '의미가 완전한' 단위를 구성하려면 어조가 필수적이다. 장징 외(张静等 1980: 79)는 문장이 독립적인 문법단위이자 완전한 하나의 의미를 나타낸다는 것 이외에도 반드시 하나의 어조가 필요하다고 주장하며, "어조는 문장만이 가지며, 낱개의 단어나 구에는 어조가 없다. 만약 어조를 가지고 있다면 완전한 의미를 표현할 수 있는 문장이다"라고 하였다. 루젠밍(陆俭明 2003: 21)은 문장이 "반드시 문장 어조를 가지며, 문장 앞뒤에 존재하는 휴지를 각각 완전한 하나의 문장 어조의 시작점과 끝점으로 간주할 수 있다"고 하였다. 후위수 외(胡裕树 等 1995: 313-314)는 아래 ⑵와 같이 문장에 대해 비교적 상세히 정의하였다.

> ⑵ 문장은 언어의 기본 운용단위이다. 의사소통 과정에서 단어와 구는 단지 간단하거나 복잡한 한 가지 개념만을 나타낼 수 있으며, 문장이야말로 하나의 완전한 의미를 나타낼 수 있다. … 단어와 구가 바로 문장이라고 할 수 없지만 단어나 구 모두 문장이 될 수는 있다. … 단어와 구, 그리고 문장의 차이는 '양'에 있는 것이 아니라 이들이 가지는 성

> 질에 있다. 하나의 문장은 일정한 구조 성분과 구조 방식을 가지고 있을 뿐 아니라, 구체적인 환경에서 이루어지는 의사소통의 필요성에 따라 반드시 특정한 어조를 갖추어야 하는데, 어조가 있어야 문장속의 단어가 서술하는 내용과 현실이 특정한 관련성을 맺을 수 있기 때문이다. … 문장과 현실의 특정한 관련성을 맺고 특정한 내용을 가지므로 이를 언어의 기본 운용단위로 삼을 수 있는 것이다. 우리가 말을 할 때 모든 문장은 특정한 어조를 수반하고 모종의 어기를 나타내며, 문장과 문장 사이에는 비교적 긴 휴지가 존재한다.

이와 같이 문장에 대한 정의 속에서 어조는 매우 중요한 역할을 담당하고 있다. 전통문법학에서 말하는 구와 문장의 차이 가운데 가장 핵심적인 부분이 바로 어조에 있다. 황보룽·랴오쉬둥(黄伯荣·廖序东 2002b: 59)은 "구(短语)는 의미적 혹은 문법적으로 결합될 수 있지만 문장 어조가 없는 단어의 조합이므로, 이를 '词组'라고도 부른다.[1] 구는 단어보다는 크지만 문장이 될 수 없는 문법단위다"라고 설명하였다. 예를 들어 주술구조는 구이고, 이것을 문장이라고 할 수는 없지만, 어조가 더해지고 나면 의미가 비로소 완전해진다. 어조는 구가 서술하는 내용이 현실과 특정한 연관성을 가지도록 하는데, 특정한 내용을 가져야만 언어의 기본 운용단위가 되고, 문장이 될 수 있다.

일부 어조들은 서면어에서 일정한 문장부호를 사용해 표현

---

1 [역주] 이 부분은 구에 대한 중국어 용어와 관련된 서술로, 구를 중국어에서는 '短语'라 하기도 하고 '词组'라 하기도 한다. 어조가 없는 단순한 단어(词)의 조합(组合) 혹은 결합이라는 의미에서 '词组'라고 부르기도 한다는 의미다.

할 수 있다. 상용되는 문장부호인 마침표, 물음표, 느낌표는 때로 특정한 의미를 나타내는데, 마침표는 평서문(declarative), 물음표는 의문문(interrogative), 느낌표는 감탄문(exclamative) 및 명령문(imperative)과 관계가 있다. 이러한 개념은 문장 종류, 즉 문장의 분류 문제에 속한다. 문장 종류는 "구어에서 문장 전체의 어조에 따라 구분할 수 있다"(胡附·文炼 1990: 96). 어조를 문장 종류의 형식적 표현이라 이해한다면, 문장을 정의하는 데 있어 어조가 갖는 중요성을 쉽게 이해할 수 있다. 즉 모든 문장에는 반드시 특정한 문장 종류가 부여되는데, 문장 종류에 따라 이를 분류할 때 문장 종류 성분이 없다면 문장이라고 할 수 없는 것이다.

후위수 외(胡裕树 等 1995: 314)는 "문장에서 단어가 서술하는 내용은 현실과 특정한 연관성을 가진다"고 하였고, 장빈 외(张斌 等 1988: 291)는 '当心(조심하다)'이 문장으로 사용되는 것을 예로 들어, 문장으로 사용되는 '当心(조심해!)'이 "'路上滑，需要小心(길이 미끄러우니 조심해야 한다)'는 의미를 가리킬 수 있다. 혹은 다른 예기치 못한 상황에서 조심해야 함을 가리킬 수도 있다. 종합해 보면 이것이 서술하는 내용은 객관적 현실과 특정한 연관성이 있다 하겠다"고 하였는데, 이러한 연관성은 일종의 '직시(deictic)'적 관계로 이해될 수 있으며, 문장에서 직시적 특성을 가지는 부분은 바로 '시제(tense, 时)'다. 직시 기능을 가진 성분은 발화 시 맥락 속에서 인물, 시간, 장소를 직접적으로 지향하며, 화자를 중심으로 하여 발화와 어떤 인물, 시간, 장소를 직접적으로 관련짓는데, 이들이 지향하는 것은 이러한 성분을 사용할 때의 맥락에 따라 상대적이어서, 맥락에 의해 결정되며, 맥락에 따라 변하게 된다.[2] 라이헨바흐(Reichenbach)의 고전적인 분석에 의하면 '시제'는 발화시간(speech time), 사건시간(event time), 참조시간(reference time) 세 부분으로 구성된다. 분명한 것은, 발화시간은 맥락에 의해 결정되고, 맥락의 변화에 따라 변화한다는 것이다. 문장에 특정한 시제가 부여될 때, 문장은 "현실과 특정한 연관성을 맺게 된다". 시제는 문장을 구성하는 중요한 부분 중 하나이며, 문장과 구를 구분하는 중요한 특징 중 하나다.

어기는 문장 층위에서만 출현한다. 《중고등학교 교육문법체계제요》에서 상기한 (1)과 같이 문장을 정의할 때 '모든 문장은 다 일정한 어기를 가진다'는 점 또한 지적하였다. 싱푸이(邢福义 1996: 16-18)는 구와 절/문장의 관계를 논의하며 "단어와 구에는 문장 어기가 포함되어 있지 않으며, 단어와 구는 문장 어기를 가지지 않는다. (…) 단어·구와 어기는 직접적인 관련성이 없다. 단어나 구가 어기를 가지면 바로 절이 된다. (…) 정확히 말해, 문장어기가 절의 직접 구성요소에 부가됨으로써 절이 만들어진다"고 밝힌바 있다.[3] '어기'는 모호하며 범위가 매우 넓은데, '각종 정서의 표현 방식'이라고 개략적으로 이해할 수 있고(王力 1985[1943/1944]: 160), 서법(mood),[4] 화행(speech act) 또는 기타 담화(discourse)와 관련된 특징이 포함될 수 있다. 서법이란 말에 담긴 사실 내용에 대한 화자의 태도를 가리키는데, 예로 불확실과 확신 등이 있다. 화행은 화자의 언표내적 힘(illocutionary force)과 관련이 있는데, 그 예로는 승낙, 지시, 선언 등과 같은 것들이 있으

---

2 직시와 관련된 이론적 배경은 Lyons(1995: §10)의 총론과 Fillmore(1997)의 상세한 설명을 참조하기 바란다. 중국어로 소개된 직시이론 자료로 徐烈炯(1990: §13)과 方立(2000: §1)를 참조할 수 있다.

3 '절 중추설(小句中枢说)'과 형식 통사론의 비교에 관한 자세한 내용은 邓思颖(2005a)의 논의를 참조하기 바란다.

4 의미론에서는 'mood'를 비교적 좁은 의미로 정의하며, '어기'라고도 번역할 수 있다.

며, 언어, 화자, 담화 등과 연결된다. 그러므로 어기는 주로 '발화의미(utterance-meaning)'를 나타내며 말을 할 때의 맥락과 관계가 있고, 화용의 층위에 속한다. 서법, 화행 등과 같은 담화 특징은 전통 중국어 문법에서 '口气'라고도 불리었으며(张斌 等 1988: §4.8, 胡裕树 等 1995: §4.11 등), 생각과 감정 색채를 나타낼 뿐만 아니라 수사(修辭)와도 관계가 있다.[5] 문장 종류를 구분하는 데 있어 어기가 참조 기능을 하기는 하지만, 어기와 문장 종류가 동일한 것은 아닌데, 뤼수샹(吕叔湘 1982), 왕리(王力 1985[1943/1944])는 이미 이 문제에 주목하고 상세히 논의한 바 있다.

형식면에서 어기는 '어기사(语气词)'('어기조사, 语气助词', '문말조사, 句末助词'로도 칭함)로 나타낼 수 있는데, 문장을 구성하는 한 부분이다. 어기는 어기사 외에 어조(语调)로도 표현될 수 있다. 문장 어조는 어조에 속하는데, 중국어 문장 어조에는 상승조(升调), 하강조(降调), 평조(平调), 굴곡조(曲调)의 네 가지 형식이 포함된다(黄伯荣·廖序东 2002a: 128). 상승조는 '반문, 의문, 놀라움, 호소' 등의 어기를 나타내고, 하강어조는 '진술, 감탄, 요청' 등의 어기를 표현한다. 평조는 '진지함, 냉담함, 서술' 등의 어기를 나타내고, 굴곡조는 '함축, 풍자, 언외의(意在言外)' 등의 어기를 나타낸다. 문장 앞뒤의 휴지 역시 어기의 표현 형식에 속하며, 일정한 의미를 나타낼 수 있다(黄伯荣·廖序东 2002a: 124). 이와 같이 어기는 어기사와 어조(휴지를 포함) 등으로 표현될 수 있으며, 문장과 구를 구분하는 방법 중 하나다.

아래 예문에서 '孩子们喜欢听故事(아이들이 이야기 듣는 것을 좋아하다)'는 주술구조다. 앞서 분석한 바와 같이 (3)의 앞뒤에는 모

5 '어기'의 정의 및 중국어 문법학에서 '어기'에 대한 역대 연구에 관해서는 石定栩(2009b)에서 소개한 내용을 참조하기 바란다

두 휴지가 있고, 주술구조로 이루어진 문장이다. 주더시(朱德熙 1982: 210)는 뒤에 휴지가 없는 (4)의 '孩子们喜欢听故事(아이들이 이야기 듣는 것을 좋아하다)'나 앞에 휴지가 없는 (5)의 '孩子们喜欢听故事(아이들이 이야기 듣는 것을 좋아하다)'는 모두 문장이 아니며, 단지 주술구조로 이루어진 구일 뿐이라고 하였다.

(3) 孩子们喜欢听故事。
아이들은 이야기 듣는 것을 좋아한다.

(4) 孩子们喜欢听故事吧？
아이들이 이야기 듣는 것을 좋아하지?

(5) 我知道孩子们喜欢听故事。
나는 아이들이 이야기 듣는 것을 좋아하는 것을 안다.

주더시(朱德熙 1982) 등의 기준에 따르면, (6)의 괄호부분인 '孩子们昨天为什么喜欢听故事(아이들이 어제 왜 이야기 듣는 것을 좋아했는지)'의 전반부에는 휴지가 없으므로 구로 보아야 하며, 문장이라 볼 수 없다. 그러나 괄호 부분은 의문사 '为什么(왜)'이 출현하여 이 부분이 의문식이라는 것을 분명히 말해 주고 있어서 문장 종류를 특정할 수 있으며, 또한 시간부사 '昨天(어제)'이 있어 역시 괄호 안의 부분에 시제의 의미를 부여해 줄 수 있어, 확실한 직시 특성을 지니고 있다는 것을 우리에게 알려준다. 그렇다면 (6)의 '孩子们昨天为什么喜欢听故事(아이들이 어제 왜 이야기 듣는 것을 좋아했는지)'가 비교적 '완전한 의미'를 가지고 있고 '현실과 특정한 연관성'을 지닐 수 있음에도 왜 문장으로 볼 수 없는가?

(6) 张三想知道[孩子们昨天为什么喜欢听故事]。

장싼은 아이들이 어제 왜 이야기 듣는 것을 좋아했는지 알고 싶어 한다.

(7)은 주더시(朱德熙 1982: 210)의 예문인데, 그는 이 예문을 세 가지 의미로 다르게 이해할 수 있다고 하였다. 첫째, '네가 가봤었다는 것을 나는 안다(원래 알고 있었음)'는 의미로, 여기서 '了'는 (8)의 괄호 안에 있다. 둘째, '나는 원래 몰랐지만 지금은 알게 되었다'라는 의미로, 여기서 '了'는 (9)의 괄호 밖에 있다. 셋째, '네가 가봤었다는 걸 몰랐지만 지금은 알게 되었다'라는 의미로, 여기서는 사실 두 개의 '了'가 존재하며, 하나는 (10)의 괄호 안에, 하나는 괄호 밖에 위치하지만 실제로 말을 할 때는 두 개의 '了'가 하나로 합쳐지는 것이다. 주더시(朱德熙 1982: 210)의 분석에 따라 (7)의 '了'를 '어기사'로 본다면 '어기사'의 출현으로 (8)과 (10)의 괄호 안의 부분인 '你去过了(네가 가봤었다)'를 문장으로 이해할 수 있을까?

(7) 我知道你去过了。

(8) 我知道［你去过了］。

나는 네가 가봤었다는 걸 알고 있다.

(9) 我知道［你去过］了。

나는 네가 가본 적 있다는 걸 알게 되었다

(10) 我知道［你去过了］了。

나는 네가 가봤었다는 걸 알게 되었다.

이러한 문제를 해결하기 위해 '문(句)'의 개념을 '문장(sentence)'과 '절(clause)' 두 가지로 나누어 볼 수 있는데, 이에 대한 정의는 다음과 같다(邓思颖 2010a: 60).

(11) 절에는 특정한 시간의미와 문장 종류가 부여되는데, 어기를 수반한 절은 문장이 된다.

(11)의 정의에 따라 전통문법학에서 말하는 '문(문장, 절)'과 '구(예를 들어 주술구조의 주술구)'의 가장 중요한 차이는 '문'이 가지는 문장 종류와 시간의미라는 두 가지 특징에 있다. '문(문장과 절)'은 문장 종류를 나눌 수 있고 특정한 시간의미를 나타낼 수 있지만 '구'에는 이러한 기능이 없다. 문장 종류는 평서문, 의문문, 감탄문, 명령문 등과 관련이 있는데 예를 들어 의문을 나타낼 때는 상승조로 표현하듯 특정 상황에서 특정한 어조를 통해 문장 종류가 표현될 수 있으며, 또는 서면에서는 물음표를 사용하여 의문을 나타내는 것처럼 문장부호로 어조를 표현할 수 있다. 그러나 문장 종류는 어조나 문장부호의 사용과 필연적인 관계를 맺는 것은 아니다. '구'는 '문'이 아니므로 문장 종류를 논할 수가 없다.

시간의미를 나타낼 수 없는 '구'는 문장을 이룰 수 없다. 황보룽·랴오쉬둥(黄伯荣·廖序东 2002b: 48)은 "일부 어기사는 어기를 나타내는 것에 그치지 않고 문장을 만드는 기능을 한다. 일반적으로 대부분의 실사와 구에 어조를 더하면 문장이 된다. 그러나 때로는 어기사가 더해져야만 비로소 문장이 성립하고, 어기사가 없으면 문장이 성립되지 않는 경우가 있다"고 주장하였는데, 이들이 말하는 '어기사'란 이 책에서 다루는 시간사로, 예를 들어 '了'('了$_2$')와 같은 것이다. '了'가 없는 (12)는 문장이 될 수 없으며,[6] (13)과 같이 '了'를 첨가해야 비로소 독립적인 문장이 된다.[7]

(12) ??他做完作业。

(13) 他做完作业了。

그는 숙제를 다 했다.

문장과 절이 모두 '문'에 속하지만 이 두 가지는 차이가 있다. (11)의 정의에 따른다면 어기를 나타낼 수 있는 '문'은 문장이고, 어기를 나타낼 수 없는 '문'은 절이다. 어기는 주로 발화의미를 나타내며, 발화 시의 맥락과 관계가 있다. 장빈 외(张斌 等 1988: 291-292)는 '当心(조심하다)'을 예로 들며 "하나의 단어로 쓰일 때는 어떠한 주관적인 의미도 나타내지 못한다. 그러나 문장으로 쓰일 때는 화자의 목적과 의도 등을 포함한다"고 하였는데, 이들이 말하는 '목적'이나 '의도'는 어기와 관련이 있다고 보아야 한다. 절은 오직 시간의미를 나타내는 기능만을 가지고 있을 뿐 어기를 표현하는 기능은 없다. 만약 어기를 포함하는 성분만이 '완전한 의미'를 지니는 것이라고 본다면, 절이 표현하는 의미는 '완전'하다고는 볼 수 없다. 형식면에서 살펴보면 어기는 어기사('吗, 吧' 등)와 어조를 통해 표현되는데, 어기에는 휴지 및 앞서 논의한 네 가지 문장 어조가 포함된다(黄伯荣·廖序东 2002a: 128). 서면어에서는 마침표, 물음표, 느낌표 등과 같은 특정한 문장부호를 통해 표현할 수 있는데, 뤼수샹 외(吕叔湘 等 1980: 5)에서 말한 바와 같이 "한 문장의 끝에는 반드시 어조 표지가 있으며, 서면어에는

6 (12)의 '??'는 이 책에서 첨가한 것으로, 黄伯荣·廖序东(2002a: 48)의 원문에는 표시되어 있지 않다.

7 이는 관련 논저에서 언급되는 문장의 완성 조건에 대한 문제로, 상세한 내용은 孔令达(1994), 黄南松(1994), 竟成(1996), Tang and Lee(2000), Tang(2001c), 胡建华·石定栩(2005)의 논의를 참고하기 바란다

문장의 끝에 마침표(또는 물음표, 느낌표)가 있다".

(11)의 정의에 따라 (4)와 (5)의 '孩子们喜欢听故事(아이들이 이야기 듣는 것을 좋아하다)'와 (6)의 '孩子们昨天为什么喜欢听故事(아이들이 어제 왜 이야기 듣는 것을 좋아했는지)', (7)의 '你去过(了)(네가 가봤었다)'는 특정한 문장 종류와 시간의미를 가지고 있지만, 어기 요소가 빠져 있고 형식적으로 어기사가 포함되어 있지 않으며[8] 또한 앞이나 뒤에 휴지가 존재하지 않으므로 문장이라고 할 수 없다. 그러나 이들은 시간의미를 나타내는 능력을 갖추고 있고 문장 종류에 따라 분류할 수 있으므로 절에 속한다. (3)은 주술구조로 이루어진 절로, 이러한 절 역시 문장으로 기능할 수 있다. 편의상 (3)과 같은 문장을 '주절(root clause)'라고 하고, (5)의 '孩子们喜欢听故事(아이들이 이야기 듣는 걸 좋아하다)'과 같이 목적어로 기능하는 절을 '내포절(embedded clause)'이라고 하겠다.[9]

시간은 직시성이 있어서 화자를 중심으로 하여 담화와 어떤 시간을 직접적으로 연결시켜주며 문장으로 하여금 객관적 현실과 특정한 연관 관계를 맺도록 해 준다. 어기는 서법과 화행 등의 담화특징과 관련이 있어서 화자의 목적과 의도 등 주관적 의미를 표현할 수 있다. 이러한 두 가지 특징을 장빈 외(张斌 等 1988: 292)에서는 모두 '표술성(表述性)'이라고 하였는데, "'표(表)'는 객관적 현실을 표현하는 것을 말하고, '술(述)'은 주관적 의도를 진술하는 것을 말한다"고 하였다. 이러한 '표술성' 개념에 따

8 (7)의 '了'는 시간사지 어기사가 아니다.

9 朱德熙(1982: 215)는 복문내의 절들이 갖는 통사적 지위와 관련하여 "독립적인 하나의 문장일 때 앞뒤에 있던 휴지와 문장 어조를 제거한 뒤 남은 것"을 '문장형식(句子形式)'이라고 부를 것을 제안한 바 있다. 그가 제시한 '문장형식'은 이 책에서 논의하는 절의 개념과 유사하다.

라 '문'과 '구(短语)'의 차이를 간단하게 정리하면, '문'은 '표술성' 기능을 가지고 있지만 '구'는 '표술성' 기능이 없다. '문장'과 '절'의 차이도 간단하게 정리할 수 있는데, '문장'은 '표(表)'와 '술(述)'이라는 두 가지 특징을 갖지만 '절'은 오직 '표(表)'의 특징만을 가질 뿐 '술(述)'의 특징을 가지지 못한다.

'표술성' 기능이 없는 '구'는 무엇을 나타낼 수 있는가? 주술구조를 예로 들어 앞서 6장 '주술구조'에서 상세하게 논의하였는데, 주술구조가 나타내는 핵심내용은 사건성이다. 그러므로 주술구조로 이루어진 절 역시 반드시 사건성을 포함하며, 여기에 다만 시간과 문장 종류라는 정보가 더해졌을 뿐이다. 마찬가지로 절로 구성된 문장 역시 어기라는 항목이 더해졌을 뿐, 사건성, 시간, 문장 종류 등의 정보를 포함해야 한다. 이러한 이해를 바탕으로 주술구조(즉, 전통문법학에서 말하는 '구 층위'), 절, 문장(즉, 전통문법학에서의 '문')이 포함하는 내용을 (14)와 같이 나타낼 수 있으며, 이를 통해 이들의 차이점과 공통점을 비교해 볼 수 있다.

(14) a. 문장: 사건, 시간, 문장 종류, 어기
b. 절: 사건, 시간, 문장 종류
c. 주술구조: 사건

이른바 '표술성' 기능을 가진 시간, 문장 종류, 어기는 문법 속에서 하나의 체계를 형성할 수 있으며, '표술성' 기능이 없는 사건은 문법 속에서 또 다른 하나의 체계를 형성할 수 있다. 이러한 두 가지 체계의 형성을 '국면(phase)'의 형성이라고 할 수 있다. 문장의 도출과정에서 국면을 하나의 단위로 두고, 국면별로 도출(derivation by phase)된다. 의미 측면에서 국면은 하나의 명제(proposition)인데, 완전한 절과 완전한 논항구조를 갖는 주술구가 여기에 포함된다. 이른바 완전한 절은 앞서 논의한 바와 같이 시간과 문장 종류를 포함하고 있으며, 주로 '表'의 기능을 하는 부분이다.[10] 이 두 가지 국면은 하나의 절을 형성하는 주된 국면이 되는데 이를 (15a), (15b)와 같이 정리할 수 있다. 문장을 만드는 어기는 '국면$_2$'와 구별되는 더 높은 층위에 두고 분석해야 할 필요가 있으므로 이를 '국면$_3$'이라고 부르고, 주절을 형성하는 국면으로 보겠다. 촘스키(Chomsky 2004: 125, 주석 17)는 존 니센바움(Jon Nissenbaum)의 제안을 참고하여 주절 위에 어쩌면 존 R. 로스(John R. Ross)가 가정한 바와 같이 주절을 이끌어내는 '수행문(performative)'이 있을지도 모른다고 보았다. '수행문'은 서법, 화행 또는 기타 담화 특징과 관련된 부분으로, 바로 앞서 논의한 어기 체계에 속한다. 이에 따라 주술구조(전통문법학에서 말하는 '구')와 '표술성'을 지니는 부분이 문법 속에서 서로 다른 국면을 구성하는데, 국면들이 상이한 의미를 나타낸다는 사실 외에, 국면의 여러 부류들에 대한 통사적 증거도 뒷받침되고 있어서, 언어의 '순환성(cyclicity)'이라는 특징을 도출해 내어 일련의 통사적 현상들을 설명해 줄 수 있다.[11] 이와 같이 주술구조와 '표술성'을 지니는 부분을 구분하는 것은 전통문법학에서든 생성문법에서든 모두 분명한 이론적 근거를 지닌다.

---

10 Chomsky(2001: 12)는 국면이 '말힘(force)'을 포함한다고 가정한다. 사실상 생성문법 관련 문헌에서는 '말힘(force)'에 대해 서로 달리 해석하고 있어서, 때로 '말힘'은 문장 종류를 가리키는 데 사용되기도 하는데(Chomsky 1995: §4 ; Rizzi 1997), 이에 대한 정의는 통일되지 않았다. 이 책에서는 '말힘'이 어기와 관련된 것으로 보는데, 국면을 구성하는 필수 구성원은 문장 종류지 '말힘(어기)'이 아니다.

11 국면의 도출과 관련된 상세한 논의는 邓思颖(2009d)을 참조하기 바란다.

(15) a. 국면$_1$: 사건

b. 국면$_2$: 시간, 문장 종류

c. 국면$_3$: 어기

공통적으로 '표술성'을 지니는 '국면$_2$'와 '국면$_3$'은 통사적 특징에 따라 다시 두 가지 유형으로 구분할 수 있는데(Rizzi 1997), 그것은 바로 (16a)의 '굴절 층위(inflectional layer)'에 속하는 시간과 (16b)의 '보문사 층위(complementizer layer)'에 속하는 문장 종류, 어기이다. 기능상으로 전자는 동사의 굴절성분과 밀접한 관계가 있는데, 종종 논항(예를 들어, 주어)과 관계된 '격(case)', '일치관계(agreement)' 와 같은 특징들의 처리를 담당한다. 한편 후자는 통사상의 운용자(operator)(예를 들어 의문운용사), 화제(topic), 초점(focus) 등의 성분 배치를 담당하여 이들에게 통사적 위치를 제공하는 기능을 한다.

(16) a. 굴절 층위: 시간

b. 보문사 층위: 문장 종류, 어기

이러한 두 가지 층위를 형성하는 어휘는 모두 기능어이다. 시간사 T는 굴절 층위를 형성하는 중요한 구성원으로, 보문사 층위를 구성하는 문장 종류는 통사부에서 보문사 C로 나타내고, 어기는 어기사 Force(약칭 F)로 나타낸다.[12] 이러한 기능어는 통사부에

12 ForceP를 FP로 줄여서 표기하는 것은 다음과 같은 이점이 있다. 만약 독자들이 문장을 구성하는 구가 '어기사구'라는 것에 동의하지 않는다면, 편의상 FP를 '기능어구'로, F는 개괄적이고 추상적인 '기능어(functional words)'를 나타내는 것으로 이해할 수 있다. 그 외에도 F는 '초점사(focus)'를 나타내는 것이라고

서 구를 이루고 (17)과 같은 수형도를 구성하는데, 논항의 위치는 현재 논의와 무관하므로 그 문제에 관해서는 잠시 접어두기로 한다. 시간사와 보문사의 어순은 우선 핵 선행 형식으로 나타내기로 하자. 제6장 '주술구조', 제7장 '술목구조와 술보구조'에서 이미 논의한 바와 같이 경동사 *v*와 동사구 VP로 이루어진 경동사구 *v*P는 주로 사건성을 나타내고 논항 구조를 구성한다. 시간사가 통사부로 진입한 뒤 시간사는 경동사구와 병합되어 시간사구 TP를 구성하고, 경동사구는 시간사의 보충어가 된다. 보문사가 통사부로 진입한 뒤 보문소는 시간사구와 병합되어 보문사구 CP를 구성하고, 시간사구는 보문사의 보충어가 된다. 그리고 마지막으로 어기사가 더해지면 보문사구와 병합되어 어기사구 FP를 구성한다. 수형도에서 FP*의 별표*는 어기사구에 특정한 수량이 없음을 나타내는데, 하나일 수도 있고 하나 이상일 수도 있다.[13]

(17)

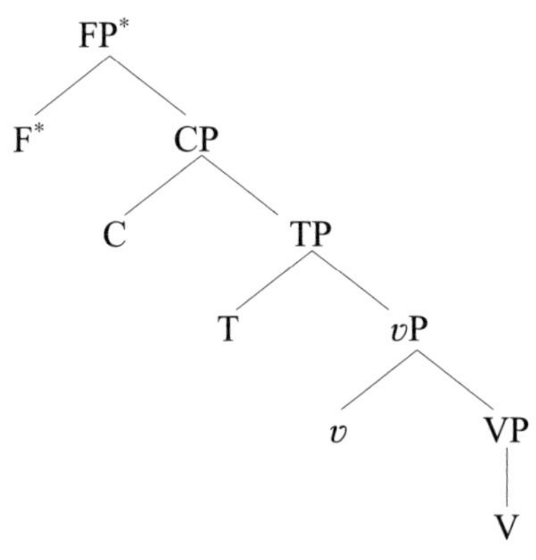


전통문법에서 사용하는 용어로 설명하자면 경동사 *v*P가 나타내는 부분은 문장을 이루지 못하는 '구'고, 어기사구가 없는 보

---

볼 수도 있다.

문사구 CP는 단지 절에 불과하며, 어기사구 FP가 되어야 비로소 문장이라고 할 수 있다. 국면의 개념에 따라 나누어보면 하나의 완전한 논항구조를 포함하는 경동사구는 하나의 국면, 즉 (15a)의 '국면$_1$'에 속하며, 시간과 문장 종류를 포함하는 보문사구는 또 다른 국면, 즉 (15b)의 '국면$_2$'에 속한다. 도출과정을 보면 통사부에서 먼저 '국면$_1$'을 형성한 뒤 그 다음으로 '국면$_2$'를 형성하는데, 도출과정은 아래에서 위로 국면별로 진행된다. 함께 '국면$_2$'에 속하는 시간사와 보문사의 경우 전자가 형성하는 시간사구는 굴절 층위고, 후자가 형성하는 보문사구는 보문소 층위다. 주절의 층위에 도달하면 어기가 더해져 '국면$_3$'을 형성한다. 종합해 볼 때 (17)에서 그려낸 통사구조는 예를 들어 경동사구 *v*P, 시간사구 TP, 보문사구 CP, 어기사구 FP를 등과 같은 문장을 구성하는 가장 기본적인 성분을 보여준다. 어휘분해 이론의 관점에서 보면 (17)의 구조 중 어휘의미를 나타내는 어근, 즉 동사는 수형도에서 가장 하위 층위에 위치하며, 사건성을 나타내는 경동사와 결합하여 문장의 '핵심'부분으로서 기능한다. 또한 '표술성'을 갖고 '현실과 특정한 연관성을 맺을 수' 있는 시간사, 보문사, 어기사는 수형도의 가장 상위 층위에 위치한다. 시간사구, 보문사구, 어기사구 등의 통사적 위치가 바로 문장의 '가장자리'로서 문장과 외부가 접촉되는 부분이 되어야 하므로 문장 내부와 문장 외부를 연결하는 기능을 가지고 통사와 화용의 접합면에 속한다.[13]

13 [역주] 이 책 제8장에서는 어기사가 기능어구 FP의 핵어라고 보았으나, 邓思颖(2016), 〈汉语句末成分的句法问题〉(2016. 11. 10. 고려대학교 강연)에서는 Kayne(Richard S. Kayne, 2016, "The silence of heads," *Studies in Chinese Linguistics* 37: 1)의 견해에 따라 이러한 기존 견해를 뒤집고, 문말성분은 핵어가 아니며 음성형식이 없는 성분이 핵어라고 주장하였다.

## 8.2 절의 주술관계

시간사는 사건성을 나타내는 것 외에 다른 한 가지 자질을 갖는데,[14] 그것은 바로 주어를 유인하여 주어를 원래 위치인 주술구조 내부로부터 시간사구 내로 이동하도록 하여 최종적으로 절의 주어를 담당하도록 만드는 것이다. 이처럼 시간사의 또 다른 기능은 주어를 담아내는 것으로, 시간사구의 지정어 위치는 주어를 위해 예비된 자리다. (18)의 예를 보면 주어는 원래 경동사구 *v*P의 지정어 위치에 있는데, 시간사 T가 통사부에 진입한 뒤 시간사의 자질이 주어의 이동을 유인하여 주어는 최종적으로 시간사와 병합되어 함께 시간사구 TP를 구성하며, 주어의 종착점은 시간사구의 지정어 자리가 된다. 주어가 원래 경동사와 병합되어 경동사구 내에 위치하다가 이후 통사적 이동을 통해 시간사 자리로 옮겨간 뒤 시간사와 병합된다고 가정하는 이러한 분석방법을 생성문법에서는 '내부주어가설(Internal Subject Hypothesis)'이라 부른다(Fukui and speas 1986, kuroda 1988, Koopman and Sportiche 1991, Huang

---

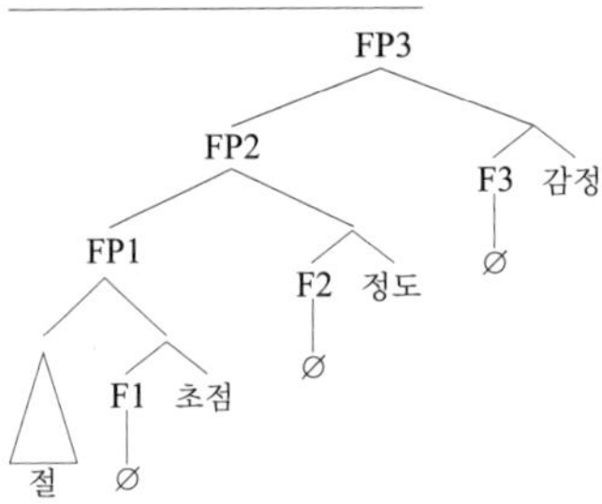


14 주어의 이동을 유인하는 자질은 생성문법 관련 문헌에서 '강명사구 자질(strong NP-feature, Chomsky 1995: §3)', '강한정사 자질(strong D-feature, Chomsky 1995: §4)', '확대투사원리 자질(EPP feature, Chomsky 2001)', '비해석성 굴절 자질(uninterpretable inflectional feature, Chomsky 2007)', '일치자질(agreement feature, Chomsky 2008)' 등 여러 명칭으로도 불린다.

1993 등). 주어가 시간사구의 지정어 자리에 위치해야 한다는 조건은 원칙적으로는 생성문법이 줄곧 주장한 가설인 '확대투사원리(Extended Projection Principle, 약칭 EPP)'를 반영한 것으로(Williams 1980, Chomsky 1981, Rothstein 1985 등), 즉 시간사구의 지정어는 절이 주어고 이 위치는 비어 있을 수 없다는 것이다.[15] 주어가 원래 경동사와 병합된다는 것은 논항구조에서 요구되는 것인데, 주어가 논항(예를 들어 행위자 등)을 가질 수 있도록 하고 그 논항을 사건의 참여자로 해석한다. 주어와 시간사가 병합되는 것은 절에서 요구되는 것으로, 절에 주어가 있어야 비로소 문법적인 절이 된다.[16]

(18)

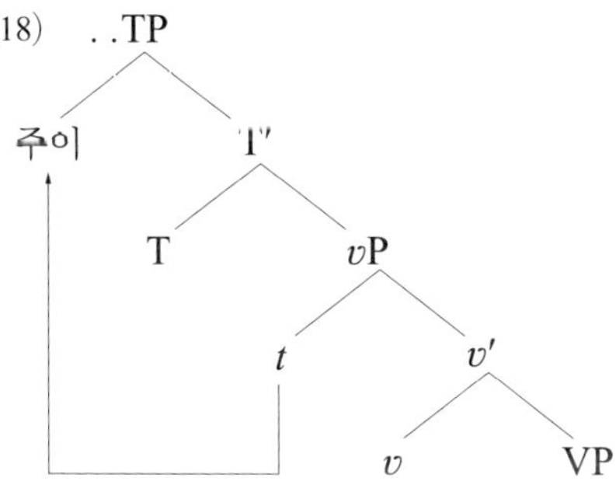


이제 중국어 예문을 통해 주어 이동의 연산과정을 설명해 보자. (19)는 주술구조로 이루어진 절이며, 그 통사구조를 (20)의 수형도와 같이 나타낼 수 있다.[17]

---

15 시간사구는 1980년대의 저서에서는 일반적으로 '굴절소구(IP)'로 불렸으며, 따라서 확대투사원리에서는 굴절소구의 지정어 자리가 주어의 위치다. Chomsky(1995: §2-3)에서는 굴절소를 시간사 T, 일치소 Agr 등 몇 가지 기능어로 나누어 구분했다. 또한 Chomsky(1995: §4) 및 그 이후의 저서에서는 주어의 위치를 시간사구의 지정어 위치로 확정하였다.

16 그러나 현재 생성문법학계에서는 확대투사원리의 본질을 여전히 제대로 파악하지 못하고 있어 논의가 필요한 상태다.

'师傅(사부님)'는 경동사 DO와 병합되어 경동사구의 지정어가 되고, 행위자가 된다. 동사 '夸(칭찬하다)'는 이동하여 DO의 위치로 옮겨 오는데, 이것이 바로 (19)를 형성하는 첫 단계이다.

(19) 师傅夸你来着。　　　사부님이 널 칭찬하셨어.

(20)

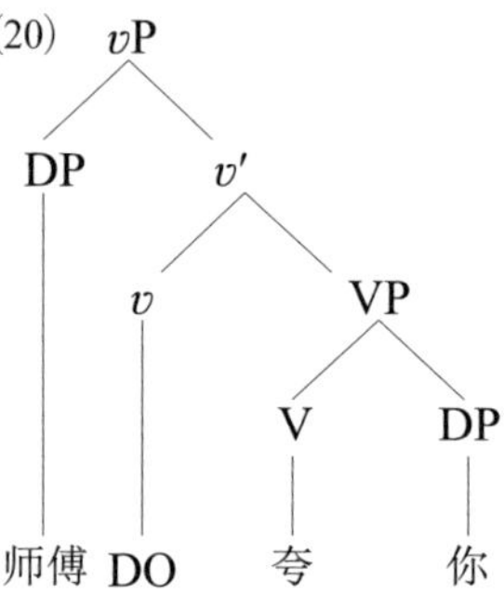


둘째 단계는 시간사 '来着'를 들여오는 것이다. 우선 '来着'는 경동사구와 병합된다. 중국어 어순에 따라 '来着'는 문장의 끝에 오는데, 읽기 편하도록 수형도 (21)에서는 시간사를 경동사구 뒤에 놓아 직접적으로 핵 후행(haed final) 어순을 도출하였다.[18] 시간사에는 주어 '师傅(사부님)'의 이동을 유인하는 자질이 부여되어 있는데, '师傅(사부님)'가 이동한 후에는 시간사와 병합되어 시간사구를 구성하여 (19)를 형성한다. '来着'는 사건성을 나타내는데, '来着'가 관할하는 범위는 경동사구 전체를 포괄하여 '师傅夸你(사부님이 너를 칭찬하다)'라는 사건이 발생한 시간을 적시한다.[19]

---

17　이 예문은 《홍루몽(红楼梦)》에서 가져온 것으로, 陈前端(2008: 141)에서 재인용하였다.

18　만약 핵 후행(head final)가설을 엄격히 따른다면 시간사는 경동사구 앞에 위치해야 하고, 그 다음 '来着'와 시간사구가 연이어 이동하여 (19)와 같은 어순이 만들어질 것이다. 상세한 내용은 邓思颖(2000, 2003b: §3)의 설명을 참조하기 바란다.

시간사구는 위에, 경동사구는 아래에 위치하게 되는 구조는 시간사가 관할하는 영역이 사건 전체를 포괄하고 있음을 잘 설명해 주는데, 시간사의 기능은 바로 문 내부의 사건과 외부 현실 세계가 연관성을 가지게 하는 것으로, 직시성을 가지고 있다.[20]

(21)

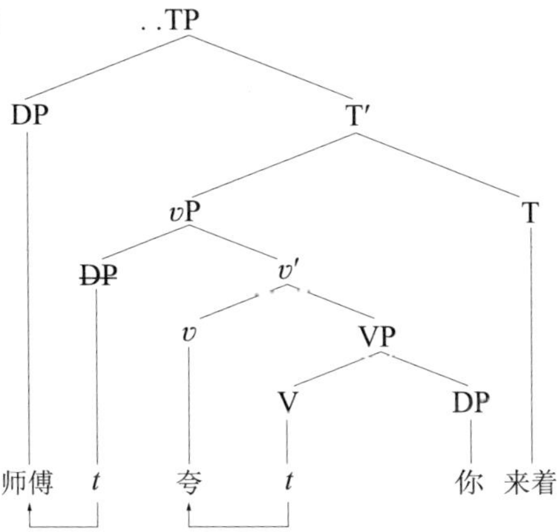


시간사 '了'(흔히 말하는 '了$_2$')도 유사한 도출과정을 가지고 있다. 예를 들어 (22)의 주어 '我(나)'는 원래 경동사구 내에 위치하며 경동사 DO와 병합되고, 시간사 '了'는 경동사구와 병합된다. 그 다음 '我(나)'는 이동 후 시간사와 결합하여 시간사구를 형성하는데, 이는 (23)의 수형도와 같이 나타낼 수 있다.

---

19 수형도 (21)에서 시간사 T는 경동사구 *v*P 및 경동사구 내 각 성분들을 성분통어한다.

20 중국어 시간사 T는 눈으로 볼 수 있고 들을 수 있는 형태로 나타날 수 있어서 동사의 이동 동기가 부족한데, 바로 이러한 점으로 인해 중국어에는 동사로부터 시간사로의 이동이 없다.

(22) 我吃饭了。　나는 밥을 먹었다.

(23)

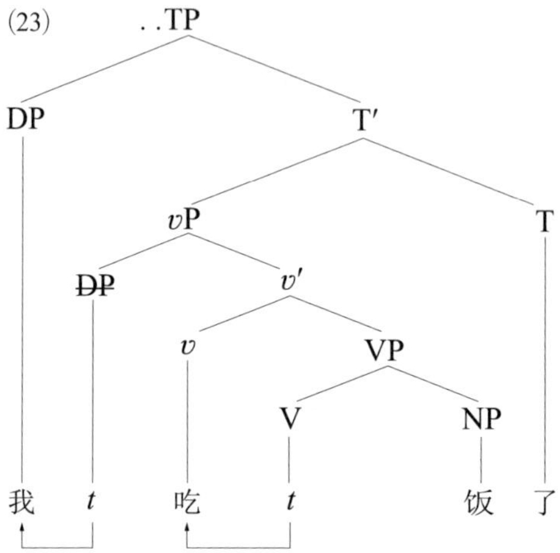


황(Huang 1993)은 재귀대명사와 대명사의 지시 관계를 근거로 중국어의 주어는 원래 경동사구 내에 위치하고, 이후 이동을 통해 시간사구의 지정어 위치로 옮겨가며 원래 있던 위치에 흔적을 남긴다는 것을 증명하였다. 중국어 재귀대명사 '他自己(그 스스로)'는 같은 절 내의 주어를 지시해야 하는데, (24)의 예를 보면 '他自己(그 스스로)'는 오직 내포절의 주어인 '李四(리쓰)'만을 지시할 수 있고, 주절의 주어인 '张三(장싼)'을 지시할 수 없다. '张三(장싼)'과 '李四(리쓰)'는 각각 지표 *i*와 *j*를 가지고 있지만, '他自己(그 스스로)'는 *j*만을 지표로 가지며 *i*를 지표로 가질 수 없다. 이는 이 재귀대명사가 가장 가까운 '李四(리쓰)'의 결속만을 받을 수 있고, '张三(장싼)'의 결속을 받을 수 없으며, '李四(리쓰)'와 '他自己(그 스스로)'는 공지시 관계가 됨을 말해 준다. (25)의 목적어 내에 위치한 '他自己(그 스스로)' 역시 마찬가지로 동일한 특성을 가진다.[21] 황(Huang 1993: 119)은 만약 '他自己(그 스스로)'를 포함한 목적어가 전치되어 화제화가 이루어진다면 (26)의 '他自己(그 스스로)'

는 내포절의 주어 '李四(리쓰)'를 가리킬 수도 있고, 주절의 주어인 '张三(장싼)'도 가리킬 수 있게 되지만, 만약 '他自己(그 스스로)'가 술어 전체(즉 (27)의 술목구조 '批评他自己(그 스스로를 질책하다)')와 함께 이동하여 문두로 오게 되면, '他自己(그 스스로)'는 여전히 오직 내포절의 주어인 '李四(리쓰)'만을 가리키고, 주절의 주어인 '张三(장싼)'을 지시할 수 없다는 사실에 주목하였다.

(24) 张三$_i$说李四$_j$常常批评他自己$^{*}_{i/j}$。
장싼은 리쓰가 종종 그 스스로를 질책한다고 말했다.

(25) 张三$_i$希望李四$_j$能管一管他自己$^{*}_{i/j}$的事。
장싼은 리쓰가 그 스스로의 일을 잘 처리하기를 바란다.

(26) 他自己$_{i/j}$的事，张三$_i$希望李四$_j$能管一管。
그 자신의 일을, 장싼은 리쓰가 잘 처리하기를 바란다.

(27) 批评他自己$^{*}_{i/j}$，张三$_i$知道李四$_j$绝对不会。
그 스스로를 질책하는 것은, 장싼은 리쓰가 절대로 하지 않을 것을 안다.

황(Huang 1993)은 (27)에서 전치되어 문두로 오게 된 술목구조가 표면상으로 볼 때 일반적인 술목구조인 '批评他自己(그 스스로를 질책하다)'인 것처럼 보이나 실제로는 하나의 주술구조로, 수형

---

21 생성문법학 연구에서 재귀대명사의 시시 관계는 결속이론(binding theory)에 속하는 문제다. 결속이론이 구체적 조작에 대해 보다 구체적인 이해를 원한다면 반드시 먼저 기본적인 구구조 이론과 '성분통어' 등의 개념을 잘 파악해 하는데, 이를 위해 언어학 교재 중 본 이론과 관련된 설명을 참고하면 된다. 그 밖에 생성문법 이론에서 재귀대명사에 대해 연구한 다양한 성과물들이 있는데, 중국어로 기술된 개론서는 徐烈炯(1999, 2009: §3)을, 영어로 기술된 개론서는 Huang and Li(1996) 및 Huang, Li and Li(2009: §9)를 참조하기 바란다.

도 (28)에서 사각형 틀 부분(경동사구에서 지정어 위치가 지워진 것 외에 기타 세부 내용은 생략)에 보이는 것과 같은 주어 이동의 흔적을 포함하고 있다고 보았다. (27)에서 이동이 이루어진 것은 사실 경동사구 전체로, 주어가 남긴 흔적과 함께 이동하며, 이 흔적은 여전히 결속능력을 가지고 있어 목적어의 '他自己(그 스스로)'를 결속할 수 있다. 경동사구가 어디로 이동하든지 간에 '他自己(그 스스로)'는 '李四(리쓰)'의 흔적에 의한 결속만 받을 수 있으며, 다른 논항을 지시할 수 없다. (26)의 이동된 부분은 하나의 명사성 성분에 불과하며 주어의 흔적을 포함하고 있지 않아 '他自己(그 스스로)'의 지시는 상대적으로 자유롭다.[22]

(28)

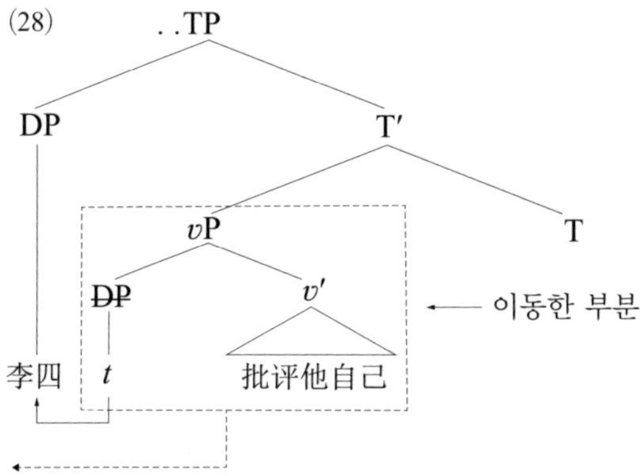


황(Huang 1993)은 나아가 명사성 목적어의 이동과 이른바 술목구조의 이동 간의 차이를 비교하였는데, 아래의 예는 모두 이른바 '강교차(strong crossover, 强跨越)'[23] 효과, 즉 대명사가 지시하는

22 (26)에 대한 Huang(1993)의 분석을 참조하기 바란다. 국면이론의 관점에서 이 문제를 보면, (26)의 도출과정은 국면에 따른 것임을 알 수 있다.

23 [역주] 교차현상에는 강교차와 약교차가 있다. 강교차는 주어와 이동된 구

성분이 대명사의 오른쪽에서 대명사의 왼쪽으로 이동해서는 안 되는데 대명사를 '교차'해버리는 현상이 발생한다. 예를 들어, 주어 자리에 위치한 대명사 '他(그)'는 원래 목적어 자리에 위치한 '张三(장싼)'을 지시하는데, 이동 후 '张三(장싼)'은 '他(그)'이 왼쪽에 위치하여 '他(그)'와 교차하여 이른바 강교차를 형성한다. 그러나 황(Huang 1993: 119)은 (29), (30)의 명사성 목적어 '张三的朋友(장싼의 친구)'의 이동이 (31), (32)의 술목구조 '批评张三的朋友(장싼의 친구를 질책하다)'의 이동에 비해 수용성이 조금 높다고 보았다. (30)의 '张三(장싼)'과 '他(그)'는 거리가 비교적 멀기 때문에 강교차의 효과가 다소 경감될 수 있다. 이와 비교할 때 (32)에서는 '张三(장싼)'과 '他(그)'의 거리에 상관없이 수용성은 낮다는 사실을 통해 더 나아가 (31), (32)에서 이동된 술목구조가 사실상 주술구조이고, 그 안에 주어 '他(그)'가 남긴 흔적을 포함하고 있음을 증명해 준다. 이 주술구조가 어디로 이동하든 주술구조 내에는 여전히 '他(그)'의 흔적이 남아있고, 목적어 위치에 있는 '张三(장싼)'을 결속하고 있다. 만약 (31), (32)의 '张三(장싼)'이 바로 이 흔적의 결속을 받는다면 결속이론의 '결속조건 C'를 위반하게 되고, 고유명사 '张三(장싼)'은 어떠한 상황에서도 결속을 받을 수 없다. 결속조건을 위반하지 않은 (29), (30)은 그런대로 받아들일 수 있는 문장으로 수용성을 개선할 수 있지만, 결속조건을 위반한 문장은 수용성을 개선할 방법이 없으므로 (31), (32)는 비문이 된다.

---

가 교차하는 것이며, 약교차는 주어에 포함된 구가 이동된 구와 교차하는 것을 말한다. 대명사가 Wh-이동을 성분통어하여 결속조건 C를 위배하는 것으로 설명되는 교차문(Crossover sentence)은 흔히 '강교차(Stong Crossover)'라고 불린다(한학성, 2002, 《생성문법론》, 태학사, 204-205 참조).

(29) $^{?*}$张三$_i$的朋友，他$_i$知道我常常批评。

장싼의 친구를, 그는 가끔 내가 질책하는 것을 안다.

(30) $^{?}$张三$_i$的朋友，我知道他$_i$常常批评。

장싼의 친구를, 나는 가끔 그가 질책하는 것을 안다.

(31) $^{*}$批评张三$_i$的朋友，他$_i$知道我绝对不会。

$^{*}$장싼$_i$을 질책하는 친구, 그$_i$는 내가 결코 그럴 리 없다는 것을 안다.

(32) $^{*}$批评张三$_i$的朋友，我知道他$_i$绝对不会。

$^{*}$장싼$_i$을 질책하는 친구, 나는 그$_i$가 결코 그럴 리 없다는 것을 안다.

황(Huang 1993)의 주장은 중국어의 주어가 원래 경동사구 내에 위치하다가 시간사구로 인상되면서 원래 위치에 흔적을 남긴다는 사실을 설명해 주며, 이는 '내부주어가설'에 설득력을 더해 준다. 주어는 먼저 경동사와 병합하여 경동사구를 형성하는데, 이는 논항구조에서 요구되는 것이며, 이러한 조건을 만족시켜야 만이 완전한 하나의 논항구조를 형성할 수 있다. 주어가 이동 후 시간사와 병합되는 것은 절에서 요구되는 조건으로, 이렇게 해야 완전한 절을 형성하는 조건이 갖추어진다. 전통문법 관점에서 볼 때, 경동사구 내의 주어가 구성하는 주술구조는 '구' 층위에 속하고, 주어가 시간사구로 인상되어 '주술' 관계를 형성하는 것은 절 층위에 속한다.

## 8.3 문장 종류

《중고등학교 교육문법체계제요》에서는 문장 종류를 "문장의 기본적인 의사소통 기능 또는 평소에 말하는 문장의 기본 용도를 말한다."고 정의하였고, 주더시(朱德熙 1982: 23)는 문장 종류가 '문장의 기능'에 따라 구분한 것이라고 보았다. 류웨화 외(刘月华 等 1983: 11)에서는 문장 종류를 '표현기능'에 따라 나눈 것이라 하였고, 이후 수정본에서는 '의사소통 기능'에 따라 더욱 상세하게 문장을 분류하였다(刘月华 等 2001: 25-30). 장즈궁 외(张志公 等 1985: 38)는 문장 종류를 '용도, 즉 기본적인 의사소통 기능에 따라' 분류한 것이라고 보았다. 일반적인 중국어 문법 교재에서는 모두 문장 종류를 '문장의 어기'에 따라 구분한 것이라고 보았다(张静 等 1980, 张斌 等 1988, 胡裕树 等 1995, 黄伯荣·廖序东 2002b, 周一民 2006 등).

'어기'라는 개념이 서법, 화행 또는 기타 담화와 관련된 특징 가리키는데 쓰임을 앞서 이미 말한 바 있다. 어기는 주로 담화의 미를 나타내며, 발화 시의 맥락과 관련된다. 하지만 문장 종류는 '문장의미(sentense-meaning)'에 의해 분류되는 것으로, 문장의 문법 특징에 의해 결정되는 것이기 때문에 맥락으로부터 독립적이다(Lyons 1995). 문장 종류와 어기는 서로 다른 범주에 속하므로 혼동해서는 안 되며, 이 두 가지의 구분에는 의미적 근거가 있다.

전통문법의 일반적인 분류에 따르면, 중국어의 절은 평서문, 의문문, 명령문, 감탄문 네 가지로 나뉜다.[24]

---

24 이 네 가지 유형 외에 朱德熙(1982: 24)가 한 가지 유형을 더 제시하였는데, 바로 '칭호문(称呼句)'으로, 예를 들어, "老王！(라오왕!)", "同志们！(동지들!)"과 같은 예가 있다. 이를 北京大学中文系(2004: 304)에서는 '호응어(呼应语)'라고 칭하고, 부르거나 응답할 때 사용된다고 하였다. 刘月华 等(1983: 11)은 문장을 네 가지 유형으로 분류하였다가 수정본(刘月华 等 2001: 30)에서 다시 '호응문(呼应句)'이라는 유형을 추가하였다. 사실상 이러한 용법은 '부름말(vocative)'에 속하는 것으로, 문장 종류와는 무관하다.

평서문은 '사실을 서술하거나 설명'하는 데 쓰이며 '진술어조를 가진 문장'으로, 사고思考의 가장 일반적 표현 형식이자 가장 광범위하게 사용되는 문장 종류(黄伯荣·廖序东 2002b: 110)로 예를 들면 (33), (34)등과 같은 문장이 평서문에 속한다.

(33) 收获不小呢。 소득이 적지 않네.

(34) 今天星期天。 오늘은 일요일.

의문문은 "의문어조를 가지고 질문하는 문장"으로, "질문의 수단으로 어조, 의문사, 어기부사, 어기사 또는 의문형식이 있는데, 때로는 한 가지 수단만 사용하기도 하고 때로는 두세 가지 수단을 동시에 사용하기도 하는데, 그중 어조는 필수요소이다"(黄伯荣·廖序东 2002b: 112). 전통문법 분류에 따르면 중국어의 의문문은 일반적으로 특지의문문(特指问句), 시비의문문(是非问句), 정반의문문(正反问句), 선택의문문(选择问句) 네 가지로 나눌 수 있다.

특지의문문은 (35)의 '谁(누구)', (36)의 '怎么样(어떻게)'과 같은 의문대사를 포함하며, 어조로 봤을 때 "문장은 대부분 상승조를 사용한다"(黄伯荣·廖序东 2002b: 113).[25]

(35) 你喜欢谁? 너 누구 좋아해?

(36) 张三怎么样修车? 장싼은 차를 어떻게 고치니?

---

25 중국어 특지의문문 연구는 생성문법에서 중요하게 다루는 문제 중 하나인데, 이에 관해서는 Huang and Li(1996), 石定栩(1999b) 및 Huang, Li and Li(2009: §7)의 소개 및 여기에 인용된 문헌들을 참조하기 바란다.

시비의문문의 "구조는 평서문과 비슷한데, 다만 의문 어조를 사용하거나 어기사 '吗', '吧' 등을 겸용(呢는 사용할 수 없다)한다는 점이 다르다. 시비의문문은 일반적으로 명제 전체에 대한 의문을 나타낸다. 시비의문문에 대한 대답으로는 명제 전체에 대한 긍정 혹은 부정만 가능하며, '是(그래)', '对(맞다)', '嗯(응)'이나 '不(아니다)', '没有(아니다)' 등을 사용해 대답하거나 고개를 끄덕이거나 가로 저어 대답하기도 한다"(黄伯荣·廖序东 2002b: 112). 예를 들어 (37)과 같이 어조를 통해 표현하거나, (38)과 같이 '吗'를 사용하거나, (39)와 같이 '吧'를 사용하기도 한다.

(37) 你真要带我走? 너 정말 나를 데려가려고?
(38) 这事你知道吗? 이 일을 너는 아니?
(39) 你们下星期能来吧? 너희들 다음 주에 올 수 있지?

정반의문문은 '반복의문문(反复问句)'이라고도 불린다. 이 의문문은 "술어의 긍정형식과 부정형식을 병렬하여 구성한다"(黄伯荣·廖序东 2002b: 113). 중국어의 정반의문문은 대략 몇 가지 형식으로 구분되는데, 술목구조 VO로 구성된 정반 의문문을 예로 들어 보면 (40)과 같은 'VO不VO', (41)과 같은 'VO不V', (42)와 같은 'V不VO', (43)과 같은 'VO不'의 형식이 있다(朱德熙 1982, 1991).[26]

(40) 你吃饭不吃饭? 너 밥 먹어 밥 안 먹어?
(41) 你吃饭不吃? 너 밥 먹어 안 먹어?

26 중국어 정반의문문과 선택의문문의 통사분석과 관련된 내용은 黄正德(1988), Huang(1991) 및 Cheng, Huang and Tang(1996), Li and Li(2009: §7)를 참조하기 바란다.

(42) 你吃不吃饭?　　　　너 밥 먹어 안 먹어?

(43) 你吃饭不?　　　　너 밥 안 먹어?

선택의문문은 몇 가지 병렬 항목을 사용하여 "한 가지 이상의 의견을 제시하고, 상대방에게 선택하도록 한다"(黄伯荣·廖序东 2002b: 113). 선택의문문은 (44)와 같이 주로 '还是(아니면)'를 사용하여 선택하는 부분을 연결하며, (45)와 같이 '还是(아니면)'를 사용하지 않는 경우도 있다.

(44) 他们打蓝球还是打排球?

그들은 농구를 하니 아니면 배구를 하니?

(45) 他们打蓝球打排球?

그들은 농구를 하니 배구를 하니?

명령문은 "상대방에게 어떤 일을 하거나 하지 않기를 요구하는 문장"이다. 어조로 보면 급격히 하강하고 매우 짧고 촉박한 어조(명령을 표시)를 띠거나 혹은 비교적 평탄한 하강어조(요청 표시)를 띤다(黄伯荣·廖序东 2002b: 115). 술부에는 동작이나 행위를 나타내는 동사 또는 동사성 구조만 사용되며, 주어는 주로 2인칭 대명사인 '你(너)', '您(당신)', '你们(너희)'인 경우가 많지만, (46)과 같이 생략되는 경우도 있다(朱德熙 1982: 205). '我们(우리)'이 만약 '咱们(우리)'의 용법과 동일하게 청자를 포함하는 경우에는 (47)과 같이 명령문에 사용될 수 있다(朱德熙 1982: 205).

(46) (你们) 说吧!　　　　(너희들) 말해봐!

(47) 我们/咱们快走吧!　　　　우리 빨리 가자!

감탄문은 “농후한 감정이 담긴 문장”으로 “즐거움, 놀람, 슬픔, 분노, 싫어함, 공포 등과 같은 농후한 감정을 나타내며”, “일반적으로 하강어조를 사용한다”(黄伯荣·廖序东 2002b: 116). 일부 감탄문은 (48)의 ‘哎哟(아이고)’ 등과 같은 감탄사로 구성되고, 일부는 예를 들어 (49)에 쓰인 ‘多(얼마나)’나 그 외 ‘多么(얼마나)’, ‘好(아주)’, ‘真(정말)’ 등과 같은 부사로 구성된다.

(48) 哎哟! 救命哟! 아이고! 사람 살려!

(49) 那该多好哇! 그러면 얼마나 좋을까!

감탄문인 (50)과 의문문인 (51)에 모두 다 부사 ‘多(얼마나)’가 사용된 것처럼 일부 감탄문은 의문문과 어순이 같고 형식도 비슷하지만, 둘의 어조는 분명 다르다.

(50) 他多胖! 그가 얼마나 뚱뚱한가!

(51) 他多胖? 그가 얼마나 뚱뚱하지?

이상의 내용을 종합해 보면 중국어의 문장 종류는 문장 의미에 따라 구분되며 의문대사, 감탄사, 특수문형, 주어와 술어의 선택 등과 같은 몇 가지 두드러지는 문법적 특징에 의해 결정되지만, 가장 중요한 판단기준은 어조라고 할 수 있다. 모든 문장 종류는 저마다 특정한 어조를 띠는데, 예를 들어 평서문의 ‘진술어조’, 명령문의 ‘급격히 하강하며 짧고 촉박한 어조, 비교적 완만한 하강어조’, 감탄문의 ‘하강어조’ 등이 있고, 의문문의 어조는 ‘필수적인 것’으로, 예를 들어 ‘상승어조’를 사용하는 특지의문문, ‘의문어조’를 사용하는 시비의문문 등이 있다. 따라서 중국어의 문장 종류를 나타내는 가장 기본적인 형식수단은 어조라고 할 수 있겠다.

중국어에서 문장 종류를 나타내는 어조는 비교적 특수한 성격을 띠며, 형식은 비교적 명확하다. 초분절음에 속하는 성분이지만 단독으로 하나의 부류를 구성할 수 있어 중국어 어휘부에서 독립적인 품사를 이룬다. 이 품사를 우리는 보문사 C라고 부른다.[27] 보문사는 어휘부에서 선택되어 통사부로 진입한 후 시간사구 TP와 병합되어 보문사구 CP를 구성하는데, 시간사구는 바로 보문사의 보충어가 된다. 비록 어조는 원칙적으로 문장 전체를 관통해야 하지만, 문미에 있는 음절에서 특히 더 분명하게 드러난다(黄伯荣·廖序东 2002a: 127). 그러므로 이 책에서는 보문사가 시간사구에 출현한 후 아래와 같은 수형도를 이루고, 어순상으로 문미에 나타나게 된다고 본다.[28] 아래에서는 ∅을 사용해 문장 종류의 어조를 표시하겠다.

(52)

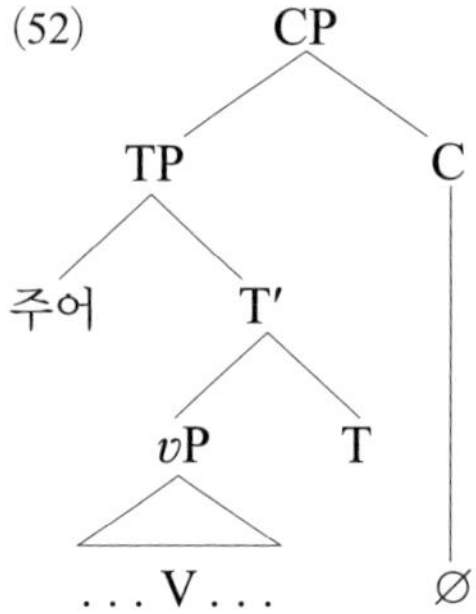


도출과정에서 (52)와 같은 단계에 이르러 보문사구를 형성하

27 문장 종류와 어기를 나타내는 어조만 보문사에 포함되고, 어기를 나타내는 어조는 어기사에 포함되어야 한다.

게 되는데 이 보문사구는 사건을 나타내는 경동사구 *v*P, 시간을 나타내는 시간사구 TP, 문장 종류를 나타내는 보문사구 CP를 포함하고 있어 비교적 완전한 구조를 갖고 있다고 하겠다. (14)의 분류에 따라 이러한 구조를 절이라고 할 수 있다. 앞서 언급한 예문 (5), (6)의 내포절, (8)과 (10)의 '你去过了(네가 가봤었다)', (9)의 '你去过(네가 가본 적이 있다)' 등도 모두 절로 분석할 수 있다. (8)의 내포절의 예문을 (53)에 다시 제시하였는데, 수형도 (54)는 내포절의 구조를 나타내고 있으며, 그중 경동사구 내의 흔적은 주어 '你(너)'가 이동 후에 남긴 것이다. 이러한 구조 내에서 보문사의 주요 기능은 바로 내포절의 문장 종류(평서문)를 나타내는 것이다. (53)의 동사 '知道(알다)'는 하나의 절(보문사구)을 선택하여 목적어로 삼음으로써 '知道(알다)'와 '你去过了(네가 가봤었다)'는 술목구조를 구성하는데, 이러한 목적어 역시 동사성 목적어라고 부를 수 있다.

28 '핵 선행(head intial)' 이론을 바탕으로 나는 일찍이 보문사구가 원래는 시간사구 앞에 위치하다가 후에 시간사구의 위치이동을 유발하여, '시간사구+보문사'의 어순을 만들어낸다고 가정하였다(Tang 1998, 邓思颖 2000, 2003b). 만약 중국어의 보문사가 어조로 나타난다면, 시간사구의 이동을 유발하는 능력은 어조에서 비롯된다고 보아야 할 것이며, 이는 음운적 자질에 의한 이동이다.

(53) 我知道[你去过了]。

나는 네가 가봤었다는 걸 안다.

(54)

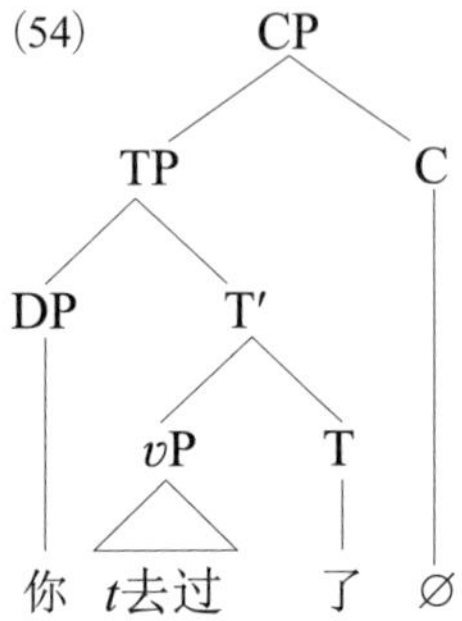


문장 종류를 나타내는 어조는 하나의 품사를 구성할 수 있으며, 통사부에서 구를 구성하고 절이 될 수 있는데, 이는 중국어 언어 사실에 부합한다. 보문사는 통사부에서 두 가지 큰 임무를 띠는데, 대내적으로는 시간사구로 구성된 부분에 대해 문장 종류를 구분 짓고 특정한 문장 의미를 부여하며, 대외적으로는 국면 외의 성분과 접촉하여 (53)과 같이 다른 동사와 병합해 절을 다른 성분의 목적어로 만들거나 어기와 같은 일부 '더 높은 층위'의 성분과 접촉하여 절을 통사와 화용의 접합면으로 이끈다.

## 8.4 어기

어기는 서법, 화행이나 기타 담화와 관련된 특징을 가리키는 것으로, 주로 담화의미를 나타내고, 발화 시의 맥락과 관계가 있다. 후밍양(胡明扬 1987: 76)의 분류에 의하면[29] 어기는 다음과 같은 세 가지를 포함한다. 첫째는 감정 표현 어기(表情语气)로, 주변의 사물 또는 상대방의 발화 내용에서 비롯되는 감정으로 감탄,

놀람, 의아함, 불만 등의 감정이다. 둘째는 태도 표시 어기(表态语气)로, 자신의 발화 내용에 대한 태도로 긍정, 불확신, 강조, 완곡함 등을 말한다. 셋째는 의사 표시 어기(表意语气)로, 상대방에게 간청, 명령, 질문, 따짐, 부름, 승낙 등과 같은 모종의 정보를 전달하는 것이다. 중국어의 어기는 어기사, 어조, 기타 어기를 나타내는 어휘(예를 들어 부사 '一定') 등으로 표현할 수 있다.

자주 사용되는 중국어 어기사에는 '吗', '吧', '嚜', '啊', '哎', '呕' 등이 있다(胡明扬 1981, 朱德熙 等 1982). 연독(连读)과 합음(合音)으로 인해 이 몇 가지 어기사가 다수의 '합성어기사'를 만들어내는데, 예를 들면 '呗(bei/bai)'(='吧 ba'+'哎 ei/ai'), '嘛(ma)'(='嚜 me'+'啊 a') 등이 있다(胡明扬 1981: 348, 1987: 77). 아래에서 '吗', '吧', '啊' 세 가지 어기사에 대해 간단히 살펴보자.

일반적으로 '吗'는 의문을 나타내며, 앞의 (38)과 같은 시비의문문을 구성한다. 그런데 후밍양(胡明扬 1987: 89-90)은 사실 '吗'가 사용된 일부 문장이 결코 단순한 시비의문문이 아니라는 점에 주목하였는데, 예를 들면 (55)는 의심이나 따짐을 나타내는 데 사용되고, (56)은 사실상 긍정을 나타내며, (57)은 의문 어기가 없고, 따짐과 당연함을 나타낸다. '吗'는 의사 표시 어기를 나타내며, 상대방에 질문하고 대답을 요구한다.

(55) 白布有掉色的吗? 흰색 천 중에 탈색된 게 있다고?
(56) 呸! 你还不该死吗? 흥! 너 아직 죽을 때 안 됐니?
(57) 这不是废话吗。 이건 쓸데없는 이야기잖아.

29 胡明扬(1987)은 《中国语文》에 게재한 '北京话的语气助词和叹词(베이징 방언의 어기조사와 감탄사)'라는 제목의 논문(胡明扬 1981)에 기초하여 보충하고 발전시킨 것이다.

루젠밍(陆俭明 1984: 331)은 ‘吗’가 사용된 의문문도 ‘하강어조’를 띤다는 점에 주목했는데, 평서문의 구조(句调)와 동일하므로 ‘吗’는 ‘의문정보’를 전달하는 것으로 보아야 한다고 주장하였다. 그러나 이러한 ‘의문정보’가 문장 종류와 동일하다고 볼 수는 없는데, ‘의문정보’는 예를 들어 의사 표현 어기를 통해 상대방에게 질문 정보를 전달하는 것과 같이 같은 다른 방식을 통해 도출될 수 있기 때문이다. 정보를 묻고 청자에게 대답을 요구하는 것을 화용론에서는 사실상 지시(directive)의 특수한 한 종류로 본다. 이처럼 ‘吗’의 ‘의문정보’는 어기 현상에 속하고 문장 종류와는 무관하다. 쭤쓰민(左思民 2009: 360)은 의문을 나타내는 ‘吗’가 서면에서만 존재하며, 구어의 평서문과 명령문에서 사용되는 ‘嘛’와 전혀 차이가 없다고 주장하였다. 만약 문장이 평서문의 어조를 띤다면 ‘吗’는 ‘당연히 그러함’을 나타내는 ‘嘛’로 이해해야 할 것이다.

‘吧’는 태도 표시 어기를 나타내며, 문장에 불확실한 말투(口气)를 더해 주는데, 긍정의 진술에 불확실한의 어기를 더하면 ‘확신의 전달(传信)’이 되고, 부정의 진술에 불확실한 어기를 더해 주면 ‘의심의 전달(传疑)’이 된다(胡明扬 1987: 87-88). 뤼수샹(吕叔湘 1982: 297, 309)은 ‘吧’가 추측, 제안, 반신반의 및 상의, 건의 등의 어기를 표현한다고 보았다. ‘吧’는 여러 가지 문장 종류에 속하는 문장들에 사용될 수 있는데, (58), (59) 등의 예문은 후밍양(胡明扬 1987: 87)에서 인용한 것이다. 주더시(朱德熙 1982: 211)에서는 (60)과 같은 시비의문문에도 ‘吧’를 사용할 수 있다고 하였다. 그러나 후밍양(胡明扬 1987: 87)은 “의문어기는 의문어조가 결정하는 것이지 ‘吧’와는 무관한데, ‘吧’는 단지 원래의 긍성문을 불확실한 것으로 만들어줄 뿐이며, 따라서 의문문은 긍정적인 대답을 해 주기를 바라는 것이다"라고 주장하였다. 이처럼 '吧'는 문장 종류를 나타내는 표지가 결코 아니며, 화자의 어기를 나타내는 수단일 뿐이다.

(58) 啊，这大概就是下雪吧！
아, 이건 아마도 눈이 오는 거겠지!

(59) 二哥，给我吧。　　둘째 형, 나 좀 줘.

(60) 李先生在家吧？　　이 선생 집에 계시겠지?

사오징민(邵敬敏 1996: 69)은 의문무의 '吧'가 종종 (61)의 '大概', (62)의 '也许', (63)의 '好像' 등과 같이 추측, 짐작, 불확실을 나타내는 일부 어기사와 함께 사용된다는 점에 주목하였는데, 이처럼 '吧'는 발화 내용의 불확실을 나타내는 어기와 밀접한 관련이 있다.

(61) 你大概是没有关好窗户吧？　　너 창문 안 닫았나보구나?

(62) 这也许是两种制度的两个基调吧？
이것이 아마 두 가지 제도의 두 기조겠지?

(63) 撕了好像不太好吧？　　찢으면 안 되겠지?

루젠밍(陆俭明 1984: 336)은 "'吧'가 사용된 문장이 어떠한 특정한 맥락의 제약을 받으며 의문문에 출현했을 때 문장의 어기는 '확신보다 의심이 큼'을 나타내며, 이때 '吧'는 의문정보를 담아내는 기능을 하고, '吧'가 출현하는 문장은 특정한 맥락의 제약을 받으며, 비의문문에 출현할 때 문장의 어기는 '의심보다 확신이 큼'을 나타내는데, 이때 '吧'는 추측 또는 명령의 어기를 주로 나타낸다."고 지적한 바 있다. 이를 통해 '吧'는 문장 종류에 대한 정보는 전혀 나타내지 않으며, 의문문과 비의문문에서의 용법은 그 외 다른 요소에 의해 결정됨을 알 수 있다.

'吗'와 '吧'는 모두 어기를 나타내는 데 사용되고, 심지어 마찬가지로 의문을 나타내는 (64)와 (65)처럼 동일한 문장 종류에 사용될 수 있다. 주더시(朱德熙 1982: 211)는 '吗'와 '吧'의 차이에 대해 '吗'는 '몰라서 묻는 것'이고, '吧'는 "화자가 이미 어떻게 된 것인지 알면서도 단지 확신하지 못해 상대방에게 확인하기 위해 물어보는 것을 나타낸다"고 하였다. (64)와 (65)의 예를 보면, (64)는 답을 꼭 예측할 수 있는 상황은 아니며, (65)는 이미 한 가지 예측하는 바가 있고, 대략적으로 답을 알고 있는 것 같은 상황이다. 이에 따라 B. 리(B. Li 2006)는 '吗', '吧'와 같은 부류의 어기사가 주로 어기의 정도(degree)를 반영하는 것으로, 전자는 의문 정도가 높은 편이고, 후자는 의문 정도가 낮은 편이라고 하였다.

(64) 张三在办公室吗?　　장싼은 사무실에 있니?

(65) 张三在办公室吧?　　장싼은 사무실에 있지?

여러 연구 가운데 '啊'(그리고 그 변이형)의 의미와 기능에 대해서는 논쟁이 적은 편인데, '啊'는 감정 표현 어기를 나타내는 어기사로서 화자의 감정을 표현하며, 구체적인 감정색채는 담화 내용과 언어 환경에 따라 정해진다(胡明扬 1987: 86). '啊'는 감정색채를 더해 줄 수 있고(张斌 等 1988: 350, 胡裕树 等 1995: 376, 黄伯荣·廖序东 2002b: 46), "문장에 이미 존재하는 어기를 강화하는 작용을 한다"(左思民 2009: 365). 모든 어기사 가운데 '啊'(그리고 그 변이형)가 가장 널리 분포하며, 다양한 문장 종류에 출현할 수 있는데

(朱德熙 1982: 212), 예로 (66)과 같은 평서문에 사용된 '呀'('啊'의 변이형), (67)과 같은 의문문이나 (68)과 같은 명령문, (69)와 같은 감탄문에 사용된 '哪'('啊'의 변이형)가 있다.

(66) 他不去呀。 그는 안 가.

(67) 你去不去啊? 너 가니 안 가니?

(68) 你吃啊! 먹어!

(69) 真好看哪! 정말 예쁘구나!

청(Cheng 1991)은 '呢'를 보문사로 분석하고, (70)의 특지의문문, (71)의 정반의문문, (72)의 선택의문문 등과 같은 의문문에 사용된 '呢'를 의문문을 나타내는 '의문조사(Q-particle, Q는 question을 나타냄)'로 보았다.

(70) 张三喜欢什么呢? 장싼은 뭘 좋아하지?

(71) 张三来不来呢? 장싼은 오니 안 오니?

(72) 他们打篮球还是打排求呢?
그들은 농구를 하니 아니면 배구를 하니?

사실상 '呢'는 의문문 외에 다른 문장 종류에서도 사용될 수 있으므로 '呢'를 의문조사로 규정하는 것은 분명 합당하지 않다. 주더시(朱德熙 1982)는 '呢'를 세 가지로 분류하였는데, 앞서 살펴본 의문문 (70)–(72)에 쓰인 '呢'를 '呢$_2$'로, (73)과 같이 지속 상태를 나타내는 '呢'를 '呢$_1$'로, (74)와 같이 과장 어기를 나타내는 것은 '呢$_3$'으로 분류하였다. 이러한 분류법을 따른다면 '呢$_2$'만 의문조사라 할 수 있다. 그렇다면 세 가지 '呢'를 구분하는 조건은 무엇인지 알아보자.

(73) 下雨呢。　　　　　비가 오네.

(74) 他会开飞机呢!　　　그는 비행기를 조종할 수 있어!

후밍양(胡明扬 1987)은 '呢'에 대해 상세히 분석하였는데, 먼저 '呢'가 나타내는 지속 상태에 대해 '呢'가 아닌 "이와 관련된 다른 어휘에서 오는 것이지 '呢'에서 오는 것이 아니다"(胡明扬 1987: 91)라고 하였다. 예를 들어 (75)와 같이 지속 상태를 나타내지 않는 문장에서도 '呢'를 사용할 수 있고, (76)과 같이 지속 상태를 나타내는 문장에서도 '呢'가 사용되지 않을 수 있기 때문이다. 따라서 후밍양(胡明扬 1987: 90)은 단지 하나의 '呢'만이 있을 뿐이며, 핵심 기능은 바로 "자신의 발화 내용 가운데 어느 한 부분에 대해 상대방의 주의를 요청하는 것이며, 주의를 바라는 그 부분을 나타내는 단어는 종종 강조를 나타내는 강세를 동반한다"고 하였다. 의문문의 '呢'는 상대방에게 '특별히 이 부분에 주목해 달라'는 것을 나타내며, 의문문의 문장 종류는 여전히 의문 어조에 의해 결정된다. 지속 상태를 나타내는 문장에 사용된 '呢'는 상대방에게 '이러한 상황을 당신이 모를 수 있으니 내가 지금 당신에게 주목해 줄 것을 요청한다'는 것을 알려준다.

쭤쓰민(左思民 2009: 364)도 '呢'에 '당신은 모르니 내가 알려주겠다'라는 의미가 있다고 지적하였다. 감탄문에 사용된 '呢'의 경우, 사실상 강조를 나타내는 강세에 의해 나타난다. 사오징민(邵敬敏 1996: 21)은 '呢'가 어떠한 의문문 형식에서도 정보를 묻는 기능을 갖지 않는다고 주장하기도 하였다.

(75) 我们昨儿还提到你呢。 우리 어제도 네 이야기를 했어.

(76) 笑不滋儿地在那儿躺着。 낄낄대면서 저기 누워 있어.

'呢'는 선택의문문뿐만이 아니라 문장 종류와도 필연적인 관련성을 맺지 않는데, 이처럼 '呢'를 보문사나 의문조사로 분석하는 것은 분명 문제가 있어 보인다. B. 리(B. Li 2006: 14)는 '呢'가 (77)과 같은 내포절 내에 출현할 수 없으며, 이러한 제약이 문장 종류를 표시하는 다른 언어의 보문사나 조사의 상황과 다르다는 점에 주목하였는데, 예를 들어 일본어의 '–か', 한국어의 '–지', 나바호어의 '–lá/–sh' 등의 보문사/의문조사는 주절에 출현할 수도 있고, 내포절 내에도 출현할 수 있다(Cheng 1991의 관찰에 근거).

(77) 张三想知道［李四喜欢什么书(*呢)］。

장싼은 리쓰가 무슨 책을 좋아하는지 알고 싶어 한다.

루젠밍(陆俭明 1984: 333)은 (78)과 같이 '呢'가 사용된 의문문 어조가 시비의문문의 어조와 마찬가지로 '상승조'이라는 점에 주목하였다. 만약 상승조가 문장 종류를 나타낸다면, '呢'가 문장 종류를 나타내는 성분으로 분석되어서는 안 된다. 사실상 상승조만 있다면, '呢'를 삽입하든 안 하든 문장에 큰 영향을 미치지는 않는데, 사오징민(邵敬敏 1996: 26)은 (79)의 의문문에 설령 '呢'가 있더라도 의미가 크게 달라지지 않는다고 하였다. 이처럼 문장 종류를 나타내는 성분은 '呢'가 아니라 바로 어조다.[30]

30 陆俭明(1984: 438)은 (78)을 "我不去可以不可以呢？"(나 안 가도 되니 안 되니?)로 해석할 수 있고, 여기서 '呢'는 일종의 가정을 나타내는 것으로 보았다. 그러나 邵敬敏(1996: 27)은 일부 문장에서 설령 '呢'가 없더라도 가정을 나타낼

(78) 我不去呢？　내가 안간다면?

(79) 田富贵：谢谢大人！以前你给我二毛子们不少方便，以后……

대인 감사합니다! 전에 대인께서 우리 얼마오쯔(二毛子)[31] 들에게 잘해 주셨는데, 나중에…

孙知县：也照样给你们？

너희들한테도 그렇게 해달라고?

田富贵：那你真是父母官了。(라오서(老舍)《神拳》)

그렇게만 해 주신다면야 정말 부모와 같은 지현知縣이십니다요.

'呢'에 대한 후밍양(胡明扬 1987)의 분석은 설득력이 있는데, 특히 그가 제시한 '자신의 발화 내용 중 어떤 부분에 대해 상대방에게 특별한 주의를 요청함'은 바로 '呢'의 핵심기능이라 할 수 있다. 우궈(武果 2006: 71)는 '비의문형식+呢'에서 '呢'가 "청자에게 맥락 또는 앞 문장에서 활성화 된 진술 내용을 참조할 것을 일깨워주고, '呢'가 표시하는 새로운 주제에 대해 상응하는 정보를 제공한다"고 보았다.[32] '어떤 부분에 주의를 기울임'이나 '일깨워 줌'과 같은 기능은 초점(focus, 焦点)의 가장 기본적인 기능이라

---

수 있다고 주장하였다.

31 [역주] 서양인들에게 고용된 중국인 혹은 기독교인을 일컫는 말.

32 [역주] 여기서 '주제(主位, theme)'와 '진술(述位, rheme)'은 '화제(topic)'와 '평언(comment)'의 구분과는 다르며, 중국어의 '주제(主位, theme)'와 '진술(述位, rheme)'에 대해서는 张伯江·方梅(1996)에서 상세히 논의하고 있다. 이들은 Halliday(Halliday, M.A.K. 1985. *An Introduction to Functional Grammar*. Edward Arnold Ltd.)의 영어 주제 분류에 따라 중국어의 주제도 관념적(ideational) 성분, 대인적(interpersonal) 성분과 텍스트적(textual) 성분 세 가지로 나누었다.

할 수 있는데, 즉 화자가 담화에서 자신이 가장 중점을 두고 있는 정보를 표현하고, 청자의 주목을 가장 끌기 바라는 내용을 말하는 것이 바로 그것이다. 구양(顾阳 2008: 112)은 '呢'가 사용된 문장에 담긴 함의에 주목하였는데, 예문 (80)은 '너는 그가 짓궂지 않다고 생각할 것이다'라는 함의가 담겨 있고, (81)은 '너는 아무도 묻지 않을 것이라고 생각할 것이다'라는 함의가 담겨 있다는 것이다. 함의의 내용은 바로 '呢'의 전제로부터 오는 것으로 문장의 진술 부분과 대조를 이루므로, 구양은 '呢'를 일종의 대조성 담화초점(discourse focus, 话语焦点)으로 보았다. 이러한 관점에 근거하여 우리는 '呢'가 문장 종류와 무관하며, 보분사로 분석할 수 없다고 본다. 담화 속에서의 이러한 초점 기능을 볼 때 '呢'를 어기사 또는 어기사의 일종인 초점사(焦点词)에 속하는 것으로 본다.

(80) 小明才调皮呢。　　　샤오밍이야말로 짓궂어.

(81) 要是有人问起呢，你就照实说好了。

만약 누가 물어보면, 너는 사실대로 말하면 돼.

후밍양(胡明扬 1981, 1987)은 어기사의 순서를 기술함으로써 중국어 어기사 연구에 중요한 성과를 남겼다. 그는 자음으로 시작하는 어기사('呢', '吧', '吗', '嘿')를 한 유형으로 분류하고, 모음으로 시작하는 어기사('啊', '哎', '呕')를 또 다른 한 유형으로 분류하였다. 자음으로 시작하는 어기사 유형 중에서 다시 '呢'를 한 갈래로, '吧', '吗', '嘿'를 다른 한 갈래로 분류하였다. 이러한 분류에 따라 그는 어기사들이 연이어 사용될 때 아래와 같은 순서로 나타나며, '呢'는 앞에, '啊', '哎', '呕'는 가장 뒤에 위치한다고 하였다.

(82) 呢 > 吧/吗/嘿 > 啊/哎/呕

후밍양(胡明扬 1981: 348, 1987: 7)과 주더시(朱德熙 1982: 207-208)는 아래와 같은 예를 들어 (82)의 순서가 정확한 것임을 증명하였다. (83)은 '呢'가 '吧'의 앞에 있고, (84)의 '啵'는 '吧'+'呕'이며, (85)의 '呗'는 '吧'+'哎', 그리고 (86)의 '哪嘛'는 '呢'+'嘿'+'啊'로 나눌 수 있고, '嘛'는 '嘿'+'啊'로 이루어진 합성어기사이며, '哪'는 '呢'가 뒤에 있는 '嘛'의 영향을 받아 동화된 것으로 분석할 수 있다.

| | | |
|---|---|---|
| (83) | 他还没走呢吧？ | 그 사람 아직 안 갔나보네? |
| (84) | 走啵！ | 가자! |
| (85) | 好好说呗！ | 잘 이야기 하면 되지! |
| (86) | 他在那儿蹲着哪嘛！ | 그가 저기서 쭈그리고 앉아 있잖아! |

만약 시간사 '了'(즉 '了₂')를 함께 놓고 본다면 (87)과 같은 어순을 얻을 수 있다(胡明扬 1981: 328, 1987: 77). (88)은 시간사 '了'가 어기사 '呢'의 앞에 위치함을 보여주는데(B. Li 2006: 11-12, 左思民 2009), (89)의 '呗'는 '吧'와 '哎'가 합성된 것으로, 이 예문에서는 '了 > 吧 > 哎'의 순서를 보여주고 있다(朱德熙 1982: 208).

(87) 了 > 呢 > 吧/吗/嘿 > 啊/哎/呕

| | | |
|---|---|---|
| (88) | 甲：有什么新闻？ | 어떤 뉴스가 있지? |
| | 乙：香港最近下雪了呢。 | 홍콩에 최근 눈이 내렸어. |
| (89) | 已经有了婆家了呗！ | 이미 시댁이 생겼는걸! |

천첸루이(陈前瑞 2008)는 '来着'가 맨 처음에는 과거의 시간을 가리키는 용법(예문 (19))으로 사용되었으며, 현대중국어에 와서는 (90)의 예문과 같이 주로 화자가 어떠한 일이 기억이 나지 않음을 나타낸다고 하였다. 또한 현재 '来着'는 모종의 상태를 나타낼 때에도 사용할 수 있으며, 그 상태는 (91)처럼 담화시간에 이르기까지 지속될 수 있는데, 이러한 용법은 "다른 전형적인 화용적 기능 속에 침투되거나 유추되어 나타난다"(陈前瑞 2008: 157)고 하였다. 숑중루(熊仲儒 2003b)는 시간의미와 화용의미('주관화')를 나타내는 '来着'가 모두 어기사로 '呢'와 통사적 지위가 같으며, '来着'의 시간의미는 그 자체가 가진 고유의 특징이 아니라고 보았다. 숑중루(熊仲儒 2009)는 나아가 '来着'가 나타내는 '가까운 과거'라는 시간의미가 시간사와 같이 '이음이 실현되지 않는' 또 다른 단어로부터 오는 것이라고 주장하였다.

(90) 你的朋友叫什么名字来着？ 네 친구 이름이 뭐였더라?
(91) 我带着地图来着。 내가 지도를 가져왔어.

후밍양(胡明扬 1981, 1987)의 견해에 따라 '来着'를 다른 어기사와 같이 배열해 보면 '来着'의 통사적 분포가 '呢'와 다름을 알 수 있는데, 이는 숑중루(熊仲儒 2003b)의 주장과는 상반된다. (92)의 '来着'는 '吗'의 앞에 있고, (93)의 '来着'는 '呀'의 앞에 있으며, (94)에서 '来着'는 심지어 '呢'와 연용되었는데, 이 세 가지 예문에서 '来着'는 모두 화용적 의미를 나타내고, 비교적 '허화'된 용법에 속한다. (95)의 '来着'는 시간의미를 나타내고, 마찬가지로 '呢'와 연용할 수 있으며, '呢'의 앞에 출현한다.[33] 이와 같이 시간의미를 나타내는 '来着'든 화용 의미를 나타내는 '来着'든 모두 어기사가 아니라는 것을 알 수 있다. 사실상 천첸루이(陈前瑞 2008)의 통시적 연구 결과는 슝중루(熊仲儒 2003b)의 주장과 배치되는데, 천첸루이에 따르면 '来着'는 청대(清代) 초기 베이징어에서 과거시제 표지로 사용되었다. 따라서 시간을 나타내는 것은 '来着'의 고유한 특징이므로 '来着'를 시간사로 분석할 만한 근거가 충분하다.[34]

(92) 我是说鲛鱼来着呢？ 나 상어에 대해서 말하고 있었나?

(93) 我干了什么来着呀，竟害得你到这样一个地步？
내가 뭘 한 거지? 내가 너를 이 지경으로 만들었구나.

(94) 姓什么来着呢？ 성이 뭐였더라?

(95) 昨天我还同她一起玩来着呢。
어제 그녀와 함께 놀았어.

차오(Chao 1968: §8.5.5)는 한 가지 흥미로운 사실을 발견하였는데, 중국어에서 (96)과 (97)의 차이는 영어의 (98), (99)의 차이와 비슷하다는 것이다(赵元任 2002: 694). 그는 어조의 변화 이외에도 영어의 과거시제와 (97)의 '来着'를 대응시켰다. 류웨화 외(刘月华 等 1983: 234, 2001: 407)는 예문 (94), (97)에서와 같은 '来着'의 용법에 대해 "예전에 알았으나 현재는 생각나지 않는 일을 물을 때 사용한다."고 기술하였다. 이들이 기술한 '来着'의 해당 용법에는 시간의미가 담겨 있으며, 단순한 화용 의미만을 나타내는 것은 아니다.

---

33 여기 사용된 예문들은 모두 '北京大学汉语语言研究中心现代汉语语料库'(CCL 코퍼스)에서 추출한 것이다.

34 邓思颖(2002c)에서는 화용 의미를 나타내는 '来着'는 초점표지 용법으로 보았는데, 시간사가 초점표지를 겸하도록 하지 못할 이유가 없으며(Tang 1998), 웨어에도 유사한 경우가 있기 때문이다.

(96) 你姓什么？　　　　　　　　　　성이 뭐지?

(97) 你姓什么来着？　　　　　　　　성이 뭐였더라?

(98) What's your name? (하강조)　　이름이 뭐지?

(99) What was your name? (높은 상승조)

이름이 뭐였더라?

이상의 내용을 종합해 보면, (87)의 순서는 시간을 나타내는 '了', 초점을 나타내는 '呢', 어기의 정도를 나타내는 '吗'와 '吧', 감정을 나타내는 '啊' 이렇게 네 가지 성분으로 개괄할 수 있는데, 이를 (100)과 같이 간략하게 나타낼 수 있다.[35] 시간을 나타내는 '了'는 왼쪽의 술부와 가장 가까이 붙어 있으며, 감정을 나타내는 '啊'는 항싱 문말에 위치한다.

(100) 시간 > 초점 > 정도 > 감정

시간은 시간사 T로 표시하고, 초점·정도·감정을 나타내는 성분과 합해져 하나의 유형을 이루는데, 이는 어기사 Force, 약칭 F로 구현된다. 초점·정도·감정을 나타내는 어기사들은 각자 어기사의 하위부류를 구성하며 이를 각각 F1, F2, F3[36]으로 나타낼 수 있다. 이들은 문법체계에서 독립적인 지위를 가지고 있으며, 각자의 구인 FP1, FP2, FP3를 구성할 수 있다. 이는 다음과 같은

35 (100)의 순서와 B. Li(2006: 65)가 제시한 순서는 거의 동일한데, '초점', '정도', '감정'은 그녀의 논문에서는 각각 '평가(Evaluative)', '정도(degree)', '담화(discourse)'로 칭하였다.

36 '呢'와 초점의 관계가 비교적 가까우므로, 논의와 비교의 편의를 위해 초점을 나타내는 어기사를 '초점사(focus)'라 하고 F로 약칭할 수 있을 것이다. 이것이 바로 (101)의 F1이며, 어기사의 한 부류로 간주한다.

수형도로 나타낼 수 있다(邓思颖 2010a).

(101)

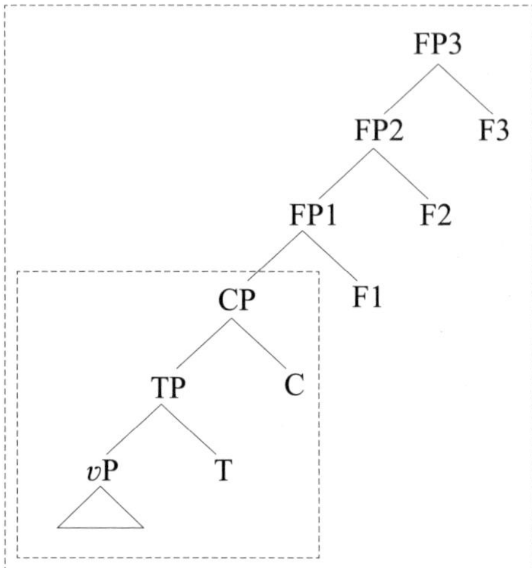


수형도 (101)에서 초점을 나타내는 어기사 F1은 보문사구 CP와 병합되고, 정도를 나타내는 어기사 F2는 어기사구 FP1과 병합되며, 감정을 나타내는 어기사 F3은 어기사구 FP2와 병합된다. 경동사구 *v*P, 시간사구 TP, 보문사구 CP를 포함한 부분을 절이라고 부른다((101)의 안쪽 작은 네모). 절 위에 어기사구 FP가 더해져 문장이 구성되는데((101)의 바깥쪽 큰 네모 전체), 이는 구조적으로 가장 완전한 성분이다. 문장이 완성되면 바로 문장을 만드는 마지막 국면에 이르게 된다.

어기사가 구성하는 구라면 어기사의 하위부류가 서로 달라도 모두 FP라고 부르지만, FP1, FP2, FP3은 통사적으로 볼 때 세 개의 각기 다른 구고, 세 개의 각기 다른 핵어로 구성되어 있다. 그럼에도 불구하고 세 종류의 어기사를 한데 다 포함시켜 F라고 통칭하는 것은 다음과 같이 분명한 장점과 타당성을 지닌다. 첫째, 학술용어의 수를 줄일 수 있어 연구에 있어서나 교육적 측면에서 해설이 쉽다는 장점이 있다. 둘째, 이 세 종류의 단어들이 가진 밀접한 관계를 더욱 분명히 반영할 수 있다. 이 세 부류의 단어들은 화용적 특징이 매우 유사하고 또한 동일한 통시적 특징을 지니고 있어서 문장을 구성하는 맨 마지막 국면(즉 (15c)의 '국면3')에서 비로소 통사부에 진입해 주절을 구성하는데, 어기사구의 위치는 문장의 가장자리로, 바로 통사와 화용의 접합면으로 나아가는 부분에 자리 잡음으로써 화용적 색채가 다분히 스며들게 되는 것이다. 셋째, 어기사구를 하나의 층위로 개괄하여 상술한 (17)번의 수형도처럼 간략히 묘사할 수 있다. 이 방법에서는 어기사구의 수량을 늘리거나 줄일 수 있으므로 특히 언어 간 비교나 방언 간 비교 연구에서 어느 정도 유연성을 가질 수 있게 해 준다.[37]

수형도를 사용하여 (86)의 어기사 구조를 나타내보면 (86)은 세 가지 유형의 어기사를 모두 갖추고 있는 예문이다. '哪嘛'는 세 개의 어기사로 이루어져 있는데, 이들은 각각 개별적으로 어휘부에서 선택되어 통사부로 진입한다. 초점을 나타내는 '呢'는 먼저 보문사구 CP와 병합되어 FP1을 형성한다. FP1 내에서 '呢'가 나타내는 초점 작용역은 전체 보문사구, 즉 절 전체에 걸쳐 있다. 그 후 정도 어기를 나타내는 '嚜'는 어기사구 FP1과 병합된다. 마지막으로 화자의 감정을 나타내는 '啊'는 FP2와 병합되어 FP3을 형성하고, 이로써 하나의 완전한 문장이 만들어 진다.

37 언어 간 비교와 관련된 문제는 Cinque(1999)와 Rizzi(2006)에 실린 글들을 참조할 수 있다. 중국어 방언 가운데 웨어의 어기사가 비교적 다양한데, 방언 간의 문법 비교는 어기사구의 통사이론을 정립하는 데 중요한 역할을 한다. 상세한 내용은 邓思颖(2006b, c, 2008d, 2009d), Tang(2009), B. Li(2006) 등의 논의를 참조하기 바란다.

'呢', '嘿', '啊'는 음운 층위에서 동화, 합성 등의 여러 과정을 거쳐 우리가 듣게 되는 '哪嘛'가 된다.

(102)

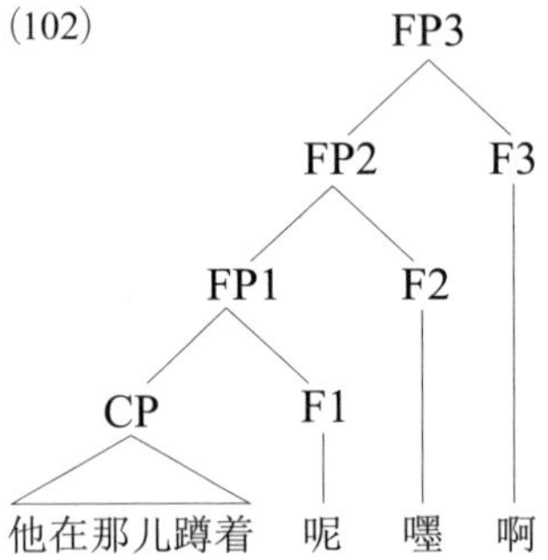


가장 마지막 단계인 문장이 형성되는 국면((15c)의 '국면$_3$')에 와서야 어기사가 진입하여 주절을 형성하도록 한정함으로써 왜 내포절과 종속절 내에 어기사가 올 수 없는지를 설명할 수 있는데(汤延池 1989), 예를 들어 (77)(아래 (103)에 다시 제시)의 '呢'는 목적어로 쓰인 내포절 내에 출현할 수 없으며(B. Li 2006: 14), (104)의 '呢'는 주어로 쓰인 절 내에 출현할 수 없다(汤延池 1989: 235).

(103) 张三想知道[李四喜欢什么书(*呢)]。
장싼은 리쓰가 무슨 책을 좋아하는지 알고 싶어 한다.

(104) [他来不来(*呢)]跟我有什么关系?
그가 오든 말든 나와 무슨 상관있어?

어기사가 마지막 국면에서야 들어온다는 사실은 (105)에 대해 사람들이 느끼는 어감을 더 잘 설명해 준다(邓思颖 2010a: 62). '吗'는 주절에 출현하는 어기사로 이해할 수밖에 없으며, 작용역은 문장 전체에 걸쳐 있다. 어기사 '吗'의 정확한 통사적 위치는 (106)과 같이 나타낼 수 있으며, 문장 전체가 질문의 기능을 갖도록 하여 청자의 답을 요구하는데, 예를 들어 청자는 "对, 我想知道(응, 알고 싶어.)。"라고 대답할 수 있다. (105)의 '吗'는 내포절 내에 출현할 수 없는데, 예를 들어 (107)을 보면 ""想知道张三来不来(张三이 올지 안 올지 알고 싶다)"가 나타내는 것은 질문의 의미가 아니다. 주어와 목적어로 쓰인 절이 보문사구로 구성되고 어기사구를 포함하지 않으므로 그 안에 어기사는 결코 출현할 수가 없다. 탕(Tang 1998), 덩쓰잉(邓思颖 2006b, 2006c, 2008d, 2009b)에서는 어기사가 주절에만 출현한다는 것만 알고 있었을 뿐, 왜 그런지에 대해서는 알지 못했는데, 이제 비교적 합리적인 통사적 해석이 가능해졌다.

(105) 你想知道张三来吗

(106) [你想知道张三来]吗?

너 장싼이 오는지 알고 싶니?

(107) *你想知道[张三来吗]。

문장과 절을 구성하는 성분을 일련의 기능어로 분해하고, 이들 기능어로 하여금 통사부에서 각자 다른 역할을 담당하도록 하는 것이 생성문법에서 말하는 '지도제작 접근법(cartographic approach)'의 기본 정신이다(Rizzi 1997, 2004, Cinque 1999). 우리는 중국어의 언어 사실에 기반하여 중국어의 절과 문장을 분석하기 위해 (101)과 같은 통사구조를 제시하였는데, 분석과정에서 몇 가지 주의해야 할 점이 있다.

첫째, 절과 문장은 소수의 기능어가 구성하는 각기 다른 구조 이루어지는데, 동사구 위에는 경동사구 *v*P, 시간사구 TP, 보문사구 CP와 세 가지 유형의 어기사구 FP가 있다. 이 구들은 기능 분담이 명확하여 문장에서 서로 다른 역할을 담당하는데, 각각 사건성, 시간, 문형, 어기 등을 나타내며, 의미에 있어서나 기능에 있어서 모두 극도의 제한성을 가진다. 최근 많은 학자들이 '지도 제작 접근법'으로부터 영감을 받아 중국어 문장에 대한 세밀한 통사적 분해를 시도하였는데, 구체적인 세부 내용과 조작 방법은 다르지만 (101)과 유사한 결론을 도출하였다(熊仲儒 2003b, B. Li 2006, 石定栩·胡建华 2006, 蔡维天 2007, Tsai 2008, 石定栩 2009b 등). 사실상 (101)과 같은 통사구조는 중국어 외에 다른 언어에서도 일정한 보편성을 가지며, 인간 언어가 지니는 몇 가지 핵심적인 특징들을 반영하고 있다. 지도제작이론에 관한 상세한 소개와 수형도 (101)에 대한 확장 분석은 제11장 '지도제작 분석법'을 참조하기 바란다.

둘째, 전통문법에서 주술구조의 '구'와 '문장/절'을 대립시킨 데에는 어느 정도 타당성이 있기는 하지만, 거기 사용된 용어는 재고해 볼 필요가 있다. 통사론의 분석서는 문장이든 절이든 모두 구로 구성된다. 문장은 어기사구라 칭하고, 절은 보문사구라 칭한다. 모든 구는 단어와 구로 구성되고, 문장 내에 모든 성분이 다 구로 구성되어 있다.

셋째, 문장(句子)이나 절(小句) 등의 개념은 전통 언어학의 개념으로, 단순히 기능에 근거하여 구분된 것이다. 엄밀히 말해서 문장과 절의 개념은 통사적으로 어떠한 지위도 가지지 않고 또한 통사적으로 볼 때 어떤 '고유' 성분도 아니며, 그저 어기사구와 보문사구를 가리키는 대명사처럼 쓰이는 것 뿐이다. 통사에서 주목하는 것은 단어와 구의 병합이며, 단어와 구를 어떻게 통사 내에서 더욱 큰 성분으로 구성하는가를 밝혀내는 것이 바로 통사의 임무이고, 통사에서 관장할 수 있는 것은 오직 단어와 구다. 문장과 절은 파생된 개념으로 이들의 통사적 성질은 여전히 구로부터 도출되는 것으로, 구와 분리할 수 없다. 즉 문장은 어기사구고, 절은 보문사구다. 통사 내에서 어기사구와 보문사구는 통사적 지위를 갖지만, 문장과 절은 이러한 통사적 지위를 갖지 못한다.

넷째, 주더시(朱德熙 1985: 75)는 인도-유럽어의 구, 절, 문장 간의 관계는 합성관계(composition), 즉 부분과 전체의 관계이지만, 중국어의 경우 구와 문장 간의 관계는 실현관계(realization)라고 보았다. 구는 '추상적이고 일반적인 것'이고, '언제든 독립적으로 문장을 구성하거나 문장을 이루는 하나의 구성 부분'으로, 이러한 과정은 추상적인 구가 구체적인 문장이나 문장의 구성부분으로 '실현'되는 것이다. 그는 중국어에서 구와 문장의 관계가 "추상적인 문법구조와 구체적인 '말'의 관계"이지, 부분과 전체의 관계가 아니라고 하였다. 이 책에서 분석한 바에 따르자면, 소위 구가 절/문장이 되는 과정은 여전히 실현관계가 아닌 합성관계를 이룬다. 보문사구(절)는 경동사구(구)로 구성되고 어기사구(문장)는 보문사구(절)로 구성되는데, 이는 부분과 전체의 관계다. 이러한 점에서 볼 때 중국어와 인도-유럽어는 기본적으로 일치하고 구조적으로도 차이가 없는데, 이러한 분석이 비교언어학 연구에 분명한 도움을 줄 것이다. 이 밖에 과거에는 어기사구라는 층위에 대해 상대적으로 생소하게 여겼고, 이에 대해 제시된 통사적 분석 방법도 많지 않았다. '지도 제작 접근법'에 기반하여 문장이라는 '상위층'을 일련의 기능어들로 분해해 낸 것은 우리에게 새로운 관점을 제시해 주며, 또한 언어 간 비교 및 방언 간 비교에도 도움을 준다.

## 8.5 소결

이 장에서는 문장과 절의 정의를 논의하고, 문장과 절을 구성하는 주요 성분들을 분석하였다.

문(句)은 문장과 절 두 부분으로 분해할 수 있다. 절에는 특정한 시간의미와 문장 종류가 부여되고, 어기를 수반한 절은 문장이 된다. 문은 '표술성'을 가지며, 구는 '표술성'을 갖지 않는다. 문장은 '표(表)'와 '술(述)'의 두 가지 기능을 모두 갖는데, 절은 오직 '표(表)'의 기능만을 가지며 '술(述)'의 기능이 없다. '표술성'을 갖지 않는 사건은 하나의 국면을 형성하며, '표술성'을 가지는 시간과  문장 종류는 또 하나의 국면을 형성하고, 어기는 그보다 더 상위의 국면을 형성한다. 시간은 굴절 층위에 속하고, 문형과 어기는 보문사 층위에 속한다.

시간은 통사부에서 시간사 T로 나타내는데, 시간사는 경동사구와 병합되어 시간사구 TP를 형성한다. 주어는 원래의 위치에서 시간사구의 지정어 위치로 이동한다. 주어가 원래 경동사와 병합되는 것은 논항구조의 요구 조건이며, 주어가 시간사와 병합되는 것은 절의 요구 조건으로, 절에 주어를 부여함으로써 적격한 절이 된다.

문장 종류는 통사부에서 보문사 C로 나타내며, 보문사는 시간사구와 병합되어 보문사구 CP를 형성한다. 중국어 문장 종류를 나타내는 가장 기본적인 형식 수단은 어조이며, 어조는 보문사로 분석될 수 있다. 보문사는 대내적으로 문장 종류를 구분하는 역할을 하고 특정한 문장의미를 부여하며, 대외적으로는 국면 바깥의 성분과 접촉한다. 중국어 문장 종류는 네 가지로 평서문, 의문문, 명령문, 감탄문이 있다.

어기는 서법, 화행 또는 기타 담화와 관련된 특징을 가리키며, 주로 담화의미를 나타내고, 발화시의 맥락과 관련이 있다. 중국어의 어기는 어기사, 어조 등의 방식으로 표현된다. 중국어의 어기사 F는 기본적으로 초점, 정도, 감정 세 가지 유형으로 나뉜다. 세 가지 유형의 어기사는 문법체계에서 모두 독립적인 지위를 가지며, 문장을 구성하는 가장 마지막 국면에서 통사부에 들어가 각각 FP1, FP2, FP3 이 세 구를 구성하고 오직 주절에만 출현할 수 있다.

# 제9장 문형과 주요 구문

중국어의 모든 절에는 주술문이라는 한 가지 문형만 존재하며 비주술문은 존재하지 않는다. 주술문에는 동사술어문과 명사술어문이 있다. 동사술어문에서는 연동문, 겸어문, 피동문, 처치문, 존현문이 자주 쓰이는데, 이들은 모두 독립적인 구문을 이룰 조건을 갖추고 있지 않으며, 그 특징이 모두 주술구조, 술목구조, 술보구조 등과 같은 다른 구조들로부터 도출된다.

## 9.1 문형과 구문

전통 중국어 문법학 체계에서 문장(절을 포함하여)은 문장 종류(句类)와 문형(句型)에 따라 분류할 수 있다. 문형은 주로 문장의 구조와 격식에 의거하여 분류하며 구조를 기초로 하는데 "문장 구조 분석의 최종목적은 문형을 확정하기 위함이다"(胡裕树 等 1995: 315). 이렇듯 문형의 분류는 문장 구조 분석 및 문장 구조에 대한 이론적 인식을 반영하므로, 문형 분석은 통사론의 중요한 부분을 이룬다 하겠다.

일반적으로 문장은 '단문'과 '복문'으로 나뉘고 단문은 '주술문'과 '비주술문'으로 나뉜다. 후위수 외(胡裕树 等 1995)에서는 논의 상의 편의를 위해 문형을 상위 문형과 하위 문형으로 구분하였고, 주술문과 비주술문의 하위 문형은 술부의 구조에 따라 구분하였다. 아래의 예문에서 보듯이 주술문의 하위 문형에는 '동사술어문(动词谓语句)', '형용사술어문(形容词谓语句)', '명사술어문(名词谓语句)', '주술술어문(主谓谓语句)' 등이 있고, 비주술문의 하위 문형에는 '동사비주술문(动词非主谓句)', '형용사비주술문(形容词非主谓句)', '명사비주술문(名词非主谓句)', '감탄사비주술문(叹词非主谓句)' 등이 포함된다. 이러한 분류에 대해 다른 논저에서도 별다른 이견이 없다(《中学教学语法系统提要》, 朱德熙 1982, 刘月华 等 1983, 2001, 张志公 等 1985, 张斌 等 1988, 胡裕树 等 1995, 邢福义 1996, 黄伯荣·廖序东 2002b, 周一民 2006, 冯志纯 等 2008 등).

⑴ 张三看小说。(동사술어문)
장싼은 소설을 읽는다.
⑵ 你好。(형용사술어문)
안녕하세요.
⑶ 今天星期天。(명사술어문)
오늘은 일요일.
⑷ 这个事情大家都赞成。(주술술어문)
이 일은 모두가 찬성한다.
⑸ 下雨了！(동사비주술문)
비 와요!
⑹ 好！(형용사비주술문)
좋아요!
⑺ 张三！(명사비주술문)
장싼아!
⑻ 啊！(감탄사비주술문)
아!

⑴은 동사술어문이다. ⑵는 '형용사', 즉 이 책의 '정태동사'가 술어로 쓰인 형용사술어문인데, 만약 정태동사를 독립적인 품

사로 보지 않는다면 이 '형용사술어문'은 동사술어문에 합쳐질 수 있을 것이다. (3)은 명사 '星期天(일요일)'이 술어인 명사술어문이다. (4)의 '这件事情(이 일)'은 주어이고, 주술구조인 '大家都赞成(모두 다 찬성한다)'이 술어이다. 전통 문법에서는 이를 '주술술어문'으로 분석한다. 현재 유행하는 분석에 따르면 '这件事情(이 일)'은 주어가 아닌 화제(topic)이고, '大家(모두)'가 바로 진정한 주어이다. 이와 같은 화제문 분석에 따른다면 '주술술어문'은 주술문 아래의 하위문형이 아닌 일반적인 주술문(예컨대 동사술어문)으로 병합되어야 한다.

(5)-(8)의 공통적 특징은 주어가 없거나 주어와 술어를 구분하기 어렵고, 주술구조 이외의 구조 또는 단어로 문장이 이루어져 주술문으로 분석될 수 없다는 것이다. 전통 문법학자들은 이러한 비주술문이 주어가 생략된 것이 아니라 보충할 수 없거나 보충할 필요가 없을 뿐이라고 본다. (5)는 동사로 이루어진 술어 부분만 있고 주어는 없으며, (6)의 주어 역시 보충될 필요가 없고, (7)과 (8)은 하나의 단어로만 이루어져 있으며 주어는 보이지 않는다. (5)와 (6)의 경우 주어를 보충해 넣을 필요가 없지만 그래도 여전히 하나의 주어가 내재되어 있으며, 내재된 그 주어는 통사적으로 여전히 하나의 위치를 차지하고 있다. 그렇다면 (5)와 (6)은 비주술문이 아닌 셈이 된다. (7)의 '张三(장싼)'은 일종의 부름말(vocative) 용법으로 청자를 가리키며, (8)의 감탄사는 화자와 밀접한 관계가 있고 화자의 감정을 표현하는데, 일부 감탄사는 부름말로 쓰이며 청자와 관련되기도 한다. 부름말과 감탄사는 발화 뒤 흔히 '뒤에 이어지는 말'이 있는데, 부름말과 감탄사의 주요 기능은 화용적 차원에서 '뒤에 이어지는 말'을 이끌어 들이고, 그것을 수식하는 것이다. 문법 관계로 보자면 부름말과 감탄사는

부사어로 분석되어야 하는데, 다만 피수식 성분이 생략되었을 뿐이다. 표면상으로만 본다면 (7)과 (8)은 당연히 주술문이 아니지만, 단독적인 문형으로 볼 수도 없다. 따라서 (7)과 (8)은 생략된 주술문으로 이해되어야 할 것이다.

절의 기본 문형에는 오직 한 가지, 바로 주술문만 존재하며, 모든 절은 주술구조로 이루어지고, 주술구조에 속하지 않는 절은 없다. 모든 '비주술문'은 주술문으로부터 도출된 것이며, 하나의 독립된 문형으로서의 '비주술문'이란 실제로 존재하지 않는다. '형용사술어문'과 '주술술어문'을 다시 합치게 되면 주술문의 하위 문형은 동사술어문과 명사술어문 단 두 가지만 남게 된다.

장빈 외(张斌 等 1988: 294)에서는 문형의 하위 개념을 '구문(句式)'으로 칭했다. 문형은 구조 유형이고 구문은 자질 유형으로, 동일한 문형 내에 여러 가지 구문이 있을 수 있다. 후위수 외(胡裕树 等 1995: 334, 주석 1)에서는 "문형은 언어의 전체 문장을 대상으로 귀납한 결과로, 어떤 문장이 출현하든 문장은 모두 반드시 어느 한 문형으로 분류될 수 있다. 구문은 언어 중의 일부 문장을 대상으로 기술한 결과이다"라고 설명하였다. 장징 외(张静 等 1980: 161)에서는 심지어 문형은 '문법형식(문장의 구조형식)'에 따라 분류한 것이고, 구문은 '문법의미(술어의 의미)'에 따라 분류한 것이라고 주장하기도 하였다. 동사술어문은 더 나아가 몇 가지 구문으로 나뉠 수 있는데, (9)의 피동문(被动句)과 (10)이 처치문(处置句)은 모두 동사술어문에 속하면서도 각각 구별되는 서로 다른 두 구문이다.

(9) 张三被李四批评了。 장싼은 리쓰에게 꾸지람 들었다.
(10) 李四把张三批评了。 리쓰는 장싼을 나무랐다.

명사술어문은 상대적으로 단순한 편이고 큰 변화가 없으므로 구문을 분류하지 않는다. 동사술어문 가운데 우리가 흔히 볼 수 있는 구문에는 연동문(连动句), 겸어문(兼语句), 피동문(被动句), 처치문(处置句), 존현문(存现句) 등이 있는데, 이러한 구문들은 물론 중국어의 여러 구문 가운데 일부에 지나지 않는다. 중국어의 구문을 여기 모두 다 열거하지도 않았으며, 다 열거할 수도 없다. 문형 분류와 마찬가지로, 구문 분류에는 절 구조에 대한 분석 및 절 구조에 대한 이론적 인식이 반영된다. 동사술어문을 연동문, 겸어문 등의 구문으로 나누는 것은 전통적인 중국어 문법학의 관례이다. 논의상 편의를 위해 이 책에서도 이와 같은 분류법을 따르기는 하나, 구문이라 불리는 이것들이 통사부에서는 어떤 특수한 지위를 갖지 않으며, 이 구문들을 나누는 것 역시 어떤 고유한 '자질'에 의거한 것도 아님을 최종적으로 확인할 수 있을 것이다. 통사부에서 가장 중시하는 것은 여전히 단어와 구의 결합이며, 구문은 구로부터 도출되어 나오는 것으로, 단지 파생된 개념에 불과하다.

이상과 같은 내용을 바탕으로 중국어의 문형과 주요 구문을 다음과 같이 정리할 수 있다.

(11)

- 절 —— 주술문
  - 동사술어문
    - 연동문
    - 겸어문
    - 피동문
    - 처치문
    - 존현문
    - ……
  - 명사술어문

## 9.2 주술문

절을 구성하는 필수성분은 사건, 시간, 문장종류인데, 이들은 통사에서 각각 경동사 *v*, 시간사 T, 보문사 C로 구현된다. 바꾸어 말하면, 수형도 (12)에서 볼 수 있듯이 경동사구 *v*P, 시간사구 TP, 보문사구 CP는 절을 형성하는 필수적 구이다. 중국어 절의 어순에 따라, 시간사와 보문사는 문미에 위치한다.

(12)

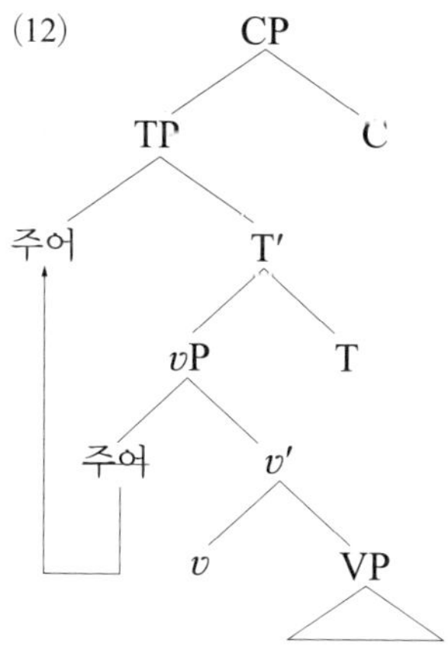


경동사는 사건을 나타낸다. 사건은 반드시 참여자를 필요로 하는데, 사건의 참여자는 통사에서 논항으로 구현된다. 경동사는 동사구 VP와 병합되며 또한 하나의 논항과도 병합되어야 하므로, 경동사구의 지정어 위치는 비어 있어서는 안 되며, 반드시 한 개의 논항이 있어야 한다. 이 논항이 경동사와 형성하는 문법관계가 바로 주술관계이다. 시간사가 통사부에 들어온 뒤 주어이동을 유발하여 '확대투사원리(Extended Projection Principle, 약칭 EPP)'를 만족시킨다(Williams 1980, Chomsky 1981, 1986, Rothstein 1985 등). 즉, 시간사구의 지정어는 절의 주어이고, 그 위치가 비어 있어서는 안 된다는 것이다. 주어가 시간사구의 지정어 위치로 이동한 뒤, 이 주어는 절의 주어로 해석될 수 있다. 상술한 여러 가지를 고려해볼 때, 절의 '핵심'은 바로 주술구조이고, 반드시 주술구조로 구성되어야 한다. 따라서 모든 절은 주술구조로 구성되며, 주술문은 절을 구성하는 유일한 문형이 되는 것이다.

동사술어문에서는 동사가 술어를 담당한다. 통사부에서 동사술어문의 경동사는 동사구와 병합하며, 이때 동사구는 보충어(complement)가 된다. 상술한 수형도 (12)가 바로 동사술어문의 구조인데, 동사가 주술구조의 어근(词根)이 된다. 주술구조 내에서 동사는 경동사 위치로 이동한다. (13)의 문장을 예로 보면, 동사 '看了(읽었다)'가 핵어 이동(head-to-head movement)을 통해 경동사 DO로 이동되는데, 그 과정은 그림 (14)와 같다.

(13) 张三看了一本书。

장싼은 책을 한 권 읽었다.

(14)
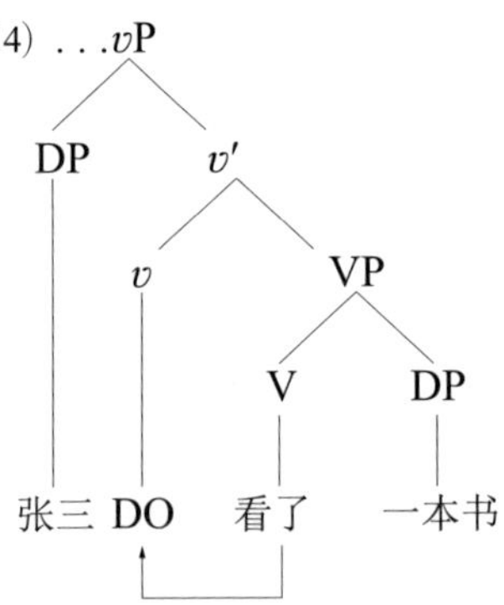


동사가 핵어 이동을 진행하는 목적은 아마도 '동사+상 표지'로 하여금 경동사와 결합하게 하고, 그 결과 상 표지로 하여금 경동사가 나타내는 사건을 '수식'하게 하기 위함일 것이다. 스미

스(Smith 1997)의 상 이론에 따르면 상(aspect)은 반드시 사건과 결합해야 하는데, 상의 역할은 시간을 관찰하여 사건의 어느 한 부분 혹은 몇 개의 부분을 부각시키는 것으로, 이는 통사-의미 접합면의 요구조건이다. 따라서 '형태가 풍부한' 동사, 즉 동사 집미사 형태의 상 표지('동사+상 표지')를 지니는 (13)의 '看了(읽었다)'와 같은 경우 반드시 이동이 일어나며, 이동의 종착지는 경동사이다. 이와 같은 결론은 방언으로 뒷받침되는데, 덩쓰잉(邓思颖 2006e)에서는 방언 간 비교를 통해 동사 형태가 비교적 풍부한 방언, 즉 상 표지가 동사 접미사로 쓰인 북방방언, 웨방언, 북부 우방언, 샹방언 등에서 동사는 이동이 가능하고, 반대로 민방언, 남부 우방언 등과 같이 동사 형태가 풍부하지 않은 방언들, 즉 동사 접미사 형태의 상 표지가 없는 방언들은 동사 이동이 일어나지 않는다는 사실을 관찰한 바 있다.[1] 이처럼 중국어에서 동사 이동을 유발하는 동기는 상 표지와 밀접히 관련되어 있다.

명사성 성분이 "일반적으로 술어가 되지 않는다"(朱德熙 1982: 40)고는 하나 '일반적이지 않은' 상황에서 중국어의 명사 역시 술어가 될 수 있다. 중국어의 경동사는 동사구를 보충어로 삼을 수 있을 뿐만 아니라, 명사구를 보충어로 삼아 명사구 NP와 직접 병합되어 이른바 명사술어문을 구성할 수도 있다. (3)에서 시간을 나타내는 '星期天(일요일)'((15)에 반복) 외에, 보통명사(예를 들어 (16)의 '大傻瓜(멍텅구리)'), 고유명사(예를 들어 (17)의 '张二(장얼)', '李四(리쓰)'), 장소명사(예를 들어 (18)의 '机场(공항)') 역시 명사술어문의 술어가 될 수 있다. 명사술어는 일반적으로 동등관계, 속성,

1 邓思颖(2006e)의 논의를 참고하기 바란다. 동사 이동을 통해 표면적으로 전혀 상관없는 몇몇 현상, 예를 들면 이차화제(次话题)의 유형분포, 비한정목적어능의 문제를 연결지어 해석할 수 있다.

성질과 형상 등의 내용을 나타낼 수 있다.[2] 명사술어문의 구조는 일반적인 동사술어문보다 간단해 보이며, 형식적으로는 더욱 간소하고 보통의 절보다 더 작아서 '소절(small clause)'(Tang 1998, 2001c, 邓思颖 2002a, 顾阳 2000, Wei 2004, Q. Zhang 2009 등)이라고도 불린다.[3]

| | |
|---|---|
| (15) 今天星期天。 | 오늘은 일요일. |
| (16) 张三大傻瓜。 | 장싼은 멍텅구리. |
| (17) 我张三，你李四。 | 나는 장싼, 너는 리쓰. |
| (18) 下一个站机场。 | 다음 역은 공항. |

수형도 (19)는 명사술어문 (16)의 구조를 보여주는데,[4] 상태를 나타내는 경동사 BE가 명사구 '大傻瓜(멍텅구리)'와 직접 병합하

2 陈满华(2008)는 중국어 명사술어문에 대해 전면적으로 정리하고 분석하였다. 자세한 내용은 그의 중국어 명사술어 분류를 참고하기 바란다. 그러나 많은 논저에서 (i)와 같은 예문을 모두 명사술어문으로 보고 있다(石定栩 2009a: 30). 우리는 '你(너)'와 '一条腿(다리 한 쪽)'가 영(空)동사절을 구성하며, 주술관계를 구성하지 않으므로, 명사술어문에 속하지 않는다고 본다(Tang 2001b, c, 邓思颖 2002a).

(i) 他买了四只鸡，大伙儿你一条腿，他一块胸脯，真过瘾。
그는 닭 네 마리를 샀는데 모두들 저마다 다리 한 쪽이나 가슴 한 덩어리씩 나눠 아주 흡족했다.

3 Stowell(1983)은 영어의 '소절'에 대해 통사적으로 상세히 분석하였는데, '소절'이라는 개념 역시 그의 연구에서 나왔다.

4 Tang(1998, 2001b, c), 邓思颖(2002a)에서 나는 중국어의 명사술어문을 '원형(bare)'(즉, 기능어가 없는 형태의) 명사구로 분석하여 주어가 직접 명사구와 병합하는 것을 허용했다. 비록 내 기존 분석이 이 책과 모두 동일하지는 않지만, 기본적인 정신은 같다. 즉 명사술어문의 술어/어근은 반드시 원형명사이어야 하며, 명사성 기능어를 포함할 수 없다.

며, 이때 '大傻瓜(멍텅구리)'는 경동사의 논항이 아니라 이 주술구조의 어근이다. '张三(장싼)'은 경동사 BE의 주어이며 주술구조 내의 유일한 논항으로, 수동자이다. 다른 주어와 마찬가지로, '张三(장싼)'은 최종적으로 시간사구의 지정어 위치로 이동하여 절의 주어가 된다. 따라서 명사술어 '大傻瓜(멍텅구리)'는 실제로는 통사에서 경동사와 어근이 합쳐져 만들어진 것으로, 중국어에서 명사성 품사가 동사성 용법으로 쓰이는 현상을 보여주고 있다.[5]

(19)

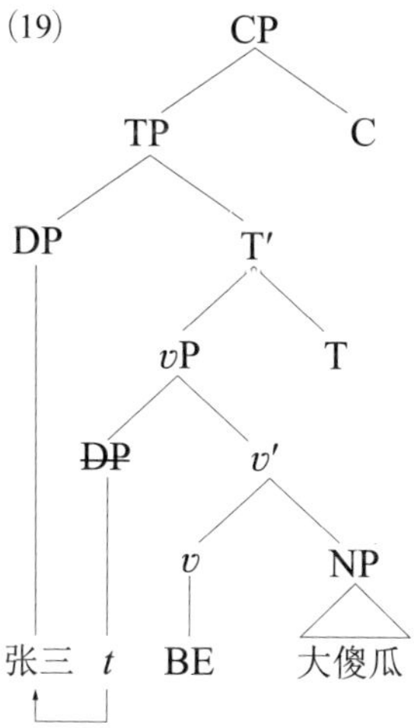


명사술어를 담당하는 명사성 성분은 수사와 양사를 지닐 수 없다. (20)은 부적격한 비문으로, '一个傻瓜(멍청이 한 명)'는 술어가 될 수 없기 때문이다(Tang 1998, 2001c, 邓思颖 2002a).

5 나는 과거 Tang(1998: §4)에서 중국어의 명사가 동사적 자질 [V]를 지니고 있는 것으로 가정하였다. 그러나 이 책의 분석에 따르면, 명사의 동사 자질은 경동사에서 온 것으로 간주해야 한다.

(20) *张三一个傻瓜。

이 책 제5장 '명사성 구조'에서 논의한 바에 따른다면 '一个傻瓜(멍청이 한 명)'는 이론적으로 비한정성을 띠는 한정사구 DP 또는 수량을 나타내는 수사구 NumP로 분석될 수 있다. 우선 왜 명사술어가 한정사구일 수 없는지 살펴보자. 경동사가 선택하는 것은 어근인데, 어근은 반드시 비지시적 구여야 한다. 동사구 VP(예를 들어 (14)의 '看了一本书(책을 한 권 읽었다)')와 명사구 NP((19)의 '大傻瓜(멍텅구리)')의 경우 모두 비지시적 성분으로, 경동사와 병합하여 어근으로 사용될 수 있다. (21)이 비문이 되는 것은 어근으로 작용하는 성분이 지시성을 가지는 한정사구 DP이기 때문이다. 따라서 위의 (20)은 부적격형이 된다.

(21) $^{*}$. . . $[_{vP}\ v[_{DP}$ D . . .] ]

그렇다면 수사구는 왜 명사술어가 될 수 없는지, 그리고 (22)와 같은 경동사와 수사구의 병합에는 어떤 문제가 존재하는지 살펴보자. 수사구는 비지시적 구에 속하며 이론적으로는 (22)의 구조처럼 경동사와 병합해 어근이 될 수 있다. 그러나 수사구의 핵어는 수사 Num이므로 수량을 나타낸다. 수량 상 (20)의 '一个傻瓜(멍청이 한 명)'는 '하나'라는 수량을 가리키지 멍청이라는 속성이나 성질·상태를 나타내지 않으므로, 이 예문은 '장싼이 수량 상 하나이다'라고 잘못 이해될 수 있으며, 이는 본래 의미에 부합하지 않는다. 따라서 '一个傻瓜(멍청이 한 명)'는 명사술어가 될 수 없다.

(22) $^{*}$. . . $[_{vP}\ v[_{NumP}\ \text{Num}\ .\ .\ .]\ ]$

(17)의 '张三(장싼)', '李四(리쓰)'의 경우 고유명사이기는 하지만, 고유명사라고 해도 특정한 사람이나 물건을 가리키지 않고 속성을 나타내는 비지시적 명사구로 분석될 수 있다(이 책 제5장 '명사성구조'의 논의를 참고). 그러므로 (17)의 '张三(장싼)', '李四(리쓰)'를 명사구로 분석하여 (19)의 '大傻瓜(멍텅구리)'와 동일한 구조를 지니는 것으로 보아야 하며, 한정사구가 아니므로 (21)과 같은 구조를 형성하지 않는다. 따라서 어근은 여전히 비지시적 명사구이므로 (17)은 적격형이 된다.

인칭대사는 명사술어가 될 수 없다(陈满华 2008). (23)이 부적격형인 것은 인칭대사 '他(그)'가 술어로 쓰였기 때문이다. 인칭대사 '他(그)'는 지시성을 지니고 있어 한정사 D로 분석되는데, 이와 같은 (23)의 구조는 (21)과 마찬가지로 술어로 작용하는 성분이 한정사구여서 문법에 부합하지 않는다.

(23) *张三他。

덩쓰잉(邓思颖 2002a: 7)에서는 (24)의 의문대사 '谁(누구)'가 명사술어로 사용될 수 없다고 보았다. 그러나 천만화(陈满华 2008: 60)는 (25)의 '谁(누구)'가 명사술어가 될 수 있으며, (26)의 '什么(무엇)'와 (27)의 '哪儿(어디)' 역시 명사술어가 될 수 있음을 발견하였다. (24)와 (25)를 비교해 보면 의문대사가 명사술어로 쓰이는 것이 형식적으로는 허용되나 다만 '별도'의 성분(예를 들어 어기사 '啊' 등)을 넣어서 문장 완성 조건을 만족시켜야 한다. 엄밀히 말해 (24)는 완전한 문장이 아니어서 비문이므로 (24)이 부적격성은 문장 완성 조건과 관련이 있으며, 의문사가 명사술어로 쓰일 수 없는 문제와는 무관하다 하겠다.

(24) *你谁？

(25) 你谁啊？在这儿指手画脚的。

당신 누군데? 여기서 이래라 저래라 하나.

(26) 这个什么(呀)？

이건 뭐야?

(27) 喂，你哪儿？……我是五十二号。

여보세요, 당신 어디세요? … 전 52호예요.

이 밖에 천만화(陈满华 2008: 168)는 또 한 가지 재미있는 사실을 발견했는데, 그것은 바로 의문대사가 술어로 사용되는 명사술어문에서 주어는 반드시 인칭대사라는 사실이다. 만약 주어가 인칭대사가 아니라 예를 들어 (28)의 '王林(왕린)'처럼 고유명사이거나, (29)의 '昨天咱们见到的那个老人(어제 우리가 본 그 노인)'처럼 한정적이거나, (30)의 '书(책)'처럼 보통명사라면 모두 부적격형이 된다. 그런데 천만화(陈满华 2008: 168)가 든 예문 (31)은 주어 '那个时候的你(그 때의 당신)'가 인칭대사로 그가 말한 요구조건을 만족시켰지만 여전히 부적격형이다.[6]

(28) *王林谁？

(29) *昨天咱们见到的那个老人谁？

(30) *书哪儿？

(31) *那个时候的你哪儿？

우리는 명사술어문 '주어+谁(누구)'에서 '谁(누구)'가 계사문(系词句)인 '주어+是+谁(누구)'의 '谁(누구)'와 유사한 의미와 용법을 지녔음에 주목한다. 우선 계사문의 경우를 살펴보자. 왕찬룽(王灿龙 2010)은 아래 세 가지 계사문에서 후행항인 '谁(누구)'를 자세히 비교하여 다음과 같은 사실을 발견하였다. (32)의 '孔乙己(쿵이지)'와 같이 외연이 분명히 드러나는 고유명사가 주어인 경우, '谁(누구)'는 진술관계(내연, 예컨대 '빈궁하고 초라한 문인')를 나타낼 수도 있고, 동등관계(외연, 예컨대 '카운터 앞에 서서 술 마시는 저 사람')를 나타낼 수도 있다. 또한 (33)의 '这个女人(이 여자)'과 (34)의 '你(당신)'처럼 외연이 분명히 드러나는 한정적 명사성 성분이 주어인 경우 '谁(누구)'는 신분을 물으며 진술 기능을 한다. 그리고 (35)의 '狗(개)'와 같이 내연이 부각되는 보통명사가 주어인 경우 '谁(누구)'가 동등관계를 나타내는 것은 유표적 용법이고, 진술관계를 나타내는 것은 무표적 용법이다. (35)가 부적격형인 이유는 바로 '谁(누구)'가 진술관계만 나타낼 수 있는데 계사문은 선행항이나 후행항이 모두 내연을 나타내는 것이 허용되지 않기 때문이다(예를 들어 '*文人是教授(문인은 교수이다)'). 이처럼 계사문의 후행항인 '谁(누구)'가 진술관계를 나타내는 것이 무표적 용법이다.

| | |
|---|---|
| (32) 孔乙己是谁？ | 쿵이지가 누구예요? |
| (33) 这个女人是谁？ | 이 여자는 누구예요? |
| (34) 你是谁？ | 당신은 누구예요? |
| (35) *狗是谁？ | |

6 陈满华(2008: 168)는 의문대사가 술어가 되는 것이 '매우 간단한 문장'에만 국한된다고 하였으나, '매우 간단한 문장'이 무엇인지에 대한 정의는 내리지 않았다.

이러한 점에 착안하여, 우리는 (28)-(31)에서 의문사가 모두 외연이 부각되어 있다는 사실에 주목하게 되었다. 예컨대 (28)과 (29)는 진술관계가 아닌 동등관계를 나타낸다. (25)-(27)의 의문사는 주로 내연이 부각되는데, (25)가 묻는 것은 상대방의 신분이고, (27) 역시 일종의 신분을 묻고 있어, 진술관계를 나타낸다. 우리는 내연이 부각되는 의문사는 비지시적 명사구이고, 외연이 부각되는 의문사는 한정사구이므로, 이들의 통사 구조가 동일하지 않다고 본다. (25)-(27)의 의문사는 명사구이고 술어로 작용할 수 있어 (19)의 '大傻瓜(멍텅구리)'와 동일한 통사 구조를 지니며, 비지시적 명사성 성분에 속하므로 진술관계를 나타낼 수 있다. 그러나 (28)-(31)의 의문사는 한정사구로, 지시적 명사성 성분에 속하며, (23)의 인칭대명사 '他(그)'와 지위가 같으므로 명사술어문에 들어갈 수 없다.

내연이 부각되는 의문사의 진술기능은 다음과 같이 명사술어문의 용법을 설명하는 데에도 적용될 수 있다. 명사술어문에 대해 논의한 한 논문(邓思颖 2002a: 7, 주석 10)에서 심사자는 (36)의 '什么人(누구, 뭐 하는 사람)'과 (37)의 '哪一位(누구, 어느 분)'가 명사술어로 사용될 수 있음을 지적한 바 있다. '什么人(누구, 뭐 하는 사람)'과 '谁(누구)'의 가장 큰 차이는 '什么人(누구, 뭐 하는 사람)'의 의문사 '什么(무엇)'가 핵어로 쓰이지 않고 한정어로만 쓰인다는 것이다. (36)의 什么人(누구, 뭐 하는 사람)'과 마찬가지로 (38)의 '星期几(무슨 요일)'는 명사술어가 될 수 있는데, 술어로 쓰이는 것은 진술관계를 나타내는 명사구이다. (37)의 '哪一位(누구, 어느 분)'의 경우, '什么人(누구, 뭐 하는 사람)'과 같은 구조로 재분석될 수 있는데, 즉 '哪(一)(어느)'는 관형어, '位(분)'는 관형어의 수식을 받는 명사 핵어로, (37)의 '哪一位(누구, 어느 분)'는 상대방의 신분만을 물을 수 있어 내연이 부각되는 용법이라 하겠다.

(36) 你什么人？　　너는 누구/뭐 하는 사람?

(37) 你哪一位？　　당신 누구/어느 분?

(38) 今天星期几？　　오늘 무슨 요일?

동사술어문의 동사와는 달리, 명사술어문의 명사는 핵어 이동하지 않는다. (19)의 '大傻瓜(멍텅구리)'는 여전히 원래의 위치에 머무르고, 경동사 BE로 이동하지 않는다. 장칭원(Q. Zhang 2009)은 술어로 쓰이는 명사가 (39)의 '那家工厂的(그 공장의)', (40)의 '八十年代的(80년대의)'와 같은 명사성 관형어의 수식을 받을 수 있음에 주목했다. 부적격형인 (41)과 (42)는 명사술어문 내의 명사가 관형어를 버려두고 단독으로 핵어 이동하여 BE의 위치로 이동해 갈 수 없음을 설명해 준다.[7] 이처럼 명사술어의 명사는 핵어 이동이 불가능하다는 점에서 동사술어문의 동사와는 다르다.

(39) 他那家工厂的厂长。　　그는 그 공장의 공장장.

(40) 他八十年代的大学生。　　그는 80년대의 대학생.

(41) *他厂长那家工厂的。

(42) *他大学生八十年代的。

우리는 명사술어문의 명사가 핵어 이동할 수 없는 원인이 명사의 형태와 관련되어 있다고 본다. 앞서 살펴보았듯이 동사 이

---

7 명사는 명사구의 핵어이고, 관형어는 (i)와 같이 명사구 위에 부가되는데, 자세한 사항은 제10장 '수식구조와 병렬구조'에서 소개하였다.

(i) [$_{NP}$ 관형어 [$_{NP}$ [$_{N}$ 명사] ] ]

동의 동기는 상과 경동사의 결합과 관련 있으며, 동사 이동을 통해 동사에 붙어 있는 상 표지가 경동사와 함께 하게 되어 의미적 층위에서 사건을 수식할 수 있게 된다. 그러나 명사는 동사와 형태적으로 차이가 있으므로 상 표지를 취하지 않으며 상을 나타낼 수 있는 접사가 없다. 따라서 명사가 경동사의 위치로 이동할 동기가 없어서 핵어 이동이 진행되지 않는 것이다.

주더시(朱德熙 1982: 102, 1985: 44)는 '都(벌써)', '已经(이미)' 등의 부사가 명사술어문에 쓰일 수 있고 또한 '了'를 더할 수 있음에 주목하였는데, (43), (44)의 예문처럼 명사술어문은 하나의 동태적 사건을 나타낼 수 있다. 이 동태적 사건은 경동사 BE로는 나타낼 수 없으며 예문 (44)처럼 BECOME이 이 문장의 경동사가 되어야만 변화를 포함한 사건을 나타낼 수 있다. 아래 (45)에서는 표지 붙은 괄호법(labelled bracketing)을 사용하여 (43)과 (44)의 구조를 표시하였는데, '今天(오늘)'과 부사의 구체적인 위치가 아직 논의되지 않았으므로 세부적 내용은 생략하였다.[8]

(43) 今天都星期三了。

오늘 벌써 수요일이 되었네요.

(44) 今天已经星期三了。

---

8 부사 '已经(이미)'으로 구성된 부사구 AdvP는 경동사구 위에 부가되어 경동사구/술부 전체를 수식한다. 이 밖에 (43)은 아래 (i), (ii)와 상황이 유사하다. 나는 기존에 (i), (ii)의 절에 영형식의 동사가 포함되어 있다고 보고, 이를 영 계사문(空系词句)(邓思颖 2002a) 혹은 '영 동사 종속절(空动词从属小句)'(Tang 2003b, 邓思颖 2004b)이라 칭하였는데, 만약 경동사가 명사구와 직접 병합할 수 있다면(예문 (45)처럼), 영 동사의 존재를 가정할 필요가 없어진다.

(i) 都大姑娘了… 벌써 다 큰 처자가 되었네

(ii) 你都三个孩子的爸爸了… 너는 벌써 세 아이의 아빠가 되었구나

오늘 벌써 수요일이 되었네요.

(45) [$_{CP}$[$_{TP}$今天[[都/已经[$_{vP}$ BECOME[$_{NP}$星期三]]]了]]]

이와 마찬가지로, 동태사건을 나타내는 (46)에서도 역시 BECOME이 경동사가 되어야 한다. 부적격형인 (47)은 설령 경동사가 동태사건을 나타낸다 하더라도, 명사술어 '厂长(공장장)'이 관형어 '那家工厂的(그 공장의)'를 버리고 핵어 이동을 하여 BECOME의 위치로 이동할 수 없음을 보여주는데, 이는 (41)의 경우와 동일하다.

(46) 他已经那家工厂的厂长了。

그는 이미 그 공장의 공장장이 되었다.

(47) *他已经厂长那家工厂的了。

명사술어가 이동할 수 없는 원인은 상 표지의 결핍으로 이동의 동력을 상실하였기 때문이다. 이와 반대로 동사는 상 표지가 부착될 수 있으므로 동사가 경동사 위치로 이동할 수 있게 되어 상 표지가 경동사와 함께 결합함으로써 통사-의미 접합면 조건을 만족시켜준다. 이러한 논증이 정확하다면, 주술구조 내에서 핵어 이동의 동력은 상 표지로부터 비롯된 것으로, 상과 사건의 결합과 관련된다고 할 수 있다. 이를 통해 핵어 이동 여부가 바로 동사술어문과 명사술어문의 뚜렷한 차이점임을 알 수 있다.

## 9.3 비주술문

전통 중국어 문법학자들은 모두 '비주술문'을 중국어의 독립적인 문형으로 보았다. 비주술문의 주어는 과연 '보충될 수 없는 것'인가 아니면 '보충될 필요가 없는 것'인가와 관련하여 주더시(朱德熙 1982: 22-23)는 '보충될 수 없다'고 하였으며, 비주술문은 "자족(自足)적이며, 다시 말해 어떤 성분도 부족하지 않으므로 앞에 주어를 보충해 넣을 수 없으며", (48)과 (49)처럼 주어를 보충할 수 있는 절은 "모두 진정한 비주술문이 아니고, 주어가 생략된 주술문으로 보아야 한다"고 하였다. 류웨화 외(刘月华 等 1983: 11, 2001: 18)에서도 "비주술문은 주어나 술부가 생략된 것이 아니며, 확정적인 주어나 술부를 보충해 넣을 수 없다"고 하였다.

(48) (我)有点儿不舒服。 (나는) 좀 불편하다.

(49) (我)马上就来。 (저) 곧 갑니다.

후위수 외(胡裕树 等 1995: 316-317) 역시 비주술문과 생략문의 차이에 주목하였는데, 이들은 비주술문이 "그 자체로 완전하므로 주어를 첨가하여 이해할 필요가 없다"고 보았다. 비주술문에 대한 장즈궁 외(张志公 等 1985) 및 황보룽·랴오쉬둥(黄伯荣·廖序东 2002b) 등의 정의에는 '보충될 수 없다'와 '보충될 필요가 없다'는 의미가 모두 포함되어 있다. 장즈궁 외(张志公 等 1985: 44)에서는 "비주술문은 어떤 성분을 보충할 필요가 없거나 혹은 보충할 방법이 없다"고 지적하였다. 황보룽·랴오쉬둥(黄伯荣·廖序东 2002b: 121)은 동사 비주술문에 대해서 "이러한 문장은 주어를 생략한 것이 아니라 주어를 보충할 필요가 없거나 혹은 보충할 방법이 없는 것이다"라고 보았다. 류웨화 외(刘月华 等 1983: 539-540)에서는 "인위적으로 주어를 보충해 넣는 경우, 보충된 주어 역시 종종 불확정적인 것으로, 이는 다시 말해 하나의 확정적인 주어를 보충해 넣을 수 없음을 의미한다"라고 하였다. 류웨화 외(刘月华 等 2001: 856)에서는 문구만 조금 다듬었을 뿐 관점은 여전히 동일하다. 만약 비주술문의 주어가 '보충될 수 없는 것'이라면, 그것은 비주술문이 구조적으로 주어가 결핍되어 있다는 말이 된다. 그러나 비주술문의 주어가 '보충될 필요가 없는 것'이거나 혹은 보충된 성분이 가리키는 대상이 불확정적인 것이라면, 이는 비주술문이 하나의 주어를 내포하고 있으며 단지 드러낼 필요가 없을 뿐임을 의미하는 것이다.

학자들마다 비주술문에 대한 정의만 다른 것이 아니라, 이에 대한 이해도 제각각이다. 장즈궁 외(张志公 等 1985: 43)에서는 (50)의 명령문을 비주술문으로 분석하였으나, 후위수 외(胡裕树 等 1995: 317)에서는 (51)을 주술문의 생략형식으로 보고, "명령문에서는 주어를 자주 생략하는데, 이 주어는 확정적인 것이라서 보충하고자 한다면 정확하게 짚어 보충할 수 있다"고 하였다. 이러한 견해의 차이는 비주술문에 대한 인식 문제, 즉 비주술문의 주어가 '보충될 수 없는 것'인지 '보충될 필요가 없는 것'인지의 문제와 관련된다.

(50) 请起立！ 일어나세요!

(51) 别抽烟！ 담배 피우지 마!

생성문법의 중요한 이론 가운데 하나가 바로 '공범주(empty category)' 가설인데, 그 한 예로 음성 형식이 없는 대명사인 *pro*(small pro)가 있다. *pro*는 단순히 음성 생략을 통해 만들어지는 것이 아니다. *pro*는 자신만의 형식 자질과 의미 자질을 지니는데, 품사는 한정사 D이고, 지시 기능이 있으며, 기능적으로는 인칭대사 '他(그)', '他们(그들)'과 기본적으로 동일하지만 음성적 자질이 결여되어 있다는 점만 다르다. 관련 논저에서도 주어 위치에 쓰이는 *pro*를 '영주어', '영형식의 주어' 등으로 일컫는다. 중국어는 주어 생략을 허용하는 언어인데, 바로 이러한 중국어의 주어 생략 현상은 *pro*가 주어가 될 수 있도록 허용함으로써 나타난다. 황(Huang 1982, 1984b, 1987a, 1989)은 일찍이 이러한 방면의 문제에 대해 상세히 연구한 바 있다. 중국어에서 주어가 생략된 문장이 하나의 *pro*를 포함하고 있다고 가정한다면, 주더시(朱德熙 1982: 22)가 주어가 생략된 예문으로 언급한 (48)과 (49)는 (52)와 (53)과 같이 다시 표현할 수 있다. 주어는 *pro*이고 절의 주어의 자리에 위치하며(즉, 시간사구 TP의 지정어 위치)[9], 특정한 문맥에서 화자 '我(나)'를 지향한다. *pro*가 '我(나)'를 지향할 경우, 전통문법론의 일반적인 이해에 따라 말하자면 주어인 '我(나)'가 보충되는 것이라 할 수 있다.

(52) . . . [$_{\mathrm{TP}}$ *pro* [$_{v\mathrm{P}}$ 有点儿不舒服 ] ]

(53) . . . [$_{\mathrm{TP}}$ *pro* [$_{v\mathrm{P}}$ 马上就来 ] ]

중국어가 주어 생략을 허용하는 언어라면 많은 비주술문은 곧 주어가 생략된 것이며 *pro*가 비주술문의 주어를 담당하는 것으로 이해되어야 할 것이다. (6)과 같은 예문((54)에 반복)이 전형적인 비주술문이라는 점에 대해서는 관련 논저에서도 별다른 이견이 없다(《中学教学语法系统提要》, 刘月华 等 1983: 543, 2001: 860, 朱德熙 1982: 22, 张志公 等 1985: 43, 张斌 等 1988: 310, 黄伯荣·廖序东 2002b:

9 (52)와 (53)의 *pro*는 원래 먼저 경동사와 병합한 뒤 시간사구의 지정어 위치로 이동한다. 관련 세부 사항은 생략한다. 이하 동일.

122 등). '好(좋다)'의 주어는 사실 보충할 수 없는 것이 아니라, 단지 어떤 맥락에서 주어가 가리키는 사람이나 사물이 무엇인지가 화자와 청자에게 있어 모두 매우 분명하여 보충할 필요가 없는 것이다. 따라서 (54)도 역시 *pro*가 주어를 충당하는 주술문이라고 보며, 그 구조는 불필요한 세부 사항을 생략하여 (55)와 같이 나타낼 수 있다고 분석한다. (54)의 *pro*는 적절한 맥락이 주어지는 경우 어떤 사람이나 일을 지향할 수 있고, 술어 '好(좋다)'는 *pro*가 가리키는 사람 혹은 사물에 대해 진술한다. 사실, 딩성수 외(丁声树 等 1961: 19)에서는 주어가 없는 "好极了(아주 좋아)"가 경우에 따라서는 주어를 가질 수 있어 "这好极了(이거 아주 좋아)"와 같이 표현될 수도 있다고 보았다. 우리는 여기에서 '这(이, 이것)'가 바로 *pro* 주어가 외현적으로 나타난 것이라고 본다.

(54) 好！ 좋아!

(55) . . . [$_{\text{TP}}$ *pro* [$_{v\text{P}}$ 好 ] ]

많은 학자들이 모두 (56)을 비주술문의 예로 보는데(朱德熙 1982: 22, 黄伯荣·廖序东 2002b: 122, 北京大学中文系 2004: 302, 冯志纯 等 2008: 225 등), 후위수 외(胡裕树 等 1995: 317)에서는 이에 더욱이 "공공장소에 붙은 포스터에 쓰인 '禁止抽烟(흡연금지)'과 같은 말은 그 자체로 완전하기 때문에 주어를 덧붙여 이해할 필요를 느끼지 않는다"라고 설명하였다. 펑즈춘 외(冯志纯 等 2008: 226)에서는 (56)에 대해서 "의미가 완전하고 명확하므로 무엇을 보충할 필요가 없다. 만약 굳이 어떤 부분을 보충하고자 한다면, 보충할 수 있는 내용이 매우 다양해서 사람이나 장소에 따라 다 달라질 것이다"고 하였다. 이들의 이해에 따르면 (56)은 '보충할 수 없는' 것이 아니라 '보충할 필요가 없는' 것이다. 논항 구조의 관점에서 살펴보면 '禁止(금지하다)'는 2항의 사동동사로 사동자와 수동자 두 개의 논항을 가지며, (56)은 실제로는 '어떤 이가 어떤 이의 흡연을 금지한다'는 의미를 내포하지만, 다만 포스터의 문맥에서 사동자나 수동자 논항이 생략되어 있을 뿐이며, 이는 '보충할 필요가 없는' 상황에 해당한다. 포스터라는 문맥을 벗어난다면 '禁止(금지하다)'의 논항은 예를 들어 (57)의 '台湾(타이완)'과 '孕妇(임산부)', (58)의 '美国国内航线(미국 국내선)'과 '乘客(승객)'처럼 보충될 수 있다.[10] 따라서 '禁止(금지하다)'로 구성된 비주술문에서 주어는 '보충될 필요가 없는' 것이지, '보충될 수 없는' 것이 아니다. 이처럼 '보충될 필요가 없는' 주어가 있으므로 (56)은 '비주술문'으로 분석해서는 안 될 것이다. (56)의 구조는 (59)와 같이 간단히 표현할 수 있는데, 여기서 *pro*는 사동자 주어이고, ***e***는 공범주 수동자 논항이다.

(56) 禁止吸烟。　흡연금지

(57) 台湾拟禁止孕妇吸烟。

타이완은 임산부 흡연을 금지할 예정이다.

(58) 美国国内航线就开始全面禁止乘客吸烟。

미국 국내선은 승객 흡연 전면 금지를 곧 시작한다.

(59) . . .[$_{\mathrm{TP}}$ *pro* [$_{v\mathrm{P}}$ 禁止 [***e*** 吸烟 ] ] ]

중국어에서 주어가 없는 일부 절을 비주술문이라고 칭하는 것은 이론적 정의에 있어서나 실제 언어 자료 분석으로 보나 모두

---

10 예문 (57)과 (58)의 출처는 '베이징대학 중국어 언어학연구센터 현대중국어 코퍼스(北京大学 汉语语言学研究中心 现代汉语语料库)'(CCL 코퍼스)이다.

일정한 결합이 있다. 만약 대다수의 비주술문 주어가 '보충될 필요가 없는' 것이라면, 비주술문은 실제로는 주술문인데 주어가 생략되었을 뿐이거나 혹은 더 정확하게 말하자면 생략된 주어가 공범주(예를 들면 *pro*)인 것이다. 따라서 중국어의 문형에는 오직 한 가지 유형, 즉 주술문만 존재할 뿐 비주술문이란 존재하지 않는다.

## 9.4 연동문

예문 (60)은 '买票(표를 사다)', '进去(들어가다)' 두 개의 동사성 성분으로 구성되어 있다. 이러한 문장구조는 전통 중국어 문법에서 '연동(连动)'(丁声树 等 1961, 《中学教学语法系统提要》, 刘月华 等 1983, 2001, 吕叔湘 等 1984, 张志公 等 1985, 胡附·文炼 1990, 邢福义 等 1991, 胡裕树 等 1995, 冯志纯 等 2008 등), '연위(连谓)'(朱德熙 1982, 黄伯荣·廖序东 2002b, 北京大学中文系 2004, 周一民 2006 등), '연술(连述)'(张斌 等 1988)로 불리기도 한다. 주더시(朱德熙 1982: 160)의 설명에 따르면 "연위구조는 술어(谓词) 혹은 술어구조(谓词结构)가 연속하여 사용된 형식"으로, 그는 해당 페이지 주석 1에서 "'연위구조'의 '위(谓)'는 술어동사(谓词)를 가리키는 것이지 술부(谓语)를 가리키는 것이 아니다"라고 하였다. 이 책은 술어동사를 가리키는 말로 '谓词'라는 용어를 사용하지 않으므로 (60)과 같은 유형의 문장을 '연동문(连动句)'이라 부르겠다.

(60) 我买票进去。　　　나는 표를 사서 들어간다.

연동문의 가장 기본적인 특징은 연동문에 쓰인 두 동사의 주어가 동일하여 동일한 주어에 대해 진술한다는 것이다(胡裕树 等 1995, 黄伯荣·廖序东 2002b 등). (60)에서 '买票(표를 사다)', '进去(들어가다)'의 주어는 모두 '我(나)'로서, 둘 다 동일한 주어에 대해 진술하고 있다. 아래 몇 가지 문장은 표면상으로는 두 개의 동사/술어로 구성되어 있지만, 연동문이 아니다(朱德熙 1982: 161). (61)의 '抽烟喝茶(담배 피우고 차 마시다)'와 (62)의 '吃饭睡觉(밥 먹고 잠자다)'는 병렬구조에 속하고[11], (63)은 술목구조가 목적어('술목구조와 술목구조가 겹쳐짐')로 쓰였으며, (64)는 술목구조가 보어('술보구조 내에 술목구조가 내포된 구조')로 쓰여 이 문장들은 모두 연동문이라고 할 수 없다.

| | |
|---|---|
| (61) 不停地抽烟喝茶。 | 쉴 새 없이 담배 피우고 차 마신다. |
| (62) 连吃饭睡觉都忘了。 | 밥 먹고 잠자는 것조차 잊어버렸다. |
| (63) 喜欢看电视。 | 텔레비전 보는 것을 좋아한다. |
| (64) 疼得掉眼泪。 | 아파서 눈물이 흐른다. |

형식상으로 구분해 보면 첫 번째 동사성 성분은 1항 동사((65)의 '去(가다)') 혹은 2항 동사((60)의 '买(사다)', (66)의 '倒(따르다)')일 수 있고, 두 번째 동사성 성분 역시 1항 동사((60)의 '进去(들어가다)')이거나 2항 동사((65)의 '看(보다)', (66)의 '吃(먹다)')일 수 있다.

| | |
|---|---|
| (65) 张三去看病。 | 장싼은 진료 받으러 간다. |
| (66) 张三倒杯水吃药。 | 장싼은 약 먹으려고 물 한 잔을 따른다. |

11 Paul(2008)은 연동문((60)의 '买票进去(표를 사서 들어가다)'와 같은 경우)이 병렬구조로 분석될 수 없는 이유를 분석했다.

주더시(朱德熙 1982: 161)는 연동문의 첫 번째 동사에 목적어가 없는 경우 (67)처럼 흔히 '着' 등의 접미사가 부착되어 있거나, 또는 (68)처럼 중첩식을 사용한다는 점에 주목했다. 원형동사의 형식으로 출현하며 '着'를 부착할 필요가 없는 1항 동사는 (65)와 같은 문장에서 사용된 '来(오다)'와 '去(가다)' 뿐이다.

(67) 走着瞧。　　두고 보자.

(68) 笑笑说。　　웃으며 말한다.

중국어의 연동문은 기본적으로 두 가지 종류의 통사구조로부터 도출될 수 있다. 첫째, 첫 번째 동사가 부사어로서 두 번째 동사를 수식하는 경우이고, 둘째, 두 번째 동사가 첫 번째 동사의 보어인 경우이다(Paul 2008). 이 두 가지 구조는 다음과 같이 간략히 기술될 수 있다. (69)에서 두 번째 동사인 '동사$_2$'는 연동문의 어근으로 쓰여 절을 구성하고, 첫 번째 동사인 '동사$_1$'은 부사어(우선 XP로 칭하고, 내부 구조는 잠시 접어두자)로서 주절의 경동사구 *v*P 위에 부가되어 두 번째 동사를 수식한다. (70)에서 연동문의 첫 번째 동사인 '동사$_1$'은 어근으로 쓰여 절을 구성하고 두 번째 동사인 '동사$_2$'는 또 다른 절 CP를 구성하여 '동사$_1$'의 보어가 된다.[12]

(69) . . . [$_{TP}$ 주어 [$_{vP}$ [$_{XP}$ 동사$_1$] [$_{vP}$ 동사$_2$] ] ]

(70) . . . [$_{TP}$ 주어 [$_{vP}$ 동사$_1$ [$_{CP}$ 동사$_2$] ] ]

---

12　목적을 나타내는 보어는 하나의 절(즉 보문사구 CP)이다. 자세한 내용은 C.-C. J. Tang(1990)과 Tsai(1995)의 논의를 참고하기 바란다.

주더시(朱德熙 1982: 164)는 연동문이 종종 서로 다른 두 가지 의미를 나타낼 수 있음에 주목하였다. (71)에서 두 개의 동사는 "수반되어 발생하는 두 개의 동작을 각각 대표하는데 중심은 후자에 있으며 전자는 후자의 방식을 설명하고", (72)의 두 번째 동사는 "목적을 나타낸다"(朱德熙 1982: 164). (73)은 중의적이어서(Li and Thompson 1973: 98), '跪下来(꿇어 앉다)'는 '求我(나에게 빌다)'의 방식을 나타낼 수 있으며, 또 바꾸어 말하자면 '求我(나에게 빌다)'는 '跪下来(꿇어 앉다)'의 목적이라고도 할 수 있다. 방식과 목적이라는 두 가지 의미를 나타내는 연동문은 각각 (69)와 (70)으로 나타낼 수 있다(Paul 2008). (73)의 문장을 예로 들어 보면, 수형도 (74)에 표시된 연동문의 술어부분에서 부사어 '跪下来(꿇어 앉다)'가 '求我(나에게 빌다)'를 수식하여 '求我(나에게 빌다)'의 방식을 설명한다. 수형도 (75)에서 '求我(나에게 빌다)'는 '跪下来(꿇어 앉다)'의 보어로 쓰여 '跪下来(꿇어 앉다)'의 목적을 설명한다. 보어 내에는 주어 '他(그)'를 지향하는 영주어 *e*가 하나 존재해야 하므로, '求我(나에게 빌다)'의 주어 역시 '他(그)'가 되어야 한다.[13]

(71) 躺着看书。　　누워서 책을 본다.

(72) 闹着回家。　　떠들며 집에 돌아가다.

(73) 他跪下来求我。　　그는 꿇어앉아 나에게 빌었다.

---

13 만약 (75)에서 보어로 쓰인 절이 부정형(infinitive, 不定式)이라면, 영주어는 'PRO'(big PRO)로 분석되어야 하며, '他(그)'의 통제(control)를 받는다(C.-C. J. Tang 1990). PRO는 부정사절의 주어 위치에만 나타나고, *pro*는 정형(finite, 定式) 절의 주어 위치에 나타나, 둘은 상보적 분포를 이룬다. Huang(1989)에서는 *pro*와 PRO를 하나로 합하는 시도를 하였다.

(74) 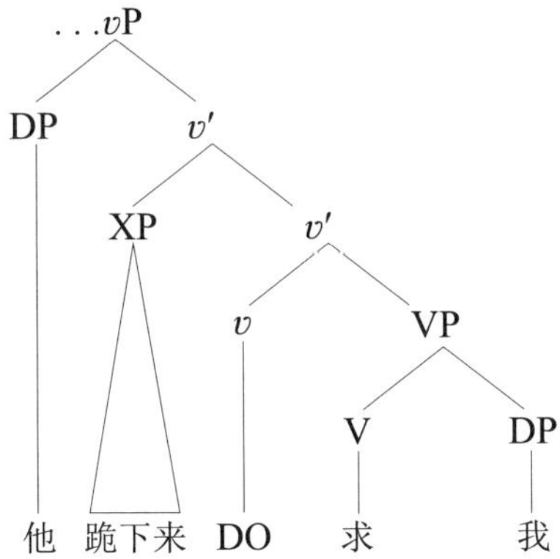


(75) 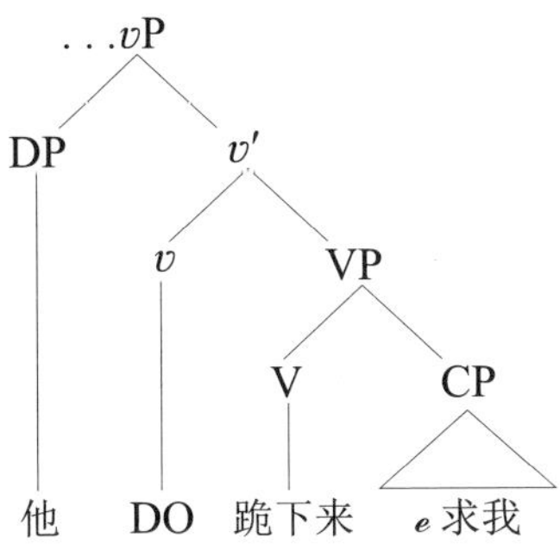


리와 톰슨(Li and Thompson 1973: 101)은 (76)과 같이 연동문의 첫 번째 동사를 중첩하여 정반의문문을 형성하는 경우, 이러한 연동문은 목적 의미만을 나타낼 수 있음에 주목하였다. 폴(Paul 2008: 387)은 (77)과 (78)의 차이를 비교하였는데, (77)은 첫 번째 동사가 중첩되어 정반의문문을 형성하고, (78)은 두 번째 동사가 중첩되어 정반의문문을 형성하며 (77)의 '讨论这个问题(이 문제를 논의하다)'는 목적을 나타내고, (78)의 '开会(회의를 하다)'는 시간상으로 동시에 수반되어 발생한다는 의미를 나타낼 수 있다. 정반의문문을 형성할 수 있는 동사가 바로 연동문의 어근이고, 이로써 (69)

혹은 (70)의 분석이 옳다는 것이 증명된다.

(76) 你跪不跪下来求长三？
너 장싼에게 빌려고 무릎 꿇을 거야 안 꿇을 거야?

(77) 他们开不开会讨论这个问题？
그들은 이 문제를 논의하기 위해 회의를 할 거예요 안 할 거예요?

(78) 他们开会讨论不讨论这个问题？
그들은 회의를 열어 이 문제를 논의할 거예요 안 할 거예요?

전통 중국어 문법학에서 많은 학자들은 연동문을 중요한 구문 가운데 하나로 여기면서 연동문을 구성하는 연동구조를 주술구조나 술목구조 등과 평행하게 처리하였다. 예를 들어 주더시(朱德熙 1982)는 구 내부 구성성분간의 문법 관계에 근거하여 구를 여섯 가지 구조로 구분하였는데, '연위구조(连谓结构, 즉 이 책의 연동구조)'를 하나의 독립적인 구조로 보고 나머지 다섯 종류의 구조(주술구조, 술목구조, 술보구조, 수식구조, 병렬구조)와 평등한 지위를 지닌다고 보았다. 만약 중국어의 연동문이 모두 (69)나 (70) 같은 구조로 분석될 수 있다면 연동문은 수식구조((69))로 재분석되거나 술보구조((70))로 재분석될 수 있기에 '연동구조'는 사실상 존재하지 않게 되므로 형식상으로 아무런 특징도 지니지 않게 되며, 더욱이 연동문의 일부 기능들은 모두 수식구조 또는 술보구조로부터 도출될 수 있는 것들이다. 이처럼 '연동구조'의 독립적인 지위를 박탈한다 해도 중국어 문법 분석에 아무런 장애를 만들어내지 않을 뿐만 아니라, 문법 이론을 간략화함으로써 중국어 통사구조를 더욱 깊이 이해할 수 있도록 해 준다.

## 9.5 겸어문

표면적으로 볼 때 예문 (79)와 (80)은 상술한 연동문과 유사하게 모두 두 개의 동사로 구성되어 있다. 일부 학자들은 (79)와 (80)을 아예 연동문으로 보고 연동문의 하위 부류로 삼았다(Li and Thompson 1981, 朱德熙 1982, 张斌 等 1988). 그러나 대다수 학자들은 이러한 구문을 독립시켜 '겸어문'이라고 부른다(《中学教学语法系统提要》, 吕叔湘 等 1980, 刘月华 等 1983, 2001, 张志公 等 1985, 胡附·文炼 1990, 邢福义 等 1991, 胡裕树 等 1995, 黄伯荣·廖序东 2002b, 冯志纯 等 2008 등).

(79) 我请他来。　　나는 그에게 오라고 청했다.
(80) 我劝张三戒烟。　　나는 장싼에게 금연을 권했다.

겸어문의 가장 뚜렷한 특징이자 상술한 연동문과의 가장 큰 차이로 꼽을 수 있는 것은 겸어문의 두 동사가 각자 다른 주어를 지니는 반면, 연동문의 두 동사는 모두 동일한 주어를 지닌다는 것이다. 겸어문에서 첫 번째 동사의 목적어는 두 번째 동사의 주어로 이해될 수 있는데, 이 목적어는 두 개의 역할을 겸하게 되므로 이러한 구문을 '겸어'라 칭하는 것이다. (79)에서 '我(나)'는 '请(청하다)'의 주어이고, '他(그)'는 동사 '请(청하다)'의 목적어이자 동사 '来(오다)'의 주어이다. (80)에서 '张三(장싼)'은 '劝(권하다)'의 목적어이며 동시에 '戒烟(금연하다)'의 주어이다.

겸어문의 첫 번째 동사는 시킴이나 명령, 재촉의 의미를 나타내는데, 자주 쓰이는 동사로는 '请(청하다)', '使(…에게 …하게 하다)', '叫(…에게 …하게 하다)', '让(…에게 …하게 하다)', '派(파견하다)',

‘劝(권하다)’, ‘催(재촉하다)’, ‘逼(독촉하다)’, ‘命令(명령하다)’, ‘禁止(금지하다)’ 등이 있고, 이 동사들이 나타내는 의미는 일정한 결과를 야기할 수 있다(黄伯荣·廖序东 2002b: 126). 두 번째 동사는 첫 번째 동사가 야기하고자 하는 결과 혹은 도달하고자 하는 목적을 나타낸다(吕叔湘 等 1980: 33, 胡裕树 等 1995: 332, 邢福义 等 1996: 135 등). 예를 들어 (79)와 (80)의 ‘请(청하다)’과 ‘劝(권하다)’은 시킴이나 명령 의미를 나타내고, ‘来(오다)’와 ‘戒烟(금연하다)’은 도달하고자 하는 목적 혹은 결과를 나타낸다.

겸어문의 시킴과 명령, 재촉의 의미라는 것은 분명히 사동 의미와 동일하므로 겸어문 역시 사동문의 일종으로 분석될 수 있다. 이 책 제6장 ‘주술구조’ 및 제7장 ‘술목구조와 술보구조’에서 논의한 바에 따르면 사동문은 복잡한 논항 구조를 포함하고, 두 개의 경동사, 즉 사동을 나타내는 경동사 CAUSE와 사건변화를 나타내는 경동사 BECOME이 공동으로 구성한다. (79)를 예로 들면, 술부의 통사구조는 수형도 (81)과 같이 나타낼 수 있다. 겸어문의 첫 번째 동사 ‘请(청하다)’은 어근으로, 우선 두 번째 동사로 형성된 성분 ‘*e*来(*e*가 오다)’와 병합하며,[14] 이때 ‘*e*来(*e*가 오다)’는 동사 ‘请(청하다)’의 보충어가 된다.[15] 다음으로 다시 BECOME, ‘他(그)’, CAUSE, ‘我(나)’ 등의 성분이 들어가 한 층위씩 쌓여간다. 이러한 구조는 ‘내가 하나의 사건을 발생시켰고, 그 사건은 그가

14 (81)의 시간사구 ‘*e*来(*e*가 오다)’에는 영주어 *e*가 포함되어 있는데, 이는 (75)의 보문사구 CP ‘*e*求我(*e*가 나에게 빌다)’의 상황과 유사하다. 만약 이 시간사구가 부정형(infinite, 不定式)이면, 영주어는 PRO로 ‘他’를 지향해야 한다. 생성문법론은 이러한 문장구조를 ‘통제문(control sentence, 控制句)’이라고 부르기도 한다. 이 장 각주 13을 참조하기 바란다.

15 邢欣(2004)은 생성문법 이론 모형에 따라 겸어문의 두 번째 동사를 보충어(그녀는 ‘补语’라고 칭했음)로 분석하고, 상세한 논의를 진행하였다.

사건의 변화를 겪는 것이며, 달성하고자 하는 변화의 결과는 그가 초대되어 오는 것이다'라고 해석될 수 있다. '我(나)'는 사동자이고, '他(그)'는 '请(청하다)'의 수동자 목적어이며, 보충어 위치에 있는 성분 내에는 '他(그)'를 지향하는 영주어 *e*가 하나 있다. 따라서 '他(그)'는 이 성분의 주어로도 이해될 수 있으므로 '겸어' 현상이 나타난다.

(81)
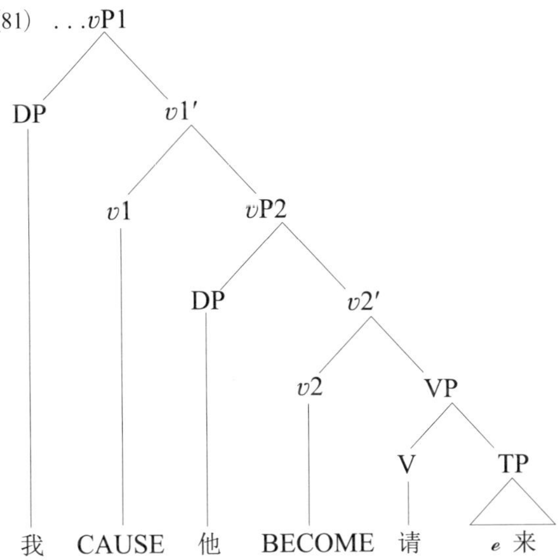


수형도 (82)에서는 동사 '请(청하다)'이 먼저 BECOME으로 이동하였다가 다시 CAUSE의 위치로 이동하여 최종적으로 (79)의 어순을 형성하는 모습을 보여준다.

(82)

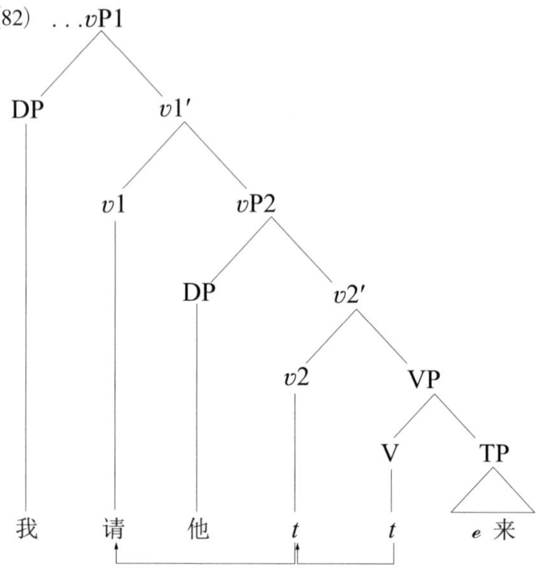


만약 사동문으로 분석한 방향이 정확하다면, 겸어문의 첫 번째 동사 '请(청하다)'은 주요 술어(primary predicate, 主要谓语)이고, 겸어문의 두 번째 동사, 즉 동사 보충어 자리에 위치한 시간사구 TP는 '이차 술어(secondary predicate, 次要谓语)'이며, 둘이 함께 하나의 비교적 복잡한 술어를 구성하게 된다. 주요 술어는 사동 의미를 나타내고, 이차 술어는 사건 변화의 예기된 결과를 나타내어 주요 술어가 나타내는 사건을 보충한다. 이와 같이 본다면 사역 의미를 나타내는 겸어문은 사실상 사동문의 일종으로, 겸어문의 첫 번째 동사와 두 번째 동사는 술보관계를 이루는 것으로 분석될 수 있다. 즉 첫 번째 동사는 주요 술어이자 어근, 두 번째 동사는 이차 술어이자 보어인데, 이 보어는 결과를 나타내는 상태보어(혹은 이 책은 '결과보어'라고 칭한다)로 해석될 수 있다. 이처럼 술보구조와 겸어구조는 '본질'이 동일하며 통사구조도 같다. 다만 '술보구조'라는 말은 '보충'이라는 부분이 강조되어 보어에 초점이 놓인 것이고, '겸어구조'라는 말은 '겸하는' 특징이 강조되어 표면적으로 두 개의 역할을 겸하는 목적어에 초점이 놓인 것이다. 겸어구조를 술보구조에 통합시키든 술보구조를 겸어구조에 통합시키든, 중국어 문법학적으로는 둘 다 상관이 없다. 둘을 함께 합침으로써 오히려 겸어문의 두 번째 동사가 지닌 보충 기능에 대해 더욱 관심을 갖게 될 것이다.

시킴과 명령 의미를 나타내는 겸어문 외에 (83)–(85) 등의 예문과 같이 칭찬, 책망 등의 의미를 나타내는 겸어문도 있다(吕叔湘 等 1980, 刘月华 等 1983, 2001, 黄伯荣·廖序东 2002b, 邢福义 1996 등). 이러한 겸어문의 첫 번째 동사는 흔히 칭찬, 책망 혹은 기타 심리활동을 나타내는데, 자주 쓰이는 예로는 '称赞(칭찬하다)', '表扬(칭찬하다)', '夸(칭찬하다)', '笑(비웃다)', '骂(욕하다)', '恨(미워하다)', '嫌(싫어하다)', '感谢(고마워하다)', '喜欢(좋아하다)'등 이 있으며, 두 번째 동사는 원인을 나타낸다. (83)에서 '表扬他们(그들을 칭찬하다)'의 원인은 '干劲大(열의가 대단하다)'이고, (84) '埋怨我(나를 원망하다)'의 원인은 '没给她办成这件事(그녀에게 이 일을 처리해 주지 않았다)'이며, (85) '喜欢这孩子(이 아이가 좋다)'의 원인은 '懂事(철이 들었다)'이다.

(83) 领导一直表扬他们干劲大。

지도자는 그들이 열의가 대단하다고 계속 칭찬한다.

(84) 他埋怨我没给她办成这件事。

그는 내가 그녀에게 이 일을 처리해 주지 않았다고 원망한다.

(85) 我喜欢这孩子懂事。

나는 이 아이가 철이 들어서 좋다.

시킴이나 명령 의미가 없는 이러한 겸어문은 구조가 비교적 간단하여 하나의 경동사로만 구성된다. (83)을 예로 들면, 겸어문의 첫 번째 동사 '表扬(칭찬하다)'은 두 번째 동사로 구성된 '*e*干劲大(*e*가 열의가 대단하다)'(즉, 시간사구 TP)와 병합한다. '干劲大(열의가 대단하다)' 앞에는 하나의 영주어 *e*가 있으며 그 이유는 상술한 (81)과 기본적으로 같다. 동사구를 선택하는 경동사는 DO로, (86)과 같은 수형도를 형성하는데, 여기에서 부사 '一直(계속)'는 해당 논의와 무관하므로 생략하였으며, '表扬(칭찬하다)'이 마지막에 DO의 위치로 이동하여 (83)과 같은 어순을 형성한다. 이 수형도에 따르면 이 겸어문은 '지도자는 한 가지 일을 하였고, 그것은 바로 그들을 칭찬하는 일이며, 원인은 그들이 열의가 대단하기 때문이다'라고 해석할 수 있다. '领导(지도자)'는 행위자 주어고, '他们(그들)'은 수동자 목적어이며, 보충어의 자리에 위치한 절 '*e*干劲大(*e*가 열의가 대단하다)'는 '表扬(칭찬하다)'의 원인을 나타내면서 보충 기능을 지닌다.

(86)
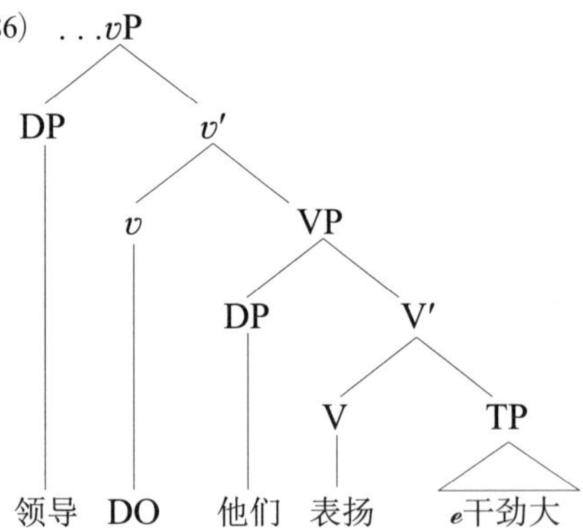


(85)의 경우, '喜欢(좋아하다)'은 하나의 상태를 나타내므로 그

림 (87)에서 나타나는 바와 같이 이 절을 구성하는 경동사는 BE가 된다. 동사 '喜欢(좋아한다)'은 이 절의 어근으로, 보충 성분으로 기능하는 '*e*懂事(*e*가 철이 들었다)'와 병합한다. '懂事(철이 들었다)' 앞의 영주어 *e*는 '这孩子(이 아이)'를 지향하는데, '这孩子(이 아이)'는 '喜欢(좋아하다)'의 수동자 목적어이면서 또한 '懂事(철이 들었다)'의 주어로 이해될 수 있어 '겸어'가 된다. (87)의 수형도는 '나는 한 가지 상태를 느끼는데, 그 상태는 이 아이를 좋아하는 것이며, 원인은 그 아이가 철이 들었기 때문이다'로 해석될 수 있다. '*e*懂事(*e*가 철이 들었다)'의 기능은 '喜欢(좋아하다)'을 보충해 주는 것으로, '喜欢(좋아하다)'의 원인을 설명한다. 이러한 점에서 보면, 보충어로 쓰인 '*e*懂事(*e*가 철이 들었다)'는 보충 기능을 지니고 있는 듯하다.

(87) 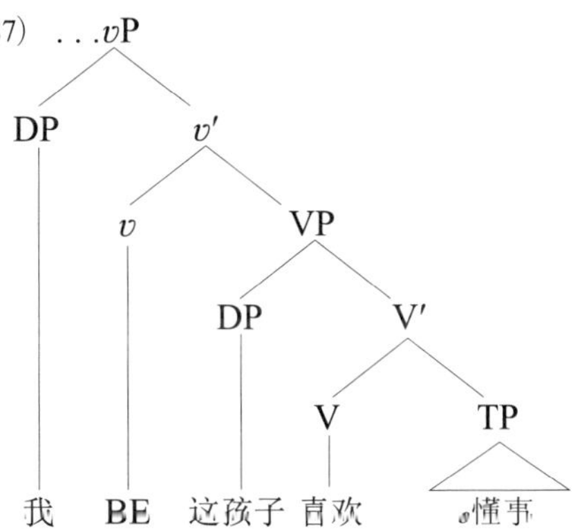


기능적 관점에서 살펴보면, 칭찬이나 책망의 의미를 나타내는 이러한 겸어문에서 두 번째 동사는 첫 번째 동사가 나타내는 사건을 보충하는 보충 기능을 지니고 있어서 보어와 흡사해 보인다. 그러니 전통 중국어 문법학의 분류에서 '원인보어'로 불리는 유형의 보어는 없다.

의미적으로 보면 칭찬이나 책망의 의미를 나타내는 겸어문에서 두 번째 동사의 의미는 오히려 모종의 목적어, 예를 들어 원인을 나타내는 목적어와 유사하다. 가령 '躲清静(조용한 곳으로 몸으로 피하다)'(刘月华 等 1983: 272, 2001: 461), '心疼什么(무엇 때문에 마음 아프니)', '担心出事(사고가 날까 염려하다)'(胡裕树 等 1995: 327), '避雨(비를 피하다)', '缩水(물에 젖어 수축하다)'(黄伯荣·廖序东 2002b: 84) 등에서 '清静(조용하다)', '什么(무엇)', '出事(사고가 나다)', '雨(비)', '水(물)'는 각각 '躲(피하다)', '心疼(마음 아프다)', '避(피하다)', '缩(수축하다)'의 원인이다. 이러한 예들 외에도 린(Lin 2001: 217-219)에서 원인을 나타내는 술목구조를 다수 발견했는데, 목적어를 담당하는 성분 가운데는 명사성도 있고((88)의 '荒谬的结局(터무니없는 결말)'), 절도 있으며((89)의 '小孩不听话(아이가 말을 듣지 않다)'), 동사성 숙어도 있고((90)의 '国破家亡(나라가 망하고 집을 잃다)'), 동사성 성분 혹은 '的'자구조((91), (92), (93))도 있다. 이들 예문은 모두 '…을 위해서 하다/…때문에 하다'라는 의미로 이해될 수 있다.

| | |
|---|---|
| (88) 气这个荒谬的结局 | 이 터무니없는 결말에 화나다 |
| (89) 烦恼小孩不听话 | 이 아이가 말을 듣지 않아서 걱정이다 |
| (90) 哭国破家亡 | 나라가 망하고 집을 잃어 울다 |
| (91) 吃头痛(的) | 머리가 아파서 먹는 (약) |
| (92) 玩趣味(的) | 취미로 하는 (것) |
| (93) 喝过瘾(的) | 기분 좋아지려고 마시는 (것) |

우리는 이렇게 수동자 이외의 것을 나타내는 목적어가 모두

동사의 보충어 자리에 위치하고, 동사가 나타내는 사건을 보충하는 기능을 하는 것으로 본다.[16] 두 가지 겸어문(즉, 시킴이나 명령 의미를 나타내는 부류 및 칭찬이나 원망 의미를 나타내는 부류)의 두 번째 동사, 목적을 나타내는 연동문의 두 번째 동사, 전형적인 술보구조의 보어, 술목구조에서 수동자 외 다른 것을 나타내는 목적어 등과 같은 성분에 이르기까지[17] 기능상 보충기능을 지니는 성분이라면 모두 동사의 보충어 자리에 위치한다. 제7장 '술목구조와 술보구조'에서 우리는 '술부 내에 동사성 성분은 오직 하나만 존재할 수 있고, 반드시 문미에 위치해야 한다'고 주장한 바 있다. 보충 기능을 지닌 모든 성분을 포괄하기 위해, 이러한 주장은 아래 (94)와 같이 개괄적으로 수정될 수 있다. 통사론에서 사용하는 비교적 정확한 용어로 말하자면 '문미의 위치'란 바로 동사의 보충어 위치이다.

(94) 술부 내에 보충적 성분은 오직 하나만 존재할 수 있고, 반드시 문미에 위치해야 한다.

이 조건에 근거하여 우리는 아래 예문의 어순이 왜 부적격인

---

16 Lin(2001)은 원인을 나타내는 이러한 목적어들이 원인을 나타내는 경동사 FOR의 목적어라고 보았다. 그러나 우리는 FOR가 나타내는 것이 어휘의미일 뿐, 사건성과는 무관하다고 본다. 어휘의미에만 기반하여 제시된 경동사(혹은 어떤 기능어)는 제한성이 결여되어 있어, 이러한 부류의 기능어를 추가한다면 통사 이론의 부담이 필시 가중된다.

17 원인을 나타내는 목적어 외에도 장소(예를 들어 '回南方(남쪽으로 돌아가다)')나 시간(예를 들어 '过中秋节(추석을 쇠다)'), 도구(예를 들어 '吃大碗(큰 그릇에 먹다)'), 방식(예를 들어 '寄空邮(항공우편으로 보내다)'), 목적(예를 들어 '交涉过财产问题(재산 문제를 놓고 교섭한 적이 있다)') 등을 나타내는 목적어 등이 있다. 任鹰(2005)에서는 비수동자 목적어 현상에 대해 상세히 논의한 바 있다.

지를 설명할 수 있다(상술한 적격형 (79), (83), (85)와 비교하기 바란다). (95)에서 예기된 결과를 나타내는 '来(오다)'는 목적어 앞에 위치하며, (96)과 (97)에서 원인을 나타내는 '干劲大(열의가 대단하다)', '懂事(철이 들었다)' 역시 목적어 앞에 위치한다. 이와 같은 보충적 성분들이 모두 문미에 위치하고 있지 않아 (94)의 조건에 어긋나게 되므로 부적격형이 되는 것이다.

(95) *我请[来][他]。
(96) *领导一直表扬[干劲大][他们]。
(97) *我喜欢[懂事][这孩子]。

이러한 보충적 성분의 의미를 어떻게 해석해야 할지는 통사가 관여할 부분이 아니라, 주로 어휘의미 부분에서 처리해야 하는 문제이다. 통사가 제공할 수 있는 것은 하나의 형식적 틀이며, (94)가 바로 그 형식적 틀에 대한 기술이다. 통사부에서는 (94)의 제한에 근거해, 동사로 하여금 보충적 성분과 우선 병합하여 보충적 성분이 동사의 보충어가 되게 한 후, 기타 성분을 선택하여 나머지 문장을 만드는 과정을 완성한다. 만약 이러한 분석 방향이 맞다면, 연동구조, 겸어구조, 술보구조 심지어 일부 술목구조까지 모두 동일한 통사적 틀로부터 도출되는 것이다.[18]

## 9.6 피동문과 처치문

중국어의 피동문 가운데 가장 전형적인 문장은 (98), (99)와 같이

18 전통 중국어 문법학에서 이른바 겸어구조의 존폐에 관한 논쟁이 있었는데, 자세한 내용은 邢欣(2004: §1)의 논평을 참고하기 바란다.

'被'로 구성된 문장이므로 이러한 구문은 전통 중국어 문법학 논저에서 "'被'자문"이라 부르기도 한다(《中学教学语法系统提要》, 刘月华 等 1983, 2001, 张志公 等 1985, 张斌 等 1988, 邢福义 等 1991, 胡裕树 等 1995, 黄伯荣·廖序东 2002b, 冯志纯 等 2008 등). 그러나 일부 피동문에서는 '被'를 '让', '叫(教)', '给'로 바꾸어 쓸 수 있기에,[19] 중국어의 피동문을 "'被'자문"으로 부르면 정의가 너무 협소해진다.

중국어의 피동문은 대체로 행위자의 출현 여부에 따라 '장거리 피동문'(long passive, 长被动句)과 '단거리 피동문'(short passive, 短被动句) 두 가지 유형으로 나눌 수 있다(Ting 1995, 1998 등). 장거리 피동문이라는 것은 행위자가 있는 피동문을 가리킨다. (98)은 장거리 피동문에 속하는데, '李四(리쓰)'는 행위자이고 '张三(장싼)'은 수동자 주어이다. (99)와 같이 행위자가 없는 피동문을 단거리 피동문이라고 한다.

(98) 张三被李四打伤了。(장거리 피동문)

장싼은 리쓰에게 맞아 다쳤다.

(99) 张三被打伤了。(단거리 피동문)

장싼은 맞아 다쳤다.

장거리 피동문은 '被' 외에도 (100)의 '让', (101)의 '叫', (102)의 '给'와 같은 다른 단어로 내체해 쓸 수 있다.

19 서면어에서 '叫'는 '教'로 쓰기도 하는데, 이 책에서는 일괄적으로 '叫'로 썼다.

(100) 张三让李四打伤了。

장싼은 리쓰에게 맞아 다쳤다.

(101) 张三叫李四打伤了。

장싼은 리쓰에게 맞아 다쳤다.

(102) 张三给李四打伤了。

장싼은 리쓰에게 맞아 다쳤다.

그러나 단거리 피동문의 '被'는 '让'으로 대체하기 쉽지 않고(예문 (103)), '叫'로 대체하는 경우 수용성에 차이가 있다(예문 (104)). 하지만 '给'로 대체하는 데에는 문제가 없다(예문 (105)).[20]

(103) *张三让打伤了。

(104) (*)张三叫打伤了。

(105) 张三给打伤了。　　장싼은 맞아서 다쳤다.

이 외에도 우리는 단거리 피동문의 몇 가지 유형에 대해 사람

20 宋文辉·罗政静·于景超(2007: 118)에서는 담화 통계 결과 "'叫'는 행위자가 외현적인 경우만 존재하며, '让'은 행위자가 출현하지 않는 경우가 2.4%에 불과하다"는 사실을 발견했다. 이들이 말한 '행위자가 외현적으로 출현한다'는 것은 곧 이 책의 장거리 피동문을 말한다. 이들이 관찰한 바는 (103)이나 (104)에 반영된 상황과 분명 일치하지 않는다. 그러나 이들은 결론적으로 "'让'자문과 '叫'자문의 경우 기본적으로 행위자가 외현적으로 출현하는 상황만 있다"고 보았다(2007: 121). '让'이 '행위자가 출현하지 않음'을 허락하는 현상은 '让'이 현재 북방 구어에서 광범위하게 사용된다는 사실 및 북방어를 사용하는 각 지역에서도 '让', '叫'의 분포가 불균형을 이룬다는 사실과 관계되는 것으로 추측된다. 屈哨兵(2008: 64)은 《왕숴문집(王朔文集)》에 나타난 모든 대화문을 대상으로 통계를 실시한 결과, '让'의 출현횟수가 '叫'의 4배라는 것을 발견했고, 또한 '让'이 확산되는 중심에 베이징어가 있으며, 이것이 기타 방언에도 영향을 주었다고 가정하였다.

마다 수용성에 차이가 있을 수 있다는 사실에 주목한다. 류웨화 외(刘月华 等 1983: 485, 2001: 760)에서는 ‘让’, ‘叫’의 목적어가 “반드시 출현해야한다”고 지적하였다. 후위수 외(胡裕树 等 1995: 337)에서는 “‘被’와 동일한 용법으로 쓰이는 ‘叫’와 ‘让’은 동사 앞에 직접 붙어 쓰이는 용법이 없다”고 지적하였고, 스(Shi 1997: 51)에서는 (106)과 (107)이 모두 수용 불가능한 문장이라고 하였다. 그러나 뤼수샹 외(吕叔湘 等 1980: 406)에서는 (108)이 수용 가능하며, ‘叫’가 직접 동사 ‘淋湿了(흠뻑 젖었다)’ 앞에 출현한다고 보았다. 장징 외(张静 等 1980: 169)도 역시 (109)에서 ‘叫’가 동사 ‘抢走了(빼앗아갔다)’ 앞에 직접 출현할 수 있다고 하였다. ‘让’의 경우 일부는 (103)과 같이 ‘让’이 동사 앞에 직접 출현하는 문장이 수용 가능하다고 본다(邓思颖 2003b: 190, 주석 1). 이런 차이는 아마도 ‘叫’와 ‘让’의 문법화 과정이 서로 평행적이지 않다는 것과 관련 있을 것이다(邓思颖 2003b: §7, 石毓智 2006).

(106) *我妈让撞伤了。

[역자] 의도된 해석: 우리 엄마가 차에 치여 다쳤다.

(107) *我妈叫撞伤了。

[역자] 의도된 해석: 우리 엄마가 차에 치여 다쳤다.

(108) 好大的雨，衣服都叫淋湿了。

거센 비에 옷이 흠뻑 젖었다.

(109) 所有的船都叫抢走了。

모든 배를 다 빼앗겼다.

장거리 피동문의 ‘给’는 방언 색채를 띠는 것으로 보이는데, 류웨화 외(刘月华 等 1983: 485, 2001: 760)에서는 장거리 피동문의

'给'를 "남방 사람이 비교적 많이 사용한다"고 지적하였고, 스딩쉬(石定栩 2005: 47, 주석 2)도 베이징의 일부 남방 출신들은 (110)과 같이 말을 하지만 베이징 사람은 결코 그렇게 말하지 않는다고 하였으며 "이런 용법은 우(吴), 웨(粤), 민(闽) 등 방언에서 차용된 듯하다"고 하였다.

(110) 衣服给雨淋湿了。 옷이 비에 흠뻑 젖었다.

행위자의 출현 여부에 따라 피동문을 분류하는 것 외에, 수동자 목적어가 보류(retain, 保留)될 수 있느냐에 따라 중국어의 피동문을 '직접 피동문(direct passive)'과 '간접 피동문(indirect passive)'으로 나눌 수 있다(Huang 1999, 邓思颖 2004a, Huang, Li and Li 2009: §4). 수동자 목적어가 '被' 뒤에 출현하지 않는 피동문을 '직접 피동문'이라고 하고(예문 (111), (112)) '被' 뒤에 수동자 목적어가 보류되어 있는 피동문을 '간접 피동문'이라고 한다(예문 (113)과 (114)에는 수동자 목적어 '父亲(아버지)'이 보류되어 있다). 간접 피동문은 관련 논저에서 '보류 목적어문(retained object sentence, 保留宾语句)'이라고도 불린다. '장/단거리', '직접/간접'이라는 두 가지 특징에 따라 중국어의 피동문을 크게 직접 장거리 피동문, 직접 단거리 피동문, 간접 장거리 피동문, 간접 단거리 피동문 네 가지 유형으로 나눌 수 있다.

(111) 张三被土匪杀了。(직접 장거리 피동문)
장싼은 도적 떼에게 살해당했다.

(112) 张三被杀了。(직접 단거리 피동문)
장싼은 살해당했다.

(113) 张三被土匪杀了父亲。(간접 장거리 피동문)

장싼은 도적 떼에게 아버지를 살해당했다.

(114) 张三被杀了父亲。(간접 단거리 피동문)

장싼은 아버지를 살해당했다.

직접 피동문에서 주어는 원칙상 원래의 목적어 자리로 '환원'할 수 있다. 예를 들면 (111)을 '土匪杀了张三(도적 떼가 장싼을 살해했다)'으로 바꿀 수 있고, (112)를 '(某人)杀了张三((어떤 이가) 장싼을 살해했다)'으로 바꿀 수 있다. 그러나 간접 피동문에서는 이미 다른 성분이 목적어의 자리를 차지하고 있기 때문에 주어는 목적어 자리를 차지한 성분과 간접적인 관계를 이룰 수밖에 없다. 예를 들면 (113)과 (114)에서 주어 '张三(장싼)'은 '父亲(아버지)'과 일종의 소유관계를 이룸으로써 주어와 목적어가 간접적으로 연결되었다.

중국어에는 아래 (115), (116), (117), (118) 등[21]과 같이 주어와 연결할 목적어를 찾을 수 없는 종류의 또 한 가지 비교적 특수한 피동문이 있다. 이런 피동문은 간접 피동문의 하위 유형으로, '배타적 간접 피동문(exclusive indirect passive, 外排式间接被动句)'(Huang 1999, Huang, Li and Li 2009: §4)이라고 한다. 우리는 아래 예문에서 주어가 목적어 혹은 그 어떤 통사 성분과도 아무런 관계를 맺을 수 없다는 사실을 발견할 수 있다. 예를 들면 (115)의 주어 '我(나)'는 '他跑了(그가 도망갔다)'의 영향을 받지만, '我(나)'는 어무 성분과도 관련되지 못하는데, 이러한 상황은 (114)의 간접 피동문

21 (115)는 蔡维天(2005b)에서 인용한 것이고, (116)은 Tsai(1993: 227)에서 인용한 것이며, (117)은 Huang(1999)에서 재인용한 것으로, 원래는 沈力의 문장에서 온 것이다. (118)은 Lin(2009: 171)에서 인용한 것이다.

과 완전히 다르다.

(115) 我居然被他跑了。 그가 도망가다니.

(그가 도망가는 일을 내가 당하다니)

(116) 李四又被阿Q打了三支全垒打。

리쓰는 또 아큐에게 홈런 세 개를 맞았다.

(117) 我被他这么一坐，就什么都看不见了。

그가 이렇게 앉아 버리는 바람에 나는 아무것도 보이지 않게 되었다.

(118) 张三被李四哭了三天，烦得不得了。

장싼은 리쓰가 사흘이나 울어대는 통에 무척이나 짜증났다.

왕리(王力 1985[1943/1944])에서는 중국어의 피동문이 처치문(disposal sentence, 그에 따르면 '처치식(处置式)')과 밀접한 관계가 있다는 것을 발견했다. 처치문이란 '把'자로 구성된 절을 말하며, 따라서 이 구문을 "'把'자문"이라고도 한다. '把'는 일반적으로 수동자에 대하여 처치를 가하여 일종의 처치 의미를 나타낸다.[22] 우리는 왕리(王力 1985[1943/1944])의 이 중요한 발견이 중국어 피동문과 처치문의 통사적 분석을 이끄는 큰 공헌을 했다고 본다. 참고하기 편하도록 그의 원문을 아래에 옮겨와 보겠다.

(119) 피동식과 처치식은 형식이 다르지만(하나는 피동문이고 다른 하나는 능동문이다) 서술하는 행위의 성질은 대체로 동일하

22 처치식에 대해 다룬 논저는 무척 많은데, 최근 들어 비교적 전면적으로 개괄한 것(통사적 분석에 대한 소개를 포함)으로는 Y.-H. A. Li(2006) 및 Huang, Li and Li(2009: §5)를 참고할 수 있다.

다. 예를 들면 동일한 사건이 행위자(主事者) 측에서는 일종의 처치이지만, 수동자(受事者) 측에서는 대개 뜻하지 않거나 바라지 않는 일이다. '他把你打了一顿(그가 너를 한바탕 때렸다)'에서 '他(그)'의 입장에서는 일종의 처치이지만, '你(너)'의 입장에서는 손해를 입는 것이다. 따라서 다수의 피동식은 처치식으로 바꿀 수 있다. 피동문을 능동문으로 전환시키려면 처치식으로 변환시키는 것이 비교적 적절하다. … 피동식이 서술하는 행위의 성질은 처치식이 서술하는 바와 대체로 유사하기 때문에 이들의 구조적 형식도 유사하다. 아래 두 가지는 피동식과 처치식의 유사한 점들이다.

1) 처치식 '把'자 뒤에 부정어(否定語)를 쓸 수 없는 것처럼, 피동식 '被'자 뒤에도 부정어를 쓸 수 없다. 예를 들어 '我们被人欺负(우리는 남에게 괴롭힘을 당한다)'라는 표현은 가능하지만 '我们被人不欺负(우리는 남에게 안 괴롭힘을 당한다)'는 안 되며, '我们被人不尊重(우리는 남에게 비존중 당한다)'이라고도 할 수 없다.

2) 처치식이 처치성을 가진 일에만 제한되어 사용되는 것처럼, 피동식도 바라지 않는 일에만 제한된다. 따라서 대부분의 능동문을 임의로 피동으로 고칠 수 없다. 예를 들면 "你爱他(너는 그를 사랑한다)"를 "他被你爱(그가 너에게 사랑 당한다)"로 바꿀 수 없고, "我恭贺你(나는 너에게 축하한다)"를 "你被我恭贺(너는 나에게 축하 당한다)"로 바꿀 수 없으며, "我欣赏这一幅名画(나는 이 명화를 감상한다)"를 "这一幅名画被我欣赏(이 명화가 나에게 감상된다)"로 바꿀 수 없다.

(王力 1985[1943/1944]: 89-90)

차오(Chao 1968: §8.1.5.2-3)도 역시 중국어의 피동문과 처치문의 관계에 주목하였는데, 그는 "이런 被자 구조는 일반적으로 '처치식' 동사(disposal verbs)에만 국한되어 있고, … 대개 불행한 의미를 나타낸다. … '被'를 사용하는 동사와 '把'를 사용하는 동사는 거의 같은 종류이다"라고 보았다(赵元任 2002: 634-635). 피동문과 처치문의 밀접한 관계는 우연한 것이라 보기 어려우며, 이들은 의미적으로 가까울 뿐만 아니라 통사적으로도 공통점이 있을 것으로 예상된다.

왕리(王力 1985[1943/1944])나 차오(Chao 1968)의 관점에 따라 우리는 중국어 장거리 피동문을 도출해 내는 구문이 일반적인 능동식이 아니라 처치문이라고 가정할 수 있다. (120)은 (121)의 처치문에서 도출된 것이지 (122)의 능동문에서 도출된 것이 아니다. 이는 "다수의 피동식은 처치식으로 바꿀 수 있다. 피동문을 능동문으로 전환시키려면 처치식으로 변환시키는 것이 비교적 적절하다"라는 왕리(王力 1985[1943/1944])의 말과 부합한다.

(120) 张三被他们打死了。 장싼은 그들에게 맞아 죽었다.

(121) 他们把张三打死了。 그들이 장싼을 때려 죽였다.

(122) 他们打死了张三。 그들이 장싼을 때려 죽였다.

아래 예문은 한걸음 더 나아가 장거리 피동문과 처치문의 관계가 장거리 피동문과 일반적인 능동문의 관계보다 더 밀접하다는 것을 나타낸다. 장보장(张伯江 2001: 520-521, 2009: 112)은 (123)의 장거리 피동문을 (124)와 같은 처치문으로는 바꿀 수 있지만, (125)와 같은 일반적인 능동문으로는 바꿀 수 없다고 지적하였다.

(123) 你的胃口被今天这顿饭全吃倒了。

네 입맛이 오늘 이 한 끼 때문에 다 달아났다.

(124) 今天的这顿饭把你的胃口全吃倒了。

오늘의 이 한 끼가 네 입맛을 다 달아나게 했다.

(125) *今天这顿饭吃倒了你的胃口。

장보장(张伯江 2001: 520, 2009: 111)은 (126)의 피동문과 (127)의 처치문이 모두 '완전한 영향'이라는 의미를 지닌다는 면에서 동일하다는 사실에 주목하였는데, 이는 (128)의 일반적인 능동문과 분명히 차이가 있다. 이를 통해 피동문과 처치문의 관계가 매우 밀접함을 알 수 있다.

(126) *我被他骗了，可是我没有上当。

(127) *他把我骗了，可是我没有上当。

(128) 他骗了我，可是我没有上当。

그는 나를 속였지만 나는 속지 않았다.

중국어 피동문에서 '被'의 통사적 지위는 중국어 문법 학계에서 논쟁이 끊이지 않는 문제이다. 간단히 말해 '被'에 대한 주요 관점에는 두 가지가 있는데, 하나는 '동사설'이고 다른 하나는 '개사설'이다. 개사설을 주장한 학자로는 차오(Chao 1968), 뤼수샹 외(吕叔湘 等 1980), 주더시(朱德熙 1982), Y.-H. A. 리(Y.-H. A. Li 1990), 쉬단(徐丹 2004) 등이 있으며, 여러 전통 중국어 문법학자들과 문법교재 저자들 또한 개사설에 따랐다. 개사설에 의하면 '被'는 개사의 일종이고, 통사적으로 볼 때 '被'는 행위자와 함께 개사구를 구성한다. 동사설을 주장한 학자에는 하시무

토(Hashimoto 1969, 橋本萬太郎 1987), 유에-하시모토(Yue-Hashimoto 1971), 추(Chu 1973), 펑성리(Feng 1990, 1995, 冯胜利 1997), 차이(Tsai 1993), 팅(Ting 1995, 1998) 그리고 쳉, 황, 리와 탕(Cheng, Huang, Li and Tang 1999), 황(Huang 1999), 우겅탕(吴庚堂 1999, 2000), 덩쓰잉(Tang 2001a, 邓思颖 2003b, 2004a, 2006a, 2008c), 쉬더콴(徐德宽 2007), 마즈강(马志刚 2008a)과 황, 리와 리(Huang, Li and Li 2009: §4) 등이 있다. 동사설에 따르면 '被'는 일종의 동사(혹은 동사성 품사, 경동사를 포함)이고, 수동자 주어가 어떤 사건의 영향을 받음을 나타내어 '뜻대로 이루어지지 않음(不如意)', '바라지 않음(不企望)'이라는 의미를 이끌어낸다. 이 두 가지 관점 외에 절충적인 입장으로 '이중 지위설'이 있는데, 이는 '동사설'과 '개사설'을 섞은 것으로 중국어의 '被'가 하나는 피동표지(동사), 하나는 개사라는 이중적 지위를 지닌다는 것이다(Shi 1997, 石定栩 2005, 石定栩·胡建华 2005).

이 책에서는 중국어 피동문과 관련된 논쟁에 대한 비교나 논평을 하지 않고[23] 내 기존 견해에 따라 피동문의 '被', '让', '叫', '给'는 동사이고 어휘의 기본 의미는 '영향 받음(蒙受)', '당함(遭受)'이라고 본다. 이 피동 동사는 하나의 술어를 선택하여 자신의 보충어로 삼으며, 주어는 수동자를 표시한다. 예를 들어 (98)의 장거리 피동문의 통사적 구조는 (129)와 같은 수형도로 간략히 나타낼 수 있다. 피동 동사 '被'는 먼저 '李四打伤了(리쓰가 때려서 다쳤다)'[24]와 병합하여 동사구 VP를 구성하며, 그 다음 경동사 BECOME과 동사구와 병합하여 '张三(장싼)'을 주어로 선택한

23 개사설에 관한 논평은 Huang(1999), 邓思颖(Tang 2001a, 邓思颖 2003b) 그리고 Huang, Li and Li(2009: §4)의 논의를 참조하고, 이중 지위설에 대한 논평은 邓思颖(2008c)의 논의를 참조하기 바란다.

다. 이 구조에서 주어 '张三(장싼)'은 피영향 수동자로 해석되어야 하며, 일종의 변화를 경험하므로 또한 '경험자(Experiencer)'(Huang 1999, Huang, Li and Li 2009: §4)라고 칭할 수도 있다. (129)의 구조는 '장싼이 사건의 변화를 경험했는데, 그 변화의 결과는 리쓰가 그를 때려서 상처를 입힌 것이다'로 해석할 수 있다. 이러한 분석에 따르면 동사 '被'는 장거리 피동문의 어근이고, '李四打伤了(리쓰가 때려서 다쳤다)'라는 부분은 '被'의 보어로서 사건의 결과를 설명하며, '被'의 주어는 '被'의 유일한 논항인 '张三(장싼)'이다. 아래 이어지는 논의에서 우리는 '被'를 피동 동사의 대표로 세울 것인데, '被'에 적용되는 분석 방법은 '叫', '让', '给'에도 마찬가지로 적용된다.

(129)

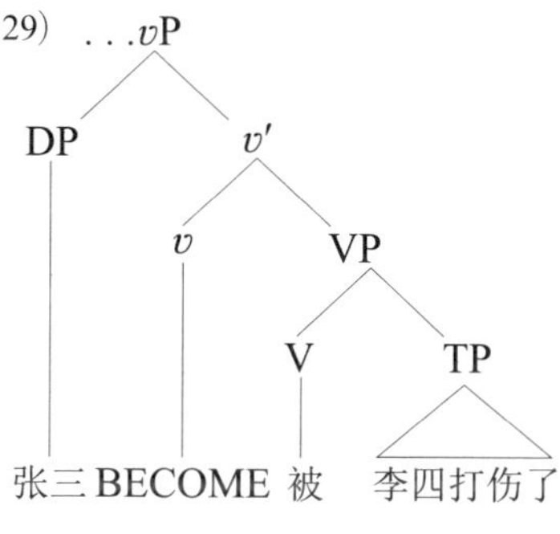


우리는 (129) 중 '李四打伤了(리쓰가 때려서 다쳤다)'의 내부구조가 처치문으로 구성되어 있고(邓思颖 2004a), 그 처치문을 구성하는 핵심부분은 경동사 BECOME이라고 본다(邓思颖 2008c).

---

24 [역주] 앞서 (98)의 첫 해석에서는 피동의 일반적 해석에 따라 '장싼은 리쓰에게 맞아 다쳤다'라고 하였으나, 이하 분석에서는 처치문으로부터 도출되는 것으로 보았기에 그에 맞추어 리쓰를 행위자로 간주하여 해석하도록 한다.

먼저 중국어의 처치문이 어떻게 도출되는가를 논의할 텐데 아래 몇 가지 도출 과정에는 모두 사건의 변화를 나타내는 경동사 BECOME이 포함되어 있다. 편폭을 줄이기 위해 비교적 간단한 형식인 표지 붙은 괄호법으로 각 구조를 표시하고, 불필요한 세부 내용은 간략하게 줄이겠다.

(130) a. [张三 [BECOME [打伤了] ] ]
b. [李四 [CAUSE [张三 [BECOME [打伤了] ] ] ] ]
c. [李四 [把 [张三 [BECOME [打伤了] ] ] ] ]

'张三(장싼)'이 '打伤了(때려서 다쳤다)'의 수동자 목적어라 가정한다면, 경동사 BECOME이 들어간 후 '打伤了(때려서 다쳤다)'와 병합하는데, 이때 '张三(장싼)'은 (130a)와 같이 반드시 BECOME의 지정어 자리에 위치해야 하며, 동사 '打伤了(때려서 다쳤다)'가 이동한 후 기본적으로 (131)과 같은 어순이 만들어진다.[25] 전통 중국어 문법학에서는 이런 문장을 '수동자 주어문(受事主语句)'이라고 하는데 외관상으로는 피동문과 유사하지만 '被'자가 없다는 것만 다르므로 이를 '무표지 피동문(无标记被动句)'이라고도 한다(Cheng and Huang 1994, 邓思颖 2006a).

(131) 张三打伤了。 장싼은 (누군가가) 때려서 다쳤다.

만약 도출 과정이 계속 진행 된다면 경동사 CAUSE와 '李四

25 완전한 문장을 형성하려면 시간사 T, 보문사 C 그리고 어기사 F를 첨가해야 한다. 상세한 내용은 제8장 '문장'의 논의를 참고하기 바라며, 여기서는 구체적인 내용을 일일이 설명하지 않겠다.

(리쓰)'가 들어와 병합을 거친 후 (130b)의 구조와 같이 사동문을 형성한다. '李四(리쓰)'는 사동자이고 '张三(장싼)'은 여전히 수동자이며, 동사 '打伤了(때려서 다쳤다)'가 이동을 통해 CAUSE 뒤 위치로 이동한 후에는 (132)와 같은 어순이 만들어진다. 이 문장의 형성 과정은 이 책 제6장 '주술구조'에서 이미 상세하게 논의하였다.

(132) 李四打伤了张三。　　리쓰는 장싼을 때려서 다치게 하였다.

경동사 CAUSE는 중국어에서 '把'자로 구현될 수도 있다(Huang 1992, Sybesma 1999, Lin 2001, 邓思颖 2004a, 2008c 등). 만약 (130c)의 CAUSE가 '把'로 구현된다면, 동사 '打伤了(때려서 다쳤다)'는 더 위에 있는 CAUSE 위치까지 이동하지 못하고, (133)처럼 BECOME의 위치까지만 이동하여 '把'자가 있는 처치문을 형성하는 것이다. (130b)와 (130c)의 두 논항 구조를 비교해본다면, 우리는 이들의 공통점, 즉 둘 다 사동문이고 동일한 사건 의미를 표현한다는 점에 주목하게 될 것이다. 만약 (130c)가 처치문이면 (130b)도 처치문이라고 불러야 하는데, 이들의 주요 차이점은 CAUSE가 외현적인 '把'자로 나타나는가 여부이다.

(133) 李四把张三打伤了。
　　리쓰는 장싼을 때려서 다치게 하였다.

일반적으로 중국어에서 '把'의 역할은 동사 뒤의 목적어를 앞으로 이끌어 내는 것이며, '把'자문은 '주-동-목'의 변형식이라고 간주된다. 주더시(朱德熙 1982: 188)에서는 독보적인 통찰력이 돋보이는 한 가지 사실을 발견하였는데, 우리는 이 점에 대해 주목할 필요가 있다. 그는 "'把'자문과 관계가 밀접한 것은 '주-동-목' 구문이 아닌 수동자 주어문이다. 자세히 관찰해 보면 대부분의 '把'자문에서 '把'자를 없애도 그 나머지 부분은 여전히 성립 가능한 문장임을 알 수 있는데, 바로 그 나머지 부분이 바로 수동자 주어문이다"라고 하였다. 아울러 그는 (134), (135) 등과 같은 여러 예를 들어 그의 주장을 증명했다. 사실 '把'가 있는 처치문과 수동자 주어문의 관계는 바로 (130c)와 (130a)의 관계로 CAUSE를 나타내는 '把'를 없애고 나서 남아 있는 부분은 바로 BECOME으로 구성된 경동사구, 즉 수동자 주어문의 핵심 부분이다.[26] 비록 주더시(朱德熙 1982: 188, 주석 1)는 (136)과 (137)에서 '把'를 없앤 문장이 '행위자 주어문'이라고 보고 있지만 이 두 문장에서 '犯人(범인)'과 '老伴('영감' 혹은 '마누라')'은 비대격동사의 주어, 즉 경동사 BECOME의 주어이고, 의미역은 여전히 행위자가 아닌 수동자로 분석되어야 한다. 따라서 '把'를 없앤 문장은 여전히 수동자 주어문에 속한다.

(134) 把衣服都洗干净了 → 衣服都洗干净了
옷을 다 깨끗이 빨았다 → 옷을 다 깨끗이 빨았다

(135) 把大门贴上封条 → 大门贴上封条
대문에 봉인 용지를 붙이다 → 대문에 봉인 용지를 붙이다

(136) 把犯人跑了 → 犯人跑了
범인이 달아났다 → 범인이 달아났다

(137) 把老伴儿死了 → 老伴儿死了

26 (130a)에 들어갈 수 있는 비능격동사는 '능격화' 과정을 거친 것으로 이해할 수 있다(邓思颖 2003b: 2008c).

영감(마누라)이 죽었다 → 영감(마누라)이 죽었다

중국어 장거리 피동문의 핵심부분은 처치문이고, 처치문의 핵심부분은 수동자 주어문으로, 일반적 능동식과는 다소 거리가 있다. 장거리 피동문과 처치문의 형성은 모두 층위별로 이루어지므로 통사적 구조성과 계층성이 잘 반영되어 있다. 주더시(朱德熙 1982)의 관찰은 (130a)에 CAUSE를 추가하여 (130c)가 되는 것처럼 처치문이 수동자 주어문에서 도출해 낸 것이지 일반적인 능동식에서 도출해 낸 것이 아님을 설명해 줄 뿐만 아니라, 또한 피동문이 일반적인 능동식에서 도출한 것이 아니라는 왕리(王力 1985[1943/1944]), 차오(Chao 1968)의 주장을 간접적으로 증명해 주는 것이기도 하다. 상술한 (130)의 몇 가지 절차가 바로 이들의 관계를 설명하고 있다.

중국어의 경동사 BECOME은 '给'(Tang 2006, 邓思颖 2008c)로도 실현될 수 있다. 이러한 용법의 '给'를 전통 중국어 문법학에서는 '조사(助词)'(吕叔湘 1980: 198)라고 칭하는데, 앞서 말한 장거리 피동문 (102)의 '给'와는 다르다. 아래 (138)의 몇 가지 도출과정을 살펴보자.

(138) a. [张三 [给 [打伤了] ] ]

b. *[李四 [CAUSE [张三 [给 [打伤了] ] ] ] ]

c. [李四 [把 [张三 [给 [打伤了] ] ] ] ]

만약 (138a)에서 보이는 바와 같이 경동사 BECOME이 '给'로 실현된다면 동사 '打伤了(때려서 다쳤다)'는 이동할 필요가 없으므로 (139)와 같은 문장이 생성될 것이다. 경동사 BECOME이 '给'

로 실현됨으로써 피영향 의미와 사건 변화 의미가 강화되는 것으로 보이는데, 나는 과거 '给'를 피영향성(affectedness) 표지로 간주하였으며, 이러한 주장은 바로 '给'와 피영향 의미의 관계를 강화하기 위한 것이었다(Tang 2001a, 邓思颖 2003b: 193). 중국어 화자에게 있어서 '给'가 있는 (139)와 '给'가 없는 (131)의 기본 의미는 같으나, '给'가 있는 (139)는 피영향 의미가 훨씬 강화된 것으로 여겨진다.

(139) 张三给打伤了。
장싼은 (누군가가) 때려서 다쳤다.

(138b)와 같이 BECOME은 '给'로 나타나고 CAUSE는 여전히 비어 있다면 '핵 이동제약(head movement constraint)'에 따라 동사 '打伤了(때려서 다쳤다)'의 이동이 '给'에 의해 막히기에 '给'를 넘어 직접 CAUSE의 위치까지 갈 수 없다. 이런 구조는 허용되지 않으므로 (140)이 부적격형이 되는 것이다.

(140) *李四张三给打伤了。

만약 경동사 CAUSE와 BECOME이 (138c)와 같이 각각 '把'와 '给'로 실현된다면, 동사 '打伤了(때려서 다쳤다)'는 이동할 필요가 없고, 또한 어떤 제약도 위반하지 않게 되어 (141)의 어순은 적격형이 된다. '给'가 있는 (141)과 '给'가 없는 (133)은 모두 처치문에 속하고 기본 의미가 같지만, (141)에서 '张三(장싼)'에 대한 처치 의미(즉 피영향 의미)가 강화되었다는 측면에서는 두 문장이 차이가 있다. 이 외에도 중국어의 '把…给'와 같은 어순은 각각 '把'

와 '给'를 통해 논항 구조 내부에 CAUSE와 BECOME이 구성하는 두 층위를 직접 우리에게 보여 줌으로써 어휘 분해 이론에 대한 훌륭한 증거를 제공해 준다.

(141) 李四把张三给打伤了。
리쓰는 장싼을 때려 다치게 했다.

(130b)와 같은 구조는 피동 동사 '被'의 보충어(즉 수형도 (129)의 TP 위치)가 되거나 '被'의 보어가 될 수 있는데, 보어가 되기 위해 반드시 갖추어야 할 조건에는 다음과 같은 두 가지가 있다. 첫째, 형식적으로 완전한 절이어서는 안 된다. 둘째, 의미상 술어가 될 수 있어야 한다. 앞서 제8장 '문장'에서 지적한 바와 같이 완전한 절은 보문사구 CP로 구성되며, 완전한 문장은 어기사구 FP로 구성된다. 결론적으로 말해 보문사구와 어기사구를 제외한 기타 구는 이론적으로 '被'의 보어가 될 수 있다. 우리는 펑성리(Feng 1990, 1995, 冯胜利 1997), 황(Huang 1999) 및 황, 리와 리(Huang, Li and Li 2009: §4)의 분석을 참고하여 '被'의 보어는 바로 시간사구 TP라고 본다.[27] 술어로 작용하는 시간사구의 내부에는 반드시 하나의 변항(variable)이 포함되어야 하는데, 논리형태에서 소위 'λ-표현식(람다 표현식, λ-expression)'이라는 것을 형성하여 시간사구를 하나의 명제(proposition)에서 하나의 술어로 변환함으로써 '被'의 이차 술어로서 주술관계를 형성할 수 있도록 해 준다.

27 과거에는 이러한 구를 '절(小句)'(邓思颖 2003b, 2004a, 2008c)이라고 하였는데 '절'이라는 용어는 정확하지 않은 표현으로, 보어로서의 '절'은 '술어' 혹은 '이차 술어'로 이해해야 한다. 이 밖에 冯胜利(Feng 1990, 1995, 冯胜利 1997)는 절을 S로 보았고, Huang(1999) 및 Huang, Li and Li(2009: §4)에서는 굴절사구 IP라는 용어를 사용하였는데, 이는 바로 이 책의 시간사구 TP에 해당한다.

시간사구 내부에 변항을 형성하기 위한 방법 중 하나가 통사적 이동을 통해 시간사구의 내부에 통사적 공백을 두는 것인데, 이 이동성분이 바로 영 운용자(null operator, 약자로 Op, 空算子)이다. 이 영 운용자는 원래 수동자 목적어의 자리에 위치한 것으로, 장거리 피동문 내부의 이동은 '술어화'의 통사적 조작을 만족시키기 위한 것이다(邓思颖 2008c: 316).

장거리 피동문의 구조는 (142)와 같이 나타낼 수 있는데, 영 운용자가 시간사구 내부에서 이동을 한 후 남긴 흔적이 변항으로 해석될 수 있으므로 시간사구가 '被'의 이차 술어/보어가 될 수 있는 것이다. 영 운용자가 주어와 동일한 지표 $i$를 가진다는 것은 곧 의미적으로 수동자 주어를 지향함을 나타내므로, 시간사구 내부의 흔적도 수동자 주어를 지향할 수 있다.

(142) [主语$_i$ [$_{VP}$被 [$_{TP}$ Op$_i$ [$_{TP}$ … $t$ …] ] ] ]

이러한 분석에 따르면 앞에서 제시한 장거리 피동문 (98)에는 영 운용자가 포함되어 있어야 하고, 그 흔적은 (143)과 같이 동사 뒤에 출현해야 한다.

(143) [张三 [$_{VP}$被 [$_{TP}$ Op [$_{TP}$ 李四 [$_{vP}$ 打伤了 [… $t$] ] ] ] ] ]

상술한 '把'자가 있는 (130c)도 이론적으로는 '被'의 보충어가 될 수 있으나 (144)는 비문이 되는데, 그 이유는 구조적으로 허용되지 않아서가 아니라 중국어에서 '把' 뒤에 수동자 논항이 비어 있는 것(예를 들면 영 운용자가 이동 후 남긴 흔적)이 허용되지 않기 때문이다. 즉 '把'자는 좌초될 수 없다.[28] 비문인 (144)를 적격형으로 만들기 위한 한 가지 전략은 영 운용자가 이동 후 남긴 흔적을 (145)의 '他(그)'와 같이 복귀대명사(resumptive pronoun)로 변환시키는 것이다(冯胜利 1997: 3).[29] 또 다른 한 가지 전략은 (146)처럼 음운부문에서 '把'를 삭제하는 것이다.[30] 물론 (146)은 표면적으로 볼 때 원래 '把'가 없는 (130b)를 통해서 도출해 낼 수도 있다. 그러나 (147)은 '把'가 원래부터 존재했으며, '给'와 더불어 '把…给'의 구조를 형성할 수 있음을 증명해 주는데, 이때 '李四(리쓰)'는 사동자로, '把'의 주어이지 '给'의 주어가 아니다. 따라서 '把'를 삭제하는 분석은 타당하다 하겠다.

---

28 경동사 '把'를 '예외적 격표시'(exceptional Case marking, ECM) 동사로 분석할 수 있는데, 그 성질은 영어의 'believe'와 유사하며 중국어의 장거리 피동문 '被'와도 유사하다. 나는 과거 '被' 뒤에 공범주가 출현할 가능성을 배제한 적이 있는데(邓思颖 2003b: §7), '예외적 격표시' 분석을 참고하여 (144)가 부적격형이 되는 이유를 설명할 수 있다.

29 '把+복귀대명사'의 예문은 중국어에서 수용 가능하다. (i)과 (ii)의 두 예문은 李珊(1994: 230)을 인용한 것이고, (iii)은 刘月华 等(1983: 482)를 인용한 것이며, 刘月华 等(2001: 757)에서는 (iii)에 대해 원래의 '被'를 (iv)와 같이 '叫'로 수정하였다.

(i) 你多半又叫什么女人把你迷住了。(曹禺《日出》)
당신은 또 어떤 여자에게 마음을 뺏긴 것 같군요.

(ii) 胡统领…被土匪把他宰了。(《官场现形记》)
후 통령…그는 도적 떼에게 죽임 당했다.

(iii) 那个孩子被人把他打了一顿。
그 아이는 사람들에게 한바탕 맞았다.

(iv) 那个孩子叫人把他打了一顿。
그 아이는 사람들에게 한바탕 맞았다.

30 음운생략 분석법의 장점은 중국어에서 영 형식의 사동동사가 있다고 가정할 필요가 없다는 것이다(邓思颖 2004a).

(144) *张三被李四把 $t$ 打伤了。

(145) 张三被李四把他打伤了。

장싼은 리쓰가 그를 때려서 다쳤다.

(146) 张三被李四把 $t$ 打伤了。

장싼은 리쓰가 때려서 다쳤다.

(147) 张三被李四把 $t$ 给打伤了。

장싼은 리쓰가 때려서 다쳤다.

이와 같은 분석에 따르면 중국어 장거리 피동문의 '핵심' 부분은 사동문(처치문)이고 '被' 뒤의 논항은 행위자가 아닌 사동자인데, 예문 (148)의 '那件事(그 일)'와 (149)의 '牛奶(우유)'가 바로 전형적인 사동자이다.[31] 사동문으로부터 피동문이 도출된다는 통사적 분석은 '다수의 피동식은 처치식으로 바꿀 수 있다'는 왕리(王力 1985[1943/1944])의 주장에 대한 통사적 분석 근거를 찾아준 셈이다.

(148) 他被那件事愁死了。

그는 그 일 때문에 걱정되어 죽을 지경이다.

(149) 不上一个月小运华就被牛奶喂胖了。

한 달도 안 되어서 샤오윈화는 우유를 먹여 통통해졌다.

단거리 피동문의 도출 방식이 장거리 피동문과 유사하기는 하지만 완전히 동일하지는 않다. 단거리 피동문은 장거리 피동문의 생략을 통해 도출되어 나온 것이 아니다(Huang 1999, 邓思颖 2003b,

31 (148)은 李临定(1986: 217)에서 인용한 것이고 (149)는 熊仲儒(2003b: 219)에서 인용한 것이다.

Huang, Li and Li 2009: §4). 단거리 피동문 (99)((150)에 반복)의 '被'는 (139)((151)에 반복)의 '给'와 달리 경동사 BECOME이 외재적으로 실현된 것이 아니다. 부적격형인 (152)는 '把'가 '被' 위의 층위에 씌워질 수 없음을 보여주는데, 그러나 (141)과 같이((153)에 반복) '把'를 '给'위에 씌우는 것은 가능하다. '给'는 경동사이지만 '被'는 아니다.

(150) 张三被打伤了。　　장싼은 때려서 다쳤다.

(151) 张三给打伤了。　　장싼은 때려서 다쳤다.

(152) *李四把张三被打伤了。

(153) 李四把张三给打伤了。
리쓰는 장싼을 때려 다치게 하였다.

단거리 피동문 '被'와 장거리 피동문 '被'는 품사가 모두 동사라는 점에서 동일하다.[32] 그러나 단거리 피동문의 '被'는 (154)와 같이 동사구와 병합되고 동사구를 '被'의 보충어로 삼고 있지만, 장거리 피동문의 '被'는 시간사구와 병합된다는 점에서 서로 차이가 있다. 부적격형인 (155)는 단거리 피동문의 '被'가 경동사 BECOME으로 구성된 경동사구와 병합될 수 없다는 것을 보여준다.[33]

32 어휘 간 비교 및 방언 간 비교의 관점에서 볼 때 '被'는 '叫', '让'과 장거리 피동문의 '给', 그리고 웨어의 '畀'보다 더 허화된 것이다(Tang 2001a, 邓思颖 2003b).

33 Huang(1999) 및 Huang, Li and Li(2009: §4)는 동사구 내부에 PRO가 있으며, 이것이 이동한다고 가정하였다. 이론적으로 PRO가 이동한다는 관점은 재고할 필요가 있다(邓思颖 2008c: 314, 주석 8). 동사는 사제적으로 이미 술어의 특성을 지니므로 통사적 이동을 거쳐 변항을 생성할 필요가 없다.

(154) [주어 [$_{VP1}$ 被 [$_{VP2}$ V] ] ]

(155) *张三被给打伤了。

간접 장거리 피동문의 도출 방식은 앞서 설명한 직접 장거리 피동문과 대체로 유사하다. 간접 장거리 피동문인 (113)((156)에 반복)의 '土匪杀了父亲(도적 떼가 아버지를 살해했다)'이라는 부분은 우선 (157a)로 구성된 것으로, 흔히 보류목적어라 불리는 '父亲(아버지)'이 동사 '杀了(살해했다)'의 보충어이다(徐杰 1999a, 2001, 2008). '张三(장싼)'을 지향하는 영 운용자 Op는 BECOME과 직접 병합하며, 간접적인 피영향 수동자로 이해할 수 있다. '土匪(도적 떼)'는 CAUSE와 병합하며, 사동자로 볼 수 있다. 그 다음 동사 '杀了(살해했다)'가 (157b)와 같이 CAUSE 위치까지 이동한 뒤 마지막으로 (157c)와 같이 영 운용자가 이동하고 원래의 위치에 흔적을 남긴다. 밑줄 '____' 은 동사가 이동하기 전의 위치를 나타내고 있는데 사실 이것은 동사가 이동 후 남긴 흔적으로, 영 운용자와 혼동하지 않기 위해 밑줄로 표시한 것이다. (157c)가 생성하는 이 구는 간접 장거리 피동문 (156)을 형성하는 데 참여하여 '被'의 보충어가 될 수 있다.

(156) 张三被土匪杀了父亲。

장싼은 도적 떼에게 아버지를 살해당했다.

(157) a. [土匪 [CAUSE [Op [BECOME [杀了 父亲] ] ] ] ]

b. [土匪 [杀了 [Op [ ____ [ ____ 父亲] ] ] ] ]

c. [Op [土匪 [杀了 [*t* [ ____ [ ___ 父亲] ] ] ] ] ]

배타적 간접 피동문 (115)((158)에 반복)에 대해 황(Huang 1999) 및 황, 리와 리(Huang, Li and Li 2009: §4)에서는 수동자 주어를 지시하는 영 운용자가 원래는 '他(그)'와 '跑了(도망갔다)'의 사이에 있는 '최외곽 목적어(outermost object, 最外宾语)' 위치에 출현하였다가 나중에 이동을 한다고 가정하였다.[34] 황(Huang 1999) 및 황, 리와 리(Huang, Li and Li 2009: §4)의 분석은 중국어의 모든 피동문이 통사적 이동을 거쳐 도출되는 것으로 가정하였기에 해석에 있어서는 통일성과 일관성이 돋보인다. 그러나 최외곽 목적어의 존재 여부에 대해서는 여전히 의문이 드는데, 예를 들어 (160)의 경우 '他'와 '跑'의 사이에 논항을 둘 수 없기에 부적격형이 된다(邓思颖 2008c: 317).

(158) 我居然被他跑了。

그가 도망가다니. (그가 도망가는 일을 내가 당하다니)

(159) 我居然被 [ 他 [ Op [ 跑了 ] ] ]

(160) *他我跑了。

그러나 적격문인 (161)과 (162)는 우리의 우려를 말끔히 씻어준다. 최외곽 목적어는 (161)과 (162)의 '给我'와 같이 피영향의 의미

34 '최외곽 목적어(最外宾语)'는 '외부목적어(outer object, 外宾语)'에 상대되는 개념이다. Huang(1999) 및 Huang, Li and Li(2009: §4)가 말하는 '외부목적어'는 이 책에서 말하는 경동사 BECOME의 지정어라 할 수 있다.

를 지니면서 더불어 화자와 관련되는 논항으로 환원될 수 있고,[35] (162)의 '给我' 뒤에는 또 수동자 '客人(손님)'을 보충해 넣을 수도 있다. (161)은 간접 피동문이 아니지만 (162)는 간접 피동문이라 할 수 있다. 이렇듯 적어도 사동자와 동사 사이에 (그리고 '把' 앞에도) 논항을 둘 위치를 찾을 수 있다는 것은 최외곽 목적어의 존재 가능성을 증명해 준다.[36]

(161) 眼看一片大好形势，居然被他给我全盘破坏。
　　괭장히 좋은 판세였는데 그 사람 때문에 다 망쳐버렸어.

(162) (我)居然被他给我粗暴地把客人赶走了。
　　그가 난폭하게 내 손님을 내쫓아버렸어.

최외곽 목적어에 대한 이와 같은 분석 외에 우리는 배타적 간접 피동문의 수동자 주어와 술어부분 간의 관계가 의미에 기대어 이루어진 것이고, 이 둘 사이에 대하여성(aboutness)이 존재함을 가정할 수 있다(邓思颖 2006a). 이와 같은 대하여성은 의사疑似 '현수화제懸垂話題(dangling topic, 悬空话题)'[37]의 상황과 유사한데, 예를 들면 (163)에서 화제인 '水果(과일)'와 평언(comment) 내부에 있는 '苹果(사과)'는 의미적 관계를 맺고, '苹果(사과)'의 의미변항

35 (161)은 인터넷에서 가져온 예문이다.

36 (160)이 수용 불가능한 이유는 아마도 격(Case)과 관련이 있을 것으로 생각되는데, 이에 대한 상세한 논의는 Huang(1999)을 참조하기 바란다.

37 [역주] 현수화제(dangling topic)는 일명 중국어식 화제(Chinese style topic)라 불리기도 하는데, 술부로부터 이동을 통해 나간 것으로 분석되는 '이동된 화제(moved topic)'나 '기저 생성된 화제(base-generated topic)'와는 달리 평언 부분에서 통사적 지위를 갖지 않는다. 대신 현수화제는 그 평언과의 관계에 있어서 '대하여성' 조건을 만족시킨다고 전통적으로 분석되어 왔다(Pan and Hu 2008 참조).

(semantic variable)을 통해 화제와 연결된다(Pan and Hu 2008). (163)의 '水果(과일)'는 '苹果(사과)'와 의미적 관계를 맺을 수 있으므로, 엄밀히 말해 '水果(과일)'은 현수화제로 볼 수 없다.

(163) 水果，我喜欢吃苹果。

과일은, 나는 사과를 좋아한다.

이러한 대하어성 분석법은 (158)과 같은 배타적 간접 피동문에도 적용될 수 있다. 적절한 맥락이 주어지면 (158)의 '他跑了(그가 도망쳤다)'에 하나의 의미변항을 부여할 수 있고, 수동자 주어 '我(나)'와 연결시켜서 (158)은 적격한 피동문이 될 수 있다. 이처럼 의미변항을 부여하는 것은 통사적 수단이 아닌 의미적 수단을 통해 실현되는데, 이러한 경우 대개는 갖가지 특수 조건의 제약을 받게 된다. 따라서 중국어에서 다른 피동문에 비해 배타식 간접 피동문이 드문 편이다. 화제문의 대하어성과 간접 피동문의 유사성은 아래 예문을 통해 더욱 명확히 드러난다. (164)의 화제 '十个苹果(사과 열 개)'는 평언 내의 '两个(두 개)'와 의미적으로 관련되며, (165)의 수동자 주어 '十个苹果(사과 열 개)'와 보류 목적어 '两个(두 개)'도 역시 유사한 관계를 맺는데, 이러한 관계는 통사적 이동을 통해 만들어진 것이 아니다(郑思颖 2006a). 중국어 피동문 술부 내의 변항은 의미변항일 수도 있으며, 그것이 이동을 통해 만들어진 흔적일 필요는 없다. 대하어성을 통해 중국어 간접 피동문을 만드는 것도 가능해 보이므로, 이러한 가능성을 완전히 배제하지 않겠다.

(164) 十个苹果，我把两个吃了。

사과 열 개 중 내가 두 개를 먹었다.

(165) 十个苹果被我吃了两个。

사과 열 개 중 내가 두 개를 먹었다.

피동문과 처치문은 중국어 문법 연구에서 자주 언급되는 두 가지 '대표적' 구문이지만, 독립적인 구문의 조건을 갖추지 못하며, 이들 구문과 관련된 많은 현상들이 다른 구조로 귀결된다. 왕리(王力 1985[1943/1944]), 차오(Chao 1968)가 처치문에서 피동문의 특징을 도출해 낸 것은 중국어 피동문 연구에 있어서 중요한 한 걸음을 내디딘 것이라 할 수 있다. 우리는 피동문의 '被'와 그 뒤의 성분(즉 장거리 피동문의 시간사구와 단거리 피동문의 동사구)이 형성하는 것이 기본적으로는 술보구조이며, '被' 뒤의 성분은 '被'가 나타내는 사건을 보충하고 사건 변화의 결과를 설명한다고 본다. 장거리 피동문 내에 위치하는 시간사구는 사실상 사동문, 즉 왕리(王力 1985[1943/1944]), 차오(Chao 1968)가 말한 처치문이며, 처치문은 장거리 피동문의 핵심이 되는 부분이다. 앞의 몇몇 장에서 논의한 것처럼 사동문은 기본적으로 주술구조와 술보구조로 이루어져 있다. 이를 통해 볼 때 피동문(처치문을 포함)은 최종적으로 주술구조와 술보구조 등 비교적 '원시적인' 개념으로 분해될 수 있고, 피동문, 처치문 등과 같은 구문의 개념이 문법에서 어떠한 지위를 갖는지에 대해서도 다시 검토해 볼 필요가 있음을 알 수 있다.

## 9.7 존현문

존현문은 주로 사람이나 사물의 '존재', '출현' 혹은 '소실'을 나타내는 구문으로(张静 等 1980, 刘月华 等 1983: 456, 2001: 719, 邢福义 等 1991: 348, 邢福义 1996: 131, 黄伯荣·廖序东 2002b: 129, 冯志纯 等 2008: 217 등), 흔히 볼 수 있는 예문으로 (166), (167) 등이 있다. 일부 학자들은 이런 문장을 독립적 구문으로 분석하기도 하였고(吕叔湘 等 1980, 张静 等 1980, 刘月华 等 1983, 2001, 邢福义 等 1991, 邢福义 1996, 黄伯荣·廖序东 2002b, 周一民 2006, 冯志纯 等 2008 등), 또 이러한 문장들을 다른 구문이나 구조에 넣어 처리하는 학자들도 있다. 그중 예를 들면 주더시(朱德熙 1982)는 '술목구조' 가운데 '존현목적어'라는 절에서 (166)의 목적어가 존재를 나타내며, (167)의 목적어가 출현을 나타내는 것으로 처리하기도 하였다. 또 후위수 외(胡裕树 等 1995)에서도 이러한 문장들을 '동목술부(动宾谓语)' 중 '행위자 목적어(施事宾语)' 항목에 넣고 이 목적어가 바로 행위자 목적어라고 소개하였다.

(166) 台上坐着主席团。　　단상에 의장단이 앉아 있다.

(167) 屋里飞进来一只蜜蜂。

집 안에 꿀벌 한 마리가 날아 들어왔다.

중국어의 존현문을 구성하는 기본 성분은 동사와 목적어이며, 이에 더해 주어가 출현할 수도 있고 목적어 뒤에 보충성분이 하나 더 있는 경우도 있는데, 이 보충 성분을 황(Huang 1987b)에서는 '술어항(predication, 谓项)'이라고 이름하였다. 존현문의 어순은 (168)과 같이 나타낼 수 있다.

(168) (주어) + 동사 + 목적어 + (술어항)

황(Huang 1987b)은 중국어의 존현문에 대하여 상세한 통사 분석을 진행하였는데, 그의 연구에 따르면 중국어 존현문은 (1) '有'로 구성된 것, (2) 출현 혹은 소실을 나타내는 동사로 구성된 것, (3) 처소를 나타내는 동사로 구성된 것, (4) 사건의 존재 혹은 경험의 존재를 나타내는 동사로 구성된 것 이렇게 네 부류로 나눌 수 있다.

첫 번째 부류의 존현문은 동사 '有(있다)'로 구성된 것으로, 이 부류의 존현문에서 주어와 술어항은 필수 성분이 아니다. 예를 들면 (169)에는 동사 '有(있다)'와 목적어 '鬼(귀신)'만 있고, (170)의 목적어 뒤에는 보충성분을 담당하고 있는 술어항 '很喜欢你(너를 무척 좋아한다)'가 있으며, (171)에는 술어항 '很有趣(재미있다)'와 주어 '桌子(책상)'가 있다.

(169) 有鬼。 귀신이 있다.

(170) 有一个人很喜欢你。 어떤 사람이 너를 무척 좋아한다.

(171) 桌上有一本书很有趣。

책상 위에 책이 한 권 있는데 재미있다.

두 번째 부류의 존현문은 출현을 나타내는 '来(오다)', '发生(발생하다)', '到(도착하다)' 등이나 소실을 나타내는 '死(죽다)', '跑(도망가다)', '去(가다)' 등과 같은 출현과 소실을 나타내는 동사로 구성되는데, 이를 '은현문(隐现句)'(黄伯荣·廖序东 2002b: 129)이라고도 한다. 이 부류의 존현문에서는 주어와 술어항이 필수 성분은 아니어서, 예를 들면 (172)는 동사 '发生(발생하다)'과 목적어 '一

件车祸(교통사고 한 건)'가 주요 구성요소이고, 주어 '这里(여기)'나 술어항 '很可怕(끔찍하다)'는 있어도 되고 없어도 되는 성분이다. (173)에는 동사와 목적어만 있다.

(172) (这里)发生了一件车祸(很可怕)。
(여기) 교통사고가 한 건 발생했(는데 끔찍하)다.(혹은 '여기 끔찍한 교통사고 하나가 발생했다')

(173) 死了一个人。 사람이 하나 죽었다.

세 번째 부류의 존현문은 자동사 '躺(눕다)', '坐(앉다)', '住(머물다, 살다)', '飘(나부끼다)' 등이나 타동사 '放(놓다)', '挂(걸다)', '写(쓰다)' 등과 같이 장소를 나타내는 동사로 구성된다. 이러한 동사는 보통 (174)와 같이 상 표지 '着'가 붙어 있고, 타동사도 (175)와 같이 '了'를 붙여 지속 상태를 나타낼 수 있다. 목적어 뒤에는 (176)의 '很好看(아주 보기 좋다)'과 같은 술어항을 붙일 수 있는데 이러한 경우 반드시 주어가 있어야 하며, 주어가 없으면 (177)처럼 비문이 된다.

(174) 床上躺着一个病人。
침대 위에 환자가 한 명 누워있다.

(175) 房间里放了许多行李。
방 안에는 여행 짐들이 잔뜩 놓여있다.

(176) 墙上挂着一幅画很好看。
벽에는 그림이 한 폭 걸려 있는데 아주 보기 좋다.

(177) *躺着一个病人在床上。

네 번째 부류의 존현문에 사용되는 동사는 사건이나 경험의 존재를 나타내며 모든 종류의 타동사가 다 사용될 수 있으나, 다만 (178)의 '过'나 (179)의 '了'와 같은 상 표지가 반드시 있어야 하며, 상 표지가 없을 경우 (180)처럼 비문이 된다. 주어는 대개 행위자로 이해되고, 술어항이 반드시 출현해야 한다.[38]

(178) 我教过一个学生很聪明。

나는 학생을 하나 가르친 적 있는데 아주 똑똑하다.

(179) 我选了一门课很难懂。

나는 과목 하나를 선택했는데 이해하기 어렵다.

(180) *我每天教一个学生很聪明。

나는 매일 학생을 하나 가르치는데 아주 똑똑하다.

여러 학자들이 존현문의 목적어가 대개 비한정적이라는 점에 주목하였는데,[39] 황(Huang 1987b)은 사피르(Safir 1982)가 제시한 '한정성효과[40]'(definiteness effect, 약칭 DE) 개념을 중국어 존현문 비한

---

38 Huang(1987b: 231)은 술어항이 없는 (i)도 존현문에 속한다고 하였다. 사실 Huang(1987b: 242)은 아울러 이런 부류의 문장에서 목적어는 '한정성효과'를 나타내지 못한다는 점에도 주목하였는데, (ii)의 목적어 '那个人(그 사람)', '李四(리쓰)', '他(그)'는 모두 한정적이기 때문에 다른 존현문이 갖는 특징과 분명히 다르다. 사실상 술어항이 없는 (i)은 존현 의미가 비교적 약하다. 만약 존현 의미가 있다면, 그것은 '过'가 나타내는 것이다. 우리는 (i)이 존현문이 아닌 일반적인 주술문이라고 본다.

(i) 我教过一个学生。

나는 학생을 하나 가르친 적 있다.

(ii) 我教过那个人/李四/他。

나는 그 사람을/리쓰를/그를 가르친 적 있다.

39 존현문에 대한 기존의 이론 분석을 소개하고 논평한 자료로는 顾阳(1999)을 참조하기 바란다.

정 목적어 분석에 적용하였다. 그는 상술한 네 가지 부류의 존현문에 출현하는 목적어를 상세히 관찰하여, 술어항이 있는 존현문의 목적어는 반드시 비한정적이어야 하며, 이로써 한정성효과를 드러낸다는 사실을 발견하였다. (181), (182), (183), (184)는 각각 첫 번째, 두 번째, 세 번째, 네 번째 부류의 존현문으로, 모두 목적어 뒤에 술어항이 있는데, 목적어에는 비한정성을 가지는 '一个人(어떤 사람 하나)'만 목적어로 쓰일 수 있고, 한정적인 '那个人(그 사람)', '他(그)', '张三(장싼)' 등은 목적어로 쓰일 수 없다.[41]

(181) 有一个人/ *那个人/ *张三/ *他在屋子里。
어떤 사람 하나가/ *그 사람이/ *장싼이/ *그가 방 안에 있다.

(182) 来了一个人/ *那个人/ *张三/ *他很有钱。
어떤 사람 하나가/ *그 사람이/ *장싼이/ *그가 왔는데 돈이 많다.

(183) 床上躺着一个人/ *那个人/ *张三/ *他很漂亮。
침대 위에 어떤 사람 하나가/ *그 사람이/ *장싼이/ *그가 누워 있는데 예쁘다.

(184) 我教过一个人/ *那个人/ *张三/ *他很聪明
나는 어떤 사람 하나를/ *그 사람을/ *장싼을/ *그를 가르친 적 있는데 아주 똑똑하다.

만약 술어항이 없다면 세 번째 부류의 존현문에서 목적어는

---

40 [역주] 명사구의 한정/비한정 여부가 특정 환경에서의 해당 명사구 출현을 제약하는 것을 한정성효과(definiteness effect)라고 한다.

41 Tsai(1994: §3.2)는 비한정 목적어와 술어항의 통사 의미관계에 대해 상세히 논의하였다.

(187)의 '一个人(어떤 사람 하나)', '张三(장싼)'과 같이 비한정일 수도 있고 한정일 수도 있다. (185)와 (186)에서 보듯이, 첫 번째와 두 번째 부류의 존현문에서 목적어는 오직 비한정만 가능하므로, 여전히 한정성효과를 드러낸다(Huang 1987b).

(185) 有一个人/ *张三。
어떤 사람 하나가/ *장싼이 있다.
(186) 来了一个人/ *张三。
어떤 사람 하나가/ *장싼이 왔다.
(187) 床上躺着一个人/张三。
침대 위에 어떤 사람 하나가/장싼이 누워 있다.

첫 번째 부류의 존현문에 주어를 보충해 넣으면 한정적 목적어에 대한 수용성이 눈에 띄게 좋아진다(Huang 1987b). 예를 들어 (188)에서 주어 '桌子上(책상 위)'을 보충해 넣으면 한정적인 '那个烟丝袋(그 살담배 주머니)'가 목적어가 될 수 있다.[42] 두 번째 부류의 존현문에 속하는 (189)는 주어 '这里(여기)'를 보충해 넣었음에도 한정적 목적어 '那个人(그 사람)'을 쓰면 비문이 된다. 황(Huang 1987b: 242)은 비단언적(nonassertive) 문맥에서 두 번째 부류에 속하는 존현문의 목적어에 한정성효과가 사라진다는 사실에 주목하였다. 그 예로 전환복문(转折复句)인 (190)의 한정적인 목적어 '那个人(그 사람)'은 수용 가능하다. 황(Huang 1987)은 (188)에서 한정성효과가 사라지는 것이 주어가 있는 (187)의 상황과 동일하다고 보고, 주어의 출현이 한정성효과의 소실과 관계가 있다고 가정하

42 예문 (188)은 '베이징대학 중국어 언어학연구센터 현대중국어 코퍼스(北京大学 汉语语言学研究中心 现代汉语语料库)'(CCL 코퍼스)에서 가져온 것이다.

였고, 이에 첫 번째와 세 번째 부류의 존현문은 한데 묶을 수 있으며 유사한 특징을 지닌다고 하였다. (188)과 (189)의 대립은 동사의 어휘 의미와 관계가 있고,[43] (189)와 (190)의 대립은 단언과 비단언 등과 같은 의미 요소와 관계있을 것으로 여겨진다.

(188) 桌子上有那个烟丝袋。
책상 위에 그 살담배 주머니가 있다.

(189) *这里来了那个人。
*여기 그 사람이 왔다.

(190) 虽然来了那个人，可是…
그 사람이 왔지만, …

중국어에서 이 몇 가지 부류의 존현문은 의미적 차이와는 상관없이 기본적으로 모두 동일한 통사구조를 가지고 있으며, 유사한 어순을 보이고, (168)에서 묘사한 틀을 벗어나지 않는다. 존현문의 통사적 특징에 따라 이 네 부류의 존현문들은 크게 두 가지 통사구조로 귀납해볼 수 있는데, 그중 하나는 (191)처럼 술목구조로 이루어진 존현문이며, 그리고 두 번째는 (194)처럼 술보구조로 구성된 존현문이다. 수형도 (191)에서 동사는 목적어와 직접 병합하여 술목구조를 이룬다. 만약 존현문의 주어가 볼 수 있고 들을 수 있는 외현적인 것이라면(예를 들어 (174)의 '床上(침대 위)'처럼), 주어는 경동사와 직접 병합하며 경동사구의 지정어 위치에 놓이

43 Huang(1987b: 253, 주석 13)은 중국어에 두 개의 '有'가 있다고 가정했는데 하나는 존현 의미를 나타내고 다른 하나는 소유의미를 나타내며, 전자는 한정성효과를 나타내고(예문 (185)) 후자는 한정성효과를 나타내지 않는다(예문 (188))고 주장하였다.

게 된다. 우리는 표면적으로 주어가 없는 것처럼 보이는 존현문(예를 들어 (173)) 내에 공범주 주어가 있다고 가정하는데, 이 공범주는 영어의 허사(expletive) 'there'나 'it'과 유사하다. 이러한 부류의 존현문은 형식적으로 볼 때 사실 기타 술목구조를 지니는 절과 동일하므로 이를 하나의 구문으로 독립시킨다면 그것은 순전히 의미적인 고려에 의한 것이지 통사적 고려에 의한 것이 아니라 하겠다.

(191)
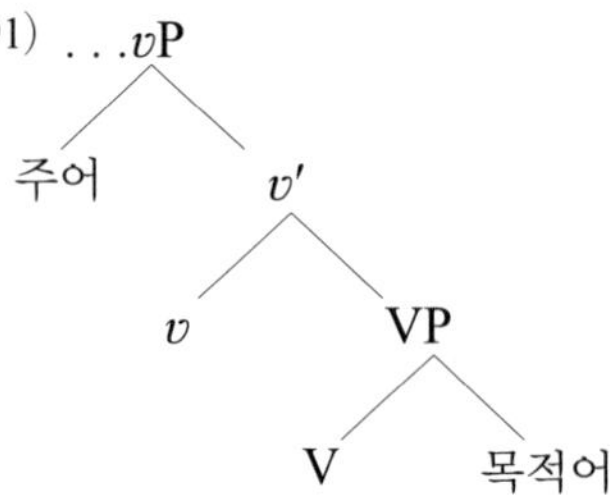


(192)와 같은 일부 비주술문은 사실상 존현문으로 분석할 수 있다. 딩성수 외(丁声树 等 1961: 19)에서도 (192)에 대해 "때로는 주어를 가질 수 있다"고 지적하였는데, 예를 들면 "天下雨了(하늘에서 비가 온다)"와 같이 만들 수 있다. 중국어 화자가 평소에 "天下雨了(하늘에서 비가 온다)"와 같은 말을 쓰지는 않지만, 적어도 이런 문장이 문법에 어긋나지는 않는다. '天(하늘)'은 바로 영주어(*pro*)가 구현된 것인데, 예문 (192)의 구조는 (193)과 같이 나타낼 수 있다.

(192) 下雨了。 비가 온다.

(193) $[_{TP}\ pro\ [_{T'}\ [_{vP}\ v\ [_{VP}$ 下 $[_{NP}$ 雨$]\ ]\ ]$ 了$]\ ]$

(191)과 (194)는 주어부분이 동일하고, 동사구의 내부구조에 있어서만 (191)은 술목구조, (194)는 술보구조로 각각 다르다. (194)에서 동사는 먼저 술어항으로 작용하는 성분과 병합한 후 목적어와 병합한다. 보충어 자리에 위치한 술어항은 동사가 나타내는 사건을 보충하는 역할을 하므로 보어나 이차 술어로 이해할 수 있다. (194)의 구조가 연동문이나 겸어문의 구조, 즉 앞에서 보았던 연동문의 수형도 (75)나 겸어문의 수형도 (86), (87)과 같다는 점이 주목을 끈다. 사실 일부 문법학자들은 (170), (171)과 같은 '(주어)+V+목적어+술어항' 구조의 문장을 연동문으로 분석하거나(朱德熙 等 1982) 겸어문으로 분석하였다(刘月华 외 1983, 2001, 张斌 等 1988, 邢福义 等 1991, 胡裕树 等 1995, 邢福义 1996, 黄伯荣·廖序东 2002b, 冯志纯 等 2008 등). 형식적 측면에서 보자면 목적어 뒤에 술어항이 있는 존현문은 겸어문으로 분석될 수도 있는데, 모두 동일한 통사적 구조에서 도출된 것이다. 이와 같이 (170)과 (171)을 하나의 독립적 구문으로 이해하는 근거는 의미이지 통사가 아니다.

(194)
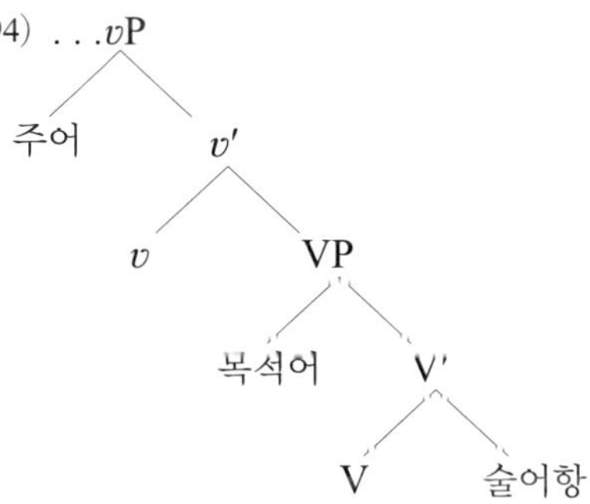


(191)과 (194)의 경동사가 과연 무엇인지 살펴보자. 린(Lin 2001: §3)은 모두 네 가지 서로 다른 경동사 EXIST, PROCEED,

INCLUDE, OCCUR가 존현문의 경동사가 될 수 있으며, 이 경동사들이 서로 다른 유형의 존현문을 도출해 낸다고 주장하였다. EXIST는 존재와 발생을 나타내며, 장소를 주어로 선택한다(Lin 2001: 149). 그 예로 (195)의 '桌子(책상)'는 장소이고, '放了三本书(책을 세 권 놓다)'는 존재 사건으로 해석될 수 있다. 다음으로 PROCEED는 사물의 진행(progress)을 나타내며, 범위(domain)를 주어로 선택하는데(Lin 2001: 192), 예를 들어 '马拉松(마라톤)'은 영역을 나타내며, '跑(달리다)'는 이 영역 내의 진행 방식이다. 그리고 INCLUDE는 (197)의 '这个计划(이번 계획)'와 같은 원점(source)을 주어로 선택하며(Lin 2001: 192), 마지막으로 OCCUR는 (198)의 '这里(여기)'나 (199)의 '昨天(어제)'과 같이 장소와 시간을 주어로 삼는다(Lin 2001: 193).

(195) 桌子上放了三本书。(EXIST)
책상 위에 책이 세 권 놓여 있다.

(196) 这场马拉松已经跑了二十公里了。(PROCEED)
이번 마라톤 경기에서 이미 20킬로미터를 달렸다.

(197) 这个计划总共写了五篇报告。(INCLUDE)
이번 프로젝트에서 총 5편의 보고서를 썼다.

(198) 这里来了三个陌生人。(OCCUR)
여기에는 낯선 사람 세 명이 왔다.

(199) 昨天死了一个流浪汉。(OCCUR)
어제 부랑자 한 명이 죽었다.

린(Lin 2001)은 중국어에서 동사 아닌 경동사가 주어를 선택하여 절의 사건 의미를 결정한다고 보았다. 이러한 관점을 더욱 상세히 설명하기 위해, 그는 아래와 같은 예문을 들어 동일한 동사 '开(운전하다, 몰다)'가 서로 다른 의미를 가진 주어들과 함께 쓰일 수 있음을 증명하였는데(Lin 2001: 199-200), 이러한 사건 의미를 결정하는 경동사를 아래 괄호 안에 제시하였다. 이중 (200a)부터 (200d)까지는 현재 논의하고 있는 존현문에 해당된다. (200d)의 OCCUR와 (200e)의 BECOME은 성질이 유사한데, 린은 이에 대해 OCCUR의 경우 처소나 시간을 주어로 하고 BECOME은 수동자를 주어로 한다는 차이가 있다고 보았다(Lin 2001: 198, 주석 25).

(200) a. 高速公路上**开**着一排坦克车。(EXIST)
고속도로 위에 탱크가 일렬로 가고 있다.
b. 这场长途赛车已经**开**了三分之一的路程了。(PROCEED)
이번 장거리 자동차 경주는 이미 3분의 1의 거리를 달렸다.
c. 这趟任务总共**开**了八趟车，运送七十吨物资。(INCLUDE)
이번 임무에서 총 8차례 왕복으로 70톤의 물자를 운송했다.
d. 马上就**开**车了，坐好！(OCCUR)
곧 출발하니, 제자리에 앉으세요!
e. 这辆坦克车从二次大战**开**到现在，快抛锚了。(BECOME)
이 탱크는 2차 세계대전부터 지금까지 몰았으니 거의 고물이 다 됐다.
f. 老张**开**了一辆坦克车。(DO)
리오장은 탱크 한 대를 몰았다.
g. 这辆破车**开**得我吓死了。(CAUSE)
이 낡아 빠진 차를 모느라 겁이 나 죽는 줄 알았다.

린(Lin 2001)이 내린 정의와 예문을 보면 EXIST, PROCEED,

INCLUDE가 형성하는 존현문은 사실 황(Huang 1987b)의 존현문 중 세 번째 부류('躺(눕다)', '放(놓다)'류)에 속하고, 첫 번째 부류의 존현문('有'류)도 포함되는데, 의미적으로 모두 지속 상태를 나타낸다. 이 세 가지 경동사의 사건성은 거의 동일하며, 통사적으로도 뚜렷한 차이가 없다. 이 세 가지 경동사가 주어 의미를 결정한다기보다는 이 세 경동사의 의미적 차이가 (만약 있다면) 반드시 주어 및 주어와 목적어의 결합을 통해 실현되어야만 한다고 봐야 옳을 것이다. 따라서 우리는 이 세 가지를 구분하지 않으려 한다. 이 책에서 제시한 경동사 체계에 따른다면 첫 번째와 세 번째 부류의 존현문이 나타내는 상태 의미는 경동사 BE의 의미와 유사하므로, 린(Lin 2001)의 EXIST, PROCEED, INCLUDE도 BE에 모두 귀속시켜야 한다.[44]

OCCUR가 구성하는 존현문은 황(Huang 1987b)의 존현문 중 두 번째 부류('은현문'이라고도 함)에 속한다. 두 번째와 세 번째 부류의 존현문은 사건성 측면에서 뚜렷한 차이가 있는데, 전자는 동태적이고(사건의 변화) 후자는 정태적이다(상태의 지속). 이들이 서로 다른 경동사로 구성된다고 가정해도 합리적일 것 같지만 OCCUR와 BECOME의 사건성은 기본적으로 동일하여 모두 사건의 변화를 나타낸다. 린(Lin 2001: 198, 주석 25)이 말한 것처럼 OCCUR와 BECOME의 차이는 순전히 이들이 구성하는 문장의 주어에 의해 결정되는 것으로, OCCUR의 주어는 장소나 시간이

---

**44** 경동사 BE가 구성하는 정태 술어는 '개체층위 술어(individual-level predicate)'와 '단계층위 술어(stage-level predicate)'로 나눌 수 있는데(Carlson 1977), 세 번째 부류의 존현문에 쓰인 술어는 단계층위 술어에 속하며, 시간성을 가지고 있다. 이와 같은 시간성 특징은 경동사 BE가 아닌 존현문 동사의 상 표지에서 비롯된 것일지도 모른다. '个体谓词'와 '状态性谓词'라는 중국어 용어는 蒋严 · 潘海华(1998)가 사용한 대역어이다.

고, BECOME의 주어는 수동자이며 이들의 주어는 상보성을 띤다. 이처럼 두 경동사가 사건성의 차이에 따라 구분된 것이 아니라면, 이들을 합쳐도 사건구조에 대한 이해에 아무런 영향을 미치지 않을 것이므로 우리는 이것을 구분 없이 합치고자 한다. 이 책의 경동사 체계에 따르자면 두 번째 부류의 존현문을 구성하는 경동사는 BECOME이다.

린(Lin 2001)이 비록 네 번째 부류의 존현문에 쓰이는 경동사('教(가르치다)', '选(선택하다)'류)에 대해 언급하지는 않았으나, 이 부류의 경동사가 그가 말한 EXIST, PROCEED, INCLUDE, OCCUR 등의 경동사 중 어느 것에도 속하지 않는다는 점은 확실하다. 네 번째 부류의 존현문에 사용되는 타동사는 오직 (178)의 '教(가르치다)'나 (179)의 '选(선택하다)'과 같은 2항 비능격동사뿐이고, (201)의 '醉倒(취해 넘어지다)'와 같은 2항 비대격동사는 쓰일 수 없다. 이 부류의 존현문에 사용되는 동사가 비능격동사라는 점과 주어가 대부분 행위자로 이해된다는 점을 고려하여 우리는 이 네 번째 부류의 존현문에 사용되는 경동사가 DO라고 가정한다.

(201) *这瓶酒醉倒过一个人很健康。
*이 술이 한 사람을 취해 넘어지게 한 적이 있는데 무척 건강했다.

이상과 같은 논의에 근거하여 황(Huang 1987b)이 제시한 네 가지 부류의 존현문에 포함되는 경동사를 아래 (202)와 같이 정리할 수 있다. 경동사에 따라 분류해 보면 네 가지 존현문은 다시 세 가지 큰 부류, 즉 활동을 나타내는 네 번째 부류, 사건 변화를 나타내는 두 번째 부류, 상태를 나타내는 첫 번째/세 번째 부류로 귀납할 수 있다. 첫 번째 부류와 세 번째 부류를 한데 묶음으로써 우리는 이 두 부류의 존현문에서 주어의 출현이 한정성효과의 소실과 관련되며 이들 사이에는 유사한 특징이 있다는 사실을 다시 한 번 상기하게 된다.

(202) a. 첫 번째 부류의 존현문('有'류): BE
b. 두 번째 부류의 존현문('来', '死'류): BECOME
c. 세 번째 부류의 존현문('躺', '放'류): BE
d. 네 번째 부류의 존현문('教', '选'류): DO

경동사 BECOME을 (191)의 구조에 덧씌우면 바로 두 번째 부류의 존현문이 생성된다. 여러 논문에서 논쟁이 끊이지 않는 문제인 (203)과 같은 '소유자주어 피소유물목적어문(领主属宾句)'은 이 책의 분석에 따른다면 (204)와 같은 구조를 가져야 한다. 우리는 쉬제(徐杰 1999a, 2001, 2008)의 분석에 대체로 동의하여 '父亲(아버지)'은 동사인 '死了(죽었다)'의 목적어라고 보지만, 그의 분석과 다른 점은 '王冕(왕멘)'이 경동사 BECOME과 직접 병합하여 경동사구의 지정어 위치에 놓이고 동사 '死了(죽었다)'는 이동을 통해 BECOME의 위치로 옮겨가는 것으로 본다는 점이다. 이는 원칙적으로 주싱판(朱行帆 2005), 후젠화(胡建华 2008), 선리(沈力 2009) 등의 분석과 일치한다.[45] 화제문 속 화제와 평언 간의 관계와 마찬가지로 '王冕(왕멘)'과 '父亲(아버지)'의 관계 역시 의미를 통해

45 경동사 BECOME은 경험(朱行帆 2005)이나 피영향 의미(중국어로 '受影响意义', 혹은 '蒙受义'라고도 함)(沈力 2009), 단언(胡建华 2008)과 모두 조금씩 관계가 있다.

맺어진 것으로(潘海华·韩景泉 2005, 2008), 이는 판과 후(Pan and Hu 2008)의 화제문 분석과도 같은 것이다.[46]

(203) 王冕死了父亲。 왕멘은 아버지가 돌아가셨다.

(204)

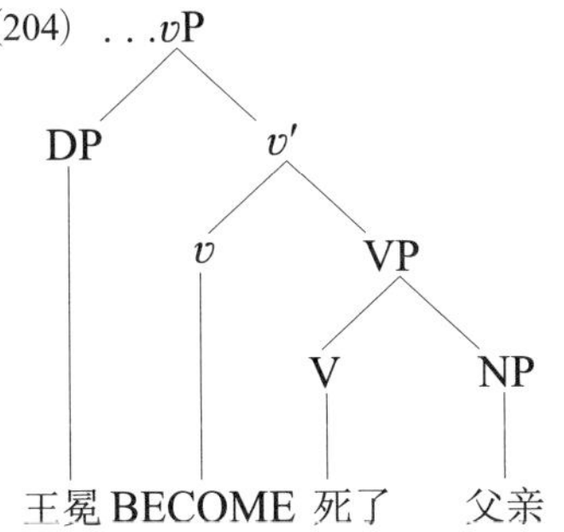


마지막으로 시간사 T가 경동사구와 병합하여 시간사구 TP를 형성한다. (205)와 같이 '王冕(왕멘)'은 시간사구의 지정어 자리까지 이동하여 절의 주어가 된다.

(205)

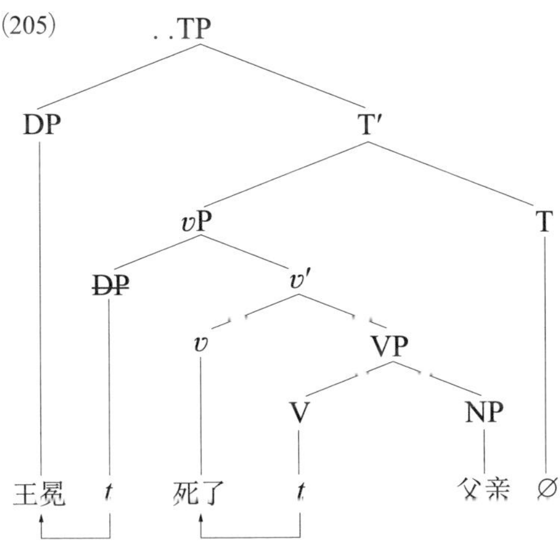


경동사 BE를 (191)의 구조에 덧씌워 넣음으로써 린(Lin 2001)

이 제시한 EXIST((195)), PROCEED((196)), INCLUDE((197)) 이 세 가지 존현문을 통일시킬 수 있으며, 이 밖에도 또한 의미적으로는 유사하나 완전히 동일하지는 않은 일부 문장을 분석할 때에도 이러한 방법을 확장 적용할 수 있다. 류탄저우(刘探宙 2009)는 1항 비능격동사가 (206)의 '哭(울다)', (207)의 '跳(뛰다)', (208)의 '散步(산책하다)', '睡觉(자다)' 등과 같이 목적어를 가짐으로써 계수의미(计数义)를 강조할 수 있다('계수문(计数句)'이라고도 함)는 점에 주목한 바 있다. 이런 예문들은 발생을 나타내지도, 사물의 진행을 나타내지도 않으며, 주어인 '他们班孩子(걔네 반 애들)', '立定跳远(제자리멀리뛰기)', '我们宿舍同学(우리 기숙사 친구들)'가 원점을 나타내지도 않아서 엄밀히 따지자면 린(Lin 2001)이 제시한 경동사 EXSIT, PROCEED, INCLUDE로는 분석할 수 없다. 류탄저우(刘探宙 2009: 114)는 (206)에서 말하고 있는 것이 '동작이 발생한 그 시점의 일'이지, 동작이 완성된 후 나타나는 지속 상태가 아니라고 지적했다. 경동사 BE는 이러한 정태적인 사건성을 개괄할 수 있는데, BE에 공통적으로 속하는 절들을 어떻게 다시 분류하느냐 하는 것은 경동사와는 무관한 문제이다.[47]

(206) 他们班孩子哭了三个。
　　　걔네 반 애들이 세 명이나 울었다.

(207) 立定跳远已经跳了三十个同学了。

46 潘海华·韩景泉(2005, 2008)의 분석이 이 책의 분석과 다른 점은 '王冕(왕몐)'이 화제의 위치에서 직접 파생된다고 보았다는 것이다.

47 계수문(计数句)과 (196)(PROCEED), (197)(INCLUDE)의 유사성은 바로 목적어가 모두 수량을 강조한다는 점인데, 목적어의 계수 의미는 분명 중요한 특징 가운데 하나로, 존현문의 한정성효과와 관계가 있을 수도 있다.

제자리멀리뛰기에서 이미 30명의 학생이 뛰었다.

(208) 昨晚九点，我们宿舍同学出去散步了两个，睡觉了两个，只有我一个人在吭哧吭哧背单词。

어제 저녁 9시에 우리 기숙사 친구 중 두 명은 산책 나갔고, 두 명은 누워 잤는데, 나 혼자만 끙끙대며 단어를 암기했다.

어근의 측면에서 볼 때 중국어의 존현문은 기본적으로 술목구조와 술보구조 두 가지 구조로 구성된다. 술보구조 내부의 보어는 술어항이라고도 하며, 동사가 나타내는 사건을 보충하는 기능을 한다. 경동사의 측면에서 볼 때 모든 존현문은 주술구조로 이루어져 있으며, 주어는 보이거나 들리는 외현적 성분일 수도 이고, 공범주일 수도 있다. 존현문을 구성할 수 있는 경동사는 BE, BECOME, DO 이렇게 세 가지이다. 존현문의 기본적인 통사적 특징들은 모두 다른 구조로부터 도출될 수 있다.

## 9.8 소결

이 장에서는 중국어의 문형과 몇 가지 주요 구문에 대해 살펴보았다.

중국어의 절에는 기본적으로 주술문이라는 한 가지 문형만 존재하며, 모든 절이 다 주술구조로 이루어져 있고, 주술구조를 이루지 않는 절은 없다. 모든 '비주술문'이 다 주술문에서 도출되며, '비주술문'이라는 독립적 문형은 사실 존재하지 않는다. 주술문의 하위 문형에는 동사술어문과 명사술어문 두 가지뿐이다. 동사술어문 가운데 흔히 볼 수 있는 것들로는 연동문, 겸어문, 피동문, 처치문, 존현문 등이 있다.

동사술어문은 동사가 술어를 담당하는 것으로, 동사구는 경동사의 보충어 신분으로 경동사와 병합한다. 그리고 명사술어문은 명사가 술어를 담당하는 것으로, 이때 명사구는 경동사의 보충어 신분으로 경동사와 병합한다. 동사술어문 내에서 동사는 이동을 진행하지만, 명사술어문 내에서 명사는 이동하지 않는데, 이것은 명사술어문의 상 표지 결핍과 관련이 있다.

중국어에 비주술문이란 존재하지 않는다. 만약 대다수의 비주술문에서 주어가 '보충해 넣을 필요가 없는 것'이라고 한다면 비주술문은 사실 주어가 생략된 주술문이라고 보아야 한다.

연동문은 독립적 구문으로 분석할 수 없고, 대신 이를 수식구조 혹은 술보구조로 재분석할 수 있을 것이다. 연동문은 형식상 아무런 특징이 없으며, 그 기능은 모두 수식구조나 술보구조로부터 도출될 수 있는 것들이다.

시킴과 명령 의미를 나타내는 겸어문은 술보구조와 통사구조가 동일하다. 찬성, 허락, 책망 등의 의미를 나타내는 겸어문에서 두 번째 동사는 동사가 나타내는 사건을 보충하며 보어의 기능을 갖추고 있다. 기능적으로 볼 때 보충성을 가지고 있는 성분은 오직 하나만 존재할 수 있는데 반드시 문말에 위치해야 한다.

피동문과 처치문은 독립적 구문의 조건을 갖추고 있지 않다. 피동문에서 '被'와 그 뒤의 성분은 술보구조를 이루는데, 이때 뒤의 성분은 '被'가 나타내는 사건을 보충하고 사건 변화의 결과를 설명한다. 처치문은 장거리 피동문의 '핵심' 부분을 구성하며 기본적으로 주술구조와 술보구조로 구성된다. 따라서 피동문(처치문을 포함)은 최종적으로 주술구조와 술보구조 등으로 분해될 수 있다.

존현문은 술목구조와 술보구조로 구성되는데 술보구조 내의 보어는 '술어항'으로 불리기도 하며 동사가 나타내는 사건을 보충하는 기능을 한다. 존현문의 주어는 볼 수 있고 들을 수 있는 외현적 성분일 수도 있고, 공범주일 수도 있다. 존현문을 구성할 수 있는 경동사는 BE, BECOME, DO 세 가지뿐이다.

형식적으로 보았을 때 연동문, 겸어문, 피동문, 처치문, 존현문은 모두 독립적인 구문의 조건을 구비하고 있지 않으며 이들의 특징은 모두가 가령 주술구조, 술목구조, 술보구조와 같이 비교적 원시적인 개념의 서로 다른 구조들로부터 도출될 수 있다. 중국어 문법학 내에서 이 절들이 갖는 독립적 지위를 박탈한다고 해도 중국어 문법 분석에 아무런 장애가 되지 않으며, 오히려 문법 이론을 간소화할 수 있어서 중국어 통사구조에 대한 이해를 심화시키는 데 도움이 된다.

# 제10장 수식구조와 병렬구조

수식구조의 핵심은 피수식어이다. 관형어는 명사성 성분을 수식하며, 부사어는 동사성 성분을 수식한다. 수식어는 부가의 형식으로 만들어진다. 관형어표지 '的'는 접미사로 분석되어야 하며, 어휘부에서 형태적으로 관형어에 직접 부착된다. '형식-의미 불일치문(形义错配句)'의 준관형어(准定语)가 수식하는 성분은 명사화된 구이며, 명사화된 구는 전형적인 수식구조를 구성한다. 병렬구조는 연접어를 접속하는 구조로, 그 핵은 보문사(complementizer)일 수도 있고 접속사(conjunction, 连词)일 수도 있다. 등위구조는 병렬구조에 속한다. 병렬구조와 주술구조는 유사한 통사구조를 지니며 둘 다 성분을 접속하는 역할을 하는 핵을 가지고 있다. 보충어가 비지시적 성분인 경우 지정어와 비대칭 관계를 이룸으로써 지정어와 보충어는 주술관계를 형성하게 되며, 보충어와 지정어가 동등한 수준의 지시성을 지닌다면 이들은 병렬관계를 형성하게 된다.

## 10.1 수식구조

주술구조, 술목구조, 술보구조 등과 같은 문법관계 외에 수식구조는 또 하나의 중요한 구조이다. 수식구조는 수식성분과 피수식성분으로 구성되는데 전통 중국어 문법학에서 수식성분과 피수식성분은 '수식어(修饰语)'와 '중심어(中心语)'로 각각 불리기도 하였으며, 수식성분을 '편(偏)', 피수식성분을 '정(正)'이라 칭하고 이 둘로 구성된 구조를 '편정구조(偏正结构)'라 칭하기도 하였다. 하지만 전통 중국어 문법학에서 말하는 '중심어'란 통사론의 구 구조 이론에서 말하는 중심어('中心语', 즉 핵어) 개념과 다르다. 통사론의 중심어(즉 핵어)는 구를 구성하는 핵심 부분을 가리키며, 오직 단어로만 충당된다. 그러나 전통 중국어 문법학에서의 '중심어'는 그 범위가 무척 넓어서, 형태론 상에서는 피수식 형태소나 피수식 단어를 가리킬 수도 있으며, 통사적으로는 피수식 어휘 혹은 피수식 구를 가리킬 수도 있다. 이 밖에도 전통 문법학의 '중심어'는 수식구조 내의 피수식성분을 가리킬 수 있으며, 심지어는 술보구조의 술어 부분을 가리키는 데 사용되어 '보어 중심어(补语中心语)'라는 용어로 사용되기도 한다(邢福义 等 1991: 328, 黄伯荣.廖序东 2002b: 201). 또 술보구조를 '심보배치(心补配置)'라 칭하기도 하며(邢福义 1996: 107), 혹은 술보구조의 술어를 '정(正)'으로, 보어부분을 '편(偏)'으로 이해하기도 한다(张志公 等 1985: 22). '중심어'라는 용어가 이 책에서는 이미 구를 구성하는 핵심 성분을 가리키는데 사용되어 특정 함의를 지니고 있기에 혼동을 피하기 위해 피수식성분을 가리킬 때에는 '중심어'라는 용어를 사용하지 않겠다. 이 책의 용어 체계에서 문법관계의 통사성분은 모두 '-어'로 칭하므로, 우리는 이른바 '편정구조'(즉 수식구조) 속의 '편'과 '정'을 각각 '수식어'와 '피수식어'로 칭할 것이다.

의미적으로 보면 수식구조의 핵심은 피수식어이고, 구조적으로 볼 때에도 역시 피수식어가 수식구조의 핵심이다. 수식구조는 하나의 완전체로, 문법기능이 그 구조 내의 피수식어와 기본적으로 일치한다(朱德熙 1982: 149). 피수식어의 품사에 따라 수식어는 대개 '관형어'와 '부사어' 두 가지로 나뉜다. 관형어는 명사성 성분을 수식하는 데 쓰이고, 부사어는 동사성 성분을 수식하는 데 쓰인다. 명사성 성분을 꾸며주는 수식어는 부사어가 아니며, 동사성 성분을 꾸며주는 수식어는 관형어가 될 수 없다. 전통적 중국어 문법학 논저에서 관형어로 구성된 수식구조를 '관형어·중심어 구조(定中结构)'라 부르기도 하며, 부사어로 구성된 수식구조를 '부사어·중심어 구조(状中结构)'라 부르기도 한다. (1)의 '春天(봄날)'은 명사성을 띠는 '阳光(햇살)'을 꾸며주므로 관형어이고, (2)의 '已经(벌써)'은 동사성을 띠는 '来了(왔다)'를 꾸며주므로 부사어이다. 수식어 뒤에 붙는 '구조조사'를 문자화할 때 대개 관형어 뒤에는 '的', 부사어 뒤에는 '地'를 쓴다.[1]

(1) 春天的阳光　　봄날의 햇살
(2) 已经来了　　　벌써 왔다

수식하는 대상에 따라 관형어와 부사어의 역할이 명확히 나뉘므로 혼동될 여지가 없다. 그러나 주더시(朱德熙 1982: 141)는 '刚星期三(이제 막 수요일)'과 같은 표현에서 '刚(막)'은 명사성 성분 '星期三(수요일)'을 꾸며주는 부사어처럼 보이기도 하고, "群众的支持(군중들의 지지)"에서 '群众(군중)'은 동사성 성분 '支持(지지하다)'를 꾸며주는 관형어처럼 보이기도 하므로, 관형어와 부사어를 구분하는 것이 '그렇게 쉬운' 것만은 아니라는 회의적 입장을 보였다. 이 책에서는 '刚星期三(이제 막 수요일)'의 '星期三(수요일)'

1 이 책에서는 수식구조를 논의할 때에만 '的'와 '地'를 구분할 것이며, 다른 경우에는 구분하지 않을 것이다. 《중고등학교 교육문법체계제요(中学教学语法系统提要)의 주석에서는 "과거에 구분하지 않아도 혼란이 야기되지 않았고, 현재 통용되는 방법에 따라 구분해서 문자화하는 것이 교육 상 어려움이 있어 현실적으로 분명 곤란한 상황이 있다. 따라서 여러 교사들의 건의에 따라 나누지 않을 것을 제안한다. 그러나 현재 신문 잡지 등의 문장과 여러 저작물에서 모두 구분하여 쓰고 있으므로(비록 잘못 구분해서 쓴 경우도 적지 않으나), 강제적 규정을 만들지 않고, 구분하고자 하는 경우 구분하여 쓰되 알맞게 쓰도록 한다(관형어에는 '的'를 쓰고, 부사어에는 '地'를 쓴다)"고 하였다. 또한 吕叔湘 等(1980: 132)에서도 역시 "현재 동사와 형용사 수식에는 '地'를 쓰고, 다른 상황에서는 일괄적으로 '的'를 쓴다"고 하였다.

이 명사술어문의 술어이고, '刚(막)'은 사실 경동사구를 수식하는 것이라고 보는데(제9장 '문형과 주요 구문'의 논의 참조), 경동사는 동사성 성분이므로 '刚(막)'은 여전히 동사성 성분을 수식하는 부사어이며,[2] '群众的支持(군중들의 지지)'에서 '支持(지지)'는 이미 명사화된 명사성 성분으로, '群众(군중)'은 여전히 관형어이다. 이처럼 주더시(朱德熙 1982)가 우려했던 문제는 사실 존재하지 않으며, 관형어와 부사어의 구분은 이렇게 간단히 해결될 수 있다.

통사론에서 수식어는 대개 '부가(adjunction)'를 통해 생성되는 것으로 이해되므로 부가의 형식으로 생성된 수식어를 '부가어'라고도 부른다. 부가어는 통사부에 이미 만들어져 있는 구조와 병합되는데, 원래의 구조를 변화시키지 않고 또 원래 있던 구조의 레이블을 바꾸어 놓지도 않으며, 다만 원래 붙어 있던 레이블을 복제하므로 구 내부의 기타 성분들(예를 들어 지정어나 보충어)과는 지위가 사뭇 다르다. 촘스키(Chomsky 2004: 117-118, 127쪽 주석 57)는 부가어가 도출과정에서 매우 나중에야 들어가는 것으로 가정하였는데, 르보(Lebeaux 1988)의 부가어 분석처럼, 부가어가 보충어나 지정어의 병합과 달리 심지어 완전 별개의 층위(a separate plane)에서 들어올지도 모른다고 생각했다.[3] 간단히 말해 부가어는 구조 속에서 '있어도 그만 없어도 그만'인 비교적 '부차적인'

---

2 朱德熙(1985: 45)는 "你都大学生了(네가 벌써 대학생이구나)", "你才傻瓜呢(너야말로 바보야)", "刚好五个人(딱 다섯 명)"에서 '都(벌써)', '才(비로소)', '刚(막, 마침)'이 부사어이고, 바로 '용언성 수식구조의 수식어(谓词性偏正结构的修饰语)'에 속한다고 보았다. 경동사 가설은 '용언성을 띠는 체언(谓词性的体词)'이라는 개념에 합리적 설명을 제시해 준다.

3 나는 과거 중국어 형태론과 통사론에 대해 비교하면서 형태부에는 지정어가 없고 부가어만 있으며, 부가는 기본적 조어 방식의 일종이라고 보았다(邓思颖 2008a). 부가 방식의 사용에 있어서 중국어 형태부와 통사부의 비대칭성을 엿볼 수 있다.

성분이며, 없애도 전체 구조의 완전성에 영향을 주지 않고, 수식을 주요 기능으로 한다고 볼 수 있다. (3)과 (4)는 부가어 위치에 있어서 두 가지 가능성이 있음을 보여준다. X는 구인 XP를 구성하는 핵어이다. 수형도 (3)에서 부가어는 X′와 병합하는데, 부가어는 지정어와 핵어 사이의 층위에 끼어 있으며, 작용하는 범위(즉 작용역)는 X′ 이하의 부분이다(성분통어 개념으로 정의할 수 있으며, 이에 대해서는 제4장 '구'에 소개되어 있다). X′와 병합 후 형성되는 구조는 여전히 X′로, 원래 있던 X′가 반복된 것일 뿐, 기존의 레이블에는 아무런 변화가 없다.

(3)

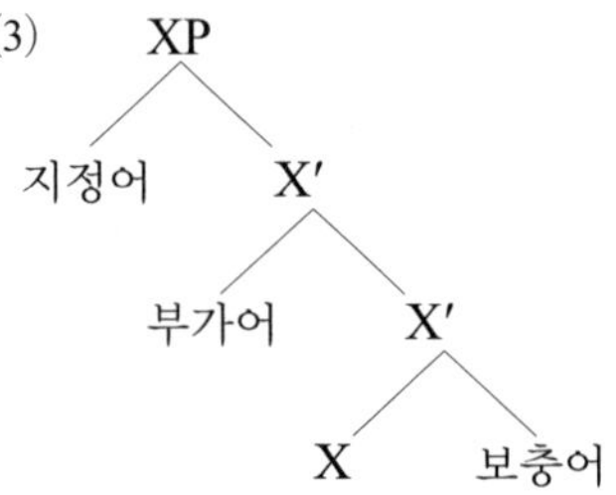


수형도 (4)에서 부가어는 구 XP가 다 완성된 이후에 들어와서 XP와 병합된 뒤 지정어 위치에 놓이는데, 작용 범위는 전체 XP가 된다. XP와 병합한 후 형성되는 구조는 여전히 XP로, 원래 있던 레이블을 다시 반복해서 쓴다. 성분통어 개념에 따라 정의하자면, 수형도 (4)의 부가어는 지정어와 보충어를 성분통어하고, 통사 구조에 있어서 가장 높은 위치에 놓인다고 하겠다.

(4)

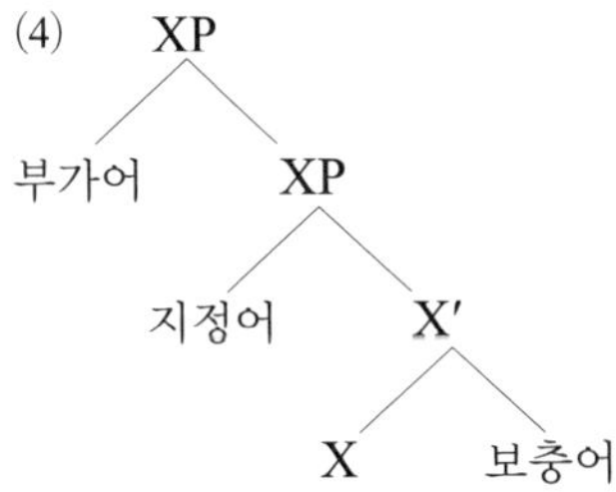


만약 (5)의 구조처럼 구 내부에 핵어만 있거나 핵어와 보충어만 있고 지정어가 없다면 부가어는 XP 위에 부가되는데, 그 상황은 (4)와 비슷하다. X′ 층위가 없으므로 (5)의 부가어는 XP 위에만 부가될 수 있다. 이론적으로 X′에 부가되는 (3)과 XP에 부가되는 (4)는 모두 문법적으로 허용되는데, 작용역 범위가 다를 뿐 나머지 면에 있어서는 별다른 차이가 없다. 따라서 이하의 논의 가운데 필요한 경우를 제외하고는 이 두 가지 가능성에 대해 별도로 구분하지 않고 둘 중 어떠한 방식으로 표현한다 해도 다 무방할 것이다.

(5)

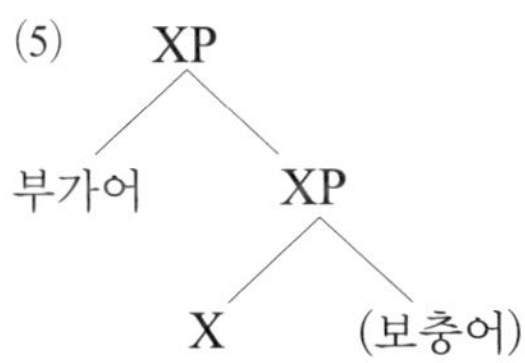


우리는 상술한 세 가지 수형도가 만들어내는 구조를 모두 수식구조라 칭하겠다. (3)의 수식구조는 X′ 층위에서 형성된 것이고, (4)와 (5)의 수식구조는 XP 층위에서 형성된 것으로, 모두 적격형 수식구조이다. 어느 층위에서 출현하든 중국어의 부가어는 반드시 좌측에 위치하므로(Huang 1982: 41, 1994: 15), 중국어 수식구조에서 '수식어'는 앞쪽에 오고 '피수식어'는 뒤에 오는 어순이 형성되며, 반대로 피수식어가 앞에 오고 수식어가 뒤에 오는 어순은 부적격형이 된다.

수형도 (3), (4), (5)를 표지 붙은 괄호 표기법으로 나타내면 아래와 같다.

(6) [$_{XP}$ 지정어 [$_{X'}$ 부가어 [$_{X'}$ X 보충어] ] ]  (=(3))

(7) [$_{XP}$ 부가어 [$_{XP}$ 지정어 [$_{X'}$ X 보충어] ] ]  (=(4))

(8) [$_{XP}$ 부가어 [$_{XP}$ X (보충어)] ] ]  (=(5))

(1)과 (2)를 예로 들어 살펴보자. (1)은 (9)와 같이 나타낼 수 있는데, 관형어 '春天(봄날)'은 명사구 NP 위에 부가되며 '的'는 관형어 위에 붙어 관형어의 일부분이 되는 것으로 가정하겠다. '春天(봄날)'과 '阳光(햇살)'은 둘 다 명사에 속하므로 혼동을 피하기 위해 '阳光(햇살)'으로 구성되는 명사구를 NP1이라 하고, '春天(봄날)'으로 구성되는 명사구를 NP2로 구분해 부르겠다. NP2의 '부차적' 지위를 강조하기 위해 그 내부구조는 생략하였다. (9)에서 NP2는 수식어(관형어)이고, NP1은 피수식어이다.

(9)

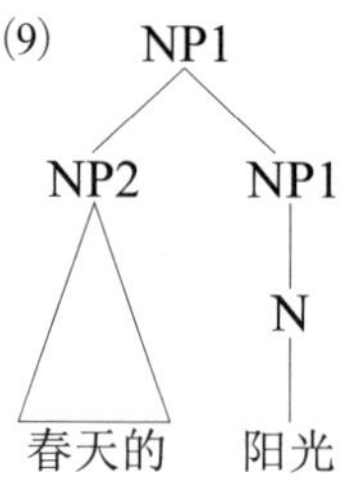


(2)의 '来了(왔다)'는 동사 어근 V와 경동사 $v$라는 두 가지 성분

으로 구성되는데, 만약 주어 위치를 고려하지 않는다면 (2)의 부사어 '已经(벌써)'은 경동사구 $v$P 위에 부가될 것이며, 이는 (10)과 같이 나타낼 수 있다. 우리는 부사 '已经(벌써)'이 통사에서 부사구 AdvP를 구성하며 동사성 성분을 수식하는 기능을 하는 것으로 가정한다.

(10)

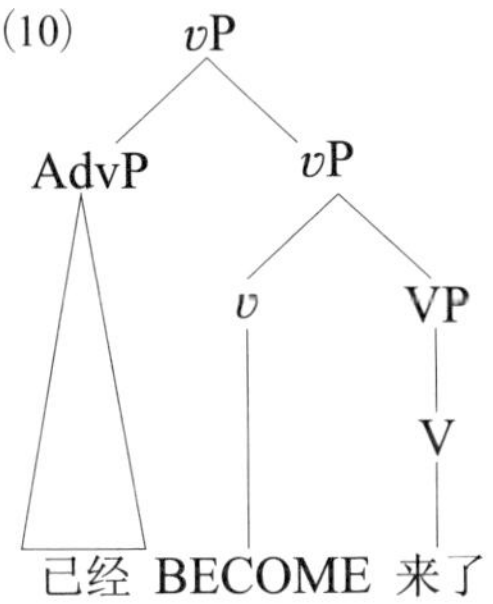


하나의 구 내에서 지정어와 보충어의 수량은 모두 각 하나씩으로 제한되어 있다. 하지만 부가어의 수량은 원칙적으로 제한이 없어서 계속 추가하는 것이 용인된다. 따라서 (11)의 '朋友送的(친구가 보낸)', '小小的(자그마한)'와 같이 소위 다층위 관형어(多层定语)라 불리는 어순을 이루거나, (12)의 '在休息室里(휴게실에서)', '热情地(열성적으로)', '跟他(그와)'와 같은 다층위 부사어(多层状语) 어순을 이루기도 한다. 이 두 예문의 구조는 (13), (14)와 같이 간단히 묘사할 수 있다.

(11) 朋友送的小小的花瓶
　　친구가 보낸 자그마한 꽃병

(12) 在休息室里热情地跟他讨论问题
　　휴게실에서 열성적으로 그와 문제에 대해 토론하다

(13) [$_{NP}$ 朋友送的 [$_{NP}$ 小小的 [$_{NP}$ 花瓶] ] ]

(14) [$_{vP}$ 在休息室里 [$_{vP}$ 热情地 [$_{vP}$ 跟他 [$_{vP}$ DO 讨论问题] ] ] ]

예문 (15)의 '昨天(어제)'처럼 주어 앞에 위치하는 부사어의 경우, (16)과 같이 시간사구 TP의 위에 부가된다. 주어 '我们(우리)'은 원래 경동사구 내에 위치하며, 개사구 '跟他(그와)'가 경동사구 위에 부가되고, 주어는 시간사구의 지정어 위치로 이동하여 '跟他(그와)'가 '我们(우리)' 뒤에 오게 된다. 그 다음 '昨天(어제)'이 시간사구 위에 부가되면 '昨天+我们+跟他'의 어순을 이루게 되는 것이다.

(15) 昨天我们跟他讨论问题

어제 우리가 그와 문제를 논의하다

(16) [ $_{TP}$ 昨天 [ $_{TP}$ 我们 [ $_{vP}$ 跟他 [ $_{vP}$ $t$ [ $_{v'}$ DO 讨论问题 ] ] ] ] ]

리와 톰슨(Li and Thompson 1981: 320)은 중국어의 부사어를 크게 두 부류로 나누었는데 하나는 분포가 비교적 자유로운 '이동(movable)' 부사어이고, 다른 하나는 분포가 제한적인 '비이동(nonmovable)' 부사어이다. 이동 부사어에는 시간을 나타내는 부사(예를 들어 '今天(오늘)', '去年(작년)', '将来(미래)', '近来(근래)', '现在(현재)', '下午(오후)', '暂时(잠시)' 등)와 어기 및 태도를 나타내는 부사(예를 들어 '显然(분명)', '也许(아마도)', '大概(대개)', '幸亏(다행히)', '难道(설마)', '究竟(도대체)', '其实(실은)', '反正(어쨌든)' 등)가 있고, 예문 (17)의 시간을 나타내는 '暂时(잠시)'나 (18)에서 어기를 나타내는 '显然(분명)'과 같은 이동 부사어는 주어 앞이나 뒤에 모두 출현 가능하다.

(17) (暂时)我(暂时)住在这儿。

(잠시) 나는 (잠시) 여기 머무른다.

(18) (显然)张三(显然)不高兴。

(분명히) 장싼은 (분명히) 기분이 안 좋다.

비이동 부사어에는 방식을 나타내는 부사어(예를 들어 정태동사로 구성된 '快快地(빨리빨리)', '舒舒服服地(편안하게)', '兴奋地(흥이 나서)', '仔细地(자세히)' 등)와 기타 의미를 나타내는 부사(예를 들어 '已经(이미)', '一直(줄곧)', '常(늘)', '早(일찍)'와 '也(역시)', '再(다시)', '只(다만)', '都(모두)', '还(또한)', '又(또)', '才(겨우)' 등)가 있는데, 아래 예문 (19)–(21)에서 방식을 나타내는 '严厉地(호되게)', 사건이나 상과 관련이 있는 '已经(이미)', 그리고 '又(또)' 등과 같은 부사어는 주어 뒤에만 출현할 수 있다.

(19) (*严厉地)我(严厉地)责备他了。

(*호되게) 나는 그를 호되게 나무랐다.

(20) (*已经)他(已经)走了。

(*이미) 그는 이미 떠났다.

(21) (*又)他(又)来。

(*또) 그가 또 온다.

리와 톰슨(Li and Thompson 1981)은 처치문의 이동 부사어에 주목하였는데, (22)에서 어기를 나타내는 '显然(분명)'은 '把' 앞에만 출현할 수 있고 '把' 뒤에는 출현할 수 없다. 처치문에서 비이동 부사어의 분포는 상대적으로 자유로운 편이어서 (23)의 '严厉地(호되게)'나 (24)의 '再(다시)'처럼 '把' 앞이나 뒤에 모두 출현 가능하다.

(22) (显然)他(显然)把李四(*显然)赶出去了。

(분명) 그는 (분명) 리쓰를 (*분명) 쫓아낸 게 틀림없다.

(23) (*严厉地)我(严厉地)把他(严厉地)骂了一顿。

(*호되게) 나는 (호되게) 그를 (호되게) 한바탕 꾸짖었다.

(24) (*再)我(再)把他(再)骂一顿。

(*다시) 나는 (다시) 그를 (다시) 한바탕 꾸짖는다.

'이동', '비이동'이라는 용어는 순전히 기술의 편의를 위해 채택된 것일 뿐, 사실 부사어는 이동하지 않으므로, 이동 여부 문제는 처음부터 존재하지 않는다. 리와 톰슨(Li and Thompson 1981)이 관찰한 현상은 부사어의 부가 제약으로 새롭게 해석할 수 있다. 이동부사어라는 것은 시간사구 TP 위(혹은 예를 들어 보문사구와 같이 그보다 더 높은 층위의 구)나 (가장 높은 층위에 있는) 경동사구 *v*P 위에 모두 부가될 수 있는 부사어로, 예를 들면 (25)의 부사어는 시간사구 위에 부가되어 주어 앞에 출현하는 어순을 이루거나 CAUSE로 구성된 경동사구 위에 부가될 수 있으며, 만약 CAUSE가 '把'로 드러나는 경우라면 부사어는 '把' 앞에 오게 되고, '把' 뒤에는 올 수 없다.

(25) $[_{TP}$ (부사어) $[_{TP}$ 주어 $[_{vP1}$ (부사어) $[_{vP1}$ CAUSE $[_{vP2}$ (*부사어) $[_{vP2}$ BECOME ⋯

비이동 부사어는 오직 경동사구 위에만 부가될 수 있으며, 가장 높은 층위의 경동사구 위에 부가될 수도 있고 가장 낮은 층위의 경동사구 위에 부가될 수도 있다. 예를 들면 (26)의 부사어는 CAUSE로 구성된 경동사구 위에 부가되어 '把' 앞에 오는 어순을 형성할 수도 있으며, BECOME으로 구성된 경동사구 위에 부가되어 '把' 뒤에 오는 어순을 형성할 수도 있다.

(26) $[_{TP}$ (*부사어) $[_{TP}$ 주어 $[_{vP1}$ (부사어) $[_{vP1}$ CAUSE $[_{vP2}$ (부사어) $[_{vP2}$ BECOME …

이런 분석에는 나름 근거가 있는데, 이동 부사어는 대개 시간, 어기, 태도와 관련이 있기에, 이 부류의 부가어는 시간사구, 보문사구 등과 같이 '절' 층위에 가깝고도 층위구조가 비교적 높은 구 위에 부가되는 것이며, 비이동 부사어는 대개 동작의 방식이나 사건과 관련이 있고, 주로 경동사구가 나타내는 사건을 수식하므로 '술어'에 가까이 있는 것이다. (25)와 (26)에 나타난 두 구조는 두 가지 부사어를 명확히 구분해 준다.

우리는 제3장 '자질, 단어, 품사'에서 부사의 분류 문제를 논의하였는데, 일부 학자는 부사가 '실사'라고 보고, 또 일부 학자들은 '허사'로 간주한다. 실제로도 '亲自(직접)','埋头(몰두하여)', '赶快(서둘러서)' 등과 같은 몇몇 부사는 개방품사류에 가깝고 의미가 비교적 실재적이어서 어휘어에 속하는 것으로 보아야 하며, 또 '只(다만)', '都(모두)', '不(아니)' 등과 같은 일부 부사는 폐쇄품사류로 기능어에 가까워 보인다. 전형적 어휘어에 속하는 부사들의 통사적 지위는 앞서 언급한 부사어로 쓰이는 개사구(예를 들어 '在休息室里(휴게실에서)', '跟他(그와)')나 정태동사(즉 전통 문법학에서 형용사라 칭하는 것으로 예를 들어 '热情地(열성적으로)'와 같은 것)와 동일하며, 피수식어의 위에 부가된다. 예를 들어 (27)의 부사 '亲自(직접)'는 (28)에서 볼 수 있듯이 경동사구 *v*P 위에 부가되어야 한다.

(27) 亲自跟他讨论问题　　직접 그와 문제에 대해 토론하다

(28) [ $_{vP}$ 亲自 [ $_{vP}$ 跟他 [ $_{vP}$ DO 讨论问题 ] ] ]

부정부사 '不(아니)'는 의미적으로 비교적 '허虛'하다. 일부 학자들은 이러한 중국어 부정부사를 '부정사(Negation, 약칭 Neg)'라는 단독 유형으로 다룰 것을 제안했는데, 이 부류의 단어는 '부정사구(Negation Phrase, 약칭 NegP)'라는 구를 구성할 수 있으며, 부정사는 이 구의 핵어가 되고, 부정사와 경동사가 병합할 때 경동사구는 부정사의 보충어가 된다(Chiu 1993, Xu 1997, Hsieh 2001 등). (29)를 예로 들어 앞서 보았던 부가 방식에 따라 살펴보면, (30)과 같이 부정부사 '不(아니)'는 경동사구 위에 부가되어 경동사구의 부가어가 된다. (31)처럼 만약 '不(아니)'를 부정사로 분석한다면 부정사는 그 자신의 구, 즉 부정사구를 이룰 수 있는데, 이때 '不(아니)'는 경동사구를 그 자신의 보충어로 선택한다.

(29) 不讨论问题　문제에 대해 토론하지 않다

(30) [$_{vP}$ 不 [$_{vP}$ DO 讨论问题] ]

(31) [$_{\text{NegP}}$ 不 [$_{vP}$ DO 讨论问题] ]

친퀘(Cinque 1999: 39-41)는 어기(예를 들어 '老实说(솔직히 말해)', '不幸(불행히도)'), 양태(예를 들어 '显然(분명)'), 시간(예를 들어 '正在(마침 …하는 중이다)') 등을 나타낼 수 있는 부사를 몇 가지 하위 부류로 나누고, 각 부류의 부사가 모두 자신의 구를 가지며, 경동사구 혹은 기타 구를 보충어로 삼는다고 주장하기도 하였다. 이처

럼 부사를 일련의 기능어로 분해하고 각각 통사에서 구를 구성한다고 보는 주장은 바로 생성문법의 '지도 제작 접근법(cartograhic approach)'에 부합한다(Rizzi 1997, 2004, Cinque 1999). 부사를 부가어로 분석해야 하는가 아니면 독립적 구를 이루는 독특한 품사로 분석해야 하는가 하는 문제는 연구 가치가 높은 주제라 하겠다.[4]

중국어의 화제문 가운데 흔히 볼 수 있는 것으로 (32)−(36)과 같은 예문들이 있다. 쉬례중·류단칭(徐烈炯·刘丹青 2007)의 분류에 의하면, (32)는 논항 공지시 화제구조(论元共指话题结构)에 속하는데, 평언 중의 재지시성분 '他'는 없어도 무방하고, (33)의 '河东的密林中(허둥의 밀림 속에서)'은 시공 영역 화제(时地语域式话题)로, 평언 중 재지시성분인 '在那儿(거기에서)'을 보충해 넣을 수 있고, (34)의 '张三(장싼)'은 속격 영역 화제(领格语域式话题)로, 평언 부분의 '他'가 바로 이 화제 성분을 재지시한다. 또한 (35)의 '水果(과일)'는 상위 영역 화제(上位语域式话题)인데 화제 '水果(과일)'가 평언의 '苹果(사과)'와 상하위관계를 맺고 있다. (36)의 '那场火(그 화재)'는 '배경 영역 화제(背景语域式话题)'로, 주로 배경지식 혹은 발화 당시의 문맥에 의거하여 평언 내용과 연결된다.[5]

(32) 张三，我认识(他)。 장싼, 나는 (그 사람) 알아.

(33) 河东的密林中，猎人们经常(在那儿)打到野猪。

허둥의 밀림에서, 사냥꾼들은 늘 (거기에서) 멧돼지를 잡는다.

(34) 张三，(他)儿子考上大学。

4 관심 있는 독자는 '지도 제작 접근법' 관점에서 웨어 부사에 대해 논의한 邓思颖(2006e, 2008d, 2009b), Tang(2009) 등을 참조하기 바란다.

5 중국어 화제문 연구에 관한 소개는 石定栩(1999a), 徐烈炯·刘丹青(2007) 등을 참고할 수 있다.

장싼, (그 사람) 아들이 대학에 붙었어.

(35) 水果，我很喜欢吃苹果。

과일은, 나는 사과 좋아해.

(36) 那场火，幸亏消防队员来得早。

그 화재는, 다행히도 소방대원들이 빨리 왔지.

중국어에서 화제는 높은 층위에 위치해야 하는데, 만약 화제가 평언 위에 부가되는 것이라면(Baltin 1982), 수형도 (37)에서 보여주는 중국어 화제는 보문사구 CP의 부가어로, 화제와 보문사구가 수식구조를 이루는 모양새가 된다.[6]

(37) [$_{CP}$ 화제 [$_{CP}$ C [$_{TP}$ 주어 [T [$_{vP}$ $v$ [$_{VP}$ V… ] ] ] ] ] ]

화제의 위치가 높은 층위에 있기는 하되 절의 범위 내, 즉 보문사구 내에 있어야 하며 문장의 층위까지는 올라가지 않으므로, 어기사구 FP 위에 부가되어서는 안 된다. 아래 예문에서는 화제가 내포절 내에 출현할 수 있음을 보여주고 있다. (38)과 (39)는 적격형이고, (40)의 경우 어기사 '呢'가 내포절 안에 출현하면 비문이 되는 반면 화제는 내포절 안에 출현할 수 있는데, 이처럼 화제와 어기사의 분포가 달라서 어기사는 주절에만 출현할 수 있으나 화제는 내포절 안에도 출현할 수 있다(상세한 내용은 제8장 '문장'을 참고하기 바람).

6 徐烈炯·刘丹青(2007)에서는 화제가 화제구(TopP)의 지정어 위치에 놓인다고 가정했으나, 이들 역시 부가의 가능성을 완전히 부정하지는 않았다. (37)의 C와 T 위치는 이 책의 논의와 무관하므로, 일단 핵어가 앞에 놓이는 방식으로 표현하기로 한다.

(38) 张三以为[苹果，我很喜欢]。

장싼은 [사과는, 내가 좋아하는 걸로] 안다.

(39) 张三知道[水果，我很喜欢吃苹果]。

장싼은 [과일은, 내가 사과를 좋아한다는 걸] 안다.

(40) 张三想知道[李四喜欢什么书(*呢)]。

장싼은 [리쓰가 무슨 책을 좋아(*한다고)하는지] 알고 싶어 한다.

하지만 모든 문장이 화제문을 구성할 수 있는 건 아니다. (41)과 같은 경우 공지시성을 가진 화제문 (42)로 변환할 수 없다.

(41) 张三哭得李四很伤心。

장싼이 울어서 리쓰가 무척 슬퍼했다.

(42) *李四，张三哭得很伤心。

*리쓰는, 장싼은 울어서 무척 슬퍼했다.

(41)은 술보구조로, ‘李四很伤心(리쓰가 무척 슬퍼했다)’은 ‘哭得(울어서)’의 결과를 나타낸다. 황(Huang 1989: 198)은 (42)가 (43)과 같은 구조로 ‘통제절(控制小句)’에 속한다고 보았는데, 이러한 구조에는 결과보어 안에 음성형식이 없는 PRO가 포함되어 있다. 일반 통제이론(generalized control theory, Huang 1984b, 1989)에 따르면 가장 가까운 명사성 성분이 바로 이 PRO를 통제한다. (43)의 구조에서 PRO에 가장 가까운 명사성 성분은 바로 주어 ‘张三(장싼)’이지 화제인 ‘李四(리쓰)’가 아니므로, 따라서 슬퍼하는 사람은 리쓰가 아닌 장싼이어야만 한다.

(43) *李四$_i$，张三哭得[PRO$_i$ 很伤心]。

*리쓰는, 장싼은 울어서 무척 슬퍼했다.

결과보어 구조에 대한 황(Huang 1992)의 분석(이 책 제7장의 내용 참조)에서 수동자 논항 '李四(리쓰)'는 '哭得(울어서)'의 목적어이므로 결과보어 내에 위치하지 않으며, 결과보어의 주어는 (44)에서 보듯 바로 PRO이다. 이 책 제7장의 분석에 따른다면 (44)의 '李四(리쓰)'는 원래 경동사 BECOME의 주어이다. 여하를 막론하고 '李四(리쓰)'는 PRO와 가장 가까운 명사성 성분이다.[7]

(44) *李四$_i$，张三哭得 $t_i$ [PRO$_i$ 很伤心]。

이러한 분석에 따른다면, '李四(리쓰)'가 화제화를 거치면서 남긴 흔적이 바로 PRO의 지시대상이 된다. (44)의 구조는 영어의 통제절 (45)와 기본적으로 일치한다. (45)에서 의문사 'who'가 이동 후 남긴 흔적이 절 내의 PRO를 통제할 수 있으므로 의문사는 PRO와 공지시가 되며, 진술해야 한다고 설득 받은 대상은 의문사 'who'이지 주어 'you'가 아니다. 화제화와 의문사 이동이 모두 통사적으로 흔적을 남기며 의미적으로 변항에 속하는 데도 불구하고, (44)의 화제는 PRO를 통제할 수 없는 반면 (45)의 의문사는 통제가 가능한 이유는 무엇일까? 황(Huang 1992)은 이에 대해서는 아무런 설명도 하지 않았다.

---

7 이 책 제7장의 분석에 따른다면 (44)의 '李四(리쓰)'는 원래 경동사 BECOME의 주어이다. 여하를 막론하고 '李四(리쓰)'는 PRO와 가장 가까운 명사성 성분이다.

(45) Who$_i$ did you persuade $t_i$ [PRO$_i$ to be honest]?

네가 진솔해지라고 설득한 사람이 누구냐?

쉬례중·류단칭(徐烈炯·刘丹青 2007: 110)은 (46)이 비문이 되는 원인을 설명했는데, 이들은 이 문장이 비문이 되는 것이 화제문의 제약과는 아무 관계가 없다고 하였다. 쉬례중·류단칭(徐烈炯·刘丹青 2007: 111)은 (47)과 같은 예문을 제시하고, 이 문장이 화제문이 아니라고 하였다. 이를 통해 그들은 (47)의 문제가 주로 공범주가 출현하는 위치와 관련되며 "중국어에서는 이 위치에 공범주가 출현하는 것을 통사적으로 허용하지 않는다"고 하였다. 만약 (48)처럼 '哭得(울려서)' 뒤에 공범주가 아니라 '他们(그들)'이 온다면, 이 '他们(그들)'은 화제 '那几个人(저 몇 사람들)'을 지시하여 일종의 의미관계를 형성하게 된다.

(46) *小张啊，老王骂得*e*抬不起头了。

*샤오장은, 라오왕이 욕해서 얼굴도 못들게 됐어.

(47) 小张这下可惨了。老王骂得*e*抬不起头了。

샤오장은 이번에 아주 비참했어. 라오왕이 욕해서 얼굴도 못 들게 됐어.

(48) 那几个人啊，老王骂得他们抬不起头了。

그 몇 사람들 말이야, 라오왕이 그 사람들 욕해서 얼굴도 못 들게 됐어.

쉬례중·류단칭(徐烈炯·刘丹青 2007)은 '骂得(욕해서)' 뒤에 공범주가 올 수 없다고 했으나 왜 공범주가 올 수 없는지는 설명하지 않았다. 쉬례중·류단칭(徐烈炯·刘丹青 2007: 110)에서 '得' 뒤에 공범주 출현을 피하는 것은 이 위치가 일반적 상황에서 주어를 우선적으로 지시해야 하기 때문이라고 주장하면서 (49)의 경우 일반적으로는 (50)과 같이 이해되며, (51)처럼 해석될 가능성은 적다고 하였다.

(49) 我说得____笑起来。 내 말에 ____이/가 웃었다.

(50) 我说得自己笑起来。 내 말에 내 자신이 웃었다.

(51) 我说得别人笑起来。 내 말에 다른 사람이 웃었다.

사실 (46)을 (52)와 같은 피동문으로 바꾸거나 (53)과 같은 관계절로 바꾸어도 술보구조의 '骂得(욕해서)' 뒤에 여전히 공범주를 허용할 수 있으나, 다만 이 공범주는 반드시 '老王(라오왕)'이 아닌 '那个人(그 사람)'을 지시해야 한다.

(52) 那个人被老王骂得*e*抬不起头了。
그 사람 라오왕한테 욕 먹어서 고개도 못 들게 됐어.

(53) 老王骂得*e*抬不起头的那个人
라오왕이 욕해서 고개도 못 들게 된 그 사람

화제가 부가의 방식으로 절 위에 오게 되는 것이라면 화제는 절의 어느 한 국면이 완성된 뒤에야 출현하게 되는 것이며, 심지어 도출 과정 후기에 가서야 들어가게 된다(邓思颖 2009a). 평언으로 기능하는 보문사구 CP는 통사적 국면(phase)에 속한다(상세한 내용은 이 책 제8장의 논의 참고). 한 국면이 완성된 후 그 뒤의 통사조작에서는 이미 완성된 국면에 대해 아무런 영향도 미치지 못한다. 바꾸어 말해 이미 완성된 국면은 더 이상 해당 국면 이후의 어떠한 조작에도 영향을 받을 수 없는데, 이러한 현상이 바로 '국면 불가침 조건(Phase-Impenetrability Condition, 약칭 PIC, 중국어로는 '阶段不透性条件')'이다(Chomsky 2000).[8] 상술한 예문 (37)을 보면 보문사구 CP가 형성된 뒤 이것은 이미 완전한 국면을 이루므로 국면 불가침 조건에 따라 새로 들어온 화제는 이전에 이미 형성된 보문사구 및 그 내부 구조에 영향을 줄 수가 없게 된다.

화제-평언은 관계적 개념이다. 따라서 평언은 화제에 상대되는 개념으로, 화제가 없다면 평언도 존재하지 않는다. (37)의 보문사구가 완성되는 도출과정 중에 아직 화제가 출현하지 않았으므로 보문사구 그 자신은 자신이 평언임을 모르는 상태이다. 엄밀히 말해 보문사구만 놓고 본다면 이것은 그저 평범한 절에 불과하므로 이것을 평언이라고 볼 수 없다. 화제가 도출 과정에 들어온 뒤 (37)과 같은 구조를 이루어야만이 화제와 평언의 관계가 성립하는 것이다. 따라서 보문사구 형성 과정에서는 '화제화'가 나타나지 않는다.

적격한 화제문이 되려면 평언 내에 (54)의 공백(gap) *e*처럼 반드시 화제와 연관되는 성분이 출현해야 한다(Huang 1982, 1984b, Xu and Langendoen 1985, Shi 2000, Pan and Hu 2008 등). 만약 평언 내에 화제를 지시할 수 있는 공백이 없다면 화제는 '현수 화제(dangling topic)'가 되고 마는데, 이것은 문법적으로 허용되지 않는다.

(54) $[_{CP}$ 화제$_i$ $[_{CP}$ … $e_i$ …$]]$

8 'Phase-Impenetrability Condition'은 과거 '层阶诠释性条件'(石定栩 2002a), '语段不可渗透条件'(熊建国 2002), '语段无渗透条件'(梅德明 等 2008)이라는 용어로 빈역되기도 하였다.

보문사구 CP 내부에 화제를 지시하는 공백의 생성을 요구할 수 있는 특정한 단어나 기제가 없다면, 보문사구를 확보하는 것은 적격한 평언이다. 쉬례중·류단칭(徐烈炯·刘丹青 2007: 37)은 '화제화'에 대해 다음과 같이 설명하였다. "중국어 문장 구조에는 화제 위치라는 것이 존재하며, … 이 위치가 어떤 성분에 점유당하였을 때 이 문장은 바로 화제구조가 되며, 화제 위치에 성분을 삽입하는 과정을 화제화(topicalization)라 부른다." 우리는 기본적으로 이와 같은 관점에 찬성하며, 화제의 삽입이 바로 화제화의 핵심이고, 평언에 화제를 지시하는 공백을 형성하는 것은 화제화가 담당하는 임무가 아니라고 본다. 통사부문에서 보문사구에 통사적 공백을 내줄 방법이 없다면 화제와 보문사구의 결합에서 화제와 평언의 관계를 반드시 형성할 수 있으리라는 확신도 사라질 것이다. 이렇듯 화제와 평언의 관계를 결정하는 것은 통사 내에 존재하지 않는다.

상술한 (42)가 부적격형이 되는 결정적 원인은 바로 평언 부분에 화제를 지향하는 공백을 넣어주기 어렵다는 데 있다. 통사적 수단으로는 도저히 이 공백을 식별할 수 없으므로 이제 다른 방법을 써야할 것이다. 우리는 화제와 평언의 관계가 기본적으로는 몇 가지 담화 기능을 만족시키는 역할을 하는 화용적 문제이며 더 이상 순수한 통사 문제가 아니라고 본다(邓思颖 2009a).[9] 청자가 절 내에서 성공적으로 화제를 지향하는 공백을 식별해내는 것은 주로 담화적 요소에 기대는데, 그 가운데 한 가지 중요한 요소는 바로 동사의 타동성(transitivity)이다.[10] 동사의 타동성이 강

9 이하 화제문 관련 논의는 주로 邓思颖(2009a)의 논의 내용에 바탕을 두었지만, 구체적 조작에 있어서는 다소 차이가 있다.

10 邓思颖(2009a)을 집필하는 과정에서 나와 이 방면의 문제를 함께 토론해

할수록 평언 내에 공백을 채워 넣기 쉬워진다. 아래 (55)와 (56)을 비교해 보자.

(55) *张三，我哭累了。 *장싼은, 내가 울다 지쳤다.

(56) 张三，我打死了。 장싼은, 내가 때려 죽였다.

(57)이나 (58)에서 평언 부분만 본다면 (57)의 '哭累(울다 지치다)'는 타동성이 비교적 약해서 아무런 수동자 목적어도 내포하지 못한다. 아무런 다른 배경정보가 없는 상황에서도 (57)은 통하는 문장으로, 완전히 자족적 문장을 이룬다.[11] 이와 비교할 때 (58)의 '打死(때려 죽이다)'는 타동성이 비교적 강한데, '我(나)'는 행위자이고 '打死(때려 죽이다)'는 수동자 목적어 하나를 내포하고 있어서 (58)만 쓴다면 조금 이상한 문장이 된다.[12]

(57) 我哭累了。 나는 울다 지쳤다.

(58) ??我打死了。 나는 때려 죽였다.

이러한 이유로 (57)의 '哭累(울다 지치다)' 뒤에 어떠한 공백도 채워 넣기 어려운 반면, (58)의 '打死(때려 죽이다)'는 대개 뒤에 공백 하나를 요구하는 것이다. 이 두 절이 만약 (59), (60)처럼 화제

---

주고 예문 (55), (56), (62), (71)을 제공해 준 황정더(黃正德) 선생께 감사드린다.

11 Xu and Langendeon(1985)(徐烈炯 2009: §2에 수록), 袁毓林(1996), 徐烈炯(2003) 등에서는 또 다른 관점에서 평언 그 자체의 부직격성 문제를 논하였는데, 화제문이 부적격이 되는 몇 가지 다른 예도 다루었다.

12 만약 화자가 이미 맞아 죽었다면, "我打死了(내가 맞아 죽었다)"라고 할 수 없다. 우리는 화용적 요소로 인해 (58)의 문장을 '내가 어떤 이를 때려 죽였다'로 이해하는 것이며, 따라서 (58)에는 수동자 목적어가 반드시 있어야 한다.

와 결합한다면 (60)의 공백 *e*는 자연스럽게 화제를 지향하게 되어 화제문의 기본적 요구조건을 만족시키게 된다. 그러나 (59)의 괄호 안 절에는 화제를 지시하는 공백이 전혀 없어서 (54)의 구조를 이루지 못하여 '张三(장싼)'은 현수 화제가 되어버리고 화제문의 조건을 위반하게 된다. (59)의 괄호 안에 있는 절은 이미 완전한 하나의 국면이므로 화제 '张三(장싼)'이 들어갈 때 기존에 완성된 구조를 바꿀 방법이 없어서 공백을 끼워 넣지 못한다. 따라서 (59)는 어떠한 방식으로든 적격한 화제문이 될 수 없는 것이다.

(59) *张三，[我哭累了]。
*장싼은, 내가 울다 지쳤다.

(60) 张三$_i$, [我打死了$e_i$]。
장싼, 내가 때려 죽였다.

(61)(=42)과 (62)를 비교해 보면 이들이 모두 술보구조에 속하기는 하지만, 전자의 경우 화제문 형성을 허용하지 않지만 후자는 가능하다는 사실을 확인할 수 있는데, 이를 통해 중국어 술보구조가 화제문을 절대 형성할 수 없는 것은 아님을 알 수 있다.

(61) *李四，张三哭得很伤心。
*리쓰는, 장싼은 아주 슬피 울었다.

(62) 这扇门，张三踢得支离破碎。
이 문은 장싼이 발로 차서 산산조각이 났다.

(61)과 (62)의 주요 차이점은 동사의 타동성과 관련이 있다. 이제 이 두 문장의 평언 부분을 단독으로 떼어 (63)과 (64)에 제시해

보겠다. (63)의 '哭得(울어서, 울다)'는 타동성이 강하지 않아서 수동자를 나타내는 공백을 내포하지 않으므로 어떠한 문맥 정보가 없는 상황에서도 단독으로 사용할 수 있다. 반면 (64)의 '踢得(발로 차서)'는 타동성이 비교적 강해서 수동자를 나타내는 공백이 하나 내포되어 있다. 별다른 문맥이 주어지지 않는다면 (64)의 문장만 단독으로 말해서는 무척 어색하게 느껴진다. (63)과 (64)의 대립은 바로 방금 보았던 (57)과 (58)의 대립과 동일하며, 이것이 바로 (61)이 부적격형이 되는 이유를 설명해 준다.

(63) 张三哭得很伤心。
　　장싼은 아주 슬피 울었다.
(64) ??张三踢得支离破碎。
　　??장싼이 차서 산산조각이 났다.

타동성이 강해 보이는 몇몇 동사들도 무조건 적격형의 화제문을 형성할 수 있는 것은 아니다. 아래 (65)와 (66)을 비교해 보자.

(65) ??李四，张三打伤了。
　　??리쓰, 장싼이 때려 다쳤다.
(66) 那本书，张三看完了。
　　그 책, 장싼이 다 봤다.

'打伤(때려 다치다/맞아 다치다)'과 '看完(다 보다)'의 타동성이 비슷한 것 같아 보이기는 하지만, (65)와 (66)의 주요 차이점은 전자의 평언이 적격형의 수동자 주어문이 될 수 있는 반면, 후자의 평언은 불가능하다는 데 있는 것 같다. 다음 (67)과 (68)을 비교해 보자.

(67) 张三打伤了。 장싼이 맞아 다쳤다.

(68) *张三看完了。

(67)은 주어 '张三(장싼)'을 '打伤(때려 다치다/맞아 다치다)'의 행위자가 아닌 수동자로 간주하여 수동자 주어문으로 이해하는 것이 가장 자연스럽다. 이러한 이해대로라면 '打伤(때려 다치다/맞아 다치다)' 뒤에 아무런 공백도 생기지 않는다.[13] 따라서 (65)의 '李四(리쓰)'는 현수 화제가 되어 (65)를 부적격형으로 만들게 된다. 어감에 근거한다면 (68)에서 '张三(장싼)'은 '看完(다 보다)'의 수동자로 이해할 수 없고 오직 행위자로만 이해할 수 있다. 별다른 문맥이 주어지지 않는다면 (68)만 말해서는 어색해질 것이다. 이처럼 타동사 '看完(다 보다)'은 수동자 목적어의 공백을 내포하고 있다. 화제를 (68)에 넣어본다면 (69)와 같이 공백이 화제를 지시할 수 있어 적격한 화제문을 형성하게 된다.

(69) 那本书$_i$, [张三看完了$e_i$]。

그 책, 장싼이 다 봤다.

사실 타동성도 술어 부분만 보아서는 알 수 없다. (70)(=42)과 (71)을 비교해 보면 이 두 문장의 술어가 모두 '哭得(울어서)'이기는 해도 (70)보다 (71)의 수용성이 더 높아 보인다.

13 수동자주어문의 수동자가 주어 위치에 직접 생기는 것인가 아니면 목적어 위치에서 주어 위치로 이동하는 것인가 하는 문제는 이 책의 논의에 영향을 주지 않는다. 이 문제에 관심이 있다면 邓思颖(2004a, 2006a) 및 이 책 제6장, 제7장의 논의 내용을 참고하기 바란다.

(70) *李四，张三哭得很伤心。

(71) ?这手帕，张三哭得都湿透了。

이 손수건, 장싼이 울어서 흠뻑 다 젖어버렸다.

(72)와 (73)처럼 평언만 단독으로 놓고 본다면, '哭得(울어서)'의 보어 '都湿透(흠뻑 다 젖다)'는 대개 옷이나 손수건 등 어떤 물건들을 가리키므로, 이것이 사람인 '张三(장싼)'을 가리키는 데 사용하면 이상해질 수밖에 없다. 이렇듯 화용적 요소들을 통해 '哭得都湿透了(울어서 흠뻑 다 젖어버렸다)'가 수동자 공백을 하나 내포한다는 것을 알 수 있다. 화제가 여기 들어간 후에 그 공백은 (74)와 같이 사연스레 화제를 가리키게 되고, 이로써 적격한 화제문이 형성된다. 따라서 적격한 화제문 형성 여부는 평언의 공백 식별에 달려 있다. 통사에서는 공백의 출현을 보장해 줄 기제를 전혀 제공해 주지 못한다. 공백의 식별은 기본적으로 화용적 문제에 속하며, 대개는 통사와 무관한 담화적 요소에 기댄다.

(72) 张三哭得很伤心。　　장싼은 아주 슬피 울었다.

(73) ?张三哭得都湿透了。　?장싼이 울어서 흠뻑 다 젖었다.

(74) 这手帕$_i$, [张三哭得$e_i$都湿透了]。

이 손수건, 장싼이 울어서 흠뻑 다 젖어버렸다.

화제문과 피동문, 관계절을 비교해 보면, 이들의 차이점은 화제문의 특징을 더욱 도드라지게 해 준다. 화제문, 피동문, 관계절이 모두 공백을 요구하지만, 화제문 (75)는 부적격형인 반면, 피동문 (76)과 관계절 (77)은 적격형이다.

(75) *那个人，张三哭得很伤心。(화제문)

*그 사람은, 장싼은 아주 슬피 울었다.

(76) 那个人被张三哭得*e*很伤心。(피동문)

그 사람은 장싼이 울려서 무척 슬펐다.

(77) [我哭得 *e* 很伤心]的那个人 (관계절)

내가 울어서 슬퍼하는 그 사람

피동문과 관계절의 가장 큰 특징은 바로 통사적 공백 생성이 강제적으로 요구된다는 것이다. 이 책 제9장의 논의에 따르면 장거리 피동문의 '被'는 시간사구 TP를 술어로 선택한다. 술어화 조건을 만족시키기 위해 시간사구 내에는 영 운용자가 포함되는데, 영 운용자는 이동 후 흔적을 남겨 λ-표현식(λ-expression)이 형성된다. 술어화는 피동문이 통사적 조작 방식을 통해 통사 공백을 만드는 것으로, 강제적 조건에 속한다. 관계절의 상황은 피동문과 유사한데, 닝(Ning 1996)은 관계절이 반드시 개방적 술어여야 하며 영 운용자가 관계절 내에서 이동하여 통사적 공백을 형성하므로 관계절은 하나의 λ-표현식으로 해석될 수 있다고 하였다. 통사에서 피동문과 관계절은 모두 (78)과 같은 구조를 형성해야 하는데, Op는 영 운용자를 나타내며, *t*는 영 운용자 이동을 통해 생성된 영 운용자의 흔적이다. 영 운용자로 형성된 이 공백은 하나의 변항으로 해석된다. 공백이 이미 통사 내에서 강제적으로 생성되어 있기에 우리는 다른 비통사적 요소에 기대어 공백을 식별할 필요가 없어진다.

(78) …[$Op_i$ … $t_i$ …]

국면 불가침 조건의 제약에 따르면 화제를 넣은 후 화제문에 더 이상 영 운용자를 채워 넣을 수 없고, 또한 화제문에 공백의 생성을 요구할 통사적 기제도 더 이상 없게 되므로 화제문의 공백 식별은 오직 화용적 요소에 기대는 방법밖에 없다. 화제문이 반드시 (54)((79)에 반복)와 같은 구조를 형성해야 하지만 보문사구 CP 내의 공백 *e*는 통사적 이동을 통해 생성된 것이 아니므로 (78)의 상황과는 다르다.

(79) $[_{CP}$ 화제$_i$ $[_{CP} \cdots e_i \cdots ]]$

화제는 논항이 아니므로 (79)에서 화제를 지향하는 공백은 비논항결속(A′-binding)을 받고, 따라서 변항으로 이해되어야 한다. 황(Huang 1987a)에서 지적한 바와 같이 공백이 이동을 통해 생겨난 것이든 아니든 비논항결속을 받는 공범주는 모두 변항이다.[14] (79)의 공범주 *e*가 변항으로 해석되는 한 가지 가능한 원인은 보문사구 CP에서 생성되는 공백 *e*가 원래는 *pro*인데, 화제의 결속을 받아 이 *pro*가 변항으로 이해된다고 보는 것이다. 이를 통해 변항에 두 가지 부류가 있다고 추론해볼 수 있다. 즉 하나는 표상적(representational)인 것으로 화제문 내에서 화제와 공백의 관계가 일종의 정태적 관계를 맺는 것이 그 예이다. 또 하나는 파생적(derivational)인 것으로 변항이 이동을 통해 생기는 부류인데, 피동문 및 관계절 내의 영 운용자와 흔적 간의 관계처럼 동태적 관

14 Huang(1987a: 331)의 원문은 다음과 같다. "An EC is defined as a variable at any given level if and if only it is locally A′-bound at that level, regardless of its derivational history.(하나의 EC는 오직 그것이 해당 층위에서 국부적으로 비논항결속될 때만이 기존의 도출 이력에 상관없이 모든 층위에서 변항으로 정의된다)" 그가 말한 EC는 바로 공범주(empty catefory)이다.

계를 맺는 것이 그 예이다. 화제의 경우 부가의 방식을 통해 생기며, 이는 영 운용자의 통사적 이동 조작과는 분명히 다르기에 화제문, 피동문, 관계절 간에 차이가 생기는 것이다.

전통적 중국어 문법학에서는 (80)과 (81)을 대개 비주술문으로 보는데 (80)은 명사비주술문, (81)은 감탄사비주술문에 속한다. 사실 (80)의 '张三(장싼)'은 부름말 용법의 일종으로 청자를 지향하고, (81)의 감탄사는 화자의 감정을 나타낸다. 일부 감탄사는 부를 때 사용할 수도 있으며 청자와 관련된다. 예를 들어 (82)의 '哎(어이, ɑi[55], 비교적 길게 발음)'에 대해 후밍양(胡明扬 1987: 99)은 이 감탄사가 "상대방의 주의를 요청하여 부르는 소리로 쓰이며, 동시에 응답하는 소리로도 쓰인다"고 하였다. (82)에서 감탄사 '哎(어이)'와 부름말 '小三儿(불륜녀)'이 연용되었는데, 모두 상대를 부르는 기능을 한다. 부름말(감탄사 포함) 뒤에는 대개 (82)의 '快给我回来(얼른 이리 돌아오라)'와 같이 '이어지는 말(后话)'이 따라 나온다.

(80) 张三！ 장싼!

(81) 啊！ 아!

(82) 哎！小三儿！快给我回来！
어이! 불륜녀야! 얼른 이리 돌아오라고!

부름말(감탄사 포함)의 주요 기능은 담화 시 '이어지는 말'을 이끌어 내는 것과 '이어지는 말'을 이루는 절을 수식하는 것이다. 문법관계에 있어서 부름말은 피수식절과 더불어 수식구조를 이루는 부사어로 분석해야 하는데, (80), (81)에서는 피수식어가 생략되어 있어 보이지 않을 뿐이다. 부름말은 화용과 관련 있기에

(83)처럼 어기사구 FP 위에 부가되어야 한다. 부름말이 자리하는 층위는 절이 아닌 문장이며, 이는 구조 속에서 가장 높은 층위이다. 예문 (82)의 구조를 보여주는 (84)에서 부름말 '哎(어이)'와 '小三儿(불륜녀)'은 모두 어기사구 위에 부가된다. '小三儿(불륜녀)'은 화제인 것 같아 보이기도 하지만 부르는 기능을 가지며 청자를 지향하므로, '小三儿(불륜녀)'은 화제보다 더 높은 위치에 놓여야 한다. 절의 주어는 *pro*이고 부름말 '小三儿(불륜녀)'을 지향하기 때문에 '小三儿(불륜녀)'은 동시에 '快给我回来(얼른 이리 돌아오라)'의 행위자 주어로 이해되기도 한다. (80)–(81)의 구조는 (84)와 비슷하지만, (85)와 같이 보문사구가 음운 층위에서 생략된 결과, 부름말 뒤의 부분은 표면적으로 들을 수 없고 볼 수 없게 된다. 어기사구는 화자와 청자를 연결하는 기능을 하며 문장의 맨 가장자리 위치에 놓이므로 통사–화용의 접합면에 속하므로, 따라서 부름말을 어기사구의 수식어로 보는 것은 합당하다.[15]

(83) [ $_{FP}$ 부름말 [ $_{FP}$ F [ $_{CP}$ C [ $_{TP}$ 주어 [ T [ $_{vP}$ $v$ [ $_{VP}$ V … ] ] ]
] ] ] ]

(84) [ $_{FP}$ 哎 [ $_{FP}$ 小三儿 [ $_{FP}$ [ $_{CP}$ [ $_{TP}$ *pro* [ $_{vP}$ 快给我回来 ] ] ] ] ] ]

(85) [ $_{FP}$ 张三/啊 [ $_{FP}$ ~~[ $_{CP}$ [ $_{TP}$ 주어 [ $_{vP}$ … ] ] ]~~ ] ]

전통 중국어 문법학에서는 관형어 표지 '的'를 구조조사로 보는데, 이는 허사의 일종이다. 일부 학자는 '的'도 하나의 단어이

15 Speas(2004), Hill(2007)은 부름말에 대한 통사적 분석 방법을 제시하는 한편 교차언어학적 연구도 진행하였다. 이 책의 구체적 사항은 그들의 분석과 다르지만, 부름말이 문장에서 가장 높은 층위에 자리하고 담화와 관련된다는 점에 있어서는 일치된다.

므로 '的'가 구를 구성하며 '的' 자신이 그 구의 핵어가 될 수 있다고 보았다(Ning 1993, 1996, Chiu 1993, Wu 2000, Simpson 2002, Rubin 2002, Dikken and Singhapreecha 2004, 司富珍 2004, 熊仲儒 2005, Sio 2006, 何元建 2007, 石定栩 2008, 2011, 彭家法 2009 등). 이 학자들이 제시한 이론의 구체적 조작 방법은 조금씩 다르지만, 원칙적으로는 모두 '的'가 하나의 단어(약칭 X)라는 점에 동의한다. 일부 학자는 더 나아가 아래 (86)처럼 피수식어가 '的'의 보충어이며, 수식어는 지정어 위치에 놓여 하나의 구인 XP 구조를 이룬다고 보기도 한다.

(86) [$_{XP}$ 수식어 [$_{X'}$ [$_{X}$ 的] 피수식어] ]

'的'가 구를 형성할 가능성과 관련하여, 만약 덩쓰잉(邓思颖 2006d)이 기존에 언급한 것처럼 '的'를 핵어로 분석하고자 한다면, 이론적 일치성과 완전성을 고려해야 할 뿐만 아니라 독립적 구를 이룰 의미적 증거도 갖추어야 할 것이다. 현재 통사 이론에 비추어 볼 때 비록 방법 상으로는 기능어를 핵어로 삼는 것이 가능하지만, 실재적 의미가 없이 문법관계만 나타내는 '구조조사'는 핵어가 될 수 있는 조건을 갖추었다 하기 어려우므로 그 통사적 지위에 의구심이 든다. 이 밖에도 나는 언어 간 비교를 통해 중국어 관형어가 피수식어 위에 부가되는 부가어로 분석되어야 하며, '的'가 피수식어를 보충어로 선택하는 것이 아님을 증명하였다. 리옌후이(李艳惠 2008)는 이론 내부에서 이 문제를 논의하여 '的'가 통사적으로 핵어가 될 수 없다는 데 역시 동의하였다.

관형어 표지 '的'의 의미 결핍과 부착성을 볼 때 '的'는 형태부에서 관형어에 부착되는 접미사이며, 접미사 '的'가 관형어의 원래 품사를 변화시키지 않는다고 본다. '的'가 단어가 아니라면 통사 속에서 어떠한 독립적 지위도 갖지 않을 것이며 구를 구성하여 핵어가 될 수도 없을 것이다. '的'를 접미사로 분석하는 방법 외에, 음운부문에서 삽입되는 성분으로 이해하는 방법도 있다(Huang 1982: §2). 만약 '的'가 음운부문에 가서야 삽입된다면 '的'의 부착은 통사와 상관 없는 음운 현상에 속하므로 '的'는 통사부문을 거쳐 간 적이 없는 셈이다.

관형어 표지 '的'의 접미사 분석은 부사어 표지 '地'와 보어표지 '得'(상 표지 '着', '了', '过' 포함)에도 그대로 적용될 수 있다. '地'는 형태부에서 동사 위에 직접 부착되는 것으로, 이 접미사들은 통사적으로는 독립적 지위를 전혀 갖지 못하므로 구를 형성할 수 없다.[16]

'的'의 부착 조건은 여러 연구를 통해 많은 논의가 이루어졌고, 훌륭한 분석들도 다수 나와 있다. 예를 들어 뤼수샹 외(吕叔湘 等 1980)에서는 '的'의 용법에 대해 매우 상세히 기술하였으며, 주더시(朱德熙 1980a)에 수록된 '的', '地', '得'에 관한 몇 편의 논문, 그리고 방언 간 비교의 관점에서 '的'를 논의한 주더시(朱德熙 1980b)의 글은 중국어 '的'와 수식구조 연구의 고전이라 부를만하다. 하지만 중국어 수식구조를 논의한 것들 중 다수가 대개 의미적 측면에서 논의한 것으로, 수식어와 피수식어 간의 의미관계나 '的'와 관형어의 공기에 따르는 의미 제약 등에 관해 분석하였다. 일부 학자들은 '的'의 기능이 관형어의 의미적 성질과 관련

16 '得', '着', '了', '过'의 출현은 동사의 통사적 이동을 촉발하므로, 이들이 음운부문에 가서야 삽입될 가능성은 없다고 보아야 하며, 이들과 '的'는 상황이 다르다 하겠다.

있을지 모른다고 보았고(朱德熙 1980a, 张谊生 2002, Paul 2005, Sio 2006 등), 이를 확장하여 통사에 속하는 수식구조와 형태에 속하는 복합어를 구분하기 위한 방식으로 의미적 성질을 활용하였다(石定栩 2002b, 2011). 이러한 분석들은 모두 관형어의 의미 분류에 관련되므로, 엄밀히 말해 통사론의 범주를 이미 넘어섰다고 보아야 하며, 통사론에서 관장하는 부분에는 속하지 않는다고 볼 수 있다.

## 10.2 준관형어

뤼수샹(吕叔湘 1984: 44-45)은 (87)의 '他的老师'가 결코 진짜 '他的老师(그의 선생님)'라는 의미를 가리키는 게 아니며, '他当老师(그가 선생님 역할을 하다)'라는 의미를 가리킨다고 보았는데, 즉 관형어 '他的'가 표면적으로는 소유 관형어로 보이지만 의미적으로는 피수식어와 소유 관계를 전혀 나타내지 않는다는 것이다. (88)과 (89)의 관형어도 피수식어와 소유 관계를 맺지 않는데, (88)은 '장싼은 원고, 리쓰는 피고'라는 의미이며, (89)는 '내가 너를 도와주마'라는 의미이다(朱德熙 1982: 146). 차오(Chao 1968: §5.4.6.6)에서는 (89)의 관형어가 목적어를 수식하는 것이 아니라 '동작의 목표를 나타내며', 동작의 '대상'을 나타낸다고 하였다(赵元任 2002: 410). 이런 종류의 관형어는 소유 관계를 나타내지 않으므로 관련 논저에서는 '준관형어(准定语)'(朱德熙 1982), '위관형어(伪定语)'(黄国营 1981), '유사형태 소유 관형어/가짜 소유 관형어(表象领属定语/假领属定语)'(邢福义 1996: 89-90) 등으로 칭하기도 하며, 혹은 '광의의 소유(广义的领有)'(张伯江·方梅 1996: §13)에 속하는 것으로 억지로 끼워 맞추거나, '준수식구조(准偏正结构)'를 구성한다(徐阳春 2006:

§5)고 보기도 했다.

(87) 他的老师当得好。

그의 선생님을 잘 한다.(그는 잘 가르친다[17])

(88) 张三的原告，李四的被告。

장싼의 원고, 리쓰의 피고.(장싼은 원고, 리쓰는 피고)

(89) 我来帮你的忙。

내가 너의 일을 도와주마.

황정더(Huang 1997, 黄正德 2008)는 준관형어의 개념을 (90), (91)과 같은 문장으로 확대하였는데, 예문을 보면 (90)의 '书(책)'가 반드시 '你(너)'에 속하는 것은 아니며, '觉(잠)'도 역시 '我(나)'에 속하지 않고, (91)의 '三天(사흘)'과 '书(책)' 사이에도 분명 소유관계가 성립되지 않는다. 이러한 문장들은 모두 형식과 의미의 결합에 불일치가 일어나므로 '형식-의미 불일치문(syntax-semantics mismatch, 形义错配句)'이라 부를 수 있다. 뤼수샹(吕叔湘 1984: 48-49)은 (90)과 같은 예문이 "대사(代词) 속격(领格)의 특수 용법 중 하나"로 대개 "다른 사람에 대해 관여하지 않거나 다른 일에 상관하지 않음"을 나타낸다고 하였다. 차오(Chao 1968: §5.4.6.6)에서도 (91)과 같은 시량사가 "형식상으로는 목적어를 수식하지만, 사실상은 전체 동-목구조를 수식하는 것"(赵元任 2002: 411)이라고 말했다. 형식상 준관형어 '三天(사흘)'은 목적이 '书(책)'를 수식하는 것처럼 보이나, 의미적으로는 '看书(책을 보다)'를 수식하고 있어서 바로 '형식-의미 불일치' 현상을 나타낸다.

17 [역주] 괄호 안의 해석은 이 문장에 대한 黄正德의 영문 번역 'He teaches well'을 따른 것이다.

(90) 你念你的书，我睡我的觉。

너는 너의 책을 봐라. 나는 나의 잠을 잘 테니.

(너는 너대로 책을 봐라. 나는 나대로 잠을 잘 테니.)

(91) 他看了三天的书。

그는 사흘의 책을 보았다.(그는 사흘간 책을 보았다.)

이 외에도 (92)에서 '去年生的(작년에 낳았다)'는 외관상 '孩子(아이)'를 수식하는 것처럼 보이지만, 이 둘 사이에는 소유관계가 성립되지 않으며, '他(그)'가 반드시 '孩子(아이)'만을 지시할 수 있는 것은 아니며, 아이의 아버지를 지시할 수도 있다. 선자쉬안(沈家煊 2007)은 (92)와 같은 종류의 '的'를 가진 문장도 형식-의미 불일치문에 포함하여 논의하였는데, 모두 상술한 준관형어의 예문과 관련된다.

(92) 他是去年生的孩子。

[의미 1] 그는 작년에 아이를 낳았다.

[의미 2] 그 아이는 작년에 태어났다.

메이광(梅广 1978: 527)은 (87)을 분석하는 방법을 제시하며 이러한 구문이 동사복사문과 관련이 있다고 주장하였다. 그는 (94)의 동사복사문에서 동사 삭제(즉, 첫 번째 '打')와 '的' 삽입을 통해 (93)이 만들어지는 것으로 보아야 한다고 하였다.

(93) 小妹的毛袜老是打不好。

여동생의 털실양말은 항상 잘 못 짠다.

(여동생은 털실양말을 항상 잘 못 짠다)

(94) 小妹打毛袜老是打不好。

여동생이 털실양말을 짜는 것은 항상 잘 못 짠다.

(여동생은 털실양말을 항상 잘 못 짠다)

메이광(梅广 1978)의 분석과 유사하게 황(Huang 1982: 57)은 (95)의 준관형어 '他'가 (96a)에서처럼 원래 절의 주어이며, '头发(머리카락)'는 '理(이발하다)'의 목적어라 보았다. 중국어 구 구조의 제약으로 인해 (96b)처럼 보어 '得很好(잘)'는 목적어 바로 뒤에 올 수 없고, 목적어는 반드시 동사 앞으로 인상되어야 하며, 그 다음으로 주어 '他(그)'와 앞으로 이동한 '头发(머리카락)'는 (96c)와 같이 하나의 명사구로 재분석된다. 그리고 마지막으로 '的'가 음성형식의 층위에서 삽입되어 '他的头发'를 형성하는 것이다. '的'의 삽입은 음운부문에서 진행되는데, 원칙적으로 의미는 이미 통사부문에서 형성된 통사구조가 결정하므로 의미 이해에는 전혀 영향을 주지 않는다. 바로 이러한 이유로 형식-의미 불일치 현상이 생기는 것이다. 이후 우화이청(吴怀成 2008), 사오징민(邵敬敏 2009)도 유사한 분석을 통해 일부 형식-의미 불일치문이 목적어 인상 혹은 동사 복사+동사 생략, '的'의 삽입 등과 같은 절차를 거쳐 형성된다고 주장하였고, 류리진(刘礼进 2009)은 동사 복사 분석법에 기반하여 '的'를 넣은 후 첫 번째 동사를 삭제하여 준관형어를 형성한다는 관계화 분석법을 제시하였다. 이렇듯 학자들의 구체적 분석 방법에는 조금씩 차이가 있지만, 기본적 관점은 일치한다.

(95) 他的头发理得很好。

그는 머리는 이발을 잘 한다.(그는 머리 이발을 잘 한다)

(96) a. [他 [理 [头发 [得很好] ] ] ]
b. [他 [头发 [理 [ $t$ [得很好] ] ] ] ]
c. [ [他 头发] [理 [得很好] ] ]

(91) 등의 예문에서 목적어 인상 분석법을 직접 사용하지는 않았으나, 황(Huang 1982: 58-59)은 이동 분석법을 제시하여 (97)이 (98)로부터 도출된 것이라 하였고, 동사를 복사하게 되면 "他念书念了三个钟头(그는 책을 세 시간 읽었다)"가 되고, 복사하지 않으면 '三个钟头(세 시간)'를 목적어 앞으로 인상하여 '书(책)'와 하나의 명사구를 이루는 것으로 재분석되며, 여기 '的'를 삽입함으로써 (97)과 같이 된다고 분석하였다.

(97) 他念了三个钟头的书。
그는 세 시간의 책을 읽었다.(그는 책을 세 시간 읽었다)
(98) [他 [念书 [了 [三个钟头] ] ] ]

물론 현재의 통사이론으로 황(Huang 1982)의 분석을 다시 살펴보면 주어와 인상된 목적어가 (96c)와 같이 재분석될 수 있는 이유는 무엇인지,[18] (98)에서 '三个钟头(세 시간)'가 앞으로 이동하는 동기는 무엇인지, 목적어와 함께 하나의 명사구로 재분석될 수 있는 이유는 무엇인지 등과 관련하여 분석의 합리성에 대한 많은 의문이 제기될 수 있을 것이다.

선자쉬안(沈家煊 2007)은 '유추 혼성(类推糅合)'[19]분석법을 통해

18 黄正德(2008)에서도 재분석 문제에 대해 논의한 바 있다.
19 [역주] 혼성(blending)은 인지문법에서 사용되는 개념이다. 기존의 개념은유로 설명되지 않던 창발의미(emergent meaning)와 창발구조(emergent structure)를 설

상술한 것과 같은 몇 가지 형식−의미 불일치문이 형성되는 원인을 설명하고자 하였는데, 위에 제시된 (87)을 예로 들어 선자쉬안(沈家煊 2007: 3)의 분석법을 소개해 보겠다. (99)의 a, b가 형식과 의미에서 서로 관련되며, b로부터 a를 쉽게 연상하게 되고, a와 x는 형식과 의미 면에서 유사하여 a로부터 쉽게 b를 유추하게 되는데, x와 관련되면서 b와 유사한 y가 없는 상태이다. '유추 혼성' 방식에 따라 b의 구조를 취하고, x의 어휘항목을 취하며, b와 x가 '혼성'을 거치게 되면 xb를 얻을 수 있고, 이것을 y의 위치에 넣음으로써 "他的老师当得好(그는 선생님 역할을 잘 한다)"라는 문장이 형성된다는 것이다. 선자쉬안(沈家煊 2006: 298)에서는 x와 b 사이에 개념적으로 중요한 연결 관계를 맺기 수월할수록 '혼성'이 쉽게 발생한다고 보았다.

(99)

| | |
|---|---|
| a. 他讲课讲得好<br>그는 강의를 하는 것을 잘 한다 | b. 他的课讲得好<br>그의 강의를 잘 한다 |
| x. 他当老师当得好<br>그는 선생님 역할을 하는 것을 잘 한다<br>(그는 잘 가르친다) | y. ____← xb 他的老师当得好<br>그의 선생님을 잘 한다<br>(그는 잘 가르친다) |

우리는 중국어 방언 문법 비교의 관점에서 여러 남방 방언(웨

---

명하기 위해 고안된 것이다. 沈家煊(2006. 295-296)은 이에 대해 "'혼성'은 기본적 인지조작의 일종으로, 언어에만 국한되지 않으며, 사유와 행동도 포함된다. '혼성'은 '창발의미(emergent meaning)'도 만들어낼 수 있는데, 이러한 부류의 문장에 나타나는 "이로 인하여 상실/취득함"이라는 의미가 바로 혼성이 만들어내는 '창발적 의미'이다"라고 하였다.

어, 샹어(湘语), 민어(闽语), 우어(吴语)를 포함)에서 (87)과 같은 형식-의미 불일치문을 쓸 수 없다는 사실을 발견하였다(邓思颖 2009c). 홍콩 웨어(이하 '웨어')의 경우 (100)은 부적격형이다('嘅'는 보통화의 '的'에 해당). 우리는 남방 방언에서 주·목적어 비대칭 현상이 나타난다는 사실을 발견하였는데, 주어 자리에 준관형어가 자리하는 것은 (100)과 같이 성립하지 않지만, 목적어 자리에 준관형어가 오는 것은 (101)과 같이 가능하다.

(100) *佢嘅老师做得好。(보통화: 他的老师当得好。)

*그의 선생님을 잘 한다

(101) 佢读佢嘅书。(보통화: 他念他的书。)

그는 그의 책을 읽는다.(그는 그 나름대로 책을 읽는다)

선자쉬안(沈家煊 2007)은 준관형어의 형성이 의미적 환유와 관련 있다고 하였는데, (87)에서 주어 자리에 놓인 '他(그)'와 '老师(선생님)' 사이에는 비교적 고정적인 연결 관계가 존재하고, '他的老师(그의 선생님)'에는 '他的老师角色(그의 선생님 역할)'이라는 의미가 있어서 '他的老师角色(그의 선생님 역할)'를 환유할 수 있다는 것이다(沈家煊 2007: 4). (90)의 '你的书(너의 책)'는 동작의 대상 '书(책)'로 동작인 '念书(책을 읽다)'를 환유하며 병렬구조 속에 쓰이는데, '你的书(너의 책)'는 책을 읽는 것이 습관적이고 오래 지속된 일이라는 것을 나타내어 동작의 '유지' 의미를 지닌다(沈家煊 2007: 6). 이러한 관점에 따라 주어의 준관형어와 목적어의 준관형어가 서로 다른 역할을 한다고 가정하면 어떨까? '환유'나 '환유지시'의 개념(沈家煊 1999)으로 중국어 방언에서 나타나는 주·목적어 비대칭 현상을 설명할 수 있을까? '유추 혼성'이 '환유',

‘환유지시’의 개념 위에 전개될 수 있을까? 그러나 사실 이러한 가능성이 그리 크지는 않다. 먼저 ‘유지’ 의미를 가지는 준관형어가 반드시 병렬구조 속에서만 출현하는 것은 아니다. (102b)는 선자쉬안(沈家煊 2007: 6)에서 제시된 예문인데, ‘我的午觉(내 낮잠)’는 주어 위치에 놓이며, 이 문장은 (102a)와 달리 ‘서로 간섭하지 않으며 병행되는 동작’을 내포하지도 않는다. 둘째로 (102b), (103b) 등의 예문에서 주어의 준관형어가 꼭 역할이라는 의미를 환유지시하는 것은 아니며, 습관적 혹은 지속적으로 하는 일을 환유지시할 수도 있다.[20] 역할을 나타내거나 유지 의미를 나타내는 준관형어는 모두 주어 자리에 출현할 수 있다.[21] 셋째로 일부 형식-의미 불일치문들은 ‘유지’ 의미를 나타내지 않을 수도 있다. (104a)의 ‘结婚(결혼하다)’은 습관적이거나 지속적으로 하는 일이 아니며, 보어 ‘轰轰烈烈(시끌벅적하다)’가 바로 이 ‘结婚(결혼하다)’에 ‘유지’ 의미가 없다는 것을 부각시켜준다.

(102) a. 我睡我的觉。
　　나는 내 잠을 잔다.(나는 나대로 잔다)
　b. 这些日子我的午觉睡得不好。
　　요새 나는 낮잠을 잘 못 잔다.

(103) a. 你走你的阳关道。
　　너는 네 길을 가라.
　b. 你的阳关道走得很孤单呀。

20 (103b), (104b) 등의 예문은 인터넷에서 가져온 것이다.

21 여기에서의 비교는 또한 ‘역할’과 ‘유지’라는 두 가지 의미가 순수하게 준관형어의 결합에 따라서만 결정되는 것이 아님을 설명해 준다. 黄正德(2008: 239)는 명사구 함의 분석의 복잡성을 언급한 바 있다.

너의 길을 가기가 외롭구나.

(104) a. 她结她的婚。

그녀는 그녀의 결혼을 한다.(그녀는 그녀대로 결혼을 한다)

b. 她的婚结得轰轰烈烈。

그녀의 결혼식은 시끌벅적하게 치러졌다.

웨어의 준관형어는 보통화와 달리 습관적이고 지속적으로 하는 일만을 나타낼 수 있고 역할 의미를 환유지시하지 않으며 또한 주어에는 출현하지 못하고 목적어에만 출현할 수 있다. 그러나 이러한 차이에도 불구하고 보통화 (102), (103), (104)를 각각 (105), (106), (107)과 같은 웨어로 번역하면, (a)와 (b) 사이의 어감 대립이 웨어에서 아주 확실하게 드러난다. '유지' 의미가 없는 '结婚(결혼하다)'에서도 (107a)와 (107b)처럼 주·목적어 비대칭 현상이 여전히 존재한다. 의미적 환유지시는 '유추 혼성'을 제한하는 조건이 되지 못하는 것으로 보이며, 주·목적어 비대칭은 의미나 인지 문제가 아닌 구조적 문제로 보아야 할 것 같다.

(105) a. 我瞓我嘅觉(보통화: 我睡我的觉。)

나는 내 잠을 잔다.(나는 나대로 잔다)

b. *呢排我嘅晏觉瞓得唔好。

(보통화: 这些日子我的午觉睡得不好。)

*요새 나의 낮잠을 잘 못 잔다.

(106) a. 你行你嘅阳关道。(보통화: 你走你的阳关道。)

너는 네 길을 가라.

b.. *你嘅阳关道行得好孤独。

(보통화: 你的阳关道走得很孤单呀。)

*너의 길을 가기가 외롭구나.

(107) a. 佢结佢嘅婚。(보통화: 她结她的婚。)

그녀는 그녀의 결혼을 한다.

(그녀는 그녀대로 결혼을 한다)

b. 佢嘅婚结得轰轰烈烈。(보통화: 她的婚结得轰轰烈烈。)

그녀는 결혼식은 시끌벅적하게 치러졌다.

황정더(Huang 1997, 黄正德 2008)는 목적어 속의 준관형어가 사실 명사를 수식하는 것이 아니라 동명사(gerund)의 일부분이라고 주장하였다. 예문 (91)((108)에 반복)의 통사구조 (109a)에서 경동사 DO가 선택하는 것은 동명사로, 우리는 그것을 명사화구 NomP라 부를 수 있으며, 명사화접사(nominalizer, 약칭 Nom)는 공범주로, 명사화구의 핵어가 된다. 준관형어 '三天的(사흘, 사흘의)'는 명사화구 내에 놓이고,[22] 명사화접사는 동사구 '看了书(책을 보았다)'를 보충어로 삼는다. 명사화접사는 음성적 성분이 없는 기능성 단어로, 이동을 유발할 수 있는 자질을 지닌다. 동명사의 명사화(gerundive nominalization)라는 것은 동사로 하여금 명사화접사 위치로 인상되도록 동사에 이동을 요구하는 것이다.[23·24] 동사가 명사화접사 위치로 이동하여 명사화접사와 결합할 수 있으면 바로 동

---

22 Huang(1997), 黄正德(2008)에서는 준관형어가 지정어 위치에 놓인다고 보았는데, 이 책에서는 준관형어가 명사화구 위에 부가되며, 다른 수식어의 통사적 위치와 동일하다고 본다(邓思颖 2008e, 2009c). 이와 같은 관점들에 있어서의 미세한 차이는 향후 논의에 영향을 주지 않는다.

23 중국어 명사화의 통사적 분석에 관한 상세한 내용은 Fu(1994), 黄正德(2008) 및 Huang, Li and Li(2009: §3) 등을 참조하기 바란다. 중국어에서 '名物化'와 '名词化'가 어떻게 다른지에 대해서는 石定栩(2003b, 2009c)에서 자세히 다루고 있다.

명사가 만들어질 수 있다. 이것이 (109b)에서 보여주는 첫 번째 단계이다. 동사 '看了(보았다)'는 계속 이동을 진행하여 (109c)처럼 경동사 DO의 위치까지 가서 우리가 볼 수 있는 어순을 형성하는데, 바로 이것이 마지막 단계이다.

(108) 他看了三天的书。

그는 사흘의 책을 보았다.(그는 사흘간 책을 보았다)

(109) a. 他 DO [ $_{\text{NomP}}$ 三天的 [ $_{\text{NomP}}$ Nom [ $_{\text{VP}}$ 看了书 ] ] ]

b. 他 DO [ $_{\text{NomP}}$ 三天的 [ $_{\text{NomP}}$ 看了 [ $_{\text{VP}}$ *t* 书 ] ] ]

c. 他看了 [ $_{\text{NomP}}$ 三天的 [ $_{\text{NomP}}$ *t* [ $_{\text{VP}}$ *t* 书 ] ] ]

주어 속의 준관형어에 대해 나의 분석(邓思颖 2008e, 2009c, 2010b)에 따라 살펴보겠다. 명사화접사는 (111a)처럼 공범주 *e*를 핵어로 하는 동사구를 선택하는데,[25] 동사가 비록 공범주이기는 하지만 여전히 (111b)처럼 명사화접사에 유인되어 이동함으로써 동명사를 형성하고, 그 결과 (87)((110)에 반복)과 같은 예문을 만들어낸다.

---

24 [역주] 중국어에서는 의미적 명사화를 '名物化'라고 하고, 통사적 명사화를 '名词化'라 칭하여 구분하고 있다. 이 번역서에서는 영어로 된 용어인 'nominalization'을 기준으로 하였기에, 이 장에서 다루는 '名物化'를 '명사화'로 번역하기로 한다.

25 이 책의 분석은 黄正德(2008)와 다르므로 황정더가 부딪혔던 문제들을 피해가고 있다. 상세한 내용은 邓思颖(2009c)의 내용을 참고하기 바란다.

(110) 他的老师当得好。

그의 선생님을 잘 한다.(그는 잘 가르친다)

(111) a. [$_{NomP}$ 他的 [ $_{NomP}$ Nom [ $_{VP}$ *e* 老师 ] ] ] 当得好

b. [$_{NomP}$ 他的 [ $_{NomP}$ *e* [ $_{VP}$ *t* 老师 ] ] ] 当得好

(88)((112)에 반복)과 (92)((114)에 반복)를 도출해내는 과정도 비슷한데, 이 두 예문은 모두 명사화구를 포함하고 있으며, 명사화접사 Nom은 영 동사 *e*를 핵어로 하는 동사구를 선택한다. (112)의 영 동사 목적어는 각각 '原告(원고)'와 '被告(피고)'이며, '张三的(장싼, 장싼의)', '李四的(리쓰, 리쓰의)'는 (113)과 같이 명사화구를 수식하는 준관형어로 쓰인다. (114)에서는 명사화구가 '是'의 보충어로 쓰이며, '孩子(아이)'는 영 동사의 목적어로, (115)에서 보듯 관계절(relative clause) '去年生的('작년에 낳은', 혹은 '작년에 태어난')'가 준관형어로 쓰였다.[26][27] (113)과 (115)의 명사화구는 (116a)와 같은 구조로 개괄하여 나타낼 수 있는데, 영 동사 *e*는 명사화접사 Nom의 유인을 받아 이동하며, (116b)처럼 명사화접사 Nom의 위치까지 이동함으로써 적격형의 동명사를 형성한다.

(112) 张三的原告，李四的被告。

장싼의 원고, 리쓰의 피고.(장싼은 원고, 리쓰는 피고)

(113) [ $_{NomP}$ 张三的 [ $_{NomP}$ Nom [ $_{VP}$ *e* 原告 ] ] ]

26 계사 '是'는 동사이며(张和友 2004, 张和友·邓思颖 2009, 2010), 명사화구는 '是'의 보충어이자 '是'의 목적어로 해석할 수 있다.

27 [역주] 여기서는 준관형어 '去年生的'의 의미를 관계절에 대응시켜 '…한/하는 NP'의 형식으로 번역하였으나, (114)의 문장 해석에서는 관계절로 번역하지 않았다.

(114) 他是去年生的孩子。

그는 작년에 아이를 낳았다.

그 아이는 작년에 태어났다.

(115) 他是 [$_{\text{NomP}}$ 去年生的 [$_{\text{NomP}}$ Nom [$_{\text{VP}}$ *e* 孩子 ] ] ]

(116) a. [$_{\text{NomP}}$ 준관형어 [$_{\text{NomP}}$ Nom [$_{\text{VP}}$ *e* 목적어 ] ] ]

b. [$_{\text{NomP}}$ 준관형어 [$_{\text{NomP}}$ *e* [$_{\text{VP}}$ *t* 목적어 ] ] ]

주어 위치에 놓이는 소유구((112), (114)와 같은 문장 포함)는 영 동사 *e*를 하나 포함하는데, 한카머와 사그(Hankamer and Sag 1976)가 제시한 기준에 따른다면 이러한 영 동사는 심층 조응(deep anaphora)에 속하며 심층구조에서 이미 형성된 영 대명사 형식(pro-form)으로, 예를 들어 이동과 같은 통사적 조작이나 혹은 음운생략 등과 같은 음운조작에 의해 만들어지는 것이 아니다(邓思颖 2010b).[28] 심층 조응의 가장 두드러진 특징은 바로 화용적 요인을 통해 복원 가능하다는 점으로, 특정 화용 환경이 주어지면 지시체를 찾을 수 있다. (117)을 예로 보면 '他的(그의)'와 '周瑜(주유)' 사이의 동사를 문장 내에서 찾지 못하고 있는데, 이 동사를 복원시키려면 화용적 요인에 기대어 영 동사의 의미를 보충해내는 방법밖에 없다. (117)은 영화 〈적벽대전〉(원제 '赤壁')에 대해 토론하는 인터넷 게시물의 첫 단락에 나온 말로, 전체 문장은 (118)에 실었다. 전체 단락 속에서 '演(연기하다)'이라는 말을 찾을 수

28 刘礼进(2009)은 소유구 내의 동사가 음운생략을 거치는 표층 조응(surface anaphora)에 속한다고 주장하였다. 만약 심층 조응이라는 분석이 정확하다면, 刘礼进(2009)의 음운생략설은 재고할 필요가 있다 하겠다. 영 동사 분석은 중국어와 영어의 차이를 설명해 준다는 장점도 있는데, 이에 관한 상세한 내용은 邓思颖(2010b)의 논의를 참조하기 바란다.

는 없었지만, 문맥을 통해 글쓴이는 량차오웨이(梁朝伟)가 주유(周瑜) 역할을 맡은 데 대해 서술하고 있음을 알 수 있다(邓思颖 2010b). 이처럼 (112)와 같은 문장도 문맥 속 화용적 요인을 통해서만 영 동사의 의미를 찾을 수 있는데, 이러한 사실은 영 동사의 심층 조응 성질을 가장 잘 보여준다.

(117) 他的周瑜还算是比较压场的。

그의 주유(연기)는 비교적 압도적이었다고 하겠다.

(118) 基于个人原因，我对梁朝伟从来没有什么好感，不过客观地说他的周瑜还算是比较压场的——即便在那么多的加法减法之后。

개인적 이유로 나는 이제껏 량차오웨이에게 별 호감이 없었지만, 객관적으로 말해 그의 주유 연기는 비교적 압도적이었다고 하겠다. 좋은 부분도 많고, 나쁜 부분도 많았지만 말이다.

형식-의미 불일치문에 영 동사가 존재한다는 것은 중국어에서도 고립된 예가 아니며, 중국어의 기타 구문에서도 (119)나 (120)처럼 영 동사의 예를 찾아볼 수 있다(Tang 2001b: 204-205). (119)의 영 동사 *e*는 절 주어 자리에 출현하며, 이러한 형식은 "他的老师当得好(그의 선생님을 잘 하다)"와 흡사하다. 이동조건이 제약으로 인해 이 영 동사는 이동을 통해 생성되지는 못한다. (120)의 영 동사는 병렬구조 속에 출현하는데, 그 형식은 (112)와 유사하며, 영 동사의 지시체를 오직 화용적 요소에 기대어 문맥 속에서 찾아내야 하는 가장 전형적 심층 조응의 예라 하겠다.[29]

(119) 张三吃了三个苹果。[我*e*两个]当然可以。

장싼은 사과 세 개를 먹었다. 나 두 개 *e* 물론 가능하지.

(120) 张三*e*三个苹果，李四*e*四个橘子。

장싼은 사과 세 개 *e*, 리쓰는 귤 네 개 *e*.

쓰푸전(司富珍 2002)은 (112)의 '的'가 전체 절로 하여금 명사성 자질 [+N]을 갖도록 할 수 있으며, '张三的原告(장싼은 원고)'에는 영 형식의 동사가 하나 들어 있다고 보았는데, 이것은 우리의 분석과 매우 닮았다. 그러나 쓰푸전(司富珍 2002)은 '张三(장싼)'을 주어로 분석하여 '张三的原告(장싼의 원고)'를 명사성 자질을 갖는 절로 보았다는 점에서 우리와 차이가 있다. '명사성' 절이 적격형이 될 수 있는 이유는 무엇일까?[30] 사실 (112)는 외견상 절처럼 보이지 않으며, 명사화구 자체도 직접 절이 될 수는 없다. 비교적 완전한 구조는 (121)처럼 되어야 하는데, 명사화구는 경동사 BE의 보충어가 되고, 주어는 허사(expletive)이므로 영 형식의 pro로 채워 넣을 수 있다.[31] (121)과 같은 구조는 존현문의 일종으로 볼 수도 있고, 명사술어문의 일종으로 볼 수도 있다.[32] 천만화(陈满华 2008)는 이런 문장을 명사술어문으로 처리하기는 했으나, 이 책

29 유일한 차이점은 (119)와 (120)의 영 동사가 명사화를 겪지 않는다는 것이다.

30 司富珍(2002)은 '的'가 보문사라고 가정하였는데, 이는 '的'를 핵어로 본다는 그녀의 이후 주장과 일치하는 것이다(司富珍 2004, 2008). '的'를 핵어로 분석하는 문제에 대해서는 이 장 제1절의 논의를 참고하기 바란다.

31 (121)의 *pro*는 먼저 경동사 BE와 병합한 후 다시 시간사구 TP의 지정어 자리로 이동하는데, 관련 세부 사항은 생략하도록 한다. 이하 동일.

32 명사술어문과 존현문에 관한 내용은 이 책 제9장 '문형과 주요 구문'의 내용을 참조하기 바란다.

에서는 그의 분석과 달리, 명사화구 '张三的原告(장싼의 원고)' 전체가 그 자체로 명사술어를 담당하며, 그 안에 하나의 명사화동사 *e*를 포함하고 있으며, (112)의 주어는 *pro*이지 표면적으로 드러나 있는 '张三的(장싼의)'가 아니라고 본다. 우리는 *pro*가 들을 수 있고 볼 수 있는 주어로 나타날 수 있으며, 대개 (122)의 '今儿(오늘)'이나 (123)의 '昨天(어제)'과 같이 시간을 표시하거나(陈满华 2008: 77에서 인용) 혹은 (124)의 '这次会议(이번 회의)'처럼 시간과 관련이 있다는 사실에 주목하였다. 이처럼 시간명사를 절 주어로 삼는 특징은 존현문과 매우 유사하다.[33]

(121) [ $_{TP}$ *pro* [ $_{vP}$ BE [ $_{NomP}$ 张三的原告 ] ] ]

(122) 今儿下午谁的主持人?

오늘 오후 누구의 사회자?(오늘 오후 누가 사회자?)

(123) 昨天刘芳的领班。

어제 류팡의 조장.(어제 류팡이 조장)

(124) 这次会议你的主席。

이번 회의에서는 너의 의장.(이번 회의에서는 네가 의장)

중국어 방언에서 나타나는 준관형어의 차이를 설명하기 위해

33 장칭원(张庆文)은 예전에 나에게 만약 아래 (i)처럼 (124)이 주어가 드러나지 않는다면, 어감상 이상해지며, 이를 바로잡기 위해 대조를 이루는 문맥 속에 넣어 (ii)와 같이 만들면 된다는 점을 지적하였는데, 이는 (112)의 상황과 비슷하다.

(i) ??你的主席。

??너는 주석.

(ii) 你的主席，他的秘书。

너는 주석, 그는 비서.

우리는 남방방언의 명사화접사에는 동사 이동을 유발하는 자질이 없어 동명사를 이루지 못하는 것으로 가정하고(邓思颖 2008e, 2009c), 더불어 목적어를 형성하는 준관형어와 기타 준관형어를 구분하고자 한다. 나는 남방방언에서 목적어에 쓰인 준관형어에 대해 논의한 바 있는데(邓思颖 2008e, 2009c), (109a)와 같이 명사화구는 경동사 DO의 보충어이다. 명사화접사가 이동을 유발하는 자질이 있든 없든, 동사는 반드시 DO로 이동해서 DO와 결합해야 한다. 동사가 경동사까지 이동할 때에는 반드시 한 단계 한 단계씩 올라가는데, 먼저 명사화접사를 거친 뒤 경동사까지 간다. 남방방언의 명사화접사가 동사 이동을 유발하는 자질을 가지지는 않지만, 그래도 여전히 한 단계씩 위로 올라가는 길에서 명사화접사를 거쳐야만 한다. 이처럼 가는 길에 거쳐가야 하므로 동사는 도출 과정의 어느 한 부분에서 명사화접사가 있는 곳으로 옮겨가 명사화접사와 결합을 하며, 이로써 동명사 형성의 기본 조건이 만들어지는 것이다.

그러나 다른 위치(예를 들어 주어 위치)에서 명사화구는 경동사의 보충어가 아니다. 남방방언의 명사화접사가 동사이동을 유발하지 못한다면, 동사는 한 단계씩 위로 올라가면서 명사화접사를 거쳐갈 기회가 사라진다. 그렇다면 명사화접사는 그것을 뒷받침해 줄 어떠한 품사나 통사적 기반도 얻지 못하고 텅 비어 있는 기능어가 되고 마는데, 이는 문법적으로 허용되지 않는다(Koopman 2000, Kukui and Sakai 2003 등). 그렇다면 명사화접사는 이러한 상황에서 존재할 수 없게 되고 동명사가 만들어지지 못한다. 이러한 점은 부적격형이 되는 (100), 그리고 (105b), (106b), (107b)처럼 웨어에서 주어에 준관형어가 오지 못하는 이유를 설명해 주며, 이로써 남방방언에서 주·목적어 비대칭 현상이 나타나는 현상도 설명된다.

'他的老师当得好(그의 선생님을 잘 한다)'에서 '他(그)'가 준관형어로 불리는 이유는 바로 '他的(그의)'와 '老师(선생님)'간에 소유관계가 성립하지 않아 표면적으로 형식-의미 불일치 현상이 일어나기 때문이다. 그러나 동명사의 명사화 분석에 따른다면, '他的(그의)'가 '老师(선생님)'를 수식하는 게 아니며, '他的(그의)'의 피수식어는 사실 명사화구, 즉 동명사로, '当老师(선생님 역할을 하다)'의 의미를 나타낸다.[34] '老师(선생님)'는 피수식어가 아니므로 수식구조의 핵어 자리를 차지할 자격이 없다. 이와 같은 예문들 가운데 준관형어와 피수식어가 구성하는 관계는 전형적 수식관계이며, 이렇게 보아도 전혀 어색하지 않다. 따라서 준관형어는 관형어로 이름을 바로 잡아야 하며, 당당한 관형어이므로 '준관형어'라는 이름을 붙이는 것은 맞지 않고, 더욱이 '위관형어(伪定语)'나 '가짜 소유관형어(假领属定语)'라는 이름을 붙이는 것은 이 관형어에게 너무나 억울한 노릇이다.

## 10.3 병렬구조

주술구조, 술목구조, 술보구조, 수식구조, 병렬구조라는 이 다섯 가지 구조는 중국어 통사나 형태에서 모두 볼 수 있는데, 통사에서는 각종 구를 형성하며, 형태에서는 각종 복합어를 형성한다. 따라서 이 다섯 가지 구조를 중국어의 '기본' 구조로 이해할 수 있다(张静等 1980: 76, 刘月华 等 1983: 4-5, 2001: 5-7, 邢福义 等 1991:

34 [역주] 이러한 설명에 따라 '他的+피수식동명사'는 '그의 …됨', '그의 …가 되는 것' 정도로 해석될 수 있을 것이며, '他的老师'는 '그의 선생님 됨', '그의 선생님 역할 하는 것'으로 해석될 수 있다.

299, 黄伯荣·廖序东 2002b: 63, 北京大学中文系 2004: 270-275, 周一民 2006: 320, 冯志纯 等 2008: 102 등). 중국어 주술구조, 술목구조, 술보구조는 이 책의 여러 장을 통해 이미 분석하였고, 또한 수식구조에 대해서는 이 장 시작부분에서 살펴보았다. 이제 이 절에서는 병렬구조의 통사문제에 관하여 주로 논의해 보겠다.

전통 중국어 문법학에서는 병렬구조를 "두 개 혹은 그 이상의 병렬 성분으로 구성되는 것"(朱德熙 1982: 156)이라고 보며, 병렬구조를 구성하는 각 부분들은 "문법적으로 지위가 동등하다"고 본다(黄伯荣·廖序东 2002b: 62). 논의 상 편의를 위해 병렬성분(혹은 연접성분)을 연접어(conjunct)라고 칭하겠다. 의미에 따라 나눈다면 병렬구조에는 '병렬'과 '선택' 두 가지 종류가 있는데, (125)의 '和(…와)'는 연접어 '张三(장싼)', '李四(리쓰)' 간에 병렬관계가 존재하며 둘 다 취함을 나타내고, (126)의 '或(혹은)'는 연접어 '张三(장싼)'과 '李四(리쓰)' 사이에 선택관계가 존재하며 그중 어느 하나를 선택함을 나타낸다. 이 두 예문 가운데 접속사 앞에 있는 '张三(장싼)'은 '외부 연접어(external conjunct)', 접속사 뒤에 있는 '李四(리쓰)'는 '내부 연접어(internal conjunct)'라 부른다(N. Zhang 2009).

(125) 张三和李四　　장싼과 리쓰
(126) 张三或李四　　장싼 혹은 리쓰

중국어 병렬구조는 상술한 예문 가운데 접속사 '和(…와)', '或(혹은)'와 같은 형식적 표지가 있을 수도 있고, 예문 (127)의 '跑步, 游泳, 打网球(달리고 수영하고 테니스 친다)'처럼 형식 표지가 없을 수도 있다.

(127) 天天跑步，游泳，打网球

맨날 달리고 수영하고 테니스 친다

류단칭(刘丹青 2008: 8, 10)에서는 병렬구조에 동사가 들어가는 것이 명사가 들어갈 때보다 훨씬 더 많은 운율 제약을 받는다고 하였는데, 예를 들어 (128)에서의 1음절명사 '人(사람)', '狗(개)'는 가능하지만, (129)의 1음절동사 '骂(욕하다)', '喉(소리치다)', '打(때리다)', '关(가두다)'의 수용성은 매우 낮은데, 동일한 의미를 나타내는 (130)의 2음절동사의 경우 (129)에 비해 수용성이 훨씬 높다. 류단칭(刘丹青 2008: 14)은 (131)의 문장을 예로 들며 1음절인 '听(듣기), 读(읽기)', '抄(베껴 쓰기)', '背(암기하기)'와 '听(듣기)', '说(말하기)', '读(읽기)', '写(쓰기)'는 논항 위치에 출현할 수 있다고 하였는데, 사실상 (131)의 1음절 연접어들은 이미 명사화된 것으로, (128)의 명사와 비슷한 것이다. 사실 병렬구조에서 보이는 이런 현상은 모두 통사와는 무관한 운율 문제이므로 음운부문에서 처리해야 한다.

(128) 房间里面人狗鹦鹉一起在叫。

방 안에서 사람, 개, 앵무새가 한데 소리치고 울어댄다.

(129) *他对犯错的下属骂，喉，打，关。

(130) 他对犯错的下属责骂，吼叫，殴打，关押。

그는 잘못을 저지른 부하를 욕하고 소리치고 때리고 가두었다.

(131) 听读抄背不同于听说读写，它不是四种英语技能，而是四个学习程序。

듣기, 읽기, 베껴 쓰기, 암기하기는 듣기, 말하기, 읽기,

쓰기와 달리 네 가지 영어기능이 아닌 네 가지 학습 절차이다.

명사성성분의 연접에 사용되는 접속사 중 자주 쓰이는 것에는 '和(…와)', '跟(…와)', '同(…와)', '与(…와)', '及(… 및)', '兼(겸)' 등이 있으며, 동사성성분의 연접에 주로 사용되는 접속사로는 '而(그리고)', '并(아울러)', '兼(겸)', '并且(게다가)'가 있고, 부사 '又…又…(또한 …하고 또한 …하다)'도 연접어를 연결하여 병렬구조를 이루는데 사용될 수 있다.

병렬구조 분석을 복문에 적용할 수 있는지, 또한 복문의 각 절(分句) 간의 관계는 병렬구조를 구성할 수 있는지를 살펴보자. 주더시(朱德熙 1982: 218)는 (132)와 (133)을 복문으로 간주하며 "복문에서 각 절 사이의 관계는 구와 구 사이의 관계가 아니다. 우리는 이러한 복문의 절 간의 관계를 구의 평면에 있는 주술관계, 술목관계, 수식관계 등 가운데 어느 한 부류의 구조관계로 보아서는 안 된다"고 하였다. 그의 관점에 따르면 (132)와 (133)은 복문만을 형성할 수 있고, 두 절이 병렬관계를 형성하지 않는다. 사실 구와 절을 구분하지 않는 통사 이론에서는 절이 구로 구성되어 있으므로 구가 아닌 절이란 존재하지 않는다. 문법관계 개념을 명사구, 동사구 등 '구' 층위에 응용할 수 있으므로 우리는 이를 복문 층위에도 응용할 수 있다고 본다.

(132) 与其你去，不如他去。

네가 가는 것보다 그가 가는 게 낫겠다.

(133) 不但价钱贵，而且东西也不好。

가격이 비쌀 뿐 아니라 게다가 물건도 안 좋다.

사실, 전통 중국어 문법학에서 많은 학자들이 문법관계 개념을 복문 분석에 적용하였으며, 복문을 병렬관계를 나타내는 부류('联合复句(병렬복문)'라 칭하기도 함)와 수식관계를 나타내는 부류('偏正复句(수식복문)'이라 칭하기도 함) 둘로 나누기도 하였다(张静 等 1980, 刘月华 等 1983, 2001, 胡裕树 等 1995, 邢福义 2001, 黄伯荣·廖序东 2002b, 北京大学中文系 2004, 周一民 2006 등). (132)는 병렬복문 가운데 선택복문이며, (133)은 병렬복문 가운데 점층복문에 속한다. 아래 예문은 전형적 수식복문으로, (134)는 원인과 결과를, (135)는 조건을, (136)은 가정을, (137)은 전환을 나타낸다.

(134) 因为张三去，所以李四不去。
장싼이 가니까 리쓰가 안 간다.

(135) 除非张三去，否则李四不去。
장싼이 간다면 몰라도, 그렇지 않으면 리쓰는 안 간다.

(136) 如果张三去，那么李四不去。
장싼이 간다면 리쓰는 안 갈 것이다.

(137) 虽然张三去，但李四不去。
장싼이 가기는 하지만, 리쓰는 안 간다.

형식표지는 통사성분의 연접에 큰 역할을 한다. 전통 중국어 문법학에서 대개 부사를 제외하고 연접 기능을 가지는 모든 단어들 다 '접속사(连词)'라 칭하였다. 우리는 이 '접속사'를 연접기능과 성질에 따라 절을 연접하는 보문사 C와 기타 성분을 연접하는 접속사 Co 이렇게 두 가지로 크게 나누어 보았다. 일부 보문사와 접속사는 유사해 보이지만 대체로 보아 통사 분포가 비교적 규칙적이다.[35]

(138) 접속사

a. 병렬구조: 和(…와), 跟(…와), 及(… 및), 兼(겸), 而且(…하고), 或(혹은) 등

b. 수식구조: 而(…하여)

보문사

a. 병렬복문: 不但…而且…(…일 뿐만 아니라, 게다가…), 与其…不如…(…하느니 …하는 게 낫다) 등

b. 수식복문: 因为…所以…(…때문에 그래서…), 虽然…但是…(비록 …이나, 하지만…) 등

접속사는 연접어의 품사에 따라 다시 몇 가지로 하위분류할 수 있다(Aoun and Li 2003: §5.2, 李艳惠 2008). '兼(겸)'은 명사구를 연접하는 기능을 하는데, 예를 들어 (139)의 '秘书(비서)'와 '打字员(타이피스트)'은 모두 양사 '个' 뒤에 오며, 이러한 명사성성분은 (140)에 대략적으로 기술된 바와 같이 모두 명사구 NP로 분석되어야 한다. 부적격형인 (141), (142), (143)은 '兼(겸)'이 연접하는 것이 한정사구 DP임을 나타내는데, 비한정적 '一个秘书(비서 한 명)'와 '一个打字员(타이피스트 한 명)'의 사이든, 한정적인 '这个学生(이 학생)', '那个学生(저 학생)'의 사이든, 아니면 대사 '他(그)'와 고유명사 '张三(장싼)' 사이든 간에 '兼(겸)'이 출현하는 것은 부적절하다.

(139) 我想找一个秘书兼打字员。

---

35 수식구조를 나타내는 '而(…하여, …해서)'은 아래 (i)과 같은 예를 들 수 있다(胡裕树 等 1995: 295).

(i) 为推广普通话而努力　보통화 보급을 위해 노력하다

나는 비서 겸 타이피스트를 한 명 구하고 싶다.

(140) 我想找 [ $_{DP}$ 一个 [ $_{NP}$ [ $_{NP}$ 秘书 ] 兼 [ $_{NP}$ 打字员 ] ] ]

(141) *我想找一个秘书兼一个打字员。

(142) *我很喜欢这个学生兼那个学生。

(143) *我很喜欢他兼张三。

(144)–(147)에서 보듯이 '兼(겸)'과 달리 접속사 '和(…와)'와 '跟(…와)'은 한정사구를 연접하는 데 쓰일 수 있으나, 명사구는 연접할 수 없다.

(144) *我想找一个秘书和打字员。

(145) 我想找一个秘书和一个打字员。

나는 비서 한 명과 타이피스트 한 명을 구하고 싶다.

(146) 我很喜欢这个学生和那个学生。

나는 이 학생과 저 학생을 좋아한다.

(147) 我很喜欢他和张三。

나는 그와 장싼을 좋아한다.

'兼(겸)'은 명사구 외에 동사성 성분도 연접 가능한데, (148)의 '念书(책을 읽다)', '做事(일을 하다)'는 동사구이며, (149)의 '设计(설계하다)', '画图(도면을 그리다)' 역시 동사구이다.

(148) 张三念书兼做事，很忙。

장싼은 책을 읽으며 겸해서 일을 하느라 바쁘다.

(149) 我设计兼画图，他施工兼监工，我们合作得很好。

나는 설계 겸 도면을 맡고, 그는 시공 겸 감독을 맡았는데, 우리는 매우 잘 협력했다.

절을 연접하는 '而且(또한, 게다가)'는 보문사이며, 기타 동사성 성분을 연접하는 '而且(…하고, …하여)'는 접속사이다. (150)에서 정태동사(즉 전통 중국어 문법학에서 말하는 '형용사')로 구성된 동사구 '柔软(부드럽다)'과 '光滑(매끄럽다)'를 연접하는 '而且(…하고)'는 접속사이고, (151)의 절을 연접하는 '而且(또한, 게다가)'는 보문사이다. 아운과 리(Aoun and Li 2003: 249, 주석 7)에서는 (152)와 같은 예를 근거로 보문사 '而且(또한, 게다가)'가 연접하는 절이 보문사구 CP임을 증명하였는데, '因为(…때문에)'는 원래 그 자신이 보문사로서 보문사구를 구성하고, '而且(또한, 게다가)'는 두 개의 보문사 '因为(…때문에)'로 구성된 보문사구 '因为他得到最大的奖(그가 가장 큰 상을 받았기 때문이다)'와 '因为他有喜事降临(그의 결혼식이 곧 다가오기 때문이다)'을 연접한다고 하였다.

(150) 表面柔软而且光滑。
표면이 부드럽고도 매끄럽다.

(151) 我喜欢他，而且张三也喜欢他。
나도 그를 좋아하고, 그리고 장싼도 그를 좋아한다.

(152) 我们都为他高兴，因为他得到最大的奖，而且因为他有喜事降临。
우리는 모두 그로 인해 기뻤는데, 그가 가장 큰 상을 받았기 때문이며, 또한 그의 결혼식이 곧 다가오기 때문이다.

'而且(…하고)'는 오직 동사성 성분만 연접할 수 있지만, 명사성 성분과 연용할 수도 있을 것으로 보인다. 아운과 리(Aoun and

Li 2003: 150)는 '而且(…하고)'가 (153)과 (154)에서 형용사(즉, 비술어 형용사)로 구성된 구(예를 들어 '主要(중요한)', '共同(공동의)')와 관계절을 동시에 연접할 수 있음에 주목하였다. 관계절의 경우는 동사성이지만, '主要(중요한)', '共同(공동의)'은 명사성이다.[36]

(153) 主要的而且我们已经讨论过的事情
중요한, 그리고 우리가 이미 논의했던 일

(154) 共同的而且没人可以带回去的东西
공동의, 그리고 어느 누구도 가지고 돌아갈 수 있는 물건

우리는 만약 '而且(…하고)' 앞뒤의 연접어가 뒤바뀌면 어감이 완전 달라진다는 사실에 주목했다. (155)는 수용성이 낮지만 받아들일 수 있는 문장이며, (156)은 비문이 된다. (155)와 (156)의 차이는 아마도 '主要(중요한)'라는 단어의 용언화 경향과 관련 있는 것으로 보인다. (157)의 '主要(중요한)'는 술어가 될 수 있으며, (158)의 '主要(중요한)'는 정도부사의 수식을 받을 수 있다.[37] 따라서 (157)이 수용 가능한 사람들에게 '主要(중요한)'는 이미 용언화된 것이며, 정태동사(즉 전통 중국어 문법학에서 말하는 형용사)로 재분석되는 것이다. 그러나 '很共同(매우 공동이다)', '非常共同(아주 공동이다)'은 수용 불가능한데, '共同(공동의)'이 술어가 되는 예문은 아직 찾지 못했다. 따라서 '共同(공동의)'은 여전히 형용사(즉 비술어형용사)이고, 명사성 성분에 속한다.

36 Aoun and Li(2003: §5)에서는 원래 예문 (153)과 (154)를 들어 관계절 부가 문제를 중점적으로 논의하고 있다.

37 (157)과 (158)은 '北京大学汉语语言学研究中心现代汉语语料库(CCL 코퍼스)'에서 가져온 것이다.

(155) ??我们已经讨论过的而且主要的事情

우리가 이미 논의했던 그리고 중요한 일

(156) *没人可以带回去的而且共同的东西

(157) 管好甲醇产销非常主要。

메탄올 생산 판매를 잘 관리하는 것이 무척 중요하다.

(158) 有一个很主要的原因。

중요한 원인이 하나 있다.

이러한 차이는 아래 예문에서 좀 더 잘 드러난다. '慢性(만성의)'은 형용사(즉, 비술어형용사)(吕叔湘·饶长溶 1981: 81)로 명사성에 속하며, '无人可医(아무도 고칠 수 없다)'는 관계절로 볼 수 있으며, 정태동사(즉, 전통문법학에서의 형용사)와 마찬가지로 동사성 성분에 속한다. (159)의 '而且(…하고)'는 외부 연접어 '慢性(만성의)'과 내부 연접어 '无人可医(아무도 고칠 수 없다)'를 연접할 수 있지만, 어순을 바꾼 (160)은 부적격이 된다. (161)의 '而且(…하고)'는 동사성 '可怕'와 '无人可医(아무도 고칠 수 없다)'를 연접하며, 어순을 바꾸어도 문제가 없어서 (162)는 여전히 수용 가능하다.

(159) 慢性而且无人可医的病

만성에 아무도 고칠 수 없는 병

(160) *无人可医而且慢性的病

(161) 可怕而且无人可医的病

무섭고도 아무도 고칠 수 없는 병

(162) 无人可医而且可怕的病

아무도 고칠 수 없고 무서운 병

(154)와 (156), (159)와 (160) 등의 예문 간의 대립은 매우 흥미로운데, '而且(…하고)'가 연접하는 연접어에는 달라진 게 없고, 유일하게 바뀐 것은 어순이다. '而且(…하고)'의 외부 연접어는 명사성도 가능한데, 내부 연접어는 반드시 동사성이어야 한다. '而且(…하고)'와 내부 연접어 간의 관련성은 좀 더 밀접하다. 이러한 특징은 바로 영어의 'and'와는 정반대인데, N. 장(N. Zhang 2009: §4)은 영어의 'and'와 외부 연접어가 전체 병렬구조의 품사를 결정짓는 중요한 지위를 가지는 것처럼 보인다고 하였다. (163)의 부적격성은 절 'that he will be on time(그가 시간에 맞춰 올 것)'이 동사 'depend on(믿다)'의 목적어가 되지 못하는 이유를 설명해 준다. 그러나 절 'that he will be on time(그가 시간에 맞춰 올 것)'은 병렬구조 속에 들어간 뒤에 (164)에 출현할 수 있다. 만약 전치사구 'on my assistance(내 조수를)'와 절 'that he will be on time(그가 시간에 맞춰 올 것)'의 어순을 뒤바꿔 (165)처럼 만든다면 이는 비문이 된다. N. 장(N. Zhang 2009)은 이를 통해 'and'의 외부 연접어가 결정적 작용을 한다고 추론하였고, 아울러 영어와 중국어는 서로 다른 유형의 언어에 속하며 영어의 병렬구조는 외부 연접어 위주이고, 중국어의 병렬구조는 내부 연접어 위주라고 주장하였다. 우리의 발견은 바로 그녀의 이러한 이론을 뒷받침해 준다. 이 밖에 우리는 '而且(…하고)'에 대한 기술을 "'而且(…하고)'의 내부 연접어는 반드시 동사성이어야 한다"로 수정해야 할 것이다.

(163) *You can depend on that he will be on time.

(164) You can depend on my assistance and that he will be on time.
당신은 내 조수와 그가 제 시간에 맞춰 올 것을 믿어도 된다.

(165) *You can depend on that he will be on time and my assistance.

기타 몇 가지 '기본적' 구조와 비교할 때 중국어 병렬구조에 대한 통사분석은 상대적으로 그리 많지 않고, 그리 중요시되지도 않았다. N. 장(N. Zhang 2009)은 언어 대조적 관점에서 병렬구조와 관련된 각종 통사적 문제를 상세히 논의하였으며, 중국어 병렬구조를 고찰하여 심도 있게 분석하였다. 그녀는 병렬구조가 편평扁平 구조가 아니며 계층성이 있음을 증명하였다. 또한 외부 연접어가 내부 연접어보다 높은 층위에 놓여서 위치상 비대칭적이며 계층성을 이룬다고 하였다(Munn 1987, Larson 1990, Zoerner 1995, Johannessen 1998, Vries 2006 등의 논의도 참고하기 바란다). N. 장(N. Zhang 2009)의 분석에 따르면 병렬구조는 다음과 같은 개략적 수형도의 구조를 취한다. X는 접속사이고, 외부 연접어는 지정어 위치에 놓이며, 내부 연접어는 접속사의 보충어로, 이 세 성분이 병렬구조를 이룬다.

(166)

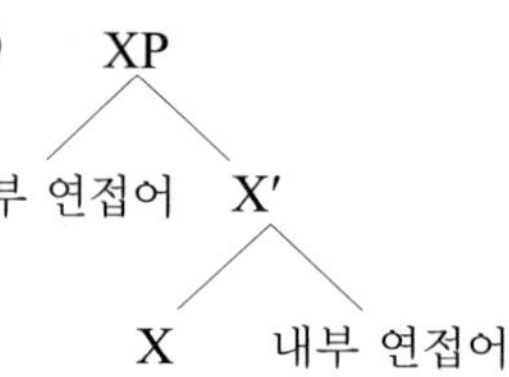


가장 간단한 예를 들어 병렬구조의 통사 문제를 설명해 보자. 상술한 (125)((167)에 반복)를 예로 들면 접속사 '和(…와)'는 접속사구 CoP를 이루고, 이 구의 핵어가 되어 두 개의 성분을 연접한다. (168)처럼 내부 연접어 '李四(리쓰)'는 보충어 위치에 놓이고, 외부 연접어 '张三(장싼)'은 지정어 위치에 놓인다.[38]

38 N. Zhang(2009)은 접속사가 독립적 품사가 아니므로 CoP가 존재하지 않는 것으로 가정했다. 중국어의 상황을 보면, '和(…와)'는 내부 연접어의 품사와

(167) 张三和李四　　　　　　장싼과 리쓰

(168)
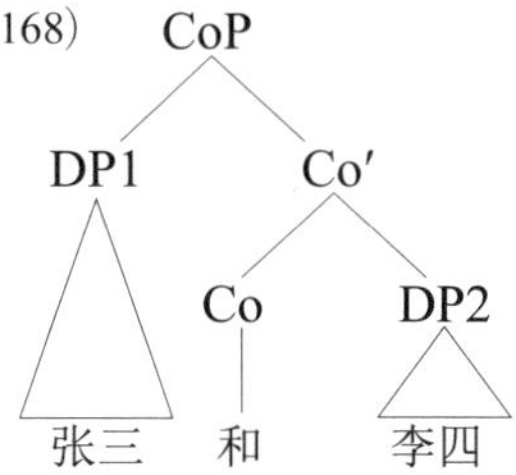


(139)의 '兼(겸)'((169)에 반복)은 '和(…와)'와 달리 오직 명사구 NP만을 연접어로 선택하는데, (169)의 병렬구조 부분은 수형도 (170)과 같이 나타낼 수 있다.

(169) 我想找一个秘书兼打字员。

나는 비서 겸 타이피스트 한 명을 구하고 싶다.

(170)
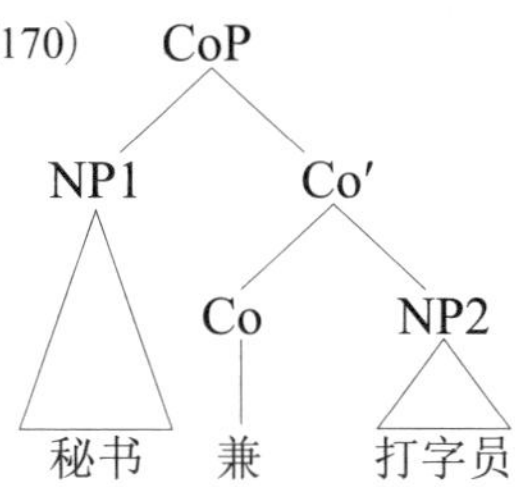


(133)((171)에 반복)과 같이 절을 연접하는 '而且(또한, 게다가)'도 역시 유사한 구조를 가져야 하는데, '而且(또한, 게다가)'는 보문사 C1로, 시간사구 TP('东西也不好(물건도 안 좋다)')와 병합하며,

---

일치해야 한다. 그녀의 분석에 따르면 (168)의 '和(…와)'는 한정사 D여야 하고, (170)의 '兼(겸)'은 명사 N이어야 해서 각각 한정사구 DP와 명사구 NP를 이루게 된다. 그러나 접속사에 대한 기존의 인식을 존중하는 한편 논의의 편의를 위해서도 비교적 '전통적인' 분석법을 그대로 따르기로 한다.

이때 TP는 내부 연접어가 된다. '而且(또한, 게다가)'는 그 다음으로 이미 완성된 또 다른 보문사구 CP2('不但价钱贵(가격이 비쌀 뿐만 아니라)')와 병합하며, 이 CP2는 외부 연접어가 되고, 이 세 성분이 '而且(또한, 게다가)'를 핵어로 하는 보문사구 CP1을 구성한다. CP2에서 '不但(…뿐만 아니라)'은 이 절이 외부 연접어임을 표시하는 기능을 하며, '而且(또한, 게다가)'는 이 외부 연접어와 내부 연접어를 연결하여 병렬구조를 구성하는 역할을 한다.

(171) 不但价钱贵，而且东西也不好。

가격이 비쌀 뿐만 아니라 게다가 물건도 안 좋다.

(172)

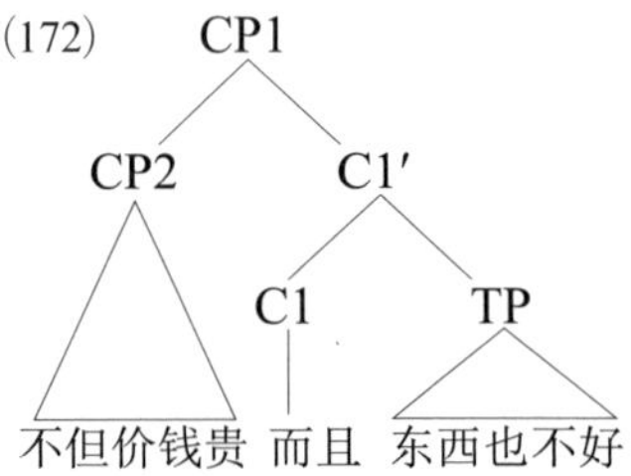


수식구조인 수식복문과 병렬구조의 가장 명확한 차이는 바로 수식복문 내 두 개의 절이 수식어와 피수식어 관계를 이루어 주종 관계로 구분되어서 연접어의 지위가 서로 평등하지 않다는 점이다. 앞서 논의한 수식구조에 대한 통사분석(예를 들어 (5))을 그대로 따라 수식복문의 앞 절이 종속절(subordinate clause, 중국어로는 '从属小句'이며 '从句', '偏句' 등으로 칭하기도 함)이며, 형식적으로는 부가어이고, 기능적으로는 수식어 역할을 하고, 수식복문에서 뒤의 절이 바로 주절(중국어로 '正句'라고도 칭함)이자 피수식어 부분이라고 본다. (134)의 인과복문을 예로 들어 보면((173)에 반복), (174)의 수형도와 같이 '所以(그래서)'는 주절의 보문사 C1로, 시간사구

‘李四不去(리쓰는 안 가다)’와 병합된다. ‘因为(…때문에)’는 종속절의 보문사 C2이며 ‘张三去(장싼이 가다)’와 보문사구 CP2를 구성한다. CP2가 마지막에 부가의 방식으로 CP1 위에 부가됨으로써 전체 CP1은 하나의 수식구조를 이룬다.

(173) 因为张三去，所以李四不去。

장싼이 가기 때문에 그래서 리쓰가 안 간다.

(174)

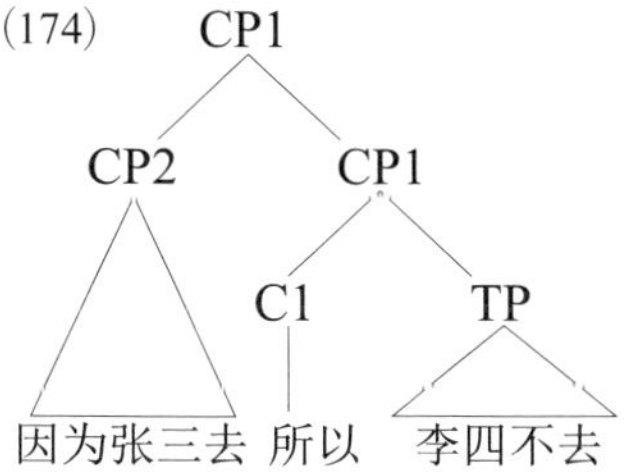


간혹 결과를 강조하기 위해 (173)의 ‘李四不去(리쓰는 안 가다)’를 문두로 이동시켜 (175)와 같은 ‘선 결과 후 원인’의 어순을 형성하기도 한다. 허위안젠(何元建 2007: 114)은 이런 문장에서 보문사 ‘所以(그래서)’는 강조하는 절을 따라 문두로 이동하지 않기에, (176)의 문장이 비문이 된다고 하였다. (177)의 ‘否则(그렇지 않으면)’나 (179)의 ‘但是(그러나)’와 같은 기타 수식복문의 보문사도 상황이 동일하다. 우리의 분석에 따르면 (175)에서 앞으로 이동한 부분은 시간사구 TP이며, 그 뒤에 CP1 위에 부가되어 수형도 (180)과 같은 구조를 이루는데, 이런 방식도 아무런 통사적 제약을 위반한 바 없으므로 받아들일 수 있는 방법이다. 만약 (176)–(179)와 같은 문장을 이루려면 수형도 (174) 아래 층위의 CP1을 이동시켜야만이 보문사 C1을 함께 이동시킬 수 있다. 그러나 아래 층위의 CP1은 구의 한 분절(segment)에 불과하며, 동시 이론에서 구의 분절은 이동할 수 없다고 규정하고 있으므로, 우리는 (176)–(179)와 같은 어순을 만들 수 없다.

(175) 李四不去，因为张三去。

리쓰는 안 간다. 장싼이 가니까.

(176) *所以李四不去，因为张三去。

(177) *否则李四不去，除非张三去。

(178) *那么李四不去，如果张三去。

(179) *但是李四不去，虽然张三去。

(180)

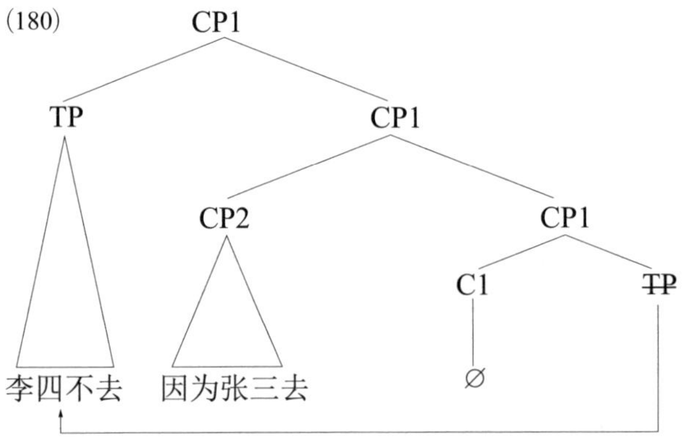


우리는 (180)에서 원래 위치에 남겨진 보문사 C1이 반드시 영형식의 ∅이어야 한다고 가정한다. 물론, 보문사 C1이 왜 이러한 상황에서 (181)처럼 겉으로 드러나서 뒤에 남아 있는 어순을 형성할 수 없는지 설명해야만 할 것이다.

(181) 李四不去，因为张三去(*所以)。

리쓰는 안 간다. 장싼이 가니까(*그래서).

(181)의 '所以(그래서)'가 드러날 수 없는 것은 이 부류의 보문사가 가지는 어떤 형식적 자질과 유관하다. 우리는 이러한 보문사들이 개사와 밀접한 관계가 있다고 보는데, 류단칭(刘丹青 2003)에서는 고한어의 '因…以…(…로 인하여 그래서 …하다)'에서의 '以(…로써, …해서)'와 '因…而(…로 인하여 그래서 …하다)'에서의 '而(…해서)'이 '연접성 후치사(连接性后置词)'라고 주장한 바 있다. 이에 우리는 현대중국어의 보문사도 그러한 후치사와 원류가 같은 것으로 추측해 볼 수 있을 것이다. 만약 이 추측이 맞다면, 보문사는 개사의 일부 특징을 여전히 지니고 있을 것이다. 잘 알다시피 중국어는 전치사 좌초(preposition stranding, 즉 개사 좌초)를 허용하지 않는다. 예를 들어 우리는 (182)에서 '张三(장싼)'을 문두로 이동시킬 수 없는데, 이렇게 되면 (183)처럼 개사 '向(…를 향해)'이 홀로 좌초된 성분이 되어 부적격형이 되기 때문이다. 마찬가지로 (184)에서 간접목적어 '我(나)'를 문두로 이동시켜 개사 '给(…에게)'를 좌초된 성분으로 만들어버리면 (185)와 같은 비문이 된다. 이렇듯 (181)에서 '所以(그래서)'가 드러나지 못하는 것은 전치사 좌초 현상(즉, 개사 좌초 현상)과도 관련되는 것으로 볼 수 있다.

(182) 我们向张三学习。
우리는 장싼에게서 배운다.
(183) *张三，我们向学习。
(184) 张三送了一本书给我。
장싼이 책 한 권을 나에게 주었다.
(185) *我，张三送了一本书给。

만약 병렬구조를 (166)((186)에 반복)과 같이 분석한 수형도기 정확하다면, 외부 연접어와 내부 연접어는 평등한 지위를 가져야 하며, 이 둘 사이에 어떠한 보충, 수식 등의 관계도 관련되지 않아야 한다. 이를 통해 볼 때 병렬구조는 일정한 독립성을 갖추고 있으므로 다른 구조와 구별된다 하겠다.

(186)

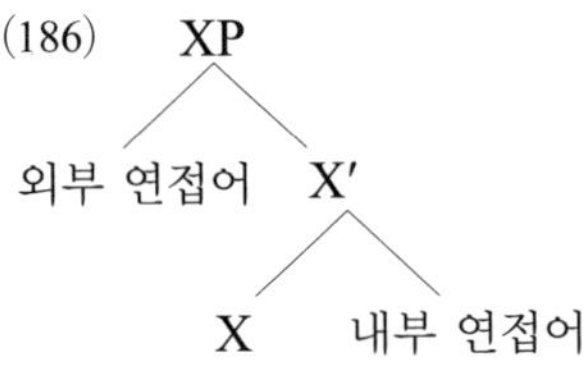


그러나 수형도 (186)을 자세히 보면 이 구조와 주술구조의 틀이 기본적으로 일치한다는 것을 발견할 수 있을 것이다. (187)에 나타난 것처럼 주술구조에서 핵심이 되는 부분은 경동사 *v*이고, 경동사의 기능은 두 성분, 즉 지정어 자리에 놓인 주어와 보충어 자리에 놓인 술어(어근) 이 두 성분을 연결하는 것이다. 병렬구조에서 핵심이 되는 부분은 X이고, X의 기능은 두 개의 성분, 즉 지정어 자리에 있는 외부 연접어와 술어 보충어 자리에 있는 내부 연접어를 연결하는 것이다. 만약 내부 연접어가 절이라면 X는 바로 보문사 C이고, 내부 연접어가 기타 성분이라면 X는 바로 접속사 Co이다.

(187)

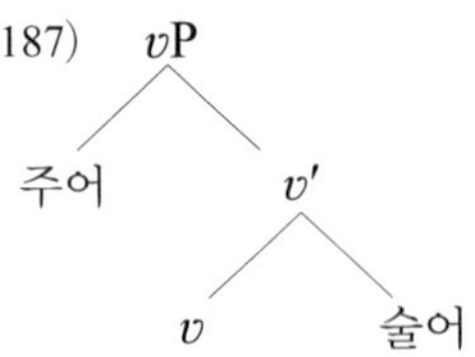

주술구조와 병렬구조를 하나의 큰 부류로 간주함으로써 이들 간의 유사한 특징들을 설명할 수 있다는 장점이 생긴다. 먼저 (188)과 (189)를 보자. 이 두 예문은 전항과 후항 두 개로 구성되어 있는데, 예를 들어 (188)은 '广州、上海(광저우·상하이)'와 '两个大城市(두 대도시)'로 구성되며, (189)는 '《阿Q正传》的作者(《아큐정전》의 저자)'와 '鲁迅(루쉰)'으로 구성된다. 여러 논저에서 이러한 예들은 중국어의 '등위구조(同位结构, 혹은 등위구(同位短语, 同位词组))'로 분석되며(张斌 等 1988: 274, 胡裕树 等 1995: 303, 邢福义 1996, 黄伯荣·廖序东 2002b: 63, 周一民 2006: 320 등), 혹은 '재지시/재지시성분/재지시구(复指/复指成分/复指短语)' 등으로 불리기도 한다(《中学教学语法系统提要》, 刘月华 等 1983: 401, 刘月华 等 2001: 644, 张志公 等 1985: 30, 邢福义 等 1991: 303, 北京大学中文系 2004: 393-394, 冯志纯 等 2008: 104 등). 주더시(朱德熙 1982: 144)의 경우 이러한 구조를 심지어 수식구조의 일종이라 간주하여 '등위성 수식구조(同位性偏正结构)'로 이름하고, 이러한 등위성 수식구조에 쓰인 관형어를 '등위성 관형어(同位性定语)'라고 부르기도 하였다.[39]

(188) 广州、上海两个大城市
광저우·상하이 두 대도시

(189) 《阿Q正传》的作者鲁迅
《아큐정전》의 저자 루신

앞서 언급한 학자들은 대개 등위구조를 독립적 구조로 처리하였으나, 주더시(朱德熙 1982)는 등위구조가 수식구조의 일종으로,

39 刘街生(2004)은 중국어 등위구조에 대해 전반적으로 고찰하고 심도 있는 분석을 진행한 바 있다.

독립적 구조가 아니라고 보았다. 이 두 가지 의견 외에 등위구조를 병렬구조라고 주장한 학자도 있다. 차오(Chao 1968: §5.2.6)는 '느슨한 등위형식(松弛同位式)'인 (190)과 (191)이 병렬형식이며, 전항과 후항의 "중간에 휴지가 없다"고 하였다(赵元任 2002: 281). 뤼수샹(吕叔湘 1979: 50)은 재지시관계를 병렬구조의 일종으로 보고, 아울러 "성분의 기능이 동일하고, 그 전체와 그것을 구성하는 성분의 기능이 동일하다"고 하였다. 류제성(刘街生 2004: 152)은 장징 외(张静 等 1980: 126)의 예문 중 (192)의 '二排排长曹大贵(2소대 소대장 차오다구이)'와 (193)의 '北京—中华人民共和国首都(베이징—중화인민공화국 수도)'를 '해설 병렬'이라고 하였다.

(190) 文学院长陈方伯
문과대 학장 천팡보

(191) 东西交通的孔道苏彝士运河
동서 교통의 요로 수에즈 운하

(192) 二排排长曹大贵是刚从抗大九分校调来的
2소대 소대장 차오다구이는 중국 인민 항일 군사정치대학(中国人民抗日军事政治大学) 9분교에서 막 전근해 왔다.

(193) 北京—中华人民共和国首都是一个非常美丽的城市
베이징—중화인민공화국의 수도는 무척 아름다운 도시이다.

프리스(Vries 2006: 238)는 영어의 등위구조에서 후항이 전항을 설명(specification)하는 기능을 가진다는 점에 주목하였는데, 예문 (194)에서 'our boss(우리 사장)'는 'John(존)'을 설명하고, (195)의 'a book by Golding(골딩의 책)'은 'a nice present(멋진 선물)'를 설명한다. 이러한 설명관계는 중국어에서 이른바 하위 개념이 앞에 위치하는 '하위 거전식(下位居前式)'이라 불리는 구조에서 특히 두드러지는데(刘街生 2004), 예를 들어 (188)의 상위 후항 '两个大城市(두 내도시)'는 하위 전항인 '广州、上海(광저우·상하이)'를 설명하고, (193)의 상위 후항 '中华人民共和国首都(중화인민공화국 수도)'는 하위 전항인 '北京(베이징)'을 설명한다.

(194) John, our boss 존, 우리 사장

(195) a nice present: a book by Golding
멋진 선물: 골딩의 책

이 밖에도 프리스(Vries 2006: 238)는 영어의 등위구조가 병렬구조의 병렬식, 선택식과 형식적으로 모두 유사하다는 점에 주목하였는데, (196)은 영어의 병렬식이고 (197)은 영어의 선택식으로, 전항과 후항이 다 접속사로 연접되어 있으며, 일부 상황에서 영어의 접속사 'or'도 등위구조에서 전항과 후항을 연접하는데 쓰일 수 있다.

(196) Joop and Jaap 주프 그리고 야프

(197) Joop or Jaap 주프 혹은 야프

(198) the White House, or the house with the Oval Office
백악관, 혹은 미국 대통령 집무실이 있는 곳

네덜란드어에도 등위구조에 쓰이는 접속사가 하나 있는데, (199)의 'en wel(and namely)'은 전항 'een hond(a dog)'와 후항 'een poedel(a poodle)'을 연접한다(Vries 2006: 239). 영어와 네덜란드어

의 등위구조에 접속사가 출현한다는 사실을 통해 등위구조와 병렬구조의 유사성을 다시 확인할 수 있으며, 이로써 이 두 가지를 동일한 구조로 분석할 수 있게 되었다.

(199) Fik is een hond, en wel een poedel.

Fik is a dog, namely a poodle.

피크는 개, 그리고 이름하여 푸들이다.

중국어의 접속사 '和(…와)', '或(혹)'는 등위구조에 들어갈 수 없으며, (200)은 부적격형이다. 이러한 부분은 영어나 네덜란드어의 상황과 완전히 일치하지 않는다.

(200) *广州、上海和/或两个大城市

그러나 중국어의 일부 어휘는 영어나 네덜란드어 등위구조의 접속사와 유사한 기능을 가지는데, (201)의 '即(즉)', (202)의 '也就是(그러니까)', (203)의 '就是说(다시 말해)', (204)의 '包括(포함하다)'처럼 후항이 보충설명 기능을 하는 구조 속에서 전항과 후항을 연결하는데 쓰이기도 한다.[40] 전통 중국어 문법학의 설명에 따르면 이러한 어휘들은 '삽입어(插入语)'(黄伯荣·廖序东 2002b: 103, 周一民 2006: 370, 冯志纯 等 2008: 189), '삽입말(插说)'(刘月华 等 1983: 407, 2001: 653, 邢福义 等 1991: 329), '독립어(独立语)'(张斌 等 1988: 311-312, 邢福义 等 1991: 329, 周一民 2006) 등으로 불리며, 주석이나 보충, 열거를 나타내는 어휘로는 이 밖에 '正如(바로 …와 같다)',

40 (201)은 吕叔湘 等(1980: 252)에서, (202)는 黄伯荣·廖序东(2002b: 103)에서, (203)과 (204)는 '北京大学汉语语言学研究中心现代汉语语料库(CCL 코퍼스)'에서 가져온 것이다.

'例如(예를 들면 …와 같다)', '比如(예를 들면 …와 같다)' 등이 있다. 우리는 이러한 '삽입어'가 병렬구조를 구성하는 접속사로 분석될 수 있다고 본다.

(201) 解放后的头一年，即一九五〇年
해방 후 첫 해, 즉 1950년

(202) 在那段日子，也就是一起在山西时期，我对他多少也关心过。
그 시간, 그러니까 같이 산시에 있던 시기, 나는 그에게 어느 정도 관심을 가졌던 적이 있다.

(203) "早霞不出门，晚霞行千里"，就是说早霞预兆雨天，晚霞预示晴天。
"아침 노을이 지면 외출을 삼가고, 저녁 노을이 지면 멀리 놀러 간다"라는 말은 다시 말해 아침 노을이 지면 비가 올 징조이고, 저녁 노을이 지면 다음 날은 맑을 걸 예고한다는 것이다.

(204) 自然保护包括自然环境和自然资源的保护
자연보호는 자연환경과 자연자원의 보호를 포함한다.

등위구조를 병렬구조라는 틀 속에 놓고 전체적으로 살펴본다면 '和(…와)'와 '兼(겸)'은 병렬식에 쓰이고, '或(혹은)'는 선택식에, 그리고 '即(즉)'와 '包括(포함하다)'는 실명식에 각각 쓰여 그 기능 분담이 매우 분명함을 알 수 있다. (125)((205)에 반복)는 병렬식이고, (126)((206)에 반복)은 선택식, (207)은 설명식으로, 이 세 접속사가 명확하게 기능을 분담하고 있어 뒤섞일 염려가 없다.

(205) 张三和李四　　　　　장싼과 리쓰

(206) 张三或李四　　　　　장싼 혹은 리쓰

(207) 张三即李四　　　　　장싼 즉 리쓰

만약 중국어의 등위구조가 병렬구조의 한 부류에 속한다면, 등위구조의 전항과 후항은 바로 외부 연접어와 내부 연접어로 각각 이해할 수 있다. 통사적으로 접속사는 (208)처럼 먼저 내부 연접어와 병합한 뒤 나중에 외부 연접어와 병합하여 접속사구 CoP를 구성한다. 접속사는 공범주일 수도 있고((188)과 (189)처럼 전형적 등위구조를 형성), 볼 수 있고 들을 수 있는 '包括(포함하다)' 같은 접속사일 수도 있다((201)–(204) 등과 같은 구조 형성).

(208)

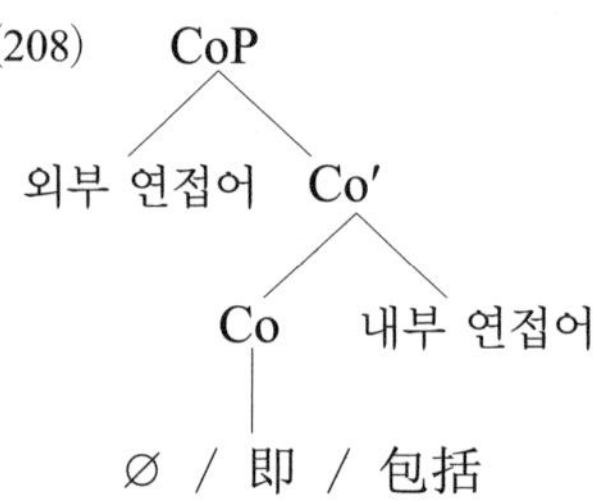


병렬구조의 수형도(예를 들어 (186)이나 (208))는 주술구조의 수형도(예를 들어 (187))와 기본적으로 동일하여 둘 다 두 개의 성분의 연접을 책임지는 핵어를 가지고 있다. 우리는 또한 중국어 등위구조와 주술구조에 때로는 '모호한' 지점이 존재해서 어느 구조가 등위인지 주술인지 판단해야 할 때 후항(즉 두 번째 명사성 성분)의 특징을 살펴보아야 하는 경우가 있다는 것을 발견하였다. (209)를 예로 들어보자. (209a)는 '전형적' 명사술어문으로 주술구조에 속하며, (209e)는 '전형적' 등위구조인데, (209a)에 근접하는

(209b)는 명사술어문이고, (209e)에 근접하는 (209d)는 등위구조로 보아야 한다. 그런데 그 가운데 있는 (209c)의 경우 성질이 좀 모호해서 주술구조 같기도 하고, 등위구조 같기도 하다.

(209) a. 명사구+명사구 (예를 들어 '张三学生(장싼은 학생)')

b. 명사구+X+명사구 (예를 들어 '张三好学生(장싼은 훌륭한 학생)')

c. 명사구+个+명사구 (예를 들어 '你个坏蛋(너는 나쁜 놈[주술구조]/너 나쁜 놈[등위구조])')

d. 명사구+一个+명사구 (예를 들어 '张三一个学生(장싼 한 학생)')

e. 명사구+这个+명사구 (예를 들어 '张三这个学生(장싼 이 학생'))

'个+명사구' 용례 중 일부는 가령 (210)과 (211)처럼 명사술어문처럼 보이기도 하는데, 단독으로 사용될 수 있으며 "대개 남을 욕할 때 쓰인다"(吕叔湘 1985: 201). 반면 또 일부 '个+명사구' 용례는 등위구조와 유사한데, 예를 들어 (212)의 '我个苦婆子(나 쭈그렁 할망구)'는 분명 등위구조로 볼 수 있고, 동사 '剩下(남다)'의 목적어로 쓰였다.[41]

(210) 你个贼王八，兔小子！ (라오서(老舍)《微神集》)

너 도둑놈, 쥐방울만한 새끼!

(211) 你个乌龟孙！ (차오위(曹禺)《正在想》)

너 이 겁쟁이 새끼!

41 (210)–(212)는 吕叔湘(1985: 201)에서 가져온 예문이다.

(212) 家中只剩下我个苦婆子。 (라오서(老舍)《归去来兮》)

집에는 나 쭈그렁 할망구만 남았다.

뤼수샹(吕叔湘 1985)은 '个+명사구'가 '这个+명사구'에서 왔고, '这(이)'가 생략되어 만들어진 것이라고 하였다. 그는 '这(이)'가 남아서 (213)처럼 쓰이는 경우가 있고, 때로는 '个+명사구' 부분만 남고 '你(너)'를 생략하여 (214)처럼 쓰이는 경우도 있다고 하였다(吕叔湘 1985: 202). 우리는 (213)이 여전히 등위구조라고 본다. 또한 (214)는 주술구조로, 주어는 청자를 지향하는 영형식의 *pro*이며 명사술어 '混蛋(개자식)'만 남은 것이라고 본다.

(213) 你这个松头日脑的家伙！ (라오서(老舍)《惶惑》)

너 이 모자란 녀석아!

(214) 个混蛋！范兴奎！范兴奎！ (차오위(曹禺)《蜕变》)

개자식! 판싱쿠이! 판싱쿠이!

지시대사를 포함한 명사성성분은 술어가 될 수 없는데(邓思颖 2002b: 218, 220), 아래 예문은 바로 이러한 점을 말해 준다. (216), (218)이 부적격형이 되는 것은 술어인 명사성 성분에 지시대사 '这(이)'가 포함되어 있기 때문이다. 따라서 상술한 (209e)는 주술구조로는 분석될 수 없고 등위구조로만 분석될 수 있다.

(215) 这个月二月。 이번 달은 2월.

(216) *二月这个月。

(217) 这位先生大学教授。 이 분은 대학 교수.

(218) *大学教授这位先生。

'个+명사구'와 '这个+명사구'가 형식적으로는 서로 닮아 있고, 역사적으로도 동일한 기원을 가졌지만, 전자만이 명사술어가 될 수 있고, 후자는 등위구조만 형성할 수 있다. '个傻瓜(바보)'는 (219)처럼 명사술어도 될 수 있고, 이른바 '소절(small clause)'을 구성할 수도 있으며, (220)처럼 '你(너)'와 더불어 등위구조를 이룰 수도 있으며, 피동문에서 '被' 뒤에 출현하여 사동자주어가 된다(제9장 '문형과 주요 구문' 참조). 그러나 (221)처럼 "这个松头日脑的家伙！(이 모자란 녀석!)"는 명사술어가 되지 못하고, (222)와 같은 등위구조만 형성할 수 있다.

(219) 我当［你个傻瓜］。
나는 너 바보라 생각한다.
(220) 我被［你个傻瓜］骗了。
내가 너 바보한테 속았다.
(221) *我当［你这个松头日脑的家伙］。
(222) 我被［你这个松头日脑的家伙］骗了。
내가 네 이 모자란 놈한테 속았다.

상술한 (209a)-(209e)의 분포에 근거하여 우리는 주술관계와 등위관계의 중요한 차이점이 후항의 지시성에 따라 결정된다는 결론을 도출할 수 있다. 만약 후항이 (209a)의 '学生(학생)'이나 (209b)의 '好学生(훌륭한 학생)'과 같은 비지시적 명사구 NP라면, 주술관계를 이루는 명사술이고 이해해야 하고, 후항이 (209d)의 비한정적 '一个学生(학생 하나)'이나 (209e)의 '这个学生(이 학생)'처럼 지시성을 가지는 한정사구 DP라면, 등위관계를 이루는 병렬구조의 내부 연접어로 이해해야 한다. (209c)의 '个坏蛋(나쁜 놈)'

의 경우, 만약 지시성을 가지는 한정사구로 본다면 (209d), (209e)와 같은 등위관계를 나타내는 것이고, 비지시성을 가지는 양사구 ClP로 본다면 (209a)나 (209b)와 상황이 비슷하므로 주술관계를 표현하는 것이다.[42]

등위구조 (186)과 주술구조 (187)을 종합하여 (223)과 같은 개략적 틀을 얻을 수 있다. 여기에서 X에 들어갈 수 있는 것에는 접속사 Co, 보문사 C, 경동사 *v*가 포함된다. 만약 보충어 자리에 위치하는 성분이 명사구 NP나 동사구 VP 등과 같이 비지시적 성분이면 (223)은 주술구조가 되고, 지정어는 주어가 된다. 그리고 만약 보충어 자리에 오는 성분이 한정사구 DP나 '완전한 의미'를 나타낼 수 있는 보문사구 CP 등과 같이 지시적인 것이면 (223)은 바로 병렬구조로, 지정어는 외부 연접어로 이해된다.

(223)

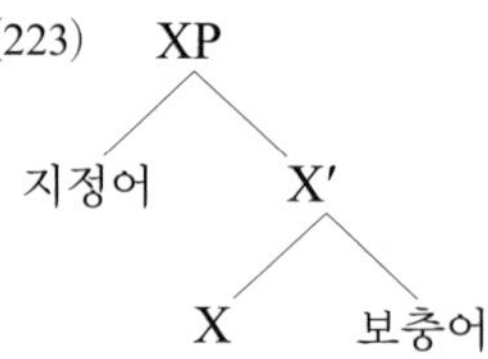


우리는 (223)에서 나타난 개략적인 구조에서 핵어가 연접기능을 가진다는 특징을 발견하였다. 중국어 접속사의 기원은 동사와 밀접한 관련이 있는데, 동일 어원을 갖는 것에는 '跟(따르다, …와)', '同(함께 하다, …와)', '与(더불다, …와)', '及(이르다, …및)', '并(합치다, 아울러)' 등이 있으며, 이 가운데 '跟'과 '同'의 경우 현대

42 양사구가 직접 술어가 되는 상황이 통사적으로 허용되기는 하지만, 반드시 유표지 형식이어야 한다. 따라서 (209c)는 일반적 상황에서 주술구조가 아닌 등위구조로 이해되기 쉽다.

중국어에서 동사로도 쓰일 수 있다. 그렇다면 우리는 병렬구조를 주술구조에 합쳐 넣고 주술구조의 한 부류로 볼 수 있을까? 이러한 방식이 터무니없지만은 않다. 병합은 통사부문의 중요한 조작으로, 원칙적으로 병합에서는 오직 두 성분이 질서 있게 하나로 합쳐서 단어를 더 큰 단위, 즉 구로 만드는 것에만 관심을 가진다. 하나의 구 내에서 핵어의 중요한 기능은 바로 지정어와 보충어 두 항을 연결하는 것이다. 지정어와 보충어가 진술(즉 주술관계)을 나타내는지 아니면 병렬이나 선택(즉 병렬관계)을 나타내는지를 살피려면 핵어만 보아서는 안 되고(접속사처럼 볼 수 있고 들을 수 있는 핵어가 있지 않은 이상), 지정어나 보충어의 성질도 보아야 한다. 이러한 상황은 중국어 계사문과도 유사하다. 우리는 대개 (224)의 '是(…이다)'가 동등관계를 나타내고 (225)의 '是(…이다)'가 진술관계를 나타낸다고 하지만, 이 두 문장이 동등관계인지 진술관계인지를 결정하는 관건은 '是(…이다)'가 아니라 그 뒤의 성분이다. 아래 예문의 경우 (224)의 '李四(리쓰)'는 외연이 부각되고, (225)의 '语言学家(언어학자)'는 내연이 부각된다.

(224) 张三是李四。 장싼은 리쓰이다.
(225) 张三是语言学家。 장싼은 언어학자이다.

만약 (223)에서 지정어 성분이 모두 동일한 성질을 가진다면(예를 들어 (209)의 '张三(장싼)'처럼), 주술관계와 병렬관계를 결정짓는 관건은 바로 보충어에 있는데, 보충어가 비지시적이라면 지정어와 비대칭관계를 이루어 이들 사이는 바로 주술관계가 되고, 보충어와 지정어가 동등한 정도의 지시성을 가진다면 이들 사이는 바로 병렬관계가 된다. 이를 통해 병렬구조와 주술구조를 하나로 묶어도 무방함을 알 수 있다.

## 10.4 소결

이 장에서는 수식구조와 병렬구조의 통사적 특징을 논의하였다.

수식구조의 핵심은 피수식어이다. 수식구조는 하나의 완전체로, 수식구조의 문법기능은 피수식어와 기본적으로 일치한다. 관형어는 명사성성분을 수식하며, 부사어는 동사성성분을 수식한다. 명사성성분의 수식어는 부사어가 아니며, 동사성성분의 수식어는 관형어가 아니다. 수식어는 부가 형식으로 만들어지는데 통사부문에 이미 있던 구조와 병합되면서 원래 있던 구조를 변경시키지 않는다. 관형어표지 '的'는 의미적으로 비어 있고 부착성을 띠므로 접미사로 보아야 하며, 형태부에서 관형어 위에 직접 부착되고, 통사에서는 독립적 지위를 갖지 않기 때문에 구를 이룰 수 없다.

동명사의 명사화 분석에 근거하여 볼 때 형식-의미 불일치문에서 준관형어가 수식하는 성분은 실제로는 명사화구, 즉 동명사이다. 동명사의 목적어는 피수식어가 아니므로, 수식구조의 핵어가 될 자격이 없다. 준관형어와 피수식어는 전형적인 수식구조를 구성하므로, 준관형어는 관형어로 이름을 바로 잡아야 한다.

병렬구조는 연접어를 연결하는 구조를 이루며, 연접어는 병렬구조 내에서 평등한 문법 지위를 갖는다. 보문사 C의 내부 연접어는 절이고, 접속사 Co의 내부 연접어는 기타 성분이다. 등위구조는 병렬구조에 속하며 설명관계를 나타낸다. 병렬구조와 주술구조는 유사한 통사구조를 가지며 둘 다 성분의 연결을 책임지는 핵어를 가지고 있다. 만약 보충어가 비지적 성분이라면, 지정어와 비대칭관계를 이루어 이들 사이는 주술관계가 되며, 보충어가 지정어와 동등한 정도의 지시성을 가지는 경우라면 이들 사이는 병렬구조가 된다.

# 제11장 지도제작 분석법

지도제작이론은 정밀한 방식으로 통사구조를 기술하는 연구 방향을 취하고 있으며, 세밀한 통사, 의미 특징을 그려낸다. 지도제작이론의 분석 방법에 따라 문말조사는 '내조사(内助词)'와 '외조사(外助词)'로 나눌 수 있다. 내조사에는 사건류와 시간류가 있는데, 사건류는 어휘 층위에 속하고, 시간류는 굴절 층위에 속한다. 외조사에는 초점, 정도, 응답, 감정 등이 포함되며, 보문사 층위에 위치한다. 분절음 성분 외에 초분절음 성분도 외조사의 일원으로 보아야 한다. 부가의문문의 의문 부가 어구, 반복의문문을 구성하는 부정사, 후속어(后续语) 등 문말성분은 앞의 절과 병렬구조를 이루며, 보충어 자리에 놓인다. 핵어와 보충어 구분은 문말성분 연구의 주요 과제 가운데 하나이다.

## 11.1 기능어 어휘분해와 지도제작이론

초기 생성문법 연구에서는 절이 'S'로 구성되며 문장은 'S′'으로 구성되고 주어 'NP'와 술어 'VP'는 직접 'S'를 구성하며 'S'는 핵어가 없는 구조라고 보았다. 이상과 같은 구조를 아래 (1)과 같이 나타낼 수 있다. 내조사('AUX'로 대표됨)가 있는 경우 내조사는 'S'의 아래에 직접 놓인다.

(1)

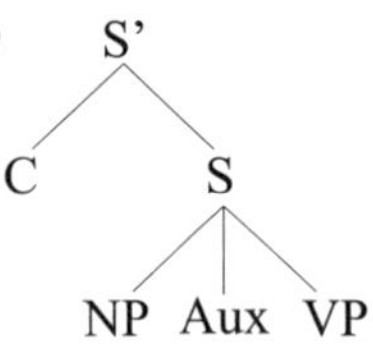

이러한 분석은 1980년대 들어서 큰 변화를 맞이한다. 촘스키(Chomsky 1980: 52, 140 각주 20, 28)에서는 시제, 일치관계, 조동사 등을 '굴절사(inflection)'로 보고, 약칭 'INFL'이라 하였는데, 심지어 INFL을 'S'의 핵어로 삼는 것을 고려하기도 하였다. 촘스키(Chomsky 1986)는 'I'(즉 'INFL')로 구성되는 구를 'IP'라고 하고 'S'를 대신하도록 하였으며, 보문사 'C'도 보문사구 'CP'를 구성하여 원래의 'S'를 대체한다고 주장함으로써 문장이 IP와 CP로 구성되는 구조를 확립하였다. (1)의 수형도는 (2)와 같이 다시 그릴 수 있다. 주어와 술어는 본 논의와 상관이 없으므로 생략하였다. 이 구조는 처음 제시된 이후로 기본적으로 줄곧 통사 분석의 토대로 자리잡아 왔으며, 또한 문장을 구성하는 핵심 성분이자 문장 분석의 초석이 되었다. 보문사구 CP, 굴절사구 IP, 동사구 VP는 문장 내부의 3대 요소이자, 바로 리치(Rizzi 1997)가 묘사한 '보문사 층위(complementizer layer)', '굴절 층위(inflectional layer)', '어휘 층위(lexical layer)'이다. 그 후 통사론의 발전에 따라 비록 변화가 있기는 하지만, 이러한 구조에는 기본적으로 큰 변화 없이 본질을 유지하고 있다.

(2)

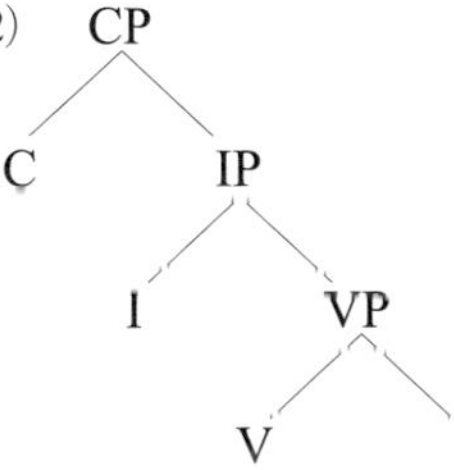


통사구조에 대한 정확한 분석은 지금까지 한시도 멈춘 적이 없었다. 라슨(Larson 1988)은 기존의 동사구 VP가 동사구의 '동

사구 패각구조(VP shell)'로 이루어지는 것으로 보아야 한다고 주장하였으며, 바워스(Bowers 1993)가 제시한 '서술사(Pr)'나 크라처(Kratzer 1993)의 '태(voice)', 콜린스(Collins 1997)의 '타동성(Tr)' 등에도 모두 유사한 부분이 존재하는데, 그것은 바로 모두 다 원래의 동사구 VP가 더 분해되어야 하며, 동사구 VP 위에 기능어 구가 하나 더 있어야 한다고 본 점이다. 촘스키(Chomsky 1995: §4)가 제시한 경동사구 *v*P도 바로 이와 같은 맥락이다.

폴록(Pollock 1989), 촘스키(Chomsky 1995: §2) 등은 굴절사 I가 시간사 T, 주어 일치관계(subject agreement, 약칭 '$Agr_S$'), 목적어 일치관계(object agreement, 약칭 '$Agr_O$'), 부정사(Negation, 약칭 'Neg') 등으로 분해되어야 한다고 보고, 굴절 층위가 단일한 굴절사로 이루어지는 것이 아님을 증명해 보이고자 하였다.

보문사 층위에 있어서는 리치(Rizzi 1997)가 보문사 C 외에도 말힘(Force), 화제(Topic, 약칭 'Top'), 초점(Focus, 약칭 'Foc') 등의 성분이 더 포함된다고 주장하여 보문사 층위의 통사구조를 더욱 다양화하였다. 이 책 제8장에서 제시한 FP구조는 바로 이러한 방향을 따라 원래의 보문사구 CP에 대해 더욱 정확한 통사 분석을 내놓았다. (3)은 이 책에서 제시한 통사구조로, 중국어 문장 구조 논의의 기초로 삼을 수 있는데, 일단 핵 선행 방식으로 표시하도록 한다. 동사구 VP와 경동사구 *v*P는 사건성을 나타내고 논항구조를 구성하는데, 어휘 층위의 핵심 부분이다. 시간사구 TP는 굴절층위의 주요 구성원으로, 보문사 층위를 형성하는 문장 종류가 통사에서 보문사구 CP로 실현되며, 어기는 어기사구 FP로 실현되는데, 그림 속 '$FP^*$'에서 별표 '*'는 어기사구에 특정한 수량이 정해져 있지 않아서 하나 이상일 수 있음을 나타낸다.

(3) 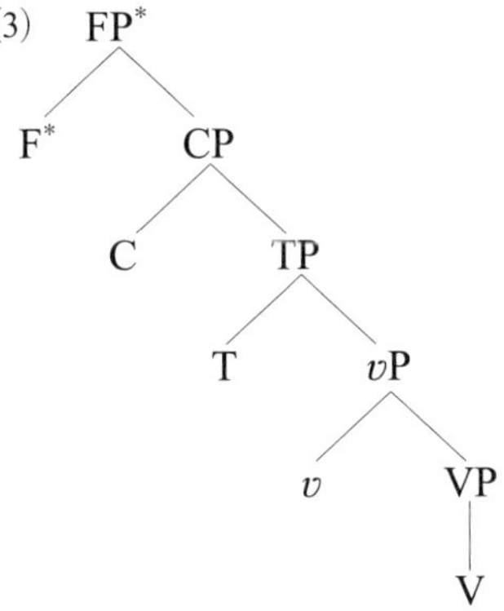

통사와 의미를 고려할 때, '전통적' 기능어를 분해함으로써 더욱 정밀한 방식으로 통사구조를 묘사할 수 있으며, 원래의 기능어가 가진 여러 미세한 특징들을 수형도로 표현함으로써 정확하게 배열하여 독자들 앞에 보여줄 수 있다. 이러한 방법은 교차 언어학적 연구에 참고할 수 있는 기반을 마련해 주었으며, 또한 인류 언어의 보편성에 대한 뚜렷한 청사진을 제시하여 보편문법의 조작법을 한층 더 잘 이해하게 해 주었다. 이처럼 정확한 방식으로 통사구조를 묘사하는 연구방향을 '지도제작이론(cartography)'이라 부른다. 구글리엘모 친퀘(Guglielmo Cinque), 루이지 리치(Luigi Rizzi) 등의 학자가 제창한 지도제작이론(Cinque 1999, Rizzi 2004, Cinque and Rizzi 2008)은 더욱 정밀한 수형도로 세밀한 통사 의미 특징을 일일이 묘사해내는데, 마치 현미경을 사용하듯 원래의 구조를 확대하여 우리가 미처 주목하지 못한 사실을 발견하여 연구자의 시야를 새로운 단계로 이끌어 들인다.

지도제작이론은 이미 여러 언어의 분석에 응용되어 새로운 시도를 이끌어내고, 풍성한 성과를 거두었다. 비록 각 학자들의 연구 분석이 일치하지는 않고, 레이블도 저마다 다르지만, 이러한 분해식 분석법은 원래 단일하다고 여겨졌던 기능어를 여러 가지 기능어로 분해하여 통사의 세밀한 기능 분담을 상세히 그려내었는데, 이 점에 있어서는 통사론 연구 분야에서 공통된 인식을 가지고 있다. 한편 중국어 분야에서의 지도제작이론 응용은 차이(Tsai 2015), 쓰(Si 2017)가 편집한 논문집을 참고할 수 있는데, 그 안에 수록된 논문은 중국어의 지도제작이론 분석에 집중되어 있어서 이 이론이 중국어 통사론 분야에서 거둔 성과를 잘 반영하고 있다 하겠다. 관심 있는 독자는 이 논문집을 참고로 삼아 중국어 연구에 있어서의 지도제작이론 응용 방법을 이해할 수 있을 것이다.

## 11.2 문말조사 이분설

이 책의 시간사(예를 들어 '了', '来着' 등)와 어기사(예를 들어 '呢', '吧', '吗', '啊' 등)는 편의상 '조사(助词, particle)'라고 통칭할 수 있다.[1] 문말에 출현하므로 연구 논저에서는 종종 이들 단어를 '문말조사(sentence-final particle)'라고 부른다. 이하 논의에서는 '문말조사'로 통일하여 부르기로 한다.

생성문법의 '고전적' 이론에서는 중국어 문말조사를 일반적으로 보문사 C로 분석하는데, 이 보문사는 보문사구 CP를 구성하며, 문장의 가장 높은 층위이다. CP는 전체 문장을 포괄하는 구로, 통사에서 중요한 역할을 담당한다(Lee 1986, 汤廷池 1989, Cheng 1991, Y. -H. A. Li 1992, 何元建 2011 등).

중국어의 문말조사는 종종 연용현상을 보이곤 한다. 다시 말

1 전통문법에서 이른바 '조사(助词)'라고 하는 것이 이 책에서 어디에 귀속되는지는 제3장 '자질, 단어, 품사'의 논의를 참고하기 바란다.

해 한 문장에 하나 이상의 조사가 출현하기도 하며 이때 각 문말 조사가 일정한 어순에 따라 배열되는데, 이와 같은 현상을 통해 보건데 하나의 보문사만 가지고서는 이를 설명하기 부족하다. 우리는 후밍양(胡明扬 1981, 1987), 주더시(朱德熙 1982), 타츠오 오디(太田辰夫 1987)의 보통화 분석 및 라우(Law 1990)의 웨어(粵语) 분석에 근거하여 중국어 '내외조사(内外助词)' 이분설을 제시한 바 있는데(Tang 1998), '了', '来着'는 '내조사(内助词)'에 속하며, '呢', '吧', '吗', '啊'는 '외조사(外助词)'에 속한다. 내조사는 시간사 T의 위치에 존재하고, 외조사는 보문사 C의 위치에 존재한다. (4), (5)에서 나타나듯 전자의 어순은 반드시 후자 앞에 놓이는데(Tang 1998: 51), 이는 (6)과 같은 수형도처럼(일단은 핵 후행 구조를 유지하며, 기타 불필요한 세부 내용은 생략하였음) CP가 위에, TP가 아래에 놓이는 통사구조를 뒷받침해 준다.

(4) 你吃了饭了吗?

너 밥 먹었니?

(5) *你吃了饭吗了?

(6)

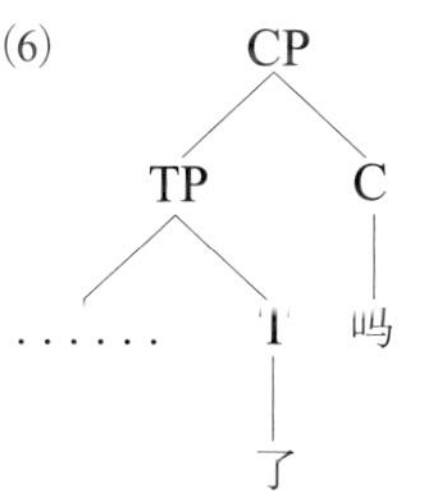


이후의 논저에서 중국어 문말조사에 대해 많은 분석이 제시되었는데, 이 책 제8장에서 분발소사를 시간사 T 및 세 가지 어기사 F1, F2, F3로 분석한 것이나, 폴(Paul 2014), 판과 폴(Pan and

Paul 2016)에서 문말조사를 '낮은 보문사(低标句词, Low C)', '말힘(Force)', '태도(Attitude)'로 분석한 것, 얼와인(Erlewine 2017)이 문말조사를 '낮은 문말조사(Low SFP)', '보문사(C)', '태도(Attitude)'로 분석한 것 등이 그 예이다. 비록 분석이 모두 동일한 것은 아니지만, 기본적으로 문말조사 이분설의 관점을 유지하고 있는데, 이 책의 시간사, 폴(Paul 2014) 등의 'Low C', 얼와인(Erlewine 2017)의 'Low SFP'는 내조사에 속하고, 이 책의 세 가지 어기사 F, 폴(Paul 2014) 등의 'Force'와 'Attitude', 얼와인(Erlewine 2017)의 'C'와 'Attitude'는 모두 외조사에 속한다. 내조사는 절 층위에 위치하여 술어에 비교적 가까이 붙어 있으며, 외조사는 문장 층위에 속하고 가장자리 위치에 놓인다. 이를 통해 문말조사 이분설이 중국어의 언어 사실에 부합하며 또한 전통 문법학과 생성문법학의 이론을 모두 포용할 수 있음을 알 수 있다.

이 책 제8장 '문장'의 논의에 따르면 '了'와 '来着'는 시간과 관련되고, '呢'는 초점을 표시하고, '吧', '吗', '嘿'는 화자의 정도성(语气程度)과 상관이 있으며 '啊', '哎', '呕'는 화자의 감정을 나타낸다. 보통화 문말조사 연용 시의 순서 배열은 (7)과 같은 분포를 보이며, (8)과 같이 간략화할 수 있다. 즉 시간류 문말조사가 술어에 가장 가까이 붙어 있고, 감정류 문말조사는 문장에서 제일 가장자리 위치에 놓이며, 초점류와 정도류 문말조사는 시간류 및 감정류 문말조사 사이에 끼어 있다. 시간류는 내조사에, 초점류·정도류·감정류는 외조사에 속한다.

(7) 了/来着 > 呢 > 吧/吗/嘿 > 啊/哎/呕

(8) 시간 > 초점 > 정도 > 감정

보통화에 비해 웨어 문말조사의 수량은 상대적으로 무척 풍부하여 무려 40여 개나 된다. 의미에 따라 분석하면 웨어 문말조사는 일곱 가지로 나눌 수 있다(邓思颖 2015). 첫째는 사건류로 사건 발생의 선후, 동작 횟수와 관련이 있고, (9)의 '先(sin1)'[2]을 예로 들 수 있다. 둘째는 시간류로 상, 시제 등의 개념을 나타내는데, (10)의 '咁滞(gam3zai6)'를 예로 들 수 있다. 셋째는 초점류로 절 내부의 어떤 범위와 관련되는데, (11)의 '咋(zaa3)'와 같은 것을 예로 들 수 있다. 넷째는 양태류로 화자의 주관적 인식을 나타내며, 하나의 평가나 인식을 나타내는데, 예를 들어 (12)의 '啩(gwaa3)'와 같은 것들이다. 다섯째는 의문류로 화자의 발화와 관련되고, 어떤 행위를 실시함을 나타내는데, 화자의 발화를 통해 외부 사물의 상태를 변화시키는 것으로, 예를 들어 (13)의 '咩(me1)'와 같은 것이다. 여섯째는 명령류로 이 또한 화자의 발화와 관련되며, 어떤 행위를 실시함을 나타내는데, '罢啦(baa2laa1)'를 예로 들 수 있다. 일곱째는 감정류로 화자의 태도나 감정과 관련되며, (15)의 '啊(aa3)'를 예로 들 수 있다.

(9) 佢睇书先。(보통화: 他先看书。)

그는 먼저 책을 본다.

(10) 佢睇完书咁滞。(보통화: 他快看完书。)

그는 거의 책을 다 보아간다.

2 이 장에서 채택한 웨어병음은 홍콩언어학회(香港语言学学会)의 웨어병음방안(粤语拼音方案)으로, 약칭 '粤拼'이라 한다. 숫자는 성조를 나타내는데, 1은 고평조(高平调)[55](음평 阴平, 음입 阴入), 2는 고성조(高升调)[35](음상 阴上), 3은 중평조(中平调)[33](음거 阴去, 중입 中入), 4는 저강조(低降调)[21](양평 阳平), 5는 저승조(低升调)[13](양상 阳上), 6은 저평조(低平调)[22](양거 阳去, 양입 阳入)이다.

(11) 佢睇书咋。(보통화: 他只看书。)

그는 책만 본다.

(12) 佢睇书啩。(보통화: 或许他看书吧。)

아마 그는 책을 보고 있겠지.

(13) 佢睇书咩? (보통화: 难道他看书吗?)

설마 그는 책을 보고 있나?

(14) 佢睇书罢啦。(보통화: 倒不如叫他看书吧。)

차라리 그에게 책을 보라고 하는 게 낫겠다.

(15) 佢睇书啊。(보통화: 他看书啊。)

그는 책을 보는 걸.

이 일곱 가지 문말조사의 연용 시 배열 순서는 (16)과 같다(邓思颖 2015: 287). 사건류 문말조사가 술어에 가장 가까이 붙어 있고, 감정류 문말조사는 문장의 가장자리 위치로 제일 멀리 떨어져 있다.

(16) 사건 > 시간 > 초점 > 양태/의문/명령 > 감정

양태류, 의문류, 명령류 이 세 가지 문말조사는 웨어에서 상보적 출현 현상을 보이며 연용할 수 없어서 하나의 큰 부류, 즉 정도류로 합칠 수도 있는데, 이 부류는 화자의 발화 내용에 대한 정도성과 관련이 있다. 이러한 점들을 고려하여 웨어 문말조사 연용 배열 순서는 (17)과 같이 다시 정리할 수 있으며, 모두 다섯 가지 부류가 된다(邓思颖 2016c: 3). 이중 사건류, 시간류는 내조사에 속하고, 초점류, 정도류, 감정류는 외조사에 속한다.

(17) 사건 > 시간 > 초점 > 정도 > 감정

보통화 문말조사의 연용 배열 순서 (8)과 웨어 문말조사의 연용 배열 순서 (17)을 간단히 비교해볼 때 중요한 차이는 바로 웨어에 표면적으로 사건류라는 문말조사가 하나 더 존재한다는 사실이다(邓思颖 2016c). 이를 통해 보통화와 웨어는 내조사의 분류에서 차이가 난다는 것을 발견할 수 있다. 문말조사 방언 간 연구의 토대가 되는 (8)과 (17)의 배열 순서 비교는 중국어 문말조사 연용 상황을 고찰함으로써 문장구조 분석에 매우 유용한 도구를 제시했다 하겠다.

## 11.3 내조사 통사분석[3]

소위 사건류 문말조사는 의미적으로 사건 발생의 선후나 동작의 횟수 등과 관련이 있으며, 술어가 나타내는 사건성과 밀접하게 관련되고, 통사적으로는 술어와 더욱 밀접하게 관계되어 있다. 웨어의 사건류 문말조사의 예로는 (18)의 ‘先(sin1)’처럼 사건 발생의 선후를 나타내거나, (19)의 ‘添(tim1)’처럼 증가의 의미를 지니거나, (20)의 ‘乜滞(mat1zai6)’처럼 ‘약간’, ‘그다지’라는 의미를 대략적으로 나타내거나, (21)의 ‘嚟(lei4)’처럼 판단이나 분류를 나타내는데 사용되거나, (22)의 ‘法(taat3)’처럼 방식, 방법, 형편 등의 의미를 나타내거나, (23)의 ‘吓(haa4)’처럼 ‘무척’, ‘매우’의 의미를 나타내는 것들이 있다.

3 이 절의 ‘法’에 관한 논의는 주로 邓思颖(2017)에서 가져왔으며, 여기에 적절히 보충, 수정을 가한 것이다.

(18) 佢写文先。(보통화: 他先写论文。)

그는 먼저 논문을 쓴다.

(19) 食一碗添。(보통화: 多吃一碗。)

한 그릇 더 먹는다.

(20) 佢冇去乜滞。(보통화: 他不怎么去。)

그다지 많이 안 간다.

(21) 呢啲乜嘢嚟? 苹果嚟嘅。(보통화: 这是什么啊？是苹果啊。)

이건 뭐야? 사과구나.

(22) 佢点唱歌法? (보통화: 他怎样唱歌法?)

그는 노래를 어떤 식으로 부르지?

(23) 佢几叻吓。(보통화: 他挺聪明。)

그는 무척이나 똑똑해.

사실 상술한 웨어 예문 (22)는 보통화 (24)와 같이 바로 번역할 수 있는데, 보통화에서도 마찬가지로 문말에 위치하는 '法(방식)'를 찾아볼 수 있다.

(24) 他怎样唱歌法? 그는 노래를 어떤 식으로 부르지?

'法(방식)' 외의 기타 웨어 사건류 문말조사는 보통화에서 대응되는 문말조사를 찾아볼 수 없다. 가령 (18)의 '先(먼저)'은 웨어와 보통화 문법이 서로 다른 전형적 예로, 웨어의 문말조사 '先(먼저)'은 보통화에서 술어 앞 부사어 '先(먼저)'으로만 쓰인다. 비록 일부 웨어 화자는 (21)을 "这是什么来(이게 뭐더라)"로 번역하기도 하지만, 이는 보통화의 표준적 표현 방식이 아니라 일종의 '홍콩식' 느낌을 띠는 보통화이다(邓思颖 2013b). 이처럼 다섯 가지 문말조사(즉 사건류, 시간류, 초저류, 정도류, 감정류)는 보통화에도 모두 존재하며, 보통화에 사건류 문말조사가 존재하지 않는 것이 결코 아님을 알 수 있다. 웨어와 보통화 문말조사의 차이는 종류의 개수가 아니라 수량의 많고 적음에 있다.

(24)의 '法(방식)'는 주목할 만한 예다. 차오(Chao 1968: 4.4.5)에서는 일찍이 이 현상에 대해 논의한 바 있으며, 이 '法(방식)'가 접미사(suffix)에 속한다고 보았다. 쉬푸링(徐复岭 1988)은 이 '法(방식)'를 접사로 간주하고, 조사가 될 수도 있으며, (25)의 '吃饭(밥을 먹다)'과 같은 동사구 뒤에 놓인 것이나 (26)의 '贵(비싸다)'와 같은 형용사 뒤에 놓인 것처럼 동사구 혹은 형용사구 뒤에 출현할 수 있다고 하였다. 이처럼 '法'가 쓰인 예를 보면 술어 앞에 '怎么(어떻게)', '那么(저렇게, 그렇게)'와 같은 부사어가 있거나 혹은 종종 '个'가 출현하기도 한다.

(25) 哼，我在这里等着，看他怎么个吃饭法。
흥, 나는 여기서 기다리며 그가 어떻게 밥을 먹는지 보겠어.

(26) 嗬，活蹦乱跳的大鲤鱼，怪不得这样贵法。
허! 펄펄 뛰는 커다란 잉어라 과연 이렇게나 비싸구나.

술어 앞의 '怎么(个)(어떻게)'가 문말의 '法(방식)'와 함께 하나의 구(약칭 '法'자구)를 이룬다고 가정한다면, 아래의 예문은 '法'자구의 통사 층위가 높을 수도 있고 낮을 수도 있음을 말해 주는 것처럼 보인다. 처치문(处置句)의 '把'는 사역이나 사동 의미를 나타내는 'CAUSE'로 분석될 수 있는데, 이것은 경동사구 *v*P의 핵어이다. 또한 처치문 내의 '给'는 사건변화를 나타내는 'BECOME'으로 분석될 수 있다. (27), (28), (29)의 세 예문은 각각 '怎么(个)

(어떻게)'가 '把' 앞, '给' 앞, '给' 뒤에 출현할 수 있음을 보여준다. 바꾸어 말해 '怎么(个)(어떻게)'는 CAUSE나 BECOME으로 구성되는 경동사구 *v*P의 위 혹은 아래에 출현할 수 있다는 것이다. 비록 모든 이들이 이 문장을 수용 가능하다고 보지는 않으며, 모어 화자의 어감도 다 같은 것은 아니어서 수용성의 차이는 있지만, 우리는 어감의 차이가 생기는 원인이 통사 문제가 아닌 운율과 관련이 있다고 본다.[4] 언어자료 통계에 따르면 보통화 '法(방식)'의 이러한 용법은 1음절 술어 뒤에 출현하는 경향을 보인다. 3음절 혹은 3음절 이상의 술어와 사용되는 예는 분명히 훨씬 적다(徐复岭 1988, 饶宏泉 2012). 일부 의견으로는 (29)가 상대적으로 수용되기 쉬운 것이 아마도 바로 이러한 이유에서라고 보기도 하는데, '怎么(个)(어떻게)'와 '法(방식)' 사이에 끼어 있는 술어가 1음절 동사 '吃(먹다)'이기 때문이다.

(27) 看他怎么个把饭给吃法。
그가 어떻게 밥을 먹어버리는지 보자.

(28) 看他把饭怎么个给吃法。
그가 밥을 어떻게 먹어버리는지 보자.

(29) 看他把饭给怎么个吃法。
그가 밥을 어떻게 먹어버리는지 보자.

---

4 어떤 이는 이 세 개의 예문 중 (28)이 어감 상 상대적으로 제일 이상하다고 보는데, 이는 '个'와 '给'가 동일한 성모로 되어 있어 이 둘을 연용하였을 때 발음하기 까다롭기 때문일 수도 있다. 이 점을 지적해 준 쑤징(苏婧, 개인적 연락)에게 감사를 표한다. 기타 예문은 개별적 어감에 차이가 있는데, 이에 대한 논의는 후속 연구를 기대한다.

차이웨이톈(Tsai 2015, 蔡维天 2016)은 중국어 경동사를 내·외 두 가지로 나누었다. '把'의 용법 중 한 가지에서는 주어가 순수한 사동자(Causer)로, 행위자(Agent)와는 완전히 무관한데, (30), (31), (32)를 예로 들 수 있다. 그는 이와 같은 '把'를 '외경동사'라고 칭하였는데, 이것은 구조적으로 비교적 높은 위치에 자리잡고 있다. 아래 예문을 통해 살펴보면 '怎么(个)(어떻게)'는 역시 마찬가지로 '把' 앞이나 뒤에 모두 올 수 있다.

(30) 这瓶酒怎么个把他给喝醉法?
이 술이 어떻게 그를 취하게 만들었지?

(31) 这瓶酒把他怎么个给喝醉法?
이 술이 그를 어떻게 취하게 만들었지?

(32) 这瓶酒把他给怎么个喝醉法?
이 술이 그를 어떻게 취하게 만들었지?

만약 '怎么(个)(어떻게)'와 '法(방식)'가 하나의 구를 이룬다고 본다면, 이 '法'자구는 경동사구 위에 혹은 아래에 모두 출현할 수 있다. (27)과 (31)은 '法'자구가 CAUSE로 구성된 경동사구 *v*P 위에 있음을 보여주며, (28)과 (32)는 '法'자구가 두 개의 경동사구 사이, 즉 CAUSE와 BECOME으로 구성된 경동사구 *v*P 사이에 끼어 있음을 보여준다. 또한 (29)와 (34)는 '法'자구가 경동사구 *v*P 아래에 있음을 보여준다. '法(방식)'가 출현할 수 있는 위치가 적어도 세 개인 셈이다. 수형도 (33)은 이 세 가지 가능성을 보여준다. '法'자구가 '法(방식)'를 핵어로 삼는다고 보고, 일단 이것을 'XP'라 잠정적으로 칭하겠다. 사동 의미를 나타내는 처치문을 예로 보자면, '$法_1$'로 구성된 XP는 경동사 CAUSE의 위에 위치하여 (27)을 도출해 낸다. '法$_2$'로 구성된 XP는 CAUSE와 BECOME 사이에 끼어 있으며 (28)을 도출해 낸다. 그리고 '法$_3$'으로 구성된 XP는 BECOME 아래에 놓이며, 동사구 VP 바로 위에 놓여 (29)를 도출해 낸다. '怎么(个)(어떻게)'를 일단은 부사어로 가정하여 XP 위에 부가된다고 보고, (33)에서는 세부 사항을 생략하였다.

(33)

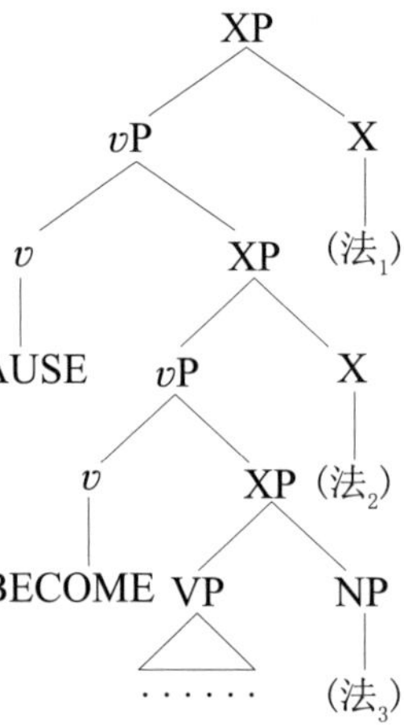


일부 학자들은 중국어에 도구를 이끌어 들이는 'USE'라는 경동사도 있다고 주장한다(Lin 2001, 冯胜利 2005). 이 경동사는 '내경동사'라고 할 수 있다(Tsai 2015, 蔡维天 2016, 2017). 이 책 제6장과 제7장에서는 이러한 견해를 채택하지 않았지만, 이 장에서는 임시로 이러한 분석법을 채택하여 '法'자구의 구조적 위치 고저를 검증해 보고자 한다. (34)의 '用(사용하다)'은 경동사 'USE'가 구현된 것이다. 만일 내경동사 분석이 정확하다면, '法'자구는 심지어 내경동사구 아래에도 출현할 수 있다.[5] 이러한 예들에 근거하여

5 그러나 많은 이들이 (i)을 수용 불가능하다고 여긴다. (34)와 (i)의 차이에 대해 여러 가지 가능한 해석이 존재하지만, 편폭의 제약으로 자세히 언급하지는

볼 때 '法(방식)'의 분포는 무척 자유로워서 경동사구 $v$P의 위나 아래에 마음대로 오갈 수 있는 것처럼 보인다. 따라서 사건류 문말조사에 속하는 '法(방식)'가 통사적으로 경동사구 $v$P와 더불어 어휘 층위에 속하는 구성원이라고 볼 만한 근거가 있는 것이다.

(34) 他用那把刀怎么个切法?

그는 그 칼을 사용해서 어떻게 자르지?

'法(방식)'와 조동사의 상호작용은 '法(방식)'의 통사적 위치를 더욱 잘 드러내준다. 중국어 조동사는 양태의 분류에 따라 인식양태(epistemic modal), 의무양태(deontic modal), 동적양태(dynamic modal)로 나뉜다. 인식양태 조동사로는 (35)의 '可能(아마도 …일 것이다)'과 같은 예가 있으며, 의무양태 조동사로는 (36)의 '必须(반드시 …해야 한다)'와 같은 예가 있고, 동적양태 조동사로는 (37)의 '想(…하고 싶다)'과 같은 예가 있다.

(35) 张三可能跟李四一起去。

장싼은 아마도 리쓰와 함께 갈 것이다.

(36) 张三必须跟李四一起去。

장싼은 반드시 리쓰와 함께 가야 한다.

(37) 张三想跟李四一起去。

장싼은 리쓰와 함께 가고 싶어 한다.

중국어 조동사는 통사구조 상 층위의 고저 분포를 보인다. 차

---

않겠다

(i) *他怎么个用那把刀切法?

이웨이텐(蔡维天 2010)은 인식양태 조동사의 층위가 가장 높아서 시간사구 TP 위에 놓이며, 의무양태 조동사는 중간인 TP의 아래, *v*P의 위에 놓이고, 동적양태 조동사는 가장 낮은 층위인 *v*P 아래, VP 위에 놓인다고 하였다. 이는 아래 (38)과 같은데, 여기에서 'MP'는 조동사로 구성된 양태구(Modal Phrase)를 가리킨다.[6]

(38) $[_{MP}$ 인식양태 $[_{TP}$ T $[_{MP}$ 의무양태 $[_{vP}$ $v$ $[_{MP}$ 동적양태 $[_{VP}$ V ……

중국어 동적양태 조동사, 즉 능원조동사(能愿助动词)로는 '敢(감히)', '肯(기꺼이)', '能(…할 수 있다)' 등이 있는데, 아래 예문들을 보면 (39)처럼 '法'자구가 능원조동사 위에도 출현할 수 있으며, (40)처럼 능원조동사 아래에도 출현할 수 있다. 비록 이 두 문장에서 '法'자구의 작용역이 서로 다르고 나타내는 의미도 다르지만, 다음과 같은 한 가지 사실을 분명히 알 수 있다. 그것은 바로 '法'자구의 분포에 일정한 탄력성이 있으며, 층위가 아주 낮은 위치에 출현할 수 있어서 심지어 경동사구 *v*P 아래, 동사구 VP 위에도 출현할 수 있다는 것이다.

(39) 他怎么个敢/肯/能吃法?
그가 어떻게 감히 먹니?
그가 어떻게 기꺼이 먹니?
그가 어떻게 먹을 수 있니?

(40) 他敢/肯/能怎么个吃法?
그가 감히 어떻게 먹니?

---

6 Lin(2012)에서 중국어 조동사에 대한 더욱 상세한 분류와 통사적 특징을 참고할 수 있다.

그가 기꺼이 어떻게 먹니?

그가 먹을 수가 어떻게 있니?

이상의 내용을 보면, '法'자구는 경동사구 $v$P 위나 아래, 즉 TP 아래나 VP 위에 모두 출현할 수 있으며, 통사구조의 관점에서 고려해볼 때, '法'자구는 바로 술어 위치에 오므로 절에서 비교적 핵심적인 부분, 즉 리치(Rizzi 1997)가 말한 어휘 층위에 속하고, 예를 들어 사건성과 같은 술어가 나타내는 핵심의미와 관련된다.

사건성과 관련되는 것 외에 '法'자구에는 '명사화(nominalization)' 기능도 있다. 통시적으로 그 근원을 따져볼 때 '法'가 명사로부터 유래하였다는 데에는 이견이 없다. 팡환하이·선쓰친(方环海·沈思芹 2008)은 위진魏晋 전후에 이미 (41)과 같은 'VP之法'라는 표현이 존재하였음을 지적하였다. 원명元明 시기에 이르러 'VP之法', 'VP法' 등의 표현은 한층 더 융합되어 'VP法'가 되었다(方环海·沈思芹 2008).

(41) 记载特详，闻见未接，实为注书之法。(《世说新语》旧题一首 旧跋一首)

기재된 바가 특히 상세하며, 듣고 본 것이 접한 적이 없는 것이어서, 실로 주서注書의 본보기이다.

공시적 언어사료를 살펴보면, '法'자구조는 명사성 특징을 많이 지니고 있다. 차오(Chao 1968: 4.4.5)는 (42)처럼 '法'를 '法子'라고 하기도 하며, 명사처럼 보인다고 하였다. 그는 한 걸음 더 나아가 (43)처럼 술어 앞의 '个'는 '一个'라 쓸 수도 있음을 지적하였다. 여기에서 '办法'는 명사 '办法(방법)'가 아니며, 술어 '办(하다)'에 문말의 '法'가 더해진 것이다. (44)의 예문에서는 좀 더 명확한데, 이 예문은 라오훙취안(饶宏泉 2012: 67)에서 가져온 것으로, 원문은 마오둔(茅盾)의 《추수(秋收)》에서 온 것이다. 이 예문에서 보면 술어 '开(열다)' 앞에 '一个'를 넣을 수 있다. 라오훙취안(饶宏泉 2012: 68)에서 가져온 예문 (45)는 더 흥미롭다. 원문은 류류(刘流)의 《열화금강(烈火金刚)》에서 가져온 것으로, '个' 앞에 '的'가 하나 더 들어가 있다.

(42) 这话不知道该怎么问他法子。
이 말을 어떻게 그에게 물어봐야 할지 모르겠다.

(43) 这事儿是这么一个办法。
이 일은 이렇게 하는 것이다.

(44) 可是绅士们和商人们还没议定那"方便之门"应该怎么一个开法，……。
그러나 신사들과 상인들은 아직 그 '편의'를 어떻게 도모해야 할지 결정하지 못했다.

(45) 你怎么的个不怕法?
너는 어떻게 무서워하지 않는 거니?

바로 쉬푸링(徐复岭 1988: 16)이 지적한 것처럼, '法'자구조는 "명사성 구조와 동사 혹은 형용사성 구조 사이에 있는 통사형식의 일종으로, 모종의 명사성(앞에 '个'를 넣을 수 있음)을 띠는가 하면 동사 혹은 형용사성 특징('怎么(어떻게)', '这么(이렇게)', '那么(저렇게)' 등의 수식을 받을 수 있음)을 가지고 있기도 하다." '法'자구조의 '法(방식)'는 사건성을 나타내는 경동사 겸 명사화를 유발하는

'명사화접사(nominalizer)'일 가능성이 있다. 따라서 동사의 특성도 지니고 있으면서 명사성 특성도 지니고 있는 것이다. 문법화 관점에서 보자면, 이러한 동사와 명사를 겸하는 성질은 통시적 변화의 산물일 수도 있다. 팡환하이·선쓰친(方环海·沈思芹 2008)은 '怎么(어떻게)' 등의 단어(예를 들어 '如何(어떻게)'나 '这般(이렇게)' 등)가 원·명 시기 점차 사용되면서 '法'자구조가 명사성 구조에서 동사를 핵으로 하는 동사성 구조로 재분석되도록 촉발했다고 주장한다.

어휘 층위에 이러한 명사화 기능어가 끼어 들어가는 것이 그다지 이상한 일은 아닌데, 경동사의 보충어는 종종 명사성 특징을 가지기 때문이다. (46)의 'have'는 영어의 경동사이며(Jespersen 1965: 117), 'a chat(이야기, 담소)'은 명사구로, 경동사의 보충어이다. (47)의 'した(했다)'는 일본어 경동사로 'する(하다)'의 과거형이고, 보충어 '話(はなし, 이야기)'는 동사적 명사(verbal noun)로, 목적격조사 'を(…를)'를 가지고 있다(Grimshaw and Mester 1988). (48)의 '他的老师(그의 선생 노릇)'는 원래 동명사(gerund)이고, '他的当老师(그의 선생 노릇을 하다)'는 그저 '当'이 이동을 통해 동명사 자리를 떠나 경동사 자리로 옮겨가서 (48)과 같은 어순을 이룬 것일 뿐이다(Huang 1997, 黄正德 2008). 이처럼 명사화 기능을 하는 '法'가 경동사구 층위에 출현한다는 것이 일리 없는 주장은 아니다.[7]

(46) We have a chat.

우리는 이야기를 나눈다.

(47) ジョンはメマリに話をした

7 현재로서는 '法'가 명사화와 관련이 있다는 사실만 설명할 수 있을 뿐, 모든 사건류 문말조사가 모두 명사화와 관련이 있는 것은 아니다.

John-wa Mary-ni hanashi-o shita.

John-Top Mary-to talk-Acc suru-Past.

존은 메리에게 이야기를 했다.

(48) 他当他的老师。

그는 그의 선생 노릇을 한다.

웨어의 '法'자구조는 겉보기에 보통화와 비슷해 보이지만, 가장 두드러지는 차이는 바로 술어 앞에 '个'가 올 수 없다는 것이다. 상술한 보통화 '个'가 있는 예문은 웨어에서는 (49), (50), (51)처럼 모두 비문이다. '怎么(어떻게)'는 웨어에서 '点样' 혹은 '点'으로 표현한다.

(49) 佢点样(*个)食饭法? (보통화: 他怎么个吃饭法?)

그는 어떻게 밥을 먹느냐?

(50) 应该点样(*一个)开法? (보통화: 应该怎么一个开法?)

어떻게 열어야 하는 거냐?

(51) 你点样(*嘅个)唔惊法? (보통화: 你怎么的个不怕法?)

너는 어떻게 두려워하지 않느냐?

웨어에서 이러한 수용 불가능한 예문들을 통해 다음과 같은 한 가지 가능성, 즉 웨어의 '法'는 보통화의 '法'보다 동사성이 더 강할 수 있다는 가능성을 발견할 수 있다. 바로 이러한 이유로 인하여 웨어의 '法'는 이미 명사성 특징을 잃었으며, 명사화 기능도 가지고 있지 않아서 술어 앞에 '个'가 올 수 없게 하는 것이다. '法'가 명사성을 잃은 것은 아마 문법화의 결과일 것이다. '法'는 웨어에서의 발전 과정 중 이미 명사의 특징을 벗어났다. 명사화

기능을 상실한 웨어의 '法'는 바로 웨어 명사화접사의 결핍이 동사 이동을 유발하는 특징과 서로 호응하며, 웨어의 명사화 부족 현상을 초래하였다(邓思颖 2008e, 2009c)[8]. 아래의 배열에서 왼쪽은 명사성 '法'이고, 오른쪽은 동사성 '法'인데, 이는 '法'기 명사성(위진魏晋 시기)에서 동사성(웨어)으로 발전하는 과정을 보여주며, 이 가운데 보통화의 '法'는 대략 여전히 혼합 단계에 위치해 있다고 볼 수 있다.

(52) 위진 시기의 '法' > 보통화의 '法' > 웨어의 '法'

시간류 문말조사 '了', '来着'는 이 책에서 시간사 T로 분석하였으며, 이는 시간사구 TP의 핵어로 내조사에 속한다. 폴과 판(Paul and Pan 2016)은 '了'와 '来着'가 TP 위에 있어야 하며, TP의 핵어가 아닌 Low C로 레이블을 붙여야 한다고 주장하였다. 이들(2016: 57)은 (53), (54) 두 예를 제시하며 '来着', '了'의 작용역이 부정사 '没'보다 넓으므로 따라서 통사적으로 '来着', '了'의 위치는 '没'보다 높아야 한다고 보았다.

(53) 我刚刚没做什么来着。
나 방금 전에 별 거 안 했었어.

(54) 他没去巴黎了。
그는 파리에 안 가게 되었었다.

(53)과 (54)의 두 예문은 통사적으로 '来着', '了'가 '没'보다 높

8 또한 이 책 제10장 '수식구조와 병렬구조' 중 10.2절의 논의를 참고할 수 있다.

다는 것만을 증명할 뿐, ‘来着’, ‘了’가 시간사구 TP보다 높다는 것을 증명하지는 못한다. 왕(Wang 1965)은 ‘没’가 부정하는 것이 상을 나타내는 ‘有’이며, ‘有’는 상을 나타내는 동사 접미사 ‘了’의 변이형임을 논증하였다. 동사 접미사 ‘了’는 경동사가 나타내는 사건성과 밀접히 관련되어 있는데, 우리는 동사 접미사 ‘了’가 경동사와 붙어 있다고 가정할 수 있다(邓思颖 2003b). 동사 접미사 ‘了’를 독립된 기능어로 본다고 해도, 이것이 동사구 VP보다 위에 있기는 하지만(Lin 2001: 258, Tang 2003a, 邓思颖 2006e 등), 이 기능어구의 위치는 그리 높지 않아서 시간사구 TP 아래에 있지, 절대 시간사구 TP보다 위로는 갈 수 없을 것이다. ‘没’를 부가어로 보든 아니면 부정사구 NegP의 핵어로 보든(이 책 제10장 ‘수식구조와 병렬구조’ 10.1절 참조), ‘没’의 위치 역시 시간사구 TP보다 높지 않다. 그러므로 (53), (54)의 두 예문은 ‘了’가 시간사일 가능성이 있다는 분석을 부정하지 못한다.

얼와인(Erlewine 2017: 47-48)은 ‘不’와 ‘不是’를 구분하며, (55)에서 ‘了’의 작용역이 ‘不’보다 높지 않고, ‘不是’의 작용역은 ‘了’보다 높다고 보았고, ‘了’가 C처럼 높이 위치한다고는 보지 않았으며, 이를 통해 폴과 판(Paul and Pan 2016)의 관점을 반박하였다. 만약 ‘了’가 정말 C 층위에 놓인다면 (55)와 (56)의 작용역 차이는 구별이 불가능해진다.

(55) 我不想家了。　　나는 집 생각이 나지 않게 되었다.

(56) 我不是想家了。　　나는 집 생각이 나게 된 것이 아니다.

폴과 판(Paul and Pan 2016: 57)은 (57)의 예도 제시하여 ‘了’가 시간사구 TP 위에 있음을 논증해 보고자 하였다. 사실, 이 예는

'了'가 부정사 '不' 위에 있음을 보여주는데, '不'가 부정하는 것은 동적양태를 나타내는 조동사이고, 이 조동사는 음성형식이 없다(Huang 1988). 차이웨이텐(蔡维天 2010)의 분석에 따르면, 동적 양태를 나타내는 조동사는 동사적으로 아주 높은 위치에 놓이는데, 심지어 경동사구 *v*P보다 낮다((38) 참조). 따라서 (57)은 '了'가 반드시 시간사구 TP보다 높이 있어야 한다는 것을 설명해 주지 못한다.

(57) 他今年连圣诞节都(开始)不放假了。

그는 올해 크리스마스조차도 못 쉬게 되었다(되기 시작하였다).

린(Lin 2012: 168)은 (58)과 같은 예를 제시하며 인식양태를 나타내는 조동사 '可能(아마도 …일 것이다)'의 작용역이 '了'보다 넓다고 주장하였다. 이에 따라 그는 (59)와 같이 통사적으로 '去台北了(타이베이에 갔다)'가 시간사구 TP이며, '可能(아마도 …일 것이다)'의 보충어라고 분석하였다.[9] 이같은 분석은 바로 '了'가 시간사구 TP 층위에 위치함을 보여주며, 이 책의 분석을 뒷받침해 주는 유력한 증거가 된다(Erlewine 2017: 49-50의 관련 논증도 참고 바람).

(58) 张三可能去台北了。

장싼은 아마도 타이베이에 갔을 것이다.

(59) 张三可能[$_{TP}$ *e*去台北了]

9 '可能(아마도 …일 것이다)'은 영어의 'seem'과 같은 '인상동사(rasing verb)'이다(Lin and Tang 1995). 이와 같은 분석에 따르면, '张三(장싼)'은 원래 TP 내에 있다가 나중에 이동을 통해 '可能(아마도 …일 것이다)' 앞까지 인상된 것이다. 여기서 공범주 '*e*'는 '张三(장싼)'이 이동한 후 남긴 흔적이다.

내조사에는 시간류와 사건류 문말조사가 포함된다. 이 절의 논의에 따르면 시간류 문말조사는 시간사이며, 시간사구 TP의 핵어가 된다. 사건류 문말조사는 '法'를 대표로 하며, 일단 X로 레이블을 표시하였는데, 통사적 분포가 비교적 자유로워서 경동사구 *v*P 위에 혹은 아래에 다 놓일 수 있다. 이하의 수형도는 이 절의 논의 내용을 종합한 것이다. 어순은 이 절의 논의와 무관하므로, 일단 핵 선행 구조로 표시하였다.

(60)
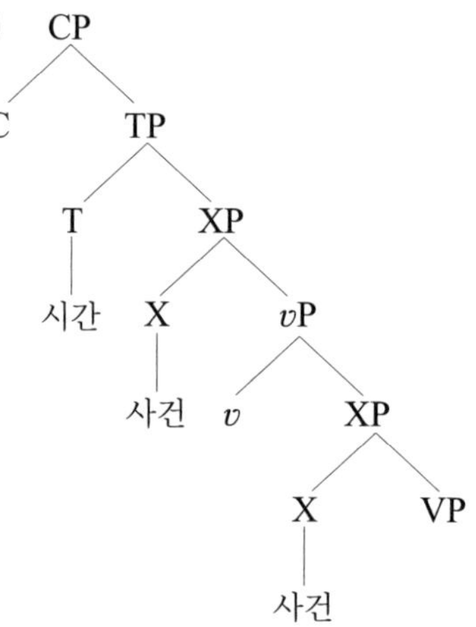


## 11.4 외조사 통사분석

외조사에는 초점, 정도, 감정 세 가지 문말조사가 포함되는데, 이 책 제8장 '문장'에서는 이들을 보문사구 CP 바깥에 있는 세 가지 층위의 어기사구 FP로 분석하였다. B. 린(B. Li 2006: 64)는 이 세 가지 문말조사를 각각 '평가(Evaluative)', '정도(Degree)', '담화(Discourse)'로 분석하였다.[10] 폴과 판(Paul and Pan 2016)은 외조사에 대해 기본적으로 '말힘(Force)'과 '태도(Attitude)' 두 가지 분류를 제시하였다. 얼와인(Erlewine 2017)은 초점을 나타내는 '呢', 정도를 나타내는 '吗', '吧'를 보문사(C)로 분석하고, 감정을 나타내는 '呕', '啊' 등을 태도(Attitude)로 분석하였다. 이러한 분석들이 모두 동일한 것은 아니고, 일부 문말조사에 대한 구체적 분류에 있어서도 약간씩 차이가 있지만, 외조사가 적어도 두 가지로 분류되며 각각 문장의 가장자리 위치에 존재하고, 단일한 기능어가 아니라는 점에 있어서는 의견이 일치된다.

외조사의 층위는 종종 화행(speech act)과 밀접히 관련된다. 통사구조를 통하여 화행을 나타내는 것은 통사-의미 접합면(syntax-semantics interface) 연구의 중요한 과제 중 하나이자 지도제작이론에서 탐색 중인 도전적 과제이기도 하다. 스피스(Speas 2004), 테니(Tenny 2006), 힐(Hill 2007), 미야가와(Miyagawa 2012, 2017), 빌치코와 하임(Wiltschko and Heim 2016), 빌치코(Wiltschko 2017 a, b, c) 등의 학자는 화행을 나타내는 층위에 대한 각종 통사적 분석을 제시하여 보문사 층위에 대한 통사구조를 다양화하는 데 큰 공헌을 하였다. 중국어의 풍부한 문말조사를 통해 이러한 분석을 검증하거나 이러한 분석을 사용하여 더 많은 문말조사의 관련 문제를 발견하기도 하였는데, 그 과정 중 중국어 문말조사 연구에 있어 새로운 길을 트게 되었다. 가령 우리는 스피스(Speas 2004)의 분석틀을 차용하여 증거성(evidentiality)을 나타내는 웨어 문말조사를 분석하고, 언어 간 비교를 진행한 바 있다(Tang 2015a).

빌치코와 하임(Wiltschko and Heim 2016)은 화행을 나타내는 층

10 사실 B. Li(2006)는 '말힘(Force)', '서법(Mood)' 등의 기능어도 제시한 바 있다. 그러나 이러한 기능어들은 중국어 보통화에서 모두 음성형식이 없어서 이들의 존재에 대한 직접적 증거를 증명해내지 못하였기에 이 절의 논의에 포함시키지 않았다.

사층위의 두 가지 주요 구성 부분을 제시하였는데, 하나는 명제에 대한 화자의 태도와 관련된 '토대층위(grounding layer)'이고, 하나는 화자가 청자에 대해 응답을 요구하는 것과 관련된 '응답층위(response layer, 혹은 Call on Adressee, 약칭 CoA)'이다. 통사적으로 토대층위는 아래에, 응답층위는 위에 놓인다. 람(Lam 2014), 하임 외(Heim et al. 2016)는 이와 같은 통사구조에 의거하여 웨어에서 의문을 나타내는 문말조사 '咩(me1)'와 '嗬(ho2)'를 분석하였다. 빌치코와 하임(Wiltschko and Heim 2016)의 분석을 기준으로 하여 빌치코(Wiltschko 2017 a, b, c)에서는 화행과 관련된 토대층위와 응답층위라는 이 두 가지 통사층위에 대한 심층 분석을 수행하였다.

만약 빌치코와 하임(Wiltschko and Heim 2016)이 제시한 두 층위 구조와 이 책 제8장에서 제시한 세 가지 층위의 어기사구 FP를 결합한다면 (61)과 같은 구조로 종합할 수 있을 것이다. 여기에서 '초점' FP1과 '정도' FP2가 함께 토대층위를 이루면서 명제에 대한 화자의 태도나 판단을 나타낸다. 또한 CoA는 응답층위를 구성하여 화자가 청자에 대해 응답을 요구함을 나타낸다. 그리고 감정을 나타내는 FP3은 가장 높은 위치에 놓인다. CoA로 구성된 구를 빌치코와 하임(Wiltschko and Heim 2016)에서는 'RespP'라고 칭하였다.

(61)

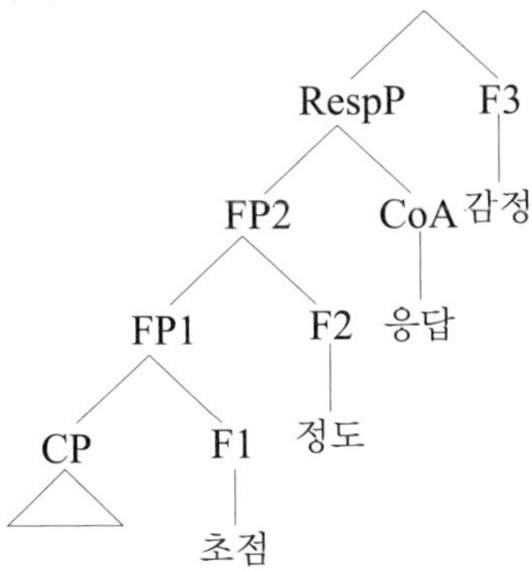


하임 외(Heim et al. 2016: 112)는 (62)와 같은 캐나다 영어를 예로 들고 이러한 말을 쓸 수 있는 문맥을 제시하였다. 즉 화자가 개 한 마리를 새로 소유하게 되었고, 청자가 화자의 새 개를 보았는데, 화자는 상대방에게 그 사실을 알려주었는지 아닌지 불확실한 상황에서 이러한 말을 할 수 있다는 것이다. 확인을 위해 이러한 문맥에서 화자가 (62)와 같이 말을 했다면, 화자가 문장 내의 명제를 믿으며 청자도 이 명제를 아는지에 대해서는 의문을 품고 있고 청자가 이 명제를 이미 안다는 것을 확인해 주기를 바람을 나타낸다. 의미적으로 볼 때 캐나다 영어의 'eh'는 명제에 대한 화자의 신뢰 정도를 알려주는 데 사용되며, 상승어조 '↗'는 확인에 사용된다. 이들이 제시한 통사분석에 근거하면, 'eh'는 토대층 위에 위치하고, '↗'는 응답층위에 위치한다. (61)과 같은 통사구조에 이를 적용해 보면 'eh'는 F2에 놓여야 하고, 화자의 태도를 나타내며, '↗'는 CoA 자리에 놓이며 상대방의 응답을 요구한다.

(62) I have a new dog, eh↗

나 개 한 마리 새로 생겼잖아, 어

어조 등의 초분절음(suprasegmental) 성분을 문말조사로 간주하고 외조사 층위에 놓는 것이 불가능한 것은 아니다. 우리는 영어의 어조를 보문사 C로 분석한 바 있으며(Tang 1998), 웨어의 의문어조를 문말조사로 간주하고 의문류 문말조사와 상보적 분포를 보인다고 분석한 바 있다(邓思颖 2006c). 웨이크필드(Wakefield 2010)는 웨어의 일부 문말조사와 영어의 어조가 동일한 지위를 지닌다고 논증하였고, L. 장(L. Zhang 2014)은 실험음성학 연구를 통해 웨어에 초분절음 성분의 문말조사가 존재함을 뒷받침해 주었다. 또한 장링·덩쓰잉(张凌·邓思颖 2016)은 웨어의 일부 의문류 문말조사에 대한 실험음성학 분석을 통해 분절음 층위의 문말조사와 초분절음 층위의 어조를 구분했으며, 어조와 성조도 구분하였다. 의문을 나타내는 상승어조가 비록 음절에 붙어서 존재하기는 하지만, 독립된 지위를 지니므로 문법체계에서 독립적으로 처리해야 한다. 여러 연구 분석에 비추어 볼 때 어조를 문말조사로 볼 수 있으며, 심지어 (61)과 같은 수형도에서 한 자리를 차지한다고 보는 것이 타당하다.

보통화의 경우, 린마오찬(林茂灿 2004, 2006)은 보통화에서 어조를 통해 의문어기를 나타낼 수 있으며, 어조와 성조는 음향학적 특징이 서로 다름을 상세히 논증하였다. 어조 그 자체가 어기에 영향을 미친다는 것은 이미 알려진 바로, 보통화 문말조사의 분절음과 초분절음을 구분하여 분석하는 것이 매우 합리적이다. 보통화의 '吧', '吗'를 예로 들어 루젠밍(陆俭明 1984)은 어조가 의문·비의문의 '吧'나 의문의 '吗'와 어떠한 관계를 지니는지 논의하였고, 어조와 '吧', '吗'가 상호작용을 주고 받는 관계임을 상세히 설명하였다. 이러한 분석법은 중국어 문말조사의 연구에 있어 새로운 길을 열었으며, 이후의 연구에도 많은 영향을 미쳤다. 비록 ‘吧’, ‘吗’의 의문, 비의문 성질에 대해서는 여전히 논쟁이 벌어지고 있으며, 어조가 ‘吧’, ‘吗’와 상호작용을 한다는 것에 대해서도 학자마다 의견이 엇갈리고 일치된 결론을 얻지 못하고 있지만, 문말조사의 분절음 층위와 초분절음 층위를 구분하여 살펴보아야 하며, 어조가 문말조사를 이해하는 데 핵심적 작용을 한다는 사실에 대해서는 대다수의 학자들이 모두 동의할 것이다.

사용 가능한 방법 중 한 가지는 바로 ‘吧’, ‘吗’를 분절음과 초분절음 두 가지 부분으로 나눈 뒤 각각 통사구조 중의 서로 다른 위치에 놓는 것이다. ‘吗’를 예로 들어, 분절음 성분 ‘mɑ’를 높은 정도를 나타내는 형태소로 분석하고(B. Li 2006), 의문과 긍정의 의미를 나타내는 것은 각각 높은 어조와 낮은 어조로 표시하는 것이다(熊子瑜·林茂灿 2003, 熊子瑜 2005). ‘mɑ’는 높은 어조와 결합하여 의문 정도가 높음을 나타내며, 일반적으로 (63)처럼 ‘吗’자로 쓰며 의문문을 구성한다. ‘吗’가 낮은 어조와 결합하면 긍정의 정도가 높음을 나타내며, 일반적으로 (64)처럼 ‘嘛’자로 쓰고, 평서문을 구성한다. (61)의 수형도에서 높은 정도를 나타내는 ‘mɑ’는 F2의 ‘정도’ 위치에 놓이고, 어조의 높고 낮음은 응답과 관련된 ‘CoA’ 자리에 놓인다.

(63) 张三已当爷爷了吗?
　　장싼은 이미 할아버지가 되었니?
(64) 张三已当爷爷了嘛。
　　장싼은 이미 할아버지가 되었잖니.

‘吧’의 경우, 분절음 성분 ‘bɑ’는 낮은 정도를 나타내는 형태소로 분석되는데(B. Li 2006), 의문과 긍정의 의미를 나타내는 것은 각각 매우 낮은 어조와 낮은 어조로 표시한다(贺阳·刘芳 2016). 'ba'가 매우 낮은 어조와 결합하면 (65)처럼 의문 정도가 낮음을 나타내며 의문문을 구성하고, 'ba'가 낮은 어조와 결합하면 (66)처럼 긍정의 정도가 낮음을 나타내며 평서문을 구성한다. 문자화하면 의문과 비의문의 'ba'는 모두 '吧'로 구분 없이 쓴다. (61)의 수형도에서 낮은 정도의 'ba'는 F2의 '정도' 위치에 놓이고, 낮은 어조와 매우 낮은 어조는 응답과 관련된 'CoA' 위치에 놓인다.

(65) 他可能回家了吧?

그는 아마도 집에 돌아갔겠지?

(66) 他可能回家了吧。

그는 아마도 집에 돌아갔겠지.

이처럼 'ba', 'ma'와 같은 분절음 성분은 정도의 높고 낮음만을 나타내며 빌치코와 하임(Wiltschko and Heim 2016)이 말한 토대층위와 관련되고, 그 자체는 의문의 의미를 갖지 않는다. 의문의 의미는 바로 응답층위의 CoA로부터 오는 것으로, 주로 각기 다른 어조를 통해 표시된다.[11] 중국어 '吧', '吗'의 통사적 지위는 아마도 캐나다 영어의 'eh'와 유사할 것이다. 분절음 성분인 'ba', 'ma', 'eh'는 명제에 대한 화자의 태도와 관련이 있으며 토대층위에 속하고, 초분절음 성분인 어조는 의문과 비의문을 구별하는 것 등의 기능을 하며, 응답층위에 속하는 성분이다.[12]

11 우리는 이 책 제3장 '자질, 단어, 품사'와 제8장 '문장'에서 문장 종류와 어조가 보문사 C와 관련이 있다고 가정하였다. 만일 CoA 분석이 정확하다면, 어조는 CoA가 구현된 것이지 보문사가 구현된 것이 아닐 것이다. 어조의 정확한 통사적 위치에 관해서는 향후의 연구를 기대한다.

이처럼 어조를 구분하여 연구하는 것이 정확한 방향이라고 본다. 어조를 외조사 체계에 넣고, 지도제작이론의 관점에서 어조에 하나의 통사적 위치를 할당해 주는 것은 새로운 시도이다. 물론, 이 절에서는 개략적인 윤곽만 그려냈을 뿐, 이것이 정설이라고는 할 수 없다. 중국어 어조에 대한 묘사는 문말조사와도 상호작용하는 관계에 놓여 있고, 여전히 더 많은 실험 데이터를 통한 검증을 거친 후 상세히 분석할 필요가 있다. 의심할 여지없이, 이는 이후 문말조사 연구의 중요한 연구방향 중 하나이자 통사-음운 접합면 연구의 새로운 과제로, 방언 간, 언어 간 문법 비교연구에 새로운 영감을 준다.

## 11.5 기타 문말성분

중국어에는 문말조사 외에도 또 몇 가지 문말성분이 존재하는데, 부가의문문(tag question)이 바로 그 가운데 한 가지이다.[13] 리와 톰슨(Li and Thompson 1981: 546)은 (67), (68) 등의 의문문을 부가의문문으로 분석하였는데, 바로 평서문 뒤에 비교적 짧은 형식의 반복의문문을 덧붙이는 것이다.

(67) 你们是九点钟开门的，对不对?
당신들은 아홉 시에 문을 열죠, 맞아요 안 맞아요?

---

12 중국어의 높은 어조와 영어의 상승어조가 비록 동일한 기능을 하기는 하지만, 이것이 이들의 음향학적 특징이 동일함을 의미하지는 않는다. 사실, 중국어와 영어의 어조는 차이가 있다(林茂灿 2004).

13 부가의문문에 대한 본절의 소개는 주로 邓思颖(2016 a, c)의 논의 내용을 종합한 것이다.

(68) 他在耕田，是不是？

그는 농사를 짓고 있어요, 그래요 안 그래요?

중국어 부가의문문의 통사적 분석에 대해 논의한 글은 많지 않다. 나는 과거 문말성분의 '병렬구조설'(Tang 2015b, 邓思颖 2016 a, b, c, d, e, 2018)을 제기하여 문말 현상을 통일성 있게 설명하고자 했다. 이 가설에 따르면 부가의문문의 의문 부가 어구는 그 앞의 절과 병렬구조를 이루는데 병렬 관계에 있는 절은 외부 연접어(external conjunct)이고, 의문 부가 어구는 내부 연접어(internal conjunct)이다. 이 둘은 (69)에서와 같이 음성형식이 없는 접속사 ∅로 접속되어 있다(邓思颖 2016a). 이 책 제10장 '수식구조와 병렬구조'에 소개된 바에 따르면 내부 연접어는 접속사의 보충어이고, 외부 연접어는 지정어로, 하나의 접속사구 CoP 구조를 이룬다.

(69) [절]∅[의문 부가 어구]

(69)의 내부 연접어 위치는 형식상 문말에 자리 잡는데, 기능적 관점에서 보면 이 위치는 각종 화용적 정보를 제공한다. 예문 (67)의 통사구조는 아래 (70)과 같이 간략히 묘사할 수 있다. 평서문과 의문 부가 어구는 음성형식이 없는 접속사 ∅로 연결되어 있으며, 각각 병렬구조의 외부 연접어와 내부 연접어를 이루고 있다. 의문 부가 어구에서 앞쪽 평서문과 중복되는 부분은 지시 기능을 지닌 공범주로, '*e*'로 표시된다.[14] 이 예문에서 '对不对

14 중국어는 주어 생략을 허용하는 언어로, 엄밀히 말해 영주어는 '*pro*'이다.(Huang 1984b) 汤廷池(1988)는 심지어 앞의 평서문이 주어이고 의문 부가 어

(맞아요 안 맞아요)'는 술어이며(张和友·邓思颖 2011), '*e*'는 음성형식이 없는 주어로, 앞쪽의 평서문을 지향하는데, 대략적 의미는 '당신들은 아홉 시에 문을 연다. 이 말이 맞느냐?'이다. 대답할 때에는 '对(맞다)' 혹은 '不对(안 맞다)'라고만 말할 수 있다. 음성형식이 없는 주어 '*e*'를 통해 의문 부가 어구에 일정한 조응 능력이 생기면서 앞쪽의 평서문을 재지시할 수 있게 된다.

(70) [你们是九点钟开门的]∅[*e*对不对]

중국어의 이러한 의문 부가 어구는 영어 예문 (71)의 'right(맞지요)'와 유사하다. Greenbaum(1996: 49)은 이러한 의문 부가 어구가 일종의 '고정된' 형식(well-established fixed tag)이라고 보았다.

(71) We're on the list, right?
우리는 명단에 올라가 있죠, 맞지요?

케인(Kayne 2016)은 (71)과 (72)가 관련이 있다고 보았다. 유일한 차이는 'isn't that(그렇지 않나요)'이 (72)에서는 들을 수 있는 것이고, (71)에서는 들을 수 없는 것이라는 점이다. 그는 한 걸음 더 나아가 (71)이 (73)으로부터 만들어진 것으로, 그 안에는 음성형식이 없는 'ISN'T THAT'이 포함되어 있다고 하였다. 여기서 대문자는 구분을 위해 사용한 것이다. 만약 영어 의문 부가어구 'right(맞지요)'에 대한 케인(Kayne 2016)의 분석이 정확한 것이라면, (70)의 '对不对(맞아요 안 맞아요)'와 마침 평행 구조를 이루게 된다. 음성형식이 없는 'THAT'은 중국어의 음성형식이 없는 주어

구는 술어로서 직접 주술구조를 이룬다고 주장하기도 하였다.

'*e*'에 해당하고, 'right(맞지요)'와 '对(맞아요)'는 둘 다 형용사 술어로, '对(맞아요)'가 직접 술어가 될 수 있는 반면 조동사 'be'를 추가할 필요가 없다는 점만 다르다.

(72) We're on the list, isn't that right?
우리는 명단에 올라가 있죠, 그렇지 않나요, 맞죠?

(73) We're on the list ISN'T THAT right?
우리는 명단에 올라가 있죠, **그렇지 않나요** 맞죠?(굵은 글씨는 역자 표시)

중국어에는 (74)와 같은 또 한 가지 종류의 의문문이 있는데, 황보룽·랴오쉬둥(黄伯荣·廖序东 2002b)은 이러한 종류의 의문문을 시비의문문(是非问句)으로 분석하였다. 사실, 이러한 종류의 시비의문문은 부가의문문으로 분석되어야 한다. '是吗(그래요?)' 외에도 아래의 예문 (75)와 같은 '不是吗(안 그래요?)', '是吧(그렇지요?)', '好吗(좋나요?)', '行吗(괜찮나요?)', '可以吗(되나요?)' 등도 부가의문문으로 보아야 한다(汤廷池 1988: 271).

(74) 你要淘汰掉这匹马，是吗？
너는 이 말을 도태시켜버리려는 거지. 그렇지?

(75) 快一点来，好吗？
좀 일찍 와, 응?

'是(…이다)'는 비록 술어이기는 하지만, (67)의 '对(맞아요)'와는 다르다. '对(맞아요)'는 술어이며, 음성형식이 없는 주어와 더불어 주술구조를 이룬다. 그러나 (76)에 '是(…이다)'가 있는 절이 동사구 생략을 통해 만들어지는 것에서 볼 수 있는 것처럼(Xu 2003), '是(…이다)'는 동사구 생략(VP ellipsis)을 인허하는 술어이다(张和友·邓思颖 2011).

(76) 张三喜欢他的妈妈，李四也是。
장싼은 그의 엄마를 좋아하고, 리쓰도 마찬가지이다.

(74)의 '是(…이다)'와 (76)의 '是(…이다)'는 동일한 문법적 지위를 가지는데(张和友·邓思颖 2011), (74)의 통사구조는 (77)과 같이 묘사할 수 있다. (77)의 ∅은 음성형식이 없는 접속사로, 평서문 '你要淘汰掉这匹马(너는 이 말을 도태시켜버리려고 한다)'와 시비의문문 '是你要淘汰掉这匹马吗(네가 이 말을 도태시켜버리려는 것이냐)'를 연결하며, 시비의문문 내에서 중복되는 부분이 생략된 뒤 '是吗(그렇지)'만 남아 의문 부가 어구를 구성하게 된다.

(77) [你要淘汰掉这匹马]∅[是~~你要淘汰掉这匹马~~吗]
[너는 이 말을 도태시키려고 한다]∅[~~너는 이 말을 도태시키려고 하는 것이~~ 맞느냐]

영어의 부가의문문 중에서도 형식적으로 중국어의 '是吗(그렇지?)'와 유사한 면이 있는 것이 존재하는데, (78)과 (79)의 'is it'이 바로 그것이다. 그린바움(Greenbaum 1996: 49)은 'is it'의 이러한 용법이 최근에 생겨난 고정 용법(recently coined fixed tag)이라고 하였다.[15]

---

15 (78)과 (79)는 Greenbaum(1996: 49)에서 가져온 것이다.

(78) You mean about Felicity and her achievements, is it?

너는 Felicity와 그녀의 성과를 말하는 거지, 그렇지?

(79) She looks Puerto Rican or something, is it?

그녀는 Puerto Rican 등처럼 보여, 그렇지?

영어 의문 부가 어구 'is it(그렇지?)'에는 부정 형식 'isn't it(안 그래?)'이 있는데, (80)에서와 같이 비정식 입말에서 'innit'이라고 하기도 한다(Greenbaum 1996: 49).[16]

(80) They're such a wicked band, innit?

그들은 정말 사악한 무리야, 안 그래?

(75)의 의문 부가 어구 '好吗(좋나요?)'의 경우, 내부구조가 (70)의 '对不对(맞아요 안 맞아요?)'와 유사하다. 즉 (81)에서 '好(좋다)'는 술어이며, 음성형식이 없는 주어 '*e*'는 앞의 평서문을 재지시하고, 이 두 절은 음성형식이 없는 접속사 ∅로 연결되는데, '快一点来, 而快一点这个要求好吗?(좀 일찍 와라, 그리고 좀 일찍 오라는 이 요구가 괜찮냐?)'와 같이 이해될 수 있다. 비록 (74)의 '是吗(그렇지?)'와 (75)의 '好吗(좋나요?)'는 형식상 모두 시비의문문에 속하지만, (75)의 '好吗(좋나요?)'는 음성형식이 없는 주어와 결합하여 이루어진 것이지 술어 생략을 통해 만들어진 것이 아니므로 (74)의 '是吗(그렇지?)'와는 다르다((77)의 분석 참조).

(81) [快一点来]∅[*e*好吗]

16 (80)은 Cambridge Dictionaries Online에서 가져온 것이다. 이와 같은 용례는 런던 영어 입말에서 찾아볼 수 있다(Greenbaum 1996, Martínez 2015 등).

부가의문문의 내부 통사구조를 보면 (67)의 ‘对不对(맞아요 안 맞아요?)’는 (82)와 사실 동일해서 둘 다 주술구조를 이루며, ‘对不对(맞아요 안 맞아요?)’는 술어로 반복의문문을 구성하는데, 단지 (67)에 음성형식이 없는 주어 ‘*e*’가 있고 병렬구조를 이루는 반면 (82)의 주어는 외현적인 ‘这个说法(이 말)’로 단문을 이룬다는 것만 다르다. (75)의 ‘好吗(좋나요?)’ 역시 (83)과 같은 중국어의 일반적인 시비의문문과 비슷한데, (83)은 술어/절 뒤에 ‘吗’를 붙인 것이다. 중요한 차이점은 (75)에 음성형식이 없는 주어 ‘*e*’가 있고, (83)에는 주어가 외현적인 ‘这个建议(이 제안)’라는 것이다.

(82) 这个说法对不对?　　이 말이 맞니 안 맞니?

(83) 这个建议好吗?　　이 제안이 좋니?

형식에 있어서 부가의문문은 일반적인 반복의문문, 시비의문문과 분명 차이가 없다. 탕팅츠(汤廷池 1988: 272)는 심지어 부가의문문이라는 부류(그는 이 부류를 ‘附带问句(부대의문문)’라고 칭했다)를 없애도 되며, “달리 한 부류를 만들 필요가 없어 보인다”고 했다. 비록 중국어의 부가의문문 내부구조가 일반적인 반복의문문, 시비의문문과 차이점이 없다고는 해도, ‘부착’이라는 성질이나 조응 능력에 있어서는 특별한 점이 있다. 이처럼 부가의문문은 자신만의 독특한 성질을 지니고 있어서 연구 가치가 있다. 문법 연구의 측면에서는 분명 따로 한 부류를 만들 필요가 있어 보인다.

부가의문문 외에도 중국어에는 반복의문문이라는 부류도 있는데, 반복의문문은 문말에 (84)의 ‘没有’, (85)의 ‘没’, (86)의 ‘不’와 같은 부정사를 추가하여 형성되는 구문이다. 이러한 반복의문문을 논저에서는 'VP-Neg questions' 혹은 'negative particle questions'라고 부른다.[17]

(84) 他买了书没有? 그는 책을 샀니, 안 샀니?

(85) 他买了书没? 그는 책을 샀니, 안 샀니?

(86) 他买书不? 그는 책을 사니, 안 사니?

이와 같은 종류의 반복의문문은 일찍이 병렬구조로 분석한 바 있으며(Wang 1967, Huang 1991, Hsieh 2001 등), 이는 문말성분 '병렬구조설'이라는 관점과도 부합한다(Tang 2015b, 邓思颖 2016a, b, c, d, e, 2018). 이러한 분석에 따르면 반복의문문의 부정사는 앞의 술어와 병렬구조를 이룬다. (87)에서 볼 수 있듯이 술어는 외부 연접어이고, 부정사는 내부 연접어 내에 위치하며, 양자는 하나의 음성형식이 없는 이접성(disjunctive) 접속사 ∅에 의해 연결된다.

(87) 주어[[술어]∅[부정사 술어]]

음성형식이 없는 이접성 접속사 ∅는 각각 하나는 정, 하나는 반의 의미를 나타내는 내외부 연접어를 연결한다. (86)의 예문은 (88)과 같은 방식으로 표현할 수 있는데, 대략적 의미는 바로 그가 책을 살지 아니면 안 살지를 묻는 것이다. 내부 연접어 내의 동일한 술어 '买书(책을 사다)'는 생략되고 부정사 '不'만 남아서

17 이 절에서 반복의문문에 관련된 소개는 주로 邓思颖(2016e)에서 가져온 것이다. 여기에 논의된 내용 가운데 "他买不买书?(그는 책을 사니 안 사니?)"와 같은 부류의 반복의문문('A-not A questions', 'V-not-VP questions'라고도 불린다)은 포함되지 않으며, 이 부류는 생성 방식에 있어서도 여기에서 논의하는 반복의문문과는 다르다(Huang 1991, Huang, Li, and Li 2009).

표면적으로는 '不'가 문말 위치에 놓인 것처럼 보이는 것이다.

(88) 他[买书]∅[不 ~~买书~~]

중국어에는 또 한 가지 문말성분이 있는데, (89)와 (90)에서 문말의 '你(당신)'는 기능적으로 볼 때 '추가보충성분(追补成分)'이라 칭할 수 있다. 논저에서는 이와 같은 예문이 드러내는 현상을 '변형식(变式)'(黎锦熙 1992), '역위문(易位句)'(陆俭明 1980, Tai and Hu 1991, 张伯江·方梅 1996), '연장문(延申句)'(陆镜光 2004, 邓思颖 2018)이라 부르기도 하였고, 혹은 '추가보충(追补)'(Chao 1968, 史有为 1992), '추가(追加)'(陈建民 1984), '중복(重复)'(孟琮 1982)과 관련이 있다고 보기도 했다. 이 구문은 일정한 담화기능을 지니며(Luke 2012, 陆镜光 2004), 종종 문체의 영향을 받기도 한다(Lai, Law, and Kong 2017).

(89) 进来吧, 你!　　　　들어와, 당신!
(90) 你进来吧, 你!　　　당신 들어와, 당신!

형식적 관점에서 보면 몇 가지 서로 다른 이론적 분석이 존재한다(Packard 1986, 张伯江·方梅 1996, Cheung 1997, 2009, Law 2003, 梁源 2005 등). (89)의 경우 두 부분으로 구성되는데, '进来吧(들어와)'는 '주체절(主体句)'로 불리며, 뒤쪽의 '你'는 '후속어(后续语)'로 불린다(陆镜光 2004). 스유웨이(史有为 1992), 루징광(Luke 2012, 陆镜光 2004) 등의 관점에 따르면 (89)는 이동을 통해 생성된 것이 아니다. (91)에서 보듯이 후속어는 원래 문말에 위치하며, 음성형식이 없는 접속사를 통해 주체절과 후속어가 연결되어 병렬구조를 이루는데 이는 문말성분 '병렬구조설'에 부합한다. 후속어 내부의 구조는 생략 및 음성형식 없는 성분을 통해 이루어진다. 관련 분석은 덩쓰잉(邓思颖 2018)의 논의를 참고할 수 있다.

(91) [주체절]∅[후속어]

문말성분 '병렬구조설'에 근거하여 상술한 몇 가지 문말성분은 모두 내부 연접어의 한 성분으로 분석할 수 있다. 어떤 문말성분은 (67)의 '对不对(맞아요 안 맞아요)'처럼 비교적 실질적 내용을 지니고 있으며, 일부 성분은 (86)의 '不'처럼 상대적으로 비실질적이다. '병렬구조설'은 문말조사의 통시적 분석으로도 확장될 수 있다(Tang 2015b, 邓思颖 2016c, d).

통시적 근원을 살펴보면 일부 문말조사는 술어와 관련이 있는데, 여기에는 '了', '呢', '来着', '吗', '吧', '啊', '嚜'가 포함된다.[18] '了'가 동사 '了'에서 온 것임에는 이견이 크지 않다(太田辰夫 1987, 曹广顺 1995 등). '来着'가 동사 '来'로부터 왔다는 것도 역시 정론으로(太田辰夫 1987 등), 사건이 발생한 적이 있음을 나타낸다(曹广顺 1995). '来着'의 용법이 몽골어의 영향을 받았을 가능성이 있기는 하지만(陈前瑞 2008), '来着'와 동사 '来'의 밀접한 관계는 부정할 수 없다. '吗'는 (92)의 부정사 '无'로부터 왔으며, 이후 '磨', '摩', '么' 등으로 쓰다가 청대清代에 이르러 '吗'로 쓰게 되었다(太田辰夫 1987). '无'의 성질은 '有'와 마찬가지로 술어이거나 혹은 술어와 밀접한 관련이 있다. '嚜'는 '啊'와 자주 연용되어 '嘛'가 되었다(胡明扬 1987: 90). 심지어 "일부는 구분하지 않고 모두 '吗'

18 이 절의 문말조사에 관한 통시적 논의는 주로 邓思颖(2016d)에서 가져온 것이다.

로 쓰기도 하며"(吕叔湘 主编 1984: 338), 이들은 차이가 없다고 할 수 있다(左思民 2009: 360). 우리는 '嚜'가 본래 '吗'에서 왔다고 가정해도 무방할 것이며, 앞서 논의한 (63), (64)에서 제시한 분절음 성분 'mɑ'는 '无'와 동일한 경로를 따라 변해온 것이라고도 할 수 있을 것이다.

(92) 秦川得及此间无? (李白의 시)
친촨[19]이 이곳에 비길만 하겠는가?

'吧'는 청대 이전에 (93)의 '罢'와 같이 썼는데, '罢'는 원래 '용언성'을 지니고, 소위 '준문말조사'로 분석될 수 있으며(太田辰夫 1987: 338-339), '그만두다(罢休)'라는 의미를 나타낼 수 있다(冯春田 2000).

(93) 你将妻子休了罢! (《快嘴李翠莲记》)
너는 부인을 내쫓아 버려라!

'呢'의 기원에 대해서는 논저마다 견해가 엇갈린다. 학자들의 의견을 종합해 보면, 의문을 나타내는 '呢'는 '聻'로부터 온 것으로 가정할 수 있다(太田辰夫 1987).[20] '聻'는 본래 '사물의 모양을 가리키며(指物貌)'(《广韵》), 소위 '사물의 모양을 가리킴(指物貌)'에 대해 쑨시신(孙锡信 1999: 63-63)은 '화자가 '聻'라는 이 음을 발음할 때 어떤 제스처를 함께 취함으로써 어떤 상황 혹은 어

19 [역주] 장안長安을 가리킴.

20 '聻'는 그보다 앞선 기원인 '尔'로부터 왔을 가능성이 있다(王力 1980, 江蓝生 1986, 太田辰夫 1987 등).

떤 태도를 나타내며', '이런 모습(这么个样子)'이라는 의미를 가진다고 하였다.[21] 만약 (94)처럼 명사구 뒤에 쓰인다면 '어떻게(怎么样)'라는 의미를 나타낸다. 비의문의 '呢'는 (95)의 '在裏'(吕叔湘 1984)나 (96)의 '裏/里'(太田辰夫 1987)와 관련이 있다. 문말의 '裏/里'는 '어떠한 곳에서의 동작, 상태의 존재'를 나타내며(太田辰夫 1987: 350), 의문용법의 '聻'와 유사하게 앞의 절이 나타내는 동작이나 상태를 지향한다. 이러한 용법은 당대當代 입말에서 사용되는 '这样子(이렇게)'나(예를 들어 (97)) 유행어, 인터넷 용어인 '酱子(이렇게)'(예를 들어 (98))와 무척 유사하다고도 할 수 있는데(Tang 2015b),[22] 모두 '睡着了(잠이 들었다)'라는 이 상태를 지향한다.

(94) 不落意此人聻?(《祖堂集》)

이 사람이 뜻에 떨어지지 않았단 말입니까?

(95) 他不是摆脱得开，只为立不住，便放却，忒早在裏。(《上蔡语录》)

그가 벗어난 것이 아니며, 단지 서 있을 수 없어서 놓아버린 것이니 너무 이르구나.

(96) 幸有光严童子里。(《维摩变文》)

다행히도 광엄동자가 있구나.

(97) 医生也说我大概六分钟就睡着了这样子。

의사도 내가 대략 6분만에 이렇게 잠이 들었다고 말했다.

(98) 最后哭累了就睡着了酱子。

마지막에는 울다 지쳐서 이렇게 잠이 들었다.

21 '聻'를 단독으로 사용하는 상황도 있는데, 종종 "지시의 의미를 지닌다"(曹广顺 1995: 156).

22 예문 (97)과 (98)은 모두 인터넷에서 가져온 것이다.

‘啊’의 기원은 찾아내기가 쉽지 않은데, 분명 여러 개의 기원이 있을 것으로 보인다. 그 가운데 하나는 (99)의 ‘好’로, 감탄 혹은 명령어기를 나타낸다(孙锡信 1999). 만일 ‘啊’의 기원이 ‘好’라면, ‘啊’는 용언으로부터 온 것이라고 하겠다.

(99) 问：如何是客中主？师云：识取好。《祖堂集》
　　묻기를 “어떤 것이 손님 가운데 주인입니까?”라고 하자,
　　선사가 이르되 “알아본다.”라고 하였다.

품사 측면에서 보면 ‘了’, ‘来着’, ‘吗’, ‘吧’, ‘嘿’, ‘啊’는 용언으로부터 왔으며, ‘呢’는 체언으로부터 왔다. 문법 기능의 측면에서 보면 이들 문말조사는 원래 모두 술어 역할을 하는데, 예를 들어 ‘了’는 앞의 절을 진술하면서 사건이 완성되었음을 나타내며, ‘来着’의 ‘来’는 사건이 이미 발생한 적이 있음을 나타내고, ‘罢’는 여전히 그만둔다는 의미를 나타낼 수 있으며, 화자의 정도를 표현한다. ‘吗’는 부정사 ‘无’로부터 왔고 선택을 구성하며, 형용사 ‘好’로부터 온 ‘啊’는 판단기능으로부터 감탄어기가 나왔다. 체언으로부터 유래한 ‘呢’는 원래 ‘聻’ 혹은 ‘裏/里’로, 앞 절의 존재를 나타내며, 절이 나타내는 동작 혹은 상태를 진술한다.

다음절 문말조사와 용언과의 관계는 더욱더 명확하다. 장빈 주편(张斌 主编 2010)에서는 여러 개의 다음절 예시를 열거하였는데, 그중에는 2음절의 ‘也好(…하는 편이 좋다)’, ‘也罢(…하든)’, ‘似的(…과 같다)’, ‘的话(…라면)’, ‘着呢(…인 걸)’, ‘便了(…면 된다)’, ‘罢了(…면 그만이다)’, ‘而已(…일 뿐이다)’(예를 들어 (100)의 ‘也好(…하는 편이 좋다)’), 그리고 3음절의 ‘就是了(…해도 된다, …하면 그만이다)’(예를 들어 (101)) 등이 포함된다. 이 아홉 가지 다음절이 예시

외에 리쓰쉬(李思旭 2011)에서는 '不成'(예를 들어 (102))과 '好了(…해도 된다)', '算了(됐다, 그만)', '行了(됐다)', '得了(됐다, 충분하다)' 등의 몇 가지 'X了' 형식을 소개하였다.

(100) 说说也好，免得以后误会。(张斌 主编 2010: 250)
말하는 게 좋아. 앞으로 오해하는 일이 없도록.

(101) 我一定办到，你放心就是了。(《现代汉语词典》 제7판)
내가 꼭 해낼 테니 너는 안심해도 좋아.

(102) 难道我怕你不成? (李思旭 2011: 199)
설마 내가 너를 겁낸다는 건 아니겠지?

이와 같은 다음절 문말조사 가운데 체언으로 술어가 될 수 없는 '的话(…라면)'를 제외한 다른 몇 가지는 모두 용언으로 구성되어 술어가 될 수 있는데, 예를 들어 '罢(그만두다)', '算(셈하다, 계획하다)', '行(괜찮다, 가능하다)', '得(얻다)', '是(…이다)', '似(닮다)', '着(zhuó, 입다, zháo (불이) 붙다)'[23], '便(편리하다, 변을 보다)'은 동사이고, '好(좋다)'는 형용사, '而已(…일 뿐이다)'의 '已(그치다, 멎다)'는 고대한어에서 동사로 쓰였다.

다음절 문말조사의 탄생 시기는 비교적 늦은 편이다. 타츠오 오타(太田辰夫 1987: 362)는 다음절 문말조사를 '준문말조사'로 분석하였는데, 강조를 나타내는 '才好(…해야지요)' 등은 원대元代에 탄생하였고, 제한을 나타내는 '就是(了)(…하면 그만이다)' 등의 탄생 시기는 약간 늦어서 "일부 진술 기능이 아직은 완전히 소실되었다고 할 수 없다"고 하였다. 펑린난(彭伶楠 2005)은 심지어 라

23 [역주] 그러나 문말조사 '着呢'의 '着'는 조사로, 발음도 'zhe'로 동사 '着 zhuó, zháo'와 다르다.

오서(老舍), 빙신(冰心)의 작품에 이르러서야 '好了(…해도 된다)'가 문말조사로 허화된 용례를 찾아볼 수 있다고 하였다. 쑨시신(孙锡信 1999)은 이와 같은 다음절 문말조사를 '어기구 단어(语气短语词)'라고 칭하였으며, 형식적으로는 구를 이루지만 기능적으로는 하나의 단어에 해당한다고 보았다. 이러한 다음절 문말조사는 원래 용언으로 술어의 기능을 하였다. 탄생 시기가 비교적 늦고 허화과정이 비교적 느리기 때문에 여전히 비교적 강한 어휘어의 성질을 보존하고 있으며, 진술 기능이 사라지지 않아서 여전히 반은 어휘어, 반은 기능어와 같은 느낌을 주는데, 어쩌면 여전히 어휘어에서 기능어로 변해가는 발전 단계 속에 머물러 있는지도 모른다.[24]

이와 같은 문말조사의 용언 성질을 통해 중국어 문말조사가 어떤 통시적 단계에서 과거 용언으로 사용되며 술어 역할을 하였음을 알 수 있다. 이들 문말조사는 앞의 절이 외부 연접어, 문말조사가 내부 연접어가 되는 형식으로 앞의 절과 병렬구조를 이룰 가능성이 있다. 이때 (103)에서와 같이 이 둘은 음성형식이 없는 접속사 '∅'를 통해 연결된다. 내부 연접어는 내부에 서로 다른 형식의 음성형식 없는 성분 혹은 생략된 성분을 지니면서 앞쪽의 절을 재지시할 수도 있다.

(103) [절]∅[…문말조사…]

문말조사를 내부 연접어로 분석하고 앞의 절과 병렬구조를 이

24 웨어 문말조사의 통시적 발전에서도 이와 유사한 상황이 존재하는데, 그 중 다수는 용언과 관련된다. 이에 관해서는 邓思颖(2015: §13.2)의 종합적 논의를 참고할 수 있으며, 또한 黄卓琳(2014)의 동사분석도 참고할 수 있다.

루는 것으로 보는 것은 대담한 가설이라 할 수 있다. 문말조사가 병렬구조를 구성하는 일부분이라고 보는 것은 어쩌면 통시적으로 볼 때 일정한 근거가 있고, 또한 사실에도 부합한다고 할 수 있다. 서로 다른 형식의 문말성분이 내부 연접어에서 차지하는 위치는 음성형식이 없는 성분 혹은 생략의 방식을 통해 형성되며, 각기 다른 허화 과정을 거쳐왔기에 문법화의 정도에도 차이가 있다. 그러나 통시로부터 공시에 이르기까지, 우리가 기존에 제시한 가설처럼(Tang 2015b) 현대중국어에 와서도 문말조사가 여전히 보충어에 속하는 내부 연접어 위치에 머물러 있는 것일까? 아니면 이 책의 가설처럼 앞쪽의 절과 함께 '재분석'되어 핵어가 된 것일까? 아니면 두 가지 가능성이 모두 존재하는 것일까?

(104)의 어순을 보면, 반복의문문의 부정사 '没'는 가장 낮은 위치에 있으며, 후속어 '你(너)'가 가장 높고, 문말조사 '呢'는 중간에 있다. (105)는 문말조사 '吧'가 아래에, 의문 부가 어구 '对不对(맞아 안 맞아)'가 위에 있음을 보여준다. 이러한 어순은 임의적이기보다는 규칙성이 있어 보인다.

(104) 看书没呢，你?
　　책 봤니 안 봤니, 너?

(105) 明天会下雨吧，对不对?
　　내일 비가 오겠지, 맞아 안 맞아?

(104), (105)의 두 예를 간단히 비교하여 보았을 때, (106)의 수형도에는 반복의문문을 구성하는 부정사가 가장 낮은 위치에, 후속어가 가장 높은 위치에 놓이며, 문말조사(내조사와 외조사 모두 포함)는 그 사이에 끼어 있다. 만약 수형도의 부정사와 후속어가 모

두 내부 연접어고, 병렬구조를 이룬다면, 중간의 문말조사는 과연 핵어인가 아니면 보충어에 속하는 내부 연접어인가? '고전적' 분석대로 문말조사를 핵어로 간주한다면, 문말성분이 통사구조 속에서 '샌드위치' 구조를 이루어 '보충어–핵어–보충어'와 같이 된다. 이와 같은 샌드위치 구조는 인류 언어의 어떤 특징을 보여줄 수 있을까? 지도제작이론의 분석에 있어서는 또 어떤 충격을 낳을 것인가(邓思颖 2016c)?

(106)

상술한 문제는 모두 도전적이고 무척 흥미로우며, 이후 주목할 만한 새로운 과제이다. 중국어 형식 통사론이 흥미로운 부분은 우리에게 어떤 정설을 내놓거나 기준이 되는 답을 내놓아서가 아니라, 분석의 틀과 조작할 수 있는 분석방법을 제시함으로써 새로운 문제를 통해 기존의 이론과 현재 우리 앞에 놓인 언어자료를 새롭게 생각해볼 수 있도록 자극하며, 이를 통해 더욱 재미있는 현상을 발견하도록 하여 중국어 및 인류 언어에 대해 새롭게 인식하고 이해하도록 하기 때문이다.

이상 (1)의 수형도로부터 (60), (61)의 내외조사 구조까지, 그리고 또 (106)과 같이 더욱 복잡한 종합적 구조에 이르기까지 모든 것들이 통사 이론이 '간단함'으로부터 '번잡함'으로 발전해 감을 보여주었다. 이러한 발전은 정상적인 것이자 필연적인 것이다. 지도제작이론은 겉으로는 '번잡스러워' 보이지만, 이러한 '번잡함'은 인류 언어가 원래 그렇게 '번잡스럽고' 복잡한 체계이기 때문이다. '간단함'으로부터 '번잡함'으로 가는 것은 사실 최소주의 이론의 연구방향과 모순되는 것이 아니다. 최소주의 이론은 최대한 정확한 이론으로 복잡한 현상에 대한 간단한 해석을 찾아내고자 제시된 것이다. 지도제작이론과 같은 정확한 도구가 있기에 이 도구를 사용하여 언어의 '번잡한' 일면을 발견하고, 이로써 이처럼 '번잡함'을 야기한 원인을 찾아내고 '간단한' 해답을 찾아낼 수 있을 것이다. 이것이 바로 최소주의 이론의 정신이자 '번잡함과 간단함이 공존하는' 형식 통사론 연구의 즐거움이기도 하다.

이 장에서 (106)과 같은 수형도를 제시한 것은 바로 언어 사실에 대한 심도 있는 분석의 결과이며, 또한 정밀한 지도를 그려 인류 언어의 복잡한 구조를 또렷하게 묘사해 내고 이로써 언어의 개별성과 보편성을 설명하고자 하는 지도제작이론의 원래 의도에 부합하는 것이기도 하다. 지도제작이론은 통사론 연구의 종착점이 아닌 출발점이자 새로운 과제 연구의 시작이다.

## 11.6 소결

이 장에서는 지도제작이론의 기본적 조작 방법을 소개함으로써 문말조사와 기타 문말성분의 통사적 분석을 새롭게 논의하였다.

지도제작이론은 정밀한 방식으로 통사구조를 기술하는 연구방향을 취하고 있으며, 세밀한 통사·의미 특징을 그려낸다. 주요 작업 중 한 가지는 바로 통사와 의미를 고려하여 '전통적'인 기능어를 분해하고, 더욱 정밀한 방식으로 통사구조를 기술하며, 원래 기능어의 갖가지 세밀한 특징들을 수형도로 표현하여 정확하게 배열해냄으로써 독자들 앞에 보여주는 것이다. 지도제작이론의 분석방법은 언어 간 연구에 새로이 참고할 수 있는 플랫폼을 마련해 주고, 또한 인류 언어의 보편적 특징에 대한 또렷한 설계도를 그려내어 보편문법의 조작을 이해할 수 있게 해 준다.

이 책에서 시간사와 어기사는 모두 '문말조사'라 통칭하였다. 지도제작이론의 분석방법에 따라 문장은 세 개의 층위, 즉 어휘 층위, 굴절 층위, 보문 층위로 나뉜다. 문말조사는 '내조사'와 '외조사'로 나눌 수 있는데, 내조사에는 사건류와 시간류가 있다. 사건류 문말조사는 '法'를 대표로 꼽을 수 있는데, 통사적 분포가 비교적 자유로워서 경동사구 *v*P 위나 아래에 모두 놓일 수 있고, 어휘 층위에 위치하며, 명사화와 관련된다. 시간류 문말조사는 이 책에서 시간사 T로 칭하는데, 시간사구 TP의 핵어로, 굴절 층위에 속한다.

이 장에서는 이 책에서 원래 제시한 초점, 정도, 감정 세 가지 부류의 문말조사 위에 더하여 응답을 나타내는 CoA를 추가하였는데, 이는 의문, 비의문과 관련된 어조이며, CoA로 구현된다고 하겠다. 이 장의 분석에 의하면 외조사에는 초점, 정도, 응답, 감정 네 가지가 포함되며 보문층위를 구성한다. 분절음 성분 외에 초분절음 성분도 외조사의 일원으로 보아야 할 것이다.

부가의문문의 의문 부가어, 반복의문문의 부정사, 후속어 등과 같은 문말성분은 앞의 절과 병렬구조를 이룬다. 음성형식이 없는 접속사는 외부 연접어 자리에 있는 절과 내부 연접어 자리에 있는 문말성분을 연결하며, 문말성분은 음성형식이 없는 접속사의 보충어가 된다. 통시적 관점에서 보면, 문말조사는 보충어의 위치에 놓였던 것으로 보이는데, 현대중국어의 문말조사도 여전히 보충어 자리에 놓이는지에 대해서는 좀 더 연구가 필요하다. 핵어와 보충어 구분은 문말성분 연구의 주요 과제 중 하나로, 여러 시대, 여러 언어에 걸쳐 모두 이론적 의의를 지닌다.

# 제12장 맺음말

이 책은 최소주의 정신을 이론적 바탕으로 삼아 중국어 문법 이론을 간소화하고, 최신 생성문법 이론을 활용하여 중국어에서 자주 접하는 문법 현상 및 문법학 개념을 새롭게 분석하는 것을 연구 목적으로 삼았다. 또한 간소화된 문법 체계를 구축하여 몇 가지 통사적 현상들을 설명하고, 이에 대한 '진정한' 해답을 제시하고자 하였다. 이러한 시도는 중국어에 대해 보다 깊이 있게 이해하고, 인류 언어의 구조 및 귀환적 특징을 살펴볼 수 있는 계기가 될 것이다.

## 12.1 간소화된 문법 체계

촘스키(Chomsky 1995)는 기존의 원리와 매개변인 이론을 바탕으로, 해답이 필요한 일련의 문제점들을 제시하고, 합리적이지 못한 기존의 설명들에 대해 의문을 던지며 이에 대한 새로운 관점을 제시하였다. 이러한 연구 방향이 바로 '최소주의(Minimalist Program)' 언어학이다. 최소주의의 핵심은 과거 문법학자들이 제시했던 가설을 새롭게 연구하고 이론을 간소화하는 것으로, 이를 통해 더욱 합리적인 문법 체계를 구축하여 인류 언어의 '진정한' 특성을 이해하는 것에 도움을 주는 데 그 목적이 있다.

이 책의 연구는 바로 이러한 최소주의의 기본 정신을 바탕으로 하는데 특히 '방법론적 경제성'이라는 관점에서 중국어 문법 체계를 고찰하고 중국어 문법 이론을 간소화함으로써 중국어의 통사 문제의 '정수'를 찾아내고자 하였다. 우리는 현재까지 비교적 널리 잘 알려서 우리에게 친숙한 중국어 전통 문법이론의 체계를 참고하여 중국어에서 빈번하게 나타나는 문법 현상을 선별하고, 중국어 문법 이론에서 보편적으로 받아들여지는 개념을 정리하였으며, 아울러 최신 통사 이론을 활용하여 이 같은 문법 현상 및 문법 이론의 개념에 대해 재분석하였다. 우리는 통사론에 귀속시킬 수 없는 몇몇 문제들을 분리해 내고자 하였는데, 일부 문제들은 통사부(이하 약칭 '통사')의 연산과 관련되어 있는가 하면, 또 일부 문제들은 그 보다는 '접합면' 현상과 관련되어 있는 경우도 있다. 통사론에서 다루고자 하는 핵심 문제는 반드시 통사적 연산과 관련되어야 하는데, 접합면에서 나타나는 현상은 통사 바깥의 문제로, 엄밀히 말해 이미 통사론의 핵심 범주를 넘어서는 문제이며 통사론의 '가장자리' 문제에 속한다. 이러한 처리방식은 결코 비통사적 문제를 폄하하려는 것이 아니며, 문제를 명확히 구분했을 때야 비로소 정확한 해결 방법을 찾을 수 있고, 문제 분석을 위해 어떠한 이론을 적용해야 하는지 알아야 답을 얻을 수 있기 때문이다. 따라서 우리는 보다 명확하고 간단한 문법 이론 체계를 구축함으로써 몇 가지 통사적 현상을 설명하고 그에 대한 '진정한' 해답을 찾아내고자 할 뿐, 결코 모든 문제를 망라하는 만능 이론을 제시할 수는 없을 것이다. 최소주의의 등장은 우리가 바로 이러한 방향으로 나아갈 수 있도록 이끌어 주었다.

중국어 문법학 연구는 바로 중국어 문법 단위의 결합 규칙을 연구하는 것이며, 중국어 통사론의 연구는 바로 통사와 연관된 문제를 연구하는 것이다. 비록 형태, 의미, 음운, 화용 등의 문제 역시 문법에 속하는 문제이고 통사와 관련될 수는 있으나, 통사에 속하는 문제는 아니다. 따라서 형태, 의미, 음운, 화용 등은 통사론의 연구 대상이라 할 수 없다.

통사론에서 관심을 갖는 문법 단위는 '자질, 단어, 구' 오직 이 세 가지로, 자질은 통사부에 들어갈 수 있는 최소의 문법 단위이며, 구는 통사부 안에 존재하는 최대의 문법 단위이다.

(1) 문법 단위: 자질, 단어, 구

통사부에서 운용될 수 있는 자질은 형식 자질 뿐인데, 형식 자질의 의미는 품사의 차이에서 드러나며, 각각의 품사는 서로 다른 형식 자질에 의해 구성된다. 중국어의 단어는 분류될 수 있으며 또 마땅히 분류되어야 하는데, [명사성]과 [동사성]이라는 두 가지 형식 자질에 따라 각각 명사성 품사와 동사성 품사로 분류될 수 있다. 명사성 품사에는 명사 N, 형용사 A, 양사 Cl, 수사 Num, 한정사 D가 있으며, 동사성 품사에는 동사 V, 부사 Adv, 경동사 *v*, 시간사 T, 보문사 C, 어기사 F, 개사 P, 접속사 Co가 있다. 중국어의 단어는 또한 어휘어와 기능어로 분류될 수도 있는데, 어휘어는 중요한 의미 내용을 담고 있으며 이에 반해 기능어는 주로 문법적 기능을 담당한다. 중국어의 어휘어에는 명사와 형용사, 동사 및 일부 부사가 포함되고, 이를 제외한 나머지는 모두 기능어로 분류된다.

구는 단어로 구성되며, 모든 단어는 통사에서 구를 이룰 수 있다. 구를 명사성과 동사성으로 나누어 보면 중국어의 명사성 구에는 명사구 NP, 형용사구 AP, 양사구 ClP, 수사구 NumP, 한정사구 DP가 있으며, 동사성 구에는 동사구 VP, 부사구 AdvP, 경동사구 *v*P, 시간사구 TP, 보문사구 CP, 어기사구 FP, 개사구 PP, 접속사구 CoP가 있다.

자질, 단어, 구 이 세 가지 문법단위를 제외한 기타 성분 혹은 개념은 대부분 통사와는 무관하고, 통사론의 연구 범주를 넘어서는 것들이다. 예를 들어 형태소는 형태론의 중요한 문법 단위이지만 통사와는 무관하므로 통사론에서 다룰 문제가 아니다. 문장(절을 포함하여)이 전통적인 문법학에서 중요하게 다루어지는 개념이기는 하나, 사실상 문장은 구로 이루어져 있으며, 문장의 특징은 모두 구에서 도출될 수 있다. 문장이 통사적으로 별다른 고유한 특징을 갖지 않는다면 통사론에서 문장이라는 개념을 다룰 필요가 없는 것이다. 문장이라는 개념은 단지 우리가 언어를 사용할 때 쓰이는 비 정식 용어로, 연구 및 교육의 편의를 위해 만들어 놓은 용어에 불과하다. 따라서 엄격한 통사 이론에서 문장은 완전히 삭제되어도 무방한 개념이다.

## 12.2 세 가지 문법 관계

통사부의 임무는 단어를 조합하는 것으로, 이때 사용되는 조작이 병합이다. 병합은 통사의 가장 중요한 조작이자 인간 언어가 가진 특징이기도 하다. 병합에서는 일정한 절차에 따라 단어를 구로 형성하는데, 국면에 따라 도출되고 절차에 따라 병합되며 그 결과 계층 구조를 이룸으로써 이를 통해 언어가 구조성을 부여받게 된다. 또한 병합은 반복적으로 사용될 수 있으므로 언어는 귀환적인 특징을 가지게 된다. 완성된 구는 출력되어 다른 부문에서 사용된다. 통사에서의 주된 조작은 병합으로, 병합은 자질, 단어, 구를 관장할 뿐, 그 외에는 어떠한 것도 관여하지 않는다. 통사론에서는 바로 이들 성분의 상호작용 관계를 연구한다.

구는 병합의 산물로, 병합에 참여할 수 있는 성분이 바로 통사 성분이 된다. 병합은 단계별로 이루어지며, 구 안의 통사 성분은 병합의 전후 순서에 따라 핵어, 보충어, 지정어, 부가어로 구분된다. 이들 성분이 형성한 관계가 바로 문법 관계 혹은 좀 더 정확히 말해 구조적 문법 관계이다. 통사에서는 '지정어-핵어', '핵어-보충어', '부가어' 이 세 가지 가장 기본적인 구조적 문법 관계가 형성된다.

(2) 구조적 문법 관계: 핵어-보충어, 지정어-핵어, 부가어

이 세 가지 문법 관계는 아래의 수형도 (3)과 같이 간략히 나타낼 수 있다. X는 핵어이고, XP는 구이며, 핵어는 구를 형성하는 필수 성분이다. 보충어는 핵어와 첫 번째로 병합하는 성분으로, 핵어와 밀접한 관계를 가지며, 구조의 최하위층에 위치하여 '핵어-보충어' 관계를 형성한다. 지정어는 두 번째로 병합되는 성분으로, 좀 더 높은 층위에 위치하여 핵어와 함께 '지정어-핵어'의 관계를 형성한다. 부가어는 나중에 부가 방식으로 추가되는 성분으로, 원래의 구조를 수식하지만 원래 있던 구조에 영향을 미치지는 않는다. 부가어는 피수식어와 '부가' 관계를 형성한다. 이상 세 가지 관계는 통사에서 가장 핵심적이면서도 대체 불가능한 관계이다.

(3)

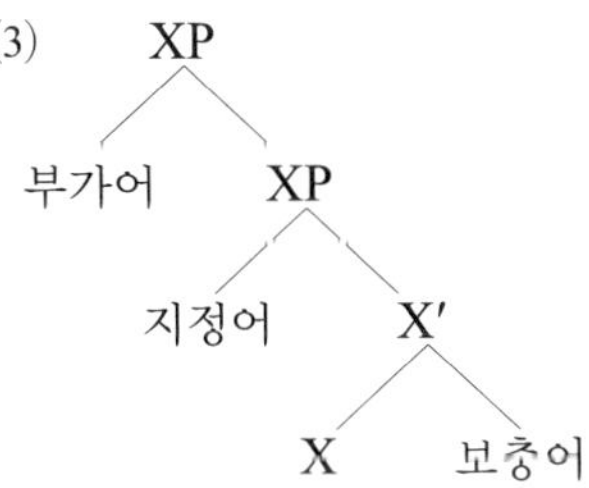


전통 중국어 문법에서는 일반적으로 주술구조, 술목구조, 술

보구조, 수식구조, 병렬구조를 중국어의 '기본' 구조로 본다(张静 等 1980: 76, 刘月华 等 1983: 4-5, 2001: 5-7, 邢福义 等 1991: 299, 黄伯荣·廖序东 2002b: 63, 北京大学中文系 2004: 270-275, 周一民 2006: 320, 冯志纯 等 2008: 102 등). 이 다섯 가지 구조는 다섯 가지 문법 관계를 각각 나타내는데, 예를 들어 주술구조는 진술관계를, 술목구조는 술어와 목적어 간의 지배·관련 관계를, 술보구조는 보충관계를, 수식구조는 수식관계를, 연합구조는 병렬·선택 등의 연합관계를 나타낸다. 사실상 전통문법에서 말하는 이 다섯 가지 '기본' 구조 가운데 진술, 지배, 보충 등의 일부 개념은 결코 순수한 형식 구조가 아닌 기능적 개념을 나타낸다. 따라서 상술한 다섯 가지 관계를 '기능적 문법 구조'라 칭하는 것이 좀 더 적절하며, 이것은 (2)에서 언급한 '구조적 문법 관계'와는 구분된다.

술목구조와 술보구조는 모두 핵어-보충어의 관계를 이루므로 기본적으로 하나의 부류로 묶을 수 있다. 주술구조와 병렬구조 역시 모두 지정어-핵어의 관계를 가지므로 하나의 부류로 묶을 수 있다. 수식구조가 나타내는 관계는 부가 관계로, 그 성질이 비교적 독특하다. 따라서 위의 다섯 가지 '기본적'인 기능적 문법 관계는 다시 세 가지 구조적 문법 관계로 귀납되어 중국어에서 가장 중요한 문법 관계를 형성한다.

공통적으로 '핵어-보충어' 관계를 가지는 술목구조와 술보구조에서 목적어와 보어는 품사적으로도 구분될 뿐만 아니라(보어는 반드시 동사성 성분이어야 함), 기능적 관점에서 볼 때 보어는 보충성이라는 중요한 특징도 갖고 있다. 보어는 보충적 성분이므로 그 의미가 '불완전'한데, 의미가 불완전한 성분은 예를 들면, '의미가 완전'한 시간명사구나 공범주(공주어, 공운용자)구를 갖지 않는 것과 같은 몇몇 형식적 특징을 드러내기도 한다.

또 공통적으로 '지정어-핵어' 관계를 가지는 주술구조와 병렬구조의 경우 핵어가 연결 기능을 갖는다는 공통점을 지닌다. '지정어-핵어' 관계가 형성하는 것이 주술구조인지 병렬구조인지를 판단하는 데에는 핵어의 성질뿐만 아니라 보충어의 성질도 중요한 결정 요소로 작용한다. 만약 지정어와 보충어가 진술을 나타낸다면 그 구조는 주술구조일 것이며, 지정어-보충어가 병렬이나 선택을 나타낸다면 연합구조로 보아야 한다. 진술, 병렬, 선택 등과 같은 개념은 기능적 개념으로, 이를 통해 주술구조 및 병렬구조의 구분이 단순히 형식적으로 결정되는 것이 아니라, 기능적 요소의 영향을 받는다는 사실을 알 수 있다.

이러한 다섯 가지 '기본적인' 기능적 문법 관계 외에, 많은 학자들은 등위구조(同位结构), 연동문(连动句), 겸어문(兼语句)을 문법 관계 층위로 격상시켜 독립된 구조(단어, 구로 칭하기도 함)로 보고, 이들을 상술한 다섯 가지 '기본적인' 기능적 문법 관계와 동등한 지위에 놓고 다루기도 한다(张斌 等 1988: 274-275, 胡裕树 等 1995: 303-304, 邢福义 等 1991: 302, 邢福义 1996: §2.5.3, 黄伯荣·廖序东 2002b: 63, 冯志纯 等 2008: 104-105 등). 하지만 이 책에서는 등위, 연동, 겸어에 독립적 지위를 부여하는 이들의 견해에 대해서는 일단 보류하고자 한다.

이 책에서 밝힌 바와 같이, 등위구조는 기능적으로나 형식적으로 모두 병렬구조와 일치하므로 병렬구조와 하나로 묶을 수 있고, 병렬구조는 지정어-핵어의 관계에 속하므로 등위구조는 독립적 지위를 갖지 못한다. 연동문은 하나의 독립된 구조로 볼 수 없고 대신 수식구조 혹은 술보구조로 분석할 수 있는데, 연동문은 형식적으로 어떠한 특징도 가지지 않는 데다가 그 기능은 수식구조 혹은 술보구조로부터 도출될 수 있기 때문이다. 따라서 연동문은 부가관계 혹은 핵어–보충어의 관계로 재분석되어야 할 것이다. '시킴과 명령(使令)'의 의미를 나타내는 겸어구문과 술보구조의 통사구조는 동일하다. 허락이나 책망의 의미를 나타내는 겸어문의 경우, 두 번째 동사가 나타내는 사건이 보어의 기능을 가지고 있기에 겸어문을 독립된 구조로 보지 않고 대신 핵어–보충어 관계라는 큰 부류 아래에 귀속시킬 수 있다.

많은 학자들이 앞서 언급한 연동문, 겸어문과 피동문, 처치문, 존현문 등을 중국어의 구문으로 분석하고 있다. 그러나 사실상 피동문과 처치문은 독립적 구문의 조건을 갖추지 못했다. 피동문의 '被'와 그 뒤의 성분은 술보구조를 이룬다. 그리고 처치문은 장거리 피동문을 형성하는 '핵심' 부분으로, 기본적으로는 주술구조와 술보구조로 구성된다. 따라서 피동문(처치문을 포함하여)은 최종적으로 주술구조, 술보구조 등으로 분해될 수 있으므로 핵어–보충어 관계 및 지정어–중심어 관계로 귀속될 수 있다. 존현문의 경우 술목구조 및 술보구조로 구성된다. 다시 말해 존현문의 통사적 특징은 모두 핵어–보충어 관계로부터 도출될 수 있는 것이다. 이를 통해 중국어에서 흔히 볼 수 있는 몇 가지 구문은 모두 독립할 수 있는 조건과 고유의 통사적 특징을 갖추지 못하고 있으며, 핵어–보충어 관계, 지정어–중심어 관계, 부가관계로부터 도출될 수 있는 것들이라 하겠다. 구문이 지니는 특징은 결코 통사적인 것이 아니므로, 이들 문장을 구문으로 간주하여 분석할 때에는 종종 의미와 기능적 측면이 고려되었다. 연구에 있어서나 교육적 측면에서의 편의를 위해 구문을 분석하는 것은 불가피한 측면이 있겠지만, 통사 내에서 구문이 진정으로 독립적 지위를 갖추었느냐에 대해서는 유보적 입장을 취할 수밖에 없다.

황보룽·랴오쉬둥(黄伯荣·廖序东 2002b: 64-67)에서는 방위구, 양사구, 개사구, 조사구 등 네 가지 구가 독립된 지위를 갖추고 있다고 보았다. 이 책에서는 명사 뒤에 부착되며 '的'를 삽입할 수 없는 1음절 방위사를 접미사로 보고(예를 들어 '桌子上'의 '上'), 조사 '的' 역시 접미사로서, 통사부에서 형성되지 않는다고 본다. 따라서 방위사와 조사는 모두 독립적인 구를 이룰 수 있는 조건을 구비하고 있지 않다. '양사구'의 경우, 양사는 명사구와 병합하며 이때 명사구는 양사의 보충어가 되고, 또 수사는 양사구와 병합하며 이때 양사구는 수사의 보충어가 된다. 이렇듯 수사와 양사구의 관계나 양사와 명사구의 관계는 모두 핵어-보충어의 관계를 충족시키므로 '양사구'를 통사부에 존재하는 독립적인 구조라 할 수 없다. 개사구 역시 '양사구'와 유사하게 개사가 명사구와 병합하며 명사구가 개사의 보충어가 되어 핵어-보충어의 관계를 형성한다. 따라서 황보룽·랴오쉬둥(黄伯荣·廖序东 2002b)에서 언급한 네 가지 구는 모두 통사부에서 독립적인 지위를 갖지 못한다.

만약 일종의 연산체계인 통사부를 기계에 빗대어 부품의 조립하는 역할을 한다고 본다면, 이 기계가 관여할 수 있는 것은 어휘부에서 송출된 부품(즉, 자질과 단어)뿐이다. 이 기계의 임무는 병합이라는 수단을 통해 단계별로 부품을 조립하여 이용 가능한 완성품(즉, 구)을 만들고, 다시 이 완성품을 국면별로 송출하여, 다음 공정 단계나 다른 기계(의미부나 음운부)에서 계속해서 가공할 수 있도록 하는 것이다. 이 기계는 원래 설계된 주문서에 따라 부품들을 세 가지 구조 모형(즉, 핵어-보충어 관계, 지정어-핵어 관계, 부가 관계)으로 조립할 수 있다. 이 기계는 설계 주문서가 왜 이렇게 만들어 진 것인지, 생산된 완성품의 용도가 무엇인지에 대해서는 관여하지 않으며, 단지 부품을 잘 조립하여 다음 공정에서 필요로 하는 요구 사항(즉, 접합면 조건)을 만족시키면 그만이다. 요구 사항을 만족시키면 합격(문법에 적격한)이고, 만족시키지 못하면 불합격(문법에 부적격한) 판정을 받는다. 이 기계는 부품의 기능(기능적 문법 관계)이나 용도(의미 해석)에 대해서는 따지지 않고, 앞으로 고객이 어떻게 사용할 것인지(화용)에 대해서도 전혀 관심이 없다. 따라서 통사론에서는 이 기계가 각종 부품을 운용, 처리하는 방법 및 다음 공정에서 필요로 하는 사항을 만족시키는 수단을 연구할 뿐이다.

이 책의 임무는 중국어를 연구 대상으로 하여 중국어 통사라는 기계가 처리해야 할 부품을 명확히 구분하고, 이 부품을 조립하는 과정을 묘사하며, 또한 몇 가지 조립된 구조 모형에 대해 설명하는 것이었다. 우리는 겉으로 보기에 매우 복잡한 여러 현상들을 최종적으로 소수의 구조적 문법 관계로 귀납시켰으며, 병합이 통사 운용의 핵심임을 강조하였다.

## 12.3 통사적 관점에서 본 언어

모든 사람은 태어날 때부터 대뇌에 언어와 관련된 장치, 즉 언어장치가 탑재되어 있으며, 이것은 후천적 학습 과정에 참여하게 된다. 이 장치는 새로운 문장을 무궁무진하게 만들어 낼 수 있어 창조성을 가진다 할 수 있다. 또한 이 장치로 인하여 인간은 동물과 달리 말을 할 수 있게 된다. 이러한 장치를 가지지 않은 생물은 어떠한 방식으로도 언어를 배울 수 없다. 인류가 이와 같은 언어장치를 갖고 있기에 일부 언어 현상은 후천적 학습으로 설명되지 않으며, 또한 모든 언어에서 발견할 수 있는 몇 가지 공통점이 존재한다. 이러한 공통적 특징들은 바로 인간 언어의 보편성을 반영하며, 또한 인간의 내재적 언어장치와도 관련되어 있다. 인간의 언어 능력을 탐구하는 것은 언어학의 연구 목표 중 하나이며, 인간 언어 능력의 참모습과 언어지식 획득에 대해 탐구하는 것은 생성문법 연구의 핵심 과제로, 이를 통해 대뇌의 인지 체계가 간직한 더 많은 비밀들을 밝혀내고, 언어 연구가 인간의 대뇌를 연구하는 또 하나의 방법이 될 수 있길 희망한다.

인간 언어의 보편적 측면이란 무엇일까? 아마도 언어의 구조성과 귀환성을 인간 언어의 공통적 특성으로 꼽을 수 있을 것이다. 이와 같은 특징을 가지지 않는 언어는 없으며, 이런 특징들은 또한 언어를 정의하는 조건이기도 하다. 언어의 구조성과 귀환성 특징은 병합과 관련이 있다. 병합은 질서 있게 운용되어 계층구조를 생산해내며, 병합의 반복적 운용은 바로 귀환적 특성을 보인다. 이처럼 병합이 통사의 주요 조작 중 한 가지라면, 인간 언어의 특징을 이해하기 위해서는 반드시 언어의 구조성과 귀환성에 대해 먼저 이해해야 한다. 또한 언어의 구조성과 귀환성을 이해하려면 반드시 병합이라는 조작에서부터 시작하여 병합 및 기타 관련 통사 조작에 대해 연구해야 한다. 이처럼 통사론은 언어학 연구의 중요한 일환을 이루고 있다.

이 책에서 서술한 바에 따르면, 여타 언어와 마찬가지로 중국어 역시 엄격한 구조와 뚜렷한 층위를 가지며, 모든 단어와 구는 제멋대로 무질서하게 짝을 이루는 것이 아니라 하나하나가 다 규칙과 절차에 따라 체계적으로 결합된다. 지금까지 많은 학자들이 이미 많은 연구를 통해 뛰어난 성과를 내놓았고 우리는 그 성과를 토대로 하여 형식화된 방법으로 중국어 문법의 규칙성을 증명하였으며, 또한 최소주의의 기본 정신에 따라 중국어 문법 이론을 간소화하고 보다 간결한 문법 체계를 제시하였다. 이로써 우리는 중국어 문법에 대한 거시적 인식을 넓히는 한편 개별 문법 현상에 대해서도 새롭고 독창적인 견해를 갖게 되었다.

이 책에서는 중국어에 대한 이해를 심화시키고 더 나아가 중국어의 통사 현상을 출발점으로 삼아서 통사 분석의 핵심은 바로 병합이라고 보고 몇몇 주요 구조를 대상으로 통사적 연산의 대략적인 상황을 설명함으로써 중국어 및 인간 언어의 구조성과 귀환적 특징을 파악하고자 하였다. 형식 통사론을 연구의 기본 이론으로 삼음으로써 우리는 보다 엄밀하고 정확하며 조작 가능한 이론적 틀을 갖게 되었고, 보다 심도 있는 분석을 진행할 수 있었다. 이 책의 분석 방법과 개념 중 일부는 향후 방언 간 비교나 언어 간 비교 연구에도 활용될 수 있을 것으로 기대한다. 이러한 비교 연구를 통해서만이 어떠한 것이 중국어의 특징이고, 어떠한 것이 중국어의 특징에 속하지 않는지 파악함으로써 중국어를 더욱 정확하게 인식할 수 있을 것이다.

마지막으로 뤼수샹(吕叔湘 1979: 7)의 《중국어 문법 분석(汉语语法分析问题)》 서문 중 일부를 발췌하여 이 책의 맺음말로 갈음하고자 한다.

> 다양한 견해를 제시하는 것은 독자가 스스로 관찰하고 사고할 수 있게 하기 위함이다. 이로써 '이 부분에 찬성한다', '저 부분에 반대한다'와 같은 단순한 반응이 아니라, '여기 이런 복잡한 원리가 있었구나'와 같은 깨달음을 통해 연구에 대한 흥미를 이끌어 낼 수 있기를 기대한다. 더 발전된 연구 성과가 나와 나의 주장이 전부 뒤집힌다면, 그야말로 내가 이 책을 쓴 목적을 달성했다고 할 수 있을 것이다.

# 참고 문헌


北京大学中文系现代汉语教研室(2004).《现代汉语(重排本)》. 北京: 商务印书馆.

蔡维天(2005a).〈一、二、三〉. 徐杰 编.《汉语研究的类型学视角》. 北京: 北京语言大学出版社, 144-156.

______(2005b).〈谈汉语的蒙受结构〉(자체 제작). 新竹: 清华大学语言学研究所.

______(2007). 〈重温“为什么问怎么样, 怎么样问为什么”〉. 《中国语文》 第3期, 195-207.

______(2010).〈谈汉语模态词其分布与诠释的对应关系〉,《中国语文》第3期, 208-221.

______(2016).〈论汉语内、外轻动词的分布与诠释〉.《语言科学》第4期, 362-376.

______(2017).〈及物化、施用结构与轻动词分析〉.《现在中国语研究》第19期, 1-13.

曹广顺(1995).《近代汉语助词》. 北京: 语文出版社.

陈建民(1984).〈汉语口语里的追加现象〉.《语法研究和探索(二)》. 北京: 北京大学出版社, 117-132.

陈满华(2008).《体词谓语句研究》. 北京: 中国文联出版社.

陈前瑞(2008).《汉语体貌研究的类型学视野》. 北京: 商务印书馆.

程工(1999).《语言共性论》. 上海: 上海外语教育出版社.

戴曼纯(2002). 〈广义左向合并理论——来自附加语的证据〉. 《现代外语》 第2期, 120-141.

______(2007).〈最简方案框架下的句法新理论〉.《外国语言文学》第2期, 73-82.

邓思颖(2000).〈自然语言的词序和短语结构理论〉.《当代语言学》第3期, 138-154.

______(2002a).〈经济原则和汉语没有动词的句子〉.《现代外语》第1期, 1-13.

邓思颖(2002b).〈汉语时间词谓语句的限制条件〉.《中国语文》第3期, 217–221.

______(2002c).〈粤语句末助词的不对称分布〉.《中国语文研究》第2期, 75–84.

______(2003a).〈数量词主语的指称和情态〉.《语法研究和探索(十二)》, 292–308.

______(2003b).《汉语方言语法的参数理论》. 北京: 北京大学出版社.

______(2004a).〈作格化和汉语被动句〉.《中国语文》第4期, 291–301.

______(2004b).〈空动词从属小句的特点〉.《汉语学报》第1期, 23–32.

______(2005a).〈从形成语法学观点看"小句中枢说"〉.《汉语学报》第1期, 56–63.

______(2005b).〈最简方案与汉语语法研究〉. 刘丹青 主编.《语言学前沿与汉语研究》. 上海: 上海教育出版社, 106–122.

______(2006a).〈汉语被动句的三个句法问题〉. 邢福义 主编.《汉语被动表述问题研究新拓展》. 武汉: 华中师范大学出版社, 92–99.

______(2006b).〈粤语疑问句"先"的句法特点〉.《中国语文》第3期, 225–232.

______(2006c).〈粤语框式虚词结构的句法分析〉.《汉语学报》第2期, 16–23.

______(2006d).〈以"的"为中心语的一些问题〉.《当代语言学》第3期, 205–212.

______(2006e).〈汉语方言受事话题句类型的参数分析〉.《语言科学》第6期, 3–11.

______(2008a).〈汉语复合词的论元结构〉.《语言教学与研究》第4期, 10–17.

______(2008b).〈轻动词在汉语句法和词法上的地位〉.《现代中国语研究》第10期, 11–17.

______(2008c).〈汉语被动句句法分析的重新思考〉.《当代语言学》第4期, 308–319.

______(2008d).〈粤语框式虚词"咪……啰"的句法特点〉.《中国语言学集刊》第3卷第1期, 145–159.

______(2008e).〈"形义错配"与名物化的参数分析〉.《汉语学报》第4期, 72–79.

______(2009a).〈话题句的形成〉. 程工·刘丹青 主编.《汉语的形式与功能研究》. 北京: 商务印书馆, 36–49.

______(2009b).〈粤语句末"住"和和框式虚词结构〉.《中国语文》第3期, 234–240.

______(2009c).〈"他的老师当得好"及汉语方言的名物化〉.《语言科学》第3期, 239–247.

______(2009d).〈阶段式的句法推导〉.《当代语言学》第3期, 207–215.

______(2010a).〈汉语句类和语气的句法分析〉.《汉语学报》第1期, 59–63.

______(2010b).〈"形义错配"与汉英的差异——再谈"他的老师当得好"〉.《语言教学

与研究》第3期, 51-56.
邓思颖(2013a). 〈再谈"了 2"的行､知､言三域——以粤语为例〉. 《中国语文》第3期, 195-200.
______(2013b). 〈方言语法问题研究的思考〉. 《汉语学报》第2期, 9-15.
______(2015). 《粤语语法讲义》. 北京: 商务印书馆.
______(2016a). 〈英语和汉语疑问句尾的句法分析〉. 《外语教学与研究》第1期, 29-35.
______(2016b). 〈汉语助词研究的两个问题〉. 《安徽师范大学学报(人文社会科学版)》第5期, 420-423.
______(2016c). 〈制图理论与助词的联合结构说〉. 《语言研究集刊》第16期, 1-10.
______(2016d). 〈汉语语气词的谓语功能〉. 丁邦新·张洪年·邓思颖·钱志安 编. 《汉语研究的新貌: 方言､语法与文献——献给余霭芹教授》. 香港: 香港中文大学中国文化研究所吴多泰中国语文研究中心, 15-24.
______(2016e). 〈反复问句的联合结构分析〉. 《现代外语》第6期, 742-750.
______(2018). 〈延伸句的句法分析〉. 《语言教学与研究》第3期, 48-57.
______(2019). 〈轻动词短语层次的句末助词〉. 冯胜利·蔡维天 编. 《汉语轻动词句法研究》, 北京: 北京大学出版社, 122-137.
丁声树 等(1961). 《现代汉语语法讲话》. 北京: 商务印书馆.
范晓·张豫峰 等(2003). 《语法理论纲要》. 上海: 上海译文出版社.
方环海·沈思芹(2008). 〈"V 法"结构的演变及其动因〉. 《中国语言学学报》第13期, 117-131.
方立(2000). 《逻辑语义学》. 北京: 北京语言文化大学出版社.
冯春田(2000). 《近代汉语语法研究》. 济南: 山东教育出版社.
冯胜利(1997). 〈"管约"理论与汉语的被动句〉. 黄正德 主编. 《中国语言学论丛》第1辑, 北京: 北京语言文化大学出版社, 1-28.
______(2005a). 《汉语韵律语法研究》. 北京: 北京大学出版社.
______(2005b). 〈轻动词移位与古今汉语的动宾关系〉. 《语言科学》第1期, 3-6.
冯志纯 等(2008). 《现代汉语·下册》(修订本). 重庆: 西南师范大学出版社.
顾阳(1999). 〈关于存现结构的理论探讨〉. 徐烈炯 主编. 《共性与个性——汉语语言学中的争议》. 北京: 北京语言文化大学出版社, 91-110.

顾阳(2000).〈试论汉语双宾语结构的语义和句法特征〉.《语法研究和探索(十)》. 北京: 商务印书馆, 121–134.

______(2008).〈时态､时制理论与汉语时间参照研究〉. 沈阳·冯胜利 编.《当代语言学理论和汉语研究》. 北京: 商务印书馆, 97–119.

郭锐(2002).《现代汉语词类研究》. 北京: 商务印书馆.

何晓炜(2000). 〈最简方案新框架内的句法推导——Chomsky(1999)《语段推导》评论〉.《现代外语》第3期, 317–322.

______(2007).〈语段及语段的句法推导——Chomsky近期思想述解〉.《外语教学与研究》第5期, 345–351.

______(2008a).〈最简方案框架下的英汉双宾语结构生成研究〉.《现代外语》第1期, 1–12.

______(2008b).〈双及物结构与重型名词短语移位研究〉.《外语教学》第2期, 6–11.

______(2008c).〈合并顺序与英汉双及物结构对比研究〉.《外国语》第2期, 13–22.

______(2009).〈双宾语结构的生成语法研究〉.《当代语言学》第3期, 216–223.

何元建(2007).《生成语言学背景下的汉语语法及翻译研究》. 北京: 北京大学出版社.

______(2011).《现代汉语生成语法》. 北京: 北京大学出版社.

贺阳(1994).〈汉语完句成分初探〉.《语言教学与研究》第4期, 26–38.

贺阳·刘芳(2016).〈北京话甚低语调及其功能——兼论语气词“啊”“吧”的性质〉.《语文研究》第3期, 10–15.

胡附·文炼(1990).《现代汉语语法探索》. 北京: 商务印书馆.

胡建华(2008). 〈现代汉语不及物动词的论元和宾语——从抽象动词“有”到句法-信息结构接口〉.《中国语文》第5期, 396–409.

胡建华·石定栩(2005).〈完句条件与指称特征的允许〉.《语言科学》第5期, 42–49.

胡明扬(1981). 〈北京话的语气助词和叹词〉.《中国语文》第5期, 347–350; 第6期, 416–423.

______(1987).《北京话初探》. 北京: 商务印书馆.

胡裕树 等(1995).《现代汉语(重订本)》. 上海: 上海教育出版社.

黄伯荣·廖序东(2002a).《现代汉语·上册(增订三版)》. 北京: 高等教育出版社.

______(2002b).《现代汉语.下册(增订三版)》. 北京: 高等教育出版社.

黄国营(1981). 〈伪定语和准定语〉. 《语言教学与研究》 第4期, 38-44.
黄南松(1994). 〈试论短语自主成句所应具备的若干语法范畴〉. 《中国语文》 第6期, 441-447.
黄正德(1988). 〈汉语正反问句的模组语法〉. 《中国语文》 第3期, 247-264.
______(2007). 〈汉语动词的题元结构与其句法表现〉. 《语言科学》 第4期, 3-21.
______(2008). 〈从"他的老师当得好"谈起〉. 《语言科学》 第3期, 225-241.
黄卓琳(2014). 《粤语复合助词的研究》. 香港中文大学哲学博士论文.
江蓝生(1986). 〈疑问语气词"呢"的来源〉. 《语文研究》 第2期 17-26.
蒋严·潘海华(1998). 《形式语义学引论》. 北京: 中国社会科学出版社.
竟成(1996). 〈汉语的成句过程和时间概念的表达〉. 《语文研究》 第1期, 1-5.
孔令达(1994). 〈影响汉语句子自足的语言形式〉. 《中国语文》 第6期, 434-440.
黎锦熙(1992). 《新著国语文法》. 北京: 商务印书馆.
李宝伦·潘海华(2005). 〈基于事件的语义学理论〉. 刘丹青 主编, 《语言学前沿与汉语研究》. 上海: 上海教育出版社, 123-142.
李临定(1986). 《现代汉语句型》. 北京: 商务印书馆.
李珊(1994). 《现代汉语被字句研究》. 北京: 北京大学出版社.
李思旭(2011). 〈试论双音节化在语法化中双重作用的句法位置〉. 《世界汉语教学》 第2期, 193-206.
李亚非(2009). 〈汉语方位词的词性及理论意义〉. 《中国语文》 第2期, 99-109.
李艳惠(2008). 〈短语结构与语类标记: "的"是中心词?〉. 《当代语言学》 第2期, 97-108.
梁源(2005). 〈语序和信息结构：对粤语移位句的语用分析〉. 《中国语文》 第3期, 239-252.
林茂灿(2004). 〈汉语语调与声调〉. 《语言文字应用》 第3期, 57-67.
______(2006). 〈疑问和陈述语气与边界调〉. 《中国语文》 第4期, 364-376.
刘丹青(2003). 《语序类型学与介词理论》. 北京: 商务印书馆.
______(2008). 〈并列结构的句法限制及其初步解释〉. 《语法研究和探索(十四)》. 北京: 商务印书馆, 1-21.
刘街生(2004). 《现代汉语同位组构研究》. 武汉: 华中师范大学出版社.
刘礼进(2009). 〈也谈"NP1的NP2的+V得R"的生成〉. 《外国语》第3期, 44-51.

刘探宙(2009).〈一元非作格动词带宾语现象〉.《中国语文》第2期, 110-119.
刘月华 等(1983).《实用现代汉语语法》. 北京: 外语教学与研究出版社.
______(2001).《实用现代汉语语法(增订本)》. 北京: 商务印书馆.
陆俭明(1980).〈汉语口语句法里的易位现象〉.《中国语文》第1期, 28-41.
______(1982).〈由"非疑问形式+呢"造成的疑问句〉.《中国语文》第6期, 435-438.
______(1984).〈现代汉语里的疑问语气词〉.《中国语文》第5期, 330-337.
______(1987).〈说"年､月､日"〉.《世界汉语教学》第1期. 陆俭明(1993).《陆俭明自选集》. 郑州: 河南教育出版社, 111-114.
______(1997).〈关于语义指向分析〉. 黄正德 主编.《中国语言学论丛》第1辑. 北京: 北京语言文化大学出版社, 34-48.
______(2002).〈再谈"吃了他三个苹果"一类结构的性质〉.《中国语文》第4期. 317-325.
______(2003).《现代汉语语法研究教程》. 北京: 北京大学出版社.
陆镜光(2004).〈说"延伸句"〉. 中国社会科学院语言研究所《中国语文》编辑部 编.《庆祝《中国语文》创刊50周年学术论文集》. 北京: 商务印书馆, 39-48.
吕叔湘(1979).《现代语法分析问题》. 北京: 商务印书馆.
______(1982).《中国文法要略》. 北京: 商务印书馆.
______(1984a).《语文杂记》. 上海: 上海教育出版社.
______(1984b).〈释《景德传灯录》中"在""着"二助词〉.《汉语语法论文集》. 北京: 商务印书馆,58-72.
______(1985).《近代汉语代词》. 上海: 学林出版社.
吕叔湘 等(1980).《现代汉语八百词》. 北京: 商务印书馆.
吕叔湘·饶长溶(1981).〈试论非谓形容词〉.《中国语文》第2期, 81-85.
吕叔湘·朱德熙(1979).《语法修辞讲话(第二版)》. 北京: 中国青年出版社.
马庆株(1991).〈顺序义对体词语法功能的影响〉.《中国语言学报》第4期, 59-83. 马庆株(1998).《汉语语义语法范畴问题》. 北京: 北京语言文化大学出版社, 39-69.
马真(2004).《现代汉语虚词研究方法论》. 北京: 商务印书馆.
马志刚(2008a). 〈局域非对称成分统制结构､题元角色和领主属宾句的跨语言差异〉.《语言科学》第5期, 492-501.

马志刚(2008b).〈最简方案下语段及其中心语特征移交理论述评〉.《北京第二外国语学院学报》第12期, 6-12, 5.
梅德明 等(2008).《现代句法学》. 上海: 上海外语教育出版社.
梅广(1978).〈国语语法中的动词组补语〉.《屈万里先生七秩荣庆论文集》. 511-536, 台北: 联经出版事业公司.
孟琮(1982).〈口语里的一种重复——兼谈易位〉.《中国语文》第3期, 174-178.
潘海华·韩景泉(2005). 〈显性非宾格动词结构的句法研究〉. 《语言研究》 第3期, 1-13.
______(2008).〈汉语保留宾语结构的句法生成机制〉.《中国语文》第6期, 511-522.
彭家法(2009).《附加语句法语义研究》. 合肥: 安徽大学出版社.
彭伶楠(2005).〈"好了"的词化、分化和虚化〉.《语言科学》第3期, 74-80.
桥本万太郎(1987).〈汉语被动式的历史.区域发展〉.《中国语文》第1期, 36-49.
屈承熹·纪宗仁(2005).《汉语认知功能语法》. 哈尔滨: 黑龙江人民出版社.
屈哨兵(2008).《现代汉语被动标记研究》. 武汉: 华中师范大学出版社.
饶宏泉(2012).〈构式"怎么个X 法"的特征解析及其固化过程〉.《汉语学习》第6期, 61-68.
任鹰(2005).《现代汉语非受事宾语句研究》. 北京: 社会科学文献出版社.
邵敬敏(1996).《现代汉语疑问句研究》. 上海: 华东师范大学出版社.
______(2009).〈从准定语看结构重组的三个原则〉.《山东大学学报》第1期, 62-66.
沈家煊(1995).〈"有界"与"无界"〉.《中国语文》第5期, 367-380.
______(1999).〈转指和转喻〉.《当代语言学》第1期, 3-15.
______(2006).〈"王冕死了父亲"的生成方式——兼说汉语"糅合"造句〉.《中国语文》第4期, 291-300.
______(2007). 〈也谈"他的老师当得好"及相关句式〉. 《现代中国语研究》 第9期, 1-12
沈力(2009).〈汉语蒙受句的语义结构〉.《中国语文》第1期, 45-53.
沈阳·何元健·顾阳(2001),《生成语法理论与汉语语法研究》. 哈尔滨: 黑龙江教育出版社.
沈园(2007)《句法-语义界面研究》. 上海: 上海教育出版社.
石定栩(1999a), 〈主题句研究〉. 徐烈炯 主编.《共性与个性——汉语语言学中的争议》. 北京: 北京语言文化大学出版社, 1-36.

石定栩(1999b). 〈疑问句研究〉. 徐烈炯 主编. 《共性与个性——汉语语言学中的争议》. 北京: 北京语言文化大学出版社, 37-59.

______(2002a). 《乔姆斯基的形式句法——历时进程与最新理论》. 北京: 北京语言文化大学出版社.

______(2002b). 〈复合词与短语的句法地位〉. 《语法研究和探索(十一)》. 35-51, 北京: 商务印书馆.

______(2003a). 〈Chomsky句法理论的最新动向〉. 《当代语言学》 第1期, 33-40.

______(2003b). 〈动词的名词化和名物化〉. 《语法研究和探索(十二)》. 北京: 商务印书馆, 255-273.

______(2005). 〈"被"字句的归属〉. 《汉语学报》 第1期, 38-48.

______(2008). 〈"的"和"的"字结构〉. 《当代语言学》 第4期, 298-307.

______(2009a). 〈体词谓语句与词类的划分〉. 《汉语学报》 第1期, 29-40.

______(2009b). 〈汉语的语气和句末助词〉. 《语言学论丛》 第39期, 445-462.

______(2011). 《名词与名词性成分》. 北京: 北京大学出版社.

石定栩·胡建华(2005). 〈"被"的句法地位〉. 《当代语言学》 第3期, 213-224.

______(2006). 〈"了$_2$"的句法语义地位〉. 《语法研究和探索(十三)》. 北京: 商务印书馆, 94-112.

石毓智(2006). 《语法化的动因和机制》. 北京: 北京大学出版社.

史有为(1992). 〈一种口语句子模式的在探讨——"倒装""易位""重复""追补"合议〉. 《呼唤柔性——汉语语法探异》. 海口: 海南出版社, 161-178.

司富珍(2002). 〈汉语的标句词"的"及相关的句法问题〉. 《语言教学与研究》 第2期, 35-40.

______(2004). 〈中心语理论和汉语的*DeP*〉. 《当代语言学》 第1期, 26-34.

______(2008). 《语言论题——乔姆斯基生物语言学视角下的语言和语言研究》. 北京: 中国社会科学出版社.

______(2009). 《多重特征核查及其句法影响》. 北京: 北京语言大学出版社.

司马翎(2007). 〈北方方言和粤语中名词的可数标记〉. 《语言学论丛》 第35辑, 234-245.

宋国明(1997). 《句法理论概要》. 北京: 中国社会科学出版社.

宋文辉·罗政静·于景超(2007). 〈现代汉语被动句施事隐现的计量分析〉. 《中国语文》第2期, 113-124.
孙锡信(1999).《近代汉语语气词》. 北京: 语文出版社.
太田辰夫(1987).《中国语历史文法》. 北京: 北京大学出版社.
汤廷池(1988).《汉语词法句法论集》. 台北: 台湾学生书局.
______(1989).《汉语词法句法续集》. 台北: 台湾学生书局.
______(1992a).《汉语词法句法三集》. 台北: 台湾学生书局.
______(1992b).《汉语词法句法四集》. 台北: 台湾学生书局.
______(1994).《汉语词法句法五集》. 台北: 台湾学生书局.
王灿龙(2009).〈"谁是NP"与"NP是谁?"的句式语义〉. "语言教学与研究国际学术研讨会暨《语言教学与研究》创刊30周年庆典" 발표논문. 北京语言大学.
______(2010).〈"谁是*NP*"与"*NP*是谁"的句式语义〉.《语言教学与研究》第2期, 39-46.
王力(1980).《汉语史稿》. 北京: 中华书局.
______(1944).《中国语法理论》. 王力(1984)《王力文集》(第一卷). 济南: 山东教育出版社.
______(1985[1943/1944]).《中国现代语法》. 北京: 商务印书馆.
王泠泠·何元建(2002).《汉语动结结构》. 杭州: 浙江教育出版社.
温宾利(2002).《当代句法学导论》. 北京: 外语教学与研究出版社.
吴刚(2006).《生成语法研究》. 上海: 上海外语教育出版社.
吴庚堂(1999).〈"被"字句的特征与转换〉.《当代语言学》. 第4期, 25-37.
______(2000).〈汉语被动式与动词的被动化〉.《现代外语》. 第3期, 249-260.
吴怀成(2008).〈"准定语+N+V得R"句式的产生机制〉.《语言科学》第2期, 127-134.
伍雅清(2000).〈《原则与参数》评价〉.《当代语言学》第2期, 111-114.
______(2002).《疑问词的句法和语义》. 长沙: 湖南教育出版社.
武果(2006). 〈"主位问"——谈"非疑问形式+呢?"疑问句〉. 《语言学论丛》 第32辑, 64-82.
邢福义(1996).《汉语语法学》. 长春: 东北师范大学出版社.
______(2001).《汉语复句研究》. 北京: 商务印书馆.
邢福义 等(1991).《现代汉语》 北京: 高等教育出版社.

邢欣(2004).《现代汉语兼语式》. 北京: 北京广播学院出版社.
熊建国(2002).〈Chomsky: Beyond Explanatory Adequacy〉.《现代外语》第3期, 323-330.
熊仲儒(2002).〈存现句与格理论的发展〉.《现代外语》第1期, 35-47.
______(2003a).〈汉语被动句句法结构分析〉.《当代语言学》第3期, 206-221.
______(2003b).〈“来着”的词汇特征〉.《语言科学》第2期, 58-65.
______(2004).《现代汉语中的致使句式》. 合肥: 安徽大学出版社.
______(2005).〈以“的”为核心的DP结构〉.《当代语言学》第2期. 148-165.
______(2009).〈再论“来着”〉.《汉语学习》第3期, 12-16.
熊子瑜(2005).〈普通话中“吗”字是非问句的语调音高特征分析〉.《声学技术》第3期, 143-146.
熊子瑜·林茂灿(2003).〈语气词“ma0”的疑问用法和非疑问用法〉.《第七届全国人机语音通讯学术会议(NCMMSC7)论文集》. 中国中文信息学会, 257-260.
徐丹(2004).《汉语句法引论》(张祖建译). 北京: 北京语言大学出版社.
徐德宽(2004).《现代汉语双宾语构造研究》. 上海: 上海辞书出版社.
______(2007).〈基于最简方案框架的汉语被字结构研究〉.《外语学刊》第4期, 60-63.
徐复岭(1988).〈关于语缀“法”的几个问题〉.《汉语学习》第6期, 13-16.
徐杰(1999a).〈两种保留宾语句式与相关语法理论〉.《当代语言学》第1期, 16-29.
______(1999b).〈“打碎了他四个杯子”与约束原则〉.《中国语文》第3期, 185-191.
______(2001).《普遍语法原则与汉语语法现象》. 北京: 北京大学出版社.
______(2008).〈领有名词的提升移位与多项名词性结构的切分方向〉.《当代语言学》第3期, 193-199.
徐烈炯(1988).《生成语法理论》. 上海: 上海外语教育出版社.
______(1990).《语义学》. 北京: 语文出版社.
______(1999).〈反身代词的所指对象〉. 徐烈炯 主编.《共性与个性——汉语语言学中的争议》. 北京: 北京语言文化大学出版社, 139-158.
______(2002).〈功能主义与形式主义〉.《外国语》第2期, 8-14.
______(2003).〈话题句的合格条件〉. 徐烈炯·刘丹青 主编.《话题与焦点新论》. 上海: 上海教育出版社, 131-144.

徐烈炯(2009).《指称、语序和语义解释——徐烈炯语言学论文选译》. 北京: 商务印书馆.
徐烈炯·刘丹青(2007).《话题的结构与功能(增订本)》. 上海: 上海教育出版社.
徐阳春(2006).《虚词"的"及其相关问题研究》. 北京: 中国社会科学出版社/文化艺术出版社.
袁毓林(1996).〈话题化及相关的语法过程〉.《中国语文》第4期, 241-254.
曾立英(2007).〈现代汉语作格动词的判定标准〉.《语言学论丛》第35辑, 46-68.
张斌 等(1988).《现代汉语》. 北京: 中央广播电视大学出版社.
张斌 主编(2010).《现代汉语描写语法》. 北京: 商务印书馆.
张伯江(2001).〈被字句和把字句的对称与不对称〉.《中国语文》第6期, 519-524.
______(2009).《从施受关系到句式语义》. 北京: 商务印书馆.
张伯江·方梅(1996).《汉语功能语法研究》. 南昌: 江西教育出版社.
张国宪(2001).〈制约夺事成分句位实现的语义因素〉.《中国语文》第6期, 508-518.
张和友(2004).〈从焦点理论看汉语分裂式判断句的生成〉.《语言学论丛》第30辑, 91-116.
张和友·邓思颖(2009).〈普通话、粤语比较义系词句的句法差异及相关问题〉.《汉语学习》第3期, 23-27.
______(2011).〈论"是"和"yes"〉.《现代外语》第2期, 111-118.
张静 等(1980).《新编现代汉语(上册)》. 上海: 上海教育出版社.
张凌·邓思颖(2016).〈香港粤语句末助词声调与句调关系的初探〉.《韵律研究(一)》. 北京: 科学出版社, 113-127.
张宁(2000).〈汉语双宾语的结构分析〉. 陆俭明·沈阳·袁毓林 编.《面临新世纪挑战的现代汉语语法研究》. 济南: 山东教育出版社, 212-223.
张庆文(2009).〈"V+个+XP"结构中"个"的语法地位〉.《现代外语》第1期, 13-22.
张谊生(2002).《助词与相关格式》. 合肥: 安徽教育出版社.
张志公 等(1985).《现代汉语(中册)》. 北京: 人民教育出版社.
赵强(2000).〈复杂的数量结构〉. 陆俭明·沈阳·袁毓林 编.《面临新世纪挑战的现代汉语语法研究》. 济南: 山东教育出版社, 814-822.
赵世开(1985).〈传统语法、结构主义语法、转换生成语法〉. 张志公 等 编(1985).《现代汉语(中册)》. 北京: 人民教育出版社, 185-198.

赵元任(2002).《中国话的文法》(丁邦新 译).《赵元任全集》(第1卷). 北京: 商务印书馆; 원저: Chao, Yuen-Ren(1968). *A Grammar of Spoken Chinese*. Berkeley and Los Angeles: University of California Press.

周一民(2006).《现代汉语(修订版)》. 北京: 北京师范大学出版社.

朱德熙(1980a).《现代汉语语法研究》. 北京: 商务印书馆.

______(1980b).〈北京话, 广州话, 文水话和福州话里的"的"字〉.《方言》第3期, 161-165.

______(1982).《语法讲义》. 北京: 商务印书馆.

______(1985).《语法答问》. 北京: 商务印书馆.

______(1991).〈"V-neg-VO"与"VO-neg-V"两种反复问句在汉语方言里的分布〉.《中国语文》第5期, 321-332.

朱行帆(2005).〈轻动词和汉语不及物动词带宾语现象〉.《现代外语》第3期, 221-231.

左思民(2009).〈普通话基本语气的主要特点〉. 程工·刘丹青 主编.《汉语的形式与功能研究》. 北京: 商务印书馆, 357-372.

Crystal, David(2000).《现代语言学词典》(沈家煊 译). 北京: 商务印书馆.

Abney, Steven Paul(1987). "The English noun phrase in its sentential aspect." Doctoral dissertation, MIT.

Aoun, Joseph and Yen-hui Audrey Li(李艳惠)(1993). "*Wh*-elements in-situ: syntax or LF?" *Linguistic Inquiry* 24: 199-238.

______(2003). *Essays on the Representational and Derivational Nature of Grammar: the Diversity of Wh-Constructions*. Cambridge, MA: The MIT Press.

Au Yeung, Wai Hoo(欧阳伟豪)(2005). "An interface program for parameterization of classifiers in Chinese." Doctoral dissertation, Hong Kong University of Science and Technology.

Baltin, Mark(1982). "A landing site theory of movement rules." *Linguistic Inquiry* 13: 1-38.

Barss, Andrew and Howard Lasnik(1986). "A note on Anaphora and double objects." *Linguistic Inquiry* 17: 347-354.

Boeckx, Cedric and Sandra Stjepanović(2001). "Head-ing toward PF." *Linguistic Inquiry* 32: 345-355.

Borer, Hagit(2005). *In Name Only*. Oxford and New York: Oxford University Press.

Bowers, John(1993). "The syntax of predication." *Linguistic Inquiry* 24: 591-656.

Burzio, Luigi(1986). *Italian Syntax*. Dordrecht: Kluwer Academic Publishers.

Chao, Yuen-Ren(赵元任)(1968). *A Grammar of Spoken Chinese*. Berkeley and Los Angeles: University of California Press.

Cheng, Lisa L.-S.(郑礼珊)(1991). "On the typology of *wh*-questions." Doctoral dissertation, MIT.

Cheng, Lisa L.-S. and C.-T. James Huang(黄正德)(1994). "On the argument structure of resultative compounds." In Matthew Y. Chen and Ovid J.-L. Tzeng, eds., *In Honor of Williams S. Y. Wang: Interdisciplinary Studies on Language and Language Change*. 187-221. Taipei: Pyramid Press.

Cheng, Lisa L.-S., C.-T. James Huang and C.-C. Jane Tang(汤志真)(1996). "Negative particle questions: a dialectal comparison." In James R. Black, and Virginia Motapanyane, eds., *Microparametric Syntax and Dialect Variation*. 41-78. Amsterdam: John Benjamins.

Cheng, Lisa L.-S., C.-T. James Huang, Yen-hui Audrey Li and C.-C. Jane Tang(1999). "*Hoo, hoo, hoo*: syntax of the causative, dative, and passive constructions in Taiwanese." In Pang-hsin Ting, ed., *Contemporary Studies on the Min Dialects*. *Journal of Chinese Linguistics Monograph* 14: 146-203.

Cheng, Lisa L.-S. and Rint Sybesma(1999). "Bare and not-so-bare nouns and the structure of NP." *Linguistic Inquiry* 30: 509-542.

______(2004). "Postverbal 'can' in Cantonese( and Hakka) and Agree." *Lingua* 114: 419-445.

Cheng, Lisa L.-S. and Rint Sybesma(2005). "Classifiers in four varieties of Chinese." In Guglicmo Cinque, and Richard S. Kayne, eds., *The Oxford Handbook of Comparative Syntax*. 259-292. Oxford and New Yotk: Oxford University Press.

Cheung, Lawrence Yam Leung(张钦良)(1997). "A study of right dislocation in

Cantonese." MPhil thesis, The Chinese University of Hong Kong.

Cheung, Lawrence Yam Leung(张钦良)(2009). "Dislocation focus construction in Chinese." *Journal of East Asian Linguistics* 18: 197-232.

Chiu, Bonnie Hui-Chun(邱慧君)(1993). "The inflectional structure of Mandarin Chinese." Doctoral dissertation, University of California, Los Angeles.

______(1995). "An object clitic projection in Mandarin Chinese." *Journal of East Asian Linguistics* 4: 77-117.

Chomsky, Noam(1957). *Syntactic Structures*. The Hague: Mouton.

______(1970). "Remarks on nominalizations." In R. A. Jacobs, and P. S. Rosenbaum, eds., *Readings in Engish Transformational Grammar*, 184-221. Waltham, MA.: Ginn and Co.

______(1981). *Lectures on Government and Binding*. Dordrecht: Foris Publications.

______(1986). *Barriers*. Cambridge, MA.: The MIT Press.

______(1995). *The Minimalist Program*. Cambridge, MA.: The MIT Press.

______(1998). "Some observations on economy in generative grammar." In Pilar Barbosa, et al., *Is the Best Good Enough? Optimality and Competition in Syntax*, 115-127. Cambridge, MA.: The MIT Press and MITWPL.

______(2000). "Minimalist Inquiries: the framework." In Roger Martin, David Michaels, and Juan Uriagereka, eds., *Step by Step: Essays on Minimalist Syntax in Honor of Howard Lasnik*, 89-155. Cambridge, MA.: The MIT Press.

______(2001). "Derivation by phase." In Michael Kenstowicz, ed., *Ken Hale: A Life in Language*, 1-52. Cambridge, MA.: The MIT Press.

______(2004). "Beyond explanatory adequacy." In Adriana Belletti, ed., *Structures and Beyond*, 104-131. Oxford: Oxford University Press.

______(2005). "Three factors in language design." *Linguistic Inquiry* 36: 1-22.

______(2007). "Approaching UG from below." In Uli Sauerland, and Hans-Martin Gärtner, eds., *Interfaces+Recursion=Language? Chomsky's Minimalism and the View from Syntax-Semantics*, 1-29. Berlin and New York: Mouton de Gruyter.

______(2008). "On phases." In Robert Freidin, Carlos P. Otero, and Maria Luisa

Zubizarreta, eds., *Foundational Issues in Linguistic Theory: Essays in Honor of Jean-Roger Vergnaud*, 133-166. Cambridge, MA.: The MIT Press.

Chomsky, Noam(2013). "Problems of projection." *Lingua* 130: 33-49.

Chomsky, Noam and Morris Halle(1968). *The Sound Pattern of English*. New York: Harper and Row.

Chomsky, Noam and Howard Lasnik(1993). "The theory of principles and parameters." In Joachim Jacobs, et al. eds., *Syntax: An International Handbook of Contemporary Research*, 506-569. Berlin and New York: Walter de Gruyter.

Chu, Chauncey C.(屈承熹)(1973). "The passive construction: Chinese and English." *Journal of Chinese Linguistics* 1: 437-470.

Cinque, Guglielmo(1999). *Adverbs and Functional Heads*. New York and Oxford: Oxford University Press.

Cinque, Guglielmo, and Luigi Rizzi(2008). "The cartography of syntactic structures." *STiL-Studies in Linguistics, CISCL Working Papers*. Volume 2, 42-58.

Collins, Chris(1997). *Local Economy*. Cambridge, MA.: The MIT Press.

Dikken, Marcel den. and Pornsiri Singhapreecha(2004). "Complex noun phrases and linkers." *Syntax* 7(1): 1-54.

Dowty, David(1979). *Word Meaning and Montague Grammar*. Dordrecht: Kluwer Academic Publishers.

______(1991). "Thematic proto-roles and argument selection." *Language* 67: 547-619.

Erlewine, Michael Yoshitaka(2017). "Low sentence-final particles in Mandarin Chinese and the Final-over-Final Constraint." *Journal of East Asian Linguistics* 26: 37-75.

Feng, Shengli(冯胜利)(1990). "The passive construction in Chinese." Manuscript, University of Pennsylvania.

______(1995). "Prosodic structure and prosodically constrained syntax in Chinese." Doctoral dissertation, University of Pennsylvania.

Fillmore, Charles J.(1997). *Lectures on Deixis*. Stanford: CSLI Publications.

Fromkin, Victoria, Robert Rodman and Nina Hyams(2007). *An Introduction to Language*(8th edition). Boston: Thomson Wadsworth.

Fu, Jingqi(傅京起)(1994). "On deriving Chinese derived nominals: evidence for V-to-N raising." Doctoral dissertation, University of Massachusetts, Amherst.

Fukui, Naoki and Hiromu Sakai(2003). "The visibility guideline for functional categories: verb raising in Japanese and related issues." *Lingua* 113: 321-375.

Fukui, Naoki and Speas, Margaret(1986). "Specifiers and projections." *MIT Working Papers in Linguistics* 8: 128-172. Cambridge, MA: MITWPL.

Fukui, Naoki and Yuji Takano(1998). "Symmetry in syntax: merge and demerge." *Journal of East Asian Linguistics* 7: 27-86.

Glass, Arnold L. and Keith J. Holyoak(1975). "Alternative conceptions of semantic memory." *Cognition* 3: 313-333.

Greenbaum, Sidney(1996). *Oxford English Grammar*. Oxford: Oxford University Press.

Grimshaw, Jane and Armin Mester(1988). "Light verbs and theta-marking." *Linguistic Inquiry* 19: 205-232.

Haegeman, Liliane(2006). *Thinking Syntactically: A Guide to Argumentation and Analysis*. Oxford: Blackwell Publishing.

Hale, Ken and Samuel Jay Keyser(2002). *Prolegomenon to a Theory of Argument Structure*. Cambridge, MA.: The MIT Press.

Hankamer, Jorge and Sag, Ivan(1976). Deep and surface anaphora. *Linguistic Inquiry* 7: 391-426.

Hashimoto, Mantaro(橋本萬太郎)(1969). "Observations on the passive construction." *Unicorn* 5: 59-71.

Hauser, Marc D., Noam Chomsky and W. Tecumseh Fitch(2002). "The faculty of language: what is it, who has it, and how did it evolve?" *Science* 298: 1569-1579.

Heim, Johannes, Hermann Keupdjio, Zoe Wai-Man Lam(林慧雯), Adriana Osa-Gómez, Sonja Thoma and Martina Wiltschko(2016). "Intonation and particles as speech act modifiers: a syntactic analysis." *Studies in Chinese Linguistics* 37(2): 109-129.

Hill, Virginia(2007). "Vocatives and the pragmatics-syntax interface." *Lingua* 117:

2077-2105.

Hornstein, Norbert(2001). *Move! A Minimalist Theory of Construal*. Malden, MA. and Oxford: Blackwell.

______(2009). *A Theory of Syntax: Minimal Operations and Universal Grammar*. Cambridge: Cambridge University Press.

Hsieh, Miao-ling(谢妙玲)(2001). "Form and meaning: negation and question in Chinese." Doctoral dissertation, University of Southern California.

______(2008). *The Internal Structure of Noun Phrases in Chinese*. Taipei: Crane Publishing Co. Ltd.

Hu, Jianhua(胡建华), Haihua Pan(潘海华) and Liejiong Xu(徐烈炯)(2001). "Is there a finite vs. nonfinite distinction in Chinese?" *Linguistics* 39(6): 1117-1148.

Huang, C.-T. James(黄正德)(1982). "Logical relations in Chinese and the theory of grammar." Doctoral dissertation, MIT.

______(1984a). "Phrase structure, lexical integrity, and Chinese compounds." *Journal of the Chinese Language Teachers Association* 19(2): 53-78.

______(1984b). "On the distribution and reference of empty pronouns." *Linguistic Inquiry* 15: 531-574. Reprinted in C.-T. James Huang(2010). *Between Syntax and Semantics*, 232-270. New York and London: Routledge.

______(1987a). "Remarks on empty categories in Chinese." *Linguistic Inquiry* 18: 321-337.

______(1987b). "Existential sentences in Chinese and (in)definiteness." In Eric J. Reuland, and Alice G. B. ter Meulen, eds., *The Representation of (In)definiteness*, 226-253. Cambridge, MA: The MIT Press. Reprinted in C.-T. James Huang(2010). *Between Syntax and Semantics*, 63-85. New York and London: Routledge.

______(1988). "*Wo pao de kuai* and Chinese phrase structure." *Language* 64(2): 274-311.

______(1989). "Pro-drop in Chinese: a generalized control theory." In Osvaldo Jaeggli and Kenneth J. Safir, eds., *The Null Subject Parameter*, 185-214. Dordrecht: Kluwer Academic Publishers.

Huang, C.-T. James(黃正德)(1991). "Modularity and Chinese A-not-A questions." In Carol Georgopolous and Robert Ishihara, eds., *Interdisciplinary Approaches to Language: Essays in Honor of Yuki Kuroda*, 305-322. Dordrecht: Kluwer Academic Publishers. Reprinted in C.-T. James Huang(2010). *Between Syntax and Semantics*, 106-130. New York and London: Routledge.

______(1992). "Complex predicates in control." In Richard K. Larson, Utpal Lahiri, Sabine Iatridou, and James Higginbotham, eds., *Control and Grammar*, 109-147, Dordrecht: Kluwer Academic Publishers.

______(1993). "Reconstruction and the structure of VP: some theoretical consequences." *Linguistic Inquiry* 24: 103-138. Reprinted in C.-T. James Huang(2010). *Between Syntax and Semantics*, 271-299. New York and London: Routledge.

______(1994). "More on Chinese word order and parametric theory." In Barbara Lust, Margarita Suñer, and John Whitman, eds., *Syntactic Theory and First Language Acquisition: Cross-linguistic Perspectives, volume 1 Heads, Projections, amd Learnability*, 15-35. Hillsdale, NJ.: Lawrence Erlbaum Associates, Publishers.

______(1997). "On lexical structure and syntactic projection." In Feng-fu Tsao and H. Samuel Wang, eds., *Chinese Languages and Linguistics* 3, 45-89. Taipei: Academia Sinica. Reprinted in C.-T. James Huang(2010). *Between Syntax and Semantics*, 347-376. New York and London: Routledge.

______(1999). "Chinese passives in comparative perspective." *Tsing Hua Journal of Chinese Studies* 29(4): 423-509.

______(2006). "Resultative and unaccusatives: a parametric view." *Bulletin of the Chinese Linguistic Society of Japan* 253: 1-43. Reprinted in C.-T. James Huang(2010). *Between Syntax and Semantics*, 377-403. New York and London: Routledge.

Huang, C.-T. James and Yen-hui Audrey Li(1996). "Recent generative studies in Chinese syntax." In C.-T. James Huang, and Yen-hui Audrey Li, eds., *New Horizons in Chinese Linguistics*, 49-95. Dordrecht: Kluwer Academic

Publishers.

Huang, C.-T. James, Li, Yen-hui Audrey and Li, Yafei(李亚非)(2009). *The Syntax of Chinese*. Cambridge: Cambridge University Press.

Jespersen, Otto(1965). *A Modern English Grammar on Historical Principles*, *Part VI*, *Morphology*. London: George Allen & Unwin Ltd and Copenhagen: Ejnar Munskgaard.

Johannessen, Janne Bondi(1998). *Coordination*. Oxford: Oxford University Press.

Katz, Jerrold, and Fodor, Jerry A.(1963). The structure of a semantic theory. *Language* 39: 170-210.

Kayne, Richard S.(1994). *The Antisymmetry of Syntax*. Cambridge, MA.: The MIT Press.

______(2016). The silence of heads. *Studies in Chinese Linguistics* 37: 1-37.

Koopman, Hilda J.(2000). *The Syntax of Specifiers and Heads*. London: Routeledge.

Koopman, Hilda J. and Dominique Sportiche(1991). "The position of subjects." *Lingua* 85: 211-258.

Kratzer, Angelika(1993). "On external arguments." In E. Benedicto and J. Runner eds., *Functional Projections: University of Massachusetts Occasional Papers 17*, 103-130. Amherst, MA.: GSLA, University of Massachusetts, Amherst.

Kuroda, S.-Y.(1988). "Whether we agree or not: a comparative syntax of English and Japanese." *Lingvisticæ Investigationes* 12: 1-47. Reprinted in *Japanese Syntax and Semantics: Collected Papers*, 315-357. Dordrechr: Kluwer Academic Publishers.

Lai, Christy Choi Ting(赖彩婷), Sam Po Law(罗心宝) and Anthony Pak Hin Kong(江柏轩)(2017). "A quantitative study of right dislocation in Cantonese spoken discourse." *Language and Speech* 60(4): 633-642.

Lam, Zoe Wai Man(林慧雯)(2014). "A complex ForceP for speacker and addressee oriented discourse particles in Cantonese." *Studies in Chinese Linguistics* 35(2): 61-80.

Larson, Richard K.(1988). "On the double object construction." *Linguistic Inquiry* 19: 335-391.

Larson, Richard K.(1990). "Double objects revisited: reply to Jackendoff." *Linguistic Inquiry* 21: 589-632.

Law, Ann(2003). "Right dislocation in Cantonese as a focus marking device." *UCL Working Papers in Linguistics* 15: 243-275.

Law, Sam Po(罗心宝)(1990). "The suntax and phonology of Cantonese sentence final particles." Doctoral dissertation, Boston University.

Lebeaux, David(1988). "Language acquisition and the form of the grammar." Doctoral dissertation, University of Massachusetts, Amherst.

Lee, Thomas Hun-tak(李行德)(1986). "Studies on quantification in Chinese." Doctoral dissertation, University of California, Los Angeles.

Li, Boya(2006). *Chinese Final Particles and the Syntax of the Periphery*. Utrecht: LOT.

Li, Charles N.(李纳) and Sandra A. Thompson(1973). "Serial verb constructions in Mandarin Chinese: Subordination or coordination?" In C. Corum, T. C. Smith-Stark and A. Weiser, eds., *You Take the High Node and I'll Take the Low Node: Papers from the Comparative Syntax Festival*, 96-103. Chicago: Chicago Linguistic Society.

______(1981). *Mandarin Chinese: A Functional Reference Grammar*. Berkeley and Los Angeles: University of California Press.

Li, Yafei(李亚非)(1990), "On V-V compounds in Chinese." *Natural Language and Linguistic Theory* 8: 177-207.

______(1993). "Structural head and aspectuality." *Language* 69: 480-504.

Li, Yen-hui Audrey(李艳惠)(1990). *Order and Constituency in Mandarin Chinese*. Dordrecht: Kluwer Academic Publishers.

______(1992). "Indefinite *Wh* in Mandarin Chinese." *Journal of East Asian Linguistics* 1: 125-155.

______(1997). "Structures and interpretations of nominal expressions." Ms. University of Southern California.

______(1998). "Argument determiner and number phrases." *Linguistic Inquiry* 29: 693-702.

Li, Yen-hui Audrey(李艳惠)(1999). “Plurality in a classifier language.” *Journal of East Asian Linguistics* 8: 75-99.

______(2006). “Chinese *ba*.” In Martin Everaert and Henk van Riemsdijk, eds., *The Blackwell Companion to Syntax*, volume 1, 374-468. Oxford: Blackwell.

Li, Yen-hui Audrey and Yuzhi Shi(石毓智)(2003). “NP as argument.” In Yen-hui Audrey Li and Andrew Simpson, eds., *Functional Structure(s), Form, and Interpretation: Perspectives from East Asian Languages*, 3-27. London: Routledge Curson.

Lin, Jo Wang(林若望) and C. C. Jane Tang(1995). “Modals as verbs in Chinese: a GB perspective.” *The Bulletin of Institute of History and Philology* 66, 53-105.

Lin, Tzong-hong Jonah(林宗宏)(2001). “Light verb syntax and the theory of phrase structure.” Doctoral dissertation, University of California, Irvine.

(2009). “Licensing “gapless” *bei* passives.” *Journal of East Asian Linguistics* 18: 167-177.

______(2012). “Multiple-modal constructions in Mandarin Chinese and their finiteness properties.” *Journal of Linguistics* 48: 151-186.

Liu, Feng-hsi(刘凤樨). “A clitic analysis of locative particles.” *Journal of Chinese Linguistics* 16: 48-70.

Longobardi, Giuseppe(1994). “Reference and proper names.” *Linguistic Inquiry* 25: 609-666.

Luke, Kang-kwong(陆镜光)(2012). “Dislocation or afterthought? — a conversation analytic account of incremental sentence in Chinese.” *Discourse Processes*, 49(3-4): 338-365.

Lyons, John(1995). *Linguistic Semantics: An Introduction*. Cambridge: Cambridge University Press.

Lartin, Roger and Juan Uriagereka(2000). “Some possible foundations of the minimalist program.” In Roger Martin, David Michaels and Juan Uriagereka, eds., *Step by Step: Essays on Minimalist Syntax in Honor of Howard Lasnik*, 1-29. Cambridge, MA: The MIT Press.

Martínez, Ignacio Palacios(2015). “Variation, development and pragmatic uses of innit in the language of British adults and teenagers." *English Language and Linguistics* 19: 383-405.

McCawley, James D.(1968). "Lexical insertion in a transformational grammar without Deep Structure." *Papers from the Fourth Regional Meeting*, Chicago Linguistic Society, 71-80. Chicago: Chicago Linguistic Society.

______(1976). "Lexical insertion in a transformational grammar without Deep Structure." Reprinted in James D. McCawley, ed. *Grammar and Meaning: papers on syntactic and semantic topics*, 155-166. New York: Academic Press.

Miyagawa, Shigeru(宫川 繁). "Agreements that mainly occur in the main clause." In Lobke Albrecht, Liliane Haegeman and Rachel Nye, eds., *Main Clause Phenomena. New Horizons*, 17-111. John Benjamins Publishing Company.

Munn, Alan(1987). "Coordinate structure and X-bar theory." *McGill Working Papers in Linguistics* 4.1: 121-140.

Ning, Chunyan(宁春岩)(1993). "The overt syntax of relativization and topicalization in Chinese." Doctoral dissertation, University of California, Irvine.

______(1996). "De as a functional head in Chinese." In Brian Agbayani, Kazue Takeda, and Sze-Wing Tang, eds., *UCI Working Papers in Linguistics 1*, 63-79. Irvine, CA: ILSA, University of California, Irvine.

O'Grady, William, Michael Dobrovolsky and Mark Aronoff(1997). *Contemporary Linguistics: An Introduction*(third edition). New York: St. Martin's Press.

Pan, Haihua(潘海华) and Jianhua Hu(胡建华)(2008). "A semantic-pragmatic interface account of (dangling) topics in Mandarin Chinese." *Journal of Pragmatics* 40: 1966-1981.

Pan, Victor Junnan(潘俊楠) and Waltraud Paul(2016). "Why Chinese SFPs are neither optional nor disjunctors." *Lingua* 170: 23-34.

Parsons, Terence(1990). *Events in the Semantics of English: A Study in Subatomic Semantics*. Cambridge, MA: The MIT Press.

Paul, Waltraud(2005). "Adjectical modification in Mandarin Chinese and related issues." *Linguistics* 43(4): 757-793.

______(2008). "The serial verb construction in Chinese: a tenacious myth and a

Gordian knot." *The Linguistic Review* 25: 367-411.

Paul, Waltraud(2014). "Why particles are not particular: sentence-final particles in Chinese as heads of split CP." *Studia Linguistica* 68(1): 77-115.

Paul, Waltraud and Victor Junnan Pan(潘俊楠)(2016). "What you see is what you get: Chinese sentence-final particles as head-final complementizers." In Josef Bayer and Volker Struckmeier, eds., *Discourse Particles: Formal Approaches to their Syntax and Semantics*, 49-77. Berlin: De Gruyter.

Perlmutter, David(1978). "Impersonal passives and the unaccusative hypothesis." *Proceedings of the Fourth Annual Meeting of the Berkeley Linguistic Society*, 157-189. Berkeley: Berkeley Linguistics Society, University of California, Berkeley.

Pollock, Jean-Yves(1989). "Verb movement, Universal Grammar, and the structure of IP." *Linguistic Inquiry* 20: 365-424.

Postal, Paul(1989). "On so-called 'pronouns' in English." In David Reibel and Sanford Schane, eds., *Modern Studies in English*, 201-244. Englewoods Cliffs, NJ.: Prentice Hall.

Radford, Andrew(1997). *Syntax: A Minimalist Introduntion*. Cambridge: Cambridge University Press.

Rizzi, Luigi(1997). "The fine structure of the left periphery." In Liliane Haegeman, ed., *Elements of grammar*, 281-337. Dordrecht: Kluwer Academic Publishers.

______(2004). "Locality and the left periphery." In Adriana Belletti, ed., *Structures and Beyond: The Cartography of Syntactic Structures*, Vol.3, 223-251. New York and Oxford: Oxford University Press.

Rizzi, Luigi, ed.(2006). *The Structure of CP and IP: The Cartography of Syctactic Structures*, Vol.2. New York and Oxford: Oxford University Press.

Rothstein, Susan D.(1985). *The Syntactic Forms of Predication*. Bloomington: Indiana University Linguistics Club.

Rubin, Edward J.(2002). "The structure of modifiers." Ms., University of Utah.

Safir, Kenneth J.(1982). "Syntactic chains and the definiteness effect." Doctoral dissertation, MIT.

Shi, Dingxu(石定栩)(1997), "Issues on Chinese passives." *Jounal of Chinese Linguistics* 25: 41-70.

______(2000). "Topic and topic-comment constructions in Mandarin Chinese." *Language* 76(2): 383-408.

Si, Fuzhen(司富珍), ed.(2017). *Studies on Syntactic Cartography*. Beijing: China Social Sciences Press.

Simpson, Andrew(2002). "On the status of 'modifying' DE and the structure of the Chinese DP." In Sze-Wing Tang and Chen-Sheng Luther Liu, eds., *On the Formal Way to Chinese Linguistics*, 74-101. Stanford: CSLI.

Sio, Joanna Ut-seong(萧月婵)(2006). *Modification and Reference in the Chinese Nominal*. Utrecht: LOT(Landelijke Onderzoekschool Taalwetenschap).

Smith, Carlota S.(1997). *The Parameter of Aspect(second edition)*. Dordrecht: Kluwer Academic Publishers.

Speas, Margaret(2004). "Evidentiality, logophoricity and the syctactic representation of pragmatic features." *Lingua* 144(3): 255-276.

Stowell, Tim(1983). "Subjects across categories." *The Linguistic Review* 2: 285-312.

Sybesma, Rint(1992). *Causatives and Accomplishments: The Case of Chinese ba*. Dordrecht: Kluwer Academic Publishers.

______(1996). "Chinese functional projections." Handout of talk given at Theoretical East Asian Linguistics Workshop, April 13, University of California, Irvine.

______(1999). *The Mandarin VP*. Dordrecht: Kluwer Academic Publishers.

Tai, James(戴浩一) and Wenze Hu(胡文泽)(1991). "Functional motivations for the so-called "inverted sentences" in Beijing conversational discourse." *Journal of the Chinese Language Teachers Association* 26(3): 75-104.

Takano, Yuji(1996). "Movement and parametric variation in syntax." Doctoral dissertation, University of California, Irvine.

Tang, Chih-Chen Jane(汤志真)(1990). "Chinese phrase structure and the extended X'-theory." Doctoral dissertation, Cornell University.

Tang, Sze-Wing(邓思颖)(1997). "The parametric approach to the resultative construction in Chinese and English." In Luther C. -S. Liu and Kazue Takeda, eds., *UCI Working Papers in linguistics 3*, 203-226. Irvine, CA: Irvine Linguistics Students Association.

Tang, Sze-Wing(邓思颖)(1998). "Parametrization of features in syntax." Doctoral dissertation, University of California, Irvine.

______(1999). "Some speculations about the syntax of noun phrases." In Francesca Del Gobbo and Hidehito Hoshi, eds., *UCI Working Papers in Linguistics 5*, 135-154. Irvine, CA: Irvine Linguistics Students Association.

______(2001a). "A complementation approach to Chinese passives and its consequences." *Linguistics* 39: 257-295.

______(2001b). "The (non) existence of gapping in Chinese and its implications for the theory of gapping." *Journal of East Asian Linguistics* 10: 201-224.

______(2001c). "Nominal predication and focus anchoring." In Gerhard Jäger, Anatoli Strigin, Chris Wilder, and Niina Zhang, eds., *ZAS Papers in Linguistics* 22, 159-172. Berlin: ZAS.

______(2003a). "Properties of ngaang and the syntax of verbal particles in Cantonese." *Journal of Chinese Linguistics* 31(2): 245-269.

______(2003b). "Verbless adverbial clauses and economy." In Jie Xu, Donghong Ji and Kim Teng Lua, eds., *Chinese Syntax and Semantics*, 157-176. Singapore: Prectice Hall.

______(2006). "A minimalist view on the syntax of BECOME." In Changguk Yim, ed., *Minimalist Views on Language Design*, 301-311. Seoul: Hankook Publishing Company/The Korean Generative Grammar Circle.

______(2009). "The syntax of two approximatives in Cantonese: discontinuous constructions formed with *zai6*." *Journal of Chinese Linguistics* 37(2): 227-256.

______(2015a). "Cartographic syntax of pragmatic projections." In Audrey Li, Andrew Simpson, and Wei-tian Dylan Tsai, eds., *Chinese Syntax in a Cross-Linguistic Perspective*, 429-441. Oxford and New York: Oxford University Press.

______(2015b). "A generalized suntactic chema for utterance particles in Chinese." *Lingua Sinica* 1(3).

Tang, Sze-Wing and Thomas Hun-Tak(李行德)(2000). "Focus as an anchoring condition." Paper presented at the International Symposium on Topic and Focus in Chinese, The honh Kong Polytechnic University.

Tenny, Carol L.(2006). "Evidentiality, experiencers, and the syntax of sentience in Japanese." *Journal of East Asian Linguistics* 15: 245-288.

Ting, Jen(丁仁)(1995). "A non-uniform analysis of the passive construction in Mandarin Chinese." Doctoral dissertation, University of Rochester.

______(1998). "Deriving the *bei*-construction in Mandarin Chinese." *Journal of East Asian Linguistics* 4: 319-354.

______(2003). "The nature of the particle *suo* in Mandarin Chinese." *Journal of East Asian Linguistics* 12: 121-139.

______(2005). "On the syntax of the *suo* construction in Classical Chinese." *Journal of Chinese Linguistics* 33(2): 233-267.

______(2008). "The nature of the particle *suo* in the passive constructions in Classical Chinese." *Journal of Chinese Linguistics* 36(1): 30-72.

Tsai, Wei-tian Dylan(蔡维天)(1993). "Visibility, complement selection and the Case requirement of CP." In Jonathan D. Bobaljik and Colin Phillips, eds., *MIT Working Papers in Linguistics* 18, 215-242. Cambridge, MA.: MITWPL.

______(1994). "On economizing the theory of A-bar dependencies." Doctoral dissertation, MIT.

______(1995). "Visibility, complement selection and the case requirement of CP." *Journal of East Asian Linguistics* 4: 281-312.

______(2001). "On subject specificity and theory of syntax-semantics interface." *Journal of East Asian Linguistics* 10: 129-168.

______(2008). "Left periphery and *how-why* alternations." *Journal of East Asian Linguistics* 17: 83-115.

______(2015). "A tale of two peripheries: evidence from Chinese adverbials, light verbs, applicatives and object fronting." In Wei-tian Dylan Tsai, eds., *The Cartography of Chinese Syntax*, 1-32. Oxford and New York: Oxford University Press.

Tsai, Wei-tian Dylan, ed.(2015). *The Cartography of Chinese Syntax: The Cartography of Syntactic Structures*, *Volume 11*. Oxford and New York: Oxford University Press.

Tsao, Feng-fu(曹逢甫)(1988). "Topics and clause connectives in Chinese." *Bulletin of the Institute of History and Philology*, *Academia Sinica* 59(3): 694-737.

Vendler, Zeno(1967). *Linguistics in Philosophy*, Ithaca, NY: Cornell University Press.

Verkuyl, Henk J.(1972). *On the Compositional Nature of the Aspects*. Dordrecht: Kluwer Academic Publishers.

______(1993). *A Theoru of Aspectuality*. Dordrecht: Kluwer Academic Publishers.

Vries, Mark de(2006). "The syntax of apposotove relativization: on specifying coordination, false free relatives, and promotion." *Linguistic Inquiry* 37: 229-270.

Wakefield, John C.(2010) "The English equivalents of Cantonese sentence-final particles: a contrastive analysis." Doctoral dissertation, The Hong Kong Polytechnic University.

Wang, William S.-Y.(王士元)(1965). "Two aspect markers in Mandarin." *Language* 41(3): 457-470.

______(1967). "Conjoining and deletion in Mandarin syntax." *Monumenta Serica* 26: 224-236.

Wei, Ting-Chi(魏廷冀)(2004). "Predication and slucing in Mandarin Chinese." Doctoral dissertation, National Kaohsiung Normal University.

Williams, Edwin(1980). "Predication." *Linguistic Inquiry* 11: 203-238.

Wiltschko, Martina and Johannes Heim(2016). "The syntax of confirmationals: a neo-performative analysis." In Gunther Kaltenböck, Evelien Keizer, and Arne Lohmann, eds., *Outside the Clause. Form and Function of Extra-clausal Constituent*, 303-340. Amsterdam: John Benjamins.

Wiltschko, Martina(2017a). "Ergative constellations in the structure of speech acts." In Jessica Coon, Diane Massam, and Lisa deMena Travis, eds., *The Oxford Handbool of Ergativity*, 419-446. Oxford and New York: Oxford University Press.

Wiltschko, Martina(2017b). "Response particles beyond answering." In Laura R. Bailey and Michelle Sheehan, eds., *Order and Structure in Syntax I: Word Order and Syntactic Structure*, 241-279. Berlin: Language Science Press.

______(2017c). "Response markers as a window into linguistic modularity." In Clemens Mayr and Edwin Williams, eds., *Wiener Linguistische Gazette 82: Festschrift für Martin Prinzhorn*, 303-311. Vienna: Institut für Sprachwissenschaft, Universität Wien.

Wu, Xiu-Zhi Zoe(吴秀枝)(2000). "Grammaticalization and the development of functional categories in Chinese." Doctoral dissertation, University of Southern California.

Wu, Yicheng(吴义诚) and Adams Bomodo(2000). "Classifiers ≠ determiners." *Linguistic Inquiry* 40: 487-503.

Xu, Ding(徐丁)(1997). *Functional Categories in Mandarin Chinese*. Holland Institute of Generative Linguistics.

Xu, Liejiong(徐烈炯)(2003). "Remarks on VP-ellipsis in disguise." *Linguistic Inquiry* 34(1): 163-171.

Xu, Liejiong and D. Terence Langendoen(1985). "Topic structures in Chinese." *Language* 61(1): 1-27.

Yue-Hashimoto, Anne(余霭芹)(1971). "Mandarin syntactic structures." *Unicorn 8*.

Zhang, Ling(张凌)(2014). "Segmentless sentence-final particles in Cantonese: an experimental study." *Studies in Chinese Linguistics* 35(2): 47-60.

Zhang, Niina Ning(张宁)(1997). "Syntactic dependencies in Mandarin Chinese." Doctoral dissertation, University of Toronto.

______(1998). "Argument interpretations in the ditransitive construction." *Nordic Journal of Linguistics* 21: 179-209.

______(2009). *Coordination in Syntax*. Cambridge: Cambridge University Press.

Zhang, Qingwen(张庆文). "On the syntax of non-verbal predication in Mandarin Chinese." Doctoral dissertation, The Hong Kong Polytechnic University.

Zoerner, Cyril Edward(1995). "III. Coordination: the syntax of & P." Doctoral dissertation, University of California, Irvine.

# 부록 한중영 언어학용어 대조표

| (별개의) 층위 | (另一个)平面 | (separate) plane |
|---|---|---|
| '法'자구 | '法'字句 | |
| '有'자문 | '有'字句 | |
| 1음절 | 单音节 | |
| 1항 | 一元 | |
| 2음절 | 双音节 | |
| 2항 | 二元 | |
| 3항 | 三元 | |
| bar | 杠 | bar |
| GB이론 | 管约论 | GB theory |
| small pro | 小代词 | *pro* |
| 가능보어 | 可能补语 | |
| 가산명사 | 可数名词 | |
| 가장자리(문장의 가장자리 위치) | 边缘 | |
| 가짜 소유 관형어 | 假领属定语 | |
| 간접 수동자 | 间接受事 | Indirect Patient |
| 간접 피동문 | 间接被动句 | indirect passive |
| 간접목적어 | 间接宾语 | |
| 감각운동체계 | 感觉运动系统 | sensorimotor systems |
| 감정 | 感情 | |
| 감정 표현 어기 | 表情语气 | |
| 감탄문 | 感叹式 | exclamative |
| 감탄사 | 叹词 | |
| 값 | 值 | value |
| 강교차 | 强跨越 | strong crossover |
| 강명사구 자질 | 强名词短语特征 | strong NP-feature |
| 강세 | 重音 | stress |
| 강한정사 자질 | 强限定词特征 | strong D-feature |
| 개념-의도 체계 | 概念意向系统 | conceptual intentional systems |
| 개념의미 | 概念义 | |
| 개방범주, 개방품사류 | 开放类 | |
| 개별 언어 | 个别语言 | particular language |
| 개사(중국어) | 介词 | preposition |
| 개사 좌초 현상, 전치사 좌초 현상 | 介词流落 | preposition stranding |
| 개수사 | 概数词 | |
| 개체성 | 个体性 | individuated |
| 개체양사 | 个体量词 | |

| 개체층위 술어 | 个体谓词 | individual-level predicate |
|---|---|---|
| 격 | 格 | Case |
| 결과보어 | 结果补语 | |
| 결과상태 | 结果状态 | |
| 결속이론 | 约束理论 | binding theory |
| 결합 | 组合 | |
| 결합식 | 组合式 | |
| 겸어문 | 兼语句 | |
| 경계적 | 有界 | bounded |
| 경동사 | 轻动词 | light verb |
| 경성 | 轻声 | |
| 경제성 | 经济 | economy |
| 경제성 원칙 | 经济原则 | economy principles |
| 경험자 | 感事 | Experiencer |
| 계사문 | 系词句 | |
| 계수문 | 计数句 | |
| 계수사 | 系数词 | |
| 계수의미 | 计数义 | |
| 계층구조 | 层级结构 | hierarchical structure |
| 고유명사 | 专有名词 | |
| 공백 | 缺位 | gap |
| 공범주 | 空语类 | empty category |
| 과거시제 | 过去时 | past tense |
| 관계절 | 关系小句 | relative clause |
| 관계화 | 关系化 | |
| 관사 | 冠词 | article |
| 관할 | 支配 | domination |
| 관형어 | 定语 | |
| 광의의 소유 | 广义的领有 | |
| 교육문법 | 教学语法 | pedagogical grammar |
| 교점 | 节点 | node |
| 구 | 词组, 短语 | phrase |
| 구구조 이론 | 短语结构理论 | |
| 구문 | 句式 | |
| 구별사 | 区别词 | |
| 국면 | 阶段 | phase |
| 국면 불가침 조건 | 阶段不透性条件 | Phase-Impenetrability Condition |
| 국면식 도출, 국면별 도출 | 阶段式推导 | derivation by phrase |
| 굴절 층위 | 屈折层次 | inflectional layer |
| 굴절사 | 屈折词 | inflection, INFL |
| 굴절소구 | 屈折词短语 | inflectional phrase(IP) |
| 귀환, 귀환성, 귀환적 특징 | 递归 | recursion |
| 규범문법 | 规范语法 | normative grammar |
| 극성 | 极性对立 | polarity |
| 기능성 | 功能性 | |
| 기능어, 기능범주 | 功能词 | functional words |
| 기능적 접근법 | 功能的角度 | functional approach |
| 기능함수 | 功能符 | functor |

| 기동동사 | 起始动词 | inchoative verb |
|---|---|---|
| 기수사 | 基数词 | |
| 기술적 타당성 | 描述上的充分 | descriptive adequacy |
| 낮은 문말조사 | 低句末助词 | Low SFP |
| 낮은 보문사 | 低标句词 | |
| 낮은 어조 | 低语调 | |
| 내부 병합 | 内部合并 | Internal Merge |
| 내부 연접어 | 内并连语 | internal conjunct |
| 내부주어가설 | 内部主语假定 | Internal Subject Hypothesis |
| 내연, 의미 | 内涵 | |
| 내재논항 | 内部论元 | internal argument |
| 내조사 | 内助词 | |
| 내포절 | 嵌套小句 | embedded clause |
| 논리형식, 논리형태 | 逻辑形式 | Logical Form, LF |
| 논제 범주 | 题元词 | thematic category |
| 논항 | 论元 | argument |
| 논항구조 | 论元结构 | argument structure |
| 높은 어조 | 高语调 | |
| 느슨한 등위형식 | 松弛同位式 | |
| 능원조동사 | 能愿助动词 | |
| 다층위 관형어 | 多层定语 | |
| 다층위 부사어 | 多层状语 | |
| 단거리 피동문 | 短被动句 | short passive |
| 단계층위 술어 | 状态性谓词 | stage-level predicate |
| 단어 | 词 | word |
| 단어 구성, 조어, 형태 | 构词 | |
| 단어 형태, 어형 | 词形 | |
| 단일어 | 单纯词 | |
| 담화 | 话语 | discourse |
| 담화 지속성 | 启后性 | persistence |
| 담화초점 | 话语焦点 | discourse focus |
| 당사목적어 | 当事宾语 | |
| 대명사 | 代词(영어) | |
| 대사 | 代词(중국어) | |
| 대사 속격 | 代词领格 | |
| 대상 | 客体 | Theme |
| 대하여성 | 关涉关系 | aboutness |
| 도량사 | 度量词 | |
| 도출 | 推导 | derivation |
| 도출식 | 推导式 | derivational |
| 동량목적어 | 动量宾语 | |
| 동량사 | 动量词 | |
| 동명사 | 动名词 | gerund |
| 동명사의 명사화 | 动名词名物化 | gerundive nominalization |
| 동사 | 动词 | verb |
| 동사구 생략 | 动词短语省略 | VP ellipsis |
| 동사복사문 | 动词拷贝句 | |
| 동사성 품사 | 动词性词类 | |
| 동사술어문 | 动词谓语句 | |

| 동사적 명사 | 动名词 | verbal noun |
|---|---|---|
| 동사패각구조 | 动词短语壳 | VP shell |
| 동어 | 动语 | |
| 동적양태 | 能愿情态 | dynamic modal |
| 동태(적) | 动态 | dynamic |
| 뒤에 이어지는 말 | 后话 | |
| 등위구 | 同位短语, 同位词组 | |
| 등위구조 | 同位结构 | |
| 등위성 관형어 | 同位性定语 | |
| 등위성 수식구조 | 同位性偏正结构 | |
| 람다 표현식 | 兰姆达表达式 | λ-expression |
| 레이블 | 标签 | label |
| 말투 | 口气 | |
| 말힘 | 语力 | force |
| 매개변인 | 参数 | parameter |
| 맥락, 문맥 | 语境 | context |
| 명량사 | 名量词 | |
| 명령 | 祈使 | |
| 명령류 | 祈使类 | |
| 명령문 | 祈使式 | imperative |
| 명사 | 名词 | noun |
| 명사성 품사 | 名词性词类 | |
| 명사성구조 | 名词性结构 | |
| 명사술어문 | 名词谓语句 | |
| 명사화구 | 名物化短语 | NomP |
| 명사화접사 | 名物化词头 | nominalizer |
| 명시적 | 明确 | explicit |
| 명제 | 命题 | proposition |
| 목적어 | 宾语 | |
| 묘사보어 | 描写补语 | |
| 묘사적 내용 | 描述意义 | descriptive content |
| 문 | 句 | |
| 문말조사 | 句末助词 | sentence-final particle, SFP |
| 문맥, 맥락 | 语境 | context |
| 문미, 문말 | 句末 | |
| 문법단위 | 语法单位 | |
| 문법적 의미 | 语法意义 | |
| 문장 | 句子 | sentence |
| 문장 어조 | 句调 | |
| 문장 완성 | 完句 | sentence completion |
| 문장 완성 조건 | 完句条件 | |
| 문장 의미 | 句子意义 | sentence-meaning |
| 문장 종류, 문장의 종류 | 句类 | |
| 문형 | 句型 | |
| 물량사(=명량사) | 物量词 | |
| 물질명사 | 物质名词 | |
| 민어 | 闽语 | |
| 발화시간 | 说话时间 | speech time |
| 발화의미 | 话段意义 | utterance-meaning |

| 방식, 양태 | 方式 | manner |
|---|---|---|
| 방언 간 | 跨方言 | |
| 방언 간 연구 | 跨方言研究 | |
| 방위명사 | 方位名词 | |
| 방위사 | 方位词 | |
| 배경 영역 화제 | 背景语域式话题 | |
| 배타적 간접 피동문 | 外排式间接被动句 | exclusive indirect passive |
| 범위 | 范围 | domain |
| 범주 | 范畴 | category |
| 변이형 | 变体 | |
| 변항 | 变项 | variable |
| 변형식 | 变式 | |
| 별표 | 星号 | |
| 병렬구조 | 联合结构 | |
| 병합 | 合并 | Merge |
| 보문사 | 标句词 | complementizer |
| 보문사 층위 | 标句层次 | complementizer layer |
| 보문사구 | 标句词短语 | |
| 보어 | 补语 | |
| 보충어 | 补足语 | complement |
| 보통명사 | 普通名词 | |
| 보통화 | 普通话 | |
| 보편문법 | 普遍语法 | Universal Grammar, UG |
| 복귀대명사 | 复述代词 | resumptive pronoun |
| 복문의 각 절 | 分句 | |
| 복사 | 复写 | Copy |
| 복합어 | 复合词 | compound |
| 본래 성조 | 本调 | |
| 부가 | 附接 | adjunction |
| 부가어 | 附接语 | adjunct |
| 부가의문문, 의문 부가어구 | 疑问尾句 | tag question |
| 부름말 | 呼语 | vocative |
| 부명사 | 副名词 | |
| 부사 | 副词 | adverb |
| 부사어 | 状语 | |
| 부여([참고]의미역 부여) | 赋予 | |
| 부적격(형) | 不合语法 | |
| 부정사 | 否定词 | negation |
| 부정사구 | 否定词短语 | Negation Phrase |
| 부정양사 | 不定量词 | |
| 부정적 의미 | 消极语义 | |
| 부정형 | 不定式 | infinite, infinitive |
| 분절 | 分段 | segment |
| 분절음 | 音段 | segmental |
| 분지 | 分叉 | branching |
| 불가산명사 | 不可数名词 | |
| 불특정적 | 无指 | nonspecific |
| 불특정지시 | 虚指 | |
| 비경계적 | 无界 | unbounded |

| | | |
|---|---|---|
| 비기능성 | 非功能性 | |
| 비논항결속 | 非论元约束 | A'-binding |
| 비능격 | 非作格 | unergative |
| 비단언(적) | 非断言 | nonassertive |
| 비대격 | 非宾格 | unaccusative |
| 비대칭 성분통어 | 不对称统领 | asymmetric c-command |
| 비술어형용사 | 非谓形容词 | |
| 비실상 | 非现实意义 | irrealis |
| 비유조사 | 比况助词 | |
| 비이동 | 非移动 | nonmovable |
| 비이동 부사어 | 非移动状语 | nonmovable adverbial |
| 비정형 | 非定式 | nonfinite |
| 비종결상 | 无终体 | atelic |
| 비주술문 | 非主谓句 | |
| 비지시 | 非指称 | nonreferential |
| 비한정 | 无定 | indefinite |
| 비해석성 굴절 자질 | 不可解释的屈折特征 | uninterpretable inflectional feature |
| 사건 | 事件 | event |
| 사건 참여자 | 事件参与者 | |
| 사건구조 | 事件结构 | event structure |
| 사건성, 사건 의미 | 事件意义 | eventuality |
| 사건술어 | 事件述语 | eventuality predicate |
| 사건시간 | 事件时间 | event time |
| 사동, 사역 | 使役, 致使 | causative |
| 사동동사 | 使役动词 | causative verb |
| 사동문 | 使役句 | |
| 사동의미 | 使役意义 | |
| 사동자 | 致事 | Causer |
| 사상체계 | 思想系统 | systems of thought |
| 사회언어학 | 社会语言学 | |
| 상 | 体, 体貌 | aspect |
| 상 표지 | 体标记 | aspect marker |
| 상대적 시간명사 | 相对时间名词 | |
| 상성 | 上声 | |
| 상위 영역 화제 | 上位语域式话题 | |
| 상태 | 状态 | state |
| 상태보어 | 状态补语 | |
| 상황 | 情景意义 | situation |
| 생물언어학 | 生物语言学 | biolinguistics |
| 생성문법 | 生成语法学 | generative grammar |
| 샹어 | 湘语 | |
| 서법, 어기 | 语态 | mood |
| 서수사 | 序数词 | |
| 서술사(→ Bowers(1993)의 predicate, 약칭 Pr.) | 谓词 | predicate |
| 선택의문문 | 选择问句 | |
| 선행사 | 先行语 | antecedent |
| 선형 대응 공리 | 线性对应定理 | Linear Correspondence Axiom |

| | | |
|---|---|---|
| 선형적 | 线性 | linear |
| 선형화 | 线性化 | linearization |
| 설명 | 说明 | specification |
| 설명적 타당성 | 解释上的充分 | explanatory adequacy |
| 성문 마찰음 | 声门擦音 | |
| 성분통어 | (组构成分)统领 | c-command |
| 성조 | 声调 | |
| 성취 | 达成 | achievement |
| 소유 관형어 | 领属定语 | |
| 소유구 | 领有短语 | |
| 소유성 관형어 | 领属性定语 | |
| 소절 | 小小句 | small clause |
| 속격 영역 화제 | 领格语域式话题 | |
| 속성사 | 属性词 | |
| 수동자 | 受事 | Patient |
| 수량목적어 | 数量宾语 | |
| 수량의미 | 数量意义 | quantity |
| 수사 | 数词 | number |
| 수식구조 | 偏正结构 | |
| 수식언 | 饰词 | |
| 수학문 | 数学句 | |
| 수행문 | 施行句 | performative |
| 수행체계 | 表现系统 | performance systems |
| 수형도 | 树形图 | tree diagram |
| 수혜자 | 与事 | |
| 순환성 | 循环性 | cyclicity |
| 술목구조 | 述宾结构 | |
| 술보구조 | 述补结构 | |
| 술부, 술어 | 谓语 | |
| 술어, 술어동사 | 述语 | |
| 술어동사, 용언 | 谓词 | |
| 술어항 | 谓项 | predication |
| 시간 및 장소보어 | 时间和处所补语 | |
| 시간류 | 时间类 | |
| 시간명사 | 时间名词 | |
| 시간사 | 时间词 | tense |
| 시간사구 TP | 时间词短语 | TP |
| 시공 영역 화제 | 时地语域式话题 | |
| 시량목적어 | 时量宾语 | |
| 시량사 | 时量词 | |
| 시비의문문 | 是非问句 | |
| 시제 | 时 | tense |
| 시킴과 명령, 시킴이나 명령 | 使令 | |
| 실사 | 实词 | |
| 실상 | 现实意义 | realis |
| 실체 | 实体 | entity |
| 실험음성학 | 实验语音学 | |
| 실현관계 | 实现的关系 | realization |
| 심리언어학 | 心理语言学 | |

| | | |
|---|---|---|
| 심층 조응 | 深层复指 | deep anaphora |
| 심층구조 | 深层结构 | |
| 쌍 병합 | 配对合并 | pair-Merge |
| 안긴 구조 | 内嵌结构 | |
| 양사 | 量词 | classifier |
| 양순비음 | 双唇鼻音 | |
| 양태 | 情态 | modality |
| 양태구 | 情态短语 | Modal Phrase, MP |
| 양태문 | 情态句 | |
| 양화 | 量化 | quantification |
| 양화사 | 量化词 | quantifier |
| 어감 | 语感 | |
| 어근 | 词根 | root |
| 어기 | 语气 | |
| 어기부사 | 语气副词 | |
| 어기사 | 语力词 | force |
| 어순 | 词序 | word order |
| 어음, 음성 | 语音 | |
| 어조 | 语调 | intonation |
| 어휘 완전성 가설 | 词汇完整性假设 | Lexical Integrity Hypothesis |
| 어휘 층위 | 词汇层次 | lexical layer |
| 어휘배열 | 词项阵列 | lexical array |
| 어휘부, 어휘부문 | 词库 | lexicon |
| 어휘분해 | 词汇分解 | lexical decomposition |
| 어휘어 | 词汇词 | lexical word |
| 어휘항목 | 词项 | lexical item |
| 억양 | 语调 | intonation |
| 언어 간 | 跨语言 | |
| 언어 간 비교 | 跨语言的比较 | |
| 언어능력, 언어장치 | 语言机制 | language faculty |
| 언어단위 | 语言单位 | |
| 언어습득장치 | 语言习得机制 | language acquisition device, LAD |
| 언어학 | 语言学 | linguistics |
| 언표내적 힘 | 示意语力 | illocutionary force |
| 여격 구조 | 与格结构 | dative construction |
| 여타 조건 | 别处条件 | elsewhere condition |
| 역사 접근법 | 历史的角度 | historical approach |
| 역사언어학 | 历史语言学 | |
| 역위문 | 易位句 | |
| 연결, 접속 | 连接 | |
| 연독변조 | 连读变调 | tone sandhi |
| 연동구조 | 连动结构 | |
| 연동문 | 连动句 | |
| 연산체계 | 运算系统 | computational system |
| 연술구조 | 连述结构 | |
| 연어관계 | 搭配 | |
| 연위구조 | 连谓结构 | |
| 연장문 | 延申句 | |

| 연접 | 连接 | |
|---|---|---|
| 연접성 후치사 | 连接性后置词 | |
| 연접어 | 并连语 | conjunct |
| 영 계사문 | 空系词句 | |
| 영 대명사 형식 | 空代词(的)形式 | pro-form |
| 영 동사문 | 空动词句 | |
| 영 운용자 | 空算子 | null operator |
| 영 한정사 | 空限定词 | |
| 영주어 | 空主语 | |
| 예외적 격표시 | 例外格标记 | exceptional case marking, ECM |
| 완료 | 完成时 | perfect |
| 완수 | 完结 | accomplishment |
| 완전한 문장 | 完句 | complete sentence |
| 외부 병합 | 外部合并 | External Merge |
| 외부 연접어 | 外并连语 | external conjunct |
| 외부목적어 | 外宾语 | outer object |
| 외연 | 外延 | |
| 외재논항 | 外部论元 | external argument |
| 외소사 | 外助词 | |
| 요구 의미 이중목적어 구조 | 索取义双宾结构 | |
| 용언 | 谓词 | |
| 용언성 목적어 | 谓词性宾语 | |
| 용언화 | 谓词化 | |
| 우어 | 吴语 | |
| 운용자 | 算子 | operator |
| 운율 | 韵律 | |
| 원리 | 原则 | principle |
| 원리와 매개변인 이론 | 原则与参数理论 | principles-and-parameters framework |
| 원점 | 源点 | source |
| 원형명사 | 光杆名词 | bare noun |
| 웨어 | 粤语 | |
| 위관형어 | 伪定语 | |
| 위수사 | 位数词 | |
| 유사형태 소유 관형어 | 表象领属定语 | |
| 유인 | 诱发, 吸引 | |
| 유추혼성 | 类推糅合 | |
| 음과 의미의 결합체 | 音义结合体 | |
| 음성학 | 语音学 | phonetics |
| 음성형식 | 语音形式, 语音形态 | Phonetic Form, PF |
| 음성형식이 없는 | 无声的 | |
| 음운 | 音韵 | |
| 음운 병합 | 音韵合并 | phonological merger |
| 음운론 | 音系学 | phonology |
| 음운부, 음운부문 | 音韵部门 | phonological component |
| 음운생략 | 音韵省略 | |
| 음운자질 | 音韵特征 | phonological feature |
| 음운조작 | 音韵操作 | |

| | | |
|---|---|---|
| 음절 | 音节 | |
| 음향학 | 声学 | |
| 응답 | 回应 | |
| 응답 | 回应 | |
| 응답층위 | 回应层次 | response layer, 혹은 Call on Adressee, 약칭 CoA |
| 응용언어학 | 应用语言学 | |
| 의무양태 | 义务情态 | deontic modal |
| 의문문 | 疑问式, 疑问句 | interrogative |
| 의문사 | 疑问词 | |
| 의문조사 | 疑问助词 | Q-particle |
| 의문형식 | 疑问格式 | |
| 의미 | 语义 | |
| 의미, 내연 | 内涵 | |
| 의미론 | 语义学 | semantics |
| 의미변항 | 语义变项 | semantic variable |
| 의미부 | 语义部门 | semantic component |
| 의미역 | 题元角色 | thematic role |
| 의미역 관계 | 题元关系 | thematic relation |
| 의미원소 | 基元 | primitive |
| 의미자질 | 语义特征 | semantic feature |
| 의사 표현 어기 | 表意语气 | |
| 의성사 | 拟声词 | |
| 의심의 전달 | 传疑 | |
| 이동 | 移位 | Move |
| 이동 (가능한) | 可移动 | movable |
| 이동 부사어 | 可移动状语 | movable adverbial |
| 이접성 | 析取 | disjunctive |
| 이중 물음표 | 双问号 | |
| 이중목적어 | 双宾语 | |
| 이차 술어 | 次谓语 | secondary predicate |
| 인상 | 提升 | raising |
| 인상동사 | 提升动词 | rasing verb |
| 인식양태 | 知识情态 | epistemic modal |
| 인자의미 | 因子语义 | |
| 인지적 의미 | 认知义 | |
| 인지적 접근법 | 认知的角度 | cognitive approach |
| 인지체계 | 认知系统 | cognitive system |
| 인칭대사 | 人称代词(중국어) | |
| 인허 | 允准 | |
| 일반 통제이론 | 概化控制理论 | generalized control theory |
| 일치관계 | 一致关系 | agreement |
| 일치자질 | 一致关系特征 | agreement feature |
| 임시양사 | 临时量词 | |
| 입말, 음성언어 | 口语 | |
| 자동사 | 不及物动词 | intransitive verb |
| 자연 종결점 | 自然终结点 | natural endpoint |
| 자질 | 特征 | feature |
| 작용역 | 辖域 | scope |

| | | |
|---|---|---|
| 장거리 피동문 | 长被动句 | long passive |
| 장소명사 | 处所词, 处所名词 | |
| 재귀대명사 | 反身代词 | |
| 재지시 | 回指 | |
| 재지시, 조응 | 复指 | |
| 재지시구 | 复指短语 | |
| 재지시성분 | 复指成分 | |
| 저모음 | 低元音 | |
| 전산언어학 | 计算语言学 | |
| 전용동량사 | 专用动量词 | |
| 전치사(영어) | 介词 | preposition |
| 전항 | 前项 | |
| 전환복문 | 转折复句 | |
| 절 | 小句 | clause |
| 절 유형 표시 가설 | 标示句类假定 | Clausal Typing Hypothesis |
| 절대적 시간명사 | 绝对时间名词 | |
| 점착식 | 黏合式 | |
| 접미사 | 后缀 | |
| 접사 | 词缀 | affix |
| 접속사 | 连词 | conjunction |
| 접어(형식) | 附着形式 | clitic |
| 접합면 | 接口 | interface |
| 접합면 조건 | 接口条件 | |
| 정도(성) | 程度, 程度级别 | degree |
| 정도목적어 | 程度宾语 | |
| 정도보어 | 程度补语 | |
| 정반의문문 | 正反问句 | |
| 정태 | 静态 | stative |
| 정태술어 | 静态谓语 | |
| 정형 | 定式 | finite |
| 제한 | 限制 | |
| 조사 | 助词 | particle |
| 조어단위 | 构词单位 | |
| 조응 | 照应 | |
| 조작 | 操作 | |
| 존현동사 | 存现动词 | |
| 존현문 | 存现句 | |
| 종결상 | 终结体 | telic |
| 종속절 | 从属小句, 从句, 偏句 | subordinate clause |
| 좌초 | 悬空 | |
| 주관적 인식 | 主观认定 | |
| 주술구조 | 主谓结构 | |
| 주술문 | 主谓句 | |
| 주요 술어 | 主要谓语 | primary predicate, main predicate |
| 주절 | 根句 | root clause |
| 주제 | 主位 | theme |
| 주체절 | 主体句 | |
| 준관형어 | 准定语 | |

| 준목적어 | 准宾语 | |
|---|---|---|
| 준문말조사 | 准句末助词 | |
| 준수식구조 | 准偏正结构 | |
| 중간투사범주 | 夹心层次 | |
| 중국어식 화제 | | Chinese style topic |
| 중복 | 重复 | |
| 증거성 | 传信情态 | evidentiality |
| 지도제작 접근법 | 制图理论 | cartographic approach |
| 지도제작이론 | 制图理论 | cartography |
| 지배결속이론 | 管辖与约束理论 | government and binding theory |
| 지시 | 指令 | directive |
| 지시(적) | 指称 | referential |
| 지시대사 | 指示代词(중국어) | |
| 지시체 | 所指 | |
| 지정어 | 指定语 | specifier |
| 지표 | 标引 | index |
| 직시적, 직시 | 直指 | deictic |
| 직접 피동문 | 直接被动句 | direct passive |
| 직접목적어 | 直接宾语 | |
| 진술 | 述位 | rheme |
| 진행 | 进展 | progress |
| 집합 | 集合 | set |
| 집합명사 | 集合名词 | |
| 집합-병합 | 集合合并 | set-Merge |
| 집합양사 | 集体量词 | |
| 차동사 | 次动词 | |
| 차용동량사 | 借用动量词 | |
| 참조문법 | 参考语法 | reference grammar |
| 참조시간 | 指称时间 | reference time |
| 처치문 | 处置句 | |
| 체언 | 体词 | |
| 초기상태 | 初始状态 | initial state |
| 초분절음 | 超音段 | suprasegmental |
| 초점 | 焦点 | focus |
| 초점사 | 焦点词 | Focus |
| 총칭(적), 총칭지시(적) | 类指 | generic |
| 최대 통어 | 最大统领 | m-command |
| 최대투사 | 最大投射 | maximal projection |
| 최소 투사 | 最小投射 | minimal projection |
| 최소주의, 최소주의 프로그램 | 最简方案 | Minimalist Program |
| 최외곽 빈어 | 最外宾语 | outermost object |
| 추가 | 追加 | |
| 추가보충 | 追补 | |
| 추가보충성분 | 追补成分 | |
| 추상명사 | 抽象名词 | |
| 추향보어 | 趋向补语 | |
| 층위 | 层次 | |

| | | |
|---|---|---|
| 층위관계 | 层次关系 | |
| 치경 마찰음 | 齿龈擦音 | |
| 치경 접근음 | 齿龈通音 | |
| 큰 PRO | 大代词 | PRO |
| 타동사 | 及物动词 | transitive verb |
| 타동성, 전이성 | 及物性 | transitivity |
| 태 | 态 | voice |
| 태도 | 态度 | Attitude |
| 태도 표현 어기 | 表态语气 | |
| 토대층위 | 基础层次 | grounding layer |
| 통사, 통사론 | 句法, 句法学 | syntax |
| 통사부, 통사부문 | 句法部门 | syntactic component, syntax |
| 통사조작 | 句法操作 | |
| 통제 | 控制 | control |
| 통제문 | 控制句 | control sentence |
| 통칭시 | 一切时 | generic time |
| 투사 | 投射 | project |
| 특정적 | 有指 | specific |
| 특지의문문 | 特指问句 | |
| 특징문 | 表示特征的句子 | characterizing sentence |
| 파생적 | 派生性 | derivational |
| 평가 | 评估情态 | evaluative |
| 평서문 | 陈述式 | declarative |
| 평언 | 述题 | comment |
| 폐쇄범주, 폐쇄품사류 | 封闭(的)类 | closed class |
| 표상적 | 表征性 | representational |
| 표지 붙은 괄호표기법 | 带标加括法 | labeled bracketing |
| 표층 조응 | 表层复指 | surface anaphora |
| 표현기능 | 表述功能 | expressional functions |
| 품사 | 词类 | part-of-speech |
| 피동문 | 被动句 | |
| 피수식어 | 被修饰语 | |
| 피수식어(전통문법학에서의 문장성분 이름으로서의 중심어) | 中心语 | |
| 피영향 | 蒙受 | |
| 피영향 의미 | 受影响意义, 蒙受义 | affectedness |
| 피영향자 | 蒙事 | Affectee |
| 피제한 | 被限制 | |
| 하위 서선식 | 下位居前式 | |
| 한정(적) | 有定 | definite |
| 한정사 | 限定词 | determiner |
| 한정사구 가설 | 限定词短语假定 | DP Hypothesis |
| 한정성 | 有定性 | definiteness |
| 한정성 관형어 | 限定性定语 | |
| 한정성효과 | 有定效应 | definiteness effect |
| 합성관계 | 组成关系 | composition |
| 핵 선행 | 中心语居前 | head initial |
| 핵 이동 | 中心语移位 | head movement |

| | | |
|---|---|---|
| 핵 이동제약 | 中心语移位限制 | head movement constraint |
| 핵 후행 | 中心语居后 | head final |
| 핵, 핵어 | 中心语 | head |
| 행위자 | 施事 | Agent |
| 허사 | 虚词 | |
| 허사(영어) | 虚位 | expletive |
| 현수화제 | 悬空话题 | dangling topic |
| 협의의 통사 | 狭义句法 | narrow syntax |
| 형식 통사론 | 形式句法学 | formal syntax |
| 형식-의미 불일치(문) | 形义错配(句) | syntax-semantics mismatch |
| 형식자질 | 形式特征 | formal feature |
| 형용사 | 形容词 | adjective |
| 형태론 | 词法学, 形态学 | morphology |
| 형태소 | 语素 | morpheme |
| 혼성 | 糅合 | blending |
| 화용 | 语用 | |
| 화자의 발화 | (说话人的)言语 | |
| 화제 | 话题 | topic |
| 화제구 | 话题短语 | TopP |
| 화제문 | 话题句 | topic sentence |
| 화행 | 言语行为 | speech act |
| 확대투사원리 | 扩展投射原则 | Extended Projection Principle, EPP |
| 확대투사원리 자질 | 扩展投射原则特征 | EPP feature |
| 확신의 전달 | 传信 | |
| 환유 | 转喻 | |
| 환유지시 | 转指 | |
| 활동 | 活动 | activity |
| 후설 중모음 | 后中元音 | |
| 후속어 | 后续语 | |
| 후치사 | 后置词 | postposition |
| 후항 | 后项 | |
| 후행항 | 后项 | |
| 휴지 | 停顿 | |
| 흔적 | 语迹 | trace |

# 제1판 후기

졸저를 쓰고자 하는 마음이 생긴 것은 6년 전이다. 2004년 선자쉬안(沈家煊) 선생이 상하이교육출판사(上海教育出版社)에 '최신 언어 이론 번역 및 소개 시리즈西方最新语言学理论译介丛书' 저자 중 한 명으로 나를 추천해 주었고, 내가 생성문법 이론 소개를 맡게 되었다. 요청을 받고서는 한편으로는 기뻤으나, 또 한편으로는 두려운 마음도 들었다. 기뻤던 것은 학술계에 미력하나마 힘을 보탤 수 있다는 것이 영광스럽게 여겨졌음이고, 두려웠던 것은 생성문법 이론을 소개하는 글이나 저서가 이미 너무나 많았기에 이론적 소개도 갖추면서 연구자의 개인적 품격도 갖추고, 게다가 향후 학계에 공헌도 할 수 있도록 하는 것은 너무나 어려웠기 때문이다. 어찌 되었든 나는 매우 도전적인 이 임무를 여전히 아주 기꺼이 받아들이고 있다. 처음의 구상은 대다수 사람들이 비교적 익숙한 '전통적' 중국어 문법학의 틀을 활용하면서 중국어 문법의 특징을 결합하고, 쉽게 접근을 시작하여 점차 심화시키는 방식으로 형식 통사론의 최신 이론을 소개함으로써 일반적인 생성문법 소개 저서들과 차별화하고자 하였다.

때마침 2005-06학년도부터 본과생들에게 현대 중국어 문법학 교수를 담당하게 되었는데, 비교적 '전통적'인 방식을 계속 사용하는 것 외에 형식 통사론의 기본 원리도 교육과정 속에 융합시켜 학생들이 통사론 이론을 통해 중국어 문법의 특징을 분석할 수 있도록 하였다. 하지만 어떤 책으로 교재나 참고서를 삼을 것인가 하는 것이 당시 가장 큰 문제였다. 형식 통사론을 소개하는 책들은 대체로 두 부류인데, 그중 첫 번째 부류는 통사론 교재로, 각 장절의 내용이 통사 이론에 따라 배치되어 있으며, 이론적 내용과 조작방법을 소개하는 것이다. 이처럼 통사 이론을 바탕으로 한 책들은 이론 소개에 중점이 놓이고, 사용되는 예문이 대개 외국어여서 중국어 문법학 교재로 직접 쓰기에는 어려움이 있다. 그 다음으로 두 번째 부류는 중국어 문법의 특정 주제를 연구한 책으로, 이 부류의 책들은 중국어의 어떤 문법 문제를 선택하여 통사 이론을 활용하여 심도 있게 분석하고 있는데, 이것은 중국어 문법학의 초학자들에게는 난이도가 꽤 있다. 따라서 나는 교육상의 필요에 따라 직접 강의 자료를 편집하는 수밖에 없었다. 이렇게 하다 보니 이 책의 집필이 더욱 시급하게 느껴졌다.

허나 안타깝게도 지난 몇 년 동안 교육과 행정 업무가 무척 과중하였고, 여러 가지 급한 일들을 처리하기에 바빠 차분히 책 속의 문제에 대해 사색할 기회가 없어 집필 작업은 중단되기 일쑤였다. 어느덧 귀한 시간들이 금세 지나가 버리고, 진행이 너무나 지지부진하다 보니 나도 모르게 진땀이 났다. 작년 여름 방학이 되어 마침내 안정을 찾았고, 폐관 정진하여 학문에 집중하며 지난 몇 년 동안 본과생, 석사 과정생, 박사 과정생들에게 강의한 자료를 찬찬히 정리하였다. 내용 측면에서는 전면적으로 삭제, 수정, 보충하고, 아울러 새 장절을 추가하였으며, 최근 몇 년 동안 내가 갖게 된 새로운 관점들을 추가해 넣었다. 영감이 떠오르고 여러 생각들이 일어났다 사라졌다 하면서 불철주야로 컴퓨터 앞에 앉아 한 페이지 한 페이지, 한 장 한 장의 성과물과 다크서클을 맞바꾸었다. 여름방학이 끝난 뒤 드디어 몇 년을 끌어 온 원고를 다 썼고, 작년 가을에 출판사에 송부하였다.

지난 몇 년의 집필 과정 중 친구들, 동료들, 학생들이 나에게 무척이나 큰 도움과 협조를 주었다. 감사해야 할 사람들이 너무나 많아 일일이 다 쓸 수 없을 지경이지만, 그럼에도 아래 몇 분에게 진심으로 감사를 표하고 싶다. 먼저 선자쉬안(沈家煊) 선생이다. 그분의 추천이 없었다면 나는 이 총서의 저자가 되지 못하였을 것이고, 졸저도 세상에 나오지 못했을 것이다. 황정더(黄正德) 선생님께서 추천의 말을 써 주심에 졸저가 더욱 빛이 나게 되었을 뿐더러, 나의 연구 작업에도 큰 격려가 되었으며, 중국언어학의 앞날에 대한 나의 믿음도 충만해졌다. 학문에 대한 황 선생님의 고집과 열정, 학생들에 대한 세심한 관심과 애정, 후배들에 대한 보살핌, 이 모든 것이 나에게는 배워야 할 본보기이기에, 탄복하고 깊이 감화되었다. 장룽(张荣) 선생, 루이둥리(芮东莉) 편집은 내 질문에도 항상 귀찮아하지 않고 대답을 해 주었으며 졸저의 진도에 큰 관심을 가져주었다. 그들이 업무를 더욱 번거롭게만 해서 정말 미안한 마음이 들면서도 또한 그들의 프로 정신에 경의를 표하게 된다.

저서 집필을 지탱하게 해 준 힘은 바로 가족에게서 왔다. 작년 여름방학 '폐관 정진' 하던 기간 동안 아내는 수고를 마다않고 집안 대소사의 큰 짐을 짊어졌고, 아버지, 어머니께서도 이 기간 동안 최대한 협조해 주셨으며, 어리지만 철이 든 두 딸도 자신들의 방식으로 나에 대한 지지와 축복을 표현해 주었다. 내 마음을 감동으로 벅차오르게 한 가족들의 사랑을 마음속에 깊이 새기고자 한다.

덩쓰잉(邓思颖)<br>2010년 9월, 홍콩에서

# 제2판 후기

수년 전 졸저가 완판되었다는 소식을 들었다. 독자들의 사랑을 받는다는 것이 저자에게는 크나큰 격려이자 또한 더욱 노력하고 앞으로 나아갈 수 있도록 채찍질해 주는 동력이기도 하다. 이에 독자들에게 제2판을 선보이고 싶은 생각이 생겨났지만, 안타깝게도 업무가 많아 책에 전념할 수가 없었기에 계속 보류되어 있었다. 2017-18학년도에 어렵사리 연수 기회를 얻게 되었고, 운좋게도 MIT에 방문하게 되어 강의와 강좌를 듣고 학문에 전념하면서 많은 소득이 있었다. 수정 원고도 마침내 다 정리가 되고 순조롭게 완성되었다.

오류 수정, 자료 보충, 참고문헌 갱신과 더불어 '시노세삭 섭근법'이라는 장을 추가로 집필하고 이 책 제11장에 넣었다(원래 제11장이던 '맺음말'은 제12장이 되었다). 중국어 문말조사에 대한 논술을 통해 지도제작이론의 분석 방법을 보여주고, 아울러 문말성분에 대한 나의 최근 관점을 상세히 서술하고 초판의 부족함을 보충하였다.

졸저가 세상에 나오고 얼마 뒤 '리팡구이(李方桂) 선생 기념 중국언어학 연구학회 2011-12년도 학술논저상(纪念李方桂先生中国语言学研究学会2011-2012年度学术论著奖)' 우수상을 받게 되어 너무나 영광스러웠으며, 책임감도 배로 느껴졌다. 고려대학교 최규발 교수와 그 팀원들이 번역 과정 중에 적지 않은 오류를 발견하였고, 나와 여러 차례 토론하였는데, 이것이 큰 도움이 되었다. 예자후이(叶家辉) 선생의 세심한 교열을 통해 책이 잘 정돈되었다. 상하이교육출판사(上海教育出版社)의 큰 지지로 제2판이 세상에 나오게 되었다. 여러 해 동안 신임, 관심, 지지를 보내준 친구들과 나의 학술 생명에 온기를 불어넣어 준 이들 모두에게 감사를 표한다. 가족의 사랑에 대한 감사는 이루 말할 길이 없으니, 하나하나 다 영원히 마음속에 새길 것이다.

덩쓰잉(邓思颖)

2018년 5월, MIT에서 씀

# 한국어판 후기

2012년 9월, 나는 고려대학교 최규발 교수의 초청으로 고려대학교에 방문하게 되었고, 졸저의 한국어판 번역에 관해 논의하게 되었다. 무척이나 흥분되면서도 긴장되었다. 캠퍼스를 방문한 그 날은 바로 2012년 12월 12일이었는데, 연월일 모두 같은 숫자 '12'였다. 이 세 가지 숫자가 맞아 떨어지는 그 순간을 경험하는 것은 내 생에 그 날이 마지막 기회이니 그야말로 귀한 인연이었다. 바로 그 날을 고려대학교에서 맞이하고 졸저의 번역과 여러 학술적 문제들을 논의한 것들이 두루 의미가 있었으니, 나의 학술 생애의 새로운 페이지, 새로운 장절을 연 셈이다.

졸저 번역 원고가 완성되고 출판사에 넘겨 곧 출간될 것이라는 소식을 들으니 너무나 기쁘고 안심이 되었다. 번역을 계획하던 때로부터 지금까지 이미 7년이 되었다. 이 7년 동안 나와 최 교수, 고려대학교의 정지수 선생이 졸저의 여러 문제에 대해 직접 만나 토론하였으며, 서신을 통해서도 번역 과정의 여러 의문점들을 해결하기 위해 논의를 거듭하였다. 그들이 찾아낸 오류는 번역에도 도움이 되었지만, 졸저의 수정에도 많은 도움이 되었다. 이에 나는 2017-18년 MIT 방문 연수를 계기로 오류를 수정하고 자료를 보충하여 드디어 수정본을 완성하여 졸저의 제2판이 올해 순조롭게 출판되었는데, 때마침 한국어 번역이 마무리되기 직전에 세상에 나오게 되었다.

졸저를 집필하고자 했던 것은 바로 중국어 문법학의 기존 개념과 현재 형식 통사론의 이론적 분석을 결합하여 독자들이 형식 통사론 분석법을 익히는 데 도움이 되고자 하는 바람에서 비롯된 것이다. 이론적 분석을 통해 이론 체계를 더욱 완벽하게 하고 이론 내용을 더욱 풍부하게 만들 뿐 아니라 더 많은 언어학 문제들을 발견하고 흥미로운 언어 현상을 발굴하여 중국어에 대한 우리의 인식을 심화할 수 있다. 졸저 한국어판을 통해 한국 독자들에게 편리함을 제공하고 형식 통사론의 보급에 도움을 주며, 또한 중국어 문법에 대한 이해를 증진시키고 더 나아가 중국어와 한국어 비교문법 연구를 더욱 촉진시켜 비교연구에 작은 힘을 보탬으로써 새로운 장을 열어 나갈 수 있기를 바란다.

다년에 걸친 최 교수의 꾸준한 노력과 격려, 정 선생의 학술적 열정과 프로 정신에 다시 한번 감사를 표한다. 이들의 노력이 없었다면 졸저의 한국어판은 그저 이루어질 수 없는 꿈에 그쳤을 것이다.

덩쓰잉(邓思颖)<br>2019년 10월, 홍콩중문대학에서

# 역자 후기

《중국어 형식 통사론》을 드디어 출판하게 되어 기쁘다.

2005년 연구년을 맞아 상하이 푸단대(复旦大学) 중문과 교환교수로 가 있는 동안 시간이 날 때마다 궈취안로(国权路)에 있는 루밍서점(鹿鸣书店)에 들러 문법과 인문학 관련 서적을 뒤적이며 시간을 보냈다. 그곳에서 때론 푸단대 다니는 연구생을 만나는 재미도 있었다. 쉬에린출판사(學林出版社)에서 간행되는 현대문법 관련 박사학위논문을 입수하게 되어 당시 현지의 연구방향과 관심이론 등을 이해하는 데 많은 도움이 되었다. 출국하면서는 중국어 문법론을 저술해 보려고 많은 자료를 가지고 갔지만, 루밍서점에서 이 책 저 책을 보고, 푸단대 앞 한단로(邯郸路)를 왔다 갔다 하다 보니, 나도 모르게 '한단학보邯鄲學步'가 되어서 흉내만 내다 결국 귀국하게 되었다.

귀국해서는 문법책을 쓰려고 개요를 정리해서 온 목차와 내용을 보충하며 현대중국어의 상相 문제를 제1장으로 해서 학부 문법을 강의했다. 대학원 수업에서는 그동안 내가 관심을 갖고 있던 책을 중심으로 발표와 강의를 진행했다. 선자쉬안(沈家煊)의 《비대칭 및 표시이론(不对称和标记论)》(1999), 취청시(屈承熹)의 《중국어 담화 문법(汉语篇章语法, A Discourse Grammar of Mandarin chinese)》(2007[1998]), 허위안젠(何元健)의 《생성언어학의 맥락에서 중국어 문법과 번역에 관한 연구(生成语言学背景下的汉语语法与翻译研究)》(2008), C.-T. 제임스 황, Y.-H 오드리 리, 야페이 리의 《중국어의 구문(The Syntax of Chinese)》(2009) 등의 책들을 2006년부터 2009년까지 대학원에서 번역하고 발표하면서 학생들과 같이 공부하였다. 중국어라는 개별 언어의 현상을 다양한 방법론으로 접근하는 방식으로 진행하다 보니 늘 새로운 이론과 새로운 책을 교재로 삼게 되었다. 생성문법도 그런 접근법 중 하나였는데, 생성문법의 틀 속에서도 새로운 분석법이 계속 나오고 있기에 다소 생소하면서도 어려웠지만 국내에 소개된 논문이나 책으로 보완하면서 흥미를 갖게 되었다. 위와 같은 책들을 읽다 보니 학술성이 떨어지는 저술보다는 중국어법과 관련된 학술 서적을 번역하는 것도 의미가 있다고 생각했다.

2010년 우리 학과가 2단계 BK21에 선정된 후 국제학회 참가 기회가 늘었고, 상하이 학회 참가 후 루밍서점을 다시 찾았다가 초록색 표지로 되어 있는 덩쓰잉의 《중국어 형식 통사론(形式汉语句法学)》를 구입하게 되었다. 이 책을 입수한 그날 밤에 쭉 훑어보면서 교재로 써야겠다고 마음을 먹었는데, 그 후 2013년 대학원에서 이 책을 교재로 삼게 되었다. 중국어 구문 분석과 해석이 독특해서 수업 중 많은 토론이 필요했는데, 특히 전통적 중국어문법 체계와 생성문법의 체계를 조화시킨 방식은 가히 파격이라 할 만했다. 또한 당시 역자들이 관심을 갖던 사건의미론, 상 이론과 접점을 갖고 있는 경동사의 사건성 표시 분석법은 우리의 흥미를 끌기에 충분했다.

수업이 끝난 후 이 책을 번역 출판하기로 하고 처음부터 정지수 박사와 읽어보면서 새롭게 다시 번역을 하였고, 의문점에 대해서는 저자와 직접 연락을 주고받으며 토론을 하였다. 마침 덩쓰잉 교수가 BK21 강연회 등으로 고려대학교에 여러 차례 방문할 기회가 있었고, 이 책 및 중국어 통사 현상에 관련된 여러 문제에 대해 역자들, 그리고 당시 어법 전공 대학원생들과 열띤 토론을 펼쳤다. 강의를 수강하고 토론에 함께한 김은주, 손동화, 박다래, 오유정, 왕수, 유미란, 장옥방, 정현주, 조민리, 최신혜, 홍소영 등에게도 이 자리를 빌려 고마움을 표한다.

재번역이 완료되어 출판사를 섭외하려는데 판권료 지급 문제로 어려움에 당면하게 되었다. 출판계의 어려운 상황 속에서도 흔쾌히 판권료 지급 문제를 해결해 주고 출판에 나서준 고려대학교출판문화원에 깊은 감사를 표한다.

어려운 과정을 거쳐 이제 책이 출판되나 했는데 공교롭게도 2019년에 개정판이 나왔고, 다시 또 정지수 박사의 도움을 받아 개정판에 근거해서 내용을 수정하고 추가된 장을 번역해야 했다. 정지수 박사의 도움이 없었으면 이 책은 세상에 나올 수 없었다. 그동안 번역과 교열에 심혈을 쏟은 정지수 박사에게 고마움을 표한다.

번역 의향을 전한 후 이토록 오랜 시간을 기다려 주며 언제든 질문에 바로 답해 주고 토론에 적극 임해 준 저자 덩쓰잉 교수에게도 감사를 전한다.

이러한 과정을 거치다 보니 이 책을 손에 쥔 지 10여 년이 지난 지금, 정년퇴임을 바로 앞두고서야 출판하게 되었다. 제2판이 출간될 만큼 많은 중국어 연구자들이 관심을 갖고 참고하는 이 책이 한국의 현대중국어 문법 연구사와 언어학 연구자들에게 도움이 될 수 있으면 매우 뜻깊고 기쁠 것이다.

2021년 6월

최규발

# 중국어 형식 통사론

초판 발행 1쇄　2021년 6월 21일

지은이　덩쓰잉
옮긴이　최규발 · 정지수
펴낸곳　고려대학교출판문화원
www.kupress.com
kupress@korea.ac.kr
(02841) 서울특별시 성북구 안암로 145
Tel　02-3290-4230, 4232
Fax　02-923-6311
찍은곳　네오프린텍(주)

ISBN　979-11-91161-70-0 93720

값 32,000원